# 丝绸之路研究论著叙录

国家图书馆 主编　常苊心 编

学苑出版社

图书在版编目（CIP）数据

丝绸之路研究论著叙录/国家图书馆主编；常苾心编 .—北京：学苑出版社，2018.11

ISBN 978-7-5077-5589-3

Ⅰ.①丝…　Ⅱ.①国…②常…　Ⅲ.①丝绸之路-专题目录　Ⅳ.①Z88：K928.6

中国版本图书馆 CIP 数据核字（2018）第 257036 号

责任编辑：战葆红
出版发行：学苑出版社
社　　址：北京市丰台区南方庄 2 号院 1 号楼
邮政编码：100079
网　　址：www.book001.com
电子信箱：xueyuanpress@163.com
联系电话：010-67601101（营销部）　67603091（总编室）
经　　销：新华书店
印　刷　厂：北京虎彩文化传播有限公司
开本尺寸：787×1092　1/16
印　　张：38.5
字　　数：750 千字
版　　次：2019 年 1 月北京第 1 版
印　　次：2019 年 1 月北京第 1 次印刷
定　　价：600.00 元

"国家传统文化典籍整理工程"出版成果

# 总　序

  书籍是文明得以积累习得和历久不绝的有形物质。中华民族引以为豪的四大发明，就有两项与书籍密切相关，造纸术和印刷术的领先，让中国的文化生产和积累在很长一段时间居于世界前列。世界四大文明中，唯有中华文明五千年来一脉相承，从未中断，一个重要的原因就是中华民族有用文字记载历史，通过不断整理著述传承文化的优良传统。

  这些祖先留给我们的书籍，浩如烟海。据初步统计，目前仅全国3000余家收藏机构收藏的汉文古籍就超过20万种，逾3000万册件。这些文献典籍镌刻着五千年来中华民族的精神追求、精神特质和精神脉络，形成中华民族历经磨难而绵延发展的精神密码。它们维系着中华文明的薪火相传，跨越时空、超越国度，富有永恒的魅力和持久的价值。

  中国的大多数朝代都较为重视对这些传统文化典籍的保存和整理，特别是在政治清明、经济繁荣和文化发展的时期，都曾由官方组织对国家藏书进行大规模整理，编纂大型典籍。所谓"盛世修典"，征诸史书，历历可见。如唐代玄宗朝编纂《大唐开元礼》《初学记》和《唐六典》；北宋太宗、真宗朝编纂《太平御览》《太平广记》《文苑英华》和《册府元龟》；明成祖朝编纂《永乐大典》；清康熙朝编纂《古今图书集成》，乾隆朝编纂《四库全书》等。这些典籍的编纂和整理，对继承和弘扬中华民族优秀文明成果，推动文化的繁荣发展起到了积极作用。

  中华人民共和国成立后，特别是改革开放以来，党和政府对古籍整理事业给予高度重视，古籍整理和出版工作成绩斐然。据统计，仅1949—2003年间整理出版的古籍就有约15000余种，其中"二十四史"与《清史稿》点校本、《资治通鉴》等史学巨著，《全唐诗》《全宋词》《全清词》等文学总集，《中华大藏经》等宗教经典，《大中华文库》（汉英对照）等外译工程，都可称为新中国文化事业的盛事。这些文献典籍整理成果，不仅成为人们了解、学习和认同中华优秀传统文化的重要载体，也使中华优秀传统文化得以为今天所用，为现实服务，在怡情养志、涵育文明方面焕发出新的生命力。

  国家图书馆是国家古籍保护中心，馆藏宏富，撷英集萃，近4000万册件馆藏文献中,古籍收藏逾160万册件。自1909年京师图书馆初创,百余年来,历代国图人始终秉承"传承文明,服务社会"的宗旨,不遗余力地多方搜采、细致整理、精心保护文献典籍。近年来,在党和政府的大力支持下,国家图书馆组织实施了"中华再造善本工程""中华古籍保护计划""民国时期文献保护计划""等多个大型典籍整理出版项目,在中华优秀传统文化的保存保护、挖掘阐发、传播推广和展示利用方面积累了海量数据和丰富经验。

根据习近平总书记关于系统梳理传统文化资源,让书写在古籍里的文字活起来,推动中华优秀传统文化创造性转化、创新性发展的要求,国家图书馆依托文献收藏优势和文献整理专业能力,从坚定中华优秀传统文化自信、坚守中国特色社会主义文化立场、坚持社会主义核心价值观引领的高度,于2016年7月策划启动"国家传统文化典籍整理工程",得到文化和旅游部、财政部的大力支持。

"国家传统文化典籍整理工程"将联合全国各级各类图书馆、博物馆等文献收藏机构和高校、科研院所等研究机构,根据已有文献积累及其整理情况,选择国家内政外交重大关切或与百姓民生联系紧密的选题,对有关领域文献典籍进行全面调查收集和系统梳理。在此基础上,编制专题典籍联合目录、整理出版典籍丛书、组织开展典籍整理研究,以期为研究人员利用文献典籍,开展学术研究提供便利,同时也为中华优秀传统文化的传承和发展奠定丰厚的文献基础,为解决现实问题提供历史借鉴。

在选题参与单位和专家学者黾勉从事、不辞劳苦的努力下,项目成果将陆续出版。借此机会,对参与单位的大力支持和专家学者的无私指导表示感谢!由于项目选题涉及领域广泛,在文献的搜集整理过程中,难免有疏漏、不妥之处,敬请方家批评指正,也欢迎广大读者提出宝贵意见。我们真心希望,能够有更多机构参与到这一工程中来,与我们携手,让经过数千年岁月洗礼的中华优秀传统文化在典籍保护与整理工作中绵延不坠、发扬光大。

2018年秋于北京

# 前　言

本书是"国家传统文化典籍整理工程"子项目"'一带一路'文献整理与研究项目"的阶段性成果。丝绸之路自古就是我国与中亚、西亚甚至欧洲的主要经贸通道，也是东、西方文化交流与碰撞的主要通道，长期以来一直是国内外学术研究的热点之一，文献资料、研究成果数量巨大。本书尝试搜集近20年来丝绸之路相关书目，著录书名、作者、出版信息并简要介绍其主要内容与学术观点，期望展现目前已有的丝绸之路研究著作概貌，为进一步深入开展丝绸之路研究提供参考。

全书收录研究论著2004部，所收著作主要为丝绸之路与中西交流为主题的汉文著作及译著，不包括以其他语言撰写的未译成汉文的专著。出版时间大多在1996年至2017年之间。丝绸之路范围广大，内涵丰富，本书重点收入有关丝绸之路历史、政治、文化、经济等领域的相关著作，以及关于"一带一路"倡议下当代社会发展的研究著作。此外，对于丝绸之路沿线重要城市和地区的研究论著也酌加收录。

本书分为古代历史文化研究与当代社会经济研究两编，每编根据著作内容与书目数量进行分类，两编共计11类。由于有些著作探讨的内容跨越多个学科，难以归入某一类别，因此收入"综合论述"类。鉴于著作内容的复杂性，我们主要根据内容侧重点或重点讨论的主题进行简单归类，分类难以做到完全准确。书后附有作者人名索引，方便读者根据作者查找相关书目。近年来，丝绸之路相关研究著作大量出版，限于学识，难以搜罗详尽；提要部分也难免存在舛讹，敬请读者指正。

本书的编辑工作得到国家图书馆古籍馆副馆长陈红彦女士、萨仁高娃女士的支持与指导，同事张蕊女士协助查阅部分条目的出版信息，同事刘毅超先生核对了出版信息与文字内容，特此致谢。

作者谨识<br>
2018年7月20日

# 编 例

一、本书各条目著录书名、作者、出版信息，并撰有简洁的内容提要；

二、全书分"古代历史文化研究""当代社会经济研究"两编，各包括若干类；

三、各类别所收书目按照书名音序编排。

# 目　录

## 上编　古代历史文化研究

丝绸之路总论 ········································································ 2
历史与地理 ········································································ 111
考古与文物 ········································································ 170
社会生活 ············································································ 190
民族与宗教、哲学 ······························································ 199
语言与文献 ········································································ 300
综合论述 ············································································ 360

## 下编　当代社会经济研究

"一带一路"综述 ································································ 386
政治外交 ············································································ 513
经济贸易 ············································································ 527
社会发展 ············································································ 539

论著作者索引 ···································································· 585

# 上编 古代历史文化研究

# 丝绸之路总论

1 《2010丝绸之路与西北历史文化学术讨论会论文集》，郑炳林、尹伟先主编，兰州：甘肃人民出版社，2013年9月。

本书是2010年丝绸之路与西北历史文化学术研讨会的成果选编，共收论文47篇，主要内容为丝绸之路对西北地区历史、民族、宗教、文化的影响与作用。从不同的角度阐述了丝绸之路西北段的历史内涵与发展演变。本书所收录文章，上起新石器时代马家窑文化的属性渊源，下讫明清时期西北边政史地研究，内容涉及丝绸之路上的贸易交通、语言文字、出土文献以及思想传播等方面，具体篇目有《汉武帝"大一统"思想的形成和丝绸之路》《魏晋十六国时期丝绸之路上的姑臧城》《丝绸之路上的麝香贸易》等篇。

2 《2011古丝绸之路：亚洲跨文化交流与文化遗产国际学术研讨会论文集》，秦大树主编，新加坡：八方文化创作室，2013年10月。

本书是亚洲跨文化交流与文化遗产国际学术研讨会论文集，共收入论文22篇，分为文化载体——纺织品贸易传播的艺术、陶瓷之路——海上贸易的主体船货、凿空拓土——陆路及海路的贸易线路、格物揽形——东西交流的文物观察、西风东渐——佛教的传播与影响五部分，内容涉及丝绸之路上的贸易交流、文化传播等方面，具体文章有《〈舅卖甥女〉案牍所映射的于阗历史》《肯尼亚出土中国瓷器初步观察》《论草原丝绸之路》《中国水下考古的主要收获》《龟兹石窟题记的现状与保护》等篇。

3 《传承历史文明建设文化西咸——重走"丝绸之路"文化溯源》，陕西西咸新区研究院编，西安：陕西人民出版社，2014年1月。

本书是在陕西西咸新区举行的"传承历史文明，建设文化西咸"研讨会论文集。内容汇集了国内近20位专家、学者对丝绸之路经济带与西咸新区城市文化建设的观点和认识以及"重走丝绸之路"活动所取得的理论成果，对于正确理解丝绸之路及其文化内涵，进一步做好西咸新区文化建设工作，提供了独到的见解和创新的思路。全书将学术考察、文化溯源、文化遗址保护、文化产业发展相结合，记录了丝绸之路历史遗迹和最新的发展态势。

4 《传奇丝绸之路》，柳江编写，长春：吉林教育出版社，2012年8月。

本书主要介绍陆上丝绸之路和海上丝绸之路的缘起、历史、作用和对未来的展望。全书分为两篇，上篇主要论述陆上丝绸之路，具体内容包括：丝绸之路的缘起；丝绸之路上张骞出使、公主和亲、隋炀帝西巡、玄奘西行取经等传奇历史故事；回顾丝路上的长安城、洛阳城、敦煌、长城等古迹，并对莫高窟、千佛洞等灿烂的艺术宝库进行介绍；对丝绸之路需要铭记的部分加以概述并展望。下篇介绍海上丝路，对海上丝绸之路的造船业、郑和下西洋、科技传播与海上丝绸之路以及海上的友谊丝路等话题进行阐述。

5 《从罗马到中国：凯撒大帝时代的丝绸之路》，[法]让-诺埃尔·罗伯特著，马军、宋敏生译，桂林：广西师范大学出版社，2005年9月。

本书叙述罗马商人开创到中国的海上丝绸之路的创举，并用大量史料证实中国人开辟了陆上丝绸之路，对历史上罗马帝国和中国的商业往来进行了介绍。全书分为九章，分别介绍往来丝绸之路上的印度人、帕提亚人、贵霜人和罗马人；叙述了当时中国辉煌的历史文明；并对陆上丝绸之路的开通情况进行描写；详细介绍穿越红海、阿拉伯半岛、绕印度和经马六甲海峡的海上丝绸之路；对往返罗马与中国的商队及其贸易进行论述；此外，作者对古代时期东西方两大帝国的思想传播进行了探讨。

6 《从青金石之路到丝绸之路：西亚、中亚与亚欧草原古代艺术溯源》，沈爱凤著，济南：山东美术出版社，2009年1月。

本书主要讨论上古时期西亚、中亚和亚欧草原各民族艺术，用以展现古代中亚、西亚及亚欧草原伟大文明的整体性和多元化。全书内容丰富，开篇即对西亚、中亚与亚欧草原地区的语言和各个民族进行了详细介绍，并认为亚欧古代世界是一个整体。第二部分对西亚、中亚与亚欧草原地区的宗教和神祇进行论述，包括创世纪神话、星神崇拜、洪水灭世等传说，并对相关史诗的内容和英雄崇拜进行深入分析。第三部分讨论以上各民族的古代艺术，分别对苏美尔-闪米特和赫梯艺术、爱琴海希腊艺术、萨珊波斯艺术、亚欧草原游牧艺术和希腊化亚洲艺术，以及古代新疆艺术进行阐述，特别对丝绸之路和东西文化交流以及艺术溯源问题提出了自己的看法。

7 《从丝绸之路到亚欧会议：亚欧关系两千年》，潘光、余建华主编，北京：中共中央党校出版社，2004年5月。

本书主要通过丝绸之路联系纽带的作用，探讨东亚与西欧的关系。全书分为十章，分别对古代亚欧关系的起步、近代亚欧关系的发展、两次世界大战及冷战时期的亚欧关系进行探讨；对欧洲一体化进程和东亚崛起后的新型亚欧关系提出看法，认为亚欧会议是亚欧平等伙伴关系的新构架；总结世纪之交亚欧关系的全面发展和亚欧合作的丰硕成果，并对中欧关系的发展及影响这一发展的深层次因素进行分析，探讨亚欧合作的发展给中国带来的机遇和挑战。

8　《从长安到罗马：汉唐丝绸之路全程探行纪实》，王蓬著，西安：太白文艺出版社，2011年1月。

本书以纪实的形式依据典籍，实地考察了汉唐时期丝绸之路的历史地理。书中对从长安到罗马丝绸之路上的历史地理、风土人情都进行了较为全面的描写，内容丰富，包含了影响历史进程的重大事件，如：河西归汉、张骞"凿空"、隋炀帝西行、土尔扈特回归祖国等；对消失古国的历史遗迹进行考察，如：楼兰国、西夏国、吐谷浑国等；结合史籍对重要历史人物进行了介绍，如张骞、班超、玄奘等，以及对匈奴、回纥、党项、吐蕃、吐谷浑、蒙古等众多少数民族进行了介绍。

9　《从长安到雅典丝绸之路古代体育文化》，孙麒麟、毛丽娟、李重申著，兰州：甘肃教育出版社，2017年1月。

本书是研究丝绸之路古代体育文化的著作，旨在通过对丝绸之路上体育文化的叙述与探讨，展现丝绸之路沿线不同地区、不同时代的体育遗存。书中概述了丝绸之路体育的历史发展与地区特点，探讨了长安、雅典、罗马原始体育的萌发，叙述了长安至雅典、罗马的体育文化，并对长安到雅典、罗马的古代游戏与娱乐进行了阐述。同时，书中还配有大量文物图片，更加真实与客观地展现了丝绸之路古代体育文化的历史风貌，有助于读者了解与学习东西方的体育文化。

10　《从这里出发：古丝绸之路起点上的文明印记》，步雁主编，西安：陕西人民教育出版社，2016年2月。

本书详细叙述与探讨了陕西古代长安地区出土的，现收藏于陕西历史博物馆的重要历史文物，包括多友鼎、鎏金银竹节铜熏炉、皇后之玺、三彩骆驼载乐俑、鎏金舞马衔杯纹银壶、懿德太子墓壁画、永泰公主墓壁画、章怀太子墓壁画、青釉提梁倒注壶等历史珍品。这些文物体现了古代制造工艺的精湛，见证了唐代多元文化的发展，再现了唐代社会的礼仪制度，还原了昔日万国来朝的外交场面与历史，是古丝路起点文明繁荣发达的有力印证，具有学术研究价值。

**11** 《大漠联珠：环塔克拉玛干丝绸之路服饰文化考察报告》，赵丰、伊弟利斯·阿不都热苏勒主编，上海：东华大学出版社，2007年3月。

本书是环塔克拉玛干丝绸之路服饰文化的考察报告。书中对环塔纺织品文物和服饰文物以及新疆地区壁画中的世俗人物服饰和少数民族服饰分别进行了考察；在专题考察报告中，对楼兰墓葬中的染织服饰、洛浦山普拉出土毛织物、营盘墓地出土的汉晋冥衣、新疆出土史前至魏晋时期鞋帽以及新疆石窟壁画中的人物服饰等内容做了专题研究；此外，书中还对维吾尔族男女头饰分别进行了讨论；全书最后附以考察日记，为读者提供参考。

**12** 《敦煌：丝绸之路明珠佛教文化宝藏》，樊锦诗主编，吴健摄影，北京：中国旅游出版社，2014年9月。

本书是对敦煌地区石窟的介绍，解读敦煌壁画背后的故事和绘画风格。书中详细介绍莫高窟、西千佛洞、瓜州县榆林窟、东千佛洞和肃北县五个庙石窟的壁画、雕塑、窟型建筑等内容。全书以时间顺序，从十六国北凉时期开始，将石窟分为北魏、西魏、北周、隋、初唐、盛唐、中唐、晚唐、五代、宋、元等不同阶段，并对各个石窟的艺术形式进行逐一解读。此外，本书还对回鹘、西夏等少数民族的石窟艺术进行分析，为研究敦煌石窟艺术提供了全面参考。

**13** 《敦煌丝绸与丝绸之路》，赵丰主编，北京：中华书局，2009年3月。

本书对丝绸之路上的"咽喉之地"——敦煌所出丝绸作以研究。书中对散落在世界各地的敦煌古丝织品进行收集，分为八章进行讨论，分别叙述敦煌藏经洞丝绸的发现与研究、莫高窟窟区丝绸的考古发现；详细论述了敦煌丝绸的品种类别、图案类型、使用形式、消费用途；并对敦煌丝绸的原产地和丝绸贸易与在丝路上的经营进行探讨。作者对敦煌丝绸的制作技术、艺术风格进行了深入研究，并对丝绸的使用所反映的社会文化以及通过丝绸贸易所展现的中西商品流通、文化交流等问题都进行了深层次的分析。

**14** 《敦煌学·丝绸之路考古研究：杜斗城教授荣退纪念文集》，段小强、李丽主编，兰州：甘肃教育出版社，2016年8月。

本书是杜斗城教授的学生纪念老师荣退所作论文合集，内容涉及宗教、考古、经济、艺术等各个方面的研究。具体篇目有：段小强《甘肃彩陶文化与华夏文明起源》、彭建兵《北凉时期敦煌民间杂密信仰问题考察——以北凉石塔为中心》、陈海涛《商业移民与部落迁徙——敦煌、吐鲁番著籍粟特人的主要来源》、刘惠琴《唐代入仕粟特人的汉化进程》、党燕妮《晚唐五代宋初敦煌佛教信仰的民间化、社会化略论》、王奕心《丝绸之路佛教传播的时空特征与扩散模式》等56篇。

15  《敦煌与丝绸之路：浙江、甘肃两省敦煌学研究会联合研讨会论文集》，赵丰、罗华庆、许建平主编，杭州：浙江大学出版社，2015年4月。

本书是"敦煌与丝绸之路"学术研讨会论文集。研讨会邀请了国内外众多敦煌学研究领域的专家学者，就"敦煌学研究的新收获与新动向""敦煌文献研究""敦煌与丝绸"三大主题分享了各自最新的研究成果。此学术研讨会论文集所收的即众多专家学者所提交的论文，其研究的成果涵盖了佛教、壁画、古籍、文学、书法、乐舞、服饰、丝绸等敦煌学领域的各个方面。具体包括：沙武田《粟特美术影响下的敦煌石窟营建及其图像研究简史》、刘进宝《敦煌史部文献整理简介》、窦怀永《敦煌写卷谶纬佚文续辑》、扬之水《鸟蝶双飞人绣衣——丝绸图案讲述的故事》等篇。

16  《佛教石窟与丝绸之路》（敦煌与丝绸之路学术文丛），俄军、杨富学主编，张乃翥著，兰州：甘肃教育出版社，2014年4月。

本书是关于佛教石窟与丝绸之路的研究文集，所收录的20余篇论文是作者撰写有关龙门石窟与丝路地区文化遗产的学习心得。书中对龙门石窟造像、装饰等佛教艺术的内涵、文化意义进行了探讨；对中古佛教及其他宗教遗迹进行分析，探讨了丝绸之路对中原地区信仰文化的影响；通过敦煌遗书、墓志等出土文献的解读与分析，对中古中原文化的西渐和西域佛教文化在丝绸之路上的传播进行了讨论。具体文章篇目有：《龙门石窟新发现的阿育王造像及其文化意义》《俄藏敦煌遗书若干残卷与中古中原文化之西渐》《世俗视阈下的中古佛教世界——以洛阳、敦煌寺院民俗遗事为中心》等篇。

17  《高昌国：公元五至七世纪丝绸之路上的一个移民小社会》，宋晓梅著，北京：中国社会科学出版社，2003年11月。

本书是对公元5至7世纪高昌国社会及西域史的研究。书中对高昌国的自然生态环境，如地理环境、资源与生计等问题进行分析；对社会情况进行介绍，对高昌国和游牧民族的普遍生存方式、高昌政权与中原王朝和游牧政权之间的关系及其交往的通常方式进行解读；并对高昌国宗教信仰、传统技艺、儒学礼俗等精神文化进行了讨论。本书对古高昌国的解读与分析，为制定西北边疆政治、经济和文化政策，发展西部经济和文化事业提供了有益的历史借鉴。

18 《古道西风劲马：魏晋南北朝时期的丝绸之路》，彭岚嘉、杨艳伶著，兰州：甘肃少年儿童出版社，2014年12月。

本书对魏晋南北朝时期的丝绸之路进行了全景描述。书中对三国时期的西部对峙、十六国时期的风云变幻以及南北朝并立的疆域版图进行了叙述；根据史籍记载，探索了丝绸之路上古道及古道贸易、技术往来、文化交流等问题。对于丝绸之路上的部族与国家，包括鄯善、高昌、焉耆、龟兹、于阗、疏勒、柔然、高车、拓跋、突厥等进行了介绍。文化上，书中对这一时期佛教典籍的传入和佛教高僧的弘法行为等宗教问题进行了叙述，并对诸如《水经注》等重要典籍进行了介绍。

19 《古都西安·长安与丝绸之路》，张燕著，古都西安丛书编委会编，西安：西安出版社，2010年5月。

本书是叙述与研究古都长安的著作。书中概述了丝绸之路的由来与发展，探讨了早期丝绸之路上的东西方文化交流，分析了宗教文化对于早期传播与开拓丝绸之路的作用，叙述了西汉长安与丝绸之路的开发，记述了东汉至南北朝时期以长安为起点的丝绸之路上的中西交往，讨论了隋唐时代长安城的鼎盛与丝路的繁荣，亦探析了唐代以后丝绸由盛而衰的过程。此外，书中还探讨了丝绸之路沿线的文化旅游资源，以及文化旅游设想，并对丝绸之路起点的景观体系进行了研究和阐述。

20 《古丝绸之路乐舞文化交流史》，金秋著，上海：上海音乐出版社，2002年5月。

本书对丝绸之路乐舞文化交流的历史作了探讨。书中按照历史分期分别对先秦时中西乐舞文化交流、两汉时期的丝路乐舞、魏晋南北朝时期佛教乐舞交流、隋唐五代"丝路"乐舞文化交流以及海上丝绸之路的乐舞文化交流深入分析探讨。在对中西交流的探索中，作者解读了古埃及、古希腊、古印度以及古代西域民族乐舞与中原地区乐舞的融汇交流，分析了舞蹈的形态、艺术美感和文化背景。对于日本和朝鲜半岛的乐舞文化，作者通过分析海上丝绸之路的交流进一步解读，详细探讨了相互在文化上的渗透与影响。

21 《古丝路与新西安：西安与丝绸之路经济带》，西安市地方志办公室编，西安：三秦出版社，2015年9月。

本书对西安与丝绸之路经济带的发展进行研究。书中回顾了丝绸之路的历史，叙述了丝绸之路的交通，包括走向的变迁、丝路上的交通工具与驿站、丝绸之路的安全保障体系等问题，对于丝绸之路沿线国家与城市以及城市在经济文化交流中的作用进行了探讨。此外，作者对丝绸之路上的经济与文化交流问题进行了重点讨论，特别是丝绸之路的贸易方式及输入与输出的物品、丝路商业利益的争夺以及丝路与乐舞、绘画、科技、宗教等文化交流等问题，从而证明长安作为丝路的起点具有重要的经济与文化地位。书中总结了历史经验与对当代的启示，为建设丝绸之路经济带新起点提供历史借鉴和经验。

22　《汉唐两京及丝绸之路历史地理论集》，李健超著，西安：三秦出版社，2007年7月。

本书是李健超先生历史地理研究主要论文的集成。书中收录50篇作者代表性论著，内容涉及汉唐长安城和洛阳的历史自然地理问题，包括《汉唐长安城明清西安城地下水的污染》《隋唐长安城清明渠》等篇；周边地理陵墓、佛教遗迹考证，如：《韩森冢应是秦始皇祖父孝文王的寿陵》《翠微寺的历史、文物及其在历史上的地位》等篇，以及丝绸之路路线、地名考释等问题，如：《丝绸之路沙漠路线中国境内的自然环境及其变迁》《丝路青海道寻踪》等篇。

23　《汉唐丝绸之路》（西安小史丛书），张燕著，西安：西安出版社，2016年1月。

本书是对汉唐丝绸之路的介绍之作。书中首先对早期丝绸之路、海上丝绸之路、西南丝绸之路以及丝绸之路的各个支线作以总体上的概述；而后对丝绸之路上的重要历史事件作以勾勒与串联，包括汉匈战争、张骞凿空西域、罗马帝国的分裂以及怛罗斯之战等对丝绸之路的发展有重大历史意义的事件；同时，作者对丝绸之路上的重要国家进行了介绍，如：高昌国、楼兰国、焉耆、莎车以及更为遥远的安息帝国、波斯帝国、拜占庭帝国等。此外，作者还对丝绸之路上的民族以及科学技术及文化的传入作以叙述。

24　《汉魏洛阳城——汉魏时代丝绸之路起点》（丝绸之路中国段文化遗产研究），刘庆柱、杜文玉主编，赵振华、孙红飞著，西安：三秦出版社，2015年12月。

本书是对汉魏时期作为丝绸之路起点洛阳城的考述。书中对汉魏时期洛阳城的周边环境、历史沿革进行了介绍，对汉魏城垣遗址、曹魏、北魏洛阳城址等古城遗迹进行考述并对城内的礼制建筑、太学遗址、街市与作坊、佛教与建筑的发掘和保护情况分别进行了论述。本书为丰富和拓展丝绸之路遗址提供了依据，对宫殿、城门、寺院、礼制建筑的复原研究，深入揭示了古城文化内涵，为遗址保护展示提供了依据，并对丰富和完善汉魏洛阳城国家考古遗址公园具有一定意义。

25 《黑龙江冰雪丝绸之路》，龚强编著，哈尔滨：黑龙江人民出版社，2012 年 10 月。

本书是对黑龙江冰雪丝绸之路的全景描述。作者通过调查传世文献和考古资料，叙述了边疆少数民族水陆通道、唐代渤海王城朝贡道、辽代海东路、金代"鹰路"、元代东北路、明代海西东水陆城站、清代黑龙江冰雪丝绸之路的全貌，并对发生在这条路上的"猎鹰""北狩""站赤""永宁寺碑""赏乌绫""雅克萨之战"等重大历史事件进行了论述。作者认为冰雪丝绸之路促进了中国东北少数民族地区与中原文明的交流、互补、融合与升华，起到了加强东北地区不同社会经济类型民族间的彼此交往，推动聚合、繁荣经济、稳定边疆的作用。

26 《胡汉之间："丝绸之路"与西北历史考古》，罗丰著，北京：文物出版社，2004 年 9 月。

本书是西北考古与丝绸之路的研究著作，作者将公元 3—10 世纪中国中古史及考古作为研究重点，抓住了西北在中国历史发展过程中的民族融合和东西方文化交流的内容进行探讨。全书分为五部分，包括考古工作的回顾与反思、北魏至隋唐时期的胡人墓葬考古、胡人在中原的生活研究、胡人的舞蹈文化与丝绸之路、胡人墓志文献研究等内容。具体内容包括北魏漆棺画中的波斯风格、中国境内发现的东罗马金币、流寓中国的中亚史国人、五代宋初灵州与"丝绸之路"等研究议题。

27 《胡乐新声：丝绸之路上的音乐》，陈凌、陈奕玲著，北京：人民美术出版社，2005 年 6 月。

本书是对丝绸之路上传播的音乐进行研究的著作。书中利用文献记载及出土文物中与音乐相关的实物探讨了中国礼乐制度的确立与蜕变，对于胡人音乐在北魏、东魏、北齐以及西魏、北周前后近 200 年的发展进行了介绍，对隋唐时期胡人在中原地区的社会生活以及胡乐的广泛流传进行了探讨，并论述了胡乐对燕乐的影响。此外，作者对草原丝绸之路的胡乐进行探讨，认为西域音乐的传入是经过草原丝绸之路胡人的传播。书中还专门探讨了琵琶、箜篌等乐器的传入背景和文化意义。总体上，本书利用胡乐在丝绸之路上的传播探索了文明与文明之间的交流轨迹。

28 《话说中国海上丝绸之路》，董志文编著，广州：广东经济出版社，2014 年 10 月。

本书以中国秦汉时期至今的海上贸易为主线，介绍了涵盖港口、造船、航海、移民、宗教、国家关系、中外科技文化交流等诸多与海上贸易有关的内容，描述了海上丝绸之路的形成、发展、繁盛、衰落、停滞、复兴的过程。全书共分为八章，主要内容包括：海上丝绸之路的形成，海上丝绸之路的发展，海上丝绸之路的繁盛，海上丝绸之路的由胜转衰，海上丝绸之路的衰落和停滞，民国时期的海上丝绸之路，新中国成立以后的远洋贸易，改革开放后海上丝绸之路的复兴。

**29** 《回鹘时代：10—13世纪陆上丝绸之路贸易研究》，杨蕤著，北京：中国社会科学出版社，2015年6月。

本书论述了10—13世纪丝绸之路上的重要民族在经济和地缘政治环境上的发展演变过程。书中对这一时期丝绸之路上的民族格局与地缘政治做以介绍，对中原政权与陆上丝绸之路交流演变及贸易、朝贡等来往方式进行了全面考察；作者对契丹政权在塞北丝路上的活动作以调查，包括其内部关系与活动、辽朝与回鹘及伊斯兰世界的交往并对西夏王国与东西交流与贸易进行了探讨。本书以各个民族在丝绸之路上的贸易线路、贸易方式、贸易主体等内容为研究线索，从整体上把握了丝绸之路各要素之间的内在联系。

**30** 《嘉峪关与丝绸之路历史文化研究》，中共嘉峪关市委宣传部、甘肃省历史学会编，兰州：甘肃教育出版社，2015年9月。

本书是对嘉峪关与丝绸之路历史文化研究的论文合集。书中从不同方面探讨与研究嘉峪关与丝绸之路的历史文化，共收入论文40篇。具体探讨方向包括嘉峪关与古代边防、嘉峪关与外交文化、嘉峪关在丝绸之路的历史地位等方面。代表论文有：《嘉峪关城与甘肃的长城文化》《丝绸之路与中国古代外交》《河西走廊及其周边史前文化交流与"前丝绸之路"河西段的形成》《西北铁器时代早期区域文化互动与丝绸之路的形成过程》《甘肃丝绸之路文化带开发利用研究》等篇。

**31** 《金塔居延遗址与丝绸之路历史文化研究》，中共金塔县委等编，兰州：甘肃教育出版社，2014年12月。

本书是"居延遗址与丝绸之路历史文化国际学术研讨会"的会议成果。全书分为先秦秦汉简牍与历史文化研究、居延遗址与长城烽燧防御研究、金塔历史文化遗址保护利用研究、河西史地文化与丝绸之路研究、敦煌学与墓志写本文献研究五部分，具体内容有《汉代西北边地出土竹简问题》《敦煌、居延汉简所见"乐浪"考释》《丝绸之路文化遗产内涵研究——以甘肃段为例》《丝绸之路上的唐代京畿乡民》《唐宋时期穿越灵州的丝绸之路》等文章百余篇。

32 《锦程——中国丝绸与丝绸之路》，赵丰著，合肥：黄山书社，2016年1月。

本书是对丝绸之路出土纺织品进行研究的专著。书中论述了丝绸的起源以及中国丝绸在古代文化中的地位，探讨了早期的草原丝绸之路，叙述了汉晋时期中国丝绸的西传以及希腊化艺术对纺织品的影响，同时，对新疆和费尔干纳的丝织品、中亚粟特织锦进行探讨，并与盛唐时期的织锦进行了比较研究。书中亦讨论了中国丝绸向日本、朝鲜半岛的传播以及与契丹、西夏、回鹘之间的丝绸交流问题。作者通过对中国历史时期不同种类纺织品的技术与风格特点的介绍，勾勒出东西方纺织科技的交流过程，以及中国纺织科技在这一时期的演变脉络，呈现了中国丝绸的发展过程和工艺。

33 《锦程——中国丝绸与丝绸之路》，徐铮、金琳主编，杭州：浙江大学出版社，2017年10月。

本书是对中国丝绸与丝绸之路的研究。书中按照历史顺序，分别叙述了史前时期、战国秦汉时期、魏晋南北朝时期、隋唐五代时期、宋辽金元时期、明清时期、近代及当代不同时期中国丝绸的起源、发展的历程以及中国丝绸在丝绸之路沿线东西文化的交流情况。同时，作者特别讲述了中国近代工业转变对中国丝绸的影响，并通过当代丝绸的样本及新型面料、数码织锦等技术，呈现了改革开放以后当代丝绸的风采。

34 《锦上胡风：丝绸之路纺织品上的西方影响（4—8世纪）》，赵丰、齐东方主编，上海：上海古籍出版社，2011年12月。

本书为中国丝绸博物馆在北京大学赛克勒考古艺术博物馆主办的"锦上胡风"专题展览的丝织文物精品的图录，收录了清华大学美术学院尚刚教授和中国社科院文学所扬之水研究员的文章，分别为《胡风吹束锦样新——丝绸之路纺织品上的西方影响（4—8世纪）》《吸收与改造——6至8世纪的中国联珠圈纹织物》《曾有西风半点香——对波纹源流考》。展览展出的丝织品多数为国内初见，图录中进行了清晰的展示，并配有精辟的文字叙录。

35 《景泰与丝绸之路历史文化》，颜廷亮主编，兰州：甘肃人民出版社，2008年7月。

本书是"景泰与丝绸之路历史文化"研讨会会议论文集。论集主要分为历史考古、旅游开发和其他三部分，论文涉及丝绸之路历史文化与今天景泰经济文化发展的关系，景泰境内汉唐时期丝绸之路所经路线及其黄河渡口的考证，景泰古代战略军事地位及其军防设施的探讨，景泰佛教文化遗迹及其学术价值的论证，黄河石林等旅游资源进一步的开发，红军西路军在景泰的遗迹等红色旅游资源的保护和开发，景泰影视旅游文化产业的开发、保护和利用，修建景泰民俗博物馆的设想和建议，打造旅游精品促进景泰旅游业腾飞的构想等等，涵盖了有关丝路文化与景泰经济文化发展的众多方面。

**36** 《开创精神丝绸之路的新纪元：2014年陕西师范大学池田大作国际研讨会论文集》，[日] 寺西宏友、萧正洪主编，北京：社会科学文献出版社，2016年8月。

本书是2014年10月份在陕西师范大学长安校区召开的"池田大作国际研讨会"的优秀论文集，收录了中日学者相关文章30余篇。书中内容包含《丝绸之路与"精神丝绸之路"——深处丝绸之路起点西安的所思所想》《论"精神丝绸之路"的思想与实践》《中日民间交流与"精神丝绸之路"实践研究——以大连市和金泽市为例》《21世纪青年发展的课题》《池田大作幸福伦理观及其启示》等研究成果，有助于从思想、文化、教育的角度推动丝绸之路的建设与发展。

**37** 《骊靬文化与丝绸之路研究》，丁永琴主编，北京：中国旅游出版社，2014年7月。

本书是对骊靬文化与丝绸之路的研究。书中分为骊靬文化与历史研究、骊靬文化旅游研究、丝绸之路旅游研究、骊靬文学研究等四部分，具体文章包括《古代中国有座罗马人的城市》《金昌市区域旅游协作区的运行特征与战略定位》《骊靬的历史流变与发展展望》《汉朝西域路的开辟和骊靬人来华》《中西关系史上失记的一桩大事——数千罗马兵归化中国》《王萌鲜说骊靬》《古罗马人在中国河西的来龙去脉》《骊靬故县与罗马降人》《汉学家德效骞的罗马军团来华研究》《罗马军团、骊靬人民族构成初探》《中世纪西方对东方认知的历史演变——以基督教约翰王传说为例》等文章。

**38** 《路途漫漫丝貂情：明清东北亚丝绸之路研究》，陈鹏著，兰州：兰州大学出版社，2011年4月。

本书介绍了东北亚丝绸之路的走向及发展变迁。书中对东北亚丝绸之路的概况进行了介绍，分析了明代东北亚丝绸之路的走向及发展变迁，包括奴儿干都司境内交通驿道的设立、丝路交通沿线上的城镇营建与发展等问题；对清代东北亚丝绸之路的走向及发展变迁进行分析，包括东北亚丝绸之路的考察、丝绸之路的社会功能的分析等问题。作者叙述了明清两代丝绸之路沿途的贸易盛况，进而分析丝绸之路的民族关系与国家关系，并对东北亚丝绸之路与"虾夷锦"文化进行了探讨。

39 《洛阳，丝绸之路东方起点》，洛阳市政协文史委员会编，北京：中国文史出版社，2013 年 11 月。

本书是对丝绸之路洛阳起点的论述，全书共分为五章，分别是"丝绸之路的形成与发展""汉魏洛阳城与丝绸之路""隋唐洛阳城与丝绸之路""丝绸之路—中西交流的大动脉""丝绸之路—全人类的文化遗产"。该书引经据典，生动描述了不同时期洛阳的商业、文化与丝绸之路沿线城市乃至国家之间旌旗飘舞、官民络绎、商贾穿行、水陆两忙的盛景，解读了洛阳城在丝绸之路上的重要作用。

40 《洛阳出土丝绸之路文物》，李永强主编、洛阳市文物管理局编著，郑州：河南美术出版社，2011 年 7 月。

本书收入洛阳地区东汉时期至唐代丝绸之路的文物。具体内容主要有陶俑，包括人物俑与动物俑，其中以胡俑和骆驼俑为最多；墓志，包括康国人、安国人、曹国人、史国人、何国人、月氏国人、波斯国人、突厥人、于阗国人等胡人墓志；碑刻则有辟雍碑、景教经幢等，以及钱币、生活器物等其他文物。书中在每类文物图版前做了概括性介绍。作者认为这些文物显示出了汉唐时期洛阳的国际地位及其与丝绸之路的密切关系，也佐证了洛阳为丝绸之路的起点。

41 《洛阳与丝绸之路》，张乃翥、张成渝著，北京：国家图书馆出版社，2009 年 8 月。

本书是对洛阳与丝绸之路的研究。书中首先对上古时代中外社会交往的历史做了回顾，对魏晋南北朝及隋唐时期历史遗产中洛阳丝绸之路的史料进行了钩沉，包括历史文献中中外文化交流的记载、文化遗迹及考古资料中反映出的中外交流的内容等方面。书中对洛阳龙门石窟进行了重点考察，从佛像背光、交脚狮子座、窟龛的装饰纹样、柱式雕刻及供养人造像中的蕃胡风貌等内容，论述了所蕴含的中外文化的交流信息。此外，作者对意识形态视野下中古洛阳社会各界的外来精神蕴藉也做了讨论。

42 《马可·波罗 扬州 丝绸之路》，徐忠文、荣新江主编，北京：北京大学出版社，2016 年 9 月。

本书为"马可·波罗与丝绸之路国际学术研讨会"论文集，收入论文 20 余篇，包括中国、意大利、美国、德国、日本等国学者的最新研究成果，代表了当今马可·波罗研究的水平，兼及有关扬州和丝绸之路的最新探讨。收录的具体文章有：《马可·波罗与扬州》《马可·波罗与丝绸之路》《马可·波罗航抵波斯返乡与航海罗盘》《马可·波罗与扬州在丝路网中的地位——从马可·波罗所记一个地名的订正说起》《Marco

Polo's China in the Fra Mauro Map》《丝绸之路上的马可·波罗与新丝绸之路上的中国》等篇。

**43** 《梦想的边疆：隋唐五代时期的丝绸之路》，杨献平著，兰州：甘肃少年儿童出版社，2014年12月。

本书是对隋唐五代时期陆上丝绸之路的详细介绍。书中叙述了活跃在丝绸之路上的西北少数民族，对匈奴、东胡、月氏、鲜卑的源流进行了考证；分析了杨隋王朝时期的南北统一与边疆问题，包括威服突厥吐谷浑、离间分化大突厥等；探讨了隋唐之际的丝绸之路，讲述了突厥败亡、丝路交通、四通八达的贸易与朝贡；论述丝绸之路的再开拓与交通保障以及多国商贸与西域之争；叙述了开元盛世中的丝绸之路，重点对北疆与河陇战争、怛罗斯之战及其后果进行了分析。此外，书中对安史之乱后的丝绸之路以及唐德宗时期的外交与战争等问题都进行了解读。

**44** 《宁夏境内丝绸之路文化研究》（敦煌与丝绸之路学术文丛），薛正昌著，兰州：甘肃教育出版社，2014年6月。

本书系统地梳理和研究了丝绸之路在宁夏的时空发展与演进过程。书中梳理了丝绸之路在宁夏段的历史文化背景和走向变迁，包括重大历史事件；将进入丝绸之路申报世界文化遗产预备名单宁夏境内的4处遗址（固原古城、须弥山石窟、开城遗址、固原北朝和隋唐墓地）的历史背景和文化现象进行详细介绍；叙述了在丝绸之路背景下，历代宁夏移民在自然地理意义上衍生和承载的各种文化现象。此外，作者对丝绸之路文化遗产的影响与折射进行了总结。

**45** 《千年一诺：西安丝绸之路申遗实录》，西安市文物局编著，北京：文物出版社，2015年12月。

本书是对丝绸之路西安段五处遗产申报的实录。书中对西安市汉长安城未央宫遗址、唐长安城大明宫遗址、大雁塔、小雁塔、兴教寺塔等五处遗址的申报过程及所取得的收获进行了介绍。全书分为承诺篇、收获篇、关注篇，分别对申遗实录的提出、启动、筹备、落实、推动、确认等过程进行了综述，并对遗址的梳理和保护工作所取得的收获与成就做了介绍。关注篇中，书中收录了2005—2014年间的媒体对申遗工作的报道文章。本书是西安市文物保护单位申报世界文化遗产工作的汇总，具有资料性和研究价值。

**46** 《全球化时代的佛教与丝绸之路研究——2016崇圣论坛论文集（上下）》，

崇化主编，北京：宗教文化出版社，2017年8月。

本书是2016年崇圣论坛论文集。论文集以全球化佛教与丝路佛教为主题，并响应"一带一路"发展思路，探寻佛教与其他宗教的对话与交流。书中分为全球化时代的佛教，丝绸之路上的佛教，佛教经典、历史与文化三个主题，收录论文72篇。具体篇目有：《中国佛教文化交流与佛教中国化的理论思考》《"一带一路"与宗教新闻传播》《Silk Road：The Trade Way and The Way of World Peace，Harmony and Happiness》《佛教文化与草原丝绸之路》《沙漠的莲花：于阗佛教》《佛教艺术与"丝绸之路"——敦煌壁画中的交通图像识读》等篇。

47　《让丝绸之路重现辉煌：利用亚欧大陆桥发展陕西经济》，武原主编，西安：陕西人民出版社，1998年12月。

本书是探讨利用陆桥贯通提供的机遇和条件，促进陕西经济发展的论集。书中分为上、下两编，上编收入有关丝绸之路的论文9篇，包括《"丝绸之路"：外层文化圈的建构》《论西汉时期三秦志士对沟通丝绸之路的杰出贡献》《丝绸之路与唐代长安商业市场的繁荣》等，对读者理解亚欧大陆桥的地位和作用有所帮助。下篇收入论文28篇，主要论及陕西的改革开放与经济发展，包括《亚欧大陆桥与陕西经济的发展》《关于陕西重现丝路辉煌的若干对策》等篇。

48　《融汇与承继：丝绸之路文化研究》，杨琳等著，西安：西安交通大学出版社，2016年12月。

本书是对丝绸之路文化研究的论文集，汇集了作者对于丝绸之路文化的研究成果11篇。包括《两汉至隋唐时期中亚诸国与中国美术的融合研究》《从印度到中国——丝绸之路上的唐代地宫与中外文化交流》《从印度到中国——隋唐佛塔形制与涅槃图像演变研究》《敦煌植物装饰图案的"西风东渐"研究》《丝绸之路上的古碑刻探究》《丝绸之路佛教题材书法研究》《"丝绸之路"音乐甬道的价值再探究》等。本书对于丝绸之路文化的研究者具有参考价值。

49　《撒拉族与丝绸之路民族社会文化研究》，马成俊、马伟主编，北京：民族出版社，2015年9月。

本书是研究与探讨撒拉族与丝绸之路民族社会文化的论文集，汇集了来自中英美德意等国专家学者的相关文章20余篇，涉及土库曼斯坦专题、丝绸之路与撒拉族、土库曼斯坦周边地区研究、乌古斯语组语言研究等领域的研究。书中文章包括《赴土库曼斯坦考察报告》《撒拉族语言与族源》《丝绸之路经济带建设与撒拉族》《撒鲁尔王朝与撒拉族》《丝绸之路上小亚细亚地区历史地理考察》以及《从语音对比看撒拉语的突厥语特点》等篇，具有较高的学术价值，推动了相关研究的发展。

50 《三至六世纪丝绸之路的变迁》，石云涛著，北京：文化艺术出版社，2007年6月。

本书研究了3至6世纪丝绸之路的历史发展与变迁，对中西文化交流、社会发展、政权更迭、城市作用等内容做了探讨。书中分析了3至6世纪中西方政治格局，论述了当时中国南北分裂与政权更替以及西部世界政局变动的历史情况，叙述了丝绸之路中国段的兴衰，并讲述了葱岭以西丝绸之路的发展与变迁。同时，作者着重探讨了丝绸之路沿线上中西城市所起到的作用，概括了其特色和影响。此外，书中亦论述了3至6世纪中西海上交通的兴衰、条件、航线等内容，展现了当时丝绸之路的历史风貌与发展历程。

51 《上海博物馆藏丝绸之路古代国家钱币》，上海博物馆编，上海：上海书画出版社，2006年11月。

本书采用中英双语，是汇集上海博物馆所藏古代丝绸之路沿线国家钱币的图录，包含了馆藏的3000多枚亚欧古代国家的钱币，钱币年代最早约公元前6世纪，最晚约公元13至14世纪，跨度近2000年的时间。书中对每一枚钱币都做了介绍，包括其名称、图版、年代等内容，读者可以清晰看到不同时期不同国家的钱币样式，再现了钱币文物上的各种文字、图案或符号，反映出丝绸之路在中西交流、商贸往来中所起到的重要作用与积极影响。

52 《十世纪前的丝绸之路和东西文化交流：沙漠路线考察乌鲁木齐国际讨论会》，联合国教科文组织、中国社会科学院考古研究所编，北京：新世界出版社，1996年。

本书是关于沙漠路线考察乌鲁木齐国际研讨会的论文集，采用中英对照的编纂方式，汇集了国外专家学者相关文章40余篇。书中囊括了《张骞凿空前的丝绸之路——论中西古典文明的早期关系》《关于丝绸吐蕃道的交通路线问题》《回鹘在"丝绸之路"的历史地位》《中亚关系体系中的西南道》《世界体系史：中亚腹地的中心地位》《新疆古代居民的种族人类学研究》《关于丝绸之路的新考古资料》等文章，推动了相关学术研究的进一步发展。

53 《世界之半：丝绸之路城市网》，倪鹏飞、丁如曦等著，北京：中国社会科学出版社，2016年11月。

本书是研究全球城市竞争力的著作，汇集了国内外学者相关文章14篇，采用了全球505个城市的数据与指标，分析了全球城市竞争力的总体分布格局，并从不同视角、多个维度比较证明了全球城市竞争力格局的调整。书中包括《全球城市竞争力：理论框架》《全球城市竞争力：年度排名》《不同视角全球城市竞争力比较》《全球联系与科技创新》，以及"世界之半：丝绸之路城市网"的《分析框架》《历史演进》《发展现状》与《未来展望》等文章。

**54** 《首届丝绸之路（敦煌）国际文化博览会论文集》，《首届丝绸之路（敦煌）国际文化博览会论文集》编委会编，兰州：甘肃人民出版社，2017年2月。

本书是首届丝绸之路（敦煌）国际文化博览会的论文集，收录了高峰会议演讲、分论坛发言与论文，以及专项论坛等内容，旨在通过"一带一路"，尤其是陆上丝绸之路，构建起一个文化交流合作发展的新平台。书中包含了中国、法国、尼泊尔、阿富汗等国家领导与甘肃省领导的论坛演讲与致辞，也包括了白俄罗斯、波黑、塔吉克斯坦、约旦等国部长的圆桌会议发言。同时，书中汇集了国内外学者的研究论文，包括《文化是促进团结进步的力量》《文化交流融合　文明共存共荣》《秉承对外开放合作态度　加强文化艺术交流》《丝绸之路史文明合作的舞台》等一系列文章。

**55** 《首届丝绸之路国际博物馆友好联盟大会论文集》，吕建中主编，西安：陕西人民出版社，2017年5月。

本书是首届丝绸之路国际博物馆友好联盟大会的论文集，汇集了国内外专家学者相关论文30余篇。书中讲述了首届丝绸之路国际博物馆友好联盟的缘起及发挥的作用；强调应文化先行，积极推动"一带一路"建设发展，并且要弘扬丝路文化，传承丝路精神。书中论文分为民办博物馆的发展、民办博物馆社会教育、民办博物馆藏品建设、民办博物馆文化产业4个方面，包括《谈民办博物馆发展与文物资源合理利用》《民办博物馆开展青少年教育活动的实践与思考》《藏品建设——民办博物馆发展的核心战略》《浅谈博物馆开发文化产品的具体措施》等文章。

**56** 《谁调清管度新声：丝绸之路音乐文物》，河南博物院编，北京：文物出版社，2017年6月。

本书以丝绸之路遗存与出土的音乐文物为研究对象，探讨了音乐文化沿丝绸之路的传播及影响。书中分析了丝绸之路开辟前华夏与西域的音乐文化，叙述了两汉魏晋南北朝时期胡汉音乐的双向交流及丝路多民族音乐，探讨了隋唐时期丝路音乐的繁盛，以及丝绸之路沿线佛教音乐的发展。同时，书中还讨论了魏晋南北朝时期中原音乐文化传统的存灭与承续，探讨了西安地区所见唐代佛教遗存中的乐舞图像。此外，书中汇编了出土的古代乐器，包括其名称、图版、年代、尺寸、出土地、保存地及简介等内容，个别乐器还附有二维码，可欣赏其演奏的音乐。

**57　《丝绸之路》，张一平著，北京：五洲传播出版社，2005年10月。**

本书是介绍与探讨丝绸之路历史的著作。书中讲述了张骞出使西域及丝绸之路的开辟，介绍了西域地区楼兰、乌孙、龟兹、尼雅等部族文化。书中探讨了丝绸之路上的中西商贸往来与文化艺术交往，描绘了国际大都市——长安和华戎交会的都市——敦煌。书中还介绍了佛教、摩尼教、伊斯兰教等宗教沿丝绸之路的传入与发展，讨论了西域地区的宗教文化、民间信仰与石窟艺术。此外，书中探讨了古代文明的西传与东渐，体现了丝绸之路在文明碰撞、文化传播与发展中的历史作用。

**58　《丝绸之路》，北京大陆桥文化传媒编译，北京：中国青年出版社，2008年5月。**

本书是讲述丝绸之路历史变迁与人文地理的作者。书中概述了丝绸的传说，讲述了长安在丝绸之路上的重要作用。作者亦叙述了丝绸之路上包括楼兰、精绝、龟兹、于阗等古代文明，对其历史变迁、兴衰过程与文化发展等内容做了解读。同时，作者强调了丝绸之路在欧亚交通中的重要地位，并就波斯帝国、阿拔斯王朝，以及阿勒颇、大马士革、君士坦丁堡等丝路沿线文明与城市的历史做了回顾。此外，作者描述了西方国家对东方世界的遐想，对赛里斯国与马可·波罗的故事做了介绍。

**59　《丝绸之路》，沈济时著，北京：中华书局，2010年3月。**

本书对丝绸之路历史进行了探讨。书中介绍了西汉时期张骞出使西域及丝绸之路开辟的过程，叙述了东汉时期中原与西域"三绝三通"的历史，并对中国古代丝绸之路的动荡、繁荣及衰落做了评述。同时，书中探讨了丝绸之路在经贸往来、文化往来及中西交流中的作用与影响，对农业经济作物、科学技术的互惠，四大发明的西传，宗教的输入与传播，以及在美术音乐舞蹈杂技的艺术交融等方面做了介绍与解读，体现了丝绸之路重要的历史价值。

**60　《丝绸之路》，臧笑飞编著，长春：吉林文史出版社，2010年1月。**

本书是介绍与解读丝绸之路的著作，旨在向读者普及丝绸之路的历史知识与文化内涵以及在历史上的地位与影响。书中对丝绸之路做了全面的介绍，对丝绸之路的开辟、发展、兴盛与衰落做了解读,并强调了丝绸之路在中西文化交流、贸易往来、宗教传播、科技互鉴等领域的历史作用。作者还介绍与解读了丝绸之路地区的未解之"谜"、历史故事与美丽传说,并就该地区的文化景观做了叙述。

**61 《丝绸之路》(西域探险考察大系),[瑞典] 斯文·赫定著,江红、李佩娟译,乌鲁木齐:新疆人民出版社,2013年10月。**

本书讲述了近代瑞典探险家斯文·赫定在西域地区探险考察的沿途经历、所见所闻与研究成果。书中分为22个章节,包括"通往百灵庙之路""金发戈壁滩""通向丹宾喇嘛的强盗窝""奔赴乌鲁木齐""赫默尔和贝格曼返回瑞典""在乌鲁木齐的最后时日""丝绸之路""奔向长城""肃州与甘州""丝绸之路上的最后时日"等内容,是研究西域社会人文、历史遗迹与自然地理的一手资料,具有重要的学术研究价值。

**62 《丝绸之路》,国家文物局编,北京:文物出版社,2014年11月。**

本书是配合国家博物馆"丝绸之路"展览,由国家文物局主持编辑的丝绸之路精品文物图录,共收录了古代丝绸之路上发现的各类文物约350件。书中文物包括配饰、金银器、青铜器、简牍、帛画、文书、骆驼俑等多个品类,对每件文物的名称、图版、年代、尺寸、出土地、保存地,以及文物简介都做了充分地记述,系统地展示了古代丝绸之路上的中西贸易与文化交流,再现了古代丝绸之路的历史风貌,为研究中国古代中外交流史提供了重要资料。

**63 《丝绸之路》,刘迎胜著,南京:江苏人民出版社,2014年9月。**

本书以古代丝绸之路为研究对象,探讨了草原丝绸之路与海上丝绸之路的历史发展与变迁。书中介绍了草原丝绸之路的诞生,对丝织业的发展,草原丝路的原始文化,草原丝路的民族迁徙,胡汉民族贸易、科技、文化等多领域交往,以及西亚宗教入华传播等内容做了探析。同时,书中还对海上丝绸之路进行了探讨,介绍了其发展历程与历史特点,分析了海上丝路对中西文化交流的积极影响,并强调了其在欧学东渐与汉学西传中起到的重要作用,再现了丝绸之路政治、经济、文化等方面的历史面貌。

**64 《丝绸之路》,[法] 布尔努瓦著,耿昇译,北京:中国藏学出版社,2016年3月。**

本书是研究丝绸之路历史概况、丝绸贸易史及沿途各民族之间关系的著作,采用了波斯—阿拉伯、希腊—罗马、汉文—藏文及印度古代资料,并融合了近现代各国学者的论著。书中共分为18章节,包括"丝绸之乡""汉朝西陲的胡族""海路的开辟""古代地理学家的世界观""罗马在中亚的影响""从贸易交流到间谍活动""从十字军东征到马可·波罗时代""里昂——最后的丝绸之都"等内容,书后附有丝绸之路沿途重大事件年表,再现了丝绸之路的历史风貌与人文样态。

**65** 《丝绸之路》,[美]比尔·波特著,马宏伟、吕长清译,成都:四川文艺出版社,2017年7月。

本书是记述与总结美国汉学家比尔·波特沿丝绸之路文化旅行的著作。书中共分为22章节,包括"启程:疯子才走的路""天水:中国最早的哲学家""河西走廊:戈壁中的绿洲""伊宁:民族英雄的流放地""通往塔什库尔干之路:海拔4000米""伊斯兰堡:我们的故事不能忘"等。作者通过从西安经河西走廊到新疆,再沿古代丝绸之路北线到达巴基斯坦伊斯兰堡的旅程,为读者描绘与展现出丝绸之路沿线的自然风光、生态环境、社会民俗、历史遗迹等景象。

**66** 《丝绸之路》(牛津通识读本),[美]米华健著,马睿译,南京:译林出版社,2017年4月。

本书是一部丝绸之路历史与文化的导论性质的书籍,通过对百年来学者们的不同看法,结合前人论述的基础,提出了作者本人对丝绸之路的新观点,并强调丝绸之路通过贸易、外交、征战、迁徙与朝圣等途径,加强了非洲—欧亚大陆的交流与融合。书中分为6个章节,包括"环境与帝国""丝路荧光闪烁的时代""丝路上的生物学""丝路上的艺术""丝路将通往何方?"等内容,再现了丝绸之路的历史变迁、中西交流、贸易往来、物种传播、艺术交融等内容,并展望了丝绸之路的未来发展。

**67** 《丝绸之路:大西北遗珍》,《丝绸之路:大西北遗珍》编辑委员会编著,北京:文物出版社,2010年8月。

本书是介绍丝绸之路遗留与出土精品文物的图录,旨在向读者展现古代丝绸之路的历史知识与文化。书中共分为6部分进行叙述,涵盖了春秋战国、两汉、魏晋南北朝、隋唐与宋元5个历史时期和丝绸之路上的佛教遗迹,并对每件文物的名称、图版、年代、尺寸、出土地与保存地等内容做了详细介绍。同时,书中还收录了6篇国内学者的专题文章,包括《汉唐长安与丝绸之路》《丝绸之路在宁夏》《魏晋南北朝时期丝绸之路东段北道上的文化交流》等内容,还原了古代丝绸之路的历史风貌与社会样态。

**68** 《丝绸之路:大西北遗珍》,李进增、陈永耘主编,北京:文物出版社,

2017 年 10 月。

本书是"丝绸之路——大西北遗珍"展览的图录,收录了在丝绸之路地区发现的精品文物 249 件(组)。书中共分为六部分进行叙述,涵盖了春秋战国、两汉、魏晋南北朝、隋唐与宋元五个历史时期和丝绸之路上的佛教遗迹,并对每件文物的名称、图版、年代、尺寸、出土地、保存地、简介等内容做了详细介绍。这些历史文物再现了丝绸之路的发展历程,体现出丝路地区在中西交流、贸易往来、文化交融、宗教传播等领域起到的历史意义与重要作用。

**69** 《丝绸之路:古代文明的通道》,吴岳添编,重庆:重庆出版社,1999 年 5 月。

本书以丝绸之路为主题,探讨了其在古代文明交流中的历史作用与影响。书中介绍了中国文明通过丝绸走向世界的过程,强调了古罗马人对丝绸的喜爱。书中亦介绍了由古代丝绸之路传入我国的宗教,包括祆教、佛教、摩尼教等教派,以及中原僧人西行求经的历史。同时,书中还探讨了海上丝绸之路的兴起,强调了其进一步促进了中西贸易的发展。此外,书中叙述了西方传教士与探险家在东方的所见所闻,以外国人的视角还原了古代丝绸之路的历史风貌。

**70** 《丝绸之路:河西走廊生态与地域建筑走向》,胡月文著,北京:中国建筑工业出版社,2017 年 9 月。

本书是研究河西走廊生态与地域建筑走向的专著。书中强调了研究河西生态地域建筑的意义,以及研究方法及手段,分析了河西走廊人文生态因素对地域建筑的影响,并对河西历史地域建筑的形态进行了分类。同时,书中对河西生态与庄堡地域建筑文化进行了解读,阐述了与中国传统建筑的联系与区别,并对夯土技术做了探讨。此外,作者探析了河西走廊地域建筑的生态表现和艺术审美,对地域建筑的原则和文化安全,以及地域情感与建筑艺术等方面进行了论述。

**71** 《丝绸之路:内陆欧亚考古与历史》,刘文锁著,兰州:兰州大学出版社,2010 年 8 月。

本书是研究丝绸之路内陆欧亚地区考古与历史的著作。全书分为"'丝绸之路'与内陆欧亚""游牧考古""于阗考古与于阗史""西域出土文书""内亚学术史学记""杂稿"等章节,包含了《"丝绸之路热"》《蒙古考古调查报告》《古代于阗契约》《伯希和所获龟兹汉文文书研读札记》《岑仲勉内陆欧亚研究学记》《内亚的生态考古学愿景》等文章,具有较高的学术价值,再现了丝绸之路沿线的历史风貌,对内亚史的研究与发展起到了推动作用。

▶ 丝绸之路研究论著叙录

72 《丝绸之路：设计与文化》，包铭新主编，上海：东华大学出版社，2008年10月。

本书是2008年国际服装论坛的论文集，围绕丝绸之路的设计与文化展开全方位的研究，共收录了国内学者相关论文17篇。书中包括《丝路时代的大兴城与宇文恺——古代营造设计的一个范例》《丝绸之路上的吐蕃番锦》《粟特银器与丝绸之路》《甘肃北朝石窟寺飞天图像初探》《敦煌俗字考辨方法要论》《文化设计·传承与创新——也谈服装设计与传统文化》等文章，对丝绸之路地区的文化艺术、样式设计，以及丝绸之路对设计与文化的影响等内容做了探析与论述。

73 《丝绸之路：神秘古国》，传奇翰墨编委会编著，北京：北京理工大学出版社，2011年1月。

本书是讲述丝绸之路沿线古代国家的著作，旨在探讨丝绸之路沿线地区古代文明的历史发展、兴衰变迁、文化交流等内容。书中以长安为始，以君士坦丁堡为止的路径为线索，介绍了西方眼中的中国——赛里斯国，以及西汉时期丝绸之路的开辟。同时作者叙述了西域地区楼兰、精绝、龟兹、于阗、大月氏等古国，以及中西亚地区匈奴、撒马尔罕、蒙古、波斯、巴格达、叙利亚、君士坦丁堡等国家与城市，并就它们在丝绸之路历史时期的兴衰变迁与历史特点进行了探讨。

74 《丝绸之路：图像与历史》，包铭新主编，上海：东华大学出版社，2010年12月。

本书是关于"丝绸之路——图像与历史"会议与敦煌吐鲁番学会理事会的论文集，共收录了国内外专家学者相关文章26篇。书中文章多以敦煌吐鲁番出土的图像、实物和文献为资料，囊括了《敦煌早期至隋唐石窟窟顶图案的意象及其演变》《敦煌莫高窟藏金洞壁画问题初探》《丝绸与飞天》《试论明末清初克拉克瓷的若干特点》《帝王图与初唐人物画》《唐代"袴奴"、"半臂"研究与日本资料》等文章，具有较高的学术价值，推动了丝绸之路与敦煌吐鲁番学的研究与发展。

75 《丝绸之路：西方走廊，文明纽带》，方明著，合肥：黄山书社，2016年6月。

本书以图文并茂的形式，介绍与探讨了丝绸之路沿线地区的历史发展与文化交流。书中概述了丝绸之路千百年来的开辟、发展、繁盛与衰落，对丝绸之路上的中西交往、贸易往来、文化交流、宗教传播、民族融合、科技互惠等内容做了探讨。同时，作者还介绍了丝绸之路中国段的历史重镇，包括西安、天水、兰州、武威、敦煌、乌鲁木齐、吐鲁番等城市和地区，记述了其历史变迁、风土人情、文化遗迹，以及在丝绸之路上起到的历史作用。

**76** 《丝绸之路：寻找失落的世界遗产》，CCTV《教科文行动》编写组编，上海：上海科学技术文献出版社，2014年7月。

本书是CCTV教科文行动历史篇节目的文字版本，以图文并茂的形式，记述了丝绸之路上丰富的世界遗产与历史文化，旨在向读者普及丝路地区的历史知识与文化，展示中华历史文明的悠久与繁盛。书中主要分为四个章节，包括"寻找失落的年表""丝绸之路""世界遗产""科技与文化"等内容，对丝绸之路地区的历史沿革、发展变迁、文化交流、宗教信仰、历史遗迹、科学技术等方面做了介绍与评述，再现了丝绸之路的历史风貌与人文样态。

**77** 《丝绸之路：一部全新的世界史》，[英]彼得·弗兰科潘著，邵旭东译，杭州：浙江大学出版社，2016年11月。

书本以丝绸之路为主线，以多线程多视角的方式系统讲述了古往今来丝绸之路的发展变迁与历史影响，演绎了一部聚焦东方的世界史。书中回顾了丝绸之路的诞生，从宗教之路、基督之路、变革之路、天堂之路、黄金之路、帝国之路、战争之路、妥协之路、争霸之路、中东之路等20余个研究视角，以丝绸之路为引，对沿线地区的历史、政治、经济、种族、文化、信仰等内容进行串联与探讨，并对当今丝绸之路的格局与作用做了深入思考。

**78** 《丝绸之路：中国—波斯文化交流史》，[法]阿里·玛扎海里著，耿昇译，北京：中国藏学出版社，2014年1月。

本书是记述与探讨关于中国与波斯文化交流史的著作。书中介绍了波斯史料中的沙哈鲁遣使中国、赛义德·阿里-阿克伯-契达伊的《中国志》，以及纳迪尔王（沙）和乾隆在中亚的较量等内容，其中《中国志》详细记述了关于中国城市、乡镇、军队、国库、封建帝制、社交礼仪、农业等方面的见闻。同时，书中还介绍与解读了托勒密《地理志》、斯特拉波《地理书》等希腊—罗马史料，并就农作物、香料、中药等中国物质文明通过丝绸之路的西传做了评述。

**79** 《丝绸之路：重新开始的旅程》，[日]大村一郎著，孙立成译，北京：北京联合出版公司，2016年11月。

本书是作者从中国西安出发，沿着丝绸之路的道路，历时两年半徒步跨越中国、中亚、西亚和欧洲的旅行游记。书中包含"中国——文明在这里发源""中亚——文明在这里传承""西亚——文明的十字路口",以及"欧洲——文明的外延"四个章节,对一路上中国、乌兹别克斯坦、土耳其、保加利亚等多个国家的自然风光、风土民情、历史文化、经济现状、政治冲突、宗教信仰等见闻进行了整理与记述,并对丝绸之路的历史作用与当今意义做了思考。

80 《丝绸之路·敦煌》,王金编著,胡杨撰文,北京:中国民族摄影艺术出版社,2013年3月。

本书对丝绸之路中国段的自然风光与历史遗迹进行了整理与介绍,除文字叙述外,书中配有图版180多幅,并且四分之一的图片由作者航拍完成。书中内容以敦煌莫高窟佛教艺术为中心,介绍了洞窟、壁画、塑像、藏经洞、敦煌文献等内容,并辐射周边陕西、甘肃、新疆、青海四省区,讲述了包括大雁塔、碑林博物馆、汉长城、阳关、玉门关、鸣沙山、青海湖、茶卡盐湖、高昌故城、交河故城、楼兰古城、天池等约80处自然与人文景观,再现了丝绸之路中国段的历史风貌。

81 《丝绸之路·新疆佛教艺术》,霍旭初、祁小山编著,乌鲁木齐:新疆大学出版社,2006年4月。

本书选取了新疆地区近60处佛教遗址,汇集了530张实物图片,采用中英日三语对照,全面介绍与探讨了新疆地区的佛教艺术。书中所录文物包括佛教建筑、雕塑、壁画等类别,蕴含了中原、西域、犍陀罗、波斯等地区的风格,反映出新疆地区多民族、多文化在佛教艺术中的交融与影响。同时,书中对每一件文物都做了详细介绍,包括其名称、图版及注释说明,并且说明内容包含了国内外学者关于此文物的最新成果与结论,具有较高的研究意义和学术价值。

82 《丝绸之路·新疆古代文化》,霍旭初、祁小山编著,乌鲁木齐:新疆人民出版社,2008年4月。

本书选取了新疆地区留存和出土的历史精品文物,汇集了1360余张实物图片,采用中英日三语对照,全面介绍与探讨了新疆地区的古代文化。书中所录文物包括陶器、金银器、丝织品、字画、文书等多个类别,探讨了丝绸之路新疆段的三条主要线路的考古发掘、调查报告等研究成果。同时,书中对每一件文物都做了详细介绍,包括其名称、图版及注释说明,并且说明内容包含了国内外学者关于此文物的最新成果与结论,具有较高的研究意义和学术价值。

83 《丝绸之路·新疆古代文化（续）》，霍旭初、祁小山编著，乌鲁木齐：新疆人民出版社，2016年1月。

本书是《丝绸之路·新疆古代文化》的续作，汇集了1700余张实物图片，采用中英日三语对照，全面介绍与探讨了新疆地区的古代文化，其研究内容多为近年来的最近学术成果，同时对外国研究成果也进行了介绍。书中所述古代文化以丝绸之路中国段为主，先后探讨了南道、中道与北道，对且末县石门水库石器遗址、于田县胡杨墩佛寺、尉犁县咸水泉墓地、新小河墓地、巴里坤石人子沟遗址等多处历史遗迹的出土文物进行了介绍与解读。此外，书中还精选了几篇学术论文，包括《新疆史前晚期社会的考古学研究概述》《新疆出土丝织品图案风格简述》《尖底小陶瓶的定名和用途初探》等。

84 《丝绸之路2000年》，[英]吴芳思著，赵学工译，上海：上海辞书出版社，2016年4月。

本书是作者通过大量引用大英博物馆和世界各地其他博物馆所收藏的照片、写本和绘画等历史资料，所编写的一部讲述丝绸之路历史的著作。书中呈现了完整的关于丝绸之路历史与文化的画面，并包括了著名探险家如斯坦因、斯文·赫定和曼纳海姆等人拍摄的历史罕见照片，具有很高的研究与学术价值。书中共分为15个章节，包括"从希腊、罗马到中国""贸易和宗教的传播：吐火罗人和粟特人""千佛洞：丝绸之路上的佛教""获得样品：奥里尔·斯坦因""发掘结束：伯希和、冯·勒柯克和华尔纳"等内容。

85 《丝绸之路北庭研究》（丝绸之路研究丛书），薛宗正著，乌鲁木齐：新疆人民出版社，2009年9月，2010年12月。

本书以丝绸之路北庭为研究对象，结合文献资料与考古材料，对以吉木萨尔为中心的天山北麓东段古代文明的发展与变迁进行了探讨。书中回顾了北庭的研究历史，探讨了北庭研究与吐鲁番学的联系，并对该地区山北六国的考古文化，车师、车师后部与车师六国，柔然、突厥语与可汗浮图城的历史进行了考述。书中还叙述了北庭都护府的发展与变迁，并就当地的军政制度、历史地理、多元文化做了探讨，再现了北庭地区的历史风貌。

86 《丝绸之路彩陶暨嘉峪关历史文化学术研讨会论文集》，王砚主编，兰州：兰州大学出版社，2017年7月。

本书是"丝绸之路彩陶暨嘉峪关历史文化学术研讨会"的论文集，汇集了国内学者相关文章30余篇。书中对丝路地区的出土彩陶和嘉峪关的特色文化进行了研究，探讨了马家窑文化的族属，及羌族文化的传承与延续等历史问题，其中包括《嘉峪关特色文化研究》《马家窑文化与羌人——语言学的视角》《羌文化的发源地之一——马家窑文化》《古羌源流·彩陶文化·民俗符号》《丝绸之路古代的"羊文化"研究》《吐蕃与丝绸之路的经济文化交流——以大虫皮来源为中心》等，具有较高的学术价值，推动了相关研究与学科的发展。

**87** 《丝绸之路草原民族文化》，盖山林著，乌鲁木齐：新疆人民出版社，1996年11月。

本书是对丝绸之路草原民族文化和艺术的探讨之作。书中按照历史发展顺序，分别对石器时代、青铜时代至早期铁器时代、北朝至唐代、辽代至清代以及当代的草原文化艺术作以论述。内容涉及陶器艺术、精美玉器、青铜艺术、岩画、金器、石雕、金器、工艺制品、彩绘及服饰等方面，作者对这些历史遗存的艺术形态进行分析。同时，作者探讨了草原艺术的区系类型和种类，分析了北方画派的特点，解读了早期草原艺术给人的视觉感受，并对草原艺术与国外艺术的关系以及草原艺术在人类艺术中的历史地位进行了总结。

**88** 《丝绸之路草原石人研究》（丝绸之路研究丛书），王博，祁小山著，乌鲁木齐：新疆人民出版社，2009年9月，2010年12月。

本书以丝绸之路草原石人为研究对象，对蒙古、南西伯利亚、中亚、新疆等地区的石人进行了探析与解读。书中介绍了亚欧草原与草原丝绸之路的概况，对石人资料的来源、名称及研究方法做了叙述。书中亦对蒙古石人、南西伯利亚草原石人、中亚石人、南俄草原石人进行了综述研究，对其历史时代、类型特点、地域分布等方面做了考证。同时，作者分析了新疆石人的分布、特征、类型与时代，并就亚欧草原石人的族属、作用及起源做了探讨。

**89** 《丝绸之路草原文化研究》（丝绸之路研究丛书），盖山林著，乌鲁木齐：新疆人民出版社，2009年9月，2010年12月。

本书以丝绸之路草原文化为研究对象，对自石器时代至当代的草原艺术进行了探析与解读。书中以历史时期为线索，对石器时代的岩画、玉器和彩陶，青铜至早期铁器时代的青铜艺术，北朝至唐代的衣着、雕像与工艺品，辽代至清代的壁画、彩塑及石雕，还有当代喇嘛教壁画雕塑、新疆民间乐器等草原文化艺术进行了充分探讨，再现了草原文化的发展历程与时代特点。同时，作者亦分析了草原艺术的类型、演化、制约因素，并就草原艺术与域外艺术的关系进行了研究。

90　《丝绸之路大辞典》，周伟洲、丁景泰主编，西安：陕西人民出版社，2006年4月。

本书是关于丝绸之路的一部内容丰富的工具书，囊括了与丝绸之路相关的历史、地理、语言、民族、宗教、艺术、民俗、经济、考古等多个学科与领域的词汇，包含了近年来国内外关于丝绸之路地区的最新研究成果。书中词语内容以狭义丝绸之路，即草原丝绸之路与沙漠丝绸之路为主，对广义上的丝绸之路，即西南（南方）丝绸之路与海上丝绸之路整体兼顾，把世界各地与丝绸之路具有相关性的名词均收录其中，共计11607个条目。此外，本书对部分词条的解释还附有插图、表格等内容，加深了解释的直观性与准确性，对相关人员的学术研究起到了积极的辅助作用。

91　《丝绸之路的古城》（丝绸之路中国段文化遗产研究），刘庆柱、杜文玉主编，陈凌著，西安：三秦出版社，2015年12月。

本书对丝绸之路上重要古城遗址进行考述。书中对丝绸之路上的小河古城、楼兰古城、高昌故城、交河故城、北庭古城、乌垒古城、龟兹古城、碎叶古城遗址的概况作以介绍，通过对于地理环境、历史沿革，以及相关考古发现的叙述，展示它们在丝绸之路上的地位以及古城在维护统一、印证各民族之间的团结，发展中西交通，促进中原地区与域外经济文化的交流和发展过程中的作用。同时，作者对各个遗址的保护和研究现状也进行了探讨。

92　《丝绸之路的起点——长安》，赵荣、秦中朝编著，西安：三秦出版社，2016年12月。

本书是介绍与探讨西安历史与文化的著作。书中介绍了西安的历史地理与文化生态，对该地区文明的起源、早期人类活动以及半坡、姜寨村落等遗址做了探讨。书中还叙述了从先秦到唐代以来西安的历史作用与都城地位，并以西安为中心，探讨了这些历史时期的政治、经济、文化、军事、宗教、民俗等领域的发展与变革，对西安历史上出现的或保存至今的宫殿楼台、人文景观及历史遗迹做了探析，再现了西安长久以来的历史风貌与人文样态。

93　《丝绸之路的起源》（欧亚历史文化文库），余太山主编，石云涛著，兰州：兰州大学出版社，2014年12月。

本书是对丝绸之路起源的研究。书中分为上下两编，上编主要叙述汉代以前对丝绸之路的创辟，包括史前文化互传及迹象、商代中外交通与交流、西周时期对外交往与交流的扩大、欧亚的发展与民族迁徙发展、秦与四邻的交往；下编论述汉代丝绸之路的开拓和形成，具体内容包括张骞出使西域、汉武帝反击匈奴开辟海上丝绸之路、汉通西南夷与南方丝绸之路、两汉丝绸之路的变迁以及两汉与罗马的交往联系。作者认为，交通与交流都是"人"的活动与历史，在交通和交流中，世界各国各民族都做出了贡献。研究中外交通和交流，主要说明的是人类文明是怎样通过交流实现跃升和共同进步的。

**94** 《丝绸之路的岩彩艺术》，李洁著，重庆：西南师范大学出版社，2012年8月。

本书是研究丝绸之路地区岩彩艺术的著作。书中对丝绸之路进行了概述，介绍了丝绸之路的人文地理与沿途重要城市与文化遗迹，并回顾了岩彩壁画的历史溯源与发展脉络。书中探讨了爱琴海、古埃及、西亚、中亚、南亚等地区的岩彩艺术，分析了其人文地理、文化溯源与艺术特点。同时，书中亦对我国西藏、新疆、河西走廊等地区的岩彩艺术做了解读，探究了佛教文化对岩彩艺术的影响。此外，书中还对朝鲜与日本的岩彩艺术做了分析，评述了其人文地理、艺术溯源与发展脉络。

**95** 《丝绸之路的音乐文化》，杜亚雄、周吉著，苏州：苏州大学出版社，2015年10月。

本书汇集了作者多年以来关于丝绸之路音乐文化的研究成果，结合对历史、民族、文化、宗教等元素的阐释，全面系统地介绍与解读了丝绸之路地区中外各族的音乐文化。书中依照丝绸之路从西安开始一路西行的足迹线索，对长安鼓乐、甘肃"花儿"、维吾尔族木卡姆、柯尔克孜传统音乐、乌兹别克传统音乐、天竺的拉格和塔拉、安息的达斯特加赫和木卡姆，以及土耳其音乐等各沿线民族的音乐文化做了阐述，对研究丝绸之路音乐史、中外音乐交流史及民族音乐史具有很高的学术价值。

**96** 《丝绸之路的宗教遗存》（丝绸之路中国段文化遗产研究），刘庆柱、杜文玉主编，陈凌、马健著，西安：三秦出版社，2015年12月。

本书是专门研究与探讨丝绸之路宗教遗存的著作。书中叙述了佛教、祆教、摩尼教与景教在丝绸之路地区的历史发展与兴衰及传布过程，介绍了高昌、焉耆、龟兹、楼兰与于阗的佛教遗存，对祆教的聚落、祆祠和教徒墓葬做了探讨，辨析了摩尼教的遗迹、寺院、绘画与文书，并就景教的寺院和遗物做了讨论。本书内容展现了丝绸之路在外来宗教的传入上所起到的作用，强调了宗教文化，尤其是佛教文化对于西域各族文化的影响，再现了丝路地区宗教文化的历史面貌。

**97** 《丝绸之路鼎盛时期的唐代帝陵》（丝绸之路中国段文化遗产研究），刘庆柱、杜文玉主编，刘向阳、王效锋、李阿能著，西安：三秦出版社，2015年12月。

本书以唐代的文献资料为依据，以20世纪唐代帝王陵和陪葬墓有关考古资料为证，展现丝绸之路鼎盛时期唐代帝王陵的文化全貌，系统论述唐代长安在丝绸之路的中西方文化交流情况。书中通过对古长安沿线唐代帝陵中代表人物和事件的叙述，展现了唐代帝陵中通过丝绸之路带来的域外文化特色；通过对唐陵中吸收涵化域外特色的重点文物考释，特别是对唐陵园中遗存的考察，发掘了唐陵文化的内涵和特征以及丝绸之路鼎盛时期东方文化对西方文化的涵化和融合情况，揭示了唐文化和帝陵遗存在古代丝绸之路政治、文化、艺术、经济贸易等交流中所处的重要地位。

**98** 《丝绸之路敦煌研究》（丝绸之路研究丛书），刘进宝著，乌鲁木齐：新疆人民出版社，2009年9月，2010年12月。

本书以丝绸之路敦煌为研究对象，对其历史地位、艺术与文献，以及敦煌学的研究成果进行了探讨与解读。书中叙述了自秦汉以来，历经魏晋南北朝、隋唐、吐蕃占领、归义军、两宋至元明清等历史时期的敦煌历史，对其各个时期的政治、经济、文化、宗教等方面的特点做了介绍。同时，书中还探讨了敦煌莫高窟的壁画、彩塑、建筑等文化艺术，并就敦煌文献的发现与流散，以及学术价值和历史意义做了解读。此外，作者概述了敦煌学的产生与发展，总结了国内外敦煌学的研究现状，对新世纪的敦煌学进行了展望。

**99** 《丝绸之路佛教文化研究》（丝绸之路研究丛书），周菁葆著，乌鲁木齐：新疆人民出版社，2009年9月，2010年12月。

本书以丝绸之路佛教文化为研究对象，对沿线地区的佛教传播与佛教艺术的发展进行了叙述与探讨。书中介绍了佛教的兴起与东传，解读了佛教的基本教义，对于阗佛教、高昌佛教、龟兹佛教的传入、兴衰与特点进行了阐述。书中还叙述了佛教在文学、戏剧、建筑、雕塑、绘画、书法及乐舞等方面的表现形式和艺术特点，讨论了佛教对于丝绸之路沿线地区的文化影响，强调了佛教对于丝路地区文化发展的历史作用。

**100** 《丝绸之路服饰研究》（丝绸之路研究丛书），李肖冰著，乌鲁木齐：新疆人民出版社，2009年9月，2010年12月。

本书以丝绸之路地区的服饰为研究对象，探讨了各历史时期服饰文化的发展与变迁，体现了时代特点与民族特色。书中介绍先秦、汉代、魏晋南北朝、隋唐和五代宋元明清等时期的西域服饰，对其地域特征、造型样式、工艺技巧、质地与装饰，以及宗教与民族艺术对服饰的影响等方面做了论述。此外，书中还介绍了近代以后新疆地区的服饰，对维吾尔族、哈萨克族、蒙古族、乌孜别克族、达斡尔族、俄罗斯族等13个民族的服饰做了介绍与解读。

**101** 《**丝绸之路古城日记**》，徐宏宪编写，西安：陕西人民美术出版社，2015年1月。

本书是介绍与探讨丝绸之路沿线古代城市的著作，旨在向读者展示丝绸之路的历史发展与文化内容，并通过这些历史遗存，呈现出古代丝绸之路的兴盛与繁荣。书中以长安为起点，以罗马为终点，讨论了敦煌、河西走廊、吐鲁番、龟兹、和田、喀什、碎叶城、帕米尔高原、大宛、撒马尔罕、伊斯法罕、巴格达、君士坦丁堡等地区的历史遗迹、人文地理、艺术文化、宗教信仰等内容，并强调了这些地区最为出名的历史特征，还原了这些地区的历史样态。

**102** 《**丝绸之路古代种族研究**》（丝绸之路研究丛书），韩康信著，乌鲁木齐：新疆人民出版社，2009年9月，2010年12月。

本书以丝绸之路古代种族为研究对象，以当地墓葬出土的人骨为历史资料，对新疆及周边地区古代居民的种系发展、种族特征等问题进行了探析与解读。书中汇集了相关文章15篇，包括《新疆古代居民种族研究》《山普拉古代人骨种系问题》《塔吉克香宝宝古墓头骨》《青海大通上孙家寨墓地人骨研究概报》《西安北周安伽墓人骨鉴定》等学术研究。此外，书后附有头骨测量说明、图版，以及塞、乌孙、匈奴、突厥的种族特征等内容。

**103** 《**丝绸之路古道研究**》（丝绸之路研究丛书），丁笃本著，乌鲁木齐：新疆人民出版社，2009年9月，2010年12月。

本书以丝绸之路沿线古代道路为研究对象，对丝路古道的成因、发展、线路与兴衰等方面进行了探讨。书中辨析了丝绸之路古道的概念、走向与地域范围，对形成丝绸之路的自然因素与社会因素做了分析。并且全面回顾了丝绸之路的初步开辟、全面开通、继续拓展、全线畅通及相对衰落的全过程，探究了丝绸之路上的民族迁徙、中西交流、东渐西传等内容，体现了古代丝路对于东西文明的交汇与碰撞起到了重要的历史作用。

104 《丝绸之路古国钱币暨丝路文化国际学术研讨会论文集》，上海博物馆编，上海：上海书画出版社，2011 年 12 月。

本书是"丝绸之路古国钱币暨丝路文化国际学术研讨会"的论文集，收录了国内外专家学者相关文章 30 余篇，探讨了丝绸之路在沿线地区的经济发展与贸易往来中所起到的作用，再现了古代丝绸之路上东西方贸易繁荣的景象。书中文章包括《丝路钱币与粟特商人》《贵霜帝国万神殿》《西域历史与钱币札记》《吐鲁番近年来出土的古代钱币》《新疆所见丝路钱币杂谈》《丝绸之路上的"希腊式钱币"》《阿拉伯文古钱与古代中国》等内容，具有较高的学术价值，推动了相关学科研究的发展。

105 《丝绸之路古遗址保护》，李最雄编著，北京：科学出版社，2003 年 1 月。

本书是研究丝绸之路古遗址保护的著作，旨在探讨与阐述丝路沿线石窟与土遗址的保护机制与实施方法。书中概述了丝绸之路地区石窟的工程地质、环境特征与岩石特征，对砂砾岩石窟的地质病害与砂砾岩风化机理做了研究，对砂砾岩石窟的加固技术与方法以及莫高窟地区的固沙手段进行了论证。同时，书中还探讨了土遗址的建造工艺与主要病害，论述了土遗址的加固实验以及玉门关、河仓城等地区的加固工程，并就 PS 加固土遗址的机理及其稳定性和强度进行了探究。

106 《丝绸之路古遗址图集：河西走廊段》，邵如林著，兰州：甘肃人民美术出版社，1998 年 7 月。

本书是关于丝绸之路河西走廊段古代遗址的图集，以图版的形式向读者介绍与展示了该地区历史遗址的真实样貌与保存现状。书中包括了祁连古城、黑水国南北古城、肩水都尉府、黑城、锁阳城、玉门关、阳关、汉长城等古代遗址的真实照片，也囊括了乌鞘岭汉长城、骊靬故址、日勒古城等古代遗址的示意图纸。图集内容是对河西走廊丝路古遗址的收集与整理，有助于历史风貌的还原与再现。

107 《丝绸之路龟兹佛窟人体艺术》，冯斐著，乌鲁木齐：新疆美术摄影出版社，2015 年 5 月。

本书是作者多年研究丝绸之路地区龟兹佛窟人体艺术的著作，收录了选自克孜尔石窟、库木吐喇石窟、森木塞姆石窟、克孜尔尕哈石窟与玛扎伯赫石窟的 180 余幅汉唐时期人体艺术壁画照片。书中采用中英双语对照的形式，阐述了龟兹石窟人体艺术的表现形式和其艺术的造型特色及绘画风格，探讨了龟兹人体艺术与佛教的关系及其艺术溯源，解读了丝绸之路龟兹佛窟的艺术特点，展现了不同佛教流派的艺术文化，再现了其历史风貌与人文样态。

108 《丝绸之路龟兹研究》（丝绸之路研究丛书），苏北海著，乌鲁木齐：新疆人民出版社，2009年9月，2010年12月。

本书以丝绸之路龟兹古国为研究对象，探讨了其历史沿革、民族关系、文化艺术、宗教信仰等内容。书中介绍了先秦、两汉、魏晋南北朝、隋唐和吐蕃、突厥对其统治，以及龟兹回鹘等历史时期，展现了龟兹的社会形态、政治制度、民族关系，以及在其他政权统治下的历史风貌。同时，书中还探讨了龟兹在农业、手工业、商业等领域的经济发展，并就各派宗教的传入、佛教文化的影响，及文学、艺术的风格与特点做了分析与论述。

109 《丝绸之路龟兹游》，新疆龟兹石窟研究所编，王建林、王功恪编著，重庆：重庆出版社，2008年9月。

本书介绍了丝绸之路地区留存与出土的龟兹文化。书中通过对龟兹石窟、壁画故事、弦道佛寺与古道烽燧等历史遗迹的记述，再现了西域地区龟兹文化的发展与变迁。作者叙述了克孜尔石窟、克孜尔尕哈石窟、库木吐喇石窟、森木塞姆石窟等龟兹石窟的典型代表，对兔焚身施仙人、须大拏乐善好施、乐舞女皈依、猕猴王本生等佛教故事做了介绍，并就龟兹古道、龟兹故城、苏巴什佛寺，以及佛学大师鸠摩罗什做了阐述。

110 《丝绸之路行商记》，邹贺著，西安：西安电子科技大学出版社，2016年12月。

本书以中国古代丝绸之路上的中西贸易为主题，探讨了丝路地区的商业历史，再现了丝路商旅经商的过程。书中介绍了丝绸之路的由来与历史发展，对丝绸之路的交通线和东西文化交流成果做了总结，并且探讨了汉唐以来长安地区的发展变迁与人文生活。同时，书中还叙述了粟特人在丝绸之路上的商业活动及其影响，介绍了丝绸在丝绸之路上发挥的历史作用，对海上丝绸之路的瓷器贸易做了阐述，并就行走在丝绸之路上的历史人物及其事迹做了解读。

111 《丝绸之路黄金指引》，亢骛编著，广州：广东旅游出版社，2008年1月。

本书是对丝绸之路自兰州、武威、张掖、嘉峪关至敦煌一线自然风光与历史遗迹进行记述与介绍的著作，旨在向读者解读这一线地区的历史文化与人文魅力。书中介绍了丝绸之路甘肃段的历史发展、地理风貌与当地特色，对兰州、武威、张掖、嘉峪关与敦煌五座城市进行了全方位的旅游概述，并列举了炳灵寺石窟、雷台汉墓、祁连山、大佛寺、北周木塔、悬壁长城、魏晋壁画墓、七一冰川、莫高窟、敦煌古城、榆林窟等文化景点，为读者更好地领略当地历史风貌提供了基础。

**112** 《丝绸之路货币研究》（丝绸之路研究丛书），黄志刚主编，乌鲁木齐：新疆人民出版社，2009年9月，2010年12月。

本书以丝绸之路上的货币为研究对象，对历代货币制度、西域当地货币特色及丝绸之路上的商贸往来做了探讨。书中介绍了两汉、魏晋南北朝、隋唐五代、辽宋金、元明清、民国等历史时期的货币制度和铸造样式，分析了历代社会经济与贸易发展，叙述了官方货币在西域地区的流通情况，并就西域其他政权与西方国家的货币在当地的流通做了介绍。此外，书中也探讨了晚清、民国及新中国成立之初在新疆地区发行流通的纸币，探讨了货币材料的发展变化。

**113** 《丝绸之路交通线路（中国段）历史地理研究》，周俭主编，南京：江苏人民出版社，2012年10月。

本书是研究丝绸之路中国境内交通线路历史地理的论文集，收录了国内学者关于丝路交通的最新研究成果14篇。书中主要分长安至洛阳段、长安至甘肃东段、河西走廊与青海段以及新疆段四部分进行研究，包括《长安洛阳段概述》《崤山南道考察记》《长安溯渭水至陇山段路线考察研究》《丝绸之路青海道的形成、变迁及走向》《汉代河西走廊交通道路考察》《丝绸之路新疆段研究》等文章，具有较高的学术价值，推动了相关学科研究的进一步发展。

**114** 《丝绸之路经典之旅：2012—2013版》，墨刻编辑部编著，北京：人民邮电出版社，2012年7月。

本书以图文并茂的形式，主要从文明交流、艺术宝库、自然环境、歌舞之乡、美食盛宴、伟大足迹等方面介绍了丝绸之路的历史遗迹与人文风貌。同时，书中也记述了丝路地区关于保安族、裕固族、维吾尔族、回族、锡伯族等少数民族的文化风情，并以西安—河西走廊段、天山北路、天山中路、天山南路等路线为线索，对沿线地区的自然风光与历史遗迹做了导览与串联。

**115** 《丝绸之路经济史研究》（欧亚历史文化文库），余太山主编，殷晴著，兰州：兰州大学出版社，2012年1月。

本书是对丝绸之路经济的开发、发展过程的研究。书中以历史文献与考古实物相结合的方法对汉唐时期西域地区的开发建设，包括古代畜牧业、农垦事业、园艺业的发展以及西域的土地制度与赋税制度、蚕桑西传问题及采玉经济文化进行论述。同时对汉代丝路南北道交通进行了研究,探讨西域民族间交通关系及管理制度,讨论丝路贸易的兴起和商品经济的繁盛,并对新疆地区的开发建设与环境演变进行了思考。作者认为汉唐西域之辉煌与丝绸之路通畅、中西交流兴盛以及环境的演变息息相关。

**116** 《丝绸之路考》,卞洪登著,北京:中国经济出版社,2007年2月。

本书是介绍与探讨丝绸之路历史与发展的著作。书中介绍了丝绸之路的起源,对殷商、周代及战国的起源说做了概述,重点对从秦汉至明清时期陆上丝绸之路与海上丝绸之路的起源、发展、兴盛与衰落的过程做了系统叙述,并对丝绸之路上的中西交流、贸易往来、文化交融、科技互鉴及各历史时期的特点与事件做了探讨与阐述。此外,书中还讨论了现代丝绸之路的发展,并就经济全球化时代下的丝绸之路建设的重要性和国际合作做了评述。

**117** 《丝绸之路考古(第1辑)》,罗丰主编,北京:科学出版社,2017年11月。

本书是由中国考古学会丝绸之路专业委员会和宁夏文物考古研究所共同编辑出版的关于丝绸之路考古的系列辑刊,汇集了国内学者相关论文12篇,相关书评4篇。书中内容包括《中国北方长城地带游牧文化带的形成过程》《前丝绸之路的诞生:欧亚草原与中国西北的族群迁徙与交互》《张家川马家塬墓地相关问题初探》《中国出土萨珊银币的分布与分期》《粟特艺术中的娜娜神话》《国外关于欧亚草原史前时代晚期的综合研究评介》等文章,是对国内近年来相关研究成果的总结,具有较高的学术价值。

**118** 《丝绸之路考古十五讲》(名家通识讲座书系),林梅村著,北京:北京大学出版社,2006年8月。

本书以中外史料与考古发现为依据,系统性分阶段地介绍与描述了自青铜时代至郑和下西洋以来,丝绸之路上的重大考古发现及研究成果,再现了东西方经济文化交流史的发展历程。书中共分为15讲,包括了"丝绸与中国文明""吐火罗人的起源与迁徙""草原之路""古代中国与西方的海上交通""罗马人与东西方海上交通的开辟""楼兰文明""于阗文明""吐鲁番文明""郑和海外遗迹"等内容,具有较高的科普价值,有助于提升读者关于丝绸之路考古的知识与文化。

**119** 《丝绸之路考古研究》(丝绸之路研究丛书),王炳华著,乌鲁木齐:新疆人民出版社，2009 年 9 月，2010 年 12 月。

本书以丝绸之路地区的考古发现为研究对象，探讨了丝绸之路新疆段的考古现状与学术成果。全书内容涉及新石器时代，青铜时代，两汉时期和隋唐时期的重要考古发现，并对丝路北道、中道、南道上的考古遗迹进行调查与考证，包括新疆库车玉其土尔遗址、孔雀河古墓沟遗址、尼雅遗址等。书中汇集了相关文章近 30 篇，包括《唐西州白水镇初考》《新疆地区青铜时代考古文化试析》《尼雅考古与精绝文明》《新疆犁耕的起源和发展》《天山东部的石雕人像》《贵霜王朝与古代新疆》《新疆历史文化资源的保护和利用》等学术研究，推动了丝绸之路新疆地区的考古发展，具有较高的学术价值。

120　《丝绸之路乐舞艺术研究》（丝绸之路研究丛书），金秋著，乌鲁木齐：新疆人民出版社，2009 年 9 月，2010 年 12 月。

本书以丝绸之路上的乐舞艺术为研究对象，对沿线地区的中外音乐和舞蹈做了分析与探讨。书中介绍了美索不达米亚、古埃及、古希腊、古罗马、古印度的乐舞艺术，对其种类、形式、特征、思想、传播等方面进行了研究。同时，书中对先秦东西方乐舞艺术、汉朝东西方乐舞艺术、唐代乐舞艺术、元明清乐舞艺术，以及宗教乐舞艺术做了辨析，分析了其表现形式、艺术特点，以及东西结合的艺术风格。此外，书中亦研究了阿拉伯、朝鲜半岛、日本、东欧等欧亚地区的乐舞艺术，对其历史、形式、民族特色、与中国的交流等方面做了介绍。

121　《丝绸之路历史沿革》（丝绸之路中国段文化遗产研究），刘庆柱、杜文玉主编，雍际春著，西安：三秦出版社，2015 年 12 月。

本书以丝绸之路主干道丝绸之路中国段为主线展开历史研究。书中系统论述历史上丝绸之路开辟和发展演变的全貌，包括开拓、发展演变、复兴、繁盛、与亚欧各国商贾的往来交流以及衰落等方面，并基于其演变发展对丝绸之路的文化价值与历史影响作以探讨。书中纵向梳理了丝绸之路各阶段前后的传承变化，又横向揭示了丝绸之路各阶段的具体状况和面貌特点。作者认为，中国在丝绸之路形成和经营中的主导地位和文化传播作用不容低估，丝绸之路是中国影响世界的通道，推进了中西方人类文明的共同进步。

122　《丝绸之路楼兰艺术研究》（丝绸之路研究丛书），李青著，乌鲁木齐：新疆人民出版社，2009 年 9 月，2010 年 12 月。

本书以丝绸之路楼兰艺术为研究对象，探讨了西域楼兰地区的艺术类别与时代特点等内容，反映出当地艺术文化的发展与变迁。书中回顾了楼兰地区的地理环境、历史概况、主要遗址与研究现状等内容，对该地区的石器与陶器、墓葬与建筑、织物与服饰、雕塑与绘画、木器与漆器、铜器与钱币、书法与印章，及其他类型的艺术做了论述，探析了其历史特征、艺术形式、技艺发展，以及与周边文化、宗教信仰、风俗习惯的联系与影响，再现了楼兰艺术的历史风貌。

**123 《丝绸之路洛阳考》，郭引强著，郑州：中州古籍出版社，2009年5月。**

本书汇集了作者近年来有关洛阳与丝绸之路方面的研究成果，旨在向读者普及丝绸之路的历史知识，展现洛阳在丝绸之路历史上的重要地位。书中概述了丝绸之路对于沿线国家与人民在东西交往、贸易往来、文化交流中的重要作用，强调了丝路跨国联合申遗的重要意义。书中亦探讨了班超在开辟沙漠丝绸之路南北线和加强中西交流中起到的作用，分析了佛教东传后洛阳的佛教文化与历史遗迹。此外，书中还论述了汉魏时期洛阳的汉魏故城及隋唐时期的洛阳城的繁荣，并强调大量出土的文物遗迹是洛阳作为丝绸之路东方起点的重要历史见证。

**124 《丝绸之路绿洲研究》（丝绸之路研究丛书），钱云、金海龙等编著，乌鲁木齐：新疆人民出版社，2009年9月，2010年12月。**

本书以丝绸之路上的绿洲为研究对象，对其历史演变、经济文化和当代绿洲发展进行了探讨。书中介绍了绿洲的形成与分布，对河西走廊、新疆和中亚的绿洲古城做了叙述，探讨了围绕绿洲发展的灌溉农业、商业贸易、文化区域与文化交流，分析了绿洲自然环境与社会环境的历史演变。同时，作者对当代绿洲的发展做了研究，对绿洲经济与中国中东部地区的经济互补，以及河西走廊、新疆、中亚地区绿洲的现状与发展模式做了论述。

**125 《丝绸之路贸易史》，李明伟主编，兰州：甘肃人民出版社，1997年3月。**

本书以丝绸之路贸易史为主题，叙述与研究了我国古代时期丝绸之路上的贸易发展与变迁。书中介绍了丝绸之路的开拓与丝路贸易的兴起，叙述了汉代时期对西域的统治与中西贸易的畅通。书中亦探讨了在魏晋南北朝社会大变动时期丝绸之路贸易的发展变化，阐述了隋唐时期丝路贸易的鼎盛与繁荣。同时，书中还讨论了宋代以后丝路贸易进入的新局面与新形势，强调了经济重心南移对海陆贸易的影响，并就明清时期丝绸之路的演变与衰落做了叙述和解读。

**126 《丝绸之路贸易研究》（丝绸之路研究丛书），李明伟主编，乌鲁木齐：新**

疆人民出版社，2009年9月，2010年12月。

本书以丝绸之路上的经济贸易为研究对象，对该地区的中西贸易往来与社会经济发展进行了探讨。书中对汉朝在西域统治的确立及中西贸易之路的畅通，魏晋南北朝时期丝绸之路贸易的初步繁荣，唐朝社会经济繁荣与丝绸之路贸易的昌盛，宋元时期丝绸之路贸易的转型，以及明清时期丝绸之路贸易走向衰落等历史过程做了分析与论述，对历朝历代的社会经济、生产力发展及影响丝路贸易的因素进行了解读。

**127　《丝绸之路美术考古概论》，赵丰主编，北京：文物出版社，2007年3月。**

本书是研究丝绸之路美术考古的著作。书中叙述了新疆地区史前美术考古，探讨了墓葬与祭祀遗址的建筑、苏贝希等文化的彩陶，以及岩画、青铜器、木雕、石人等历史遗迹。同时，书中也介绍了甘青地区的史前彩陶，以及彩陶背后关于马家窑文化、齐家文化、辛店文化、沙井文化等文化类型与分区分期。此外，书中还阐述了丝绸之路地区出土的古代纺织品、金银器、墓室壁画、墓葬俑像等类型的文物，以及带有中亚、西亚风格的美术品，对该地区的历史文化交流与发展做了再现与解读。

**128　《丝绸之路民间文学研究》（丝绸之路研究丛书），李竟成、雷茂奎著，乌鲁木齐：新疆人民出版社，2009年9月，2010年12月。**

本书以丝绸之路民间文学为研究对象，对其来源、特征、功能、含义、艺术形式等内容进行了探讨。书中介绍了丝绸之路与西域文化，及西域民族民间文学的基本特征，对丝绸之路民族的神话、民间传说与故事、英雄史诗、民间叙事长诗、民歌、民间谚语与谜语等文学艺术进行了论述，探究了其来源与含义、背景与地位、形式与流传、思想与特征等内容，并就《迦萨甘创世》《玛纳斯》《艾里甫与赛乃姆》《萨里哈与萨曼》等神话和叙事诗进行了解读。

**129　《丝绸之路民族古文字与文化学术讨论会文集》，郑炳林、樊锦诗、杨富学主编，西安：三秦出版社，2007年7月。**

本书是"丝绸之路民族古文字与文化学术讨论会"的论文集，共分为上下两册，收录了国内专家学者相关成果50余篇。书中内容包括《新发现最早的活字版西夏文佛经》《回鹘文三种文字的译本及其存在的问题》《丝绸之路民族古文字研究的未来与前瞻》《吐蕃统治时期敦煌的民间佛教信仰》《敦煌石窟于阗国王画像的几个问题》《晚唐五代河西地区的居民结构研究》《敦煌社会经济文献缀合拾遗》《敦煌愿文词语诂解》等文章，具有较高的学术价值，推动了民族古文字与文化的研究发展。

130 《丝绸之路民族货币研究》（敦煌与丝绸之路学术文丛），俄军主编，兰州：甘肃教育出版社，2015年10月。

本书是俄军主编对丝绸之路民族货币进行研究的论文集。书中对丝绸之路货币研究的现状、流通货币的特点、贸易市场、货币经济、各民族货币等方面都有探讨，具体篇目有：康柳硕《丝绸之路货币研究的现状与展望》、李铁生《丝绸之路上的多元钱币文化实例》、蒋其祥《略谈新疆古代钱币的文化特点》、林梅村《从突骑施钱看唐代汉文化的西传》、郑炳林《晚唐五代敦煌贸易市场的等价物》、黎大祥《从考古发现浅谈五凉时期货币流通的特点》等34篇。

131 《丝绸之路民族文献与文化研究》（敦煌与丝绸之路学术文丛），樊锦诗、才让、杨富学主编，兰州：甘肃教育出版社，2015年4月。

本书是对学界近年来关于敦煌西域等地出土文献释读与文化研究最新成果的梳理和总结。主要内容包括对敦煌出土的英藏、法藏以及日藏的汉文文献、古藏文文献、西夏文文献、回鹘文文献、蒙文文献的进一步释读与研究，以及对敦煌莫高窟和东千佛洞中壁画及题记的研究成果。主要篇目有：《法藏敦煌藏文本P.T.449号〈般若心经〉研究》《英藏敦煌藏文密教文献编目状况述评》《海外藏敦煌西域藏文文献的多元文化内涵和学术价值》《敦煌文书P.3885号中记载的有关唐朝与吐蕃战事研究》《宗教文化对吐蕃职官管理制度的影响》《论蒙元时期回鹘文的使用状况》《A Brief Introduction to the Fragments of a Clear Script Manuscript of the Thar-pac hen-po Found in Qinghai》《蒙元时期藏传佛教在敦煌地区的传播》《敦煌莫高窟464窟的断代及其与回鹘之关系》《瓜州东千佛洞第5窟西夏供养人初探》《莫高窟第148窟对中唐敦煌石窟的影响》等篇。

132 《丝绸之路——尼雅遗址之谜》，[日]中井真孝、小岛康誉编，周培彦校译，佛教大学尼雅遗迹学术研究机构编，中国历史文化遗产保护网译，天津：天津人民美术出版社，2005年1月。

本书是中日共同尼雅遗址学术考察队历时16年的考察成果，收录了300张彩色照片，汇集了中日学者相关文章22篇。书中共分为"尼雅遗址与楼兰""尼雅遗址与斯坦因""尼雅遗址的遗迹""尼雅遗址的人与物""中日共同尼雅遗址学术调查概要"五个章节，包含了《楼兰王国与尼雅遗址》《楼兰·尼雅纪行》《丝绸之路南道居民的特征》《尼雅遗址出土的佉卢文文书》《日中/中日共同尼雅遗址学术调查概要》等文章，具有较高的学术价值。

133 《丝绸之路钱币鉴赏十六讲》，林文君著，长沙：湖南美术出版社，2017年6月。

本书是详细介绍16个古国王朝货币历史、时代特征与鉴赏特点的著作，收录了将近500个丝绸之路沿线地区古国的货币照片。书中叙述了贵霜帝国、安息帝国、孔雀王朝、古罗马、塞琉古帝国、托勒密帝国、笈多王朝、波斯帝国、"白衣大食"、"黑衣大食"、萨曼王朝等历史古国的钱币，从钱币的角度展现出中华文明与丝绸之路沿线古国上的密切交往，再现了丝绸之路上经济贸易的繁盛，也是在"一带一路"倡议背景下良好的历史见证。

134 《丝绸之路钱币日记》，徐宏宪编写，西安：陕西人民美术出版社，2015年1月。

本书是介绍与探讨丝绸之路古代沿线国家钱币的著作，旨在向读者展示丝绸之路的中西交往与贸易交流，并通过这些古代钱币，呈现出古代丝绸之路的兴盛与繁荣。书中讨论了古希腊的贵金属货币及打压法的制币工艺，介绍了罗马帝国、拜占庭帝国、安息王朝、嚈哒帝国、萨珊王朝、萨珊附庸国、孔雀帝国、贵霜帝国、莫卧儿帝国、阿拉伯帝国等古代文明使用的钱币，再现了古代丝绸之路国家的历史风貌与经济样态。

135 《丝绸之路曲子文化探究》，曾春雷主编，乌鲁木齐：新疆人民出版社，2015年6月。

本书是研究丝绸之路地区曲子文化的论文集，收录了国内专家相关文章30余篇，探讨了新疆曲子的形成发展、艺术形式、内容创作、文化特点等内容。书中包括了《呼图壁在新疆曲子传承中的地位与作用》《在传承中发展新疆曲子艺术》《继续大力保护新疆曲子剧》《新疆曲子曲、剧目来源及艺术特征》《移民文化与新疆曲子的形成》《新疆曲子文化的多元性》《略谈新疆曲子戏与民勤小曲戏的共有特质》等文章，具有较高的学术价值，推动了丝绸之路新疆地区曲子文化的探索与研究。

136 《丝绸之路全史》，郑彭年著，天津：天津人民出版社，2016年7月。

本书是在"一带一路"倡议背景下，介绍与探讨丝绸之路历史与东西方文化交流的著作。书中回顾了丝绸之路的定义与相关研究的前辈学者，探讨了北方、南方陆上丝绸之路的开辟、经营、繁荣与历史遗迹等内容，阐述了古代海上丝绸之路的开通、发展与兴盛的历史进程。同时，书中分析了在早期的物资、科技、乐舞、建设、宗教、思想，到现在的政治、经济、贸易、国际地位等领域的三次东西方交流中，丝路给予对方的变化与影响，以及反映出丝绸之路在东西方文化大交流中的作用与地位，和其

▶ 丝绸之路研究论著叙录

重要的意义与价值。

**137** 《丝绸之路人口研究》（丝绸之路研究丛书），袁祖亮、袁延胜、朱和平著，乌鲁木齐：新疆人民出版社，2009年9月，2010年12月。

本书以丝绸之路的人口为研究对象，对历朝历代的人口问题和人居生态环境做了探讨。书中研究了两汉、魏晋南北朝、隋唐、五代至宋、元朝、明清等历史时期的人口问题，讨论了丝路地区的地方政权的分布、民族构成、人口概况与人口迁徙方向等内容。同时，书中还探讨了丝绸之路人居生态环境的变迁，对黑河流域、准噶尔盆地、塔里木盆地等地区的古今生态变化，及人与生态的平衡问题进行了评述。

**138** 《丝绸之路三千里》，安文华、马东平著，北京：科学出版社，2017年11月。

本书是叙述与研究甘肃丝绸之路的著作，探讨了其社会发展、民族文化、历史遗迹与新时期的丝路建设等内容。书中对丝绸之路的发展与兴衰，及甘肃段的重点古城与交通线路做了叙述，探讨了甘肃丝绸之路上回族、藏族、哈萨克族等多个少数民族的分布与文化，评述了该地区的石窟历史与石窟艺术，并对当地的历史遗迹与历史人物做了梳理与回顾。同时，书中强调了丝绸之路历史中所蕴含的精神，突出其国家名片的重要作用，分析了甘肃华夏文明传承创新区与敦煌国际文化博览会的意义与价值，并就甘肃在"一带一路"倡议下的新发展做了解读。

**139** 《丝绸之路散记》，林梅村著，北京：人民美术出版社，2004年5月。

本书是林梅村教授所作丝绸之路的考察记录。书中对丝绸之路上的重要考古遗址和文化遗存做了介绍，包括阿尔泰山和天山的大石冢、张骞通西域的记载、对楼兰探险的百年历程、对尼雅遗址的考察等内容。此外，作者将在1992年对米兰沙漠的访古以及对塔什库尔干的考察记录呈现给读者，并根据丝绸之路上的文化遗存分析了汉帝国艺术所反映的近东文化因素。作者的考察记录反映出了西域地区的历史文化复杂性和多元化，对读者认识了解西域文化提供了视角。

**140** 《丝绸之路上的佛光塔影》，李树泽著，兰州：甘肃人民出版社，2014年12月。

本书以简洁优美的文笔与生动形象的叙事风格，介绍与探讨了丝绸之路敦煌地区的历史发展沿革，及佛教在当地的兴衰变迁。书中叙述了敦煌的形成、兴盛和衰败，探讨了敦煌对甘肃地区的政治、经济、文化、艺术、社会等方面所带来的巨大影响，凸显了敦煌的重要地位。同时，书中亦探讨了敦煌莫高窟的开凿、发展、兴盛与衰落，展现了其佛教艺术文化的历史贡献与学术价值，强调了敦煌在东西方文化交流与佛教传播中所起到的历史作用。

**141** 《丝绸之路上的华裔文学奇葩：中亚东干文学》，杨建军著，北京：中国社会科学出版社，2015 年 12 月。

本书由中亚东干文学的多元文化渊源和多元比较维度两部分组成，探讨了东干文学的文化发展以及与其他文学的关系与区别。书中介绍了东干文学与中国文化、伊斯兰文化、俄罗斯文化的渊源与影响，分析了东干文学与地域文化的影响层面和启示性。同时，书中还探讨了东干文学与中国回族文学的地域源流关系与文学的共有意象，比较分析了东干文学与中国俄裔侨民文学、美国非裔黑人文学在文化影响、书写风格等方面的不同，并就世界华裔文学中伊斯兰文化带的分布范围、艺术特质、研究价值做了叙述与解读。

**142** 《丝绸之路上的诗人》，徐兆寿、闫倩著，北京：清华大学出版社，2017 年 12 月。

本书对丝绸之路上的诗人进行了研究。书中分为上下两篇，上篇是对唐代边塞诗的研究。书中对李白、杜甫、白居易、王维、王昌龄、高适、岑参、李颀、李益、王翰等人的边塞诗做了逐一的分析和研究。下篇为新边塞诗，分别对昌耀、海子、唐祈、周涛、章德益、李老乡、杨牧、张子选、沈苇、叶舟等人的现代边塞诗进行了分析研究。书中利用了对古今边塞诗人在丝绸之路上的创作，勾勒了丝绸之路的历史风貌，反映出了诗人对丝绸之路的特殊情感。

**143** 《丝绸之路上的使者》，徐兆寿、金西源著，北京：清华大学出版社，2016 年 11 月。

本书对丝绸之路上的使者进行了介绍。书中对"凿空"西域通向世界的张骞、巾帼不让须眉的冯嫽、用气节铸就高原的苏武等丝绸之路历史上做出重要功绩的人物进行了描写，还原了与他们相关的历史事件。书中涉及的人物还有常惠、傅介子、陈汤、甘延寿、班超、隋炀帝、王玄策、陈诚等国内历史人物。此外，对于活跃在丝绸之路上的外国著名历史人物，如：罗马商团、马可·波罗、李希霍芬、斯文·赫定和伯希和等人也做了介绍。

**144** 《丝绸之路上的世界遗产——中国段》，彭岚嘉著，兰州：兰州大学出版社，2016 年 8 月。

本书是介绍与研究丝绸之路中国段世界遗产的著作。书中介绍了丝绸之路的历史与文化，叙述了丝绸古道上的东西方经济交往与文化交流。书中还科普了世界遗产的申报程序、分类，以及价值与意义，并列举与介绍了 2014 年前我国丝路沿线上莫高窟、嘉峪关、兵马俑、龙门石窟、云冈石窟等世界遗产。同时，书中还探讨了文化线路视角下的世界遗产跨国申报，分析了丝绸之路上入选与备选的世界遗产，并就丝路沿线世界非物质文化遗产的申报程序、多元价值，以及我国的非遗概况做了阐述。

145　《丝绸之路上的照世杯——"中国与伊朗：丝绸之路上的文化交流"国际研讨会论文集》，程彤编，上海：中西书局，2016 年 3 月。

本书是"中国与伊朗：丝绸之路上的文化交流"国际研讨会的论文集，收录了来自中国、伊朗、日本等国专家学者的论文 16 篇。书中内容包括《十三至十四世纪和田地区在丝绸之路中段的经济角色》《蒙古人在波斯文化艺术和科学技术传播中的作用》《中国波斯文教习抄本的特征》《丝绸之路上的六牙象王本生故事》《从文物看古代中国与伊朗》《对于察合台汗国钱币研究的若干认识》等文章，具有较高的学术价值，推动了中国与伊朗在丝绸之路文化交流上的研究与发展。

146　《丝绸之路上外国探险家的足迹》，李屹主编，北京：五洲传播出版社，2005 年 7 月。

本书对丝绸之路上外国探险家走过的重要文化遗址进行了介绍。书中叙述了丝绸之路的开通与东西方文化的交融情况，解读了丝路古道上的秘宝与历史深处的履痕，并根据丝绸之路上外国探险家的足迹对失落的历史文明进行了探索。作者对吐鲁番的古城与地下宝藏做了详细的介绍，对库车和拜城的石窟艺术与壁画艺术进行了解读，并揭开了罗布泊、塔里木、喀什、和田等地的神秘面纱，探索了丝路商都与探险家眼中的宝地。书中还对西北科学考察团的学术活动做了介绍与评价，认为它是当时成功的合作与流动的大学。

147　《丝绸之路——神祇、军士与商贾》，[法] L. 布尔努娃著，耿昇译，昆明：云南人民出版社，2015 年 5 月。

本书通过丝绸之路上的神祇、军士和商贾来探讨丝绸之路的历史。书中内容丰富，分为二十章展开论述。主要对古代丝绸与丝绸之国进行概述，叙述了以马匹为基础的国家强盛、通向神奇远方的军队和骆驼队、古代舆地学家与女性的奢华、厄立特里亚海航行记、七宝与其他、丝绸公主、物质文明的传播者、宗教文化的传播人、拜占庭·波斯·突厥人和粟特人、中国的唐王朝·伊斯兰教徒·突厥人和吐蕃人、探险家、考古家和最早的记者等人物和事件进行了探索，展示了丝绸之路的发展与兴衰。

**148** 《丝绸之路诗选注》，王尚寿、王向晖选注，兰州：甘肃文化出版社，2010年7月。

本书是对与丝绸之路有关诗歌的选注。书中选录从唐至今490位作者描写丝绸之路中国段151个景点（区）的旧体诗作1340首，搜罗宏富。书中对景点（区）有介绍，对诗作有详细注解，并对作者生平进行简介。全书编排以陕西、甘肃、宁夏、青海、新疆为序，并置写该景点的诗作于后，以作者生年先后为序。本书展示了灿烂的丝绸之路文化和西北五省的独特风光，兼具文学和学术价值。

**149** 《丝绸之路石窟壁画彩塑保护》，李最雄编著，北京：科学出版社，2005年9月。

本书对丝绸之路石窟壁画彩塑的保护进行了探索。系统地论述了丝绸之路石窟壁画地仗、彩塑的制作材料及结构，对壁画彩塑颜料及颜料的稳定性进行研究，并对壁画颜料中的胶结材料进行了分析。同时，作者分析了壁画的主要病害并对病害机理做了研究，解析了昆虫及微生物对壁画的危害与防治。此外，作者重点探索了石窟环境对壁画的影响，对于壁画塑像的修复、修复材料及工艺进行了分析，并介绍壁画的揭取、搬迁及复原工作。书中还特别介绍了敦煌研究院与美国盖蒂保护所合作，将莫高窟第85窟壁画的修复作为执行《中国文物古迹保护准则》范例的工作情况。

**150** 《丝绸之路史话》（交通与交流系列），孟凡人著，北京：社会科学文献出版社，2011年10月。

本书是孟凡人先生所著叙述丝绸之路历史的著作。书中分为十一章，介绍了西域的整体情况，叙述了张骞凿空西域与西汉至唐代中央对西域的统治，论述了中国丝绸的生产与西传并对中西交通及各国对丝绸的角逐作以讨论。对于丝绸之路的交通道路，作者重点对河西之路、天山南路、天山北路、天山东路、昆仑北路、葱岭西路、地中海之路等众多丝绸之路上的道路进行了深入分析，展示出了丝绸之路上便利的交通情况，并对丝绸之路上的历史进行了回顾。

**151** 《丝绸之路史前史》（新疆文物保护研究丛书），[俄]叶莲娜·伊菲莫夫纳·库兹米娜，李春长译，北京：科学出版社，2015年10月。

本书是对丝绸之路史前史的研究。书中结合气候、地理、环境变化、历史、考古等多个学科知识分析了丝绸之路沿线游牧经济形成和发展的动力，特别作为游牧及游牧经济发展的首要工具马的驯养、马车的起源和发展历史。作者结合考古和文献记载，确定了游牧经济的起源地以及游牧经济发展各个阶段的情况。同时，书中对丝绸之路沿线的人们在青铜时代的迁徙、商品的运输和贸易情况进行了探索，并揭示了中亚东西部及欧亚草原人群的相互关系。

152　《丝绸之路探奇》，丁兴旺等编著，长春：东北师范大学出版社，1998年4月。

书中对丝绸之路作以整体上的介绍。全书分为文物古迹篇、城堡古道篇、石窟佛龛篇、山川湖泊篇四部分，对丝绸之路进行描述。主要内容包括对丝绸之路的起点、古寺庙、大雁塔、黄河古象、河西走廊、阳关古董滩、古墓壁画、香妃墓、长城雄关、玉门关、楼兰古城、交河故城、公主堡、锁阳城、麦积山石窟、炳灵寺石窟、马蹄寺、莫高窟、千佛洞、崆峒山、天水城、大漠党河、月牙泉、鸣沙山、火焰山、坎儿井等文化遗址和自然风光进行了逐一解读。

153　《丝绸之路体育图录》，李金梅、李重申著，兰州：甘肃教育出版社，2008年4月。

本书是对丝绸之路的体育活动进行探索的著作。书中通过对文化遗存中的石球、岩画和彩陶上的内容，对丝绸之路的原始体育活动作以概述。对于丝绸之路的竞技体育，作者将其分为狩猎与射箭、角抵与百戏、举鼎与拓关、蹴鞠与击鞠、竞走与长跑、嬉水与跳水、尚武与健美等方面逐一介绍。在丝绸之路上博弈方面，作者介绍了六博、樗蒲、波罗塞戏与双陆、围棋、象棋等内容。此外，作者亦对丝绸之路上的传统武术、古代游戏与休闲以及丝绸之路上的养生术进行了探讨。

154　《丝绸之路体育文化论集》，李重申、李金梅主编，兰州理工大学丝绸之路文史研究所编著，北京：中华书局，2005年10月。

本书是对丝绸之路上体育文化的研究论文合集。书中通过丝路上遗存至今的大量体育文物、敦煌壁画上的记录以及汉晋简牍、唐五代写卷中的相关文献记录，探索体育文化的发展与交流。本书共收文章23篇，包括《丝绸之路体育考古研究》《丝绸之路的原始体育》《敦煌体育文物概论》《敦煌莫高窟与角抵戏》《敦煌古代百戏研究》等篇。书中对丝绸之路的古代体育文化的研究，为推动今天的体育工作的发展创新奠定了文化基础，并提供了借鉴。

155　《丝绸之路体育文化论集（续）》，路志峻、田桂菊、李小惠主编，兰州理工大学丝绸之路文史研究所编著，兰州：甘肃教育出版社，2008年5月。

本书是丝绸之路体育文化论集的续编。书中收录论文32篇，具体文章包括《破译甘肃放马滩"秦简"中的养生与体育符号》《汉画像石上的蹴鞠图像研究》《丝绸之路上的"驿传"与体育研究》《丝绸之路上西域地区的马球运动》《嘉峪关魏晋古墓砖画中的庖厨》《敦煌古代的体育舞蹈——胡旋舞与胡腾舞》《论敦煌文献中的"舞剑器"敦煌金刚拳研究》《从敦煌壁画看古代举重体育文化》《从敦煌壁画看古代举重体育文化》《敦煌〈道德经〉卷子的养生考释》等篇。

**156** 《丝绸之路通鉴·卷1·丝绸之路与文明交往》，李永平著，西安：陕西师范大学出版社，2017年6月。

本书对丝绸之路上的文明交往作以探讨。全书以全球史观和全球区域观念为落脚点，从丝绸之路与物质技术、丝绸之路与宗教幻术、丝绸之路与文学艺术三个角度展开，以青金石贸易、小麦在河西走廊的种植、面条传播之路讨论丝绸之路上的物质技术传播；以祆教与陕西"血社火"及早期西域幻术讨论宗教幻术在丝绸之路的传播源流；通过李贺的诗歌、"大闹"题材的演变、河西走廊上的民间故事分析文学艺术在丝绸之路上的传播。作者超越西方本位，认为早期丝绸之路是华夏文明早期最重要的物质和技术通道。

**157** 《丝绸之路通鉴·卷2·英雄在线：丝绸之路的开辟者和捍卫者》，朱鸿著，西安：陕西师范大学出版社，2017年6月。

本书是对丝绸之路上的英雄人物研究。书中对公元前2世纪至公元8世纪活跃在丝绸之路上历史英雄人物进行了系统介绍。作者对丝绸之路的开辟及历史背景进行论述，对汉征伐匈奴战争与通西域及开辟丝绸之路的关系进行探讨，对于隋唐时期对西域地区的经营，如安西都护府、北庭都护府的建立、辖区的变动等问题进行了梳理，尤其对丝绸之路的开辟和对西域地区统治的过程中出现的重要历史人物，如张骞、傅介子、郑吉、班超、甘英、裴矩、李靖等人英雄事迹进行了精彩描述。

**158** 《丝绸之路通鉴·卷3·西北丝绸之路上的汉字流传史》，冯雪俊著，西安：陕西师范大学出版社，2016年9月。

本书对丝绸之路上的汉字流传史进行探究。书中首先对汉字的形成和发展、汉字的统一进行了介绍；叙述丝绸之路的开辟后，两汉时期、魏晋南北朝时期、隋唐时期汉、宋元时期、明清时期以及21世纪的汉字在西北丝绸之路上的流传情况和影响力。作者认为历史上不同时期丝绸之路的繁荣、衰败对汉字流传的影响甚大；汉字在丝绸之路的流传史其实就是中国国家实力及影响的消长史；少数民族语言政策、移民活动以及汉字自身的特点都对汉字在丝绸之路上的流传产生了重要影响。

159 《**丝绸之路通鉴·卷 4·天山廊道：清代天山道路交通与驿传研究**》，王启明著，西安：陕西师范大学出版社，2016 年 9 月。

本书是对清代天山道路交通与驿传系统的研究。全书运用文献分析法、实地考察法、历史语言研究等多种研究方法，从道路交通史的角度探讨那林草地道、伊犁通乌什道、冰岭道等八条天山南北通道的道路概况、使用与地位变化等问题，全面系统地对这八条天山南北道进行了细致的研究，填补这方面研究的不足。此外，作者整理了相关专题档案资料汇编，从动态角度探讨了天山廊道的驿传体系，如驿传平台的演变、内部组织、经费、功能、弊端及整顿、管理与当地社会关系等内容，对路网的驿传运作方面的研究取得了突破。

160 《**丝绸之路通鉴·卷 5·丝绸之路最早的东方起点：西汉长安城**》，肖爱玲著，西安：陕西师范大学出版社，2017 年 6 月。

本书对丝绸之路的起点——西汉长安城进行研究。书中从都城区位优势、宫城建制、礼制文化、内外交通、遗址现状及价值认识等角度对西汉长安城进行系统梳理，揭示了西汉 200 年间长安城的空间生产过程及其内在机制；从世界文化遗产未央宫遗址、张骞墓遗址、茂陵及其陪葬墓石刻艺术价值对西汉长安城相关遗址进行考察分析，认为应当在整体性原则下对都城遗址进行保护。作者通过对汉长安城的系统探讨，揭示西汉社会、政治、经济、文化的发展变化，并分析了丝绸之路沿线诸国与西汉长安城的物质文化交流。

161 《**丝绸之路通鉴·卷 6·汉唐丝绸之路漆艺文化研究**》，胡玉康、潘天波著，西安：陕西师范大学出版社，2016 年 9 月。

本书对汉唐时期丝绸之路上的漆艺文化交流进行研究。全书分为汉唐丝路漆艺文化的概况、汉唐海上丝绸之路、陆上丝绸之路等章，对汉唐时期的漆艺文化进行系统概述。作者首先对汉唐时期政治、经济、交通、外交等繁荣发展的背景下，漆艺流通四海状况作以探讨；重点阐释了丝路外销漆器的缘起、契机、途径以及中国汉唐漆艺在世界文化中的地位；通过分期分析了汉唐丝路外销漆器在海外传播、传承与影响。本书的研究对复兴中国古代漆艺在当代社会的健康发展有一定的积极作用。

162 《**丝绸之路吐鲁番研究**》（丝绸之路研究丛书），田卫疆主编，乌鲁木齐：

新疆人民出版社，2009年9月，2010年12月。

本书以丝绸之路吐鲁番地区为研究对象，讨论了其政治、经济、文化、宗教等方面的发展与变迁。书中介绍了吐鲁番的自然地理与原始信仰，以及早期吐鲁番与周边文化的联系。主要记述了从两汉、魏晋南北朝至隋唐五代、宋元、明清，乃至民国时期，历朝历代对吐鲁番地区的统治政策与管辖方法，及当地社会经济、文化、宗教等历史情况，再现了吐鲁番地区的历史风貌、发展变迁与人文样态。

**163** 《丝绸之路屯垦研究》（丝绸之路研究丛书），赵予征著，乌鲁木齐：新疆人民出版社，2009年9月，2010年12月。

本书以丝绸之路上的屯垦为研究对象，探讨了西域地区的屯垦历史与发展历程。书中讨论了两汉、魏晋南北朝、隋唐、五代宋至明代时期，西域地区与陕甘宁青地区屯田的管理制度、特点和历史作用，并就清康熙以来的新疆屯垦政策和对当地叛军的平乱问题做了探讨。同时，书中还论述了新中国成立后在新疆地区的屯垦事业，对屯垦的建立与发展、新疆生产建设兵团的解体与恢复等内容做了解读。

**164** 《丝绸之路文化线路系列跨境申遗研究》（清华国家遗产中心·博士文库文化线路系列），景峰著，北京：科学出版社，2016年5月。

本书是对丝绸之路文化线路的跨境申遗研究。书中概述了教科文组织文化政策对世界遗产体系的影响，包括世界遗产的价值理念、世界遗产概念、世界遗产与文化线路以及世界遗产与文化和发展的主题等方面的解读。对于世界遗产的文化线路，作者讨论了文化线路概念的产生和发展、文化线路的特征认定以及文化线路突出的普遍价值等问题。文化线路与系列跨境世界遗产申报方面是书中的重点，作者特别对系列跨境申遗辨析、丝绸之路与文化线路系列跨境申遗等内容进行了深入分析，并对丝绸之路文化线路申遗理论、实践与创新以及丝绸之路文化线路系列跨境申遗的国际合作机制提出了自己的看法。

**165** 《丝绸之路文物考古研究》（敦煌与丝绸之路学术文丛），俄军主编，兰州：甘肃教育出版社，2015年10月。

本书是俄军主编关于丝绸之路文物考古研究论集。内容涉及甘肃省馆藏西域文物述略、丝绸之路上的物品交流、文化交流、文献考释等方面。具体文章包括：俄军《甘肃省博物馆藏藏文文献补录》，贾建威《甘肃出土的元青花瓷》，梁继红、米玉梅《武威西夏文献的版本特点及价值》，俄军《汉代对丝绸之路"河西"地区的开发和经营》，林尚斌《唐三彩与丝绸之路文化交流》，常清民《丝绸之路上的黄河古筏风俗考》等41篇。

**166** 《丝绸之路文学研究》，史国强著，乌鲁木齐：新疆大学出版社，2015年9月。

本书是对丝绸之路文学的研究。丝路汉语文学的创作融合了中原文化和西域文化的众多要素，反映了新疆各民族逐步形成和巩固多元一体的民族文化历程。书中包含了《岑参赴安西路途考证》《阳关与阳关诗》《清代新疆交通的开辟与行程游记文的大量出现》《清代新疆屯垦制度的实行与屯垦戍边诗的繁荣》《伊犁将军奎林及其文学创作简论》《乾隆时期土尔扈特回归事件相关诗作研究》《清代废员对新疆的文化贡献略论》《〈天山赋〉著者考辨》等文章，反映了古代新疆西域社会生活和当时文学的发展情况。

**167** 《丝绸之路西段历史研究：兼论沿途民族迁徙及国家关系》，赵汝清主编，兰州：甘肃文化出版社，1999年3月。

本书是对丝绸之路西段的民族迁徙与国家关系的研究。书中分为十四章，界定了丝绸之路及其西段的概念，描述了丝路西段所经地区的地理环境，重点考证和叙述了丝路西段的形成和发展，并指出在张骞通西域之前，由中亚到地中海的交通即已开辟，丝路西段交通早于东段；此外，作者论述了丝绸之路全线贯通后，西段交通的发展与变迁，重点探讨了沿途民族迁徙及国家关系，说明了其对各个时期丝路西段走向及经济文化交流的影响。书中还对新亚欧大陆桥与古丝路的关系进行了探讨，分析了建设新陆桥的原因及意义，解读了存在问题，并展望了我国向西开放的前景。

**168** 《丝绸之路西域古今》（丝路文库），田卫疆、周龙勤著，乌鲁木齐：新疆美术摄影出版社，2015年8月。

本书对西域历史风貌和人文样态进行了介绍。书中通过丰富的图片和简易的文字介绍了新疆的地理概貌、自然景观、历史沿革、文明古迹、民族风情。具体内容包括天山山脉、托木尔峰自然景观保护区、博格达峰"人与生物圈"保护区、国家重点风景名胜区——天池、乌鲁木齐南山风景区、吐鲁番盆地、博斯腾湖、巴音布鲁克大草原、"楼兰美女"、周穆王会见西王母的传说、汉唐西域、西域"三十六国"、张骞通西域、回肠荡气的"黄鹄歌"以及维吾尔族、汉族、哈萨克族、回族、蒙古族、柯尔克孜族等内容。本书使读者了解新疆历史，认识新疆的历史渊源和文化底蕴。

**169** 《丝绸之路西域通史》（丝路文库），伊第利斯·阿不都热苏勒、田卫疆著，乌鲁木齐：新疆美术摄影出版社，2015年8月。

本书是一部彩图版西域通史，通过翔实的图片与文字对西域的文化遗存及文献记载系统地阐述新疆历史以及各民族的发展史和宗教演变的历史。书中按照历史发展顺序对西域的史前时期、两汉时期、魏晋南北朝时期、隋唐时期、宋辽金时期、元明时期、清朝时期以及民国时期西域的重要历史事件及历史人物进行叙述，勾勒出了西域地区的整个历史面貌。本书对研究中国统一多民族国家形成和发展具有一定参考价值。

170　《丝绸之路西域文明》（丝路文库），岳峰著，乌鲁木齐：新疆美术摄影出版社，2015年8月。

本书对丝绸之路的西域文明进行了探索。书中分为文明的曙光、金石之光耀天山、汉统西域开先河、群雄争霸民族融合、大唐雄威置安西、勇捷回鹘迁天山、蒙古西征立汗国等七部分。分别论述了新疆旧石器时代、新石器时代、青铜时代和早期铁器时代的文化遗存，叙述了西域都护府的建立和各民族共同开发西域的历史，论述了西域地区郡县制与各族政权的建立和经济与文化的发展问题。对于唐朝在新疆的建置以及经济的繁荣程度和异彩纷呈的各民族文化等内容，作者进行了重点介绍。另外，书中对高昌回鹘、喀喇汗、于阗王国、蒙古等民族政权在西域的统治也做了探讨。

171　《丝绸之路戏剧文化研究》（丝绸之路研究丛书），李强著，乌鲁木齐：新疆人民出版社，2009年9月，2010年12月。

本书以丝绸之路戏剧文化为研究对象，探讨了沿线地区戏曲的种类与文化特点，以及相互之间的关系与影响。书中概述了丝绸之路西域地区的戏曲样式与发展，对唐宋大曲与柘枝队戏做了探析，并就敦煌俗讲乐舞与佛教戏曲、吐蕃宗教文化与藏戏、西域佛教戏曲珍本等内容做了考述。同时，书中亦探讨了中亚西亚乐舞戏剧的交流、印度宗教文化与梵剧艺术及波斯宗教文化与东方戏剧等内容，并对古希腊罗马戏剧文化的东渐和中原地区乐舞戏曲艺术的西传进行了论述，强调了丝绸之路在中西交流与戏剧文化传播中的重要作用。

172　《丝绸之路戏曲研究》（丝绸之路研究丛书），陆晖著，乌鲁木齐：新疆人民出版社，2009年9月，2010年12月。

本书以丝绸之路中国段的戏曲为研究对象，探讨了中国古代丝绸之路地区戏曲文化的样式、风格、类型及发展。书中叙述了先秦、秦汉、魏晋南北朝、隋唐、宋元、明清时期的戏曲种类与文化交往，反映了戏曲在社会生活中的重要作用。同时，书中还介绍了秦腔、豫剧、京剧、河北梆子、曲子戏、秧歌戏、皮影戏、眉户戏等戏曲形式，对其由来、形制、流行区域、文化特点及反映的民间风俗等内容做了解读。

**173** 《丝绸之路新疆段建筑研究》（清华国家遗产中心·博士文库文化线路系列），乌布里·买买提艾力著，北京：科学出版社，2015年9月。

本书以研究丝绸之路新疆段（塔里木盆地和吐哈盆地）绿洲线的古代城址、建筑特征、建筑技术、建筑纹饰为基础，来阐述塔里木盆地建筑文化的历史状况和演变历程。书中概述了丝绸之路新疆段古代城市，叙述了新疆古代建筑的历史，探析了新疆段的佛教建筑，分析丝绸之路新疆段伊斯兰建筑演变，探讨丝绸之路新疆段建筑技术类别，解读了丝绸之路新疆段建筑纹饰及其反映的思想文化。作者对新疆的建筑艺术进行了总结，并对研究主题进一步展望。

**174** 《丝绸之路新史》，[美] 芮乐伟·韩森著，张湛译，北京：北京联合出版公司，2015年7月。

本书是耶鲁大学历史教授，著名汉学家芮乐伟·韩森所作对丝绸之路历史的研究。书中探讨了丝路上从长安到撒马尔罕的七座绿洲，包括楼兰、龟兹、高昌、撒马尔罕、长安、敦煌、于阗，叙述了聚集其中的商人、使节、朝圣者和旅客之间的交流与贸易，分析了不同种族的宗教文化信仰与生活习惯。作者认为丝绸并不是商路上最重要的商品，中国发明的纸张对欧洲产生了更大的影响，而金属、香料和玻璃与丝绸一样重要，这些商路上传播的思想、技术和艺术图案具有更大的意义。

**175** 《丝绸之路岩画研究》（丝绸之路研究丛书），盖山林、盖志浩著，乌鲁木齐：新疆人民出版社，2009年9月，2010年12月。

本书以丝绸之路地区的岩画为研究对象，探讨了其分布区域、类型特点与岩画内容。书中介绍了岩画的考古学断代方法与年代比较，对中国地区的岩画发现与分布情况做了叙述，对东北地区及内蒙古、山西、宁夏、甘肃、青海、西藏、新疆等省市自治区发现的岩画进行了探讨。此外，书中还叙述了在蒙古国、西伯利亚地区和中亚国家发现的岩画，再现了丝绸之路沿线地区古代文化的历史风貌。

**176** 《丝绸之路沿线博物馆专业委员会论文集·第二辑2014》，俄军主编，兰州：甘肃人民美术出版社，2014年7月。

本书出版的论文集是在甘肃省博物馆2009年出版《丝绸之路论文集》之后，甘肃省博物馆和专委会其他博物馆同志又一次的学术成果的集成，是甘肃省博物馆将丝绸之路文化、文物、陈列、教育方面的成果集中展示的平台。书中共收入论文47篇，具体内容有《丝绸之路——沟通中西方文明》《大夏统万城遗址出土的北朝墓葬中的佛教题材壁画及有关问题》《全球化语境下民族文化遗产的保护及利用——以青海地区民族文化遗产为例》《丝绸之路与中原的对外交流》《草原丝绸之路上的汪古景教》等篇。

**177 《丝绸之路沿线城镇的兴衰》，范少言、王晓燕、李健超等著，北京：中国建筑工业出版社，2010年7月。**

本书从丝绸之路和城镇演化的历史脉络入手，系统研究了丝绸之路沿线城镇兴衰的原因和动力机制。书中根据城镇发展的政治、经济、环境、文化等要素的时空组合分类探讨城镇与区域环境的相互关系，归纳丝绸之路沿线城镇的区域作用范围、结构类型、作用机制、功能构成、人地关系历史演化的基本规律，重点剖析黄土高原、河西绿洲、沙漠荒原、青藏高原四个不同生态环境类型区典型城镇兴衰演变历史。作者对西北丝绸之路沿线城镇产生、兴盛与衰亡带给人们的启示做了总结。

**178 《丝绸之路研究（第一辑）》，李肖主编，北京：生活·读书·新知三联书店，2017年10月。**

本辑是《丝绸之路研究》的创刊号，共收入文章21篇，包括荣新江、吉田丰、辛威廉、王子今、高田时雄、段晴等著名学者的研究论文。所收文章内容涉及丝绸之路上埃及、巴比伦、伊朗等古文明的历史文化研究；汉唐间丝绸之路上的政治交往、文化交融问题；丝绸之路上的考古学研究；外来文化东传和开展丝路相关国家研究的可行性等。代表论文有《欧亚大陆视野下的汉唐丝绸之路》《粟特语摩尼教文献所反映的10至11世纪河中与吐鲁番关系》《从出土汉简看敦煌太守在西汉丝绸之路上的特殊作用》等。本书对于深入开展丝绸之路的学术研究，加强国际学术交流互鉴，具有重要而深远的意义。

**179 《丝绸之路研究：交通与文化》（西北边疆史地研究丛书），田澍、何玉红主编，兰州：甘肃文化出版社，2013年10月。**

本书是对丝绸之路上的交通与文化进行探讨的论集。书中共收录文章27篇，分为丝绸之路交通路线，丝绸之路沿线古城、古国和关隘等，丝绸之路文明与中西文化交流三个主题。代表文章有《张骞使西域路线考》《汉代河西走廊东段交通路线考》《炳灵寺石窟与丝绸之路东段五条干道》《简牍和考古所见汉代河西走廊与蜀地之间的交往及相关的几个问题》《元狩二年霍去病西征路线考释——兼谈汉唐时期东段丝绸之路北道》《丝路古国——阿兰考略》等篇。

180 《**丝绸之路研究集刊（第一辑）**》，陕西师范大学历史文化学院、陕西历史博物馆编，北京：商务印书馆，2017年5月。

本书是由陕西师范大学历史文化学院和陕西历史博物馆联合主办的大型学术年刊，主要刊发围绕丝绸之路历史、考古、民族、宗教、语言、文字、艺术等领域的研究文章，以及有关丝路研究的书评和重要学术资源信息。本辑收录了《中古时代胡人的财富观》《丝绸之路交通贸易图像——以敦煌画商人遇盗图为中心》《丝绸之路的起始点与最初的走向》《从波斯到中国——丝绸之路上来通角杯的传播与变迁》《西域瑞像流传到日本——日本13世纪画稿中的于阗瑞像》等23篇中外学者的论文。

181 《**丝绸之路研究入门**》，芮传明著，上海：复旦大学出版社，2009年5月。

本书对我国的丝绸之路进行了有关方面的研究，主要包括研究领域的学术史回顾、当前国内外学术界研究的一般方法和取向、研究典范个案的介绍以及参考阅读文献的推荐。具体内容上，作者重点对研究方法进行了介绍，包括利用历代印行的原始文献、古今出土的零星文书等文字记载以及聚焦于某类实物、借助诸多实物论证主题等借助出土实物的研究，此外，对于语音比较、纹饰比较等借助语言和图形的研究方法，作者也做了介绍。本书为学生研究丝绸之路提供了基本研究方法的指导，是教材建设角度的开拓性的尝试。

182 《**丝绸之路伊犁研究**》（丝绸之路研究丛书），贺灵主编，乌鲁木齐：新疆人民出版社，2009年9月，2010年12月。

本书以丝绸之路上的伊犁地区为研究对象，对该地区政权与民族的更替、历史变迁与发展，及当地文化艺术与历史遗迹做了探讨与解读。书中叙述了汉代及魏晋南北朝时期当地部族与政权的更迭，介绍了西辽蒙元及明清时期对伊犁地区的统治政策。同时，书中研究了伊犁地区的民族文化与宗教文化，对该地区历代以来的文学艺术、文化遗产和知名人物做了评述，再现了伊犁地区的历史风貌与人文样态。

183 《**丝绸之路艺术研究**》（丝绸之路研究丛书），仲高著，乌鲁木齐：新疆人民出版社，2009年9月，2010年12月。

本书以丝绸之路艺术为研究对象，探讨了丝绸之路地区艺术的传承与发展。书中介绍了丝绸之路文化的多元格局，分析了丝绸之路艺术的发生机制，强调了丝绸之路艺术的人文特点。同时，书中还介绍了丝绸之路绿洲艺术、草原艺术的发展，探析了丝绸之路汉文化艺术链，并就丝绸之路艺术中的宗教信仰、东西方文化交流和多民族的文化艺术关系做了解读，反映出丝绸之路艺术多样性、包容性等特点。

184 《丝绸之路音乐研究》（丝绸之路研究丛书），宋博年、李强著，乌鲁木齐：新疆人民出版社，2009 年 9 月，2010 年 12 月。

本书以丝绸之路上的音乐为研究对象，探讨了古代东西方音乐文化的发展和演变及其相互影响。书中叙述了古埃及、古印度、古波斯等西方音乐文化，对远古先秦时期的西域音乐文化做了介绍。书中亦叙述了包括两汉、魏晋南北朝、隋唐五代、宋元及明清等历史时期的西域音乐文化，讨论了乐曲、乐器、乐舞、乐师、乐坊、乐派等方面的演变和特点。此外，书中还介绍了甘肃青海地区的特色民族音乐文化，并就近现代新疆音乐文化的流传与发展做了探讨。

185 《丝绸之路与东察合台汗国史研究》，田卫疆著，乌鲁木齐：新疆人民出版社，1997 年 4 月。

本书是对丝绸之路与东察合台汗国史的研究。书中对东察合台汗国的名称和起源问题进行了探讨，分析了蒙古都格拉特部异密的活动与东察合台汗国的建立，解析了东察合台汗国从混乱到趋于统一、东西部分立和变化以及蒙古准噶尔部的南下与东察合台汗国覆没的政治史，探讨了伊斯兰教在汗国内部统治地位的确立，考察了汗国与中原王朝的政治经济往来与联系。此外，作者对东察合台汗国的社会经济状况和文化艺术情况也分别做了论述。

186 《丝绸之路与东西文化交流》，荣新江著，北京：北京大学出版社，2015 年 8 月。

本书是北京大学中国古代史研究中心荣新江教授有关丝绸之路与东西文化交流的研究论集。主要叙述了丝绸之路对于东西方文明交往的贡献，特别是对于中国与世界其他地方交往所起到的重要作用。全书分为丝绸之路、文化交流与互动、汉文化的西渐、外来物质文明的贡献、三夷教的流传五部分。探讨了汉唐时期丝绸之路的走向，丝绸之路与沿途某些区域或城镇的关系以及所起到的重要作用。研究中国与波斯、大食（阿拉伯）、印度、朝鲜半岛、日本等通过丝绸之路的东西流动性文化的交流。作者利用西域出土文书探讨汉文典籍向西域地区的传播。此外，作者还利用考古、美术、文献材料等，研究了西方物质文明和宗教文化如何沿丝绸之路向东方传播以及粟特商人、于阗使者、景教徒等传播使者，并以此为基础进而讨论了丝绸之路上的宗教文化的并存现象。

187 《丝绸之路与敦煌学》（浙江学者丝路敦煌学术书系），柴剑虹著，杭州：

浙江大学出版社，2015年12月。

本书收集了柴剑虹先生有关丝绸之路与敦煌学相关文章55篇。内容涉及丝绸之路历史地理考证，如："胡芦河"、轮台、铁门关、疏勒等地的考辨；石窟壁画研究，包括对俄国艾尔米塔什博物馆库藏原德藏新疆壁画、克孜尔石窟、斯里兰卡石窟的分析研究等，以及敦煌写本研究和敦煌学术史研究等方面。此外，论文集还收入了作者的读书札记、与敦煌学相关论著的序跋评介、学术会议发言和演讲等文章，展示了柴剑虹先生在丝绸之路与敦煌学方面的学术成果与建树。

**188** 《丝绸之路与俄罗斯民族文物》，吕章申编，北京：北京时代华文书局，2016年10月。

本书是"丝绸之路与俄罗斯民族文物"展览图录。主要内容分为丝绸之路上的俄罗斯族、北高加索和达吉斯坦地区的民族、伏尔加河流域的乌拉尔山前地带的民族、西西伯利亚、南乌拉尔和伏尔加河下游的民族、南西伯利亚地区的民族等部分。书中分别展示了这些民族所使用的日常用品、服饰、宗教用器以及部分老照片，还原了居住于丝绸之路沿线上俄罗斯民族的日常生活。本书展示了俄罗斯的宝贵民族文化遗产，让读者对丝绸之路上的俄罗斯民族有了一定的了解，体现了当地支线道路网对保障丝绸之路这条商道的繁荣以及促进区域资源发展的作用。

**189** 《丝绸之路与古代东西方世界的物质文化交流》（丝绸之路中国段文化遗产研究），刘庆柱、杜文玉主编，陈凌、莫阳著，西安：三秦出版社，2015年12月。

本书是对丝绸之路上古代东西方世界的物质文化交流的讨论。书中对流通于丝绸之路的繁多物品流通和与之相伴的技术流通进行了考察，包括丝绸及棉毛织物、战车与西域马、金银制品与货币、宝石与玻璃器等，以及造纸和印刷技术、家具与建筑技术、异域乐舞等。作者认为，丝路上的物品和文化流传的过程中，可以看到人们的情趣爱好与风尚习俗，甚至可以考察不同民族和不同文化差异和文化心态。丝绸之路上的物品和技术的传播，丰富了中外交流的技术和样式，甚至影响到了地区、世界的历史格局和进程。

**190** 《丝绸之路与龟兹历史文化》，苏北海著，乌鲁木齐：新疆人民出版社，1996年8月。

本书是对丝绸之路与龟兹历史文化的探讨。书中探讨了龟兹的原始社会状况，包括由母系氏族过渡到父系氏族的过程，分析了龟兹与月氏和乌孙的关系，解析了两汉时期龟兹王室世系及其统治，并对汉朝在龟兹境内设立西域都护府的情况进行了介绍。

同时，作者讨论了龟兹与魏晋南北朝、高车国、嚈哒国的关系，分析了突厥、吐蕃对龟兹的统治，并对唐代安西都护府、四镇节度使的设立及其历史功绩进行了总结。此外，作者对龟兹经济、龟兹的宗教、龟兹文学、音乐、舞蹈、戏剧、绘画、雕塑、服饰等内容都作了具体介绍。

**191** 《丝绸之路与石窟艺术·1·西域梵影》（中国美术分类全集），阮荣春主编，姚义斌等撰稿，沈阳：辽宁美术出版社，2004年12月。

本书是记述与探讨丝绸之路与石窟艺术的著作，其内容为第一卷西域梵影。书中收录了大量翔实的图片并配有文字说明，从文化视野中的西域、"十字街头"商旅之都、南道绿洲佛国中心、罗布泊内神秘绿洲、北道中枢多元交汇、瑰丽长卷斑斓多姿，以及中道古城汉风扑面共七个视角，对佛室遗址、于阗画派、楼兰古城、壁画本生故事、石窟龟兹风等内容进行了介绍与解读，展现了丝绸之路上的历史面貌与文化发展，凸显了佛教文化对丝绸之路与石窟艺术的影响与作用。

**192** 《丝绸之路与石窟艺术·2·河西胜境》（中国美术分类全集），阮荣春主编，顾平等撰稿，沈阳：辽宁美术出版社，2004年12月。

本书是记述与探讨丝绸之路与石窟艺术的著作，其内容为第二卷河西胜景。书中收录了大量翔实的图片并配有文字说明，从丝路明珠佛国敦煌、通津要道陇中佛照、陇上江南梵宫佛苑，以及陇东古道佛光璀璨共四个视角，对古城敦煌、敦煌壁画和彩塑、炳灵寺、麦积山、北石窟寺、南石窟寺等内容进行了介绍与解读，展现了丝绸之路上的历史面貌与文化发展，凸显了佛教文化对丝绸之路与石窟艺术的影响与作用。

**193** 《丝绸之路与石窟艺术·3·王朝典范》（中国美术分类全集），阮荣春主编，罗宏才等撰稿，沈阳：辽宁美术出版社，2004年12月。

本书是记述与探讨丝绸之路与石窟艺术的著作，其内容为第三卷王朝典范。书中收录了大量翔实的图片并配有文字说明，从千流向平城、从平城到洛阳、鄴城与晋阳、永远的长安、大唐气象共五个视角，对佛道之争、龙门石窟宾阳三洞、响堂山石窟、药王山、帝王的慈善寺等内容进行了介绍与解读，展现了丝绸之路上的历史面貌与文化发展，凸显了宗教文化在王权统治中所起到的历史影响与作用。

**194** 《丝绸之路与唐蕃古道》，刘凯、陈敦山编，西安：西安交通大学出版社，2016年9月。

本书是首届"藏秦·喜马拉雅"论坛研究成果，主要聚焦于国家"一带一路"

▶ 丝绸之路研究论著叙录

战略，涉及西藏政治、经济、历史、文化、宗教、社会、外交等方面。本书编委会根据论文主题，将本书分为"西藏开放发展研究""西藏文化产业研究""西藏经济发展研究""西藏民族文化研究""西藏文化传播研究""唐蕃古道研究""历史宗教研究"等七个篇章，收入53篇代表性研究成果以及《首届"藏秦·喜马拉雅"论坛综述》。

195 《丝绸之路与吐蕃文明》，杨铭、李锋著，北京：商务印书馆，2017年4月。

本书对丝绸之路与吐蕃文明进行了研究。书中分析了吐蕃崛起与经略西北，对敦煌西域的吐蕃部落和吐蕃驿站进行了考察；探讨了吐蕃与丝路交通，主要是对吐蕃—青海道、吐蕃—泥婆罗道、吐蕃—于阗道、吐蕃—勃律道等主干道的考察；论述了通过丝绸之路传入吐蕃的科学技术、传入汉地的吐蕃文化以及彼此间的文化交流；考察了吐蕃与于阗、突厥等内陆文明的交流。此外，作者还对阿拉伯、波斯文献记载的吐蕃文明进行了探索，再现了吐蕃人创造的灿烂文明。

196 《丝绸之路与外国探险家》，李屹主编，石晓奇、丁晓仑编著，新疆维吾尔自治区对外文化交流协会编，乌鲁木齐：新疆美术摄影出版社，2008年8月。

本书是外国探险家探索丝绸之路的著作。书中对丝绸之路的形成与意义进行了介绍，探索了丝路的变迁与古老的文化宝藏，叙述了普尔热瓦尔斯基、斯文·赫定、斯坦因等外国探险家对丝绸之路上的地上古城与地下墓葬进行的考察。内容涉及柏孜克里克与吐峪沟、吐鲁番地区的丝路胜迹、交河故城、高昌故城、阿斯塔那古墓群、森木塞姆石窟、龟兹故城、从罗布泊盆地到巴音布鲁克草原、北庭故城与西大寺、伊犁将军府遗址等遗迹。

197 《丝绸之路与西域经济：十二世纪前新疆开发史稿》，殷晴著，北京：中华书局，2007年12月。

本书回顾了12世纪以前新疆开发建设的历程，论述了西域经济与丝绸之路的关系。书中共分七章，深入探讨了西域经济发展与丝路畅通、中外贸易兴盛之间的关联。主要内容包括自然条件与地理位置，原始居民的社会经济生活、汉代西域社会经济的发展，魏晋南北朝时期社会经济的波动，大唐西域中西交通的繁盛，唐宋之际的西域经济与中西交通等。本书史料翔实，对古代新疆经济开发史与丝路研究有重要的学术意义。

198 《丝绸之路与西域叙事文学》，韩文慧著，西安：西北大学出版社，2015年

8月。

本书是对丝绸之路叙事文学的研究。书中分为六章，分别为绪论、丝绸之路西域文化背景、西域各民族叙事文学概述、西域经典叙事文学作品、东西交流产物：民族文学碰撞的火花以及结论。作者对丝绸之路上的西域叙事文学进行了概说，分析了西域与阿拉伯、波斯、印度、罗马以及中原的文化交流，对哈萨克族、柯尔克孜族、维吾尔族、乌孜别克族等族的叙事文学进行了介绍，解读了《萨里哈与萨曼》《玛玛克——绍波克》《鹦鹉的故事》等叙事作品，并总结了丝绸之路叙事文学的特点及其艺术的开放性。

**199** 《丝绸之路与玉文化研究》，故宫博物院编著，北京：故宫出版社，2016年9月。

本书是中国文物学会玉器专业委员会"丝绸之路与玉文化"研讨会的会议论文集。书中收录论文22篇，内容涉及"丝绸之路"上古玉矿相关问题的探讨、"丝绸之路"上玉器的制作与传播、我国不同历史时期玉器上的西域文化因素、明清时期西域碧玉的使用情况以及宫廷用玉研究等诸多问题。具体篇目有：《丝绸之路上的明珠——马鬃山古玉矿遗址的发现及其意义》《湖南出土的蚀花玛瑙珠——兼论南方丝绸之路中玉文化的传播》《从何家村玉杯、兀鲁伯玉杯论西域玉作》《简论隋唐宝玉石制品中的西域文化因素》等篇。本书从不同角度就相关问题展开了集中讨论，进一步提升了"丝绸之路"的文化内涵，推进了中国玉文化的研究。

**200** 《丝绸之路与中国传统法律文化的传播》，马慧玥著，上海：上海人民出版社，2011年11月。

本书对中国传统法律文化在丝绸之路上的传播进行了探讨。书中分为五章，分别介绍了陆上丝绸之路的历史贡献与历史沿革；叙述了中国传统法律文化在陆上丝绸之路的传播，包括丝绸之路上东段、中段、西段代表国家的法律与中国传统法律文化的传播。同时，书中介绍了海上丝绸之路的历史沿革与贡献，论述了中国传统法律文化在东南亚的传播。此外，作者亦论述了欧洲的汉学热与中国传统法律文化在欧洲主要国家的传播。

**201** 《丝绸之路与中西文化交流》，李刚、崔峰著，西安：陕西人民出版社，2015年12月。

本书是介绍与研究丝绸之路历史上中西文化交流的专著。书中概述了神话与真实并存的先秦时期中西方的文化接触与远古记载，介绍了秦汉时期中西接触与交流通道的开辟与丝绸之路上多彩的西域文明，归纳了魏晋南北朝时期中西陆路与海路交通的发展，以及与西亚和欧洲地区的交流。同时，书中还探讨了隋唐时期中西文化交流的繁荣景象，评述了宋元时期东西方世界格局的变化对于中西方文化交流的影响。此外，书中还分析了明代的对外政策与中西关系的分期，并就清朝传教士的来华活动以及中西礼仪之争等内容做了解读。

202　《丝绸之路语言研究》（丝绸之路研究丛书），赵杰著，乌鲁木齐：新疆人民出版社，2010年12月。

本书以丝绸之路地区的语言为研究对象，对该地区各类语系与语言特点做了深入探讨。书中介绍了丝绸之路语言研究的对象与方法，对丝绸之路上的印欧语系语言、汉藏语系语言、闪含语系语言、阿尔泰语系语言做了深入解读，论述了其语言特点、流传区域、语言文化，及其在宗教传播中所起到的作用。同时，书中也探讨了丝绸之路上的语言接触，对语言间连锁式影响的递借性、佛教词语的使用，以及汉语与古突厥语互借语词等内容进行了评述。

203　《丝绸之路在宁夏》，仇王军著，银川：宁夏人民出版社，2008年8月。

本书是对宁夏在丝绸之路上的历史文化概述。书中分为四章，分别叙述了丝绸之路的走向以及汉唐时期、西夏时期及蒙元时期的丝绸之路。作者介绍了西域植物在宁夏的状况，分析了固原、海原、灵州、中卫等地区的历史以及在丝绸之路上发挥的重要作用；讨论了西夏对丝绸之路的利用，分析了银川在这一时期的发展；对于蒙元时期的丝绸之路，作者介绍了这一时期的丝路通畅情况，探讨了"回回"人的东来及移居宁夏，并对具有重要战略地位的隆德和六盘山道进行了介绍。

204　《丝绸之路在中国》，李良义编著，西安：陕西人民出版社，2007年12月。

本书对丝绸之路中国段的名胜古迹作以全面介绍。书中分为陕西篇、甘肃篇、宁夏篇、青海篇、新疆篇，对丝绸之路中国段沿线的重要城市、文物古迹、风景名胜、风俗特产及交通情况等方面都作了解读。同时，书中还列出了古丝绸之路示意图以及各省详细地图，为读者提供了资料。具体内容包括西安、兰州、银川、西宁、乌鲁木齐等省会城市，以及西安碑林、大雁塔、兵马俑、法门寺、麦积山石窟、大地湾遗址、敦煌莫高窟、西夏王陵、塔尔寺、交河故城等重要名胜古迹的介绍和解读。

205　《丝绸之路珍藏版·考察卷：穿越历史》，季成家主编，兰州：甘肃文化出版社，2008年8月。

本书是丝绸之路珍藏版系列丛书中的考察卷，叙述了历史上对丝绸之路的自然地理和历史遗迹进行了考察的经过。具体篇章包括敦煌再劫、楼兰惊梦、华尔纳的"侦察旅行"、"间谍"探险、走进黑城的俄国人、丝路：欲哭无泪、石窟劫、流沙深处的历史——罗布泊与古楼兰、楼兰发现与其纠葛——楼兰发现百年祭、楼兰考察记、龟兹废墟的密码、罗布泊探险者的生死档案、黑河考察记等具体内容。

206　《丝绸之路珍藏版·历史卷：古道之谜》，季成家主编，兰州：甘肃文化出版社，2008年8月。

本书是丝绸之路珍藏版系列丛书中的历史卷，汇集了《丝绸之路》杂志所收录的历史类经典文章。全书分为两卷，上卷为丝绸史话，包括丝绸之路历史概貌、丝绸之路的主要线路、张骞"凿空"丝绸之路、丝绸之路亦是宝玉石之路、丝绸之路医药之路、北方丝绸之路、草原丝绸之路等内容；下卷为古道之谜，包括黑水国、楼兰古国、尼雅遗址、于阗遗址等神秘遗址与历史事件的内容解析。

207　《丝绸之路珍藏版·旅游卷：魅力西游》，季成家主编，兰州：甘肃文化出版社，2008年8月。

本书是丝绸之路珍藏版系列丛书中的旅游卷，主要介绍了丝绸之路上的名胜古迹和行旅游记。具体名胜古迹有甘肃地质公园、壶口瀑布等自然风光；也包括麦积山石窟、黄河第一桥、平湖古窟炳灵寺、永登连城鲁土司遗址、司马迁祠和墓、高昌古城、榆林窟、蜀道四关、茶马古道等历史古迹。在行记方面则有帕米尔纪行、康巴玉树行、康北高原散记等内容。

208　《丝绸之路珍藏版·民俗卷：风情万种》，季成家主编，兰州：甘肃文化出版社，2008年8月。

本书是丝绸之路珍藏版系列丛书中的民俗卷，主要介绍在丝绸之路上生活的民族所保有的信仰和风俗习惯。全书分为两卷，上卷主要关于民众的日常礼仪、节庆礼俗、艺术创作和祭祀等内容。包括不同少数民族的春节习俗、敬老习俗和对数字的不同看法习俗等。下卷则重点描述少数民族民众们的婚恋、饮食及其他日常生活中不可缺少的风俗习惯。

209　《丝绸之路珍藏版·人物卷：贤者足迹》，季成家主编，兰州：甘肃文化出版社，2008年8月。

本书是丝绸之路珍藏版系列丛书中的人物卷，汇集了《丝绸之路》杂志所收录的活跃在丝路上的历史人物经典介绍文章。全书分为上下两卷，上卷为古代人物介绍，包括鸠摩罗什、法显等为佛经翻译事业做出重要贡献的高僧，也有军事上抗敌入侵开拓边疆的赵充国、李广、李陵等将领，还包括沟通西域的张骞、班超等与丝绸之路发生过重大关系的历史人物。下卷为现代人物卷，包括爱国历史名人于右任、邓宝珊，敦煌守护者常书鸿和段文杰等。

210 《丝绸之路之谜》（丝路文库），杨新才著，乌鲁木齐：新疆美术摄影出版社，2016年2月。

本书利用解"谜"的方式对丝绸之路上新疆的历史文化进行了解读。具体内容包括：对"五星出东方利中国"护膊的解读，对新疆岩画的介绍，对伏羲女娲图的分析，对新疆所出彩棺、陶棺与干尸的探查，对尼雅地区的历史考察。此外，作者对乌鲁木齐地名、对维吾尔族族名的来历及含义、哈萨克族族名的由来、"于阗"的含义等问题也进行了分析。全书文字精练，用语准确，事实翔实，图文并茂，对人们了解新疆历史和自然具有积极意义。

211 《丝绸之路中国与非洲文化交流研究》（丝绸之路研究丛书），沈福伟著，乌鲁木齐：新疆人民出版社，2010年12月。

本书以丝绸之路上中国与非洲文化的交流为研究对象，叙述与探讨了中非文化交流的发展历程与时代特点。书中回顾了早期中非陆路交通的概况，探讨了中国与埃及等非洲国家海上通航的实现。书中亦介绍了罗马时代与唐宋时期非洲与中国的文化联系，讨论了双边经济贸易、科学技术的交流与互惠。同时，书中对明代初期郑和下西洋的中非交流做了介绍，探讨了四大发明传入非洲，以及非洲原生植物在中国繁衍的历史作用与影响。

212 《丝绸之路中国与欧洲宗教哲学交流研究》（丝绸之路研究丛书），张西平著，乌鲁木齐：新疆人民出版社，2010年12月。

本书以丝绸之路上中国与欧洲宗教哲学交流为研究对象，叙述与探讨了东西方之间宗教与哲学的传播与影响。书中讨论了欧洲宗教和哲学在中国早期的传播，对入华传教士所传播的基督教神学、天主教哲学、亚里士多德哲学、托马斯·阿奎那哲学等内容做了解读。同时，书中也探讨了中国宗教与哲学在欧洲早期的传播，评述了明清时期中国文化西传，"礼仪之争"与中国宗教和哲学的西传，儒释道在西方早期的传播等内容，并就中国宗教和哲学对法国、德国和英国的文化影响做了研究。

213 《丝绸之路中国与西亚文化交流研究》（丝绸之路研究丛书），沈福伟著，乌鲁木齐：新疆人民出版社，2010 年 12 月。

本书以丝绸之路上中国与西亚的文化交流为研究对象，叙述与探讨了中国与西亚国家文化交流的发展历程与时代特点。书中概述了中国和西亚文化交流的情况，对中国与美索不达米亚古文明的联系做了叙述；探讨了中国与伊朗在科学技术、饮食文化和语言文学等方面文化交流，对安息文化在汉代的流行，萨珊波斯与中国的交往，及波斯教徒的传教做了论述。同时，书中还讨论了中国与阿拉伯、叙利亚在工艺、科学、艺术与民俗等方面的文化交流，对中国与土耳其的历史交往与双边关系进行了回顾。

214 《丝绸之路重镇：宁夏固原回族民俗》，武宇林、田继忠、解光穆著，银川：宁夏人民出版社，2008 年 12 月。

本书是对丝绸之路重镇——宁夏固原的回族民俗进行探讨。全书分为十一章，首先介绍了宁夏固原的历史与多元文明，其次作者从宁夏固原回族的宗教文化及信仰习俗、礼仪习俗、节日习俗、饮食习俗、居住习俗、服饰习俗、农工商与交通习俗、婚姻习俗、丧葬习俗、语言习俗、游艺习俗等方面展开论述，作者对当地的生活习俗和生产生活都进行了实地调研，力求还原当地习俗的原始风貌。本书对认识和研究回族文化有较高参考价值。

215 《丝绸之路宗教文化》，周菁葆、邱陵著，乌鲁木齐：新疆人民出版社，1998 年 5 月。

本书对丝绸之路宗教文化的发展历程作以探讨。书中分别对丝绸之路上的萨满教文化、祆教文化、摩尼教文化、道教文化、景教文化、佛教文化、伊斯兰教文化进行了解读。具体内容上，作者对以上宗教的传入与溯源、基本特点、教义与礼义习俗、行为与活动、宗教经典、文化服饰以及音乐舞蹈等宗教艺术方面都做了详细分析。此外，作者亦对丝绸之路上的不同宗教遗留下来的历史文化遗迹进行了介绍。本书科学地揭示出了宗教的特征，有利于读者认识丝绸之路上宗教发展的历史。

216 《丝绸之路宗教研究》（丝绸之路研究丛书），李进新著，乌鲁木齐：新疆人民出版社，2008 年 1 月，2009 年 9 月，2010 年 12 月。

本书以丝绸之路上的宗教为研究对象，探讨了西域地区从远古到近代时期的原始崇拜与宗教信仰。书中介绍了远古时期丝绸之路西域先民对自然、动植物、生殖与祖先的原始崇拜，讨论了萨满的起源、流行和特点。作者主要研究了古代时期祆教、佛教、伊斯兰教、摩尼教、天主教等宗教在西域地区的传播、发展与变迁，分析了其教义礼仪与思想文化，以及宗教对各历史时期在政治、经济和文化中的影响。此外，书中还探讨了近代时期新疆地区的宗教形式与格局,并就20世纪上半叶的新疆宗教状况做了介绍。

**217** 《丝路帝国情感:长安与罗马的巅峰比对》,李刚著,西安:西安交通大学出版社,2016年5月。

本书通过长安和罗马的叙述,探讨了中西两个文明古国通过丝绸之路的交流。书中对两国的交流使者、丝绸在丝绸之路上的传播、米兰广场与大唐西市、艾曼纽回廊的镶嵌与长安昭陵浮雕、水城威尼斯与八水润长安、圣马可飞狮与霍去病墓石马、罗马斗兽场与陕西秦始皇兵马俑坑、罗马万神庙的英雄祭奠与陕西会馆的先贤崇拜、罗马匹萨饼与长安"肉夹馍"等代表两个文明的意象两两对比,分析了两国不同的历史文化和精神文明,为读者了解与认识两国文化提供了丰富的历史材料。

**218** 《丝路烽烟:汉与匈奴在西域的较量》,石云涛著,北京:商务印书馆,2015年9月。

本书是对汉朝与匈奴在西域展开斗争的讨论。书中分为和亲与反击、匈奴未灭,何以家为、进军西域、夺取西域、匈奴的衰落、西域三绝三通等章节,叙述了西汉之初白登之战与和亲政策,并对卫青、霍去病、赵破奴、李广利等抗击匈奴名将进行了介绍。书中描述了张骞通西域和汉朝建立西域都护府的过程,叙述了汉朝对匈奴以及依附匈奴的国家和地方势力的数次战争,通过匈奴分裂、呼韩邪降汉与昭君出塞等历史事件分析了匈奴衰落的必然性。本书史料翔实,并提供了许多精美的图片以供学习利用。

**219** 《丝路古史散论》(复旦文库),芮传明著,上海:复旦大学出版社,2017年3月。

本书是对丝绸之路历史的论述。书中分为三部分对其进行探讨,"丝绸之路与游牧人"编,利用中外交往的域外骏马以及中原王朝的丝绸探讨了中外利用丝绸之路的竞技交流,通过和亲政策展现了与丝绸之路上民族文化的交流。"丝绸之路上的特殊角色——粟特人"篇,对粟特人的历史以及在丝绸之路上的经济活动和文化活动,特别是其军政特长进行了探讨。"丝绸之路与宗教思想传播"编主要探讨了在丝绸之路上活跃的佛教和摩尼教的符号和信仰图像,并论述了二者对中原地区统治者与文学创作者思想文化的影响。

**220** 《丝路明珠——敦煌》(走进敦煌丛书),柴剑虹、荣新江主编,郑炳林、李军著,兰州:甘肃教育出版社,2007 年 12 月。

本书图文并茂地介绍了丝绸之路上的明珠——敦煌。书中分为三部分,首先对敦煌的历史做以详细介绍,从两汉以前的敦煌开始,勾勒出两汉以前至西夏元明清时期的敦煌历史情况,对重要历史人物及历史事件进行解读;对敦煌作为交通枢纽中心、商业都会以及军事重镇的特殊地位做以探讨,解析了敦煌作为丝路上重要都市的作用;此外,书中对敦煌的名胜古迹,如:享誉世界的佛教石窟、历史悠久的城池关隘遗迹、以及著名自然景观都进行了详细介绍。

221 《丝路起点:北魏平城(大同)》,大同古城保护和修复研究会编著,太原:山西人民出版社,2016 年 7 月。

本书是对 5 世纪丝绸之路东方起点之一的北魏平城的论述。书中分为五章,考察了北魏平城时代的中西道路交通,包括平城时代对西域的开拓和经营以及与西域交通路线的变迁;分析了平城时代与西域绿洲诸国、中亚、西亚以及东罗马的交往;探讨了平城时代通过丝绸之路的中西贸易的往来;讨论了北魏平城时代中西文化的交流,特别是佛教文化和西域乐舞的传播;并对平城的艺术装饰中折射出的西方艺术信息作以探讨。书后附有北魏平城丝路纪事,对北魏时期平城与丝绸之路上的交流进行了直观的展示。

222 《丝路商旅》(华夏文明之源丛书),姚海涛著,兰州:甘肃人民出版社,2015 年 10 月。

本书系统梳理了丝绸之路上商旅的历史发展变迁,并阐述了其对华夏文明传承创新的重要意义。全书分为十章,分别探讨了丝绸之路的发端,西汉对丝绸之路的开辟,东汉通往罗马的道路,万国盛会的举行,大唐盛世在丝路上的反映,宋朝陆上丝绸之路的衰微及海上丝绸之路的兴起,元代丝绸之路的商旅,明代丝路的衰落以及对清代丝绸之路的论述。作者勾勒了丝绸之路的历史,并通过商旅的活动反映了各个历史时期中西文化的交流。

223 《丝路文明(第 1 辑)》,刘进宝主编,上海:上海古籍出版社,2017 年 2 月。

本书是刘进宝先生主编,以丝绸之路为主线,以阐释古代多元历史文明的交流与互鉴、推动当代东西文化交流为宗旨,刊发世界古代文明发展、交流、融合等研究成果的综合性学术刊物。本书为第一辑,内容包括丝绸之路文化交流研究论文,如:施新荣《丝绸之路上的汉文化》、王子今《战国秦汉"西—雍"交通考察:以丝绸之路史为视角》等11篇；丝绸之路学者与其研究，包括刘进宝《孟列夫与俄藏敦煌文献研究》、高田时雄著，徐铭译《俄国中亚考察团所获藏品与日本学者》等5篇；丝绸之路著作述评4篇，如：荣新江《吴芳思〈丝绸之路2000年〉（修订版）序》等篇。此外，书中还有一些丝绸之路相关书目的出版信息，为研究者提供便利。

**224** 《丝路文明（第2辑）》，刘进宝主编，上海：上海古籍出版社，2017年12月。

本书是刘进宝先生主编，探讨丝绸之路文明论集的第二辑，所刊内容主要集中在两方面，对丝路沿线出土文献与文物的解读论文16篇，主题涉及丝路文化交流、丝路写本文献研究、东西民族交流等方面，如：朱雷《丝路文明研究二题》、郭伟涛《汉代的通关致书与肩水金关》、李锦绣《汉唐西北边疆地区农业开发和畜牧业发展综述》等文，以及丝绸之路相关学术史及学术书评方面，包括宋翔《岑仲勉先生与西北史地研究》、王冀青《斯坦因1914年敦煌莫高窟考古日记研究》等8篇文章。

**225** 《丝路文明的传承与发展》，刘进宝、张涌泉主编，杭州：浙江大学出版社，2017年12月。

本书是"丝路文明传承与发展"国际学术研讨会会议论文集，共收入论文35篇，分为三个主题，"丝路文明"部分从丝路人物、海上丝路及陆上丝路的东西交流、文化传播等角度展开讨论，如：《怛逻斯城与唐代丝绸之路》《丝绸之路与中国人的餐桌》等14篇论文；"敦煌吐鲁番文献"整理部分，以敦煌残卷的整理和缀合复原为主，包括《敦煌佛经残卷缀合释例》《吐鲁番出土〈千字文〉叙录——日本收藏篇》等9篇；第三部分为综合研究论文，从多学科探讨了丝绸之路的丰富内涵，具体论文有《唐代汉字文化在丝绸之路的传播》《从布帛到黄金：试论古代东亚的国际货币》等12篇。

**226** 《丝路印记：丝绸之路与龟兹中外文化交流》，邢春林主编，新和县文化体育广播电视管理局编，兰州：甘肃人民出版社，2011年6月。

本书是"丝绸之路与龟兹中外文化交流"学术研讨会论文集，收纳了参加学术研讨会的来自全国各地专家、学者的24篇优秀论文，主要围绕古龟兹文化传统、龟兹文化与丝绸之路、汉唐屯田文化等课题展开论述，系统、深入地探讨了龟兹文化在中外交流中的历史作用和贡献，并为进一步研究和发掘古龟兹文化，促进当地旅游业发展提出了许多意见和建议。具体论文有《新疆渭干河西岸唐代烽燧遗址的调查与研究》《西天山南北地区归属喀喇汗王朝的时间及相关历史——兼论龟兹石窟的始毁年代》

《维吾尔歌舞艺术与它的伴奏乐器》等篇。

**227** 《粟特美术在丝绸之路上的东传》，郭萍著，成都：四川大学出版社，2015年10月。

本书对粟特美术在丝绸之路东渐过程作以研究。书中从五个章节展开论述，介绍了粟特本土美术的考古资料，并从以上资料分析了粟特本土美术在这些载体中形成的多元特征，作者认为这种特征与其在政治上始终是从属国的身份有直接原因。同时，书中对丝绸之路东段沿途有关粟特考古文物出土资料进行梳理，着重针对资料中的新样式探讨其变化的原因；考察形成新美术样式的原因，并指出美术创造者风俗习惯被汉化，宗教信仰逐渐改信佛教的进程是移民聚落美术变化的直接动因。

**228** 《隋唐洛阳——隋唐时代丝绸之路起点》（丝绸之路中国段文化遗产研究），刘庆柱、杜文玉主编，毛阳光著，西安：三秦出版社，2015年12月。

本书是对隋唐时期作为丝绸之路起点的洛阳城考述。书中对隋唐洛阳城的历史沿革和经济交通作以概述并对洛阳城的结构与布局进行了详细考察，尤其对隋唐洛阳城的丝路移民、外来服饰、器物及娱乐和音乐分别作以探讨，并根据考古出土的胡俑、骆驼俑考察了唐代的洛阳社会。此外，书中还对洛阳外来僧侣与宗教，龙门石窟与中外文化交流做了探讨。作者通过对文献的梳理和考古新发现和碑刻新史料的多重印证，揭示隋唐洛阳城在中外文化交流中的重要作用，呈现了洛阳隋唐大遗址保护的成果。

**229** 《隋唐长安——隋唐时代丝绸之路起点》（丝绸之路中国段文化遗产研究），刘庆柱、杜文玉主编，杜文玉、王丽梅著，西安：三秦出版社，2015年12月。

本书是对隋唐长安城的考述之作。书中对隋唐长安城的地理环境和空间结构作以总体概述，突出长安城的城市结构与功能特征；根据城市不同区域的功能，采取了宫殿区、管理区、礼仪祭祀区、生活区和宗教区的划分标准，着重研究区域的规划、分布与建筑特点。作者针对大明宫的建筑物功能作以专门研究。此外，书中对外来的经济、文化及人口与长安城市发展的关系，进行了深入探讨，明确了长安在中外文化交流中的地位。对于隋唐长安城遗存的多处遗址和建筑群，作者在论述其发掘研究情况的同时，也对其保护和利用问题进行了探讨。

**230** 《踏开亚欧大陆的马蹄：元朝时期的丝绸之路》（华夏文明之源），买小英著，兰州：甘肃少年儿童出版社，2014年12月。

本书是《华夏文明之源》大型丛书中丝绸之路板块中的一册，主要讲述了蒙元时期丝绸之路的历史变迁。全书以蒙元帝国的兴衰为历史线索，还原出这一时期丝绸之路的社会、文化、经济、战争、宗教等方面的历史风貌。本书内容丰富，章节名称富有诗意，例如帝国崛起：那悲壮而摄魄的上帝之鞭、成吉思汗利剑出鞘：大漠之外尽归一、南北两都：极尽繁华之能事、西域幽怨：那一首曲终人散的悲歌等多个章节，生动地为读者展现出丝绸之路的历史画面。

**231** 《唐朝丝绸之路贸易管理法律制度研究》，李叶宏著，北京：中国社会科学出版社，2014年6月。

本书以论文的形式深入研究唐朝丝绸之路贸易管理法律制度，共分为绪论、唐朝丝绸之路贸易管理法律制度概论、唐朝丝绸之路贸易主体管理法律制度、唐朝丝绸之路贸易商品与市场管理法律制度、唐朝丝绸之路贸易行为管理法律制度、唐朝丝绸之路贸易管理法律制度的实施、历史意义与当代借鉴、结论与展望六个部分。唐朝奉行"安人宁国，以法为先"的法律思想，这也是唐朝管理丝绸之路贸易法律制度的核心。本书的研究以当时政治、法律、经济、文化、中外交流及"安史之乱"后期的历史为背景，对丝绸之路的贸易管理法律进行系统地阐述，对研究当时的社会学、经济学、法学等都具有实际意义。

**232** 《唐代丝绸之路与中亚史地丛考——以唐代文献为研究中心》（欧亚备要），许序雅著，北京：商务印书馆，2015年6月。

本书探讨了唐代丝绸之路变迁及诸城方位，揭示大唐帝国与中亚诸国政治经济关系演变。书中以《大唐西域记》《新唐书·地理志》《新唐书·西域传》《册府元龟》四篇唐代文献为中心，兼及唐代其他相关记载以及阿拉伯—伊斯兰舆地文献、中亚考古资料相参对，探讨了唐代丝绸之路的变化，中亚诸城的方位和道里，中亚诸胡的政治发展，中亚诸胡族与唐朝政治关系的演变，以及唐朝在中亚支持诸胡抗击大食斗争中的作用等问题。本书对研究唐代与中亚的关系问题提供了参考资料。

**233** 《唐研究（第22卷·从高昌到奈良：中国丝绸之路上的写本研究专号）》，荣新江主编，北京：北京大学出版社，2016年12月。

本书是《唐研究》第22卷"从高昌到奈良：中国丝绸之路上的写本研究专号"。书中收入中外有关研究丝绸之路沿线出土的文书的论文，多利用新材料，采用新视角或新理论来进行阐释，重现丝绸之路上的政治、经济、历史、地理、文化的各种样貌。代表文章有《从单注到合注：中古丝绸之路上〈注维摩诘经〉写本研究》《隋唐的乡官与老人——从大谷文书4026〈唐西州老人、乡官名簿〉说起》《唐朝与中亚的绢马贸易》《于阗语大案牍——新疆维吾尔自治区博物馆藏初唐案牍研究》《晚唐贡赐的构造——以甘州回鹘和沙州归义军的贡赐比价为中心》等篇。

**234** 《天山南北·古道遗珍：新疆丝绸之路文物特展》，俄军、田先洪主编，兰州：甘肃人民美术出版社，2007年9月。

本书是介绍以"天山南北·古道遗珍"为主题的新疆丝绸之路文物特展的图录，分为古老的西域文明、多样的语言文字、流布的佛教信仰、华美的纺织艺术等七个单元，汇集了彩陶、青铜器、金银器、毛织品、丝织品、壁画、雕塑、古文字文书、钱币，以及反映新疆各族人民审美趣味的器皿、饰品、食物等各类文物100多件。书中对每一件文物都做了详细说明，包括文物图片、名称、出土地点、年代、尺寸、现保存地点和文物介绍，真实地再现了天山地区各族人民的文化发展与历史变迁。

**235** 《条条道路走罗马：先秦秦汉时期的丝绸之路》，雍际春、李鹏旭著，兰州：甘肃少年儿童出版社，2014年2月。

本书研究了先秦与秦汉时期在丝绸之路开辟前后的中西交通与文化交流。书中对先秦时代下的中西交通与文化交流做了介绍，叙述了夏商周各代文化向西扩散的过程，以及周穆王西征与中西交通的开辟，并且讲述了春秋战国时代草原丝绸之路的开辟与海上道路的探索。同时书中探讨了西汉时期复杂的西域形势下，西汉王朝对丝路的开辟，及对两汉王朝对西域的经营。此外作者还探析了两汉时期的中西交通与文化交流，包括中西海上交通与西南丝绸之路的开辟，以及佛教东传等内容。

**236** 《通向世界的丝绸之路》，蔡琴著，贵阳：贵州民族出版社，2014年7月。

本书是研究丝绸兴起、丝路开辟、丝绸服饰与丝绸工艺的著作。书中讲述了丝绸从起源到成熟的发展过程，对丝织品种和印染刺绣、丝绸纹样等内容做了介绍。书中还讲述了陆路丝绸之路与海上丝绸之路开辟与发展的过程，强调了丝绸在中西文化交流中的重要地位与作用。同时作者还探讨了从战国时代到秦代的丝绸服饰及丝织业的分布与发展，并就制丝技艺、染绣技艺等丝织技术做了解读。此外书中讲述了近代中国丝绸与新中国丝绸的概况，体现了丝绸在中国的历史发展与文化传承。

**237** 《通向世界的丝绸之路》，杨共乐著，北京：北京师范大学出版社，2017年7月。

本书是在"一带一路"倡议背景下，以问题为导向，依靠史料进行研究丝绸之路的著作。书中概述了丝绸之路的起源与发展，探讨了汉魏时期中国加深了对西方世界的认知，以及古代罗马与中国的交往。书中重点对古典希腊与中国丝、甘英出使大秦、大月氏西迁、拉丁铭文中的"丝绸"等十余个丝绸之路的疑难问题进行了解读，分质疑、思考、考据、解析四篇对其进行了辨析。另外，书中还探讨了希腊、罗马学者以及基督教学者在西方古代文献中记录的丝绸世界，从另一角度考证了丝绸之路的中西交流。

238 《通向远方的路：明清时期的丝绸之路》，邓慧君著，兰州：甘肃少年儿童出版社，2014年12月。

本书主要以明清时期丝绸之路上的文化交流为研究对象，探讨了这一时期中西在政治、经济、文化、宗教等方面的交往与互动。书中概述了马可·波罗沿丝绸之路探险东方的经历及影响，介绍了这一历史时期中国与西域地区在文化、贸易及宗教领域的交流，且探讨了明代与帖木儿帝国、东察合台汗国的关系及双边交往。同时作者列举了陈诚西行、鄂本笃东来、郑和下西洋、利玛窦来华等中西交流的实例，阐述了丝绸之路在中西交流中的历史作用与重要意义。

239 《铜镜照射的盛世之光：海上丝绸之路扬州段遗迹及隋唐扬州研究》，冬冰主编，南京：东南大学出版社，2014年5月。

本书以海上丝绸之路的著名港口——扬州为研究对象，探讨了扬州在海上丝绸之路中的历史作用以及在隋唐时期的历史风貌。书中总结了海上丝绸之路的历史价值与文化价值，对其文化路线的遗产价值特征进行了分析。书中还讨论了隋唐时期扬州重要的港口作用，描写了其千帆竞渡、百舸争流的繁忙景象。同时作者立足扬州的地理位置，阐述了其在东西文化传播与融通中所起到的作用，并对其城市的空间结构和形态做了评析。此外书中也讲述了扬州仙鹤寺、大明寺、崔致远纪念馆等历史遗迹，从文化角度映衬了扬州在海上丝绸之路下的发展。

240 《图说洛阳丝绸之路》，郭洪昌、吴中阳主编，洛阳市地方史志办公室编，郑州：大象出版社，2007年4月。

本书收录了160幅珍贵图片，以图文结合的形式，系统直观地阐述了洛阳作为丝绸之路东端起点的历史地位和意义。书中分析了先秦时期草原丝路东端起点形成的历史原因，对夏商周三代王都和经济中枢做了叙述。书中也探讨了东汉时期丝路东端起点的形成与兴衰，评析了东汉三通西域及丝路延长的过程。同时，作者研究了魏晋南北朝时期以及隋唐时期丝路东端的起点，叙述了洛阳繁荣与昌盛的发展环境，客观地评析了洛阳在丝绸之路上的历史作用，以及在中西文化交流中所做出的贡献。

241 《图说丝绸之路》，刘岩、王宏斌编著，长春：吉林人民出版社，2010年5月。

本书以图文结合的形式，介绍与探讨了丝绸之路的历史发展、兴衰变迁、中西交往、文化交流等内容，有利于读者更加直观地了解与学习丝绸之路。书中记述了丝绸的发展与桑蚕的西传，叙述了丝绸之路上的历史故事与民间神话，探讨了丝绸之路开辟的过程，讲述了北击匈奴、征服大宛、出使西域的历史事件，并对丝绸之路的起止点与历史兴衰做了评析。书中还论述了西域地区的民族融合、文化交流的历史，对历代西域名将、中西交流的重要历史人物及其贡献作了解读。

242 《吐蕃丝绸之路》，张云著，南京：江苏人民出版社，2017年6月。

本书是关于古代西藏丝绸之路的研究著作，阐述了当地的历史发展、文化传播及其产生的重要影响。书中解读了高原文化圈的概念与丝绸之路的关系，对青藏高原的古国文明做了介绍，并就与中原地区交往的民族走廊做了探讨。对于吐蕃王朝的历史与发展，及与周边地区通过吐蕃丝路的文化交流，作者进行了解读，并探析了兼容并蓄的吐蕃文化，对吐蕃的当地风俗与社会的物质精神生活做了评述。此外，书中还介绍了圣城拉萨与南亚文化、茶马贸易、吐蕃丝路的终结等历史内容，对吐蕃丝绸之路的历史风貌与兴衰变迁进行了再现。

243 《驼铃悠悠：中国古代丝绸之路》，巫新华著，成都：四川人民出版社，2004年1月。

本书叙述了中国古代丝绸之路的历史，对丝绸之路上的社会发展、历史变迁、文化交流等内容做了探讨。书中介绍了丝绸之路的由来及开辟过程，并阐述了丝绸之路的历史作用与影响。作者还分别探讨了丝绸之路东段、中段、西段三条线路，对陇右古道、西域古道等路线做了考析。同时，书中亦介绍了沿丝绸之路西行东来的高僧、商旅及旅行家，强调了他们在中西文化交流中起到的重要作用。此外，书中也对丝绸之路上的经济文化交流、外来物品的输入与本土物品的输入以及中西文化的西传东来做了解读。

244 《文明的互动：汉唐间丝绸之路与中外交流论稿》（欧亚历史文化文库），余太山主编，石云涛著，兰州：兰州大学出版社，2014年12月。

本书是对汉唐丝绸之路与中外交流的讨论。书中对汉唐间丝绸之路的变迁作以综述，包括汉唐丝绸之路的起点变迁、丝绸之路绿洲路研究、海上丝绸之路研究、南方丝绸之路研究，并通过僧人行踪对西域通往南朝的道路进行探讨；在中外关系与交流方面，对汉代、魏晋南北朝时期的丝织业、良马输入、外来珍珠等物品往来、佛教东传以及隋唐时期中西交通与交流、对外政策等问题进行深入分析；在中外交流与文学方面，重点探讨了唐诗对于中外关系的见证、高敬命诗以及他对中国古典诗歌的继承和借鉴等问题。

**245** 《西汉长安——丝绸之路起点》（丝绸之路中国段文化遗产研究），刘庆柱、杜文玉主编，肖爱玲著，西安：三秦出版社，2015年12月。

本书对西汉长安城作以全景式研究论述。作者借助历史文献与考古发掘材料，结合实地考察从都城选址，都城建设与后代利用，都城空间构成及都城内外交通，都城礼制建筑，皇家园林，西汉帝陵，丝绸之路与都城的关系都城对京畿地区社会、经济、文化的影响，都城遗址价值评估等十个方面进行梳理。书中在丝路视野下对西汉长安城进行探讨，以丝路沿线城市的物质文化交流作为连接纽带，作者认为在古都学的研究框架下，丝路与都城的关系是都城空间演变、文化繁荣的重要因素。

**246** 《西域丝绸之路》，吕鸿声编著，上海：上海科学技术出版社，2015年5月。

本书以丝路为线索论述古代丝绸远程贸易及历史与文化的论著。全书共分为8章，书中厘清了中国古代对西域的概念，论述了西域丝路的形成与开通，描述了西域地形特点和丝路的走向，并对西域丝路上丝绸贸易的繁荣进行了阐发。同时，作者研究了西域丝路上丝绸贸易的冲突，对西域丝路上丝绸贸易的衰落进行了解析；对于西域丝绸之路的历史意义作者亦做了总体上的概述。此外，作者在丝绸之路扩展阅读一章中，对匈奴、乌孙、月氏等民族以及古代罗马、希腊、意大利、法国等国和印度文明等作以介绍。

**247** 《西域丝路文明》，黄剑华著，成都：成都时代出版社，2016年2月。

本书对西域地区的丝绸之路文明进行了探索。全书分为大漠上的丝绸之路、史籍记述中的西域古国、丝路上的考古发现、湮没的丝路古城、丝路与石窟艺术五部分。分别介绍了西域丝绸之路的由来，叙述了发生在西域丝路上的历史故事，讲述了西域文明古国的兴衰和各民族交往，并对西域在丝绸之路上的重要历史遗迹进行了介绍。在艺术文明方面，作者对丝路佛教传播及龟兹石窟、莫高窟等石窟的造像艺术进行了解读，并配有相关图片。

**248** 《西域异服：丝绸之路出土古代服饰复原研究》，包铭新主编，上海：东华大学出版社，2007年11月。

本书主要对丝绸之路出土的古代服饰做了研究。书中挑选的复原标本主要来自以下六个地区：2003 年发掘之楼兰 LE 北壁画墓、1995 年及 1999 年发掘之尉犁营盘墓地、1995 年发掘之民丰尼雅墓地、1992 年发掘之洛普县山普拉墓地、1964 年及 1972 年发掘之吐鲁番阿斯塔那墓地和 1992 年发掘之吐鲁番鄯善苏贝希墓地。所选文物大多为服装，如半袖衣、绢衫、三角形衣饰、套头衣、锦裤、毛裙和间色裙等；服饰品次之，如刺绣手套、凤头绢帽、高尖帽、翘头绿绢鞋和帛鱼等；另外还有营盘和尼雅墓中鸡鸣枕各一以及楼兰 LE 北壁画墓中壁画人物之男女服饰各一。

**249** 《西域余闻：丝绸之路的奇闻逸事》，[日] 陈舜臣著，吴菲译，桂林：广西师范大学出版社，2009 年 4 月。

本书是一本关于丝绸之路的历史随笔集，前半部分以丝绸之路相关文物为主轴，后半部分以沿途见闻为切入点，叙述了两千多年来东西方文化交流的逸闻。书中收录文章 29 篇，包括《求法僧：践流沙之漫漫》《西域的汗血马》《葡萄的东传》《唐招提寺的西域气息》《长安的波斯美女》《丝绸之路——玉之路》《怛逻斯之战与造纸术的西传》《清真寺与香妃墓》《地毯物语》《西域的特色服饰》《丝绸之路的宝石》《人生无酒不能过活》《丝绸之路的壁画美术馆》《丝绸之路的歌声》《丝绸之路的旅人》等。

**250** 《崤函古道：丝绸之路》，蒋建伟著，北京：大众文艺出版社，2009 年 9 月。

本书介绍了崤函古道的有关史实，书中收录的文章是文化文物工作者和专家多年来对崤函古道这一特殊文化现象的调查研究成果。全书分为古道沧桑、古道战事、人物故事、沿途景致、故事传说、诗文选萃六部分。内容涉及崤函古道历史地理与文化内涵、古道概貌、崤道变迁、冯异赤眉之战、安史之乱中的陕州大战、汉文帝与河上公、李密与安国寺、杜甫与《石壕吏》、古道名刹空相寺、古道八景、宫前传说三则、硖石古洞、途次陕州、唯我石壕独风流、崤陵道中、中原五处石壕秀、崤陵怀古、崤陵浩叹等。

**251** 《新丝绸之路》，赵化勇主编，北京：中国广播电视出版社，2006 年 3 月。

本书是由中央电视台和日本 NHK 电视台共同拍摄完成的大型纪录片《新丝绸之路》的延伸作品，以丝绸之路上 10 个古城或驿道：楼兰、吐鲁番、草原、龟兹、和田、青海、敦煌、黑水城、喀什、西安为章节，用文字与图片的形式记载了丝路几千年的人类迁徙、宗教传播、文化交流和征战屠戮。其中涉及了近 20 年来重大的考古发现，包括罗布泊深处神秘的墓葬群、保存完好的四千年女性干尸、全世界仅存的唯一一颗释迦牟尼的真骨舍利、草原道上的黄金面具、青海道上的珍贵丝绸、和田玉的险峻源头、尘封百年的黑水城文书、流失在海外的壁画残片、西域高僧的传奇一生等。

**252** 《烟雨丝绸之路》，车华玲、刘统著，长春：长春出版社，2007年4月。

本书是从历史地理的角度对丝绸之路从最初汉朝张骞的开拓、唐朝长安中外交流的鼎盛时期、海上丝路的开辟、郑和下西洋到海禁，再到地理大发现、近代外国冒险家对西域的掠夺，纵深到今日新丝路的构建。书中对各个历史时期丝绸之路的地理概括，并拓展到佛教西传东渐，法显、宋云的印度之行和唐僧取经与《大唐西域记》等历史文化，用较大篇幅记述了本世纪初西方冒险家在丝绸之路上进行的疯狂盗宝活动，是一部全面介绍丝绸之路发展变化的历史地理著作。

**253** 《杨建新文集·五·丝绸之路》，杨建新著，北京：民族出版社，2013年7月。

本卷收录了已出版图书《丝绸之路》《外国考察家在我国西北》两部。书稿主要反映杨建新先生在丝绸之路与中外交通方面的研究成果。其中《丝绸之路》论述了丝绸之路的开通、主要线路、交易商品、丝路上的主要使者和旅行家、文物、遗迹及各种文化交流。《外国考察家在我国西北》则重点介绍了曾经在我国西北地区考察的外国考察家，揭露了一些以考察、探险为名者在我国西北大肆收集情报、掠夺文物的事实。

**254** 《遥远苍凉的丝绸之路》，邵梦茹编著，天津：天津科学技术出版社，2013年10月。

本书总结了中国古代丝绸之路的起源与发展，介绍了中国历代朝廷和各国通过丝绸之路进行贸易的历史。书中讲解了有关丝绸之路的内容，包括各个时期的国家政治、经济、文化等特点可以让读者对于丝绸之路这一重要的东西文明交流之路有更深的了解。作者指出丝绸之路的开辟，沟通了我国和西域国家，稳定了边防，增进了民族融合，促进了西域经济的发展，互通有无，在我国的历史中起到了重要的作用。

**255** 《一张图表看懂丝绸之路》，高亚芳、王力编著，北京：中华书局，2016年6月。

本书是以一张图表的形式贯穿起两千多年的丝路历史。全书共配以百余幅图片，如同丝绸之路的一张说明书，贯穿起两千多年的丝路历史。全书分正反两面印制。正面讲述丝路两千多年的历史，分述陆上丝路和海上丝路。陆上丝路讲述丝路途经的主要国家及其在丝路历史中的地位和所发挥的作用；海上丝路以历史为线讲述丝路在各时代的发展变化。背面集中介绍丝路黄金段（甘肃段）的重要节点城市。本书图文相辅，探索隐藏在丝路背后的深层文化内涵。

**256** 《异宝西来：考古发现的丝绸之路舶来品研究》，葛嶷、齐东方主编，上海：上海古籍出版社，2017 年 12 月。

本书以中英双语的采编方式，介绍与探讨了 49 件宋代以前的历史文物。这些文物来自西北五省区，与丝绸之路有着密切的关系，包括对翼兽铜环、竖琴、金项饰、玻璃杯、印章、三耳陶罐、对羊对鸟灯树纹锦、联珠鹿纹锦、鎏金铜覆面、兽首玛瑙杯、蓝玻璃盘等种类。书中对每一件文物都做了器物研究，涵盖了其名称、图版、收藏单位、出土信息、器物概括描述、材质工艺及保存现状、器物详细描述与图像详细描述等方面。此外，书中还对丝绸之路研究的新视角、外来器物与中国文化等内容进行了探讨。

**257** 《永远的丝绸之路：走过新疆》，邵如林、邸明明著，昆明：云南人民出版社，2004 年 2 月。

本书以丝绸之路东西方交通要冲上的新疆为中心展开讨论。书中介绍了哈密四堡·拉甫却克古城、巴里刊·大河古城、奇台·硅化木、北庭故城、令人神往的喀纳斯、唐代轮台·乌拉泊、亚洲大陆地理中心、高昌故城、柏孜克里克石窟、柳中故城、艾丁湖、交河故城、铁门关·罗布人、轮台故城、龟兹故城、苏巴什遗址、拓厥关遗址、故孜尔石窟、疏勒·喀什、慕士塔格·塔什库尔干等一些古城要塞，并探讨它们作为沟通东西方经济、文化交流的桥梁发挥了巨大作用。本书展示了灿烂中华西域文明的古遗址和古城邦，论述了月氏、乌孙、柔然、匈奴、鲜卑、满、汉等多民族在新疆的文化交流。

**258** 《于阗六篇：丝绸之路上的考古学案例》，上海博物馆编，北京：北京大学出版社，2014 年 12 月。

本书是配合上海博物馆举办的"丝路梵相——新疆和田达玛沟佛教遗址出土壁画艺术展"编辑的一本介绍于阗历史、考古与艺术的导览读物。全书由丝绸之路上的于阗、和田考古简史、克孜尔石窟——龟兹石窟寺之典范、于阗故地的诉说、唐代丧葬画像与绘画的关系、"于阗画派"与西域梵像——观和田达玛沟出土壁画札记六篇组成。配有"丝路梵相"展中于阗壁画的精彩图片。

**259** 《早期丝绸之路暨早期秦文化国际学术研讨会论文集》，甘肃省文物考古研究所等编，北京：文物出版社，2014年11月。

本书为2012年"早期丝绸之路暨早期秦文化国际学术研讨会"论文集，共收录18篇论文，内容分为早期丝绸之路和早期秦文化两个主题。早期丝绸之路论文涉及甘青地区新发现考古遗存研究和旧有考古资料的整理及东西方早期丝绸之路文化交流两大方面，内容涉及涵盖了科技考古如《"失蜡失织法"商榷》，冶金考古如《阿尔泰出土的匈奴时期铜镜》，动物、植物考古如《狗与先秦中国人的日常生活——从战国秦墓最近出土的狗肉汤谈起》等考古学诸多方面；早期秦文化论文主要涉及秦文化的两类主要遗存，以及《清华简》与秦人起源问题等。

260 《早期丝绸之路探微》，杨共乐著，北京：北京师范大学出版社，2011年9月。

本书是对早期丝绸之路的探索，分为交往篇、质疑篇、重新思考篇、考据篇、材料篇五部分，包括罗马的扩张以及对东方国家的了解与接触、罗马人对丝之来源的认识与再认识、古典希腊难有中国丝、甘英出使大秦线路及其意义新探、大月氏西迁时间考、洛阳出土东罗马金币铭文考析等。本书在研究方法上改变以往中国学者多侧重中国古代文献、西方学者又多偏重西方文献对丝绸之路进行研究，作者凭借自身可以掌握古代汉语、希腊语、拉丁语和埃及象形文字等语言优势，及了解中外古代史学术优势，充分利用中西方的文献资料和考古成果，用中国、西方和印度文献相互印证的多重证明法来思考和研究早期的丝绸之路。

261 《早期丝绸之路文献研究》，余太山著，上海：上海人民出版社，2009年5月；北京：商务印书馆，2013年5月。

全书是对早期丝绸之路的基本文献研究。书中对《穆天子传》《西域图记》《历史》《帕提亚驿程志》《地理志》等文献均有研究，将东西文献结合起来，相互印证，彼此补充。具体内容包括《穆天子传》所见东西交通路线、宋云、惠生、那连提黎耶舍、阇那崛多和达摩笈多在丝绸之路上的往来路线、裴矩《西域图记》中记载的敦煌至西海"三道"、托勒密《地理志》所见丝绸之路的记载等问题，从文献记载中探讨了早期丝绸之路的具体路线并对相关史实进行了考证。

262 《早期西域底层地名探源："丝绸之路"民族"化石"释读》，牛汝辰著，北京：中国社会出版社，2016年11月。

本书是对早期西域古老地名进行探源的著作。书中介绍了古代西域的人种、民族与语言，研究了古代西域地名的演变规律，探讨了古代西域地名族名汉字译写与新疆地名音转溯源，研究了古代西域塞语地名，考析了塞种（吐火罗人）的起源、迁徙及其名称，以及塞语地名的由来。此外，书中还探讨了古代西域的汉语地名，对昆仑、天山（祁连）等名称进行了考源，并就古代西域羌族及羌语地名和古藏文记载的西域地名进行了考证。

**263** 《长安：丝绸之路的起点》，朱鸿著，北京：生活·读书·新知三联书店，2017年5月。

本书以丝绸之路的起点——长安为聚焦主题，叙述与探讨了西安及丝绸之路汉唐时期近千年的历史发展与变迁。书中分为"丝绸之路的秘密""长安城与丝绸之路""在长安总会找到信仰""长安的幻境"等四章，介绍了丝绸之路的开辟、治理与维护，对汉唐以来长安城的形制与作用做了记述，探讨了外来宗教在西安地区的传播及佛教的兴盛，并就西安兼容并包的中西风情与文化特色做了解读，再现了西安长久以来的历史风貌与人文样态。

**264** 《长安与西域之间丝绸之路走向研究》（丝绸之路中国段文化遗产研究），刘庆柱、杜文玉主编，朱德军、王凤翔著，西安：三秦出版社，2015年12月。

本书探讨了历史上长安与西域之间丝绸之路走向的变迁。全书专门探讨了先秦以降至唐代的丝绸之路，以长安为起点，将丝绸之路分为先秦至隋代以前、隋唐两大时段，关中、北疆、河陇、西域四大区域分别展开研究，尤其对隋唐时期的秦陇丝路、草原丝路、西域丝路进行集中探讨。此外，作者在以上时空范围内还对先秦至唐开元以前中原王朝经略西北与丝绸之路走向的变迁进行了讨论，内容涉及中原王朝推行的民族政策、国家战略以及诸多民族与国家的博弈等问题。

**265** 《中国茶·茶之梦：第三届中国西部国际茶产业博览会暨第二届"茶与丝绸之路"高峰论坛论文集》，"茶与丝绸之路"高峰论坛组委会编，西安：世界图书出版西安有限公司，2015年10月。

本书是"第二届'茶与丝绸之路'高峰论坛"的论文集，收录了国内学者相关文章约30篇。书中内容包括《发挥陕茶优势 借丝路走向世界》《在"一带一路"框架下构建泾阳茯茶博物馆的设想》《"一带一路"战略框架下中国茶文化发展的思考》《中原茶叶销售西域的特点与启示》《茶的西传及对伊斯兰文化的影响》《"百年木仓"安化千两茶及其多元化商业模式》，以及《秦茶辨正》等学术成果，从陕西茶业、茶文化、茶贸易、史料及"一带一路"建设等角度探讨了陕西茶产业的发展。

266 《中国敦煌吐鲁番学会丝绸之路专业委员会文集》，中国敦煌吐鲁番学会丝绸之路专业委员会、西安大唐西市历史文化研究中心编，西安：陕西师范大学出版社，2015年2月。

本书是中国敦煌吐鲁番学会丝绸之路专业委员会所编写的文集，包含会议致辞、参会论文、丝绸之路考察活动的简报感言等内容近20篇。书中记述了业内专家学者在授牌仪式上的致辞与讲话，收录了海交会与《丝绸之路》杂志社的贺信，汇集了《宗教与丝绸之路》《大唐西市遗址出土的玻璃研究》等学术成果。此外，书中还收录对于第一次与第二次丝绸之路考察丛书编写的会议纪要，以及三次丝绸之路考察的相关简报与考察团员感言。

267 《中国丝绸之路上的墓室壁画：东部卷·江苏、浙江、福建、广东分卷》，邓新航著，南京：东南大学出版社，2017年9月。

本书是中国丝绸之路上的墓室壁画之东部卷，包括江苏、浙江、福建、广东等地的墓室壁画研究。这四个地区是海上丝绸之路的重要省份，其海上贸易和文化交流对墓室壁画也有一定的影响。书中对四个地区的墓室壁画作以总体上的介绍，包括遗存数量、地域分布、墓室及壁画形制等内容。根据区域特色，将墓室壁画分为汉代、六朝、隋唐五代宋元明三个时期详细探讨，对每一时期墓葬遗存的数量、分布、类型及不同题材内容进行分析，并讨论海上丝绸之路对各个时期墓室壁画的具体影响。

268 《中国丝绸之路上的墓室壁画：东部卷·山东分卷》，王诗晓、郭振文著，南京：东南大学出版社，2017年9月。

本书对丝绸之路的山东地区墓室壁画进行探讨。书中首先对本书的研究地域进行界定，对遗存情况进行梳理，并对墓室的形制类型和题材进行总述。其次将该地区墓室壁画分为兴盛期、繁荣期、衰退期三个阶段将汉代至清代各个时期的墓室壁画进行梳理讨论，对每一时期的遗存情况、形制类型和具体题材进行了深入分析，并根据其特点阐述了丝绸之路对该时期墓室壁画的重要影响。作者认为山东地区墓室壁画题材丰富，形制多样，表现出了海上丝绸之路影响的背景。

269 《中国丝绸之路上的墓室壁画：西部卷·甘肃分卷》，包艳、张骋杰著，南京：东南大学出版社，2017年9月。

本书对丝绸之路上甘肃地区墓室壁画做以探讨。书中将甘肃地区的墓室壁画分成兴盛期和繁荣期两个阶段进行叙述。兴盛期包括汉代、魏晋南北朝时期墓室壁画；繁荣期则包括隋唐五代时期、宋辽西夏金及元代等时期，分别对两个阶段的墓室壁画的地域范围进行界定，梳理墓室遗存，探讨当地墓室壁画的形制类型，研究壁画题材内容，分析丝绸之路对该地区墓室壁画的影响。作者认为甘肃地区墓室壁画形象地反映了丝绸之路贸易和文化交流的成果，从一个侧面折射出本地区不同民族交流融汇的历史和文化进程。

270 《中国丝绸之路上的墓室壁画：西部卷·宁夏、青海、新疆分卷》，吴思佳著，南京：东南大学出版社，2017年9月。

本书对丝绸之路上宁夏、青海、新疆地区墓室壁画做以探讨。书中分别对三个地区的墓室壁画做以概述，对地域范围进行界定，梳理墓室遗存，探讨当地墓室壁画的形制类型，研究壁画题材内容，分析丝绸之路对该地区墓室壁画的影响。作者认为宁夏、青海和新疆地区是丝绸之路上的"中转站"和多民族聚居的"交汇区"，这一特点使其既受中原地区墓室壁画的影响，又具有鲜明的地域性和民族性特色。

271 《中国丝绸之路上的墓室壁画：中部卷·河南分卷》，姚义斌、段少华、郭振文著，南京：东南大学出版社，2017年9月。

本书对丝绸之路沿线上的河南地区墓室壁画进行探讨，分析了该地区墓室壁画多元文化融合的特点。书中首先对河南卷的地域进行界定，对遗存情况进行梳理，并对墓室的形制类型进行总论。具体将该地区墓室壁画分为兴盛期、繁荣期、衰退期三个阶段将汉代至明代各个时期的墓室壁画梳理讨论，对每一时期的遗存情况、形制类型和具体题材进行了深入分析，并根据其特点阐述了丝绸之路对该时期墓室壁画的重要影响。

272 《中国丝绸之路上的墓室壁画：中部卷·陕西分卷》，姚义斌著，南京：东南大学出版社，2017年9月。

本书对丝绸之路的陕西地区墓室壁画进行探讨。书中首先对本书的研究地域进行界定，对遗存情况进行梳理，并对墓室的形制类型以及丝绸之路对陕西墓室壁画的影响进行概述并将该地区墓室壁画分为兴盛期、繁荣期、衰退期三个阶段，分别对汉代至清代各个时期的墓室壁画进行梳理讨论，具体分析每一时期的遗存情况、形制类型和具体题材，并在宗教、中西经济文化交流、丝路名人等方面阐述了丝绸之路对该时期墓室壁画的重要影响。作者认为陕西作为陆上丝绸之路的核心地区之一，众多域外文化、艺术、宗教要素渗透进了本地墓室壁画文化中。

273 《中国丝绸之路上的墓室壁画：总论卷》，汪小洋著，南京：东南大学出版社，2017年9月。

本书对丝绸之路沿线上的墓室壁画进行总体论述。全书分为五部分，首先对丝绸之路的命名与传说进行概述，对丝绸之路的基本概念进行界定并从整体上把握人死重生信仰的图像表现和墓室壁画的文化意义。在内容上分别对丝绸之路西部、中部、东部地区的墓室的壁画遗存面貌和艺术特征进行深入分析，并根据其特征探讨文化交流图像的表现，包括本土文化图像及外来文化图像的影响等问题。书中还对中国、埃及和墨西哥墓室壁画进行了比较研究。

**274** 《中外关系史论丛·丝绸之路与文明的对话（第11辑）》，中国中外关系史学会、暨南大学文学院主编，乌鲁木齐：新疆人民出版社，2007年5月。

本书是中国中外关系史学会第十一届年会的论文选集。所收论文从丝绸之路在对外关系和交流中的作用与影响，丝绸之路新疆段南北的繁荣与发展及海上贸易的影响等三个方面探讨了丝绸之路在世界文明中的作用。主要有《丝绸之路在中亚北部地区的发展与作用》《亚历山大东征与丝绸之路开通》《整体视野下的丝绸之路——以明初中外物产交流为中心》《从丝绸文化传播看丝绸之路上的文化回流》《论唐代广州港与海上丝路的关系》《巴蜀古代文明与南方丝绸之路》《丝绸之路向东延伸的新资料——从东北亚地区出土的考古资料看西方文化的传播》等论文。

**275** 《宗教与历史的交叉点：丝绸之路》，王欣主编，西安：陕西师范大学出版总社有限公司，2014年9月。

本书是陕西师范大学与韩国金刚大学合办的国际学术研讨会论文集，内容涉及丝绸之路研究综述、丝绸之路的历史演变、丝绸之路上的民族与宗教、丝绸之路与文化交流以及丝绸之路上的新材料与新发现等问题。具体研究篇目有：《丝绸之路：民族交融与文化发展的动力》《丝绸之路上的胡商粟特人再考》《敦煌、吐鲁番出土文字资料与韩国古代木简、文书的比较研究》《历史与宗教的交叉点——丝绸之路国际学术研讨会综述》等论文20篇及相应评议文章。此外，书中还对丝绸之路经济带的建设进行了展望。

**276** 《走上丝绸之路的中国文学》，中国社会科学院文学研究所编，北京：社会科学文献出版社，2017年7月。

本书是2015年"丝绸之路与中国文学"研讨会的论文精选集，收录了与会学者参会文章20余篇，推动了丝路地区的文化建设和文化研究。书中既有对河西四郡、汉代车师国等古代历史的梳理，也有对南朝宫体诗、明代思路诗歌等历史文学的解读，同时还涉及草原音乐、辽金元贵族汉语言诗词等文化与艺术的研究。另外书中也有分析西域探险和游记的文章，如单骑《新疆旅行记》论析、从《巨木赞》到《昆仑颂》等，在前人实地考察的基础上，进一步研究西域地区的地理遗迹、风土人情、历史变迁等内容，展现了西域地区丰富的历史文化。

277 《"海上丝绸之路"与泉州文化》，李冬梅著，福州：海风出版社，2010年9月。

本书用中英双语介绍了"海上丝绸之路"与泉州文化的渊源，深入挖掘泉州历史文化名城的内涵，探究海上丝绸之路文化的构建，展示海上丝绸之路全盛时期人类文明交流的轨迹与成果。全书共分十章内容，包括进出口贸易商品；造船航海与海神崇拜；驰名中外的泉州海商；血浓于水的闽台亲缘；世界各地的泉州华侨；丰富多彩的泉州民俗；独具特色的闽南建筑；多元的宗教文化；人类非物质文化遗产——音乐戏剧等。

278 《"南海Ⅰ号"与海上丝绸之路》，李庆新著，余成永译，北京：五洲传播出版社，2010年1月。

本书叙述了中国宋代沉船"南海Ⅰ号"的打捞、发掘和建设海上丝绸之路博物馆的历史。古代东西方之间不仅有陆上的丝绸之路，还有海上丝绸之路。"南海Ⅰ号"是迄今为止发现的宋代海上沉船中年代最早、船体最大、保存最完整的远洋贸易商船，也是古代海上丝绸之路的重要见证。全书分为四部分：发现"南海Ⅰ号"；沉船遗物，无价之宝；宋代海上丝绸之路的繁荣；"水晶宫"：古船新家。

279 《2012海上丝绸之路：中国古代瓷器输出及文化影响国际学术研讨会论文集》，沈琼华主编，杭州：浙江人民美术出版社，2013年8月。

本书是浙江省博物馆举办的"2012海上丝绸之路（陶瓷之路）——中国古代瓷器输出及文化影响国际学术研讨会"论文集，收录了与会的海内外专家学者撰写的论文41篇，集中展示了该领域现有研究成果，是了解"海上丝绸之路"、中国外销瓷及瓷器文化的专门性著作。内容主要涉及中外文化交流研究、新安沉船及出水文物研究、高丽青瓷研究、沉船及丝绸（陶瓷）之路研究、海外出土及收藏瓷器研究、外销瓷及其窑业技术、茶叶和钱币研究、航海技术及航海史、金属器的对外传播和影响、东亚儒家文明区的产生过程等方面。

280 《20世纪中国"海上丝绸之路"研究集萃》，龚缨晏主编，杭州：浙江大学出版社，2011年11月。

本书回顾20世纪中国海上丝绸之路的研究历程，选取1901年至2000年中国学者公开发表的关于海上丝绸之路的重要研究成果。所收研究成果以论文为主并节录有重要影响著作的主要章节。内容包括：支那航海家郑和传（1903）、祖国大航海家郑和传（1904）、斐律宾史上"李马奔"Limahong之真人考（1930）、唐代往来南海之僧人（1937）、关于马可·波罗离华的一段汉文记载（1941）、明代私人海外贸易发展的过程（1955）、17世纪至19世纪中叶中国帆船在东南亚洲航运和商业上的地位（1956）、清代广东洋行制度的起源（1957）、改正法国汉学家沙畹对印度出土汉文碑的误释（1957）、丹丹考（1958）、中英两国最早的接触（1958）、西汉对南洋的海道交通（1959）、《两种海道针经》序言（1961）、宋代三佛齐重修广州天庆观碑记考释（1962）、泉州九日山摩崖石刻（1962）、从东非史上看中非关系（1963）、在所谓新航路的发现以前中国与东非之间的海上交通（1964）、牵星术——我国明代航海天文知识一瞥（1966）、16世纪浙江国际贸易港Liampo考（1969）、介绍两幅送别日本使者的古画（1973）、宋元时期泉州港与阿拉伯的友好交往——从"香料之路"上新发现的海船谈起（1978）等。

**281** 《埃及：海上丝路的主枢纽》（"一带一路"列国巡礼），甘谷编著，北京：北京联合出版公司，2016年2月。

本书分别从埃及的城市概况、历史、名胜古迹、文化名人、民俗等角度，采用彩色照片和文字介绍结合的方式，介绍整个埃及的国家风貌。全书通过埃及红海、尼罗河、苏伊士运河、开罗、亚历山大等地标性建筑描绘埃及印象；详细介绍古埃及时代、阿契美尼德时期、阿拉伯诸王朝统治时期、奥斯曼土耳其帝国及阿里王朝、埃及现代史等埃及古文明发展脉络；对埃及金字塔、狮身人面像、帝王谷等传奇宗教文化进行解读；阐释象形文字、埃及神话、亡灵书等埃及古文明并对埃及的现代人物风俗风物进行了介绍。

**282** 《北海合浦海上丝绸之路史：一座城市永远的记忆》，史璠主编，合浦县人民政府、北海市地方志办公室编，南宁：广西人民出版社，2008年5月。

本书系统地记述合浦海上丝绸之路始发港形成、发展的历史进程以及与之有关的政治、经济、文化和社会现象。书中首先按历史顺序将发生在合浦的重要事件记录，而后将内容分为十一章分别论述，包括古越珠光、路通中原、汉武立郡、始发潮生、南国雄关、丝路帆影、珠市风情、沧海遗珠、魅川瑞彩、海门风帆、佛踪禅音等内容，将合浦作为海上丝绸之路的始发港的历史、发展情况、重要事件、城市风貌、宗教文化等内容一一介绍。书后附有常见地名古今对照表，为读者查阅本书提供便利。

283 《沉船、瓷器与海上丝绸之路》，刘淼、胡舒扬著，北京：社会科学文献出版社，2017年2月。

本书是福州大学21世纪海上丝绸之路核心区建设研究院研究成果之一，反映了海上丝绸之路的悠久历史和丰富内涵。书中广泛搜集国内外沉船资料，对照各类陆地遗址出土的陶瓷器遗存，梳理和分析了中国古代陶瓷经海上丝绸之路向外运销的历程及阶段特征，揭示了中国古代海洋文明变迁的历史及不同阶段中国在世界海洋文明体系中的地位和作用，并以个案的形式讨论了以陶瓷贸易为媒介的中外文化交流。

284 《从花山溪走向海上丝绸之路》，杨征著，福州：福建人民出版社，2016年12月。

本书对平和窑的考古调查、发现、发掘、研究及海上贸易情况做了概述。全书分为概述、平和窑瓷器特征、平和窑烧造技术、走向海上丝绸之路四章。书中对窑址的分布情况、对海外各国发现的平和窑瓷器的基本情况做了阐述，并对窑址的分布、产品特性、烧制工艺和年代做了初步的探讨。作者对于平和窑瓷器在海上丝绸之路的传播也做了考察。书中附有大量的馆藏文物、民间和海外收藏的文物的图片，较全面地反映了平和窑的面貌。

285 《登州与海上丝绸之路：登州与海上丝绸之路国际学术研讨会论文集》，耿昇、刘凤鸣、张守禄主编，北京：人民出版社，2009年4月。

本书是登州与海上丝绸之路国际研讨会论文集，收入论文40余篇。内容涉及登州在历史上的重要地位、登州与海上丝绸之路的关系、山东半岛与海上丝绸之路的关系、泛海上丝绸之路和中韩、中日关系等问题，论文解析了登州与山东半岛悠久丰厚的历史文化底蕴，凸显出登州在中韩、中日漫长交往中的重要地位，反映了海上丝绸之路及中韩、中日关系史等方面研究成果与动态。

286 《广东海上丝绸之路史》，黄启臣主编，广州：广东经济出版社，2014年3月。

本书通过丰富的中外历史文献资料，阐述了自西汉由徐闻、合浦港出海和魏晋南北朝从广州港起航，历隋、唐、宋、元、明、清以至民国时期2000年经久不衰的海上丝绸之路的形成、发展的历史轨迹。全书分为广东海上丝绸之路的自然生态和人文地理、汉代广东海上丝绸之路的兴起和形成、魏晋南北朝海上丝绸之路的初步发展等八章，收录内容包括广东对外贸易的国际航线、进出口商品结构、贸易地域、管理体制，由此而起的海外移民、中外文化交流和广东社会经济的变迁等。

**287** 《广东海上丝绸之路研究》，顾涧清等著，广州：广东人民出版社，2008 年 5 月。

本书从广东海上丝路遗存入手，从航线、港口、商业活动等多个角度对广东海上丝绸之路进行了深入研究。全书分十一章，探讨了广东海上丝路的造船遗址与广州船只，探索了广东海上丝路口岸和南海航线，分析了广东海上丝绸之路的黄埔古港及其外港。对于广东海上丝绸的对外贸易研究方面，作者对海上丝绸之路的行商体制及遗址进行了研究，对于外商的相关活动进行了考察。此外，对海上丝绸之路宗教文化的遗址、神庙等建筑也进行了较为详细的分析。

**288** 《广东文化遗产：海上丝绸之路史迹》，广东省文物局编著，广州：中山大学出版社，2016 年 2 月。

本书是广东省文物局落实国家"21 世纪海上丝绸之路"政策的重要成果，同时也是广东省海上丝绸之路申报世界文化遗产的基础性工作成果。书中共收录广东全省 254 处海上丝绸之路相关的史迹，涵盖海港设施、文化交流、外销品生产基地、海神信仰建筑、航线遗存五大类，五大类之下又细分为十三小类，基本可以代表广东省海上丝绸之路各类史迹的精华。本书初步理清了广东省海上丝绸之路不可移动文物的基础现状，是广东海上丝绸之路文化遗产保护、展示和利用的重要基础性工作。

**289** 《广西北部湾地区出土汉代文物与海上丝绸之路研究》，廖国一、黄启善等著，北京：科学出版社，2017 年 10 月。

本书通过文物考古研究，并结合文献资料的记载，肯定了从北部湾出发的汉代海上丝绸之路的客观存在。全书分为经济与生产、贸易与商业和社会与生活三篇，从各个角度论证了广西北部湾地区在汉代海上丝绸之路中的重要地位。内容包括广西北部湾地区汉代錾刻花纹铜器研究，两汉时期合浦郡治所及海上丝路始发港问题刍议，汉代合浦郡的对外贸易及其重要意义，汉代合浦郡与敦煌郡——南北丝路起点的比较，从考古发现看两汉时期瓯骆文化与中原文化、海外文化在北部湾地区的交融，汉代对广西北部湾地区开发、经营的重要意义及经验等。

**290** 《广州海上丝绸之路的考古发现》，黄庆昌著，广州：岭南美术出版社，2011 年 3 月。

本书是在广州博物馆举办的"广州海上丝绸之路的考古发现"展览的基础上增加

图版及文字编辑而成的。书中共收录文物 180 件、照片约 120 张，分为船舶、金银象牙犀角、玻璃珠饰、熏炉、胡人俑座灯、陶瓷石雕等几大类，大体上反映了广州市建国以来海上丝绸之路相关出土文物的情况。每一类藏品前都有其出土情况的简要介绍，每张照片均配有年代、尺寸、出土地、馆藏地、简介等说明文字。书中还收录了《文明的涌动——广州古代"海上丝绸之路"与中外交流》一文，论述了广州在海上丝绸之路的地位和作用、舶来品反映的中外经济文化交流等内容。

**291** 《海的梦话千年一遇：仙游居收藏海上丝绸之路南海沉船遗珍》，蔡于良著，海口：海南出版社，2012 年 12 月。

本书记录了作者收藏海上丝绸之路南海沉船遗物的全程经历。书中收录了《海上丝绸之路》《南海诸岛沉钩》《闻味尝鲜》《考察问价》《三尊青白瓷执壶》《龙泉窑双鱼洗》《香薰南海生明月》《五足龙泉香炉》《美品·古琉璃》《海岸线上沙滩出土的茶具》等 43 篇文章，图文并茂地记述了作者十几年来与潭门渔民来往，收藏 2000 年前流散民间的南海沉船遗物——水出瓷器的各种酸甜苦辣。文章后的《仙游居珍藏》部分用大量照片展示了作者收藏的海上丝绸之路南中国海沉船出水出土的瓷器。

**292** 《海陆古道：海陆丝绸之路对接通道》，王元林著，广州：广东经济出版社，2015 年 3 月。

本书介绍了历史上岭南陆上交通路线的形成、具体走向，以及海上航线的发展历程。全书分为海陆丝路的形成与联通内外；唐宋元时期陆上丝路与"广州通海夷道"；大帆船贸易路线与陆上古道焕发新颜；陆海丝路广东巡珍四章。内容包括古老文明与丝路联系、汉代海陆丝路的形成、三国两晋南北朝丝路的发展、唐南汉海陆丝路的繁荣、宋代广东海陆丝路的繁盛、元代广东海陆丝路的持续、明代海上丝路的发展、清代海陆丝路进一步延伸、海上航船与沉船、陆上古道巡珍和印度洋海上丝绸之路等。

**293** 《海上敦煌：南海Ⅰ号及其他海上文物》（海上丝绸之路研究书系），崔勇、张永强、肖达顺著，广东省人民政府参事室（文史研究馆）编，广州：广东经济出版社，2015 年 9 月。

本书围绕"南海Ⅰ号"寻踪、出水、考古保护与海上丝绸之路的考古发现，以"海上敦煌"为题展开的各种学术研究会和出版的研究成果专著以及南海一号打捞出水具有的重大意义等方面展开了深入全面的探讨研究。全书主要分为"南海Ⅰ号"与海上丝绸之路两部分。"南海Ⅰ号"叙述沉船的考古与发掘保护、出水遗珍情况等；海上丝绸之路一章叙述了海上丝绸之路的历史与国内外遗存发现等。

294 《海上丝绸之路》，李庆新著，北京：五洲传播出版社，2006年5月。

本书是一本关于海上丝绸之路的普及性读物，详细解读了海上丝绸之路的前世今生，介绍了海上丝绸之路的开辟和拓展，见证了中外经济、文化交流的悠久历史。全书分为早期东西方海上航线的对接、从珠江口到波斯湾：广州通海夷道、宋元帝国对海洋贸易的经营、世界海洋贸易的新时代四个部分，展示了海上丝绸之路的悠久历史、发展脉络、沿线各国的贡献，内容涵盖亚洲、欧洲、非洲、美洲和大洋洲等国家的航海史、海洋贸易史、港口史、造船史、移民史、国际关系史、宗教文化交流史等诸多内容。

295 《海上丝绸之路》，王忠强编著，长春：吉林文史出版社，2011年1月。

本书通过图文并茂的形式，把中国文化中的物态文化、制度文化、行为文化、精神文化等知识要点全面展示给读者。全书分为丝绸之路的兴衰、海上丝绸之路的发展、海上丝绸之路与中外文化交流以及海上丝绸之路的历史地位和贡献四部分。内容包括丝绸之路及其由陆路向海上的转移，海上丝绸之路的起点与隋唐时期的四大港口，秦汉时期海上丝绸之路的萌芽，魏晋时期海上丝绸之路的发展，宋元时期海上丝绸之路的鼎盛，明朝时期海上丝绸之路的盛衰，海上丝绸之路的衰落，四大发明与海上丝绸之路，宗教文化与海上丝绸之路，郑和下西洋等。

296 《海上丝绸之路》，国家文物局编，北京：文物出版社，2014年6月。

本书是国家文物局、北京市、福建省人民政府共同举办的"直挂云帆济沧海——海上丝绸之路特展"的图录，汇集了沿海地区九个省51家博物馆的参展珍品。全书分为图录和专题研究两部分，其中图录部分按年代顺序分为远古—秦汉三国时期、两晋—唐五代时期、宋元时期、明清时期等四部分；专题研究部分包括元代的海外贸易，明代市舶司制度的演变，海上丝绸之路与中国古船，郑和下西洋：异文化、人群与文明交融，神秘的甘薯传播史，宋元时期海上丝绸之路上的泉州外销瓷等内容。

297 《海上丝绸之路：广州文化遗产（地上史迹卷）》，中共广州市委宣传部、广州市文化局编，北京：文物出版社，2008年12月。

本卷以图文并茂的形式对广州海上丝绸之路的地上史迹进行了全面的梳理和研究。全书分为珠江航道上的港口史迹、佛教海路东传与伊斯兰教来华史迹、古代贸易港和通商口岸的旧址与遗迹三部分。涉及的地上史迹遗存包括最早的"海事"见证——南海神庙，明清时期珠江航道上的地标——"三支桅杆"，明清广州城标——镇海楼，西来初地和华林寺，光孝寺，六榕寺和花塔，怀圣寺和光塔，蕃坊遗址，怀远驿旧址，粤海关旧址，广州商馆区，广州丝织业的历史物证——锦纶会馆，行商花园等，为读者了解广州的文化遗产提供了视角。

**298** 《海上丝绸之路：陶瓷之路——景德镇陶瓷与"一带一路"战略国家学术研讨会会议论文集》，郭杰忠主编，北京：中国社会科学出版社，2017年1月。

本书是景德镇陶瓷与"一带一路"战略国际学术研讨会的论文合集，收录了业内学者的论文40余篇，从陶瓷文化交流与陶瓷考古两个方面研究和探讨了景德镇的瓷器文化。书中强调了景德镇是海上陶瓷之路的不变起点，揭示了景德镇陶瓷在中外陶瓷文化交流中的地位和作用，讨论了陶瓷的海外贸易发展，列举了中外文化交流对中国陶瓷的影响。同时，书中还分析了景德镇瓷器在海外出土的文化人类学意义，研究了景德镇瓷器对外销青花瓷和青白瓷的影响。书中所收论文富有见解与科学价值，有助于读者学习景德镇瓷器的历史文化。

**299** 《海上丝绸之路·文化产业创新发展前瞻：智慧集萃》，广东省文联、广东省文艺研究所编，广州：岭南美术出版社，2016年1月。

本书是广东省文艺研究所主办的以"海上丝绸之路·文化产业创新发展前瞻"为主题的第五届广东文化产业论坛的论文集。书中共收录文章13篇，包括《十三行对世界经济文化的贡献和影响》《用电影产业链接"一带一路"搭建电影文化和产业交流平台》《跨界融合：文化产业的创新发展之路》《全球视野与国际品牌——打造中国艺术品的新形象》等。本书从各个角度思考和探索海上丝绸之路与文化产业的发展，并尝试提出海上丝绸之路建设问题和路径选择的建议，体现了文艺研究围绕新时期文联工作的任务和要求。

**300** 《海上丝绸之路2000年》，梁二平著，上海：上海交通大学出版社，2016年11月。

本书从回顾历史的视角全面解读中国"海上丝绸之路"的变迁发展，分析丝路贸易、对外交往的成败得失，为读者展现了中国古代"海上丝绸之路"的两千年历史。全书共十三章，内容包括方士引路，北海的探险者；大洋开洋，黄门译使的近岸航行；西帆东舶，相向而行；僧来僧往，跨越大洋的取经传法之旅；唐宋官使，东渡西行的声教布局；市舶港口，大唐至元的海上贸易；大元功绩，中国的大航海时代；泰西行者，敲开东方之门；声教广被，郑和七下西洋；海商海盗，明清两代的历史错位；泰西东来，单向度的海上丝绸之路等内容。

301 《海上丝绸之路的起点——泉州》，陈瑞统著，福州：海峡文艺出版社，2014年12月。

本书收录了十余篇与泉州相关的研究文章，全书分为古港春秋、"海丝"风采、"文都"扬帆三部分。内容涉及《泉州刺桐港的形成与兴起》《海上丝绸之路的繁荣与鼎盛》《中外名家笔下的刺桐港》《泉州港宋代古船》《郑和的足迹》《海峡女神和天后宫》《闽南名刹开元寺》《文风炽盛的府文庙》《洛阳桥与安平桥》《崇武古城》《九日山与祈风石刻》《商贾云集的聚宝街》《"海上丝绸之路"促进泉州经济文化的勃兴》《"海上丝绸之路"文化与民俗风情》《古港雄风：直挂云帆济沧海》等。

302 《海上丝绸之路的研究开发》，周义主编，广州：广东经济出版社，2014年3月。

本书是"广东省建设21世纪海上丝绸之路研究系列项目"成果之一。全书收录文章55篇，分为八编，内容包括："海上敦煌"在阳江、西汉海上丝绸之路始发港徐闻及其他港口、海上丝绸之路与中国南方港学术研讨会、海上丝绸之路专著巡礼、海上丝绸之路与中国海洋文化、海陆丝绸之路交汇通道、首届"南海Ⅰ号"与海上丝绸之路论坛。书中在吸收国内外史学研究成果的基础上对史料进行编辑分析，揭示了海上丝绸之路历史发展进程的史实，展现了专家学者在广东各地和相关省市进行海上丝绸之路考察研究的历程和取得的成果。

303 《海上丝绸之路的音乐文化》，杜亚雄著，苏州：苏州大学出版社，2017年4月。

本书是对我国东南沿海各地及海上丝绸之路沿途亚、非各国的音乐文化的研究。书中从中国唢呐、乡歌、古琴等海岸的音乐文化展开，介绍到朝鲜半岛、日本岛的音乐文化；进而沿海上丝绸之路南下，介绍南洋越南、柬埔寨、泰国、缅甸等国的特色音乐风情，直至天竺佛国以及安息、阿曼、也门等波斯天方之乐。全书内容丰富，对古代中外音乐进行了详细介绍，为读者研究中国古代音乐及音乐交流史提供了参考资料。

304 《海上丝绸之路建设与琼粤两省合作发展：第三届中国海南·广东改革创新论坛文集》，赵康太、王晓主编，海口：南方出版社，2014年11月。

本书是由广东社科联、海南省社科联合举办的，以"海上丝绸之路建设与琼粤两省合作发展"为主题的第三届中国（海南·广东）改革创新论坛的论文集。书中共收入论文46篇，分为海上丝绸之路与战略合作、海上丝绸之路与区域经济发展、琼粤合作参与海上丝绸之路建设、历史文化交流与海上丝绸之路四个专题。包括南海合作开发与21世纪"海上丝绸之路"建设、琼粤海运业发展与"海上丝绸之路"建设、琼粤"海上丝绸之路"旅游合作与发展、论海南岛在古代"海上丝绸之路"中的地位和作用等内容，涵盖哲学、政治、法律、经济、文化、文学等各个学科。

**305** 《海上丝绸之路上的戏曲传播》，康海玲著，北京：文化艺术出版社，2017年5月。

本书为2010年度国家社会科学基金艺术学项目"闽方言戏曲的文化担当及边缘放逐"的最终成果。书中以新加坡、马来西亚、泰国、菲律宾、印度尼西亚等国家的戏曲活动为例，从方言剧种的角度对戏曲在东南亚的诸多问题进行了较为全面系统、深入具体的探讨，重点在于探讨戏曲在东南亚的社会文化功能、被放逐的生存危机和革新举措等。全书共八章，包括海上丝绸之路上的文化交流，戏曲在东南亚的历史概述，闽方言及闽方言戏曲，闽方言戏曲的社会文化功能，个案研究：戏曲在新、马、泰的演出场景等内容。

**306** 《海上丝绸之路史料丛刊·中外关系卷之美国驻澳门领事馆领事报告（1849—1869）》，郝雨凡、林广志、叶农整理，广州：广东人民出版社，2016年10月。

本书是据北京、香港所藏高清原始胶卷文献重新校勘，以英文转写方式整理而成的。书中收录了1849年6月18日至1869年12月6日期间，美国驻澳门领事馆的往来函件和补充附件的原始档案，如领事馆收费情况报告、美国船只进出澳门港季度报告、特别事件报告，包括一些信件所附录的当地报纸的剪报等，依时间先后顺序编排。报告中有对澳门的历史、地理、气候、人口、农业、手工业与进出口贸易的调查及对商业形势的分析。全书分为两卷，卷一时间范围为1849年6月18日至1863年12月31日，收录档案136组；卷二时间范围为1864年3月31日至1869年12月6日，收录档案53组。

**307** 《海上丝绸之路视野下的广西海洋文化研究（2011—2015年）》，徐书业主编，北京：世界图书出版公司，2017年1月。

本书精选多位专家学者对广西海洋文化的研究成果汇编成书，分为历史文化篇、民俗文化篇、生态文化篇、文学艺术篇、教育文化篇5个部分，共收录文章47篇。涉及内容包括《广西北部湾历史上的四次对外开放及开发高潮》《历史上广西北部湾地区与东南亚地区的海上交往》《北部湾地区"跳岭头"民俗文化的儒学显现》《试论京族三岛的海洋民俗》《广西海洋文化的生态伦理转向》《唐宋钦州流人与诗歌考》《广

▶ 丝绸之路研究论著叙录

西北部湾地区海歌的艺术特点探析》《海洋文化资源在高校思政课教学中的运用——以广西沿海高校为例》《广西北部湾经济区海洋文化资源数据库建设研究》等。

308 《海上丝绸之路调研报告》，张明、王永中等著，北京：中国社会科学出版社，2017年6月。

本书是中国社会科学院重大国情调研项目的成果之一，汇聚了中国社科院世经政所国际投资室团队针对福建与东盟的调研心得。书中研究架构分为三个层次，第一，针对"起点"的国内相关问题研究，主要就福建等沿海地区如何更好地推进"一带一路"倡议提出政策建议；第二，针对"支点"的境外问题研究，探讨中国与东盟如何在21世纪海上丝绸之路展开合作的路径与策略；第三，结合福建和东盟有关国家的调研分析，对于"一带一路"对中国与世界经济增长的影响、沿线国投资商机及其所面临的国家风险防范等其他相关问题，进行更为广泛而深入的研判。

309 《海上丝绸之路文化明珠——南海神庙》，广州市黄埔区文化广电新闻出版局编，广州：华南理工大学出版社，2015年3月。

本书以图文并茂的形式展现了南海神庙与海上丝绸之路的千年历史。全书分为国家祭坛、岭表胜迹，翰墨精华、碣石遗篇，扶胥探幽、揆古稽真，千年诞会、粤海遗风，大船西来、万里波澄五章，内容包括：扶胥古港、近海立祠、庙始开皇、唐封广利，名胜名篇、珠联璧合，明代码头、远溯隋唐，入海外道、清代码头、历代遗器、残碑断碣，百舸连樯、扶胥盛会、四乡会景、五子朝王、花朝斗艳、波罗鸡鸣、哥德堡号、万里情深等。介绍了南海神庙的兴建、繁盛，相关史料、诗词，考古遗存，祭祀活动等。

310 《海上丝绸之路文物精品大展》，天津博物馆编，北京：故宫出版社，2015年8月。

本书是天津博物馆联合沿海八省三十七家博物馆举办的"海上丝绸之路文物精品大展"的展品图册，收录文物222件。书中按时代顺序排列，分为扬帆远行，丝路肇始——远古—秦汉三国时期，港埠渐隆，海路绵延——两晋—唐、五代时期，碧海云帆，货通万国——宋元时期，大洋通衢，丝路涅槃——明清四部分。以图片形式展示了各个博物馆的文物精品，涉及石器、陶器、瓷器、铁器、铜器、金银器、牙雕、碑刻、舆图等各个类别。每件文物均附有年代、规格、出土地及馆藏地等信息，部分文物配有简介。

311 《海上丝绸之路研究：海南黎族与台湾少数民族文化比较》，周菁葆、陈水雄著，海口：南海出版公司，2015 年 3 月。

本书是台盟海南省委会和琼台海峡两岸交流基地（海南保亭）合作项目的研究成果，从历史、考古、语言、宗教、民俗、文学、艺术等角度对海南黎族和台湾少数民族文化进行了比较研究。全书分为十三章，内容涉及海南黎族和台湾少数民族与百越之渊源关系、海南黎族与台湾少数民族语言之比较、海南黎族与台湾少数民族祖先崇拜文化之比较、海南黎族与台湾少数民族婚俗文化之比较、海南黎族与台湾少数民族传统服饰之比较、海南黎族与台湾少数民族传统建筑之比较、海南黎族与台湾少数民族饮食之比较等方面。

**312** **《海上丝绸之路研究·1·海上丝绸之路与伊斯兰文化》，陈达生、王连茂主编，福州：福建教育出版社，1997 年 10 月。**

本书是"海上丝绸之路与伊斯兰文化"国际学术讨论会的论文集，收录了联合国教科文组织海上丝绸之路综合研究考察队考察泉州三周年纪念活动和"海上丝绸之路与伊斯兰文化"国际学术讨论会开幕式上的讲话，以及国内外专家学者的研究论文 23 篇。收录文章包括《中国历史上伊斯兰文化的四次高潮》《丝绸之路上的甘肃穆斯林民族》《模仿与吸收：中国与巴士拉的往返陶瓷贸易》《横渡穆斯林海域的中国航海技艺》《郑和下西洋时期伊斯兰文化的传播对海上丝绸之路的贡献》《经海路传入韩国的伊斯兰教及其发展》等。

**313** **《海上丝绸之路研究·2·中国与东南亚》，陈达生等主编，福州：福建教育出版社，1999 年 2 月。**

本书收录了联合国教科文组织"丝绸之路综合研究"项目十周年与"丝绸之路综合研究十年"活动中的一些重要讲话和"中国与东南亚"国际学术讨论会中的部分论文。其中论文部分共收中外学者文章 22 篇，包括《福建省海上丝绸之路研究十年》《西汉南海远航之始发点》《明代中国与满剌加国的关系及海上航路》《论琉球在明代中国与东南亚诸国贸易中的地位》《明初海禁与东南亚贸易的发展》《试论明清时期滇缅贸易水路的兴起和发展》《古代中国与东南亚的佛教文化交流》等。

**314** **《海上丝绸之路研究·3·澳门与海上丝绸之路："澳门与海上丝绸之路"国际学术讨论会》，陈达生等主编，福州：福建教育出版社，2002 年 12 月。**

本书是"澳门与海上丝绸之路"国际学术讨论会论文集，收入了会议上的重要讲话和论文。其中论文部分共收中外学者文章 22 篇，包括《从海上丝绸之路到中欧桥梁：试论澳门历史的角色与未来使命》《明代海上丝绸之路与澳门》《16—17 世纪中叶

▶ 丝绸之路研究论著叙录

澳门对海上丝绸之路的历史贡献》《从清朝档案看澳门在海外交通史上的地位》《澳门与早期东西方美术的交流》《"太平洋丝绸之路"历史研究的回顾》《中国：海上丝绸之路研究》等。

**315** 《海上丝绸之路研究·4·陈达生伊斯兰教与阿拉伯碑铭研究论文集》，陈达生、曲鸿亮、王连茂主编，福州：福建教育出版社，2007年4月。

本书收录了中国与海上丝绸之路研究中心主任陈达生先生关于伊斯兰教与阿拉伯碑铭研究的中、英、法文论文共24篇，包括《泉州又一座清净寺的考证》《泉州清真寺史迹新考》《福州新发现的元明时代伊斯兰教史迹》《泉州"回历29年"墓碑辨》《泉州灵山圣墓年代初探》《关于元末泉州伊斯兰教研究的几个问题》《扬州伊斯兰教碑文新证》《泉州杜安沙碑与赛典赤·瞻思丁后裔关系考》《论蕃坊》《宋元时期泉州穆斯林祈风祭海之踪迹》《唐代海上陶瓷之路的见证——泰国猜耶出土瓷碗和扬州出土背水壶上阿拉伯文图案的鉴定》等文章。

**316** 《海上丝绸之路遗珍——越南出水陶瓷》，吴伟峰、谢日万、范国君主编，中国广西壮族自治区博物馆、中国广西文物考古研究所、越南国家历史博物馆编著，北京：科学出版社，2009年1月。

本书是越南在头顿、建江、占岛、金瓯、平顺等地打捞的五艘沉船出水陶瓷器的精品图录。全书分为头顿沉船出水陶瓷器、建江沉船出水青瓷器、占婆岛沉船出水陶瓷器、金瓯沉船出水陶瓷器、平顺沉船出水陶瓷器五部分，共收文物181件，不仅有中国明清时代的产品，还有越南和泰国15世纪晚期出口陶瓷的部分精华。所选文物涉及白釉、青釉、黄釉、酱釉、黑釉、霁蓝釉、青花、三彩等多个品类，以青花为主。器型则包括杯、壶、罐、盘、瓶、觚、盒、盆、碗、水注、军持、水盂、鼻烟壶、立像等。

**317** 《海上丝绸之路与16至17世纪中国文坛：以胡宗宪浙江幕府为中心》，朱丽霞著，北京：中国社会科学出版社，2017年5月。

本书主要研究了明代中期直浙总督胡宗宪幕府的文学成就及其对其后文学史的巨大影响。全书分为幕府与文人游幕、游幕与文学生态、胡宗宪幕府与嘉靖文坛、徐渭游幕与诗文创作四章。内容涉及幕主延聘、请求入幕、幕府职责、幕府酬唱、游幕与文学的诞生、胡宗宪幕僚及文学交游、茅坤与胡宗宪、梁辰鱼游幕踪迹、梁辰鱼谋生与创作、徐渭游幕对其文学创作的影响、徐渭生存境遇与创作主题、徐渭文学秩序的建构、徐渭游幕与明代骈文复兴、徐渭尺牍与文学史影响、文长诗与"长吉体"之关系等问题。

318 《海上丝绸之路与潮汕文化》,杜经国、吴奎信主编,汕头:汕头大学出版社,1998年1月。

本书是"海上丝绸之路与潮汕文化"国际学术研讨会论文集,收录了海内外专家学者关于潮汕地区海外交通史的论文共62篇。内容包括《海上丝绸之路对潮汕文化有巨大影响》《试论促进明代后期潮州地区私人海上贸易发展的若干因素》《宋元时期潮州海运贸易的发展》《"海上丝绸之路"的南海航标——从出土陶瓷看南澳的海交地位》《海上丝路与潮汕方言词》《六朝时期岭南地区海上丝绸之路的开辟》《从文物考古资料探索潮汕地区的古代"海外丝绸之路"(提要)》《中国海上丝绸之路研究之策略(提要)》《榕江——潮汕最早的丝绸之路(提要)》等。

319 《海上丝绸之路与海洋文化纵横论》,黄伟宗著,广州:广东经济出版社,2014年3月。

本书是讨论海上丝绸之路与海洋文化的论集,收录文章七十余篇,大都是作者作为省政府参事提交的建议和调研报告。书中将21世纪海上丝绸之路作为"纵",将海洋文化大省建设作为"横",并将两者联系起来研究,探讨了两者古今上下纵横而取得的成果。全书共分6编,内容包括:21世纪海上丝绸之路与海洋文化大省建设,广东海上丝绸之路古港的考察、实证及文化建设开发,"海上敦煌"的文化定位与开发,海上丝路与华人华侨文化、民系文化、传教文化,海陆丝绸之路对接通道及相关地域的文化定位与开发,倡导海洋文化的珠江文化先驱等。

320 《海上丝绸之路与泉港海国文明》,陈支平、肖惠中主编,厦门:厦门大学出版社,2015年3月。

本书是2013年泉州泉港区举行的海上丝绸之路与泉港海国文明学术研讨会论文集,收录论文从各个不同的角度阐释了泉港区域丰厚的历史文化内涵,内容包括:《"海国文明"的学术价值、时代意义和社会作用》《海国文明与海洋福建及闽台关系》《关于泉港加快海港文化建设的战略思考》《浅谈泉港区发展闽南海国文明之战略管理》《从泉港文化遗产探究"海国文明"的历史渊源》《泉港多种语系与民间传统文化的形成与发展探讨》《"海国文明"与泉港人文》《深化两岸闽南民间信俗交流的对策》《福建泉州北管的保护现状与发展思考》《"海国文明"与圭峰文化的构成》《推进泉港人文城市建设的若干思考》《泉港刘氏先民入垦台湾的同宗聚落》《泉港玉湖陈氏源流与颍川文化的影响》《大海边上的蒙古人》《泉港区蒙古族出姓探源》《泉港出氏家族与明初纳哈出史事拾遗》《泉港出氏与入闽其他蒙古家族比较》《清代宜兰的泉州人》《清顺治"辛丑播迁"史考》《漳泉移民商人在日据高雄的发展》《探寻泉港的闽台同宗村》《明代嘉靖年间惠安北部的村落、户口、田地与赋税》《泉港民俗风情特征探究》《清代前期泉州商人沿海贸易活动述略》《闽人与中琉航海》《郑芝龙海上贸易与荷兰人竞合之研究》等论文。

**321** 《海上丝绸之路与十七世纪太仓文坛》，朱丽霞著，上海：上海三联书店，2016年6月。

本书主要叙述了海上丝绸之路与17世纪太仓文坛的情况。全书共分为三章，讨论了海上丝绸之路与太仓文人游幕，包括郑和之后的文化新航路以及海上丝绸之路与太仓文坛两部分；并分为四个时期具体探讨了崇祯至康熙年间太仓毛师柱中西部游幕与诗文创作，包括太仓与苏州、金陵、荆楚、京师、中州、秦川、会稽、苏州等地的游幕与诗文创作；最后讨论太仓许旭游幕与闽总督开放海禁的相关内容。

**322** 《海上丝绸之路与中外文化交流》，陈炎著，北京：北京大学出版社，1996年3月。

本书是陈炎先生以海上丝绸之路与中外文化交流为研究主题的论文集，共收录论文16篇。通过文献考据、考古论证、实地调查、对比分析，论证了海上丝绸之路的起源、在各个时期发展的历史及其对世界文明的贡献。具体文章包括《丝绸之路的兴衰及其从陆路转向海路的原因》《古代浙江在东海丝绸之路中的地位》《南海丝绸之路与中外文化交流》《阿拉伯世界在陆海丝绸之路中的特殊地位——兼论中阿经济文化交流及其对世界文明的贡献》《郑和下西洋促进海上丝绸之路进入鼎盛时期》《澳门港在近代海上丝绸之路中的特殊地位和影响——兼论中西文化交流和相互影响》《海上丝绸之路的历史及其贡献》等文章。

**323** 《海上丝绸之路与中外文化交流》，陈炎著，北京：北京大学出版社，2002年10月。

本书是陈炎先生从事海上丝绸之路与中外文化交流研究的论文集，在原版的基础上增添了部分新作，共选录论文27篇，通过文献考据、考古论证、实地调查、对比分析，论证了海上丝绸之路的起源、在各个时期发展的历史及其对世界文明的贡献。新增《略论海上丝绸之路》《海上丝绸之路与中、菲、拉美之间的文化交流》《中缅两国历史上的陆海交通和文化交流》《宁波港与海外各国贸易往来和文化交流》《回顾在"海上丝绸之路"研究中的一些收获和体会》《展望宁波与"海上丝路"文化在21世纪的发展前景》等内容。

上编　古代历史文化研究

324　《海丝申报世界文化遗产与东亚海洋考古研究》（东亚文化之都·泉州论坛丛书），出宝阳、陈建中主编，厦门：厦门大学出版社，2016年1月。

本书是"海上丝绸之路与世界文化遗产申报学术研讨会"与"东亚海洋考古学术研讨会"的论文集，汇集了专家学者相关文章数十篇。书中在遗产申报方面介绍了九座城市联合申遗的概况，总结了泉州、漳州、福州、南京、扬州等城市的海上丝绸之路申遗工作的计划或进展，包含了《略论泉州与海上丝绸之路》《海上丝绸之路的明清福建商人》等文章。而在东亚海洋考古方面，探讨了海洋考古技术、海外贸易与出水遗物及港市开发与海防等方面的内容，包含了《泉州古代陶瓷与海上丝绸之路贸易的大宗商品》《明清时期海南的海运航线与港口》等文章。

325　《海外福州人与海上丝绸之路》，闽都文化研究会著，福州：海峡文艺出版社，2017年1月。

本书是海外福州人与海上丝绸之路的研究论集。收入海内外专家学者的论文31篇，涉及中马人文交流、海外福州人的迁徙和再移民、海外福州人的创业精神、海外福州人的民族大义和家乡情怀等，旨在深入挖掘福州与海上丝绸之路的关系，弘扬海外福州人敢于拼搏、爱国爱乡的精神，加强与海外福州人的联系沟通，扩大闽都文化影响。书中收录的文章包括《21世纪海上丝绸之路与中马人文交流》《福州海外移民史述略》《"丝路"赤子的家国情怀——海外福州人爱国传统举例》《海上丝绸之路与福州丝织品贸易》《闽商网络在"21世纪海上丝绸之路"建设中的地位与作用》《融入新海丝之路建设推动福州海洋经济发展》等。

326　《汉代合浦港考古与海上丝绸之路》，熊昭明著，北京：文物出版社，2015年12月。

本书是关于广西北海市合浦县合浦港的考古发现与汉代海上丝绸之路研究的著作。全书从五个方面展开研究：汉代海上丝绸之路的记载及航线开通的作用和历史意义；汉代合浦港墓群和城址的发掘；出土海上丝绸之路文物，包括黄金、明珠、璧流离、奇石异物等；通过出土器物分析外来文化因素的植入；对汉代海上丝绸之路的延伸与辐射进行分析。

327　《辉煌灿烂的福建"海丝"文化》，卢承圣主编，福州：海峡文艺出版社，2016年11月。

本书通过对古代泉州、福州和漳州、厦门、莆田等海上丝绸之路的描绘，彰显福建特别是泉州作为海上丝绸之路起点的辉煌灿烂，记录福建自贸区和中国——东盟水产品交易市场近一年来取得的成果、重大突破和作出的突出贡献。全书分为十九章，包括福建"海丝"源远流长、福建"海丝"的悠长航道、泉州"海丝"的辉煌历史、厦漳莆宁"海丝"的鲜亮音色、闽籍船舶航行世界、"海丝"路上瓷韵悠扬、"海丝"路上茶香飘逸、"海丝"路上文化名人、新时期八闽海港的兴旺昌盛、现代展会与"海丝"之路、建设21世纪福建"海丝"核心区等内容。

328 《跨越海洋："海上丝绸之路与世界文明进程"国际学术论坛文选（2011·中国·宁波）》，林立群主编，杭州：浙江大学出版社，2012年8月。

本书在全球视野下，围绕"海上丝路"文化对世界文明进程的推动作用展开讨论。书中收录了31篇文章，涉及海洋文化及"海上丝绸之路"的理论问题，关于"海上丝绸之路"南海航线的研究，关于"海上丝绸之路"东海航线的研究，关于沿海港口与海防制度的研究，关于文化交流、宗教传播与民俗信仰的研究，关于新发现的明代航海图及相关问题的研究等6个主题。内容包括《"海上丝绸之路"理论界定若干重要问题探讨》《南海考古与海上丝绸之路》《广州十三行与影响世界的茶叶之路》《海上丝绸之路与韩半岛》《"海上丝绸之路"与浙东妈祖信俗拓展》等。

329 《跨越海洋：中国"海上丝绸之路"八城市文化遗产精品联展》，海上丝绸之路研究中心编，宁波：宁波出版社，2012年5月。

本书为蓬莱、扬州、宁波、福州、泉州、漳州、广州、北海这八个中国"海丝城市"博物馆联合举办的"海上丝绸之路"文化遗产精品展的图录，展示了"海上丝绸之路"文化线路之魅力，也传达了这八个城市在"海上丝绸之路"文化遗产研究、保护、传承和联合申遗方面的文化自觉与文化自信。展品部分按城市排列，分为蓬莱：中原文明的海上门户、北海：光彩夺目的南海明珠、扬州：盛世大唐的"海丝"奇葩、宁波：东亚海域的商贸中心、福州：东南福地的控海咽喉、泉州：盛极宋元的东方大港、漳州：全球化初期的映海明月、广州：永不关闭的对外窗口八部分。另附有《中国古代"海上丝绸之路"的现代转型》一文。

330 《历史名城海丝门户：福州海上丝绸之路论文集》，何静彦、陈晔主编，福州：海峡文艺出版社，2014年10月。

本书是"历史名城，海丝门户——福州海上丝绸之路"学术研讨会的论文集，共收录论文33篇，就福州海上丝绸之路的历史遗存、海丝人物、外销瓷、窑口、丝绸、茶叶、文化交流等主题进行了深入研究，探索福州在海上丝绸之路中的地位、作用及历史价值。书中收录的文章包括《福州与海上丝绸之路》《略论古代福州港与中琉航海交通》《解读唐诗：福州为海上丝绸之路端点的史证》《海上丝绸之路与福州丝织品贸易》《近代福州海外贸易商品流通网络》《福州海上丝绸之路历代管理机构综述》《福州海上丝绸之路史迹》《福州海上丝绸之路文献选粹》等篇。

**331** **《罗马有多远：探寻海上丝绸之路》，苏三著，南昌：百花洲文艺出版社，2006年9月。**

本书是对海上丝绸之路的探讨之作。收录了作者关于丝绸之路、地中海考古、中国文化等方面的历史考古随笔共18篇。内容包括：《罗马有多远？——读〈丝绸之路〉》《关注丝绸之路——读一本好书：〈早期中西交通与交流史稿〉》《惊心动魄的人类基因迁徙之旅——读〈出非洲记〉》《在海南与河南狂奔的夏天》《湘、闽、粤旅行简要日记》《读〈利玛窦中国札记〉》《美洲及"印加帝国"文明起源探秘——读〈印卡王室述评〉》《说"奚仲造车"》《我也说说开封犹太人》《你看那美丽大海——读〈地中海考古——史前史和考古史〉》等。

**332** **《妈祖文化研究论丛·Ⅱ：妈祖文化与海上丝绸之路专辑》，林明太主编，北京：中国文史出版社，2014年12月。**

本书为"第二届海峡两岸妈祖文化学术研讨会"的论文集，收录妈祖文化中与海上丝绸之路相关的研究论文18篇。全书分为妈祖文化与海上丝绸之路文化、海上丝绸之路上的妈祖印记、妈祖史料与海上丝绸之路三部分，具体收录有《妈祖——海上丝绸之路的守护神》《妈祖对"海上丝绸之路"的影响》《中琉交往与妈祖东渡琉球》《中国海洋女神妈祖在朝鲜半岛兴起的历史原因》《马来西亚华人的妈祖信仰》《从〈敕封天后志〉看妈祖文化与海洋文明的关系》《论妈祖信仰与港口城市发展之互动——以碑记为史料中心》等文章。

**333** **《南海港群：广东海上丝绸之路古港》，周鑫、王潞著，广东省人民政府参事室（文史研究馆）编，广州：广东经济出版社，2015年10月。**

本书在吸纳学术界丰富的研究成果基础上，凝聚了作者对历史上的广东港口与海上丝绸之路的认识与理解，围绕海上丝绸之路的辉煌历史，图文并茂地呈现了两千年来广东古港演变的历史。全书分为长盛不衰的东方大港：广州、大航海时代东西交流的窗口：澳门、粤东门户：潮汕古港、海西明珠：粤西古港四章。重点描述各主要港口的兴衰起落，着重给读者呈现传统时代广东沿海航海技术的变迁，航线航道、港湾口岸的分布，进出口商品的产地与种类，海上贸易、港口管理体制的转变，以及港口贸易与地方社会经济的发展关系等方面。

**334** 《南越王墓与海上丝绸之路》，西汉南越王博物馆编，广州：广东人民出版社，2017年6月。

本书是汇集前人的发掘报告和相关研究编辑而成的，从南越国的历史、南越王墓的发现、异域珍宝、中外技术交流、造船与航海、出土文物的价值、出土文物的保护与检测等方面阐述了西汉南越王墓与海上丝绸之路之间不可分割的关系。全书分为八章，内容涉及南越国的历史、南越王墓的发现与出土文物、海路遗珍、南越王墓的突出普遍价值、南越王墓与出土文物的保护与监测、南越王墓及出土文物精品展示、科学研究、遗产宣传等。附录部分收录了南越国大事年表、相关史料、相关研究资料汇编、南越王墓考古大事纪要等内容。

**335** 《宁波海丝文化》，周达章、周娴华主编，宁波：宁波出版社，2017年10月。

本书是专门介绍宁波海上丝绸之路的专著，旨在向读者介绍海上丝绸之路的兴起、发展与沿革等历史知识，解读宁波当地的历史文化。书中叙述了宁波海上丝绸之路的兴衰，介绍了从春秋后期到近代时期的历史变迁，探讨了与日本、高丽、波斯湾等国家和地区通商的重要航线，并强调宁波当地丰富的物质资源和发达的造船业是其海上贸易得以发展的动力。书中还对宁波海上丝绸之路现存的历史遗址做了梳理和考证，再现了当时的历史风貌，对读者学习宁波海上丝绸之路的历史文化提供了参考。

**336** 《宁波与海上丝绸之路》，李英魁主编，宁波"海上丝绸之路"申报世界文化遗产办公室、宁波市文物保护管理所、宁波市文物考古研究所编著，北京：科学出版社，2007年1月。

本书为宁波与"海上丝绸之路"国际学术研讨会的论文选集，共收集论文47篇，从港口与贸易、多元文化等多种角度揭示了"海上丝绸之路"宁波历史的发展轨迹和兴衰过程。书中收录的文章包括《宁波"海上丝绸之路"文化遗存初探》《宁波的造船业与海上丝绸之路》《明清时期的闽浙海防与海上丝绸之路》《宁波海上丝绸之路与东方货币圈研究》等，梳理了近十年来海交史研究和浙东史研究的大致轮廓，揭示了古代宁波港（明州港）发展成国际贸易大港的历史轨迹，反映了宁波与"海上丝绸之路"研究的最新动态。

337 《瓯居海中:海上丝绸之路与温州海洋文化》,诸华国、周德光编著,北京:中国言实出版社,2015 年 6 月。

本书在现有研究成果的基础上,挖掘历史遗物、考古发现、典藏古籍里的相关材料和信息,以及温州民间流散的海洋文化相关的遗传资料,阐述了温州海上丝绸之路的历史,重新探讨了海上丝绸之路对温州在经济、社会、人文方面的价值。书中内容涉及瓯居海中、海上陶瓷之路、丝绸和漆器、周去非的《岭外代答》、因缘际会话南戏、永嘉学派与海洋文化、望洋兴叹、海洋强国梦的召唤、潮起潮落向大海等,将寻求温州海上丝绸之路与海洋文化的发展线索放在首位,从历史遗存和社会人文等不同角度展示先人向海洋发展的努力、成败以及荣辱。

338 《启航:"海上丝绸之路"特展》,山东博物馆编,北京:中国文史出版社,2014 年 11 月。

本书是"丝路帆远——海上丝绸之路文物精品七省联展"的图录,展示了江苏、浙江、福建、山东、广东、广西、海南七省区博物馆的馆藏海上丝绸之路文物精品。全书共分为四个单元,主要内容有:海路千年,渊源久远;乘风破浪,丝路开辟;货通万国,文化传播;风云激变,丝路复兴。其中第三单元又分为往来贸易和文化交流两部分,第四单元分为七下西洋和西风东渐两部分。所选文物涉及石器、陶器、铜器、钱币、金银器、瓷器、丝绸、石刻等各个类别,每张图片均配有中英文文字说明,标明文物的年代、尺寸、出土地、馆藏地,部分文物附有介绍。

339 《侨乡三楼:华侨华人之路的丰碑》(海上丝绸之路研究书系),司徒尚纪著,广州:广东经济出版社,2015 年 3 月。

本书是对侨乡的建筑与华侨文化的研究论著。书中描述了开平碉楼、侨墟骑楼、客侨排屋楼的由来、设计、选址、命名、布局、发展、内涵、特点、意义等方面的内容,并对这三楼的保护、开发和利用进行了论述。作者追溯了侨乡三楼形成发展的历史过程,探寻了侨乡三楼所反映出的华侨文化,分析了客侨文化的源流和风格。本书对弘扬侨乡优秀文化传统,建设和谐、文明、幸福的侨乡有着现实意义。

340 《泉州港与海上丝绸之路》,中国航海学会、泉州市人民政府编,北京:中国社会科学出版社,2002 年 9 月。

本书是"泉州港与海上丝绸之路"国际学术研讨会的论文集,收录海内外专家学者有关海上丝绸之路的研究论文 51 篇,涵盖了中世纪的中西文化和中西交通的方方面面,评价了宋元时期泉州港的历史地位和作用及其深远的影响,并揭示了中世纪人类文明交流的轨迹。书中收录了《泉州港与"海上丝绸之路"》《泉州古代丝织业及其产品的外销》《宋代泉州市舶司设立问题探索》《泉州宋船结构的历史分析》《泉州民族与海上丝绸之路》《泉州海外交通与中外科技交流》《泉南佛国与中外文化交流》《20世纪泉州海外交通史研究回顾》等文章。

**341** 《泉州港与海上丝绸之路·二》，中国航海学会、泉州市人民政府编，北京：中国社会科学出版社，2003年10月。

本书是"泉州港与海上丝绸之路"国际学术研讨会和"中华域外文化互动"暨"海上丝绸之路：泉州"学术研讨会的论文集，共收录论文43篇，再现了泉州从小城到世界大港的发展轨迹，就其在海上丝绸之路的历史地位及作用、港口建设、造船航海、通商贸易、文化交流等进行了阐述。书中收录了《宋元泉州与亚洲海洋经济世界的互动》《"海上丝绸之路"与南音》《海外贸易与宋元泉州社会》《海上丝绸之路与宋元泉州海商》《宋元时期泉州的造船与航海》《"泉州神女"与元代泉州海外交通》《试论泉州"海上丝绸之路"文化遗产的保护与利用》等文章。

**342** 《泉州港与海上丝绸之路·三·纪念郑和下西洋六百周年论文集》，泉州港务局、泉州港口协会编，北京：中国社会科学出版社，2005年5月。

本书是为纪念郑和下西洋六百周年编纂而成的论文集，选录论文55篇，分别从航海、造船、天文、地理、海图、宗教、贸易和史迹等方面，重点就明代泉州海上丝绸之路的拓展进行了分析探索，对郑和下西洋的历史贡献及其积极的现实意义给予肯定。书中收录了《郑和下西洋对海上丝绸之路的杰出贡献及现实意义》《郑和下西洋与海上丝绸之路的发展》《郑和与海上陶瓷之路》《澳大利亚"奋进"号古木帆船复仿建造与航海营运——对纪念郑和下西洋600周年活动的启示》《郑和下西洋与民俗信仰的传播》《郑和与泉州史迹探索》等文章。

**343** 《泉州文化与海上丝绸之路》，李冀平、朱学群、王连茂执行主编，北京：社会科学文献出版社，2007年7月。

本书对作为海上丝绸之路起点泉州的历史地位、作用及其影响进行了深入探讨，对泉州诸多物质的和非物质的珍贵文化遗存进行分析，并对泉州申报"世界文化遗产"一事进行了多方面的论证。主要内容包括全球化、人类学与中国文化；泉州与海上丝绸之路；略论泉州与海上丝绸之路；全球化与闽南文化——以东南亚闽南人为例；刺桐港考证及其申报"世遗"的文化意义；论"世界文化遗产"保护与历史文化名城保护之互动；"泉州学"·跨文化研究·文化并存；海上丝绸之路与泉州多元文化；

古代泉州与大食商人；泉州港是中国的"阿拉伯走廊"；试谈泉州与阿拉伯的文化互动；悠久历史的积淀，多元文化的融合等方面。

344 《山东半岛与东方海上丝绸之路》，刘凤鸣著，北京：人民出版社，2007年12月。

本书以大量史料为基础，以历史朝代为线索，系统研究了山东半岛在东方海上丝绸之路中的历史作用与沿革变迁。书中介绍了春秋战国时期山东半岛已成为东方海上丝绸之路的首航地，考证了秦代徐福从海上丝绸之路求仙的传说，研究了汉代至南北朝时期，山东半岛对于日韩进出中国的重要性，叙述了隋唐至宋元时期，东方海上丝绸之路的不断发展与持续繁荣。此外，书中亦讨论了明清以来山东半岛的重要港口，以及海禁和"甲午海战"之后，对东方海上丝绸之路造成的不利影响。

345 《山东海上丝绸之路历史研究》，庄维民主编，济南：齐鲁书社，2017年9月。

本书以山东海上丝绸之路为研究对象，探讨了其历史发展与起到的重要作用。书中介绍了山东海上丝绸之路的基础要素，探讨了先秦时期海岱先民的海上活动，对秦汉时期关于山东海上丝绸之路的历史事件做了探讨。书中亦分析了该通道在魏晋南北朝时期对于佛教传播和朝贡贸易的重要性，阐述了唐代至宋元时期该通道所带来的经济繁荣与交往兴盛，同时叙述了明清时期在抗倭骚扰和禁海政策下的不利影响。此外，作者还针对近代山东沿海港口的新航路与东亚贸易圈做了解读，强调了港口与鲁商的重要作用与现实意义。

346 《谁持彩练海上丝路》，黄日涵著，南京：江苏教育出版社，2016年1月。

本书从远古时期的海上探索开始，结合中国古代造船史、航海技术、统治者的外交政策等，向读者展现了海上丝绸之路从萌芽、形成，到发展、繁荣，以及最终没落的历史。全书共8章，内容涉及最初的海上探索、航海路线的成熟、海上航线的拓展、超越陆上丝绸之路、大航海时代的到来、最后的隘光、被奴役的大海、历代华侨华人对海上丝绸之路的贡献等。作者结合我国实施和推进"一带一路"倡议，特别是共建21世纪海上丝绸之路的历史文化背景，对海上丝绸之路的主要发展方向及其相关问题进行了较为全面的分析和探讨。

347 《丝路帆远：海上丝绸之路文物精萃》，福建博物院编，福州：福建教育出版社，2013年8月。

本书是以"海上丝绸之路文物精品七省联展"为基础出版的一本专题性图录，以精美的文物诠释了各个时期海上丝绸之路的繁荣情况,体现了海外贸易的交流和发展。全书主要包括两个部分,其一是有关海上丝绸之路的专题性研究论文7篇,从不同方面阐述不同地区古代海上丝绸之路的发展和繁盛情况;其二是精品文物图版及文字介绍,从远古到明清分为四个单元,集中展示了江苏、浙江、福建、山东、广东、广西和海南七省区近50家博物馆有关海上丝绸之路的馆藏珍品共255件,涉及陶器、漆器、铜器、金银器、瓷器、古籍、碑刻等各个类别。

**348** 《丝路听潮:海上丝绸之路文化》,谢安良著,宁波:宁波出版社,2014年11月。

本书叙述了宁波繁荣的海外贸易历史和海外丝绸之路的远期和发展,以及与其相关的佛教文化海外交流,日本遣唐使制度、青瓷文化等切面。全书共16个章节,以"天下之港"为总论,概述宁波海上丝路起航点的地位,并通过"遣唐使""最早的宁波帮""万斛神舟""青瓷传奇""名城的背影""飘香的茶路""失落的书""扶桑国里云""风从明州来""佛国的流响""妈祖的弘扬地""自大的贸易""双屿之殇""日本的朱舜水"等多层面来展开论述。

**349** 《丝路之绸:起源、传播与交流》,赵丰主编,杭州:浙江大学出版社,2015年9月。

本书是"丝路之绸:起源、传播与交流"展览的图录。书中收入荣新江教授和赵丰馆长的两篇学术论文,题目为《丝绸之路就是一条"丝绸"之路》《定义与实证:丝绸的起源、传播与交流》。同时,书中的重点是对丝路之绸相关文物展品介绍,根据其年代发展分为源起东方、大道开远、西域交融和机变新样四个单元,共包括近140件(组)丝绸及其相关出土文物,从不同的方面展示丝绸在中国的起源、传播以及东西方纺织文化在丝绸之路上的交流。

**350** 《万里丝路:宁波与海上丝绸之路》,林士民、沈建国著,宁波:宁波出版社,2002年10月。

本书主要介绍了"海上丝绸之路"的商贸活动和文化交流。全书分为古越文化的交往、海上丝路开通期、海上丝路发展期、海上丝路鼎盛期、海上丝路禁滞期、海上丝路萎缩期、新海上丝路腾飞七章。内容涉及稻农业的传播、佛教的相互交流、唐日贸易与唐商、遣唐使与明州港、唐吴越与朝鲜半岛、明州与东方货币、明州与书籍之路、陶瓷之路通四海、宋元明州与高丽、庆元港市舶建设、元日贸易的展开、东南亚与波斯湾、明代宁波市舶司、宁波与勘合贸易、丝路抑制与停顿、东方大港的腾飞、友谊连接五大洲等。

351 《徐闻古港：海上丝绸之路第一港》，刘正刚、乔素玲著，广州：广东经济出版社，2015 年 3 月。

本书是由广东省人民政府参事室（文史研究馆）、广东省海上丝绸之路研究开发项目组、广东省珠江文化研究会联合进行的"广东省 21 世纪海上丝绸之路建设工程研究系列项目"成果之一。全书分为序言：徐闻古港的发现与实证、正文、结语：以传统海洋经济文化为鉴几部分。其中正文又分为汉代徐闻港的海上贸易、徐闻港贸易的社会影响、北部湾的珍珠采集与养殖、唐宋以来徐闻及雷州半岛的移民开发、徐闻是海上丝绸之路文化交流的枢纽、徐闻及雷州半岛的海神信仰等六个方面展开论述。

352 《崖州：海上丝绸之路中转站》，张萍、尹婕妤主编，海口：海南出版社，2013 年 1 月。

本书从崖州古城开始，寻访崖州古城的历史，感受崖州古城的变迁，重现崖州古城作为海上丝绸之路中转站的繁华景象。全书分为崖州史话篇：上下两千年的沧桑变迁，河港资源篇：海上丝路中转站的源起，商业经济篇：海上丝路中转站的发展，番坊志异篇：海上丝路中转站的延伸，腾飞巨变篇："三城三镇"的宏伟目标五章。内容涉及古崖州的建置沿革、开疆拓土、军事要塞，海上丝绸之路中转站的源起、形成，崖州商业贸易的主要类别、形式，崖州所三亚里的兴起、伊斯兰教文化遗址，农业大镇、文化名镇、旅游强镇等方面。

353 《扬帆珠江口：南海海上丝绸之路与外销陶瓷》，黄静著，广州：广东人民出版社，2014 年 7 月。

本书全面介绍了南海"海上丝绸之路"航线的开通、发展、外销陶瓷的情况，以及中国瓷艺对外国的影响。全书分为不期而遇：早期东西方航线的对接，广州通海夷道：南海贸易航线的迅速发展，海通八方：全球海上贸易航线的通达，南海瓷路：唐宋元时期的外销陶瓷，扬帆世界：明清时期南海瓷路上的外销陶瓷 5 章。从南海海上丝绸之路的发展演变入手，依托已知的外销瓷及其窑口情况，以及广东省博物馆收藏的外销瓷和近年来南海水下考古取得的成果，全面探讨和研究了"南海丝路"的有关情况，揭示了"南海丝路"的历史面貌，勾勒了不同时期外销瓷的地域特色和显著特征。

354 《远逝的风帆：海上丝绸之路与扬州》，朱江著，南京：东南大学出版社，

2014 年 5 月。

本书立足于文化遗产的角度，辅以考古学、历史学、文献学、建筑学等视角，对海上丝绸之路扬州遗迹进行了解读。全书分为序篇：扬州的自然条件和历史沿革、正篇：扬州的海外交通、附篇：扬州的名胜古迹三部分。涉及内容包括扬州名称的由来及其沿革、扬州城池的历史、扬州的自然地理、长江水道的变迁、扬州的运河、扬州历代风俗考略、东晋时期的海外交通、唐朝时期的海外交通、两宋时期的海外交通、元朝时期的海外交通、明朝时期的海外交通、清朝时期的海外交通、邗沟故道、汉广陵王墓、隋炀帝陵、唐代牙城遗址、寄啸山庄、小松隐阁、瘦西湖等。

355 《漳州"海上丝绸之路"论文选》，漳州市政协文教卫体委员会编，福州：福建人民出版社，2015 年 12 月。

本书由漳州市政协文教卫体委员会从"首届漳州海商论坛"（2009 年）、"第二届海商论坛暨'海上丝绸之路'申遗座谈会"（2011 年）会议论文汇编而成，共收入论文 27 篇。书中内容涉及漳州海商问题，如《漳州海商文化之重建》《宋代漳州海商略论》等篇，贸易问题，如《早期漳州商贸港口的形成与海外贸易》《万帆集月港，洋风已入澄——海外贸易影响下的 16 世纪的漳州》等篇。此外还对漳州沿海地区社会生活、经济发展等问题进行论述。

356 《漳州市"海上丝绸之路"文化遗产专辑》，林登山、吴其生著，福州：海峡书局，2015 年 8 月。

本书通过搜集整理"海上丝绸之路"漳州文化史迹、遗物和文献资料，揭示了漳州"海丝"历史的真实面貌，再现了明末清初"海丝"始发港漳州的昔日繁盛。全书分为漳州"海丝"发展历程，漳州"海丝"航线，漳州"海丝"文化史迹，漳州"海丝"海贸遗珍，漳州"海丝"发展所涌现的海交史研究专家、航海家、海商五部分。内容涉及萌芽期——先秦及汉唐时代、发展期——宋元时代、兴盛期——大航海时代、东洋航线、西洋航线、港口码头遗址、通商贸易史迹、贸易输出品史迹、海防要塞史迹、造船与沉船遗址、输入物品、输出物品、贸易番银等。

357 《赵宋南外宗与泉州》（东亚文化之都·泉州论坛丛书），泉州赵宋南外宗正司研究会编，厦门：厦门大学出版社，2016 年 1 月。

本书是"赵宋南外宗与东亚文化之都学术研讨会"的论文集，收录了专家学者相关文章 20 余篇。书中探讨了大宋王朝对外贸易港口的兴起与发展趋势，讨论了南外宗对泉州海外交通的影响，解读了南外宗与海上丝绸之路的关系，并以南外宗为考察对象，对宗室入闽与海上丝绸之路做了探析。书中还探讨了南外宗正司与泉州南音、赵宋宗室与观音崇拜、泉州弦管戏曲与南外宗正司等内容，并对宋《泉州重建州学记》、元《泉州路学大晟乐记》等历史文献进行了考述。

**358** 《浙江海上丝绸之路文化》，伍鹏著，北京：经济科学出版社，2016年3月。

本书介绍了海上丝绸之路的起源与发展、主要航线和代表港口、浙江在海上丝绸之路中的历史地位和影响及浙江海上丝绸之路的历史文化遗存，对中国大运河、妈祖文化与海上丝绸之路的关系进行了阐述，最后对浙江参与"一带一路"建设和海上丝绸之路经济带的基础和优势、国际国内环境和思路等进行了分析。全书共分六章，内容包括源远流长的海上丝绸之路、海上丝绸之路与浙江、浙江海上丝绸之路主要历史文化遗存、"一河一路"：大运河与海上丝绸之路、妈祖文化：海上丝绸之路的精神家园、"一带一路"：21世纪海上丝绸之路与浙江等。

**359** 《郑和与海上丝绸之路》，杨允中主编，澳门：澳门大学澳门研究中心，2005年12月。

本书是一部以郑和与海上丝绸之路为主题的研究论文集，收录论文14篇，分为郑和下西洋和平远航的重大意义与深远影响，郑和七下西洋与哥伦布等西方航海家之间的对比关联，中国航海大国与发达领先地位不保的制度、体制性因素分析，"海上丝绸之路"与澳门450年历史演进四部分。收录文章包括《郑和远航世界的历史地位》《郑和精神与海洋文明》《郑和与哥伦布：历史错乱的轨迹》《远航600载，环球共注目——法国汉学界有关郑和下西洋的研究》《郑和海权的中断与明初"大一统"的制约性因素探析》《郑和下西洋与澳门开埠初探——从"下西洋"到"抗东洋"双甲子之年的历史思考》等。

**360** 《中国"海上丝绸之路"研究百年回顾》，龚缨晏主编，杭州：浙江大学出版社，2011年11月。

本书全面回顾了20世纪中国学者对海上丝绸之路的研究历程，总结了取得的学术成果。全书分为上下两编，共八章，内容包括海上丝绸之路研究的萌芽阶段（1840—1900年）、海上丝绸之路研究的形成阶段（1901—1948年）、海上丝绸之路研究的停滞阶段（1949—1977年）、海上丝绸之路研究的繁荣阶段（1978—2000年）、中国与东亚其他国家海上丝绸之路研究回顾、中国与东南亚及印度洋地区海上丝绸之路研究回顾、中国与欧洲海上丝绸之路研究回顾、中国与美洲海上丝绸之路研究回顾。

361 《中国福建海上丝绸之路发展史》，徐晓望著，北京：九州出版社，2017年7月。

本书为福建社会科学院重点科研项目成果，以海洋经济交流史为基本线索对福建海上丝绸之路的变迁进行了研究。全书共分十五章，内容包括：环南海视野的海洋文化起源、早期闽中历史与商业的萌芽、隋唐闽人对流求的探索、唐五代福建海洋商业的起步、宋代福建海上贸易的繁荣、元代福建海洋商业的拓展、明朝官府的海洋经营、郑和下西洋与福建、晚明东亚海洋商业网络的新格局、晚明福建海外贸易的发展、明末清初美洲作物的引进和影响、明清时代福建经济的海洋化、清代前期闽商的海外市场、清代武夷茶的生产和贸易、近代福建涉外经济的变局等。

362 《中国古代海上丝绸之路诗选》，陈永正编注，广州：广东经济出版社，2014年3月。

本书是由广东省人民政府参事室（文史研究馆）、广东省珠江文化研究会联合进行的"广东省21世纪海上丝绸之路建设工程研究系列项目"成果之一。书中选录中国古代有关"海上丝绸之路"的诗歌419首，包括"箴""铭""词"各一首。全书按年代排序，分为唐以前、唐代、宋代、元代、明代、清代几部分，同一年代按作者排列。作者附有简介，每首诗附有出处及注释。内容涉及徐闻、交趾、岭南、广州等海上丝绸之路重镇，海上贸易，地方政策，宗教文化交流，文化艺术交流等，记录了当时的政治、经济、军事、文化、风俗等各方面情况。

363 《中国海上丝绸之路城市廊道叙事》，刘士林等著，北京：东方出版社，2017年6月。

本书立足于"文化城市群"理论，对中国海上丝绸之路城市廊道进行叙述。书中一方面通过历史与人文、古代与现代、海内与海外、政治与经济等多方面的梳理和研究，还原古代海上丝绸之路城市的真实发展历程。另一方面，按照"一个人的生命史"的方式再现"一个城市的发展史"，用生动的历史情节讲述大连、天津、烟台、蓬莱、青岛、南京、扬州、苏州、上海、嘉兴、湖州、杭州、宁波、泉州、福州、厦门、漳州、高雄、汕头、深圳、香港、广州、澳门、湛江、海口、三亚、北海等27座名都名城城市故事、阐释城市精神。

364 《中国海上丝绸之路研究年鉴（2014）》，海上丝绸之路研究中心主编，杭州：浙江大学出版社，2016年2月。

本书从学术角度对2014年度有关"一带一路"和"海上丝绸之路"的研究著作

和资料进行了整理和归纳。全书分为 21 世纪海上丝绸之路、海上丝绸之路东海航线研究、海上丝绸之路南海航线研究、海上丝绸之路与中西政治经济交往研究、海上丝绸之路与中西文化交流、海上丝绸之路与文博事业六章。内容包括 21 世纪海上丝绸之路：一个宏大战略的前进步履，抓住机遇：地方在行动，理性的思考：学者的探讨，港口、航路及船舶研究，航海贸易、市舶管理及海洋行政研究，文化和艺术交流研究，中西政治交往研究，传教士与西学东渐，海上丝绸之路展览陈列，海上丝绸之路考古新发现等。

**365** **《中国海上丝绸之路研究年鉴（2015）》，海上丝绸之路研究中心主编，杭州：浙江大学出版社，2017 年 2 月。**

本书主要围绕 2015 年度学术界对"一带一路""海丝"文化的研究展开。全书分为"21 世纪海上丝绸之路"研究、海上丝绸之路东海航线研究、海上丝绸之路南海航线研究、海上丝绸之路与中西政治经济往来四章。内容包括国家领导人的足迹，地方的行动，学术界的探讨，港口、航路、船舶及航海研究，航海贸易、海洋行政研究，文化交流、政治交往、人员往来与国族间认知研究，海洋信仰、海洋认知及海洋灾害研究，交通航海、港口和船业研究，经济贸易研究，政治、外交和文化交流研究，沉船研究，郑和研究，中西政治交往研究，中西经济交往研究，中外物种流通及其他研究等。

**366** **《中国海洋符号：海上丝路》，修斌主编，青岛：中国海洋大学出版社，2017 年 3 月。**

本书上溯远古，下至清末，通过对海上丝绸之路历史、影响等方面的介绍展现了中国海洋文化的壮丽辉煌。全书分为海上丝路之名、海上丝路史话、海上丝路听潮和海上丝路新篇四部分，主要内容包括：丝路之名的由来、丝路概观、秦汉海上航线的开辟与倭奴金印、魏晋南北朝时对海洋的探索与法显远航、隋唐五代名港的兴起与鉴真东渡、宋元海上丝路盛况与四大发明西传、明代海禁政策与西方殖民者东来、清代海权的沦丧与清宫中的外国人、漂洋过海相互交流、航船上的瑰宝、海上丝路遗迹、"21 世纪海上丝绸之路"、海上丝路新图、海上新丝路，扬帆中国梦等。

**367** **《中国南洋古代交通史》，周运中著，厦门：厦门大学出版社，2015 年 5 月。**

本书是研究探讨中国南洋古代交通史的著作。书中共分为"上古东方航海的起步""秦汉南洋航路的开辟""六朝南洋航路的勃兴""隋唐南洋航路的南移""宋代的中国南洋交通""元代中国南洋航路的鼎盛""南海航路与地理格局转变""航路与

▶ 丝绸之路研究论著叙录

宋元南洋形势转变"等八个章节，阐述了我国海上交通的历史发展变迁，展现了经济重心南移以后海上交通的重要作用与历史地位，并对港口发展、海外贸易以及航海地理等内容做了探讨。

**368** 《"草原丝绸之路"学术研讨会论文集》，张柱华主编，兰州：甘肃人民出版社，2010年12月。

本书是中国中外关系史学会主办的"草原丝绸之路"学术研讨会论文集，精选收录了与会专家学者围绕"草原丝绸之路"这一主命题所撰写的35篇学术论文，内容包括丝绸之路与古代东西文明交往、草原丝绸之路的复兴、3—6世纪草原丝绸之路的利用、甘州回鹘与丝绸之路、中外关系影响下的塔里木区域社会、明初甘肃的地缘政治与西北疆界的形成、浅谈清人视野中的西域、民国时期国际汉学史研究等相关主题，论文集对草原丝绸之路沿线各民族自唐代以来的政治历史变迁、民族流徙、文化传播、经贸往来的基本情况和发展轨迹进行了深入探讨。

**369** 《草原丝绸之路学术研讨会论文集》，张柱华主编，兰州：甘肃人民出版社，2010年12月。

本书是中国中外关系史学会主办的"草原丝绸之路"学术研讨会论文集，精选了与会38位专家的35篇学术论文，内容涉及了草原丝绸之路沿线各民族自唐代以来的政治历史变迁、民族流徙、文化传播、经贸往来的基本情况和发展轨迹，具体文章包括：《丝绸之路与古代民族》《考察草原丝绸之路的法国人》《丝绸之路与古代东西文明交往》《"欧洲文化中心论"再认识》《西方汉学边疆研究的理论取向和价值关怀》《论草原丝绸之路的复兴》《横贯东西、连接欧亚的草原商路——以5—14世纪为中心》《对"丝绸之路"源头和起点在浙江湖州新说的质疑》《3—6世纪草原丝绸之路的利用》《甘州回鹘与丝绸之路》等。

**370** 《广州十三行：明清300年艰难曲折的外贸之路》，谭元亨著，广州：广东经济出版社，2015年3月。

本书是广东省建设21世纪海上丝绸之路研究系列项目的成果之一。书中选取了明清广州十三行发展历程中的8个重要的历史转折点，包括：最早的一年两季的"广交会"；康熙"开海"：十三行凤凰涅槃；老人政治："南洋禁航令"；雍正"开洋"，十三行千帆竞出；乾隆登基的开放与优惠，废除"加一征收"；中国"一口通商"与英军攻占孟加拉鸦片基地；"嫩实兹"号关键词：军舰、鸦片；两次鸦片战争与十三行行商的最后抵抗等，描绘了广州十三行300年间艰难曲折的发展史，展现了其作为清

· 106 ·

代中国海上丝绸之路的中心和标志的历史文化价值。

371 《欧亚草原东部的金属之路——丝绸之路与匈奴联盟的孕育过程》，杨建华、邵会秋著，上海：上海古籍出版社，2017年3月。

本书通过丝绸之路上的金属器物重点研究了欧亚草原不同地区文化间的交往。书中包括六部分，分别为北方青铜器的萌芽、公元前2000纪草原文化的扩张、中国北方青铜器的兴起与外传、早期游牧时代的开端、早期铁器时代的中国北方与欧亚草原、匈奴时代中国北方与欧亚草原的文化联系。作者通过典型器物遗存探讨了青铜器时代、铁器时代中国草原民族的文化特色，详述了欧亚草原上同时期的民族文化传入，对双方文化传播和接受的互动过程进行了论述。

372 《巴蜀文化研究集刊·7：南方丝绸之路研究论集·2》，段渝主编，成都：巴蜀书社，2012年7月。

本书为巴蜀文化与南方丝绸之路研究论集，收入论文35篇，主要就巴蜀地区考古学文化与南方丝绸之路交流诸问题展开探讨。论文涉及三星堆文化、金沙遗址、巴蜀古道以及滇蜀的青铜文化等代表性古蜀文明以及在南方丝绸之路的交流问题，内容包括考古资料、佛教艺术、养蚕业与丝绸业、戏剧乐舞艺术、早期金属工业、非物质文化遗产等方面，论及唐代与阿拉伯的交往、茶马古道的历史渊源、与西亚等地文化的交流研究等问题。

373 《锦江商脉：三千年商路暨南方丝绸之路始点》，章夫、凸凹著，成都：四川文艺出版社，2011年1月。

本书从商业的角度对成都所在的南方丝绸之路做以概述。书中介绍了考古资料中的古蜀"商元素"，分析了三星堆人的经商启蒙理念，梳理了汉唐至明清时期的古蜀商业文化，探讨了蜀锦在古蜀起源和发展。作者对南方丝绸之路的成都段进行了介绍，并叙述了藏彝羌民族文化走廊的丝路古道，对活跃在这条商道上的川商贸易进行了解读。书中还对成都的庙会、商业街道及生意场的商机进行了总结，展望并规划了成都的商业蓝图。

374 《南方陆上丝绸之路与云南的改革开放》，李子贤等著，昆明：云南大学出版社，1997年12月。

本书探讨了南方陆上丝绸之路与云南改革开放的发展。书中分为历史文化篇、经贸交通篇、改革开放篇进行讨论。具体内容上，作者对南方陆上丝绸之路与中国古代对外交通及其地位做了探讨，并分析了南方陆上丝绸之路相对沉寂的原因，探查了古代中国与东南亚的交流，对于云南的少数民族及在南方丝绸之路上的历史地位进行了总结。经贸交通方面，作者论述了1949年以前以及1950—1978年的云南经济贸易情况和通道态势，并探讨了交通格局的变化及经济中心的出现和发展。此外，作者对改革开放后的云南作以分析并就构建南方丝绸新路提出了建设意见。

**375** 《南方丝绸之路沿线古国文明与文明传播》，屈小玲著，北京：人民出版社，2016年5月。

本书是对南方丝绸之路沿线古国文明与传播的研究。全书分为九章，分别对蜀国与蜀地文明、西南夷黔滇地域古国古文明及古道交通、西南夷周边古国文明与交通、中国西南与境外文明关系史迹、先秦两汉南方丝绸之路的商贸交流、唐代以南诏国为核心的四国商贸圈、南方丝绸之路佛教文明东传及其影响、中国西南山地植物文明的西向传播等问题进行了论述。书中对南方丝绸之路的历史及发生在这条古道上的重要历史事件、贸易经济、政治文化等方面皆有讨论，再现了南方丝绸之路上的文明传播。

**376** 《南方丝绸之路研究论集》，段渝主编，古蜀文明与南方丝绸之路研究专家组、四川师范大学巴蜀文化研究中心编，成都：巴蜀书社，2008年8月。

本书是对南方丝绸之路研究的论文集。书中展示了近年来历史学、考古学、人类学等学科关于南方丝绸之路的成果，书中分为综述篇，如《论繁蜀巢与西周早期的南方经营》等论文；交通篇，包括《南方丝绸之路滇越交通探讨》等文；民族篇，有《西南丝绸之路与民族走廊》等篇；贸易篇，如：《南方丝绸之路上的云南商品货币》等；青铜文化篇，则有《滇西南地区的青铜文化》等文；中外文化交流篇则包括《谈谈古代四川与东南亚文明的关系》等文章。本书为进一步扩展并深化古蜀文明与南方丝绸之路研究提供了学术发展路径和参考资料。

**377** 《三星堆研究：三星堆与南方丝绸之路青铜文化研讨会论文集（第二辑）》，肖先进主编、凉山州博物馆等编，北京：文物出版社，2007年10月。

本书是三星堆与南方丝绸之路青铜文化研讨会的论文集，汇集了国内专家学者相关文章32篇，涉及南方丝绸之路通论、巴蜀文化与南方丝绸之路、西南区域文化与南方丝绸之路等领域，代表了有关三星堆研究的最新学术成果。书中文章包含《南方丝绸之路滇越交通探讨》《巴蜀文化与南方丝绸之路》《古蜀文明与周边各文明的关系》《先秦巴蜀与南丝路研究述略》《南方丝绸之路与云南古代社会的关系研究等内容》等篇，推动了三星堆与南方丝绸之路青铜文化的研究与发展。

**378** 《三星堆与南方丝绸之路》，段渝、范小平著，成都：四川科学技术出版社，2016年12月。

本书是对三星堆文化与南方丝绸之路的研究论集。书中共收入论文38篇，具体内容有《三星堆文化与南方丝绸之路》《成都：中国三大经济带的交汇点与中国内陆对内对外开放的枢纽》《早期南方丝绸之路再探讨——以长江上游地区早期佛像传入为例》《从三星堆考古遗址的发现看南方丝绸之路的开通》《近年南方丝绸之路研究新进展》《从三星堆出土的海贝看古蜀国的对外交流》《唐代经南方丝绸之路的中缅经济文化交流》《嫘祖文化与丝绸之路》等篇。

**379** 《水富向家坝——南丝绸之路入滇第一镇》，盛学伦、王罡编著，昆明：云南美术出版社，2008年8月。

本书以向家坝为主题，图文并茂地介绍与解读了作为南丝绸之路入云南的第一镇向家坝的历史文化、自然风貌与人文景观。书中介绍了向家坝的地理位置、历史沿革与名称由来，对当地的历史故事、文化遗产做了叙述。同时，书中讲述了当地的自然风光、生态环境与民间习俗，并介绍了县内著名的旅游景点及其特色。此外，书中还介绍了当地的风土人情与饮食文化，并提供了丰富的旅游指南与建议，再现了向家坝的历史风貌与人文样态。

**380** 《西南民族与南方丝绸之路》，袁晓文主编，北京：民族出版社，2016年12月。

本书是中国西南民族研究学会主办的"西南民族与丝绸之路"学术研讨会论文集。本论文集收录了28篇论文，围绕我国提出的"一带一路"的战略构想，结合各自在西南民族的研究领域，探讨了中华民族形成发展的历史进程、丝绸之路上的边疆民族问题。主要代表性论文有《论开发建设唐蕃古道沿线对实现"一带一路"大战略的意义》《韦皋联合南诏的行动与唐代南方丝绸之路的重开》《论明清时期云南绅士阶层的地方文化建设和事务管理》《凉山彝族习惯法的法制化路径探析——以民族区域自治法变通补充规定研究为核心》等篇。

**381** 《西南丝绸之路》，先燕云著，王苗、吴家林、徐亚燕等摄影，广州：广东旅游出版社，2007年4月。

本书是介绍中国西南地区丝绸之路的著作。西南丝绸之路是从公元前4世纪起通往今日缅甸、印度、阿富汗的贸易商道。全书共分为六章，分别为行走蜀身毒道间、灵关道、岷江道、五尺道、昆明道、永昌道。书中对六道沿途风景及故事详细叙述，重走古道途中，将川、黔、滇古物古风分别再现。本书对西南丝绸之路的整体情况进行了系统解读，为了解与研究西南丝绸之路提供了借鉴。

**382** 《西南丝绸之路考察记》，王清华、徐冶著，昆明：云南大学出版社，1996年7月。

本书是关于中国通往印度古道西南丝绸之路的考察记。本书共分五章，分别考察了中国通往印度的秘密古道、建构民族走廊的灵关道、缠绕云贵高原的五尺道、穿越横断山系的永昌道、历史的地理枢纽。作者利用史籍记载和历史事件对西南丝绸之路的主要道路进行了介绍，并对这些道路上的民族、城市、风土民情进行了叙述，总结了西南丝绸之路历史地理枢纽的重要地位，梳理了西南丝绸之路的历史发展。书中亦对当今西南丝绸之路进行了考察，并参考借鉴了古代西南丝绸历史经验。

**383** 《重访南方丝绸之路：云南茶马古道音乐文化研究》，张璐著，北京：北京师范大学出版社，2015年4月。

本书是对我国茶马古道云南段音乐文化现状的选点调查与研究。书中包括六个章节，从自然、人文两方面阐述了茶马古道的生态环境；站在民族音乐学角度记录茶马古道云南段赶马人口述史；对茶马古道云南段音乐事象进行探索，以不同民族马帮的《赶马调》作为轴线，在对《赶马调》音乐学分析的基础上，重点分析马帮音乐；对马帮文化中的多种宗教信仰、民俗文化事象展开调查研究；同时，作者调查了茶马古道云南段现状与发展，对茶马古道云南段的文化产业现状进行了综述与思考。

# 历史与地理

384 《"一带一路"历史地名考略》,王胜三著,北京:中国社会出版社,2016年7月。

本书是对"一带一路"沿线地区历史地名进行系统考证的著作,共涉及古国名和古城邦名88条目。书中把陆上丝绸之路分为东部古藩国名和西部古地名两部分进行论述,对海上丝绸之路分为东线、南线和西线地名三部分进行探讨,既对陆上与海上丝绸之路的起源与发展做了总体概述,又逐条目地把88个古地名进行单独考证。书中对古地名的研究包含了其地名的来历和含义以及变迁,展现了当地的地理风貌、人文历史、文化交流、经济特色等方面,对研究陆上与海上丝绸之路沿线国家的历史与沿革提供了值得参考与借鉴的资料。

385 《北洋政府时期的蒙古地区历史资料》,吕一燃编,哈尔滨:黑龙江教育出版社,2012年12月。

本书辑录了1911年至1927年蒙古地区的历史资料。主要内容包括中华民国外交部政务司文书科所编的库伦新政交涉案、蒙古地方中俄交涉节要、库伦、乌里雅苏台"独立"案、蒙兵犯科布多案等资料;蒙古风云录,包括库伦独立前后的内政、兵备、外交等方面的资料;以及中俄蒙三方恰克图会议记录资料、乌里雅苏台回忆录、外蒙交涉始末记、唐努乌梁海图说略、蒙事档案辑录等内容。这些资料来源多为当事人亲身经历的记载或是官方的原始文件,为研究北洋政府时期的蒙古地区历史提供第一手资料。

386 《边城蒙难记》(西域探险考察大系),吴蔼宸著,乌鲁木齐:新疆人民出版社,2013年10月。

本书分上下两篇,上篇为作者从天津旅行至迪化所记见闻,根据史实叙述新疆"四一二"政变、新疆第二次政变前后变化,以及中央历派大员宣慰巡视新疆、塔城、伊犁的经过,共计十三章。下篇四章追溯新疆变乱始末,详叙新疆各族风俗并对新疆山脉水道、新疆丧地进行考证,回顾新疆的过去并展望未来。书后附以作者在苏联见闻游记。

**387** 《边疆边务资料初编：东北及北疆边务》,《边疆边务资料初编》编委会编，北京：中央编译出版社，2011年9月。

本书是东北及北方边疆资料汇编，收录资料以近现代边界形成时间、空间为范围。资料来源包括相关官方文件、档案史料、边事汇编、奏议、外交会谈节略、勘界电函、当事人文集日记、有关调查、报刊专论、研究报告等。内容按类大致可分为中俄界务、中朝界务等问题。具体包括：（清）齐召南《朝鲜诸水编》、（清）阙名《高丽水道考》、（清）阙名《入高纪程》、（清）魏源《征抚朝鲜记》、（清）龚柴《朝鲜考略》、（清）阙名《朝鲜疆域纪略》、北洋政府政务司拟《研究俄约关于外蒙古问题议案》《外蒙古调查记》等。

**388** 《边疆边务资料初编：西北边务》,《边疆边务资料初编》编委会编，北京：中央编译出版社，2011年9月。

本书是西北边疆资料汇编。资料来源包括相关官方文件、档案史料、边事汇编、奏议、外交会谈节略、勘界电函、当事人文集日记、有关调查、报刊专论、研究报告等。内容按类大致可分为中俄界务、中蒙界务等问题。具体资料包括：（清）缪佑孙《取中亚细亚始末记》、（清）钱恂《帕米尔分界私议》、（清）胡详镕《帕米尔辑略》、（清）许景澄《帕米尔图说》、（清）阙名《帕米尔属中国考》、（清）王锡祺《坎巨提帕米尔疏片略》、（清）许克勤《西域帕米尔舆地考》、（清）叶瀚《西域帕米尔舆地考》、（清）钱恂《中俄条约觕注》、（清）钱恂《中俄界线简明说》、（清）王锡祺《中俄交界记》等。

**389** 《边疆边务资料初编：西南边务》,《边疆边务资料初编》编委会编，北京：中央编译出版社，2011年9月。

本书是西南边疆资料汇编。资料来源包括相关官方文件、档案史料、边事汇编、奏议、外交会谈节略、勘界电函、当事人文集日记、有关调查、报刊专论、研究报告等。内容按类可分为英印与中国西藏界务、中尼界务、中缅界务、中越界务等问题。具体篇目包括：（清）余钊编《藏印边务支发薪饷等银两清册》、郑世璜《乙巳改察印锡茶土日记》、陆溁《乙巳年调查印锡茶务日记》《西藏开邮与印度交换邮件照会英使案》（外交档案）《藏印界务交涉条款照会函札录存》（外交档案）、王光祈编译《西藏外交文件》、谢彬《西藏交涉略史》、陈兴祺《西藏交涉纪要》、（明）钱古训《百夷传》、（明）张洪《南夷书》、（清）王昶《征缅纪略》、（清）周裕《从征缅甸日记》、（清）师范《入缅路程》、[英]佚名《探路日记》、（清）龚柴《缅甸考略》、（清）王锡祺《猛乌乌得记》、故宫博物院藏军机处档案《光绪朝中法交涉史料》等。

390 《边疆边务资料初编：中国边疆概述》，《边疆边务资料初编》编委会编，北京：中央编译出版社，2011年9月。

本书是《边疆边务资料初编》中边疆概述资料收录专辑，包括华企云《中国边疆》《中国边疆问题十讲》《中国边疆史》、唐守常《中国土地丧失史》、贾逸君编次《中国国耻地理》、傅运森《外族侵略中国史》、苏演存《中国境界变迁大势考》、吾行健《中国今日之边疆问题》、沈亮荣编《国耻演说》、高长柱《边疆问题论文集》、黄奋生《边疆政教之研究》、华企云《中国土地丧失史》、[美]别生《近代中国边疆宰割史》、夏威《中国疆域拓展史》等边疆资料。

391 《边疆行政建制初编·东北及北方》，本书编委会编，北京：知识产权出版社，2011年6月。

本书是中国西北和北方边疆建制初编。全书将北方和西北地区不同历史时段的历史建制汇聚，有利于读者从中探索规律。收录资料包括：《嘉庆重修一统志》、（金）王寂《辽东东行部志》、（清）萨英额《吉林外记》、（清）阙名《珲春琐记》、（清）胡传《东陲道里形势》、（清）西清《黑龙江外记》、（清）徐宗亮《黑龙江述略》、（清）何秋涛《库页附近诸岛考》、金梁《黑龙江通志纲要》、郭克兴《黑龙江乡土录》、（明）陆应阳《广舆记·九边》、（清）顾祖禹《读史方舆纪要》、（清）阙名《蒙古沿革考》、（清）佚名《乌里雅苏台志略》、廖兆骏《绥远志略》、方范九《蒙古概况与内蒙自治运动》、（清）张穆《蒙古游牧记》、（清）张穆《蒙古游牧记》、察哈尔垦务总局编印《察哈尔全区垦政辑览》等。

392 《边疆行政建制初编·西北及西南》，本书编委会编，北京：知识产权出版社，2011年6月。

本书是中国西南和西北边疆建制初编。全书从众多的沿革地理文献中辑录出较为完整的边疆行政建制资料，将西南和西北地区不同历史时段发生的沿革资料汇聚，具体包括：（清）顾祖禹《读史方舆纪要》、（清）张澍《凉州异物志》、（清）黄楙材《西域形势》、（清）龚柴《天山南北路考略》、（清）龚自珍《西域置行省论》、（清）何秋涛《哈萨克述略》、《嘉庆重修一统志》等。

393 《边疆行政建制初编·综合》，本书编委会编，北京：知识产权出版社，2011年6月。

本书是边疆行政建制初编的综合篇，汇聚历代边疆建制资料。主要包括：《汉书·

地理志》《晋书·四夷列传》《梁书·诸夷》《周书·异域》、(宋)王应麟《通鉴地理通释·历代州域总叙》、(晋)常璩《华阳国志》、(唐)李吉甫《元和郡县图志》、(宋)王存等《元丰九域志》、(宋)欧阳忞《舆地广记》、(明)叶向高《四夷考》、(明)郑晓《皇明四夷考》、(明)张雨《边政考》、(明)高拱《边略》、(明)张天复《广皇舆考·各边路》、(明)郑炁贞《边塞考》、(清)顾炎武《天下郡国利病书》等。

394　《边疆民族资料初编：东北及北方民族》，本书编委会编，北京：知识产权出版社，2011年6月。

本书是边疆资料初编丛书中对东北和北方边疆民族的历史资料汇编，收入资料除了廿四史等正史中对北方和东北少数民族的文献资料外，还包括别史、文集、调查、战事报告等资料，有利于学者翻阅。具体文献包括：《史记·朝鲜列传》《后汉书·东夷传》《三国志·魏志·乌桓、鲜卑、东夷》《魏书·高句丽、百济国、勿吉、失韦、豆莫娄、地豆于、库莫奚、契丹传》《隋书·高丽》《新唐书·东夷列传》《北史·高丽、百济、新罗、勿吉、奚、契丹、室韦、豆莫娄、地豆干、乌洛侯、流求传》《南史·夷貊下》《宋史·高丽》《辽史·高丽、西夏传》《金史·高丽传》《元史·高丽》《明史·朝鲜》《括地志辑校·东夷》、(清)阿桂和于敏中修《钦定满洲源流考》、凌纯声《松花江下游的赫哲族》《史记·匈奴列传》《汉书·匈奴列传》《宋书·鲜卑、吐谷浑列传》《南齐书·魏虏》、(清)勒德洪《平定察哈尔方略》、(清)温达等《亲征平定朔漠方略》等。

395　《边疆民族资料初编：西北及西南民族》，本书编委会编，北京：知识产权出版社，2011年6月。

本书是边疆资料初编丛书中对西北和西南边疆民族的历史资料汇编，收入资料除了廿四史等正史外，还包括别史、文集、调查、战事报告等，便于学者查阅。具体资料有：《史记》《后汉书》《魏书》《隋书》《北史》《旧唐书》《新唐书》《宋史》《金史》《明史》中《西域传》的内容，以及《括地志辑校》、(清)福庆《异域竹枝词》、(清)何秋涛《哈萨克述略》、(清)何秋涛《征乌梁海述略》、(清)阙名《宁藏七十九族番民考》、(清)魏源《绥服西属国记》、张得《青海种族分布状况》、蒙藏委员会调查室《玉树二十五族调查报告》、周希武《玉树调查记》、马无忌《甘肃夏河藏民调查记》、边事月刊社《玉树近事记》、俞湘文《西北游牧藏区之社会调查》等文献中关于西南和西北少数民族记载。

396　《边疆民族资料初编：综合》，本书编委会编，北京：知识产权出版社，2011年6月。

本书是边疆资料初编丛书中关于边疆民族的综合历史资料汇编，主要收入资料包括：（宋）赵汝适《诸蕃志》、（元）周致中《异域志》、（明）朱孟震《西南夷风土记》、（清）方凤《夷俗考》、（明）叶向高《四夷考》、（明）严从简《殊城周咨录》、（明）瞿九思《万历武功录》、（清）廖攀龙等辑《历朝茶马奏议》、（明）吕维祺辑、（清）曹溶增、（清）钱綎补《四译馆增订馆则》及《新增馆则》影印康熙十二年袁懋德补刻增修后印本等。

397　《边疆史地文献初编：北部边疆》，《边疆史地文献初编》编委会编，北京：中央编译出版社，2011年9月。

本书是边疆史地文献初编系列中关于北部边疆即史地资料汇编。全书分为三辑，所录材料涉及宋、元、明、清时期关于长城以北地区史地材料，体例不限，举凡官方文件、档案史料、边事汇编、奏议、当事人文集日记、有关调查、报刊专论、研究报告等都有收入。具体包括：（宋）孟拱《蒙鞑备录》、（宋）彭大雅撰、徐霆疏证《黑鞑事略》、（清）何秋涛校正、王国维校注《圣武亲征录》、（元）《柳贯上京纪行诗》、（元）刘佶《北巡私记》、（元）杨允孚《滦京杂咏》、（清）黄楙裁《和林考》、（清）李文田《和林诗》、佚名《元朝秘史》、（明）金幼孜《金文靖公前北征录后北征录》、（明）杨荣《北征记》、（明）杨铭《正统临戎录》、（明）王琼《北虏事迹》、（明）李实《虚庵李公奉使录》、（明）峨岷山人《译语》、（明）尹畊《乡约》、（明）尹畊《塞语》、（明）魏焕《皇明九边考》、（清）彭蕴章等《钦定续纂外藩蒙古回部王公表》《内外蒙古汗王公扎萨克衔名表》、（清）何秋涛撰、黄宗汉等辑补《朔方备乘》等。

398　《边疆史地文献初编：东北边疆》，《边疆史地文献初编》编委会编，北京：中央编译出版社，2011年9月。

本书是边疆史地文献初编系列中关于东北边疆史地资料汇编。本书搜集东北边疆史地文献资料，增加近现代以来的行纪、调查报告等各类文献，系统梳理，分类编排，为研究者提供方便。全书共分为两辑，第一辑为东北史地综合资料，包括：（宋）洪皓《松漠纪闻》、（宋）陈襄《使辽语录》、（金）王寂《辽东行部志》、（金）王寂《鸭江行部志》、（宋）陈卓《使金录》、（宋）丁特起《靖康纪闻》、（宋）蔡絛《北狩行录》、（明）茅瑞征《万历三大征考》、（明）茅瑞征《东夷考略及东事答问》、（明）王在晋《三朝辽事实录》、（明）熊廷弼《按辽疏稿》、（明）翁洲老民《海东逸史》、佚名辑《盛京奏议》、（清）杨宾《柳边纪略》、（清）曹廷杰《东北边防辑要》、（清）曹廷杰《东三省舆地图说》、（清）曹廷杰撰《俄国西伯利东偏纪要》、（清）曹廷杰《查看俄员勘办铁路禀》、（清）高士奇《扈从纪略》、（清）高士奇《松亭行纪》、（清）胡传《东陲道里形势》、（清）黄明亮《游戎出塞日记》等。第二辑为辽吉黑及朝鲜史地资料，包括：（清）博明《凤城琐录》、（清）董恂《凤台诋谒笔记》、（清）董恂《永宁祇谒笔记》、（清）高士奇撰《松亭行纪》、（清）哈达清格《塔子沟纪略》、（清）马建忠《勘旅顺记》等。

399　《边疆史地文献初编：西北边疆》，《边疆史地文献初编》编委会编，北京：中央编译出版社，2011年9月。

本套书是边疆资料初编丛书中西北边疆民族的历史资料汇编，材料涉及包括新疆、甘肃、青海地区。全书分为两辑，第一辑为西北边疆史地综述文献，包括（魏）宋云、惠生《使西域记》、（东晋）法显《法显传》、（唐）惠超《往五天竺国传》、（唐）圆照《悟空入竺记》、（唐）杜环撰、王国维校、张一纯笺注《经行记》《西天路竟》、（五代晋）高居诲《使于阗记》、（宋）王延德《使高昌记》、（宋）卢襄《西征记》、（宋）郑刚中《西征道里记》等多部；第二辑为新、甘、青史地文献，包括（清）尼克通阿、岳禧《钦定回疆则例》、（清）祁韵士《新疆要略》、（清）魏光焘《勘定新疆记》、（明）马文升《兴复哈密国王记》、（清）魏源《荡平准部记》《两征厄鲁特记》等多部文献。

400　《边疆史地文献初编：西南边疆》，《边疆史地文献初编》编委会编，北京：中央编译出版社，2011年9月。

本套书是边疆资料初编丛书中西南边疆资料汇编，分为三辑，主要包括西藏、云南、广西三省的边疆史地资料，内容除传统史书外，还收入档案、文集、书信、报告等材料。具体包括：西南史地综合资料及西藏史地文献：（唐）樊绰《岭表录异》、（唐）刘恂《岭外代答》、（明）陆深《百越先贤志》等，陈渠珍《艽野尘梦》、佚名编《钟颖疑案》、韦休《蒙藏事变》、刘赞廷《边藏刍言》、释恒演《西藏佛教略记》、张伯桢《西藏大呼毕勒罕考》、查尔斯·贝尔撰、董之学、傅勤家译《西藏志》、朱少逸《拉萨见闻记》、朱绣《西藏六十年大事记》等；滇黔粤越史地文献：（唐）樊绰《蛮书》、（元）郭松年《大理行纪》、（明）张纮《云南机务钞黄》、（明）王轼《平蛮录》、（明）田汝成《行边纪闻》、（明）杨慎《滇载记》、（清）王定柱《滇语备忘录》等多部。

401 《边塞内外：王小甫学术文存》（东方文库），王小甫著，北京：东方出版社，2016 年 9 月。

本书是作者关于边塞内外研究与探讨的文集，囊括了作者对于中国边疆族群史地、古代中外关系、中国古代史等方面的成果与贡献。书中汇集了学术论文 30 余篇，包括《我国西北先秦时期的塞种》《斗战神、拜火宗教与突厥兴衰》《七、八世纪之交吐蕃入西域之路》《中古波斯宗教与东亚政治文化》《中国与阿拉伯古代关系史的若干问题》《唐五代北边的内外之际与国家认同》等内容，亦收录了作者关于《回忆邓广铭先生》《周一良先生琐忆》《我对隋唐与周边关系史的研究》等 10 余篇回忆或评论，并且还包括《塔米姆·伊本·巴赫尔回鹘游记》等 3 篇译文。

402 《别夫佐夫探险记》（西域探险考察大系），[俄] 米哈伊尔·瓦西里耶维奇·别夫佐夫著，佟玉泉、佟松柏译，乌鲁木齐：新疆人民出版社，2013 年 10 月。

本书是俄国探险家米哈伊尔·瓦西里耶维奇·别夫佐夫率领的探险队于 1889—1891 年，在新疆喀什、莎车、和田、库尔勒、罗布泊及北疆部分地区考察探险的记录。全书分为九章，具体叙述了从普尔热瓦尔斯克到叶尔羌、从叶尔羌到和阗、从和阗到民丰、喀什噶尔的民俗概况，尼雅绿洲及其周围地区和西藏高原考察概况、从喀拉萨依到罗布泊湖、从罗布泊到库尔勒、从库尔勒到乌鲁木齐以及从乌鲁木齐到斋桑等地的自然地理、生态环境、古代遗址和当地人的生存状况等内容。

403 《濒海之地：南海贸易与中外关系史研究》，李庆新著，北京：中华书局，2010 年 4 月。

本书是对南海贸易与中外关系史的研究。主要利用中外文献资料和考古资料，对秦汉至六朝时期岭南与南海的海上交通、唐代广州地区贸易与岭南经济社会的变迁、五代南汉对外历史与海外关系、郑和下西洋与朝贡体系、明代的海洋贸易以及海上丝绸之路与海洋考古等问题进行探讨。特别是对 17 世纪下半叶北部湾的中国"海盗"、郑和崇拜和远东重要港口会安的华人聚集现象进行分析，并讨论了明代海道副使的职能演变的复杂问题。

404 《伯希和传》，[法] 菲利普·弗朗德兰著，一梧译，桂林：广西师范大学出版社，2017 年 1 月。

本书是著名汉学家伯希和首部完整的传记，作者通过调查与访谈，勾勒出伯希和的传奇人生与复杂面貌。书中主要包括顺化、北京（一）、北京（二）、丝绸之路、都勒都尔·阿护尔、敦煌、东西伯利亚、福煦大街等 11 个章节，不仅描绘了伯希和的学术态度,介绍了他在中国西部地区备受争议的探险活动,也记述了他早年奉命在越南皇宫清查写卷和刻本,义和团运动期间表现出"骑士般的好斗性格",以及在巴黎与多位学者进行唇枪舌战等传奇经历,客观地再现了伯希和完整的一生。

**405** 《伯希和西域探险记》,[法]伯希和等著,耿昇译,北京:人民出版社,2011年10月。

本书为法国汉学家伯希和对中国西域地区文物遗迹的考察报告。主要内容包括高地亚洲3年探险记、中国新疆居民考察报告、中国西域地理考察报告、高地亚洲历史地理考察、喀什与图木舒克考古笔记(节录)、三仙洞水磨房探珍、库车地区考古笔记、大海道踏古记、敦煌藏经洞访书记等内容。另外,在附录中有关于伯希和与敦煌学以及西域史研究的相关文章和介绍性文字10篇。

**406** 《伯希和西域探险日记(1906—1908)》,[法]伯希和著,耿昇译,北京:中国藏学出版社,2014年8月。

本书是法国汉学家伯希和在1906—1908年间在中国西域探险时所写的日记。全书勾勒出伯希和探险团在我国新疆和甘肃特别是在敦煌地区从事考察和劫掠文物的史事。该日记始于1906年7月15日的撒马尔罕,结束于1908年10月1日的郑州,历时三年时间。书中附有伯希和于这次探险期间所写的信件,书信与日记互相补充,反映了当时中国西域地区的整体面貌。书后有译名对照表,包括专用词汇译名对照表、人名译名对照表以及地名译名对照表,便于读者阅读。

**407** 《藏经洞打开了百年悲欢》(华夏文明之源丛书),王睿颖著,兰州:甘肃教育出版社,2015年12月。

本书介绍了藏经洞的发现经过和文献流散情况,以及我国学者对敦煌资料的收集和文献资料的介绍。全书分为三个部分,第一部分"亲历者的悲欢",主要讲述敦煌藏经洞文书盗掘的历史,并对历史人物的偶然性活动与历史发生的关系进行深入探讨;第二部分"亲近者的悲哀"讲述早期敦煌学者对世界各地敦煌遗书的收藏与保护以及研究成果的公布;第三部分"历史中的悲喜"选取敦煌世俗文献进行解读,为读者呈现出千年前的敦煌生活。

**408** 《茶与马:在山河的旧梦里》,郝炜著,兰州:甘肃人民出版社,2014年12月。

茶马互市是中国西部历史上汉藏民族间一种传统的以茶易马或以马换茶为中心内

容的贸易往来。本书以茶马互市这一古代经济贸易形式为主线，对自唐代始，经宋元至明清各个历史时期中甘肃茶马互市的产生、发展及其对文明发展史产生的重要意义作了介绍。全书采用叙述体和讲故事的书写方式，介绍甘肃历史文化的特质和演进规律以及与华夏文明史之间的关联，同时也表达了对历史宝贵的文化忧思。

409　《陈国灿吐鲁番敦煌出土文献史事论集》，陈国灿著，上海：上海古籍出版社，2012年9月。

本书为陈国灿所著有关吐鲁番、敦煌出土文献的研究论文集。作者将出土文献与传统史籍相结合，对吐鲁番、敦煌地区的社会、经济、军事、宗教、文化等问题进行深入探讨。具体文章包括《吐鲁番出土的〈诸佛要集经〉残卷与敦煌高僧竺法护译经考略》《吐鲁番出土东晋写本〈晋阳秋〉残卷》《从敦煌吐鲁番所出早期写经看佛教的东传西渐》《高昌国的占田制度》《略论高昌国欠负麦、粟帐的年代与性质》《吐鲁番出土文献所见之唐代军府》《唐西州在丝绸之路上的地位和作用》《唐西州蒲昌府防区内的镇戍与馆驿》等36篇。

410　《穿过亚洲》（西域探险考察大系），[瑞典]斯文·赫定著，王蓓译，乌鲁木齐：新疆人民出版社，2013年10月。

本书是瑞典著名探险家斯文·赫定在1894—1897年第一次穿越亚洲腹地直至北京的考察经历。全书分为七部分共100章，首先概述探险计划和方案，之后记述作者翻越帕米尔高原、慕士塔格峰及冰川、穿过塔克拉玛干大沙漠、穿越戈壁沙漠前往罗布泊、穿越藏北和柴达木、最后由柴达木到达北京的详细经历。本书用1100页文字，258幅插图，详尽记录了沿途所见、所闻和所感，是研究中国西部探险史的重要著作。

411　《从"天下"到"世界"：汉唐时期的中国与世界》，王永平著，北京：中国社会科学出版社，2015年4月。

本书主要考察了汉唐时期中国对世界的认知过程以及对物种、技术和社会风俗思想、观念的交流与传播问题。全书分为上下两编，上编通过对西域、印度、罗马、阿拉伯等域外文明的探索和互动以及对西极的地理观念的变化等问题，结合文献记载讨论汉唐时期中国古代对世界的探索和认知；下编对训象、"拂菻狗"等外来文明中的物种和马球、踏歌、绳技等技艺传播以及风俗文化的流传问题，理解并讨论古代中国与世界文化互动的重要意义。

412　《怛逻斯之战：唐与阿拉伯帝国的交锋》，杨军、高厦著，北京：商务印书馆，2016 年 11 月。

本书根据史籍考证怛逻斯战役前中亚道路上各国的发展及战争后各种文明交流的历史。书中叙述了战前唐代对西域、中亚地区的控制和伊斯兰文明的兴起以及阿拔斯王朝建立过程；探讨怛逻斯战役发生的原因及导火索；解析双方的备战情况和战略部署；详细分析战争的过程及溃败原因；并对战后双方的势力范围和中亚的形势进行解析；最后指出了怛逻斯战役对双方在文化交流上的重要影响。

413 《大博弈：英俄帝国中亚争霸战》，[英] 彼得·霍普柯克著，张望、岸青译，北京：中国青年出版社，2015 年 12 月。

本书就 19 世纪初英俄两大帝国在中亚进行勘探、间谍、军事与外交的博弈展开论述。全书分为三部分，第一部分论述英俄两国角逐前夕的历史事件，第二部分从英方恩伯斯、俄方维特克维奇相继来到中亚开始，讲述竞逐过程；第三部分论述双方博弈的高潮，包括俄罗斯大进军、铁路竞赛、对三个帝国交汇之处的争夺以及当地人的反抗等重要历史事件，并对博弈的结果进行总结。

414 《大食·西域与古代中国》，马建春著，上海：上海古籍出版社，2008 年 5 月。

本书为讨论大食、西域与古代中国关系的论文集。全书分为交通使聘、文化学术、器物技艺三方面对唐代以降中原王朝与广义上的西域及伊斯兰地区各政权在交通、语言、饮食、音乐、医药、天文、地理、经济、兵器、陶瓷等方面的交流和互相影响，对中国与西域地区的政治、文化、经济等交流问题作以详细探讨。具体篇目包括：《唐朝与大食的海上交通》《〈明实录〉等文献载录"回回"贡使辑述》《元代的"回回"乐器与"回回"乐曲》《古代传入的阿拉伯数学概念与方法》《西域玻璃器物及工艺的输入与影响》《明代陶瓷与伊斯兰文化疏证》等 20 余篇。

415 《大写西域》，高洪雷著，北京：人民文学出版社，2016 年 1 月。

本书是一部关于古西域人文历史的历史纪实文学著作。作者以历史事实为依据，在大量历史资料的基础上，对我国古代西域的丝路南道十一国、葱岭十国、丝路北道十一国、天山十六国等诸多西域古国进行描述，揭示了西域诸国命运。该书运用西域学、历史学、古代宗教文化学、历史地理学、民族关系史和古代战争史等众多学科的研究成果，对古代西域的历史、文化、社会发展和疆域变迁研究提供资料。

416 《大月氏都城考》（西北史地丛书），[法] 沙畹等著，冯承钧译，北京：中国国际广播出版社，2013 年 5 月。

本书是由冯承钧先生翻译，沙畹、伯希和等人所著，关于西域史地研究的文章合集。书中共汇集了相关文章 11 篇，包括《大月氏都城考》《犁靬为埃及亚历山大城说》《魏略西戎传笺注》《高昌和州火州哈喇和卓考》《沙州都督府图经及蒲昌海之康居聚落》《中亚史地丛考》《乾隆西域武功图考证》等，具有较高的学术价值，对中亚史地研究起到了推动作用。此外，冯承钧先生在翻译过程中添加了许多注释，对读者更好地理解原文有所帮助。

417　《党项西夏史探微》（欧亚备要），汤开建著，北京：商务印书馆，2013 年 12 月。

本书是关于党项族与西夏史的学术文集，收录了作者所著研究文章 21 篇。书中分为党项篇、西夏篇与遗民篇三个部分，内容包括《弥罗国、弥药、河西党项及唐古诸问题考辨》《五代辽宋时期党项部落的分布》《关于西夏军事制度研究中的几个问题》《西夏天文学初探》《元代西夏人的政治地位》《元代西夏人的历史贡献》等成果，从民族、军事、外交、文化等多个方面对党项族与西夏国的历史进行了阐述，具有较高的学术价值与研究意义。

418　《敦煌：众人受到召唤》（新民说丛书），《生活月刊》编，桂林：广西师范大学出版社，2015 年 9 月。

本书是描写在敦煌艺术的感召下，敦煌学者来到敦煌、研究敦煌的经历与故事。本书作者对几代"敦煌人"进行了全面、深入的采访：从常书鸿巴黎起程回到中国，冒着抗战的烽烟来到敦煌开始，包括段文杰、史苇湘、向达等老一辈敦煌学者探访敦煌、研究敦煌学的经历，到柴剑虹、荣新江、王旭东、樊锦诗等当代学者跟从老一辈学者的足迹，临摹壁画，保护修复，考古发掘，研究文献，继续守护敦煌。书中还记叙了平山郁夫、石塚晴通、吴芳思、魏泓等外国学者与敦煌故事。本书为读者了解敦煌与敦煌学人的历史和现实提供了独特的视角。

419　《敦煌的归义军时代》（敦煌讲座书系），冯培红著，兰州：甘肃教育出版社，2013 年 11 月。

本书是对归义军统治敦煌时期的研究。书中按照历史发展顺序，利用敦煌出土文献，从吐蕃在敦煌的统治崩溃后张议潮光复河西诸州开始，先后论述了张氏归义军政权建立的过程、唐朝与沙州张氏的争斗始末以及张淮深、索勋、李氏三姓对政权的争夺和西汉金山国政权的建立消亡的历史经过。在张氏政权覆亡后，曹议金重建归义军使其走向敦煌的曹氏归义军统治时代。作者对曹氏政权的多边外交、制度调整所带来的稳定统治、归义军晚期的灭亡的原因及藏经洞封闭等问题提出了自己的见解，并指出张、曹二氏政权的历史性质变化是从边远藩镇到独立王国的政权变化。

**420** 《敦煌的历史和文化》，宁可、郝春文著，北京：中国国际广播出版社，2010年9月；北京：中国书籍出版社，2015年12月。

本书是宁可先生与郝春文先生所著介绍敦煌历史与文化的专著。全书分为八章，首先介绍敦煌的地理概况；根据历史发展脉络，从汉武帝以前的敦煌开始历经魏晋南北朝、隋唐五代北宋、少数民族统治时期直到清以后，不同历史时期敦煌地区文化遗产的发展变化，对敦煌壁画的形成、艺术魅力、历史特点演变，特别是敦煌文化遗产的创造与影响及巨大文化价值做以概述。书中也对帝国主义文化强盗对敦煌宝藏的劫掠和破坏以及流散的敦煌宝藏馆藏地加以详细介绍。

**421** 《敦煌历史地理》（敦煌讲座书系），郑炳林、李军著，兰州：甘肃教育出版社，2013年11月。

本书是对敦煌历史地理的研究。书中分为五章，分别对各个历史时期敦煌政区建制沿革与人口情况作以介绍，论述敦煌瓜沙道、西域南道、大海道等7条主要道路与交通情况，对于敦煌的经济地理，如：农业、手工业、商业贸易情况，作者也做了讨论。在水利方面，则介绍了敦煌境内的河流和水利工程，特别对敦煌的4个绿洲灌溉区及主要灌溉渠道的基本情况进行了梳理。此外，书中还对各个历史时期的军事地理进行了讨论，以具体历史事件为线索，分析了敦煌地区的边防与统治情况，关注了各个历史时段中敦煌军事态势的变化。

**422** 《敦煌石窟供养人研究述评》，夏生平、卢秀文著，杭州：浙江大学出版社，2016年10月。

本书是对敦煌石窟供养人研究成果的述评。作者通过对敦煌石窟供养人的研究专著、论文、图录等资料进行全面调查阅读，撷取具有价值的研究成果进行评述。主要内容包括：对敦煌供养人调查、考证、拓展等各个研究时期进行学术史回顾，评价供养人研究成果存在的问题并指出未来的研究方向；分别对供养人画像、供养人造像与石窟营建活动、供养人的族属与婚姻、供养人家族与身份、供养人与佛教的关系及佛事活动等问题的研究成果进行综述。书后附有《供养人研究论著目录索引》，为读者查阅资料提供方便。

423 《敦煌拾珠》，姜德治著，兰州：甘肃文化出版社，2016年7月。

本书是对敦煌文化遗存的拾珠之作。全书通过历史文化和历史人物两部分，反映敦煌辉煌的文化。历史文化编对敦煌莫高窟、玉门关、悬泉置三处世界文化遗产进行介绍，解读敦煌遗书中的经典以及敦煌天文历法、地理文书、藏文写本、《棋经》等重要文献，并叙述敦煌的多个珍宝和"之最"；历史人物编对敦煌的历史上的僧人、沙州刺史李无亏、县令苏履吉的重要事迹和功绩以及近当代人物如向达、王子云、史苇湘和平山郁夫的敦煌情结进行了介绍，通过解读这些历史人物加深读者对敦煌文化的理解与认识。

424 《敦煌吐鲁番文书与唐代西域史研究》，刘安志著，北京：商务印书馆，2011年2月。

本书是作者对敦煌吐鲁番文书与唐代历史研究的论文集，共收入论文16篇，内容涉及唐代西域地区的政治和军事研究。代表论文篇目有：对唐代西域政治研究，包括《唐初对西州的管理——以安西都护府与西州州府之关系为中心》《唐代安西都护府对龟兹的治理》《库车出土唐安西官府事目历考释》，对西域地区军事及边防研究，包括《唐初的陇右诸军州大使与西北边防》《敦煌吐鲁番文书所见唐代"都司"考》《库车出土唐安西官府事目历考释》等篇。这些研究成果是作者对唐代西域史进行的各种深化认识，通过作者的考证，读者可以一窥唐代时期中央对西域地区军事政治上的统治及管理举措。

425 《敦煌吐鲁番文书与唐史研究》，李锦绣著，福州：福建人民出版社，2006年3月。

本书是综述学界利用敦煌吐鲁番出土文书研究唐代历史的著作。全书分为八章，作者通过敦煌吐鲁番文书对均田制的实施与消亡、吐蕃、归义军时期敦煌田制及租佃关系等唐代土地制度进行研究；利用敦煌吐鲁番籍帐文书，对唐代户口管理及家庭人口结构等问题深入分析；通过水利管理文书及契约文书等对唐代农业、手工业、商业等方面进行解析；利用敦煌出土文献对唐代的赋税制度、徭役、度支奏抄与预算编制及各种账历等财政问题进行解读。此外，作者还对唐代的交通运输、西北官僚制度及军事制度等重要问题进行探讨，并对敦煌史部典籍研究进行了全面综述。

426 《敦煌吐鲁番文书与中古史研究：朱雷先生八秩荣诞祝寿集》，本书编委会编著，上海：上海古籍出版社，2016年5月。

本书为朱雷先生祝寿所汇编的关于敦煌吐鲁番文书与中古史研究文章合集，共收入文章 41 篇。此书的编纂旨在发扬朱雷先生的学术精神和促进学术交流发展。文集分为三部分，第一部分为利用敦煌吐鲁番文书研究部分，具体包括姜伯勤所作《唐开元间吐鲁番文书所见的"作人"——与麴氏高昌时期与部曲相似的"作人"的比较》、施萍婷《本所藏敦煌唐代奴婢买卖文书介绍》、李正宇《话说东西两所玉门关》、王素《关于西晋索紞写〈道德经〉残卷的通信——以牟复礼先生回复马泰来先生的电邮为中心》、荣新江《中国散藏吐鲁番文献知见录》等研究文章；第二部分是魏晋南北朝隋唐史研究方面，包括权家玉《〈隋书·食货志〉与魏晋南朝地税》等篇；第三部分是其他研究论文和对朱雷先生其人其事的忆旧文章，对朱雷先生的学术道路和巨大学术成就进行了回顾。

**427** 《敦煌学史事新证》（敦煌学研究丛书），季羡林主编，陈国灿著，兰州：甘肃教育出版社，2002 年 9 月。

本书是陈国灿先生对敦煌学研究的论集。作者利用敦煌文书对魏晋南北朝隋唐五代时期政治、军事、经济、民族、文化、交通等方面的史学新探索。书中集中讨论六个方面，敦煌学中魏晋以后的历史问题，如：《敦煌高僧竺法护译经考论》；对吐鲁番所出敦煌案卷反映出的唐代武周时期的重大历史的考证，如《武周圣历间敦煌勘田文案研究》；对莫高窟北区石窟发现的一批唐代社会文书残片做的缀合、复原研究，如《莫高窟北窟新发现的两件唐敦煌户籍残片》；对归义军时期前后土地、赋税、借贷等社会经济问题，如《从归义军授田簿看唐后期的请田制度》；对唐五代敦煌乡里、军镇等历史地理问题考证，如《唐五代敦煌县乡里制的演变》；借助敦煌文书对唐五代瓜、沙、伊、西等地政治、军事变化的认识，如《安史乱后的唐二庭四镇》等篇。

**428** 《敦煌学与五凉史论稿》（浙江学者丝路敦煌学术书系），冯培红著，杭州：浙江大学出版社，2017 年 3 月。

本书是冯培红先生对于敦煌学与五凉史方面的论文合集，反映了作者在敦煌学和五凉史领域的代表性成果。书中包括作者的治史经过和五篇论文，《归义军官吏选任与迁转》《归义军镇制考》两篇主要论述归义军制度史，作者在梳理镇制源流与总结学术史的基础上做了详细考证有助于全面认识曹氏归义军的军事防御体制；《汉唐敦煌大族与西域边防》《敦煌大族与五凉王国》分别考察敦煌大族在西域、河西的活动状况，揭示其在西北地区的独特地位；《粟特人与五凉王国》则从粟特人的角度对五凉王国展开了讨论。

**429** 《敦煌阴氏与莫高窟研究》（敦煌与丝绸之路石窟艺术丛书），张景峰著，兰州：甘肃教育出版社，2017 年 3 月。

本书是对敦煌当地大族阴氏家族的研究专著。在敦煌历史上，阴氏家族在北朝至曹氏归义军各个时期都曾开窟造像，书中对阴氏家族所营建的洞窟，如十六国时期的 285 窟、吐蕃统治时期的 237 窟、归义军时期的 138 窟等洞窟的供养人、说法图、经变画等内容进行深入探讨，分析阴氏家族的信仰、与当地政权的关系以及与其他世家大族的关系等内容。通过石窟营建与碑文记载，讨论阴氏家族的发展及衰落过程。

430 《敦煌与中西交通研究》（敦煌学研究丛书），季羡林主编，孙修身著，兰州：甘肃教育出版社，2002 年 9 月。

本书是对敦煌中西交通的研究。书中对丝绸之路的命名与内涵做了介绍，讨论了丝绸之路的开通及河西文化圈的形成，并对通过丝绸之路与印度及其属国的友好往来进行了详细解说。此外作者借由唐蕃古道对唐蕃关系进行了系统论述，包括唐蕃王朝的建立、文成公主与唐蕃古道、唐蕃古道上的行人以及吐蕃境内的主要道路等方面的探讨。同时，作者还对丝绸之路上的著名人物，如：安世高、法显、刘萨诃、班超等人为中西交流所做的贡献进行了叙述与评介，并对中印文化及科技交流的内容和影响进行了总结。

431 《二十四史两汉时期西域史料校注》，陈世明、吴福环主编，乌鲁木齐：新疆大学出版社，2003 年 11 月。

本书是从中华书局标点本《史记》《汉书》《后汉书》三部史籍中辑录与西域相关的史料所作的校注。辑录内容包括西域的政治、经济、文化、地理、民族、民族往来、风土人情以及中央王朝与西域地方政权之间的政治、经济、文化关系和中央王朝治理西域的具体措施等内容有关的片段、篇章，并作以详细注释。由于两汉时期中原与西域关系极为密切，与西域相关的史料不仅限于《西域传》《匈奴传》《大宛列传》等篇章，在各朝本纪和人物列传中也都有大量的西域史料。本书将三部史籍中的所有西域史料汇为一编，对学术研究提供了文献资料上的便利。

432 《二十四史唐宋元明时期西域史料汇编》，陈世明、孟楠、高健主编，乌鲁木齐：新疆大学出版社，2010 年 12 月。

本书是由从中华书局 70 年代标点本《新唐书》《宋史》《元史》《明史》四部史籍中辑录出来的西域史料汇编。所辑录内容包括与西域的政治、经济、文化、地理、民族、民族往来、风土人情以及中央王朝与西域地方政权之间的政治、经济、文化关系和中央王朝治理西域的具体措施等内容有关的片段、篇章等，原文的注释也加以收录。本书中的史料对近千年间的西域历史比较客观地予以了记载，便利学术研究，并具有较为重要的历史文献价值。

433 《二十四史魏晋南北朝时期西域史料汇编》，陈世明、孟楠、高健编，乌鲁木齐：新疆大学出版社，2007年6月。

本书是从中华书局标点本《三国志》《晋书》《宋书》《魏书》《北齐书》《周书》《隋书》《南史》《北史》等九部史籍中辑录出来的与西域、突厥和高昌有关的史料汇集而成，比较客观地反映了从公元220年曹丕建立魏国至公元618年李渊建立唐朝近400年间西域乃至突厥的社会、政治、经济、文化、民俗民情以及中原王朝与西域地方政权等，文中对原文的注释也收入其中。本书在古代西域史上为读者学术研究提供参考，具有重要的文献价值和学术价值。

434 《访古吐鲁番》，王炳华著，乌鲁木齐：新疆人民出版社，2001年4月。

本书是从考古实物出发对吐鲁番历史文化探寻之作。书中对吐鲁番盆地的自然环境进行叙述，对吐鲁番盆地的古迹，包括交河故城、吐峪沟、高昌故城、银山古道、白山涧古道等遗迹进行了介绍；对阿斯塔纳墓、高昌王陵等墓葬遗址进行论述；对柏孜克里克石窟、柯尔碱岩画艺术深入分析；并对吐鲁番特有的文化，如坎儿井文化、葡萄文化等予以介绍。全书用比较通俗的文字详述了吐鲁番以及吐鲁番文物古迹上凝集的历史文化精神。

435 《冯承钧西北史地论集》（西北史地丛书），冯承钧著，北京：中国国际广播出版社，2013年5月。

本书是作者关于西北古代史地问题的论文集，收录文章共20篇。书中内容包括《楼兰鄯善问题》《高车至西徙与车师鄯善国人之分散》《中亚新发现的五种语言与支白安康尉迟五姓之关系》《辽金北边部族考》《元代的几个南家台》《评中西交通史料汇编》等论文，叙述了鄯善、楼兰、车师、高昌等古代国家的历史发展与变迁，分析了中亚地区龟兹白姓等姓氏的起源与联系，对元代白话碑进行了探讨，并对《元秘史译音用字考》、田中所译《多桑蒙古史》等著作做了评述，具有较高的学术价值，推动了西北古代史的研究与发展。

436 《甘青藏边区考察记》（西北史地丛书第二辑），马鹤天著，北京：中国国际广播出版社，2016年1月。

本书是20世纪30年代中国边疆研究热潮中的一部著作，记述了作者在民国时期自西宁南行玉树入藏的真实经历与所见所闻。书中内容分为"甘边拉卜楞""青边玉树""藏边拉休寺"三章,包含了作者从兰州至拉卜楞再回兰州、从兰州至西宁、从西宁至玉树、从玉树至拉休寺再回玉树这一考察的全过程,对沿途的自然风光、历史遗迹、建筑形制、文化艺术、民俗生活、饮食起居等方面都进行了记载与描述,再现了甘青藏边区的历史风貌与人文样态。

437 《高昌社会的变迁》,陈国灿编著,乌鲁木齐:新疆人民出版社、新疆科学技术出版社,2013 年 10 月。

本书是对高昌王国社会变迁的探讨。作者将文献资料和实地踏勘相结合,运用历史学和文化人类学的研究方法,对高昌王国 2000 多年的历史进行了梳理。书中将历史时期的吐鲁番社会分为八个不同时段进行阐述,即:公元前的车师人社会、戊己校尉治下的高昌壁社会、高昌建军时代的社会、高昌王国的出现与发展、全国统一的唐西州、西州回鹘王国的建立及其统治、蒙元统治下的高昌地区和准噶尔侵扰下的吐鲁番与清的统一时期。作者对各个时期的社会历史变迁、不同族群间的文化进行了详细分析和解读,总结了对当今有益的历史经验。

438 《古城沧桑——北庭》(西域史话),薛宗正著,昆明:云南人民出版社,2003 年 1 月。

本书是对西域北庭所在新疆天山北麓古代文明的历史考述。书中对北庭的历史作以梳理,从山北六国与车师国开始介绍,对天山北麓的汉城、草原的浮图城加以概述;叙述北庭都护府的建制,分析其在唐代时期发挥的重要作用与影响;详述唐代后期北庭军府的辉煌与陨落,对这一地区少数民族的交流进行探讨;讨论从北庭到别失八里的历史变迁,探析北庭畏兀元与元化文化。书中总结了北庭佛教的衰亡与别失八里的废弃,并对乌鲁木齐的地名来源进行了探讨。

439 《古代地中海和中国关系史研究》,余太山著,北京:商务印书馆,2016 年 2 月。

本书是研究古代地中海国家与中国关系的专属。书中分为上下两卷,考述了条枝、黎轩、大秦及与西域地理相关的古国,探讨了汉文史籍中关于罗马帝国的相关记载,浅析了《后汉书·西域传》和《魏略·西戎传》中有关于大秦国桑蚕丝的记载,并回答了关于骊靬的历史问题。同时,书中还探讨了匈奴、鲜卑、柔然等部族与西域的关系,并对突厥可汗致拜占庭皇帝书做了分析与解读。本书内容与角度独特,具有较高的学术价值,有助于研究中国古代与地中海国家的历史交往。

**440** 《古代西域名将》，高崇炳著，乌鲁木齐：新疆人民出版社，2012年5月。

本书是古代西域著名将领的传记。作者介绍了从汉代到明清时期的西域著名将领，包括张骞、卫青、李广利、班超、班勇、高仙芝、薛仁贵、成吉思汗、左宗棠等知名将领的英雄事迹，以及常惠、傅介子、陈汤、段会宗、窦固、姜确、王忠嗣、刘锦棠等史籍记载同样有非凡事迹的英雄人物。通过对西域名将的记叙表现出了当时的历史人物价值理想和社会文化背景，展示了当时复杂的民族关系与政治环境，也反映出了西域地区民族特色与风土人情。

**441** 《古西域行记十一种》，杨建新、张毅、周连宽等编注，乌鲁木齐：新疆美术摄影出版社，2013年11月。

本书是对十一种西域行记的校注之作。书中分别对《宋云行记》《往五天竺国传笺释》《悟空入竺记》《杜环经行记》《高居诲使于阗记》《西州使程记》《西游录》《长春真人西游记》《西使记》《北使记》《西域行程记》等十一篇行记及《西域番国志》作了详细校注。此外，作者还在每篇篇首列有编选说明，介绍本篇的背景、写作过程和社会影响等内容；同时，书中还对每篇的作者作以详细介绍，包括作者的生平经历以及代表作品等内容。对于书中所选篇目版本，也有说明提示，对十一篇行记做了较为全面的解读。

**442** 《古族新考》，余太山著，北京：商务印书馆，2012年6月。

本书通过勾勒少昊氏、陶唐氏、有虞氏的迁徙过程，构建了关于部落渊源的假说，并且对关于吐火罗文书的出现和其有关历史地理问题进行了研究。书中分为上下两卷，对"大夏溯源""有虞氏的迁徙""允姓之戎考""犬方、鬼方、舌方与猃狁、匈奴同源说"进行了考述，并对渠搜、义渠、昆吾等古国做了探讨。书中内容具有较高的学术价值，对先秦古族的历史做了系统研究与解读，对西域地区与中亚地区古代历史研究起到了推动作用。

**443** 《归义军史研究——唐宋时代敦煌历史考索》，荣新江著，上海：上海古籍出版社，2015年3月。

本书探讨了敦煌归义军的政治史和对外关系史。书中对归义军史事作以勾勒，并对归义军的改元年代做了考证；详细研究了历任归义军节度使在位年代和称号界限，并以此为基础，建立敦煌写本的年代学。对于归义军政治中的敏感问题，包括张议潮等人与中央政权的关系、金山国的建国年代等问题作以专题研究。此外，作者还对曹氏归义军与中央关系问题，以及曹氏归义军治下的佛教教团问题进行了分析。在周边关系上，作者重点探讨了归义军与东西方两支回鹘的关系问题。通过作者的研究，对归义军的历史做了较为全面的揭示与梳理，弥补了史料记载的不足。

**444** 《归义军政权与中央关系研究——以入奏活动为中心》（中国社会科学院文库·历史考古研究系列），杨宝玉、吴丽娱著，北京：中国社会科学出版社，2015年1月。

本书根据归义军对中原王朝的入奏活动，结合传世文献对归义军与中原关系的研究。书中主要分为两部分，首先以归义军政权历次重要入奏活动的基本情况为研究对象，对张氏归义军和曹氏归义军的相关史事的基本情况分别进行探讨，揭示归义军与唐朝之间的关系；其次，作者对与入奏活动密切相关的具有共性的问题进行专题研究，包括对张议潮、张球、张保山等人为中心的个案研究，以及对具有重要价值的法藏、英藏敦煌遗书为史料，探讨梁、唐之际的沙州、甘州与中原政局的关系。作者的探讨，对中古时期地方与中央关系的解读提供了重要参考价值。

**445** 《龟兹古国：遗落的西域故地文明探秘》，王功恪、王建林编著，重庆：重庆出版社，2007年7月。

本书以史料及考古资料对西域龟兹古国进行了探索，对龟兹文化进行了解读。书中从龟兹国的起源和发展开始探讨，叙述了张骞凿空丝路与西域逐步辉煌的历史背景，还原了龟兹古国的军事实力、手工业制造工艺、龟兹乐舞及其强大的民族精神，特别对于龟兹创造的石窟艺术进行了重点解读。作者指出，龟兹古国是西域地区政治、经济和文化的中心，佛教从印度首先传入新疆，再传入中原，龟兹的地理位置决定它成为"西域佛教"中心。另外，书中还对龟兹的自然奇观、绿洲风情民俗等方面进行了介绍。

**446** 《贵霜史研究》，余太山著，北京：商务印书馆，2015年8月。

本书分为六部分，对贵霜王朝的历史进行了全面的梳理与研究，范围包括贵霜帝国的起源、发展、兴盛和衰落等历史阶段，并且阐述了贵霜王朝与月氏民族的历史关系。书中叙述了贵霜王朝的历史起源，探讨了贵霜王朝创始人丘就却的重要成就与历史意义，也对阎膏珍执政时期的历史做了叙述。同时，作者探讨了迦腻色迦统治时期的社会情况，以及佛教在贵霜王朝的发展。此外，作者亦考察了贵霜王朝终结的历史原因，并就寄多罗贵霜的若干问题做了讨论与回答。

447 《国宝流散——藏经洞纪事》（走进敦煌丛书），柴剑虹、荣新江主编，王冀青著，兰州：甘肃教育出版社，2007年12月。

本书对敦煌藏经洞的文物流散作以探讨。书中记叙了王圆禄的来历以及发现藏经洞的时间经过，对于藏经洞文物的早期流散史进行勾勒，包括在地方官员间的流散、当地政府对于藏经洞文物的态度等方面；对于藏经洞文物大规模外流的经过，包括斯坦因和伯希和骗购藏经洞文物的过程进行详细叙述，并对劫余文物的东运过程中的流散进行介绍。民国时期，藏经洞文物依然命途多舛，作者叙述了吉川小一郎和橘瑞超的活动及斯坦因第三次中亚考察、鄂登堡、华尔纳等人在莫高窟的猖獗活动，并对王圆禄的后事予以交代。

448 《海路与陆路：中古时代东西交流研究》，刘迎胜著，北京：北京大学出版社，2011年4月。

本书是蒙元史、海外交通史专家刘迎胜教授近20年有关中外关系史研究成果的精选，收入作者相关论文章19篇，涉及元朝与印度、西亚和非洲的关系，古代中国的西太平洋、北印度洋地理观，明清时代东西洋交通，海上丝绸之路，草原丝绸之路等诸多论题。全书分为海、陆两编。"海路编"从新的视角考察了"东洋"与"西洋"的概念，探求了宋元时代的马八儿、西洋、南毗与印度的交通情况；介绍马八儿国的考古发现以及澳门在东西交流中所起的作用等。"陆路编"主要论述蒙古征服前操蒙古语部落的西迁运动；永乐初明与帖木儿帝国的使节往来等主题研讨元明两代汉地与内陆亚洲之关系。

449 《汉代外来文明史研究》，石云涛著，北京：中国社会科学出版社，2017年10月。

本书是对汉代中外交通和文化交流的研究。作者根据两汉历史文献及考古发现搜集了汉代外来文明的各个方面，探讨了汉代域外文明的传入及其影响。具体内容包括对动物种类与文化寓意、植物的种类及培养、胡床、金银器等外来器物、毛皮与纺织品、香料与医药、珠宝玉器、人工饰珠等方面的考证。另外，对于佛教的传入，歌曲、建筑等艺术形式的传入等方面，作者也进行了深入的探讨，并对汉赋中的外来因子做了解析。

450 《汉简河西社会史料研究》，王子今著，北京：商务印书馆，2017年2月。

本书是根据居延汉简和敦煌汉简等出土文献的记载对河西社会进行研究的著作。书中具体内容包括作者对汉代河西社会环境的描述、对汉代河西社会构成的考证、对汉代河西社会生活的探讨、对汉代社会身份的揭示以及中央对汉代河西地区的控制等方面的讨论。通过对以上方面的研究，作者总结了河西制度与内地制度之异同，分析了汉代河西地区军人及民众的生活以及与自然环境的关系等问题。本书对秦汉史学以及简牍研究等方面提供了参考资料。

451 《汉唐吐鲁番地区农业经济史稿》（敦煌学研究文库），王晓晖著，北京：民族出版社，2015年12月。

本书是对汉唐时期吐鲁番地区经济史的研究。书中首先对这一时期的自然条件、历史沿革及社会风貌作以概述，而后分析了人口资源及其自然结构与社会结构的分布情况，探讨了水利开发和水利灌溉资源及管理问题，分析了土地资源的开发及占有情况。对于农牧生产业，作者对粮食作物、畜牧业进行了考证，并以粟特人为例，探讨吐鲁番地区少数民族农牧业的发展经济。最后，作者对农业经济与农业社会的关系进行了讨论与总结。

452 《汉唐屯垦与吐鲁番绿洲社会变迁研究》，张安福著，北京：中国农业出版社，2013年5月。

本书是对汉唐时期屯垦与吐鲁番绿洲社会变迁的研究。书中叙述了汉唐吐鲁番绿洲社会屯田的概况，根据史籍记载考证了汉唐时期吐鲁番绿洲民族的变迁情况，探讨了汉唐时期绿洲的畜牧业、种植业、商业等经济情况的发展变迁。对于汉唐吐鲁番绿洲社会行政管理制度变迁，如姑师与车师王国时期的部落酋长制、高昌壁垒的设置与屯田管理、高昌郡的设置与郡县管理体制等问题进行了深入探讨。同时，作者对汉唐吐鲁番绿洲社会文化变迁也有较为详细的论述。

453 《汉唐文化与高昌历史》，孟宪实著，济南：齐鲁书社，2004年6月。

本书主要研究了汉唐时期高昌国的历史。书中对高昌国的社会文化作以概述，分析了西汉经营西域与高昌的方略，并对西汉的戊己校尉进行了探讨。对于高昌的历史，作者梳理了高昌从高昌建郡到高昌建国的过程，特别对其政治制度，包括中央制度、地方制度、文书制度及追赠制度进行了详细的分析。同时，作者对高昌国的文化及宗教信仰予以讨论，并对高昌从衰落、覆灭到唐统一后西州设立的转变过程进行了探讨。书后列有作者对高昌历史研究的论著目录，为读者进一步研究高昌历史提供便利。

454 《瀚海天山：唐代伊、西、庭三州军政体制研究》，刘子凡著，上海：中西书局，2016 年 3 月。

本书利用敦煌吐鲁番出土文书和传世史料对唐代伊、西、庭三州军政体制进行研究。书中对伊、西、庭三州建立、发展、废止的历史进行了梳理，考察了自安西都护府治下的伊、西、庭军政体系到安史之乱后的伊、西、北庭军政体系的发展过程。此外，书中也对安西四镇、西突厥、吐蕃、回鹘等势力进行了解读。作者对史料和出土文书进行了新的阐释，如：对于金山都护府兴废，瀚海军的设置时间等，深化了对于唐代西域史的认识。

455　《浩罕国与西域政治》，潘志平著，乌鲁木齐：新疆人民出版社，2006 年 5 月。

本书是关于浩罕国的研究著作。书中分析了浩罕城的起源问题，对其宗教背景做以介绍；探讨了早期的伯克领地作为清藩属国的发展情况；介绍了浩罕国的奠基人爱里木爱玛尔兄弟，并对汗国发展中的事件做以探析。对于浩罕国的衰落与灭亡，作者叙述了其经过并根据史料分析了原因。在书的附编中，作者对浩罕王统的世系进行考释，对 1832 年清朝与浩罕议和的过程、布鲁特诸部分布及亲缘关系、茶黄贸易与中亚交通等问题进行了探索。

456　《黑水城两千年历史研究》（西域历史语言研究丛书），[日] 井上充幸、[日] 加藤雄三、[日] 森谷一树编，乌云格日勒译，北京：中国人民大学出版社，2013 年 12 月。

本书是对黑水城历史研究的论文集。全书结集国内外著名学者的论文而成，包括历史学、考古学、地理学等领域，围绕黑河流域这一特定地域，考证并探讨了两千余年来发生在该地域的史实。主要内容有：吉本道雅《弱水考》、森谷一树《居延绿洲的遗迹分布和额济纳河——展望汉代居延绿洲的历史性复原》、沈卫荣《宗教信仰和环境需求——十一至十四世纪藏传密教于黑水城地区的流行》、佐藤贵保《西夏末期的黑水城状况——根据两件西夏文文书》、白石典之《利用"尺度考古学"再探额济纳史》等篇。

457　《解密吐鲁番》（西域文明之旅），王炳华著，杭州：浙江文艺出版社，2012 年 9 月。

本书是王炳华先生对吐鲁番的探索之作，对新疆的自然环境和人文遗迹进行了研究。书中介绍了吐鲁番的地理环境和古生物，对吐鲁番地区的车师人、塞人进行了探讨；根据交河故城遗址分析了其历史上的存在状况并对新疆的历史名城高昌进行了探索,分析了高昌国的商业与丝路交通。书中对阿斯塔纳古墓群进行了介绍,解读了阿斯塔纳墓出土的古代文书。此外,作者亦对吐峪沟、柏孜克里克石窟寺、柯尔碱岩画等遗迹及吐鲁番的特产和民俗等方面进行了解读。

458 《历代王朝治理广西边疆的策略研究——基于地缘政治的考察》(西南边疆历史与现状综合研究项目·研究系列),郑维宽著,北京:社会科学文献出版社,2014年7月。

本书立足于地缘政治的视角,研究了历代王朝治理广西边疆的制度与策略。书中详细叙述了自秦汉时期以来至明清时期,历代王朝对广西边疆的治理策略,探讨了当地的地缘条件与地缘政治结构与中央王朝治边策略调整的关系,分析了地缘形势在历史发展中的变化与治边策略的转向。此外,书中还探析了影响历代王朝治理广西边疆的因素,并指出中央王朝治理广西边疆的策略经历了从古代固守封疆观念下"制内为主,御外为辅"向近代领土观念下"御外保边"的历史转变。

459 《历代正史"经营西域人物事迹"撰述资鉴》(新疆师范大学丝绸之路文献研究中心系列丛书),马晓娟著,北京:社会科学文献出版社,2017年12月。

本书对二十四史与《清史稿》中关于"经营西域人物事迹"的撰述进行研究。书中将正史中的记载分为两汉撰述形成期、魏晋至隋唐撰述发展期、五代宋元撰述繁荣期、明清民国撰述嬗变期进行论述。作者在此分期基础上,通过正史中的人物事迹分析历朝历代对西域的经营理念、策略、得失等问题。本书分析角度新颖,探究历史上各个朝代对西域的治理政策与得失,对西域的历史研究提供了不同的学术视角,为西部地区的治理与开发提供了参考。

460 《历代正史"西域撰述"探略》,马晓娟著,北京:学苑出版社,2014年8月。

本书是对正史中"西域撰述"的研究。书中通过对二十四史、《清史稿》与《新元史》中"西域撰述"的产生背景、内容记载、编纂形式、蕴含思想、特点特色,论述新疆多民族融入于统一多民族国家的发展历程。书中按照两汉时期、魏晋南北朝隋唐时期、五代宋元时期、明清民国时期的历史记载分别探讨。作者对各个历史时期的"西域撰述"进行总结,指出了"西域撰述"的地方特色与多民族特点,强调了"西域撰述"中的民族间认同意识与"西域观",并就"西域撰述"的成就与价值提出了自己的观点。此外,作者对"西域撰述"的社会作用与现实意义亦进行了探讨。

461 《历史上的大唐西市》,王彬主编、张沛撰稿,西安:陕西人民出版社,2009年9月。

本书是对大唐西市与唐代社会生活的研究。书中利用考古资料与文献记载,全面描述了大唐西市的面貌,对西市的管理机构进行介绍,同时对西市的店铺、商业和金融业进行了探讨。书中考察了西市中的胡人和胡商,探讨了西市与丝绸之路的贸易,对于西市对唐人的社会生活的影响,如:服饰、饮食、娱乐活动等内容,书中也进行了叙述。此外,作者对活跃在西市的人物也进行了研究。书中附有大唐西市大事记略和年表,对读者梳理大唐西市的发展历史提供了便利。

462 《两汉经营西域研究》,刘永强、王飞著,咸阳:西北农林科技大学出版社,2014年11月。

本书对两汉时期对西域地区的经营政策和情况进行了研究。书中回顾了学术界对两汉时期西域的研究现状,并利用考古资料和文献记载研究西域各国的经济构成形成、地理环境对各国经济的影响;分析了两汉政府经营西域采取的政策和其成因;研究了汉通西域及对西域管辖的实现问题。同时,书中亦探讨了两汉政府对西域的经济、军事的开发,以及西域地方政府对西域的开发。作者根据以上探讨,对两汉经营西域的历史地位与经验教训进行了总结。

463 《两汉魏晋南北朝与西域关系史研究》,余太山著,北京:商务印书馆,2011年9月。

本书是余太山先生对两汉魏晋南北朝与西域关系史的研究。书中分为上下两卷,上卷对两汉至隋代各个历史时期与中央或北方政权与西域地区的关系史进行了梳理;下卷对重要的历史研究专题进一步探讨,如:张骞西使问题、甘英西使问题、汉魏通西域路线及其变迁问题、两汉西域都护的问题、两汉戊己校尉的问题、关于"李柏文书"及吐鲁番出土地书所见"缘禾""建平"年号等问题的考证与考释。全书对探讨两汉魏晋南北朝时期中原与西域关系研究提供了新的研究视角。

464 《两汉魏晋南北朝正史西域传研究》,余太山著,北京:商务印书馆,2013年4月。

本书是对两汉魏晋南北朝正史"西域传"全面梳理研究。书中分为上中下三部分,首先对《史记·大宛列传》与《汉书·张骞李广利传》《汉书·西域传》的关系以及《后汉书·西域传》与《魏略·西戎传》的关系问题进行了研究;其次对两汉魏晋南北朝正史"西域传"中西域族名、西域里数、西域山水、西域诸国的地望及产物进行了探讨；第三部分就汉魏晋南北朝正史"西域传"所见西域诸国的人口、语言文字、农牧业、手工业、商业、社会生活、宗教制度等问题展开了讨论。

**465** 《两汉魏晋南北朝正史西域传要注》，余太山著，北京：商务印书馆，2013年5月。

本书为两汉魏晋南北朝正史"西域传"的记载提供系统注解。书中为《史记·大宛列传》《汉书·西域传》《后汉书·西域传》《晋书·西戎传》《梁书·西北诸戎传》《魏书·西域传》《周书·异域传下》《隋书·西域传》《南史·西域诸国传》和《北史·西域传》，以及《三国志》裴注所引《魏略·西戎传》，凡十一篇作为整体进行了诠释，为读者研究两汉魏晋南北朝正史"西域传"提供了基础的参考资料。

**466** 《两汉西域经济研究》，刘永强著，咸阳：西北农林科技大学出版社，2016年2月。

本书是对两汉时期西域经济的梳理研究。书中对两汉时期西域的地理环境、农牧业概况进行了介绍，考察了两汉时期西域的民族和人口，包括塞人、羌人、车师、月氏、乌孙、匈奴等少数民族的生活状态；叙述了两汉时期西域的农业经济、畜牧业情况；特别利用出土文物和出土文献对西域的手工业加以介绍，并利用流通货币考察了商人的商业活动和商人在两汉西域经济活动中起到的重要的作用。此外，作者还对两汉时期的屯田活动进行了分析，认为屯田活动促进了西域地区经济的发展。

**467** 《论吐鲁番学》，陈国灿著，上海：上海古籍出版社，2010年4月。

本书是陈国灿先生对吐鲁番研究的论集，主要涉及吐鲁番历史研究、吐鲁番文书研究等方面。全书共收入论文28篇。主要内容包括：《火焰山下的古代文明与吐鲁番学研究》《对新世纪吐鲁番学发展的展望》《吐鲁番历史上的四个千年》《吐鲁番文书在解放前的出土及其研究概况》《吐鲁番出土文书的整理、分类与定名》《略论敦煌吐鲁番文献研究中的史学断代问题》《略论吐鲁番出土文书与中国古代史研究的关系》《中、英、日、美、德各国所藏吐鲁番文书相互之间的关联》等。

**468** 《罗布泊探秘》（西域探险考察大系），［瑞典］斯文·赫定著，王安洪、崔延虎译，乌鲁木齐：新疆人民出版社，2013年10月。

本书是斯文·赫定在1900—1901年在罗布泊荒原所作探险考察全景报告。全书共分为库鲁克山与库鲁克河，喀拉库顺，罗布荒漠，罗布泊之争，中亚的沙漠、沙丘和沙，塔里木水系综合水文特征，塔里木盆地的高度关系，塔里木地区的人口，楼兰遗址九个部分，包含"从孔雀河到库鲁克塔格山麓""喀拉库顺以北的河湖""勘测罗布荒漠""罗布泊：李希霍芬与普尔热瓦尔斯基之争"等四十五章，并附有《中亚地名翻译》作为工具。斯文·赫定在对罗布泊的考察中不但证实了罗布泊存在南北两个湖盆，还发现了举世闻名的楼兰古城，因此这部书对新疆探险史具有非同寻常的意义。

469　《马达汉西域考察日记：穿越亚洲——从里海到北京的旅行：1906—1908》，[芬兰] 马达汉著，王家骥译，北京：中国民族摄影艺术出版社，2004年4月。

本书是马达汉1906—1908年从里海到中国的新疆，然后穿过中国西部以及甘肃、陕西和山西等省，直到北京的考察日记。书中记载了马达汉横跨中国八个省份行程14000公里为时两年的考察记录，并收集了大量的社会、人文图片记录和文物。日记内容丰富，把沿途所见和调查所得详细地写在日记中，内容包括沿途地形地貌特征、河流水系分布、动植物资源、城镇和居民点位置、历史沿革及交通、商业、文教、军事、经济情况等，为研究中国新疆地区以及丝绸之路提供了第一手研究资料。

470　《梦归吐鲁番》，孙昌华主编，吐鲁番市文化艺术中心编著，乌鲁木齐：新疆人民出版社，2006年5月。

本书是对吐鲁番文化的深入解读之作。书中以图文并茂的形式，将吐鲁番深厚的多元的文化分四大部分来介绍，分别是：世界四大文化体系的交汇点、华夏民族进程的活化石、西域丝路精妙绝伦的博物馆、人与自然和谐生存的欢乐园。作者对吐鲁番多种文化、多种宗教、多种民族的交汇和融合做了具体介绍，并对古代吐鲁番的物质文化和精神文明进行了叙述，解读了吐鲁番地区多种宗教和多元文化并存的鲜明特征。此外，作者对丝路上的文化遗存进行了重点探索，包括交河故城、高昌故城的古代西域的大型遗址，高昌石窟、龟兹石窟等佛教艺术以及数量巨大的文物珍品，并对吐鲁番的现代景观也进行了介绍。书中从历史和现实两个角度对吐鲁番的文化进行了较为全面的梳理。

471　《明代哈密吐鲁番资料汇编》，陈高华编，北京：商务印书馆，2017年2月。

本书是对哈密吐鲁番的明代史料进行汇编的著作，反映了14世纪至17世纪明代哈密、吐鲁番地区在政治、经济、文化、地理等方面的历史面貌，以及与中原地区的经济联系。书中汇编史料分为传记、编年与其他资料三部分，传记包括《明史》卷329与卷330，编年包括自1368年至1644年的各个时期，其他资料则包括了《大明会典》《高昌馆课》《哈密分壤》《论吐鲁番入贡事》《哈密志》等16种史料，内容翔实丰富，对研究明代哈密与吐鲁番地区提供了一手资料。

上编 古代历史文化研究

**472** 《明清笔记中的西域资料汇编》（新疆师范大学文学院博士文丛），姚晓菲编，北京：学苑出版社，2016 年 3 月。

本书从明清笔记入手，将散杂在其中的西域资料加以采择、辑录、汇编。主要内容包括明代《草木子》《使西域记》《双槐岁钞》《菽园杂记》《马氏日抄》《青溪暇笔》等 13 篇资料以及清代《池北偶谈》《广阳杂记》《西域闻见录》《阅微草堂笔记》《檐曝杂记》《竹叶亭杂记》《榆巢杂识》《啸亭杂录》等 22 篇资料。本书所收资料涉及政治、经济、军事、文化、风土民俗等方面，丰富了研究西域的资料，具有一定的史料价值和文学价值。

**473** 《莫高窟史话》（丝绸之路与敦煌文化丛书），樊锦诗主编、敦煌研究院编，南京：江苏美术出版社，2009 年 1 月，2016 年 9 月。

本书是对莫高窟历史的概述。书中从张骞出使西域开始，分别介绍了西凉国的兴衰、释迦牟尼与佛教、西晋十六国时期活跃在敦煌及河西的高僧、莫高窟的营建、东阳王与建平公对莫高窟的建设、隋炀帝西巡、唐僧取经、武则天与大佛兴建、敦煌世族与莫高窟营建、吐蕃占领时期的莫高窟、张议潮收复河西、曹议金与归义军、西夏与元代的莫高窟、藏经洞的发现、斯坦因等盗宝者、敦煌与 20 世纪的中国艺术家以及敦煌石窟的保护与研究等历史，系统地勾勒出了敦煌及莫高窟的历史。

**474** 《尼雅遗址与于阗史研究》（欧亚备要），孟凡人著，北京：商务印书馆，2017 年 9 月。

本书分别就尼雅遗址和古于阗国的历史、文字、政治制度和社会构成等问题展开研究。全书分为两部分，首先是对尼雅遗址研究进行概述，探讨尼雅遗址考古学术课题，利用佉卢文简牍考察其鄯善王统、所记载的人物组合与年代、鄯善行政建置与职官系统、考证"凯度多州"及"阿瓦纳"衙署方位以及 supiya 人及其与嬉羌的关系等问题，并对精绝王治所方位与精绝故址范围进行了考察。第二部分是对于阗史研究，包括对汉末至宋初的于阗王统进行考证、概述唐代于阗境内外交通、考察于阗汉佉二体钱的年代，并对佉卢文《法句经》的年代、《粟特古书简》第二号书信的年代及其与 661 号佉卢文简牍的年代进行了考察。

**475** 《钱币与西域历史研究》，王永生著，北京：中华书局，2011 年 12 月。

本书对古代西域以及近代新疆和西藏地区铸造和流通的货币进行了研究。书中收录了作者 34 篇论文，对"高昌吉利"钱币、准噶尔普尔钱、为平定张格尔叛乱铸造钱币、清代反叛势力及入侵者铸行钱币等货币作了考证,并就一些钱币的铸地进行了考证。对于钱币文化方面,作者对钱币文化与中外文化交流、丝绸之路钱币(新疆段)的考察、丝绸之路钱币研究的思考以及新疆钱币的研究意义等方面做了解读。此外,作者专门对叶尔羌局、阿克苏局、乌什局、库车局等清代新疆铸钱局进行了探讨。

**476** 《亲临秘境:新疆探险史图说》,杨镰编著,乌鲁木齐:新疆人民出版社,2003年6月。

本书以图片的方式解说新疆探险史。书中以数百幅珍贵的历史图片为主干,以准确、深刻又风采独具的文字相辅助,勾勒出一部首尾贯通的新疆探险史。具体内容包括:"探险考察的'预热'期:普尔热瓦尔斯基与俄国中亚探险家""斯文·赫定推开新疆探险考察之门""对新疆的第一印象——1890年""罗布人与阿不旦""末代'楼兰王'——昆齐康伯克""斯坦因的考古探险——在和阗等地""发现尼雅""探险家记录的新疆风情""与新疆探险家有交往的风云人物"等章节。

**477** 《秦州文史研究》(敦煌与丝绸之路学术文丛),俄军、杨富学主编,刘雁翔著,兰州:甘肃教育出版社,2014年11月。

本书是敦煌与丝绸之路学术文丛中关于秦州文史研究的论集。书中共收入28篇论文,分为六个专辑,"寻踪古城"专辑考证"天水"名称由来和天水古城历史;"求真三国"专辑探讨了天水三国古战场遗址;"试说石窟"专辑考证了麦积山石窟的史料并对民国时期敦煌经卷在天水的流传情况进行考索;"解读诗圣"专辑对杜甫诗句、遗物以及杜甫由秦州入蜀进行探讨,从历史地理学视角解读杜诗;"问学冯门"专辑展示了冯国瑞先生在敦煌学、甘肃石窟寺研究、地方文物研究等方面的学术贡献;"谈论方志"专辑则对秦州的方志做以研究。

**478** 《清朝治理新疆方略汇编》,张羽新主编,北京:学苑出版社,2006年7月。

本书收集了清朝治理新疆的政治经济文化宗教等70种历史文献的汇编。书中以新疆历史上的重大事件和清朝所实行的重大政策为线索选编典籍史料。内容包括:清朝治理新疆的基本政策的官修典籍文献,如:《亲征平定朔漠方略》等文献;维护国家主权和领土完整,保持新疆稳定的文献典籍,如:敕修《平定回疆剿擒逆裔方略》等;清朝管理治理新疆的行政管理文献,如:《新疆图志》;清朝通过立法治理新疆的有关法规文献;如《回疆则例》等文献;反映清朝"因俗为治"思想的典籍文献和清代新疆各级军政官员有关新疆风土习俗调查的文献,例如:《西域图志》等文献。本书为推动历史研究以及西部大开发战略的实施提供了历史借鉴和史料。

479 《清代边疆史料抄稿本汇编》，石光明主编，国家图书馆编，北京：线装书局，2003年4月。

本书是国家图书馆古籍研究人员搜集整理的160余种清代边疆史料抄稿本汇编。全书共50册，内容丰富，具体文献包括：抄本《东三省地理图说》《调查松花江上流森林报告》《陕西一提五镇官兵马匹程途里数册》、稿本《丹噶尔分府禀稿簿》《西北三宗藩地通译》《考察哈密水利报告》《狄道草稿簿》《新疆巡警章程折稿》等等。其中一些为首次披露的历史史料，对研究清代边疆的政治军事、经济文化、民族风俗、大事记等，具有较高的史料价值。

480 《塞外江南：陇右文化特色与形态》，肖东发主编，高宇飞编著，北京：现代出版社，2015年5月。

文书以塞外江南为研究对象，探讨了该地区陇右文化的特色与形态。书中回顾了关于古老历史的神话传说，介绍了开创农耕文化的大地湾文化、齐家文化以及沙井文化。书中还探讨了该地区文明的交汇与文化的交融，对板屋建筑、陇右石窟、临夏砖雕、庆阳民俗等历史文化做了解读，此外，书中亦讨论了当地如秦代人的音乐文化，地方特色的陇右文学与陇剧，道情皮影戏、陇右"花儿"等文化特色，展示了陇右地区历史文化的发展与传承。

481 《神游吐鲁番》，黄彬主编，乌鲁木齐：新疆大学出版社，2004年1月。

本书是以图文并茂的形式，专门介绍与总结吐鲁番历史发展、社会文化及自然资源等内容。书中包含了历史文化、绿洲文化、民俗文化与自然景观等四大部分，再现了吐鲁番地区自古以来的历史风貌与人文样态。并且，作者介绍了交河故城、高昌故城、柏孜克里克石窟、阿斯塔纳古墓群、洋海墓地、吐峪沟、葡萄沟、火焰山等自然地理与历史遗迹，对其年代、成因、兴衰、文化内涵、艺术特点、宗教信仰等方面做了解读，展现出吐鲁番地区丰富的历史与文化。

482 《失落的文明：西域密码》，舒敏著，北京：中国书店，2007年8月。

本书是对西域地区人文地理和历史遗迹进行系统解说的著作，旨在通过对烽燧关隘、故城遗址、佛寺石窟、高山湖泊、冰川河流、千年古树、万里沙漠等内容的讲述，还原西域地区社会、自然、文化、宗教信仰等领域的历史发展与变迁。书中记述了丝绸之路三条古道、阳关与玉门关、《穆天子传》、高昌故城、柏孜克里克石窟、楼兰古城、小河墓地、艾提尕清真寺、敦煌藏经洞等一系列内容,以图文结合的形式再现了西域地区的历史风貌与样态。

483  《石宝山与西域》,罗越先著,昆明:云南民族出版社,2009年7月。

本书以云南省剑川县石宝山地区为研究对象,以图文并茂的形式,探讨了当地文化与遗迹、民族与宗教、风俗与信仰的历史与发展,以及与西域文化间的联系与影响。书中分为白族密宗、阿姎白观音、文化碰撞、神曲与恋歌、石宝山与世界等章节,记述了剑川石窟壁画、造像的艺术形式与特点,白族风俗仪式的传承与发展,当地文化与中原、西域、印度等文化的交融与碰撞等内容,再现了石宝山地区的风土人情、文化遗迹与历史风貌。

484  《世界性的帝国:唐朝》(哈佛中国史),[加]卜正民主编,[美]陆威仪著,北京:中信出版社,2016年10月。

本书介绍了唐代政治、经济、商贸、宗教、文化等领域的内容,还原了唐朝作为世界性帝国的历史风貌,有助于读者深入了解唐朝的历史与其对外交流。书中介绍了唐朝的地理环境,对内部领域与外部领域都做了叙述,同时也介绍了唐朝从开国到内乱的统治政策与军事制度,探讨了地方与中央的权力博弈。书中还对唐朝的城市生活与乡村生活进行介绍,对商业化的发展做了叙述,并且探讨了来唐生活的外国人,以及国际贸易的兴盛。此外,书中亦介绍了唐朝时期的宗族关系与宗教信仰,并就此时的文学创作做了描述。

485  《丝路盐道》(玉帛之路文化考察丛书),杨文远著,上海:上海科学技术文献出版社,2017年2月。

本书是关于作者对于丝绸之路盐道进行走访与考察的著作。书中介绍了作者的行程顺序,包括途经了历史文化名城张掖、大佛寺、马蹄寺、黑水国遗址、乌兰城、三江交汇、沙坡头、胜金雄关、贺兰山、腾格里沙漠,以及雅布赖镇等盐道上的重要驿站与历史遗迹,并记录下作者在行程中的所见所闻与所感,以及找寻玄奘取经故事的心路历程。书中内容真实地再现了该地区的历史风貌与人文样态,为研究玉帛之路的兴衰变迁提供了信息与依据。

486  《隋唐长安城遗址保护规划历史文本研究》,肖爱玲等著,北京:科学出版社,2014年8月。

本书是对隋唐长安城遗址保护规划文本的探讨。书中对隋唐长安城的基本情况做了介绍,分析了唐代长安城居民住宅相关问题,探讨了隋唐长安城的城门文化,对隋唐长安城规划及相关制度进行研究。作者根据大遗址保护的原则,对隋唐长安城遗址进行全面考察和定位测量,做好遗存现状分析;综合分析和整理记载隋唐长安城兴衰发展的历史文献及相关研究成果、考古发掘资料,对遗址本体形成相对完整的系统认识,通过遗址个案的调查和研究,分析了长安城遗址保护中存在的问题,并提出了相应的意见和建议。

487  《碎叶》,努尔兰·肯加哈买提著,上海:上海古籍出版社,2017 年 7 月。

本书是全面叙述与研究碎叶古城历史与遗址的著作,反映了该地区的历史风貌与人文样态。书中介绍碎叶古城的自然地理环境,及楚河流域与伊犁河流域的古代城市,并叙述了碎叶遗址考古的调查简史。书中亦探讨了碎叶古城遗迹与遗物,对古城性形制布局、城墙与建筑做了分析。同时,作者对碎叶古城进行了分期研究,讨论了其历史发展与沿革,探讨了佛教、景教与火祆教在碎叶古城中的历史遗迹,并对他们各自在当地的流布与传播做了阐述。

488  《塔克拉玛干考察纪实》(西域探险考察大系),马大正主编,乌鲁木齐:新疆人民出版社,2013 年 10 月。

本书是《西域探险考察大系》丛书中的一册,分为上下两编,汇集了 22 篇中外学者在塔克拉玛干地区的纪实文章。上编内容以"20 世纪西域考察与研究"相关的考察、散记、日记等为主,如《"20 世纪西域考察与研究"国际学术讨论会及实地考察》《"20 世纪西域考察与研究"漫记》《"20 世纪西域考察与研究"日记》;下编则汇聚了多位学者在塔克拉玛干地区对历史遗迹、自然地貌的科学考察记闻,如《1992 年考察纪事》《新疆克孜尔石窟巡礼》《和田与玛札塔格》。全书插图 60 余幅,生动地再现了当地的历史风貌。

489  《探索与求真:西域史地论集》(专家学者文库),殷晴著,乌鲁木齐:新疆人民出版社,2011 年 7 月。

本书是对西域史地的讨论文集。书中共分为汉唐西域史事、丝路交通和社会经济、开发建设与环境变迁三个部分,深入分析和研究了西域地区的历史事件、社会经济、交通地位、政权外交等内容。本书涉及西域于阗国内容丰富,如唐代于阗社会经济研究、古代于阗的南北交通、古代于阗和吐蕃的交通及其友邻关系、古代于阗的西城和东城等章节,以于阗出土的历史文物为线索,再现了当时西域地区的历史风貌和社会沿革。同时,本书还阐述了作者对新疆地区开发建设和环境演变的历史思考,并以媲摩绿洲为例探讨了新疆环境演变的历史。

490 《唐代长安与西域文明》，向达著，石家庄：河北教育出版社，2007年9月；重庆：重庆出版社，2009年3月；长沙：湖南教育出版社，2010年10月；北京：商务印书馆，2015年12月。

本书是向达先生的史学代表作，汇集了向达先生自1926年到1954年间发表的23篇论文。书中探讨了唐代长安与西域文明、南诏历史、英藏敦煌俗文学、唐代佛曲、莫高窟与榆林窟、摄山佛教石刻等多领域的内容，从文化交流、文学艺术、石刻壁画等方面阐述了唐朝时期长安与西域在文化上的相互影响与融合。书中集中体现了向达先生在历史学、中外文化交流史、西域史地考古研究、敦煌学等方面的学术成就，为后续学者的研究奠定了学术基础。

491 《唐蕃古道秘境》，王蓬著，西安：西安出版社，2014年8月。

本书全面展现了唐蕃古道及青藏、川藏、滇藏的历史发展、宗教民俗与文化交流。书中介绍了唐蕃古道的由来，及发生在古道上的历史事件，并对吐蕃民族的历史发展和变迁做了叙述；以唐蕃古道及青藏、川藏、滇藏等古道的线路为线索，对周边的历史遗迹、神话传说、人文地理、名胜古迹、民族文化、民俗信仰、重点城镇、生态环境等内容做了描述与解读，真实地反映了当地的历史演变、文化发展、民族交融等内容，具有一定的科普价值与学术价值。

492 《唐前期西北军事地理问题研究》（丝绸之路历史文化研究丛书），李宗俊著，北京：中国社会科学出版社，2015年2月。

本书在敦煌吐鲁番文献、考古资料和实地调研的基础上，探讨了唐前期西北军事地理、军政体系等内容。通过对朔方节度、河西节度、陇右节度、北庭节度和安西四镇节度的逐一论述，再现了隋唐时期北部和西部疆域的开拓变迁和各地的军事部署，分析了隋唐两代北部和西部防务的变化和影响。书中亦探讨了各都护府在当地的治理与经营情况，并对下辖的军事重镇和战略要道做了考释。通过对这些地区的历史发展、兴衰变迁的研究，为解读涉及民族纷争的边疆军事地理问题提供了较高价值的学术成果。

493 《唐史识浅录》（北京师范大学史学探索丛书），宁欣著，北京：北京师范大学出版社，2017年2月。

本书是宁欣教授关于唐史研究的论文集，解读了魏晋南北朝隋唐五代时期中国社会的历史变化，从政治、经济、军事、文化等方面研究了当时社会的发展趋势。书中论述了中国古代经济史、唐代对外开放、魏晋南北朝隋唐五代社会经济的特点及变化、唐代妇女的社会经济活动、唐五代小说文化等内容，对何兹全、王永兴等先生对于魏晋南北朝隋唐时期的研究和贡献做了梳理与解读。同时书中还探讨了1983年中国敦煌吐鲁番学研究概述和隋唐五代史综述（1997年）等内容，并回顾了韩国与日本关于魏晋南北朝和隋唐史的研究。

**494** 《唐宋元间西北史地丛稿》，汤开建著，北京：商务印书馆，2013年12月。

本书是关于唐宋元历史时期西北史地研究的论文集，收录了作者20余篇学术成果。书中内容包括《阎立本〈西域图〉在宋元著作中的著录及其史料价值》《唐〈王会图〉杂考》《唐李筌〈太白阴经·关塞四夷篇〉西北诸道部族地理考证》《甘州回鹘史二札》《宋代的于阗——兼论于阗政权与喀喇汗王朝的关系》《北宋与西北各族的马贸易》等文章，具有较高的学术价值，填补了学界研究领域的空白，并且对一些历史问题为学界提供了新的观点。

**495** 《唐西州官吏编年考证》，李方著，北京：中国人民大学出版社，2010年8月。

本书探讨了唐西州的官吏制度和体系发展，对数百个官职和职役进行了考证，加强了学术界对于唐代地方官制的研究。书中介绍了以刺史、太守、长史、司马等官职为主的唐西州州级高级官员，勾官、参军事、市司官吏为主的唐西州州级中低级官员，对其体系和功能做了论述。同时书中也阐述了各县县级官员，州上佐、州户曹等州县署吏，乃至城主、坊正、里正等城乡里坊职役，叙述了其定位和作用。此外作者还研究了唐西州折冲府的官吏，对唐代的府兵制度进行了讨论。

**496** 《唐西州行政体制考论》，李方著，哈尔滨：黑龙江人民出版社，2012年12月。

本书是对唐代西周行政体制的考论。书中对西州都督府与西州政府、西州诸县及敦煌县县司机构做了解读，讨论了西州上佐、兵曹、参军的职掌及特点，分析了西州官吏的兼摄及升迁方式，考察了西州官府的运作及相关制度。对于西州少数民族部落与地方政府的关系，作者对西州城傍朱邪部落、西州突厥游弈部落等相关问题进行了探讨。本书探究了西州地方行政体制及与内地的异同，揭示出了唐代地方行政体制的普遍规律和边疆地区的特殊现象，为探究唐代西州的历史提供了参考。

497 《天山之麓》,黄汲清著,乌鲁木齐:新疆人民出版社,2013年10月。

本书是黄汲清先生在天山地区进行地质探险与实地考察的游记与见闻,最初版本是1945年10月由独立出版社出版。此版书中介绍了新疆地区关于西域文明的考古发现,以及西域探险考察的科研成果,并且编者代黄汲清先生作了关于天山之麓的观察与思考的书序。书中主体部分记述了黄汲清先生在天山地区实地探险考察的所见所闻,对迪化、独山子、塔里木盆地、库车、汗腾格里峰等地区的风貌、人文、遗迹等内容做了叙述与总结,为研究天山地区地质地貌、社会人文等内容提供了一手资料。

498 《帖木儿帝国》(西北史地丛书·冯承钧西北史地著译集),[法]布哇著,冯承钧译,北京:中国国际广播出版社,2013年4月。

本书是冯承钧先生所译,研究帖木儿帝国历史的著作。书中介绍了帖木儿的生平与性格,探讨了其建立帖木儿帝国,并在周边进行不断扩张的历史过程,还研究了帖木儿执政时期的政治制度、军队实力,以及当时社会的知识生活与经济生活。此外,书中还探讨了帖木儿死后的亚洲与东欧的格局,叙述了帖木儿子孙对帝国的分配,并对从1447年沙哈鲁执政到1507年哈烈国灭亡的历史进行了解读。书中对帖木儿帝国的研究翔实系统,具有较高的学术价值,推动了中亚古代史研究的发展。

499 《图说敦煌:百年记忆》,高德祥编著,郑州:中州古籍出版社,2015年5月。

本书以图文结合的形式,系统地记录与反映了敦煌一百年来的历史风貌与社会发展,从1907年斯坦因拍摄敦煌县城东门的影像开始,至2015年作者高德祥先生拍摄的敦煌火车站为止,收录了近600张照片。书中记述了镜头下县城风貌、考古发掘、名胜古迹、百姓生活、知青下乡、文化艺术、科技教育、百姓面孔等多个领域的敦煌旧貌,也对新时期下今日敦煌的社会风貌做了影像定格。本书对历史照片的记录,让读者更加客观地看到了敦煌的历史原貌,为研究敦煌近现代的社会发展与历史事件提供了一手资料。

500 《图说玉帛之路考察》,军政、刘樱等著,上海:上海科学技术文献出版社,2017年2月。

本书采用图文结合的形式,以绿洲丝绸之路、草原丝绸之路、南方丝绸之路和海上丝绸之路的历史、地理、文化和宗教为研究对象,探讨了中国玉帛之路的发展与作用,并对玉帛之路的文化内涵做了挖掘与研究。书中记述了自2012年以来,中国玉石之路与齐家文化暨玉帛之路文化、环腾格里沙漠文化、玉帛之路与齐家文化、草原玉石之路等一系列关于玉帛之路的考察活动。作者推测五六千年前中国可能已经出现了玉石之路的雏形，探讨了西汉开辟的丝绸之路是在玉石之路上的拓展，并对考察活动的研究成果进行了总结与介绍。

**501 《吐鲁番的远古记忆》，刘学堂、李文瑛著，乌鲁木齐：新疆科学技术出版社，2015年1月。**

本书记述与探讨了吐鲁番地区的早期历史发展与社会变迁，对早期当地人的文明、习俗、生产工具等内容做了解读。书中介绍了吐鲁番地区的自然历史与史前历史脉络，回顾了吐鲁番地区旧石器时代的历史风貌，叙述了火焰山附近洋海墓地的发掘始末，对洋海人的丧葬习俗、三角纹饰、制衣着装、生产工具等内容做了探讨，并对环博格达山的苏贝希人及其文化以及他们的手工业特点与发展做了解读。此外，书中还对车师前国的兴衰做了评述，描绘了该地早期的历史状况。

**502 《吐鲁番地区》，李维青主编，乌鲁木齐：新疆人民出版社，1998年8月。**

本书是对吐鲁番地区的介绍之作。书中分为八个章节，介绍了吐鲁番地区的历史沿革，包括建制沿革和行政区划；分析了独特的地理环境；概述了本地区森林、水、土地和农业、矿产等资源特产；讲述了自然和人文等名胜古迹；解读了维吾尔民族的服饰、民居、婚俗、丧葬等民俗风习；并对张骞、班勇、关宠、玄奘、岑参、尼亚孜等古今人物进行了介绍。此外，书中重点对现代吐鲁番的民族团结以及建设成就等问题进行了论述。

**503 《吐鲁番史》，田卫疆主编，乌鲁木齐：新疆人民出版社，2004年8月。**

本书是对吐鲁番地区的历史进行总结与探讨的专著，对吐鲁番的历史发展与演变做了详细的记述与研究。书中逐一介绍了吐鲁番地区从先秦时期、两汉时期，到魏晋南北朝时期、隋唐时期，再到宋元时期、明清时期，以及民国时期的历史，对各个时期的社会发展、经济活动、政治样态、政权更迭、宗教信仰、文化交流、民族融合、教育科技、风俗习惯等方面做了阐述与解读，同时书中也讲述了关于国内宝贵文物的盗掘与流散的问题，并对吐鲁番地区的历史大事件进行了罗列与总结。

**504 《吐鲁番唐代交通路线的考察与研究》，巫新华著，青岛：青岛出版社，1999年10月。**

本书是以考古学实证材料、历史文献、出土文书等史料为依据，对唐代吐鲁番地区交通路线进行考察与研究的著作。书中对吐鲁番地区的历史事件进行了回顾与概述，介绍了当地的自然风光与地理概况，考证了唐代西州的行政区划、主要城镇等地望资料,对其镇戍、守捉、烽燧和馆驿等机构进行了探讨。书中亦对西州内部的交通线以及与周边地区往来的交通路线做了研究,再现了唐代丝绸之路西州路段的历史原貌与变迁发展。

505 《吐鲁番学》,王启涛著,成都:巴蜀书社,2005年8月。

本书是海内外第一部专门研究与总结吐鲁番学的专著,作者从吐鲁番出土文献入手,全面回顾与总结了吐鲁番学的研究现状与学术成果。书中强调了吐鲁番的历史沿革及其在古代丝绸之路的地位与作用,介绍了吐鲁番文献的出土与"吐鲁番学"的得名与内涵。作者还重点探讨了吐鲁番学与中国政治史研究、经济史研究、法制史研究、宗教研究史、公文史研究、学术史研究、文献学史研究,以及边疆文化史研究、民族关系史研究、语言文字学研究的关联与影响,并对吐鲁番学的未来进行了展望。

506 《吐鲁番学新论》,殷晴主编,乌鲁木齐:新疆人民出版社,2006年5月。

本书是关于吐鲁番学研究的论文合集,收录的文章以新疆吐鲁番地区区文物局和吐鲁番学学会主办的《吐鲁番学研究》所刊载的文章为主,也选编了《敦煌吐鲁番研究》《西域研究》以及其他刊物上的相关文章。书中汇集了概论1篇、出土文书14篇、考古与文物24篇、史学研究25篇、文化类12篇、学术综述3篇、短文与简讯12篇,共计91篇。这些文章内容科学严谨,具有较高的学术价值,真实地反映了近年来吐鲁番学的研究成果与发展情况。

507 《驼铃悠韵萧关道》,薛正昌著,上海:上海科学技术文献出版社,2017年2月。

本书主要以丝绸之路东段北道的萧关道为研究对象,探讨了其发展变迁、历史遗存与文化传统,有利于促进丝绸之路文化遗产的传承、保护与研究。书中记述了萧关、固原城、朝那湫、六盘山、贺兰山、宁夏平原、泾河、原州、朐衍县、开成、定戎寨、须弥山石窟等地区,介绍与评述了萧关道的功能与定位、宁夏山川、泾水文化、石窟艺术、丝路文化、早期草原丝路等内容,展现了萧关道在丝绸之路的文化传播和商贸往来中所起到的重要作用,具有较高的学术价值与现实意义。

508 《西北开发与"西北史地学"研究》,吴忠礼主编,银川:宁夏人民出版社,2015年12月。

本书是吴忠礼先生主编的关于西北历史地理研究与西北开发的学术专著,是构建新"西北学"学科的新尝试。全书共分六章,"西北地理大势"篇分析西北战略地位与交通状况;"西北历史大略"篇,论述了从史前到周秦汉唐再到近代的历史概况;作者对西北开发史概览,细分为五个阶段进行开发分析;针对西北舆地学的兴起,在旧学的基础上,提出了新的展望;此外,书中对新中国的西北开发与研究,提出了新西北的变化考察及反思、对策、总结;并根据西北开发与西北史地学在新疆的发展状况,突出了新疆的独特地位。

**509** 《西出长安——汉唐先贤的足迹》,邵振宇著,西安:陕西旅游出版社,2015年9月。

本书梳理汉唐时期的先贤在丝绸之路上的历史故事与遗迹。书中讲述了张骞凿空西域与玄奘写《大唐西域记》的历史故事;介绍了西安作为古都在周秦汉唐时期的历史,详细解读了通往西域的咽喉要道——河西走廊和西域天山的历史文化古道;介绍了通过丝绸之路到达的贸易终点,并讨论了罗马的文明交融。本书对丝绸之路的重要文化与交通节点都做了详述,为读者了解丝绸之路的历史文化与交通条件提供了参考。

**510** 《西行见闻记》(西北史地丛书第二辑),刘文海著,北京:中国国际广播出版社,2016年1月。

本书是民国时期一部记录西北之行的著作,包含了作者自1928年底至1930年初在西北地区的所见所闻,记述了山川景物、民俗风情与历史遗迹,也披露了当时政府的腐败与民众的疾苦。书中共分为四章,介绍了作者从南京至酒泉,再至哈密,然后至绥远,最后返回南京的全过程,叙述了当时甘肃、新疆及绥远地区的社会状况与民生。同时,作者还对甘肃地区补救民食、改良吏治,新疆地区振兴商业实业、提倡文化运动,以及绥远地区人民努力方向等多个领域提出了自己的见解与看法。

**511** 《西极探险:从叶尔羌到藏北》,[瑞典]斯文·赫定著,王鸣野译,乌鲁木齐:新疆人民出版社,2003年5月。

本书记述了瑞典考古学家斯文·赫定从叶尔羌到藏北探险游历的全过程。全书共31章,内容涉及东去之路、一个无名之乡、飞舟直下伟大而孤独的塔里木、危险的沙漠之旅、在沙漠深处、在野骆驼之乡、穿越罗布沙漠、乘船在风暴肆虐的湖上、跃入荒凉的西藏、在海拔1.7万英尺的高处、藏北历险、伟大的开端——舍热布喇嘛、去阿尔卡塔格之路、翻越阿尔卡塔格的死亡之旅、首遇西藏人、西藏游牧者——危险的过河、堪布·波播、护送——新的尝试、受阻于西藏骑兵、在察尔古特错上求生、西去列城、印度之旅——回家等。

▶ 丝绸之路研究论著叙录

512 《西南》（云贵重点区域和行业发展战略环境评价研究），刘毅主编，北京：中国环境出版社，2016年3月。

本书是研究云贵两省重点区域和行业发展战略环境评价的专著。书中概述了区域发展面临的困难与挑战，介绍了环境评价的范围、目标与重点内容，探讨了区域社会经济发展战略定位与区域生态环境功能定位。同时，书中还描述了经济、社会与工业的发展现状特征，评述了区域生态环境现状及演变趋势，以及区域资源环境效率的有关评价。此外，书中还预测了土地资源、水资源、大气环境等方面的影响，并对重点区域和行业优化发展调控提供了建议与对策。

513 《西市宝典》（大唐西市丝绸之路与唐文化研究丛书），胡戟主编，西安：陕西师范大学出版社，2009年2月。

本书围绕隋唐丝绸之路的起点和世界贸易中心的长安西市遗址展开讨论，根据历史文献对大唐西市的规划、初建、续建与衰败进行讨论；根据考古资料，对西市的考古发掘材料进行综述；此外，本书对和西市相关的历史人物与事件进行叙述，包括小说故事和杂事等内容；同时，对历史上唐代诗人对西市的诗赋进行分析。书中附以唐代长安图、长安西市图等内容为读者提供参考。对于今天西市项目的策划与规划，作者也提出将西市定位为文化产业价值的观点。

514 《西夏地理研究》，杨蕤著，北京：人民出版社，2008年7月。

本书是详细研究西夏历史地理的著作。书中叙述了西夏疆域的形成及其演变，探讨了西夏与宋朝、辽国、金国等周边政权的疆域界限。书中亦研究了《天盛改旧新定律令·司序行文门》，对涉及的地名进行了翻译，并考证了相关地望，通过其中关于西夏政区的记载探讨了有关政区类型、数目、层级和边界等问题。此外，书中还就史料中所反映的西夏地区的气候状况与生态植被做了论述，并对西夏经济区的形成及其相关问题做了研究。

515 《西夏元史研究论稿》（暨南史学丛书），陈广恩著，北京：中国社会科学出版社，2017年11月。

本书是作者多年来从事元史与西夏史研究的论文集，收录了其已发表的文章19篇，其中西夏史7篇，元史12篇。书中内容包括《西夏没有爆发大规模人民起义原因探析》《试论西夏文化的多元性》《试论伊斯兰教在西夏的流传》《西夏景教流传初探》《元安西王阿难答与伊斯兰教之关系》《略论元代广东地区佛教的传播与发展》等成果，具有较高的学术价值，推动了西夏学与元史研究的发展。

516 《西域：中外文明交流的中转站》，郑培凯主编，香港：香港城市大学出版社，2009年1月。

本书就古代中外文明交流领域，从不同角度、以不同议题来探讨人类物质文明扩散的轨迹，追溯文化习俗的传布，以及相互影响的过程、递变的踪影。书中收录了《中古时期的"高原丝绸之路"——吐蕃与中亚、南亚的交通》《西域狮子的华化形态》《敦煌方志写本的地域特色》《敦煌〈舜子变〉与广西壮族师公戏〈舜儿〉》《丝绸之路上的粟特商人与粟特文化》《吐鲁番地区纺织品的发现与研究》《碰撞与融合——丝绸之路上的外来金银器》《汉代西域艺术中的希腊文化因素》《唐代的豹猎——文化传播的一个实例》等文章。

517 《西域的历史与文明》，[法]鲁保罗著，耿昇译，乌鲁木齐：新疆人民出版社，2006年12月；北京：人民出版社，2012年4月。

本书是对西域的历史与文明进行研究的著作。全书共从战略、政治、经济、文化和交通等角度展开讨论，主要论述了西域地区的地理环境与当地居民的生活，讨论了草原艺术与宗教，分析了东西方的文明交汇与胡汉民族的融合过程，解读了贵霜人与佛教的关系问题。作者对游牧民的时代和突厥人的时代以及吐蕃的崛起与绿洲的文明等问题进行了梳理，并对西域传统的伊斯兰文明、伊斯兰教与佛教瓜分西域以及西域的当代问题都进行了解读，具有一定的借鉴意义。

518 《西域地名考录》，钟兴麒编著，北京：国家图书馆出版社，2008年9月。

本书是对西域古今地名进行考证与记录的研究著作。全书考录了西域地名8000多条，计约100万字，按照拼音序排列，便于读者的检索。书中全面收录西域范围内的地名，并对地名的沿革及变化进行考证，经过考察及核实，所录西域地名较为准确，具有较高的学术价值。书前有冯其庸和华林甫两位先生的序文，书后附录了汉字笔画索引和征引书目。本书对读者认识新疆复杂的地名及其历史内涵具有助益。

519 《西域二千年：一场中西文明的神秘花雨》，刘逊、刘迪著，台北：知本家文化事业有限公司，2005年2月。

本书探讨了西域地区在两千年左右的时间里在中西文明方面发挥的重要作用。全书分为上下篇。上篇："明月出天山"，主要对西汉、盛唐等重要历史时期西域的历史文化与文明作以说明，对西域史地中重要人物、事件、民族、国家及风土人情进行了叙述；下篇："百年荣辱"，对近代时期西方国家对西域地区的劫掠进行叙录，包括对文献和文物的骗购与掠夺等方面。本书对西域地区在中西文明的交往进行了勾勒，内容丰富，为读者了解西域提供参考。

520  《西域风起塔里木——阿克苏历史人物》，文琭主编，于洪亚卷主编，乌鲁木齐：新疆人民出版社，2009 年 9 月。

本书对阿克苏地区历史人物进行了探索。主要代表人物有汉代时期"凿空"西域第一人张骞、贰师将军李广利、龟兹王白霸等人，魏晋南北朝时期则有龟兹高僧鸠摩罗什、前秦大将吕光等人，隋唐时期的音乐家苏祗婆、僧达磨笈多等人，五代宋辽金元明时期则包括西夏国师白智光、叶尔羌汗国拉失德汗等人，清及近现代人物则有清朝大将舒赫德、德国考古学家格伦威德尔等。本书令读者对阿克苏的历史名人有了深入了解。

521  《西域钩玄》，罗绍文著，兰州：兰州大学出版社，2002 年 7 月。

本书是罗绍文所著关于西域研究的论文集。共收有 50 篇文章。书中论文主题涉及了社会生活的各个方面，包括考证类文章，如：《蚕丝业何时何地传入新疆考》《米芾为西域人后裔考》等篇；艺术文化类论文则有《新疆曲子剧史略》《新疆玉雕艺术》等篇以及对新疆丝绸业的论述，如：《新疆蚕业史概述》《新疆近百年蚕桑丝绸业》等篇；对园林建筑的论述，如：《塞上著名园林——说园》等篇；人物传记类的文章则包括《刘文龙传略》《广录传略》等篇。论文集还收入了作者为其他文集所作序言 3 篇。

522  《西域古寺探秘》，王嵘著，成都：四川文艺出版社，2007 年 3 月。

本书详细介绍了西域的古寺与佛洞等历史遗迹。全书分为佛光普照、克孜尔千佛洞、库木吐拉千佛洞、昭怙厘佛寺、热瓦克佛寺、丹丹乌里克佛寺、米兰古城佛寺、吐峪沟千佛洞、柏孜克里克千佛洞、北庭回鹘王室佛寺、高昌故城佛寺十一章。作者分析了于阗对于东传佛教的通道的作用；解读了佛寺中为什么会出现"天宫伎乐"的问题；解答了汉风窟的主人的归属问题；介绍了昭怙厘佛寺与鸠摩罗什、斯坦因在沙堆下的惊人发现，对鼠头王冠的《神鼠图》以及最古佛寺的精美艺术品进行了解析。同时，作者对"山疆"佛寺、北庭故城、高昌城等古迹进行了考察。

523  《西域经济思想史：喀喇汗王朝经济思想研究》，刘卫萍著，上海：上海财经大学出版社，2003 年 1 月。

本书主要对西域经济思想史中的喀喇汗王朝经济思想研究著作。作者考察了涵括喀喇汗王朝经济思想主要方面的财富思想、财产权思想、重商思想及理想国思想。涉及问题包括：财富认识论、财富伦理论、武举致富论等。喀喇汗王朝在维吾尔族历史发展中占有重要地位。由于其特殊地理位置，王朝在政治、经济、文化、宗教等方面与周边国家和地区保持紧密的接触和交往。作者根据历史文献和考古资料探讨喀喇汗王朝与周边国家的贸易来往等问题颇具研究价值。

524 《西域考古历史论集》，王炳华著，北京：中国人民大学出版社，2008年10月。

本书是王炳华关于西域地区考古与历史研究等方面的研究论文集。全书共收有文章二十余篇，内容涉及西域兵要地理、农业、棉织物、青铜器、玉器、生殖崇拜岩画和塔克拉玛干沙漠城镇的历史变迁，主要代表性论文有《"丝绸之路"南道我国境内帕米尔路段调查》《人类历史时期塔克拉玛干沙漠环境变迁研究》《生殖崇拜：早期人类精神文化的核心——新疆罗布淖尔小河五号墓地的灵魂》《尼雅考古收获及不足——20世纪尼雅考古反思》以及《唐代以前西域水利事业》等篇，论文集对于保护该地区的历史文化和生态环境具有积极意义。

525 《西域历史文化宝藏探研：新疆维吾尔自治区博物馆论文集·第二辑》，侯世新主编，乌鲁木齐：新疆人民出版社，2009年12月。

本书全面展示了新疆博物馆的科研成果，分为研究与探索、文化艺术论坛、博物馆学园地、文物保护与管理探讨四部分。收录文章包括《试析拜城克孜尔水库墓地文化——龟兹地区早期历史文化初探》《新疆出土宗教文物及宗教文化》《从〈江格尔〉看蒙古族的服饰文化及审美价值观》《从吐鲁番出土文物上的狩猎纹样看中西文化交流》《佛教在西域驻足缘由初探》《关于博物馆文化产业发展的思考》《论文献在博物馆中的文化价值》《构建新疆特色的和谐文物博物馆文化初探——以自治区博物馆为例》《文物库房建筑与规范化管理问题初探》《修复性保护技术的有关思考》等。

526 《西域历史文化宝藏探研：新疆维吾尔自治区博物馆论文集·第三辑》，侯世新主编，新疆维吾尔自治区博物馆编，乌鲁木齐：新疆美术摄影出版社，2012年7月。

本书为新疆维吾尔自治区博物馆对西域历史文化探索的论集。书中分为文献解读、研究探索、人种分析、纺织与服装、文化艺术、文物保护管理、博物馆园地七部分。收录了《吐鲁番出土文书中所见岑参在西域的活动》《汉唐西域丝绸之路上的多元文化交流》《文物所见西域粟特胡人的社会生活与文化风尚》《龟兹佛窟壁画供养人物的体质人类学探讨》《罗布泊地区小河时期墓地出土服装研究》《维吾尔十二生肖文化源流考》《从新疆和田布扎克彩棺看唐—五代时期长安文化对西域的影响》《馆藏出土毛织品文物的保护技术》《博物馆中复原陈列所产生的教育意义——以新疆维吾尔自治区博物馆为例》等文章。

527 《西域历史文化大词典》，贺灵主编，乌鲁木齐：新疆人民出版社，2012年11月。

本书是关于西域历史与文化的大辞典。书中分为文字卷和图谱卷，文字卷收录了氏族部落、部族、民族、事件、典章制度、人物、山川、地理、宗教、考古遗存、名胜古迹、社会经济、文献典籍、习俗文化、文学艺术、民间体育、条约规章等词目2万余条。图谱卷以图版为主，带有简略的文字说明，收录西域两千多年来的古迹名胜、自然地理图片，均与词条内容相衬；此外，图谱卷亦收录具有传承意义的西域自古以来形成的广义文化事象，如民族及风情、历史文化人物、传统生产方式、物质生活文化、婚丧礼仪文化、民间歌舞及乐器、工艺美术、古籍文化等。

528 《西域论稿续编》，贺继宏著，郑州：中州古籍出版社，2013年3月。

本书是关于西域地区历史与文化方面研究的论文集汇编。作者在查阅大量史料文献的基础上，形成了自己的见解和观点。全书主要内容包括喀拉汗王朝的兴衰历史、昆仑文化研究、古代图瓦人的生活习俗、图瓦人历史上两次大的西迁等方面的研究，主要代表性论文有《秦汉之际的疏勒国和疏勒人》《"桃花石喀拉汗"国内北部的地方政权——喀拉汗王朝述评》以及《新疆民族发展史概述》《新疆宗教演变史简述》《〈穆天子传〉中有关古代新疆地理》等研究篇目。

529 《西域南海史地考论》，王颋著，上海：上海人民出版社，2008年6月。

本书是王颋关于西域南海历史、地理等方面的研究论文集。全书主要研究元代以后，中国同西方、东南亚一带经济文化交流的历史，中国文化对阿拉伯地区以及东南亚的影响，以及对近代世界文明的贡献。涉及神佛信仰的论文有《神威毗沙——唐、宋代的毗沙门天王崇拜》等；涉及地理方面的有《诗状海热——热海、碎叶川及其所经道路》《国在邕北——自杞国与宋广西买马路》等；涉及历史方面的有《羁主观兰——宋、元代南丹莫氏史事管窥》《清水不豫——成吉思汗临崩前行踪与卒地辨》等篇。

530 《西域南海史地探索》，沈卫荣主编，王颋著，北京：中国人民大学出版社，2010 年 9 月。

本书是关于西域南海历史、地理等方面的研究论文集。全书围绕"元史"和"中西交往史"两个方向，共收入 26 篇论文。研究涉及主题有政治事件、文化内涵、宗教信仰、修习人物、史料解释等方面，代表性论文有《兴定反镇——金末封建与九公起灭本末》《变止宫门——张易生平及阿合马被杀事件》《兼帆东梅——吴莱关于沿海史地的作品》《介叟奖歌——饶介的仕履、交游、书法及诗文》等篇。

531　《西域南海史地研究》，王颋著，上海：上海古籍出版社，2005 年 9 月。

本书是对我国传统意义上的西域（中西亚）、南海（东南亚）的历史地理研究论文集。全书包含 20 篇专题论文。作者运用古今中外大量资料，对他人容易忽视的历史地理、文化现象、飞禽走兽等诸多方面，作了饶有趣味的考证研究。如：《伟观陈锦——东方娱乐"斗鸡"传考》引用史料，详述我国自周代至明代的斗鸡盛况，还指出位于今中南半岛的"扶南国"、今巽他群岛的"阇婆国""三佛齐"都曾出现类似的娱乐；《旁岛泝舟——明代香山陆海形势与澳门开埠》一文，则对澳门在明代的地理状况和开埠初期历史作了研究。

532　《西域史地论集》，周伟洲著，兰州：兰州大学出版社，2012 年 10 月。

本书是周伟洲对于西域历史地理相关研究论文的汇集。内容涉及历代西域地区的政治、军事、经济、文化和民族等方面的问题，共收有论文 28 篇。其主要内容包括古代至近代新疆各民族的发展、兴衰、变化；历代内地中央政权在新疆的施政、建置及近代新疆各族人民反抗列强侵略的英勇斗争以及新疆各族人民开发、建设新疆的历史。具体篇目有：《新疆的史前考古与最早的经济开发》《试论吐鲁番阿斯塔那沮渠封戴墓出土文物》《吐谷浑在西域的活动与定居西域》等篇。

533　《西域史地三种资料校注》，李之勤编，乌鲁木齐：新疆人民出版社，2012 年 3 月。

本书是关于新疆历史与地理文献方面的校注与研究之作。全书分别对《西域土地人物略》与《西域土地人物图》进行校注并对《南疆勘界日记图说》《新疆图志·国界志》和《新疆图志·交涉志》等资料亦进行了校注。书后附有书籍的影印书影和绘制的地图。此外，作者的相关研究，如《略论沙克都林扎布的〈南疆勘界日记图说〉》《明代张雨〈边政考〉中的〈西域诸国〉与嘉靖〈陕西通志〉中的〈西域土地人物略〉》等研究论文也列于书中，供读者参考。

▶ 丝绸之路研究论著叙录

**534** 《西域史地释名》，冯承钧原编，苏其康增修，高雄：中山大学出版社，2002年9月。

本书是对西域史地进行释名的著作。书中按照A—Z的顺序对西域的历史遗迹及地名等内容分别进行解释与考证。作者在导言中对西域地区的历史，各民族迁徙、发展、消亡的过程作以概述，为本书的使用作以说明。同时，书后还附有汉名索引，为读者查找西域地名的信息提供了便利。此外，书后附有配图，使读者可以进一步了解西域历史地理与西域文化。

**535** 《西域史地探微》，郭平梁著，乌鲁木齐：新疆人民出版社，2011年7月。

本书是作者对于西域史地研究论文集。书中主要论述了西域各民族间的关系、中原政权与少数民族政权的关系、西域地区军事建制、有关西域地区历史文献的考释等问题，共收入论文45篇，具体篇目有：《"大宛汗血天马"揭秘》《匈奴西迁及一些有关问题》《唐朝王奉仙被捉案文书考释》《谈谈唐朝在西域的几项军政建制》《高昌回鹘社会经济管窥》《丘处机笔下的阿尔泰山和天山》《汉唐时期社会经济文化概述》等篇。

**536** 《西域史汇考》，薛宗正著，兰州：兰州大学出版社，2014年12月。

本书系统研究了西域的古族与古国，西域的宗教文化，并结合文献与考古遗址、出土文物，进行了一系列的历史学研究。全书分为流沙东、西的政治凝合，历史地理考证，佛教北弘西域、神州，西域汉人与汉文化四卷，作者介绍了西汉的使者校尉与屯田校尉，考察了河西诸凉、北魏王朝与西域的关系，对金蒲、疏勒、且固、务涂谷等进行了考证，对碎叶建置作了诠索。同时，作者分析古代于阗与佛法初传以及鸠摩罗什说法龟兹到弘法长安——从彼岸世界的超越历程与此岸世界的复归，考察了龙兴年号与李宝后西凉政权，分析了高昌国的汉文化传统以及丝路贸易中的汉式铜币与丝绸等问题。

**537** 《西域史林（第1辑）》，盖金伟主编，西安：三秦出版社，2013年1月。

本书是新疆师范大学重点学科专门史学术辑刊，对新疆的历史文化作以探究。本书为第一辑，共收入论文22篇。论题主要集中在对西域古代史的研究，包括《中国早期铜镜的发现起源与传播——再论中国早期铜镜源于西域说》《新疆考古发现的青铜时代的铜器和草原铜鍑》等篇；近现代史研究，内容包括《构建与实证——评〈浩罕国与西域政治〉》《新疆吉木萨尔千佛洞考述》等篇；另外，辑刊中还有"青年论坛"，包括《浅谈"奥斯曼主义"思潮变异及衰亡的原因》《吐鲁番出土文书所见唐代

· 154 ·

西域马政》等文章。

**538 《西域史林（第 2 辑）》，盖金伟主编，西安：三秦出版社，2014 年 10 月。**

本书是新疆师范大学重点学科专门史学术辑刊，对新疆的历史文化作以探究。本书为第二辑，共收入论文 23 篇。论题分为史前考古、文献整理、古史新论、近代研究、中亚掠影、历史教学、社会调查、国外研究及学术动态等方面，代表论文有《新疆地区发现的安德罗诺沃遗存初探》《〈明史·西域传〉辩证数则》《班勇"特加三绶"辩论》《清准边界之议》《新疆各民族的历史发展与中华民族多元一体格局的形成》《吉尔吉斯与浩罕关系探析》《新疆伊犁地区清真寺调查资料》等篇。

**539 《西域史族新考》（近代名家散佚学术著作丛刊），张西曼著，太原：山西人民出版社，2015 年 4 月。**

本书是张西曼对西域地区史族方面考证的论文汇编。本书共三部分，分别论述了《大月氏人种及西窜年代考》《中亚缠回为沙陀苗裔考》以及《乌孙即哈萨（克）考》等内容。书后附录有《新疆民族表》，为读者研究提供了便利。全书对于相关历史及称谓流变等情况进行了详细的考证，是西域历史、地理、民族、文化、宗教方面相关研究的重要参考文献。

**540 《西域水道记》，（清）徐松著，朱玉麒整理，北京：中华书局，2005 年 7 月。**

本书是有关西域历史地理的名作，记载了西域各条河流发源、流域、所入湖泊等详细地理资料。记载范围包括今嘉峪关以西直至巴尔喀什湖以东以南广大西北地区。书中仿《水经注》体例，自为注记，在详细记载各条河流情况的同时，对流域内的政区建置沿革、典章制度、厂矿牧场、卡伦军台、名胜古迹、重要史实、民族变迁等都有详细的考证。全书共五卷，以水系排列，包括罗布淖尔水系、哈喇淖尔水系、巴勒喀什淖尔水系、赛喇木淖尔水系等。此外书中附有《汉书西域传补注》《新疆赋》外二种，三种著作体裁各异，对象相同，内容有机相连。

**541 《西域探险史》，王嵘著，乌鲁木齐：新疆人民出版社，2008 年 12 月。**

本书主要介绍前人对西域的探险和考察。书中按时间顺序排列，共分为六章，分别叙述了先秦、两汉、魏晋南北朝、隋唐五代、宋元明、清时期的历史人物对于西域的探险考察。具体内容包括：周穆王辟荒巡游西域、张骞"凿空"西域、班超"定远"边陲、法显天竺求法、玄奘书写今古传奇、岑参诗作考察报告、王延德奉旨出使西州、丘处机暮年长征雪山、祁韵士万里行程记、林则徐探察天山南北东、左宗棠纵横新疆等历史名人在西域的事迹。

542　《西域通史》，余太山主编，郑州：中州古籍出版社，1996年9月。

本书是余太山主编的关于西域地区的通史性研究著作。作者在充分利用现有文献和考古资料以及吸收国内外研究成果的基础上，勾勒出了"西域"历史轮廓。全书主要分为五编，讲述了史前时期的西域居民的种族及其文化联系、两汉时期西域的政治状况和汉代西域的经济情况，对魏晋南北朝时期西域政治与经济状况进行了叙述，特别对突厥汗国及其对西域的统治，包括了突厥汗国的强盛与分裂及西突厥汗国的兴盛与灭亡进行了讨论。此外，作者重点分析了唐朝在西域势力的鼎盛和衰落，并对宋元明清时期的西域情况作了介绍。

543　《西域屯垦人物论稿》，张安福、王春辉著，北京：中国农业出版社，2011年4月。

本书是对西域地区历代屯垦人物的研究著作。书中以西域屯垦历史中的人物为核心，按时间顺序分为六章，分别为始开西域屯垦的两汉人物、魏晋南北朝时期的屯垦人物、拓展西域屯垦空间的唐朝屯垦人物、短暂而悲壮的元朝屯垦人物以及将新疆屯垦推向高潮的清代屯垦人物。书中研究了历代屯垦人物在西域屯垦戍边中的日常活动、心理状态、主要成就及其社会影响等内容，为现代西域地区的屯垦研究提供了历史借鉴。

544　《西域文化》，王勇、高敬编著，北京：时事出版社，2011年1月。

本书描绘了西域的历史沧桑、风土人情、文化民俗、丝路奇景、宗教信仰以及物华天宝，全面介绍了西域各民族生活的各个方面，揭示出西域文化的内涵。全书分为历史西域、丝路西域、文化西域、民俗西域、神秘西域、美景西域及富饶西域七篇。内容涉及西域历史年轮、西域古国撷英、西域古城遗址、西域建筑古迹遗址、丝绸之路的开通、丝绸之路的兴衰、丝绸之路上的中西文化交流、河西走廊上的丝路名城、丝绸之路上的石窟艺术、西域的宗教文明、节日民俗、礼俗与婚俗、饮食习俗、西域历史之谜、西域湖光水色、地下宝藏等方面。

545　《西域文化论集》，仲高著，乌鲁木齐：新疆人民出版社，2010年6月。

本书收集了作者研究西域文化、文化理论和旅游文化的论文34篇，分为信仰与仪式、图像与文化、文本与文化、传播与交流、转型与建构、书评六部分。具体包括

《丝绸之路原始仪式觅踪》《西域圣火仪式本相论——兼及中西圣火仪式比较》《中国石崇拜信仰探究》《西域萨满教岩画的文化阐释》《西迁歌：锡伯族的精神家园》《酒歌及其相关口碑文学的文化解读》《汉唐遗风与近代新疆屯垦艺术》《丝绸之路上的葡萄种植业》《面向21世纪的新疆文化转型及其建构》《西域文化特征及其现代化》《东西方文化视野中的中亚艺术——读三部中亚古代艺术译著》等文章。

546　《西域文化名人志》，周绍祖主编，刘维钧等著，乌鲁木齐：新疆人民出版社，2006年5月。

本书介绍了汉代至清末在诗词散文、音乐舞蹈、工艺美术、天文地理、宗教翻译等方面有成就的西域文化名人260人，附录134人，详细叙述了各人物事迹。主要人物涉及班勇、安世高、支纤、康僧会、竺法护、佛图澄和尸梨密、僧伽跋澄、昙摩难提、僧伽提婆、竺佛念、昙摩耶舍、鸠摩罗什、弗若多罗、昙摩流支、卑摩罗叉、佛陀耶舍、沮渠安阳侯、佛陀什、浮陀跋摩、求那跋摩、昙摩蜜多、畺良耶舍、斛律金、曹仲达、何妥、曹妙达、苏祇婆、何满子、尉迟跋质那与尉迟乙僧、尉迟青和尉迟璋、曹善才和曹纲、康昆仑、李舜弦、玉素甫·哈斯·哈吉甫、马赫穆德·喀什噶里等人。

547　《西域文明：走进新疆文明》，王志艳主编，哈尔滨：黑龙江人民出版社，2006年8月。

本书是对西域文明的介绍之作。书中介绍了西域的自然风光与人文遗迹，包括天池风景与新疆魔鬼城、吐鲁番高昌故城与克孜尔石窟；解读了西域的民族风情，如：少数民族的节日以及宗教信仰、婚礼、丧葬饮食习俗等内容；对于新疆神秘的楼兰古城、高昌王陵、石人之谜与山国之谜等问题进行了解读。同时，作者对于新疆的丝绸之路进行了探索，分析了丝绸之路上的开拓者与明代"丝绸之路"上的商人。此外，对于新疆美食方面，作者介绍了新疆的饮食习惯，并对大盘鸡、抓饭等美食做了解说。

548　《西域文明史》，[法]鲁保罗著，耿昇译，北京：中国藏学出版社，2014年12月。

本书是鲁保罗先生著，耿昇先生翻译的一部关于西域政治、地理、文化等方面的研究著作。全书介绍了西域地区的居民与草原艺术及宗教，对东西方文明的交汇进行了介绍，对于贵霜人、突厥人、吐蕃人、大食人及回鹘人等民族在西域活动轨迹都进行了勾勒。作者重点考察了突厥史、瘸子帖木儿、伊斯兰教史和蒙古史，刻画出西域自古迄今的文明发展轨迹，揭示了西域各民族和各种文化之间的内在联系。书中从战略、政治、经济、文化和交通方面分析了西域地区的历史，对研究西域文明具有参考价值。

549 《西域文明史概论》，[日] 羽田亨著，耿世民译，北京：中华书局，2005年9月。

本书是日本羽田亨教授所写关于西域语言、历史、文化研究的经典著作。全书主要讲解了西域的形势、中西交通与西域、古代西域的人种、西域的宗教与美术、西域的汉文明与汉人对西域经营与西域文明、回鹘部族的迁住西域与回鹘时代的西域文明，并收入羽田亨两部比较通俗的著作《西域文明史概论》《西域文化史》，耿世民先生重新译订了全书，并将羽田亨弟子间野英二撰写的极有价值的《解说》一并译出，是目前通论中亚、新疆历史文明最便初学的著作。

550 《西域文明史概论等五种》，[日] 羽田亨等著，耿世民、贺昌群、杨炼译，乌鲁木齐：新疆人民出版社，2015年3月。

本书包括了《西域文明史概论》《西域文化史》《西域之佛教》《张骞西征考》《西域研究》五种著作。其中《西域文明史概论》与《西域文化史》是西域史与东方文化交流史研究领域的学术经典和入门必读之书，介绍了西域的历史、民族、宗教、文化交流等内容；《西域之佛教》在西域宗教史和文化史研究领域占有重要的学术地位，讲述了西域佛教传播的开始，以及西域各国佛教发展壮大的一系列过程；《张骞西征考》和《西域研究》是20世纪前期西域史研究的重要著作，对张骞出使西域和西域历史进行了研究。

551 《新疆佛教壁画的历史学研究》，贾应逸著，北京：中国人民大学出版社，2010年7月。

本书是作者关于新疆佛教壁画研究的论文集。通过阐述古代于阗、龟兹、高昌三大佛教中心壁画所反映的历史问题以及画面中人物衣冠服饰、物质文化与艺术风格，探讨了这些壁画的时代、社会经济文化发展状况，尤其是聚居在新疆的各民族文化的发展和演变。书中分为新疆壁画研究的回顾与思考、于阗佛寺与佛教发展、龟兹壁画与社会变迁、高昌石窟与历史考察四个主题，收录文章包括《新疆石窟和寺院遗址研究50年的回顾与思考》《于阗佛教图像中的地神研究》《克孜尔石窟与莫高窟涅槃经变比较研究》《莫高窟第409窟与高昌回鹘供养人像比较研究》等。

552 《新疆历史文化名城·吐鲁番》，李琦、李颖超著，乌鲁木齐：新疆人民出版社，2007年8月。

本书从葡萄、火焰山、木卡姆等方面介绍了吐鲁番这座历史文化名城的民族历史文化内涵。全书分为本色——吐鲁番的葡萄、行色——行走在菩提树下、山色——唯天地与作合、水色——凌万物而超脱、女色——共一生水远山高、食色——葡萄美酒夜光杯七章，内容涉及葡萄的世界、珠玉满地葡萄沟、狂欢葡萄节、西行的玄奘、地下的城郭、墓中的世界、露天博物馆的前尘往事、鄯善的前世——楼兰、火焰山——一片青烟一片红、葡萄泉、地下运河——坎儿井、葡萄仙子——吐鲁番的姑娘、吐鲁番木卡姆、名扬东土的《高昌乐》、葡萄干的前世今生、一树桑葚春满园、吐峪沟的刺芽糖、吐鲁番的夜市：愈夜愈撩人等。

**553** 《新疆历史与文化·2007》，田卫疆主编，新疆社会科学院历史研究所编，乌鲁木齐：新疆人民出版社，2008年11月。

本书为新疆地方史的研究文集。书中收录了《近年来罗布泊小河流域考古述论》《汉代西域屯戍史考疑四题》《从别失八里到亦力把里——兼论北庭故城的废弃》《沙陀与周边民族之关系》《成吉思汗在西域的统治》《清代新疆满城探析》《设省前后清朝对新疆主要民族分布格局的调整》《中国与吉尔吉斯斯坦边界演变》《杨增新时期哈萨克族的迁徙与部落分布》《民国时期新疆省政府确定维吾尔族汉译名称的来龙去脉》《丝绸之路上的中外钱币》《丝绸之路上纸的传播》《论锡伯族文化选择的历史规迹》等20余篇文章。

**554** 《新疆史地论文著作索引（1988—2007）》（《新疆通史》研究丛书），田疆生等编，乌鲁木齐：新疆人民出版社，2016年7月。

本书主要收录1988年至2007年间发表在各类期刊或论文集中的有关新疆史地方面的论文、著作，兼收在台湾、香港地区以及国外发表的论文著作篇目，共收条目约15500条。收录内容以直接论述新疆历史、经济、文化等篇目为主，酌收部分有关联的论述，如丝绸之路陆路东西段、北方民族、西北地区史以及中亚等周边地区史等。历史人物亦以论述新疆历史人物为主，酌收历史上曾在新疆活动过的内地人物和外国人物。索引内容大致分为九类，即：地方史、民族史、经济史、文化史、考古、历史地理、历史人物、著作、维吾尔文版著述篇目。

**555** 《新疆游记》，谢彬著，杨镰、张颐青整理，乌鲁木齐：新疆人民出版社，2010年4月，2013年10月。

本书记述了作者自1916年10月至1917年12月期间，以国民政府派员身份奉财政部命令赴新疆省和阿尔泰特别区调查财政期间的所见所闻。全书以新疆为主体，还涉及往返时所经各省见闻，对新疆、阿尔泰两地财政、吏治、军政、国防、教育、实业、外交、交通、建置等，均按实地考察，条陈意见，详著专篇。全书共 20 章，内容包括都门闻见录（1916 年·中华民国五年）、往返东三省、陕西及河南、甘肃道里及政俗、新疆迪化道属、横渡天山及哈萨克风俗、喀什政俗及布鲁特风俗、焉耆道及甘回风俗、新疆山水志及金融税制述详、阿尔泰道里及蒙古风俗、阿尔泰经营论等。

556　《新疆图志》（西域文库·典籍编），王树枏撰，朱玉麒等整理，上海：上海古籍出版社，2015 年 12 月。

本书是清末新疆建省后编纂的第一部全省通志，全面反映了清代新疆地区的政治、经济、军事、外交、自然地理、物产风俗等各个方面的情况，尤其反映了清末新疆地区的特点。全书采用分志叙述的方式，分为建置、国界、天章、藩部、职官、实业、赋税、食货、祀典、学校、民政、礼俗、军制、交涉、山脉、土壤、水道、沟渠、道路、古迹、金石、艺文、奏议、名宦、武功、忠节、人物、兵事等 29 个门类，共 120 卷、200 余万字、近百幅地图。本书第一次将分离的图、志合刊，并对图志中与新疆及其周边直接相关的人名、地名编制了详细索引。

557　《信仰与生活：唐宋间敦煌社会诸相探赜》（敦煌与丝绸之路学术文丛），高启安著，兰州：甘肃教育出版社，2014 年 4 月。

本书从不同角度，对唐宋间敦煌社会有关信仰、意识、知识等相关方面进行了探索，内容涉及古代敦煌人名、敦煌僧人生活、敦煌歌辞、敦煌的量器与量制、敦煌玉女神话、敦煌壁画与雕塑品的制作材料、敦煌的供食及僧人宴饮、敦煌的"社团"组织等。具体包括对唐宋时期敦煌人名的社会属性、价值取向等问题，对羽 067R、羽 067V、S.0526 文书的解读，对敦煌歌辞的研究以及吐鲁番高昌供食文书中的肉食量词的解析。同时，书中还对张孝嵩斩龙传说，敦煌石窟画塑材料中的面粉和油，敦煌、吐鲁番的供食及宴射，敦煌文献中羊的称谓等问题进行了研究。

558　《徐松与〈西域水道记〉研究》，朱玉麒著，北京：北京大学出版社，2015 年 12 月。

本书以徐松和《西域水道记》为中心，对嘉道之际传统学术的发展和西北历史地理学的兴起等问题进行了深入研究。全书分为绪论、徐松生平考论、徐松著作叙录、《西域水道记》研究、结语几部分，作者总结了徐松及其西北史地研究的后世影响与学术定位，分析了徐松研究所体现的学术史偏颇与嘉道之际西北史地学兴起的背景与思潮，对徐稿本与沈抄本、《西域水道记校补》等版本进行了解读，同时，对文本中清代西域流人与早期敦煌研究、嘉道学术的领军、经世意识与塞防危机、西北史地学的接力等问题分别进行了解析。

**559** 《亚洲的脉搏》，[美] 亨廷顿著，王彩琴、葛莉译，乌鲁木齐：新疆人民出版社，2013 年 10 月。

本书是用人文例证深化自然科学课题，深入探索新疆考古发现的丹丹乌里克遗址、喀喇墩故城、楼兰古城、尼雅古绿洲等遗迹，从而论证西域文明对"丝绸之路"和中华文明史的重要作用。书中从气候、环境、地理等自然因素与人类文明的关系描述沙埋古城、绿洲兴衰；从什米尔山谷、喜马拉雅山麓的拉达克人到班公湖和喀喇昆仑高原以及天山深处的柯尔克孜人，用生动的事实演示人与环境的依存关系。本书介绍古道风情并探索一种文明和它的特殊内涵如何形成，并如何延续至今。

**560** 《杨镰西域探险考察文集》，杨镰著，乌鲁木齐：新疆人民出版社，2015 年 5 月。

本书是关于作者杨镰先生在我国西部地区进行探险考察的文集。全书分为《乌鲁木齐四季》《寻访小河秘境》《世纪话题——楼兰》，以及《重返黑戈壁》共四集分册，内容包括了对塔里木河、吉木萨尔千佛洞、疏勒古城、天山走廊、敦煌藏经洞、小河墓地、楼兰古城、黑戈壁等自然地理与历史遗迹的记述，和对斯文·赫定、斯坦因等西方探险家在西域地区探险的思考，总结了作者在甘肃、新疆等地区走访考察的所见所闻与所感，展现了该地区的历史风貌与人文样态，具有较高的学术价值。

**561** 《永远的"西域"：古代中国与世界的互动》，胡孝文、徐波主编，合肥：黄山书社，2011 年 6 月。

本书为中华世纪坛世界艺术馆对古代中国与世界的互动这一主题所作系列讲座的汇编。全书共分六章，内容包括汉唐中国的"西域"情结：与中亚西亚的政治文化互动；欧亚大陆的蝴蝶效应：汉唐帝国如何重构世界版图；"西天之旅"：古代中国僧侣和使臣前往印度的道路；中华民族受惠于印第安人：我们的日常食物有哪些来自美洲等。文中插入大量的展览图片，并保留了讲稿的行文风格，以通俗易懂的方式解读了古代中国通过西域地区与世界的互动。

**562** 《游移的湖》（西域考察探险大系），[瑞典] 斯文·赫定著，江红译，乌鲁木齐：新疆人民出版社，2010 年 4 月，2013 年 10 月。

本书记述了作者赫定和中瑞联合探险队前往已经北返的"游移湖"罗布泊的考察

历险。书中叙述了战后凋敝的昆其村，孔雀河—库姆河上的漂流，寻找入湖三角洲的水道，奥尔得克和他的故事，时隔三四十年与罗布老人的重逢，发现"楼兰公主"与"罗布女王"，千方百计从水域探访楼兰古城，第135号探险营地的不眠之夜，由东向西抵达阿提米西布拉克所受的扼挫等内容。本书是赫定对罗布泊考察的权威记录，对研究罗布泊史地提供了重要参考资料。

**563** 《玉帛之路文化考察笔记》（玉帛之路文化考察丛书），冯玉雷著，上海：上海科学技术文献出版社，2017年2月。

本书是记述与研究玉帛之路文化考察笔记的著作，包括了玉帛之路环腾格里沙漠路网考察、龙首山文化圈考察、玉帛之路与齐家文化考察、草原玉石之路考察手记、牛门洞：会宁玉璋出土地考察、玉帛之路河西段及羌中道考察六部分。书中叙述了在腾格里沙漠地区从景泰永泰古城乌鞘岭北缘长城，和在玉帛之路河西段从天梯山到羌中道的考察经历，讨论了河西走廊与草原丝绸之路的互通，分析了会宁玉璋的文化内涵，并对大夏古城、齐家坪遗址、新庄坪遗址等历史遗迹进行了探讨。

**564** 《玉石之路踏查续记》（玉帛之路文化考察丛书），叶舒宪著，上海：上海科学技术文献出版社，2017年10月。

本书是实地走访调查与研究玉帛之路的著作，汇集了多次玉帛之路的考察成果。书中对乌孙为何不称王、探秘中国文化DNA、环腾格里沙漠的古道、齐家文化与玉石之路、草原玉石之路与《穆天子传》、玉石之路新疆南北道等一系列问题进行了研究与解读，探讨了玉文化对华夏文明的影响，分析了玉石之路对中国玉文化生态格局的改变，考析了玉石之路的源流与路线，讨论了齐家文化中对于玉器的新认识，并就西北地区多处与玉石有关的历史遗迹进行了研究与辨析。

**565** 《元史及西域史丛考》，尚衍斌著，北京：中央民族大学出版社，2013年4月。

本书所收录的是尚衍斌自1987年以来撰写的有关元史和西域史方面的论文汇编，共收入29篇论文。主要涉及关元代科考、少数民族与汉族文化的交融问题，包括《元代色目人史事杂考》《元代色目人进士考》《元代西域史事杂录》《元代婚姻家庭礼俗与礼法文化》等；对元代饮食研究，有《"回回豆子"与"回回葱"的再考释》；元明中外交通研究有《谈明初中朝交往中的两位使者》以及《汉唐时期龟兹经济的几个问题》《唐代西域服饰考略》等对古代西域问题的探讨。

566 《云南历史文化名城研究》，木基元著，昆明：云南大学出版社，2012年7月。

本书是研究云南地区历史文化名城的著作。书中回顾了历史文化名城的类型与特点，分析了云南各民族的历史进程与城市形成的过程，并概述了云南历史文化名城的类型与特色。同时，书中逐一论述了昆明、大理、丽江、建水、巍山等历史文化名城，对其城市概况、历史文化、文物古迹、历史街区，及古城的保护与发展等方面做了叙述与探讨。此外，书中还论述了历史文化名城的保护现状与发展前瞻，从法律保护、科学规划、机遇与挑战等层面提出了保护的对策与建议。

567 《张骞探险之地》（丝路译丛），[乌兹别克斯坦] 瑞德维拉扎著，高原译，桂林：漓江出版社，2017年9月。

全书通过丝绸之路探索东西文明的交流和碰撞，为东西文明交流研究专家、乌兹别克斯坦国家科学院院士瑞德维拉扎的代表作。作者"从西方到东方""从东方到西方"的梳理论述，是本书的主要思路。"从西方到东方"作者讨论了丝绸之路上希腊文化、罗马人以及佛教、基督教、犹太教、摩尼教的文明足迹。"从东方到西方"中作者追寻了粟特人、突厥人以及中国人所创造的灿烂文化及他们之间相互沟通的千年历史，对欧亚政治、经济和文化进行了纵览式的论述。此外，作者还对丝绸之路上的钱币、外交问题进行讨论。

568 《长安与罗马——公元前后三世纪欧亚大陆东西帝国的双城记》，周繁文著，北京：商务印书馆，2016年3月。

本书主要内容讲述公元前后三世纪欧亚大陆东西帝国都城——长安和罗马的历史面貌。主要内容包括两个城市的建立、城市基础设施、行政分区、管理方式、城市布局和娱乐方式等方面，作者对两座城市的历史、建造、居民生活及宗教信仰等问题都作了深入探讨。书中对长安和罗马城的考察，有助于了解两个帝国的文化交流，特别是将两个城市做以对比研究，对秦汉文明和罗马文明的特殊性研究具有一定的启示。

569 《长河奔大漠》（玉帛之路文化考察丛书），徐永盛著，上海：上海科学技术文献出版社，2017年2月。

本书是在查证史料、实地走访、田野考察的基础上，对古代草原丝绸之路与玉帛之路的历史发展、自然地理与遗迹留存进行散文性叙述与探讨的著作。书中分为12个章节，包括《守望石羊河》《梦萦冷龙岭》《远眺双龙沟》《追忆永昌府》《问道阿拉善》等部分,阐述了早期丝绸之路的青海道、草原道及河西走廊中道的走向,探讨了长河对于文明起源与丝路发展的重要意义,在记述石羊河流域历史面貌与人文样态的同时,体现了其在生态建设与文明传承中的重要作用。

**570** 《秩序与生活:中古时期的吐鲁番社会》(西域历史语言研究丛书),孟宪实、荣新江、李肖主编,北京:中国人民大学出版社,2011年1月。

本书是研究与探讨中古时期吐鲁番社会的论文集,汇集了相关文章20余篇。书中内容包括《唐代差科簿制作过程——从阿斯塔那61号墓所出役制文书谈起》《吐鲁番出土〈某氏族谱〉与高昌王国的家族联姻——以宋氏家族为例》《在宗教与世俗之间:从新出吐鲁番文书看高昌国僧尼的社会角色》《阚氏高昌王国与柔然、西域的关系》《西域的供养人、工匠与窟寺营造》《从高昌国到唐西州量制的变迁》等研究成果,对军政体制运作与基层社会构成、多元宗教与社会信仰的实态、西域史事与东西文化交流、知识技术与"长时段"的经济社会变迁等方面进行了论述与研究。

**571** 《中古中国与外来文明(修订版)》,荣新江著,北京:生活·读书·新知三联书店,2014年10月。

本书是北京大学荣新江教授研究与探讨中古中国与外来文明的著作。书中考析了北朝隋唐时期西域粟特人的迁徙过程和聚落地点以及聚落内部的形态,探讨了胡人与中古政治的内在联系、胡人对武周政权的态度和安禄山的宗族与宗教信仰等问题。同时,书中阐述了祆教、景教与摩尼教在西域地区的流行以及对当地文化的影响。此外,作者还对国内外学者所著《突厥汗国与隋唐关系史研究》《汉文史料中的罗马帝国》《唐代九姓胡与突厥文化》《固原南郊隋唐墓地》等汉唐时期中西关系史的论著进行了评介。

**572** 《中国边疆行纪调查记报告书等边务资料丛编(一编)》,边丁编,香港:蝠池书院出版有限公司,2009年4月。

本书是关于对中国边疆行纪、调查记、报告书等边务资料进行汇编的专著。全书共50册,汇集历史文献200余种,内容包括各类边疆行纪、山川河道记述、交通道路、边地调查记、报告书、旅行记、日记、会议记录等类型。这些历史资料一部分源于作者的亲身经历与所见所闻,具有一手资料的历史价值,另一部分源于各级政府官员对于边疆事物的分析、议论、对策、建议、计划等内容,再现了当时边疆事物的真实样态,对研究清朝边疆经营及周边民族关系提供了极具学术价值的历史资料。

573　《中国边疆行纪调查记报告书等边务资料丛编（二编）》，边丁编，香港：蝠池书院出版有限公司，2010年10月。

本书是关于对中国边疆行纪、调查记、报告书等边务资料进行汇编的专著。全书共20册，汇集历史文献170余种，内容包括各类边疆行纪、山川河道记述、交通道路、边地调查记、报告书、旅行记、日记、会议记录等类型。二编相较初编，在以清代史料为主的基础上对古代部分进行了补充，收录了宋代陈襄著《使辽语录》、明代袁彬著《北征事迹》等宋元明时代的史料，有助于相关内容的先后观照。书中内容再现了当时边疆事物的真实样态，对研究清朝边疆经营及周边民族关系提供了极具学术价值的历史资料。

574　《中国边疆史地研究综述》（中国边疆研究文库），厉声、李国强主编，哈尔滨：黑龙江教育出版社，2014年6月。

本书是关于中国边疆史地研究的相关综述。书中内容包括《60年来西北边疆史地研究的回顾与展望》《60年来东北边疆研究论衡》《新中国成立60年来北部边疆研究评述》《中国边疆与周边地区关系史研究60年》《60年来中国历史疆域问题研究》，以及《西南边疆史研究60年的回顾与展望》等学术成果，对60年来中国边疆史地研究进行了系统的回顾与总结，并在此基础上进行了未来研究相关展望，具有较高的学术价值与历史意义。

575　《中国地方志集成（省志辑·新疆青海西藏）》，凤凰出版社编选，南京：凤凰出版社，2012年6月。

本书是《中国地方志集成》中《省志辑》的一部，记述了新疆、青海与西藏三省区的通志。全书共三册，以影印方式进行出版，包含了《乾隆钦定皇舆西域图志》《宣统新疆图志》《青海志》《乾隆西藏志》《嘉庆卫藏通志》五种省级通志，反映了清朝时期三省区政治、经济、军事、文化、交通等各个方面的历史情况，为研究新疆、青海、西藏三省区在清朝时期的历史面貌提供了一手资料，具有很高的史料价值与研究价值。

576　《中国疆域沿革史》（中国现代学术名著丛书），顾颉刚、史念海著，北京：商务印书馆，2015年12月。

本书是系统叙述与研究我国疆域沿革历史的著作。书中回顾了中国疆域沿革史的现有研究成果，探讨了夏民族的历史传说与活动范围，分析了殷商民族的来源及其活动区域，对西周的疆域、东周的王畿范围、春秋列国的疆域，以及战国疆域的变迁进行了讨论与叙述,并总结了先秦人士的区划地域观念。同时,书中还详细探讨了自秦汉时期至明清时代的疆域概况与实行的边疆制度,展现了中国疆域的历史变迁与沿革。此外,书中还就民国成立后疆域区划及制度改革做了阐述。

577 《中国历代中央王朝治理新疆政策研究》,齐清顺、田卫疆著,乌鲁木齐:新疆人民出版社,2004年3月。

本书是研究中国历代中央王朝治理新疆政策的专著。书中探讨了先秦两汉时期中原地区与新疆的交往,以及汉朝统一西域的指导思想和戍边政策,分析了魏晋南北朝时期中原及西北诸政权对西域的统治和郡县制在西域的推行,阐述了隋唐时期中原王朝对西域实行的羁縻政策与推行内地政治经济制度的内容。同时,书中也探讨了五代宋辽金和元明时期各政权治理西域的特点和作用,阐述了元代移民戍边与明朝哈密卫的作用,并就清朝在治理新疆时的前中期实施政策,及建省后的新治理政策进行了详细研究。

578 《中国西部农牧地区城市历史变迁研究》,何一民等著,成都:四川大学出版社,2015年8月。

本书对清代至民国时期中国农牧地区的城市发展与变迁进行了较为全面的深入研究。主要内容包括:清代藏、新、蒙地区城市的发展变迁,清代中国农牧地区城市的发展变迁,清代农牧地区城市发展滞后原因探析论,西藏早期文明与聚落、城市的形成、城市发展的历史分期和特点等。书中运用历史学、经济学、统计学等多学科综合研究的方法,对发展我国农牧地区城市的路径作了有益的探索,对今天的城市规划和建设有一定的借鉴意义。

579 《中国西藏及甘青川滇藏区方志汇编》,张羽新主编,北京:学苑出版社,2003年9月。

本书是关于中国西藏及甘青川滇藏区各地方志的汇编。全书共54册,主要由《西藏地方通志》《西藏厅县志》《甘肃藏区及涉藏方志》《青海藏区及涉藏方志》《川滇藏区及涉藏方志》《藏区宗教志》《语文志》《江河志文献》《近现代学者编著涉藏志乘》等部分组成,收录了清代、民国以来西藏及甘青川滇藏区的各级方志。书中内容系统翔实,为学界提供了丰富的学术资料,再现了西部藏区与藏族在政治、经济、文化等领域的历史面貌与人文样态。

580 《中国新疆的土地和人民》(吐鲁番学研究丛书),[德]勒柯克著,齐树仁译，北京：中华书局，2008年1月。

本书是德国著名考古学家、民族学家和维吾尔学家勒柯克为"德国第四次吐鲁番考察"（1913—1914）写的纪行式报告，其德文本于1928年在莱比锡出版。本书详细记述了勒柯克一行在我国新疆库车巴楚地区进行考古发掘的情况，附5幅地图、48张照片和36幅插图，具体内容有：安集延旅行与逗留、前往喀什噶尔、在喀什噶尔逗留、赴库车的旅程、第一次在那里逗留、在克孜尔逗留与工作、克孜尔明屋石窟逗留、在库车逗留、在苏巴什村驿工作、在克里希停留、在阿赤赫—伊莱克工作、森木塞姆的发掘工作等篇章。本书是对吐鲁番史地研究的第一手资料，具有重要参考价值。

581 《中外文化交流史》，何芳川主编，北京：国际文化出版公司，2008年5月。

本书是关于研究"中外文化交流史"的专著。书中分析了中外文明、文化与文化交流；分别叙述了历史上的中外文化交流，包括两汉魏晋南北朝时期、隋唐至明清时期；研究了西学东渐与欧洲科学在中国的传播；考察了历史悠久的中韩（朝）文化交流与高潮迭起的中日文化交流以及中国与越南、老挝、柬埔寨等东亚、东南亚国家的文化交流；探讨了丝绸之路上中国与伊朗、阿拉伯世界文化交流等问题。本书涵盖了中国与亚洲周边国家、欧美国家、非洲国家等历史变迁过程中的文化交流问题，为研究中外关系提供了参考资料。

582 《中西交通史》（浙江学者丝路敦煌学术书系），方豪著，郑阿财编，杭州：浙江大学出版社，2016年12月。

本书以丝绸之路为中心对中西交通史丝路文化交流作以探讨。书中论述了史前至唐宋时期以敦煌和丝绸之路为主要内容的中西交往历史，涉及了与古代希腊、罗马、印度、波斯、阿拉伯等国家的交往与交流，书中阐明了民族、宗教、文化、交通、政治和贸易等诸关系；并根据近代发现的敦煌文献及新疆地区的考古文物，汲取中外学者相关研究成果，展现了丝路考古文物与文献在中西交通史的研究价值与意义。

583 《中亚内陆：大唐帝国》，薛宗正著，乌鲁木齐：新疆人民出版社，2005年1月。

本书对处在中亚内陆的大唐帝国作以介绍。全书分为三编，上编论述中亚游牧部族的兴衰，即包括以阿史那氏为核心的蓝突厥，以及突骑施、车鼻施、葛逻禄、黠戛斯等异姓突厥部落。中编的主要内容是内陆腹地的沧桑巨变，所涉地区已是河中、费尔干纳盆地及古乌浒水域亦即今阿姆河流域，包括大食（阿拉伯）、波斯（伊朗）、吐火罗（今阿富汗）、康国（今乌兹别克斯坦的河中撒马尔罕、布拉一带地区）、拔汗那

(今费尔干纳)、石国（今塔什干及其附近一带流域）诸国的历史，其核心则是环绕着公元7—8世纪中叶大食对唐朝中亚政治主权的挑战展开。下编则回到唐朝治下的狭义西域，即中亚史的东部地区，今新疆的天山南北的安西、北庭两大都护府或唐碛西节度使的地界。

584 《中亚萨曼王朝史研究》（欧亚备要），许序雅著，北京：商务印书馆，2017年4月。

本书根据史料研究了萨曼王朝的兴起、发展和衰亡的历史过程。作者从政治、经济、文化、民族等角度，探讨了中亚地区封建社会发展的特点及规律。具体内容包括对萨曼王朝的历史分期及政治特点的讨论；对萨曼王朝的对外关系，特别是与哈里发政权、布叶朝、喀喇汗王朝、伽色尼王朝的关系以及与中国的交往等问题进行深入探讨；通过萨曼王朝的税收、货币、手工业和工商业的发展情况，分析萨曼王朝的经济生活及土地制度；对中亚伊斯兰文化的兴盛与波斯文化的"复兴"问题提出独特见解；并对中亚突厥化运动与萨曼王朝的衰亡进行分析。

585 《重返喀什噶尔》，[瑞典] 贡纳尔·雅林著，崔延虎、郭颖杰译，乌鲁木齐：新疆人民出版社，2013年10月。

本书对喀什噶尔进行了探险及考察。书中分为两卷，第一卷是作者对中亚的回忆与思考；第二卷是新疆的语言、历史与文化的探索，如《喀什噶尔的印刷品》《新疆南部麻扎中的奥达姆王麻扎群》《瑞典与中亚的关系及瑞典的中亚研究》《中亚地区的文化碰撞——新疆穆斯林笔下的汉族戏剧》《关于中亚维吾尔语地名的几个问题》《新疆南部麻扎中的奥达姆王麻扎群》等文。书中对二三十年代之交的喀什噶尔和新疆进行了介绍，并对当地的文化碰撞进行了探索。

586 《重走唐蕃古道：接文成公主回娘家》，胡戟、齐茂椿著，西安：陕西师范大学出版社，2007年5月。

本书是记录关于文成公主和她携带去西藏的佛祖十二岁等身像的复制塑像回西安的实录。书中介绍文成公主远嫁藏王松赞干布的历史情况，以及公主和亲结下的藏汉外甥关系对西藏的进步、对古代中国民族关系发展的积极影响。具体而言，书中论述公主奉和亲使命嫁往西藏的经过，包括公主的出身、藏王的求婚、送亲的队伍、唐蕃间古道、炳灵寺礼佛、日月山弃镜、倒淌河泣别、柏海畔成亲、玉树度蜜月、查吾拉入藏等；论述公主在西藏四十年的生活和贡献，内容包括：英主松赞干布、尼泊尔墀尊公主、大相禄东赞、佛祖十二岁等身像、佛教文化的传扬、拉萨城的建设、提升藏民生活的功德、悲凉惆怅后半生、慰藉公主的后来者等。

**587** 《从波斯波利斯到长安西市》（丝路译丛），[美] 乐仲迪著，毛铭译，敦煌研究院编，桂林：漓江出版社，2017年9月。

本书是研究丝绸之路上欧亚古国印章、波斯摩崖石刻及入华粟特葬俗的著作。书中考述了阿兰游牧部落印上的牡鹿纹、大夏文书印章上的野兽状王冠、萨珊印章上的希腊鸟身女妖等纹饰与形象，解读了阿里帝王摩崖、夸迦尔王朝摩崖、阿契美尼德石刻的内容，并对中亚人在北朝的拜火教葬俗、粟特人在中国的拜火教墓葬，以及入华粟特人的石葬具艺术进行了研究。书中内容具有较高的学术价值，对推动与发展丝绸之路上的文明史具有重要的意义。

# 考古与文物

588 《大元帆影：韩国新安沉船出水文物精华》，沈琼华主编，北京：文物出版社，2012年12月。

本书是新安沉船海底文物展览精华图录。书中对宋元时期世界贸易线上的杭州以及新安沉船与海上丝绸之路等问题进行了探讨；对出土文物进行详细介绍，并在此基础上讨论了古代东方的宗教、茶酒、文艺、生活等方面，对当时作为海上丝绸之路重要起点——杭州，作以介绍与讨论，分析其经济地位。本书元代船舶所载瓷器包括中国南北方各窑口以及高丽瓷器，对分析当时两国友好关系和经济往来、交流等方面提供参考。

589 《敦煌的博物学世界》（敦煌讲座书系），余欣著，兰州：甘肃教育出版社，2013年11月。

本书利用敦煌资料探索敦煌博物学。书中从观念和实践两个层面构筑敦煌博物学研究，正文分为六编，从"天""地""时""相物""庶物""异物"六个主题来阐述。第一至第三编关注天命、星占、神祇、天下观、"地理观"、时令观，作者重点分析对于信仰实践和日常生活的影响以及思想、宗教和文化象征意义。第四编为相物法研究，对相六畜、禽鸟、刀剑等相术作以具体考察。第五、六编为对蔬菜、土贡、异物的考察，作者结合名物考证、语言学分析、现代科学知识和考古学成果进行了考辨。书中以敦煌博物学为线索，探察了其精神文化层面的意义及不同文明之间互动的痕迹。

590 《敦煌风物漫记》（华夏文明之源丛书），胡杨著，兰州：甘肃人民美术出版社，2015年1月。

本书是关于敦煌风物的文化记录。书中分为三部分，分别对敦煌历史地理上遗留的文化风物，包括莫高窟、月牙泉、碑铭、庙宇等物质形态风物和婚俗、方言、小调等非物质文化风物进行描述；对敦煌地区的乡土滋味，如夜市、桃杏瓜果和多种小吃进行介绍；第三部分绿洲记忆，就敦煌地区的传统文化记忆，如汉简、乡戏、马灯以及戈壁上的黄昏等风物进行详细解说。全书以敦煌地区的各种风物解读敦煌文化，展现了敦煌独特的地区风貌。

591 **《敦煌史话》（修订本），姜德治著，兰州：甘肃文化出版社，2016 年 9 月。**

本书通过介绍敦煌的历史遗存、历史人物以及敦煌莫高窟艺术宝库，书写出敦煌地区灿烂的历史文化。全书分为四部分，主要介绍张骞通西域、敦煌郡的设立、西域都护府的设立等历史事件以及繁盛的农业、手工业、商贸业和佛教文化的传播所展现古代敦煌的繁荣；通过著名历史人物，包括名将李广利、张奂，书法家张芝、曹全、索靖，以及当地知名的僧人、学者、教育家、节度使、刺史等，介绍了敦煌辉煌的人文历史；对敦煌莫高窟藏经洞、文献遗珍、石窟艺术进行叙述，揭示出敦煌文化的繁盛；全书最后对清末至近现代敦煌人物的贡献以及敦煌文化的发展做以概述。

592 **《敦煌遗珍》（中国珍贵典籍史话丛书），林世田、杨学勇、刘波著，北京：国家图书馆出版社，2014 年 9 月。**

本书是记述敦煌藏经洞发现后的历史与洞中珍贵文物的专著。书中介绍了藏经洞被发现的时代背景与发现的过程，叙述了斯坦斯、伯希和、大谷探险队等外国学者和探险队骗购或强买敦煌遗书，以及国内名流呼吁对敦煌遗书进行保护的有关历史。同时，书中强调了敦煌遗书的丰富性，包含了古本佚籍、通俗文学、宗教典籍，以及关于政治制度、社会经济、术数与科技等方面的历史文献。此外，书中还探讨了敦煌遗书的书写制度、书法演变、装帧形制、写卷断代、古代修复、真伪鉴定等内容，并呼吁了对人类遗产的共同保护。

593 **《甘青地区史前考古》（20 世纪中国文物考古发现与研究丛书），谢端琚著，北京：文物出版社，2002 年 11 月。**

本书是记述与研究甘肃与青海地区史前考古的著作。书中对大地湾一期文化、师赵村一期文化、仰韶早期文化、仰韶中期文化、马家窑早期与中期文化、马家窑晚期文化、齐家文化、辛店文化、沙井文化等多个史前文化进行了考古研究，分别从其发现与文化命名、分布与文化特征、类型与分期、社会经济形态、精神文化生活、社会发展阶段探讨，和与其他考古学文化的关系等角度进行了分析与阐述。同时，书中还探讨了这些文化的族属问题，有助于理清与总结甘青地区史前文化的脉络与发展。

594 **《高昌故城及其周边地区的考古工作报告（1902—1903 冬季）》（新疆文物考古研究所丛刊），［德］阿尔伯特·格伦威德尔著，管平译，北京：文物出版社，2015 年 12 月。**

本书是对百年前高昌故城考古工作的翻译和回顾。书中对高昌故城中的寺院遗址、建筑物、佛塔遗址、壁画以及胜金口遗址、木头沟遗址、吐鲁番城北山坡前遗址等其他考古遗址进行了调查和记录，其考古资料为后续调查、研究、保护、展示等工作提供了重要参考，有利于促进推动相关学术研究和保护工作。书后附有回鹘文写本译文、人名地名以及梵文译名对照表、二十八星宿一览表等内容，为读者研究提供便利。

**595** 《高昌墓表八种》，故宫博物院编，北京：紫禁城出版社，2010 年 1 月。

本书是新疆吐鲁番雅尔湖出土高昌国墓志。书中收入墓志八种，包括：《令狐天恩墓表》（墨书）、《张买得墓表》（墨书）、《麴弹那及夫人张氏麴氏之墓表》（墨书）、《赵荣昌妻韩氏墓表》（墨书）、《田绍贤墓表》（墨书）、《任法悦墓表》（朱书）、《王阁桂墓表》（朱书）、《史伯悦妻麴氏墓表》（朱书）。时间跨度从高昌延昌十一年（571）至唐永徽五年（654）。这几种墓志难得一见且书法精妙，为读者临习魏晋至唐时期的书法提供了便利，同时也为研究高昌国历史提供了资料。

**596** 《归义军时期敦煌石窟考古研究》，沙武田著，兰州：甘肃教育出版社，2017 年 9 月。

本书是对归义军时期敦煌石窟考古的研究成果。书中对莫高窟窟前建筑遗址进行研究，包括殿堂建筑遗址以及第 130 窟窟前殿堂遗址的建筑时代、建筑材料等问题；对《莫高窟记》石窟营建代表性文献进行释读；并对敦煌石窟于阗国王"天子窟""太保窟""天王堂"等石窟进行了考证。在石窟个案研究方面，作者根据第 98 窟分析曹氏归义军时期大窟营建的影响，根据第 61 窟中心佛坛造像为绘塑结合"新样文殊变"进行了考证。此外，作者对于藏经洞的相关问题，如封闭之谜等进行了再探讨。同时，书中还对经变画与当时敦煌社会进行了解读。

**597** 《龟兹文明：龟兹史地考古研究》，张平著，北京：中国人民大学出版社，2010 年 10 月。

本书是对龟兹史地的考古研究专著。作者利用龟兹考古调查、发掘和整理的材料对龟兹早期的考古文化，如：新疆温宿县的天山岩画、拜城县克孜尔水库墓地的考古文化以及克孜尔墓葬出土人颅的种族等问题进行了研究；并对龟兹的钱币，包括轮台县出土的汉龟二体五铢、龟兹地方铸币等方面进行了探讨；对于龟兹古城与佛寺方面，作者在对新和县通古孜巴什古城、新和县克孜勒协海尔古城、库车县唐王城、唐乌垒州城等城址遗迹的调查基础上，根据史料进行了具体考证，对龟兹学的研究多有参考价值。

598 《龟兹寻幽：考古重建与视觉再现》，何恩之、魏正中著，王倩译，上海：上海古籍出版社，2017年12月。

本书是对龟兹石窟艺术进行整体解析的著作，并反映了当时僧侣们的精神生活与创作源泉。书中列举了留存至今的一些龟兹石窟寺院，包括克孜尔嘎哈、森木塞姆、克孜尔、温巴什、库木吐喇等历史遗迹，并分析了龟兹石窟寺院的前室、僧房窟、中心柱窟、讲堂窟、大像窟、禅定窟等构成单元，探讨了石窟寺院之间的关联。此外，书中讨论了禅修的视觉语言，对龟兹壁画中与僧侣持戒有关的禅修、叙事到符号的图像变化、禅修产生的神奇地景等内容做了解读。

599 《海上瓷路：粤港澳文物大展》，浙江省博物馆编，北京：文物出版社，2015年7月。

本书是浙江博物馆海上丝绸之路特展：海上瓷路：粤港澳文物大展的研究图录。南海海上丝绸之路成熟于西汉时期，在唐代得到迅猛发展，中国瓷器大量从海路出口外销。书中汇集粤港澳三地博物馆收藏的精美外销瓷，以实物图录的形式，展现了外销瓷的辉煌。全书分为三个主题：东方瓷国、海上通衢、瓷艺远播，对外销瓷的精美程度，南海通往世界各地的诸多航线以及对西方制瓷工艺的影响与交流等方面都进行了展示。

600 《海上敦煌》，马洪藻、薛桂荣、杨昕怡主编，广州：南方日报出版社，2010年4月。

本书系选取南宋古沉船"南海Ⅰ号"探摸、打捞、入馆、试发掘过程中的部分照片辑录而成，记录了"南海Ⅰ号"重见天日的全过程。全书分为发现与探摸（1987年8月—2007年4月）、打捞与进馆（2007年4月8日—2007年12月28日）、"水晶宫"内试发掘（2009年8月18日—2009年9月28日）、建馆与开放（2004年12月6日—2009年12月24日）、珍贵文物和"南海Ⅰ号"大事记六个部分。每个部分前均配有简要的说明文字，介绍了相关过程。其中珍贵文物部分又分为景德镇窑瓷、德化窑瓷、磁灶窑瓷、龙泉窑瓷、金器和生活物品。

601 《汉代西域考古与汉文化》，中国社会科学院考古研究所、新疆文物考古研究所编，北京：科学出版社，2014年8月。

本书是"汉代西域考古与汉文化国际学术研讨会"会议论文集。书中汇集参会学者的44篇论文及讲话。内容包括汉代西域考古发现与研究、汉代丝绸之路与中西文化交流、汉代考古发现与研究、汉代历史与汉文化研究等方面。具体文章有：《从考古资料看汉朝统辖西域的历史进程与"安辑"举措》《从考古资料看汉晋时期的龟兹》《楼兰地区汉晋墓葬的初步分析》《从考古资料来看匈奴铁器》等篇。本书反映了当时学术界对于汉代西域考古和汉代历史文化研究的新动向、新进展和新成果。

602 《汉长安城未央宫遗址》，陕西省文物局编，西安：陕西旅游出版社，2013年8月。

本书是对汉长安城未央宫遗址的考察。书中根据史籍记载及考古发掘资料对汉长安城未央宫遗迹进行了介绍，揭示了发生在未央宫或是与未央宫相关的历史事件，勾勒出了汉代与西域沟通交流的情况。作者呈现出了未央宫作为丝绸之路文化遗产的历史面貌，论述了考察未央宫的价值与意义，展现了学界对未央宫的研究成果，以及对其保护与管理的状况。特别是在对遗址的保护方面，书中还反映出了文物保护技术与管理理念的成长与进步。

603 《回首·展望——宁夏固原博物馆三十年》，魏瑾主编，银川：宁夏人民出版社，2016年7月。

本书是对宁夏固原博物馆三十年来取得的成就进行回顾并对未来发展的展望。书中介绍了固原博物馆的概况以及组织机构。在文博与考古方面，书中分别从考古发掘、文物收藏、文物征集、文物保护和文物安全的角度回顾固原博物馆所取得的成绩；展览与交流方面，则介绍了固原博物馆的常设展览和临时展览，以及国际交流和国内交流情况，并对宣传教育及交流指导情况作以概述；在探索研究方面，书中展示了固原博物馆所取得的研究成果和获得的奖励情况。最后，书中对固原博物馆的十三五规划做了展望。

604 《金钱之旅：从君士坦丁堡到长安》，林英著，北京：人民美术出版社，2004年6月。

本书通过中国境内出土和发现的索里得金币探讨中国与罗马及波斯在丝绸之路上的交流。书中对索里得金币的由来与使用情况进行介绍，并分析了索里得与基督教信仰；通过索里得金币探索了从地中海岸到欧亚草原的文化交流经过；根据中国出土的索里得形象探讨胡人传统在中国粟特人身上的延续。此外，作者分析了索里得的东方图像，探索了索里得的形象变化及其传播方式。书后附有中国境内发现的东罗马金币列表，为研究者提供便利。

605 《楼兰考古》（欧亚历史文化文库），余太山主编，陈晓露著，兰州：兰州大学出版社，2014 年 12 月。

本书是对楼兰地区墓葬、地面遗址、佛教遗存等考古遗存的考察。书中运用考古学方法，在前人的研究基础上对楼兰地区的墓葬材料进行了整理和分析，建立了编年序列；对楼兰古城和居住遗址进行考察，以墓葬序列为基础对其进行年代判断，针对楼兰国都和古城的性质提出看法，并对居址形态、建筑等文化内涵进行了讨论。此外，作者参考楼兰墓葬和地面遗址序列，将其与犍陀罗的佛教遗存进行对比，考察了楼兰佛教遗存的演变规律。

606 《麦积山石窟初期洞窟调查与研究》（敦煌与丝绸之路石窟艺术丛书），魏文斌著，兰州：甘肃教育出版社，2017 年 3 月。

本书是对麦积山石窟初期洞窟的调查与研究。书中对麦积山石窟所在地——秦州的地理环境和历史文化作以概述并简述了麦积山的基本情况；对麦积山初期洞窟进行详细调查并分期考释其洞窟的年代。此外，作者考证了窟内造像题材内容，分析了洞窟开凿与塑像、壁画的制作，并论述了历代对麦积山石窟的重修以与其他地域及石窟的关系问题。本书客观地介绍了每个洞窟的全部内容，并为其年代判断、题材内容的考证提供了参考资料。

607 《鸣沙遗墨：国家图书馆馆藏精品大展敦煌遗书图录》，国家图书馆编，北京：国家图书馆出版社，2014 年 7 月。

本书是中国国家图书馆馆藏精品大展敦煌遗书的图录集，收录了馆藏敦煌遗书 54 件，其中魏晋南北朝时期 4 件，隋唐时期 22 件，吐蕃统治时期 8 件，归义军时期 20 件。书中所汇敦煌遗书包括《四分律初分卷三》《金刚般若波罗蜜经》《老子道德经》《诸星母陀罗尼经》《观世音经》《七七斋写经》等内容，以佛教典籍为主，也兼有道家典籍、儒家典籍、古代名家名篇，以及蒙学文书与生活文书。此外，书中所录敦煌遗书均包含定名、图版、国图藏编号、年代、尺寸、残缺情况与相关介绍，内容翔实丰富，展现了敦煌遗书的历史价值与艺术魅力。

608 《区段与组合——龟兹石窟寺院遗址的考古学探索》，[意] 魏正中著，上海：上海古籍出版社，2013 年 3 月。

本书是研究龟兹石窟寺院遗址的著作，是作者 2000 年至 2006 年田野调查和研究成果的总结，并将龟兹地区的石窟寺院遗址看作一个整体进行论述。书中简述了龟兹石窟寺院研究的方法，探讨了克孜尔石窟遗址的洞窟组合、各区段内容及其年代，对克孜尔谷西区的石窟寺院进行了分析，阐述了"区段"概念在石窟寺院研究中的应用。书中还探讨了克孜尔石窟的木结构建筑,探索了石窟寺院的年代,并对石窟中龟兹风格的大像窟、禅定窟等石窟进行了逐一解读。

**609** 《撒马尔罕的金桃:唐代舶来品研究》,[美] 薛爱华著,吴玉贵译,北京:社会科学文献出版社,2016 年 4 月。

本书是美国著名汉学家薛爱华所著《撒马尔罕的金桃》的新修订译本,以唐代为研究对象,讨论了当时世界文化的交流与文明的引进。译者对原著中的一些错误之处进行了重新考证,并且还原了原著中征引的汉文原始史料,并且在保留原书 20 幅黑白插图的基础上,新增了 24 页彩色图片。书中对大唐盛世的历史概况做了回顾,重点探讨了动物、植物、木材、食物、香料、药材、纺织品、金属制品、宝石、世俗器物、宗教器物、书籍等唐代舶来品,展现了唐朝的物质生活与社会文化。

**610** 《塞外史地论文译丛》(近代海外汉学名著丛刊),[日] 白鸟库吉著,太原:山西人民出版社,2015 年 12 月。

本书是近代海外汉学家所著名篇中关于塞外史地研究的论文,探讨了古代大秦国、拂森国、条支国等文明的具体所指和名称由来,及其历史发展等内容。全书共上下两册,重点撰写了大秦国及拂森国考、条支国考,见于大秦传中的中国思想,见于大秦传中的西域地理,拂菻问题的新解释,大秦的木难珠等章节。本书版本珍贵、视角独特,为塞外史地研究提供了重要的学术研究贡献,推动了相关学科的发展。

**611** 《沙埋和阗废墟记》(欧亚历史文化文库),余太山主编,[英] 马尔克·奥莱尔·斯坦因著,殷晴、张欣怡译,兰州:兰州大学出版社,2014 年 11 月。

本书译自斯坦因 1903 年出版的《沙漠埋藏的和阗废墟——在中国突厥斯坦从事考古学和地理学考察的旅行纪实》,在初步报告的基础上加工充实而成。书中使用了日记、信函、发掘记录等方面的资料,对作者第一次中亚探险的前后过程,做了翔实的介绍。作者记述从加尔各答出发,途经克什米尔、阿斯多尔、吉尔吉特、罕萨、帕米尔、色勒库尔、盖孜峡谷、喀什噶尔、叶尔羌、和阗、喀拉喀什山等地,对约特干遗址、丹丹乌里克遗址、尼雅遗址、安迪尔废址等进行了调查和挖掘,并获得了大量第一手资料。

**612** 《丝绸之路流散国宝:钱币及其他文物》,龚国强编著,济南:山东美术出版社,2013 年 1 月。

本书对丝绸之路上流散的国宝进行了整理与研究,主要选取了英国大英博物馆、法国吉美博物馆、德国柏林亚洲艺术博物馆、日本东京国立博物馆、韩国首尔国立中央博物馆等单位,收藏的关于钱币、石器、兵器、生活用具等杂项历史文物。书中以图文结合的方式,对中外钱币、玻璃饰品、陶瓷、瓦当、漆器、木雕、铜雕等多种生活用品与宗教用品进行了记述,探讨了其历史价值与文化价值,对当时的社会生活、宗教信仰、艺术思想和文化交流等方面做了解读。

**613 《丝路豹斑:不起眼的交流,不经意的发现》,冉万里著,北京:科学出版社,2016 年 3 月。**

本书利用丝绸之路上交流的物品管中窥豹,对丝绸之路文化作以探讨。全书分为九章,分别对德瓶的源流、象牙的输入与使用、犀牛与犀角的输入、龟甲纹反映的东西方文化交流、童子、花绳与龙马形象、东西方之间工艺与造型、花马的样式与分类、吐鲁番北朝至唐代的太阳与月亮图等问题作以解读,并配以插图 800 余幅。作者通过对以上物品与工艺、图像的分析,论述了丝绸之路上各个历史时期的文化交流与演变的过程,揭示了丝绸之路对文化传播的重要作用。

**614 《斯里兰卡与古代中国的文化交流:以出土中国陶瓷器为中心的研究》,[斯里兰卡] 贾兴和著,广州:中山大学出版社,2016 年 10 月。**

本书主要包括斯里兰卡与古代中国关系史述评;史料所见两国之间的文化交流,包括唐代以前的斯中文化交流、唐宋元明时期的斯中文化交流问题;从海上交通路线与交通工具两方面展开两国之间海上交通的考古学研究;通过对陶瓷、古钱币、三体郑和碑等器物的考古学研究探讨两国之间文化交流;并以斯里兰卡地理的重要性以及近海和内河航行的背景与佛教中心等问题阐释斯里兰卡在中国海上交通上的地位。本书从史料和考古学角度研究古代中国与斯里兰卡的文化交流;斯里兰卡是海上丝绸之路研究的组成部分,丰富了中西海上交通史和文化交流史的内容。

**615 《粟特人在中国——考古发现与出土文献的新印证》,荣新江、罗丰著,北京:科学出版社,2016 年 6 月。**

本书是对粟特人在中国的研究讨论合集。全书收录中外学者提交的论文 48 篇,内容涉及丝绸之路上发现的与粟特有关的遗址、文物、文献、碑志等相关的考古、历史以及语言学研究,是关于我国古代丝绸之路历史文化研究的重要著作。具体文章有《丝绸之路上的玻璃器》《西突厥汗国的 Tarqan 达官与粟特人》《入华粟特人葬具上的翼兽及其中亚渊源》《唐代洛阳粟特裔居民的佛教信仰》《从阿拉米文到满文:粟特文字的前世今生》《回鹘时代:10—12 世纪的塞北丝绸之路》等。

616 《唐县高昌墓地发掘报告》，王会民主编，北京：文物出版社，2010年10月。

本书是关于唐县高昌墓地的发掘报告，在对每个墓葬整理的基础上，总结归纳了初步的研究成果。书中介绍了墓地概况及工作方法，并对工作概况和材料内容进行了梳理和编写，逐一介绍了墓葬的整体情况，包括7个战国时期墓葬，92个西汉时期土坑墓葬，20个两汉时期砖室墓葬，6个北朝至隋代墓葬，1个宋代墓葬，1个清代墓葬，以及4个无法断代墓葬。本书初步研究了墓葬形制和出土器物，阐述了每个时期的墓制、葬俗、陪葬品等方面的特点和演变，并根据出土成果对一些墓葬进行墓主身份的推测。

617 《天龙山石窟保护研究》（中国古建筑制作技术丛书），左国宝、祁伟成著，北京：文物出版社，2016年2月。

本书选取了山西天龙山石窟为对象，对其历史沿革、整体现状和保护过程等内容做了研究。书中整体介绍了晋阳古城和天龙山的历史情况，对东魏到唐代的开凿过程做了回顾。作者对天龙山石窟的现状做了总结，强调山体裂缝产生危岩的危害，并从地质构造、岩石拉应力、温度与风化等因素分析了山体裂缝的成因。书中还记录了为保护天龙山石窟进行的各种测试，提出了山体危岩加固的实施方案与漫山阁的复建设计。此外作者还构思了天龙山景区的保护思路，对景区与景点的保护提出了建议。

618 《天山天人吐鲁番：西域神秘元素富集地的影像报告》，周李杰、王功恪编著，重庆：重庆出版社，2008年8月。

本书研究了天山地区的地质构造、生物演化、民俗信仰、历史文化等内容。书中介绍了天山山脉与吐鲁番盆地的地质构造和地理风貌，对其形成过程和形成因素做了讲述；同时，介绍了天山地区的生物进化和生态多样性，以及当地壮丽的自然景观。作者探析了天山地区的古代文化，对岩画、石刻、墓葬等历史遗迹做了解读，介绍了天山地区的文化发展与古城、古国的历史变迁；并通过对维吾尔族节日、婚俗、丧葬等民俗与信仰的研究，探寻了天山地区的社会发展。

619 《土遗址保护研修报告》，詹长法、冈田健主编，北京：文物出版社，2010年12月。

本书对丝绸之路沿线土遗址的保护与研修做了探讨，旨在通过了解现在土遗址的现状，运用先进科学技术对其进行有效的保护。书中概述了土遗址的基本理论与概念，对遗址类型、分布与现状做了总结，并提出了相关学科的保护应用；分析了土遗址的生态环境与构成材料，以陕西韩城梁带村 M27 遗址为例设计了土遗址的保护方案。同时，书中还从实践角度介绍了踏实墓阙的保护工作，强调了新工艺、新技术在工程的应用与效果。作者对土遗址的保护做了系统性的总结，提出了人才培养、行业标准、预防性保护等对策建议。

620　《吐鲁番博物馆》，新疆维吾尔自治区文物局编著，北京：文物出版社，2012 年 3 月。

本书是详细介绍吐鲁番博物馆的著作，从历史沿革、馆藏精品、展览陈列、学术交流与服务等方面做了整体叙述。书中对吐鲁番博物馆的发展史和吐鲁番地区文物局的发展史做了回顾，列举了馆内藏有的石器、金属器、陶瓷器、木器、文书、钱币等多种类别的历史文物。书中还介绍了博物馆内关于吐鲁番地区通史、出土文书、金银币、巨犀化石和吐鲁番出土干尸及随葬品等系列的展览，也记述了博物馆发展以来关于举办国际学术研讨会、西域古典语言学高峰论坛，发挥爱国主义教育基地的相关职能。

621　《吐鲁番博物馆藏历代钱币图录》，吐鲁番博物馆、吐鲁番学研究院编，上海：上海古籍出版社，2013 年 12 月。

本书是以吐鲁番博物馆藏的历代钱币为研究对象，根据钱币的铸造时代、发行年代和国别等方面进行分类，汇集而成的专业钱币图录。书中记述了包括汉代、魏晋南北朝、隋唐、宋辽夏金、元明清等中原王朝制造的钱币，也收录了清代至民国时期中央政府在新疆发行的红钱、制钱、新疆铜元、银钱、纸币等钱币类型，还汇集了汉佉二体钱、龟兹五铢、高昌吉利、高昌回鹘钱、察合台汗国钱等新疆本地自铸的钱币，此外东罗马金币、萨珊银币、西突厥隐蔽、花剌子模去钱币、帖木儿帝国银币等丝路沿线国家的钱币也囊括其中。书中钱币种类繁多、古今中外均有囊括，反映了吐鲁番地区的历史发展与在丝绸之路的中西交流中所起到的重要作用。

622　《吐鲁番文物精粹》，李萧主编，上海：上海辞书出版社，2006 年 6 月。

本书是对吐鲁番出土精品文物的整理与汇编，详细介绍了每件文物的名称、图版、年代、尺寸、出土地、保存地，以及自身特点等。书中收录与介绍了早期人类活动使用的石核、石镞、刮削器、石刀等石制工具与兵器，和萨满教服饰与用具、毛织物、陶器、木器、乐器、马具等姑师文化器物，以及金银器、玉器宝石等车师国、高昌故城的历史文物，以及石窟、佛像、泥俑、彩绘、随葬品等反映民间信仰的文化艺术，此外也包括高昌王国、唐西州及回鹘文化的文化遗产等内容。

623 《吐鲁番学研究：古代钱币与丝绸高峰论坛暨第四届吐鲁番学国际学术研讨会论文集》，张勇主编，吐鲁番学研究院、吐鲁番博物馆编，上海：上海古籍出版社，2015年3月。

本书为第四届吐鲁番学国际研讨会的论文汇编。本次会议的主题是古代钱币与丝绸，同时也涉及了丝绸之路研究以及吐鲁番学的方方面面，内容丰富，蔚为大观。本论文集作者即为参加第四届吐鲁番学国际学术研讨会的数十名学界著名的中外学者，论文集中涉及钱币，纺织品与纺织，吐鲁番地区出土文书、绘画以及其他相关内容论文。总体来讲，这是一本反映学术研究最新、国际化水平的论文集，研究者如Durkin-Meisterernst、雅库甫、杨富学等关注于吐鲁番学领域的一些重要或是新问题，对相关研究进行了有力的推进；对于钱币的集中讨论，如对于"高昌吉利"钱币的数篇讨论有助于我们从各个方面集中了解关于这一问题的考察现状；关于出土纺织品工艺和保存方法的探讨对于日后的纺织品考古发掘、保存和研究等问题均具有十分重要的意义。

624 《文明之劫：近代中国西北文物的外流》，贾建飞著，北京：人民美术出版社，2004年5月。

本书是对近代中国西北文物外流过程的叙述与评论。书中分为三章，首先对"鲍尔写本"的发现及其影响作以叙述，讲述了19世纪90年代以前西方国家在新疆的探险与觅宝活动以及达格利什的遇害及"鲍尔写本"的发现与解读；其次探讨了新疆考古时代的到来，叙述了斯坦因在新疆的考古活动以及其他国家在新疆的考古活动；最后对中国的反抗活动进行了论述，具体包括华尔纳的中亚考察及中国的反抗浪潮、中国学术团体协会的成立与中瑞联合西北科学考察团以及斯坦因的第四次中亚考察等内容。

625 《武威地区西夏遗址调查与研究》（西夏文献文物研究丛书），黎大祥、张振华、黎树科等著，北京：社会科学文献出版社，2016年6月。

本书是调查与研究武威地区西夏遗址的著作。书中叙述了凉州重修护国寺感通塔碑、杂木寺摩崖石刻造像等碑刻造像，探讨了武威西凉府署大堂建筑、永昌县千佛阁遗址等建筑遗存，对国内西夏瓷器的出土及研究状况，以及瓷窑遗址与瓷器窖藏研究成果进行了评述。同时，书中探讨了永昌县圣容寺、天梯山石窟等宗教遗存，以及武威地区的故城和烽燧遗址。此外，作者亦阐述了该地区的墓葬类型与特点，研究了西夏地区主要通行货币和历史价值，并就西夏金属器和官印、符牌等器物进行了考析。

626 《西部考古（10辑）》，文化遗产研究与保护技术教育部重点实验室、西北大学丝绸之路文化遗产保护与考古学研究中心、边疆考古与中国文化认同协同创新中心、西北大学唐仲英文化遗产研究与保护技术实验室编著，北京：科学出版社，2016年6月。

本书是西北大学文化遗产研究与保护技术教育部重点实验室、西北大学丝绸之路文化遗产保护与考古学研究中心等机构主编的集刊，主要内容为我国西部地区历史考古、文化遗产研究和文物保护。本辑收录文章共有21篇，包括1篇调查报告，1篇考古发掘简报和1篇调查记，余下18篇内容涉及考古学、文物学、文化遗产管理与保护规划、环境与历史地理等多个方面。如：《内蒙古乌拉特中旗哈日楚鲁遗址调查报告》《新疆库车县库俄铁路沿线考古发掘简报》《新疆丝绸之路沿线出土料珠初探》等篇。

627 《西部考古（第11辑）》，文化遗产研究与保护技术教育部重点实验室、西北大学丝绸之路文化遗产保护与考古学研究中心、边疆考古与中国文化认同协同创新中心、西北大学唐仲英文化遗产研究与保护技术实验室编著，北京：科学出版社，2016年9月。

本书是西北大学文化遗产研究与保护技术教育部重点实验室、西北大学丝绸之路文化遗产保护与考古学研究中心等机构联合编著的学术年刊。主要内容为我国西部地区历史考古、文化遗产研究和文物保护。本辑收录文章共有23篇，涉及中华文明起源的有《中原地区的生业状况与中华文明早期发展的关系》与《中国文明的特质及其形成过程——从东西方文明的比较看》等；关于考证类的文章有《𬭚仲簋铭文补释》《唐傅揩墓志读考》等；关于科技考古的有《新疆巴里坤东黑沟遗址出土动物骨骼的碳氮同位素分析》《利用Photoshop翻新旧线图的方法》等篇。

628 《西部考古（第12辑）》，文化遗产研究与保护技术教育部重点实验室、西北大学丝绸之路文化遗产保护与考古学研究中心、边疆考古与中国文化认同协同创新中心、西北大学唐仲英文化遗产研究与保护技术实验室编，北京：科学出版社，2017年1月。

本书是西北大学文化遗产研究与保护技术教育部重点实验室、西北大学丝绸之路文化遗产保护与考古学研究中心等机构联合编著的学术年刊。主要内容为我国西部地区历史考古、文化遗产研究和文物保护。本辑收录文章共有20篇，其中包括发掘报告与调查报告1篇；关于石器时代的研究有《湘赣新石器时代考古学文化比较研究》等篇；关于青铜器的研究有《再论西周青铜器演变的非均衡性问题》等篇；关于简牍研究的有《秦简中的"祠五祀"与"祠先农"》等篇，此外，还有《2015年魏晋南北朝墓葬考古发现与研究述评》综述文章1篇。

**629** 《西部考古（第13辑）》，文化遗产研究与保护技术教育部重点实验室、西北大学丝绸之路文化遗产保护与考古学研究中心、西北大学唐仲英文化遗产研究与保护技术实验室编，北京：科学出版社，2017年4月。

本书是西北大学文化遗产研究与保护技术教育部重点实验室、西北大学丝绸之路文化遗产保护与考古学研究中心等机构联合编著的学术年刊。主要内容为我国西部地区历史考古、文化遗产研究和文物保护。本辑收录文章共有25篇，包括3篇调查报告与22篇专题论文。涉及先秦时期的有《古龠之律管说》等篇；考证方面的有《唐东方海墓志铭考释》等篇；关于科技考古的有《韩城梁带村芮国墓地出土西周晚期人骨的稳定同位素分析》等篇，以及两篇会议纪要文章。

**630** 《西部考古（第7辑）》，文化遗产研究与保护技术教育部重点实验室、西北大学丝绸之路文化遗产保护与考古学研究中心、西北大学唐仲英文化遗产研究与保护技术实验室编，西安：三秦出版社，2014年9月。

本书是西北大学文化遗产研究与保护技术教育部重点实验室、西北大学丝绸之路文化遗产保护与考古学研究中心等机构联合编著的学术年刊。主要内容分为调查与发掘、研究与探索两部分，收录了《罗布泊楼兰遗址发现一批铜器》《陕西榆林沙家店镇木头则沟石窟调查简报》《新疆发现的安德罗诺沃遗存文化研究》《青海东北部地区的马家窑类型遗存》《龟兹汉文化二题》《古代丝绸之路胡商的主要交易品赏析》《明代回青管理制度探析》等文章27篇。

**631** 《西部考古（第8辑）》，文化遗产研究与保护技术教育部重点实验室等编，北京：科学出版社，2015年6月。

本书是西北大学文化遗产研究与保护技术教育部重点实验室、西北大学丝绸之路文化遗产保护与考古学研究中心等机构联合编著的学术年刊。收录考古调查、发掘报告及研究论文等共计18篇，主要有《2014年乌兹别克斯坦撒马尔罕盆地南缘考古调查简报》《半坡遗址仰韶早期的埋葬方式研究》《汉阳陵出土封泥研究》《八连城出土文字瓦研究》《基于微观结构的柏孜克里克石窟壁画起甲成因及修复研究》《聚氨酯及其改性材料在文物保护中的应用》等篇。

632 《西部考古（第 9 辑）》，文化遗产研究与保护技术教育部重点实验室等编，北京：科学出版社，2015 年 12 月。

本书是西北大学文化遗产研究与保护技术教育部重点实验室、西北大学丝绸之路文化遗产保护与考古学研究中心等机构联合编著的学术年刊。内容涉及考古学、文物学、文化遗产管理与保护规划、环境与历史地理等多个方面，主要论文有《西安南郊郭杜镇西汉墓发掘简报》《夏商时期以顺山屯类型为中心的考古学文化间的交流与融合》《西安北郊郑王村西汉墓出土釉陶礼器与陶礼器之关系初探》《新疆交河故城东北佛寺加固技术中的保护理念》等 18 篇。

633 《西部美术考古史》（西部美术考古丛书），罗宏才著，上海：上海大学出版社，2015 年 10 月。

本书是对中国西部美术考古历史研究的专著。书中对西部美术考古发展史述论，主要概述了 19 世纪末至 20 世纪初期、1919—1928 年、1928—1949 年的西部美术考古情况，并对区域美术考古历史做了观察结论；探讨了西部美术考古的途径与方法，主要包括收藏著述与西部美术考古、美术考古元素的提取与利用等问题。作者对西部美术考古的区域主题进行论述，包括唐昭陵六骏位序、蓝本、仿绘、仿刻、拓本与模制，唐会王墓志引发的几个问题以及美术考古实践案例。此外，作者还对西部美术考古的自由与规制以及流传与递变的历史进行了分析。

634 《西藏古格王国遗址洞窟变形破坏机理及加固对策研究》，齐干、杨国兴、李兵、杨军等著，北京：冶金工业出版社，2016 年 1 月。

本书主要研究西藏古格王国遗址洞窟变形破坏机理及加固对策。书中对古格王国遗址工程条件进行了分析与试验研究，具体内容包括地形地貌、地质构造与古地理环境、地层岩性及空间分布、层理、节理及裂隙与地震等问题。此外，书中对古格王国遗址洞窟分类及变形破坏模式研究，分析了古格王国遗址洞窟变形破坏力学机制及影响因素。作者对古格王国遗址边坡及洞窟稳定性进行了评价并提出了加固对策设计。对于古格王国遗址区排水系统破坏机理及整治对策，作者也提出了自己的方法并展望了未来的研究工作。

635 《西夏建筑研究》（西夏文献文物研究丛书），陈育宁、汤晓芳、雷润泽著，北京：社会科学文献出版社，2016 年 3 月。

本书以在西夏故地发现的西夏建筑遗迹为研究对象，对西夏陵墓、寺庙、佛塔、城池与供电等建筑形制进行了探讨。书中梳理了西夏地区建筑遗迹的发现与研究，对相关研究进展状况进行了评述。同时，书中探讨了西夏石窟寺的构造特征以及寺庙的建制与布局，分析了西夏佛塔类型、建筑特征与装饰风格，探讨了城市堡寨的分布与保存及构造特点。此外，书中还叙述了帝陵、宫殿、衙署等建筑，再现了西夏区建筑的历史面貌。

636 《西夏陵突出普遍价值研究》，银川西夏陵区管理处编，北京：科学出版社，2013年12月。

本书是研究西夏陵普遍价值的专著。书中介绍了西夏地理气候、生态环境与疆域演变的概况，叙述了西夏在习俗、宗教、文字、交通和艺术上的文化特征，对西夏城址、寺院、古塔、石窟等历史遗迹进行了梳理与总结。同时，书中研究了西夏陵的陵寝制度、建筑复原，对比分析了西夏陵与宋陵和辽、金陵寝制度的区别，并探讨了西夏文明在中国文明与文化史上的地位、特色与贡献，突出了西夏陵的历史价值与研究意义。

637 《西夏遗迹》（20世纪中国文物考古发现与研究丛书），牛达生著，北京：文物出版社，2007年1月。

本书是专门介绍与探讨西夏遗迹的著作。书中概述了西夏考古的发现与研究，叙述了西夏时期及与西夏有关的碑刻，探讨了西夏陵墓的形制特征与党项族的葬俗演变，列举了内蒙古、宁夏、甘肃等地的西夏城址与遗址，以及西夏的窑址与窖藏。同时，书中还对西夏钱币、官印和符牌进行了叙述，分析了西夏的寺庙、古塔及其特点，阐述了莫高窟、榆林窟、百眼窑石窟等遗迹中的西夏元素，并就西夏文书的出土、活字印本、雕版及印刷特点做了评述，展现了西夏遗迹的文化内涵与历史风貌。

638 《西域古钱币研究》，蒋其祥著，乌鲁木齐：新疆大学出版社，2006年1月。

本书是蒋其祥多年来陆续发表的关于钱币研究的系列文章论文集。全书共分为三大部分，上编是西域钱币史研究的文章，主要有《新疆古代钱币的发现与研究》《秦汉三国两晋南北朝时期钱币研究》《隋唐五代十国的西域钱币研究》等篇；中编是黑汗朝钱币专论，主要论文有《新疆出土阿图什出土的穆罕默德阿尔斯兰汗钱币研究》《新疆黑汗朝述略》等篇；下编为西域钱币散论，论文则有《新疆地区发现的察合台汗国银币》《库车热西丁钱币考》《龟兹五铢钱》等篇。

639 《西域考古记》，[英]斯坦因著，向达译，北京：商务印书馆，2013年2月。

本书是英国考古学家、探险家斯坦因对中国新疆及中亚地区进行三次探险的纪实之作。全书共分为二十一章，主要内容包括对于亚洲腹部的鸟瞰、中国之经营中亚以及各种文明的接触、越兴都库什以至帕米尔同昆仑山、在沙漠废址中的第一次发掘、尼雅废址所发现的东西以及尼雅废址之再访和安得悦的遗物、循古道横渡干涸了的罗布泊等问题。书中通过记录大量的考古挖掘，首次揭开了诸如楼兰、尼雅等古国的神秘历史，具有珍贵的史料意义，对于读者了解该地区的历史有重要的参考价值。

640 《西域考古文存》，王炳华著，兰州：兰州大学出版社，2010年8月。

本书是关于西域地区考古方面研究的论文集。全书共收有论文28篇，内容涉及石窟、古墓、玉器、丝绸之路方面的文章，主要代表性论文有《汉代以前的欧亚内陆交通》《唐白水镇考》《玉其土尔古城与唐安西柘橛关》《西汉以前新疆和中原地区历史关系考索》《檋櫢考——兼论汉代礼制在西域》《西迁伊犁后乌孙的社会经济政治状况》《古代西域植棉及棉纺织业发展》《从考古资料管窥西域服饰文化》等篇。

641 《西域考古研究——游牧与定居》，肖小勇，北京：中央民族大学出版社，2015年6月。

本书从环境与社会的关系、丝绸之路与历史考古等方面，对古代西域自史前至汉晋时期的考古文化进行研究。书中对西域考古的特点及其理论、方法进行分析总结，提出区域文化共同体概念，重新审视西域史前文化的结构与关系，探讨区域文化变迁及其与西域王国的关系；讨论西域考古文化转型，重点研究丝绸之路对新疆考古文化的影响以及人地关系即聚落与环境的交互作用与影响。此外，作者对西域古国楼兰鄯善进行了专门研究，从考古学角度阐释楼兰鄯善国的社会结构，探索西域国别考古学问题。

642 《西域史地考古论集》（中华现代学术名著丛书），黄文弼著，北京：商务印书馆，2015年12月。

本书记述了黄文弼先生在内蒙古和新疆考古的经过和发现，为西域史地考察与丝绸之路研究的奠基之作。全书共分四编，以吐鲁番、焉耆、轮台、库车、若羌等地的考古调查简记为主，简述古城、寺庙、古冢等古代遗址的考古发现；介绍汉代西域诸国以及相关地区古代自然地貌、文化、交通等方面的变迁；对吐鲁番雅儿崖地区发现的陶器、墓砖等墓葬品展开研究，并对高昌等国留存的石刻碑铭作以校记，考证高昌国史及其疆域；以龟兹、于阗、楼兰等古国城址、交通、地理、文献、族属等方面为主要研究对象，论述古代西域的历史地理文化。

**643** 《新疆阿尔泰地区考古与历史文集》（新疆文物考古研究所丛刊），新疆文物考古研究所编著，北京：文物出版社，2015年12月。

本书汇编了1963年及其之后的考古发掘简报18篇，相关研究论文30篇，涉及青铜时代到隋唐的古代墓葬以及岩画、鹿石、石人方面的调查和研究，并且收集了相关历史文献、牧业经济、文化人类学等方面的研究成果。内容包括《阿勒泰地区石人墓调查简报》《新疆克尔木齐古墓群发掘简报》《富蕴县塔勒德萨依墓地发掘简报》《新疆青河三海子墓葬及鹿石遗址群考古新收获》《额尔齐斯河畔的石器遗存及其类型学研究》《论克尔木齐文化和克尔木齐墓地的时代》《试论新疆阿勒泰地区的两类青铜文化》《新疆石人的类型分析》《新疆鹿石综述》等。

**644** 《新疆昌吉回族自治州考古调查与发掘》（新疆文物考古研究所丛刊），新疆文物考古研究所编著，北京：文物出版社，2015年1月。

本书主要汇辑了新疆文物考古研究所配合"定居兴牧"工程在昌吉州的考古发掘收获以及近年来昌吉州境内基本建设中的考古发掘清理成果，由17篇田野发掘简报及研究报告组成，内容上至青铜朝代的遗址，下至隋唐时期的游牧文化墓葬遗存，近至清代博格达山庙遗址。包括《木垒县伊尔卡巴克细石器遗存调查》《吉木萨尔县大龙口古墓葬发掘简报》《阜康市白杨河墓地发掘简报》《阜康市阜北农场基建队古遗存调查》《昌吉市努尔加墓地2012年发掘简报》《木垒县干沟墓地出土人骨研究报告》《呼图壁县石门子墓地出土人骨研究报告》等。

**645** 《新疆地下文化宝藏》，[德]阿尔伯特·冯·勒柯克著，陈海涛译，乌鲁木齐：新疆人民出版社，2013年10月。

本书是德国吐鲁番考察队于1904—1905年、1906—1907年第二、第三次到新疆考察探险的纪实，内容涉及各地的宗教、寺窟及所见所闻等。正文分为十部分，包括第二次吐鲁番—哈拉和卓考察，在哈拉和卓的生活与工作，胜金口、柏孜克里克、七康湖和吐峪沟诸地的寺窟，从哈密到喀什，喀什之行，与格伦威德尔会面和第三次考察的开始，在克孜尔的考察与经历，库尔勒—焉耆考察及前往喀什，翻过喜马拉雅山回到柏林等。附录包括普鲁士皇家第一次（即德国第二次）新疆吐鲁番考察队的缘起、行程和收获，德国吐鲁番考察队综述，德国四次吐鲁番考察活动时间及路线图等内容。

**646** 《新疆考古记》，[瑞典]沃尔克·贝格曼著，王安洪译，乌鲁木齐：新疆人民出版社，2013年10月。

本书是1928至1931年间斯文·赫定博士领导的中瑞中国西北科学考察团在中国

的新疆省进行了大规模科学考察的记录。书中所述及的内容即为以"小河5号墓地"为核心开展的小河流域考古调查及发掘工作。全书分为新疆史前考古发现、历史时期的罗布泊地区、罗布泊北缘考古发现、罗布泊南缘考古发现四部分，内容涉及史前遗存、彩陶遗址、塔里木河下游水文地理概况、"小河"沿岸的古代遗存、库姆河三角洲的古墓、罗布沙漠中的废墟、库鲁克塔格岩画、肖尔查干的墓葬、喀拉沙尔地区的古代遗址、库米什遗址、车尔臣、瓦石峡等。

**647** 《新疆考古论集》（欧亚历史文化文库），余太山主编，孟凡人著，兰州：兰州大学出版社，2010年9月。

本书对新疆地区重要考古遗址进行了探讨。书中对交河故城、高昌故城、可汗浮图城、"别失八里"城、唐轮台城、罗布淖尔土垠遗址、依循城、楼兰故城等大型遗址进行考述；同时对楼兰尼雅简牍、李柏文书、佉卢文简牍、粟特古书简进行解读，分析其反映的社会背景与西域诸国的关系。书中还对中国边疆考古学与世界考古学的关系、楼兰考古学、吐鲁番考古学和"吐鲁番学"及其关系略说等问题进行了讨论。

**648** 《新疆考古论文集》（欧亚备要），陈戈著，北京：商务印书馆，2017年4月。

本书是关于新疆地区考古的论文集，共收录了相关文章38篇，包括综述3篇，史前时期25篇与历史时期10篇，大部分完成与问世于20世纪八九十年代。书中回顾与总结了20世纪新疆考古研究的历史与现状，探讨了新疆地区古代交通路线的兴衰变化，概述了新疆地区古代文化遗址的现状、价值与保护情况。同时，书中还探究了新疆地区史前时期的文化遗存，对其时代、类型、分布、特点以及文化等领域进行了研究与论述。此外，书中还对新疆地区古代城址与道路进行了历史地理的考证。

**649** 《新疆文物保护研究论文集（1）》，梁涛著，北京：科学出版社，2016年6月。

本书是新疆文物古迹保护中心在所承担完成的主要文物古迹保护工程勘察、维修、设计及施工方面，长期进行研究汇集而成的成果，既有对文物保护工程具体施工的论述，也有对文物修复的专题理论研究。全书分为不可移动文物保护、可移动文物保护、科学分析研究及其他四部分内容。收录文章包括《新疆坎儿井的概况及保护思路》《新疆首座遗址博物馆建设施工中对文物本体的保护》《龟兹石窟壁画的病害类型及成因初步分析》《新疆区大遗址保护总体规划的再认识》《从阿斯塔那古墓看野外文物点的安全技术防范》等。

650 《新疆文物保护研究论文集（2）》，梁涛著，北京：科学出版社，2016年6月。

本书是新疆文物古迹保护中心在所承担完成的主要文物古迹保护工程勘察、维修、设计及施工方面，长期进行研究汇集而成的成果，既有对文物保护工程具体施工的论述，也有对文物修复的专题理论研究。全书分为不可移动文物保护、可移动文物保护、科学分析研究及其他四部分内容。收录文章包括《库木吐喇石窟50号窟壁画抢救性保护修复》《吐鲁番鄯善县洋海墓地M149出土黄地红蓝绛毛长衣修复报告》《阿斯塔那彩绘泥塑文物修复材料的筛选实验及应用》《浅谈馆藏文物数据库建设工作中文物档案的规范化》《关于区域性文物保护规划编制的探索》等。

651 《兴教寺塔》，陕西省文物局编，西安：陕西旅游出版社，2013年8月。

本书通过图片、文字展现了兴教寺塔的特色，揭示了其历史、价值以及保护与管理的状况，呈现出兴教寺塔的历史面貌，反映了文物保护技术与管理理念的成长与进步。全书分为樊川名寺，千年古塔；灵塔相映，师徒永伴；丝路丰碑，文化使者；古塔探秘，科学研究；保护遗产，传承文明五部分。内容涉及兴教寺塔的建造历史、兴教寺发展沿革、玄奘与窥基的经历与贡献、对丝绸之路文化传播所起到的重要作用等内容，同时对兴教寺塔的考古勘探、科学观测、科学研究和保护方面作者也做了探讨。

652 《须弥山石窟研究》，代学明著，银川：宁夏人民出版社，2016年9月。

本书是处在丝绸之路宁夏段上的须弥山石窟研究专集，共收入国内外专家学者论文50余篇，内容涉及须弥山石窟与丝绸之路、石窟考古、造型艺术、石窟保护、开放利用等各方面。书中收录的文章包括《须弥山石窟与丝绸之路的关系、价值及研究》《须弥山石窟的布局与开凿》《须弥山——追寻丝绸之路上的佛迹》《须弥山石窟的佛教美术交流史的意义》《丝绸之路与须弥山石窟》《须弥山石窟与隋唐原州历史文化》《历史遗产的垂青现实发展的机遇——丝绸之路宁夏段遗产保护传承利用调查须弥山石窟的病害成因及防治对策》《关于博物馆宣教工作的几点思考——以须弥山博物馆为例》等。

653 《云冈石窟的营造工程》，彭明浩著，北京：文物出版社，2017年5月。

本书以营造工程的视角，对云冈石窟各类工事活动进行了考察与探讨。书中从宏观角度分析了云冈石窟的选址情况、选址特点与功能分区，从中观角度探究了云冈石窟外部崖面的现状及开凿过程，并记述了石窟所在流域的地貌以及周边小窟群崖面的情况。同时，书中亦从微观角度研究了云冈石窟的内部空间，介绍了研究问题与研究方法，对云冈一期石窟、二期石窟和分期存疑石窟进行了考察。此外，作者对云冈石窟的工程施工与设计做了梳理与总结，并以营造工程的视角对云冈石窟的分期进行了辨析。

**654** 《云南西部边境地区考古调查报告》，云南省文物考古研究所、怒江傈僳族自治州文物管理所等编著，上海：上海古籍出版社，2017年12月。

本书是关于云南西部边境地区考古的调查报告。书中记述了该地区的地理概况、历史沿革、州市概况及工作概况，梳理了在怒江傈僳族自治州、保山市、普洱市等地区发现的旧石器时代遗址、遗物和哺乳动物化石，以及中缅、中老边境地区旧石器文化的特点。同时，书中还记述了德宏傣族景颇族自治州、临沧市、西双版纳傣族自治州等地区新石器时代至汉代的遗址和遗物，并对与遗址、遗物有关的考古问题进行了深入探讨。

**655** 《中国佛教石窟考古文集》（欧亚备要），马世长著，北京：商务印书馆，2014年9月。

本书是作者关于中国佛教石窟考古的研究文集，汇集了相关文章20余篇。作者结合历史文献，运用考古学的方法，对克孜尔、库木吐喇、莫高窟等石窟的年代、形制、样式风格、艺术演变等内容进行了探索。书中内容包括《克孜尔中心柱窟主室券顶与后室的壁画》《关于敦煌藏经洞的几个问题》《新发现的北魏刺绣》《莫高窟第323窟佛教感应故事画》《敦煌石窟考古的回顾与反思》《敦煌县博物馆藏星图·占云气书残卷——敦博第五八号卷子研究之三》等研究成果，具有较高学术价值。

**656** 《中国西部考古记·西域考古记举要》，[法]色伽兰·郭鲁柏著，冯承钧译，上海：上海古籍出版社，2011年3月。

本书是民国时期著名学者冯承钧先生考古学方面的译著两种，《中国西部考古记》是法国学者色伽兰的著作，记述了1914年考古队历时半年实地考察四川一省古物的情况。全书主要内容包括中国古代之石刻、崖墓、四川古代之佛教艺术与渭水诸陵，收录大理南诏时期考古成果的民国志《云南苍洱境考古报告甲编》与《云南苍洱境考古报告乙编》及研究四川上古文化的《四川古代文化史》。《西域考古记举要》介绍斯坦因三次考察西域的情况，通过书中叙述可以了解考察团在新疆考察的经过。后附有格鲁塞《中亚佛教艺术》一文。

# 社会生活

**657** 《敦煌书仪与礼法》（敦煌讲座书系），吴丽娱著，兰州：甘肃教育出版社，2013年11月。

本书是对敦煌书仪与礼法的研究。全书内容丰富，首先对敦煌文献中的朋友书仪、吉凶书仪和表状笺启书仪作以概观并分析其时代特色，探讨书仪的类型递变及制作传播；而后对礼书的写作规范与尊卑秩序进行分析，从中解析官称行第与唐朝社会，对书信的格式题材进行概述，并对多纸的复书形式和别纸应用和普及进行探讨，分析中古礼仪发展的趋势。此外，书中结合通婚函书对成婚礼仪和礼俗变迁并结合吉凶书仪对丧礼与吊祭之仪进行探讨；从贺谢、起居书仪探讨官场仪规，并从书仪的礼帖分析送礼风气的演化和其地域特色以及归义军的朝贡往还等。作者对敦煌书仪的内涵进行了总结，认为敦煌礼仪内容的丰富性、传播对象的广泛性和教化方式的通俗性是敦煌书仪之礼的特色。

**658** 《敦煌丝绸》（敦煌讲座书系），赵丰、王乐著，兰州：甘肃教育出版社，2013年11月。

本书以敦煌出土丝绸为研究对象，同时结合敦煌壁画和敦煌文献，对敦煌丝绸从技术、艺术和历史等各方面进行了综合研究。具体而言，对敦煌丝绸的纺织原料和工具进行探讨，指出丝、麻、棉、毛是敦煌纺织品的四大基本原料，而织花方面，则有织锦、绫绮、纱罗、妆花、缂丝等种类。在工艺方面，作者认为敦煌的刺绣实物技法丰富，运用披针绣、平针绣和加金绣，印染工艺则在唐代到达顶峰，敦煌丝织品里主要运用夹缬的印染工艺。在图案演变方面，则对北朝、隋唐、五代至宋初敦煌地区丝织品图案的演变过程进行了具体分析。同时，作者还对佛教中和生活中的丝织品进行了探讨，并对敦煌丝绸的东西往来做了调查，梳理了敦煌丝绸在丝绸之路上所带来的文化交流。

**659** 《敦煌俗字研究（第二版）》，张涌泉著，上海：上海教育出版社，2015年12月。

本书是由张涌泉先生编著，关于研究敦煌俗字的专著。分为上下两编，上编对敦煌俗字研究状况进行概说，讨论敦煌俗字研究的意义，论述了敦煌俗字研究的性质、概况、俗字的类型等问题，特别对敦煌俗字的辨识方法进行深入分析讨论，同时也对俗字研究应注意的问题进行提示，并提供了如《龙龛手镜》等重要参考书；下编按部首把敦煌字书、韵书以及其他写卷中的俗字材料汇为一编，并与传世字书、碑刻等文献中的俗字材料相参证，为校读敦煌遗书、研究文字学的相关读者提供便利。

660 《敦煌吐鲁番天文历法研究》，邓文宽著，兰州：甘肃教育出版社，2002年9月。

本书主要对敦煌吐鲁番等地所出文书中的天文历法内容进行研究。具体内容有：对天文星占内容文书的研究，包括对敦煌佛教天文学文献、杨炯《浑天赋》残卷等文书的考证；对敦煌历日的整理研究，包括敦煌残历的定年问题、敦煌写本《大历序》研究、具注历佚文校考；吐鲁番出土残历日的年代考定与释证，包括《高昌延寿七年（630）历日》《唐开元八年（720）具注历日》等。此外，书中还对黑城所出残历日、简牍研究中涉及到的古历部分年代进行考定与释证。

661 《敦煌文书与中古社会经济》（浙江学者丝路敦煌学术书系），刘进宝著，杭州：浙江大学出版社，2016年3月。

本书是刘进宝教授通过敦煌文书探讨中古社会经济的论集。全书分为四个主题，首先根据敦煌文书中的记载对隋唐之际的社会变化展开研究，内容涉及隋末农民起义与户口变化、常何与隋末唐初政治、唐初对高丽的战争等问题；探讨敦煌寺院与社会生活，针对敦煌文献与佛教典籍中敦煌"唱衣"展开讨论；根据唐五代音声人、"随身"考释和单身及赋役征免的问题探讨了唐五代时期的阶层与阶级；解读敦煌文书中晚唐五代赋税"地子"、敦煌归义军时期的土地问题以及唐五代棉花种植问题，探讨了当时的经济与社会。

662 《古代西域服饰撷萃》，侯世新主编，新疆维吾尔自治区博物馆编，北京：文物出版社，2010年1月。

本书为古代西域服饰研究图录。书中展示新疆博物馆珍藏的服饰和饰品等珍贵文物140余件，包括西域先秦时期、汉晋时期、隋唐五代时期及明清各个历史时期的经典服饰，展示出了西域的民族文化。新疆馆藏服饰文物是研究新疆及我国服饰历史、纺织发展史以及文化艺术的珍贵的实物资料，显现出多民族特色荟萃、多元文化交融的特征，揭示西域多元文化相互交流融汇、创新、发展的轨迹，促进新疆各民族的相互了解与认知。

663 《汉代河西屯戍吏卒衣食住行研究》，赵兰香、朱奎泽著，北京：中国社会科学出版社，2015年5月。

本书根据河西出土的汉简结合各地出土的画像石、版画等考古实物系统研究了汉代河西屯戍吏卒的衣食住行。书中首先对屯戍吏卒的衣装种类、衣装来源、衣装的特点以及衣装与政治、经济、文化、军事的联系等问题进行了探究；食品方面，则对食品种类、食品加工方式、食粮的供给方式以及食粮的管理等问题进行了考证；居住篇包括对河西汉塞的主要建筑形式、居住地点、规划与营建特点以及建筑方法材料等方面的论述；行为篇主要是对河西交通道路的开辟和管理、运输工具、河西地区的文书传递与驿站、河西屯戍区的行塞之行等方面的探讨。

664 《汗血宝马研究：西极与中土》，侯丕勋著，兰州：甘肃文化出版社，2016年4月。

本书以西域及中土的汗血宝马为主题，探讨古代中国与西域的交往。书中首先对汗血宝马与西域诸国的关系展开介绍，叙述了汗血宝马逐步入主中原的过程。作者对汗血宝马进行了探源，分析汗血之由来以及对其生理特征进行了探秘。此外，书中对于汗血宝马相关的问题进行了考察，包括大宛国王毋寡被杀问题、古代汗血宝马参与作战的情况以及国内外的研究情况等问题。书中对于汗血宝马的研究，延展到现代中亚国家与我国通过汗血宝马的交流与互动。对汗血宝马的系统论述，有利于探索自古以来丝绸之路与中土地区的关系与交流。

665 《解读敦煌：中世纪服饰》，谭蝉雪著，上海：华东师范大学出版社，2016年3月。

本书是对敦煌壁画中人物服饰的梳理解读。书中根据时间脉络将敦煌服饰分为五个时期论述，分别为胡服与汉装融合的十六国至南北朝时期、向奢华盛装过渡的隋代时期、盛世锦绣衣冠的唐代前期、吐蕃与汉仪犹存的唐代后期、最后辉煌的五代至元代时期，作者对各个时期内服饰特色、新潮款式以及女子妆饰都进行了详细解说，分析其不同时代的差异变化因素，并指出敦煌服饰具有历史延续性、人物众多的广泛性、民族宗教多元性、鲜明地方特性等特征。

666 《金钥匙漂流记：古代中西交通猜想》（丝瓷之路博览丛书），卢向前著，北京：商务印书馆，2016年10月。

本书是作者就古代中西交通史上的制度、贸易、民俗、饮食等主题进行故事性叙述的学术科普类著作。书中介绍了吐鲁番地区葡萄的由来,叙述了与葡萄种植、酿造等有关的历史故事。书中亦对有关波斯、罗马等国的金银币和中原地区的铜钱在吐鲁番地区的使用做了探讨,并就敦煌地区带有原始状态婚姻形式的胡化婚姻做了解读。此外,书中还对古代中西文化的交通进行了猜想,探讨了金钥匙制度,从城市控制的层面反映了中西文化在制度层面上的碰撞。

**667** 《开蒙养正——敦煌的学校教育》(走进敦煌丛书),柴剑虹、荣新江主编,郑阿财、朱凤玉著,兰州:甘肃教育出版社,2007年12月。

本书是对敦煌学校教育的研究。书中首先对敦煌当地的官学、寺学教育体系进行论述,并对多体多用的童蒙教材,如《上大夫》《千字文》《开蒙要训》《百家姓》《九九表》《古贤集》《孔子备问书》等多样教材进行介绍,特别利用汉藏对音《千字文》的研究,对胡汉交融的双语教学进行了讨论。作者通过敦煌与壁画的结合探讨敦煌教育实施的现场重建,包括学郎作业的批改、体罚及模拟考试等场景。书中还利用学郎在敦煌文献上留下的题记与诗作探讨了学郎的情绪与感情,展示出了敦煌学郎的业余生活。

**668** 《礼俗之间——敦煌书仪散论》(浙江学者丝路敦煌学术书系),吴丽娱著,杭州:浙江大学出版社,2015年12月。

本书是作者关于敦煌书仪的论集,全书分为三个主题,共14篇文章。上编是关于书仪的书写与仪体的论述,包括对S.078V、S.1725和S.5566等号敦煌遗书中书仪的研究,通过敦煌吐鲁番文书研究探讨了唐代地方机构用状及书仪中单复书形式;中编是关于礼法与制度的论述,通过敦煌书仪文献对唐五代官场起居仪、中央地方的礼义交接、晚唐五代藩镇的礼仪职司、敦煌官方祭祀等问题进行探讨;下编礼仪与民俗编对敦煌写本书仪的行第、"敛发"与"散发""中祥"等问题论述,针对少数民族风俗对丧礼的影响以及中古丧制的问题以及民间书仪与唐朝礼制的互动问题展开讨论。

**669** 《民间刺绣》(新疆艺术研究·第1辑·民间美术卷),张亨德、谢凯、韩莲芬编著,乌鲁木齐:新疆美术摄影出版社,2013年11月。

本书是关于新疆民间艺术的研究,介绍与探讨了该地区各民族的民间刺绣及其民俗文化。书中叙述了服饰、花帽、壁挂、拜单、衣服带、坐垫、荷包、手绢等多种生活用品上的民间刺绣,收录了大量刺绣插图,附有民族、名称、纹样等内容,并从线条、构图、寓意与民俗等角度阐述了刺绣的文化内涵,体现了新疆地区民间刺绣的艺术特征与民俗信仰,反映了该地区丰富多彩的社会生活与传统文化。

670 《民间服饰》(新疆艺术研究·第1辑·民间美术卷),楼望皓、李肖冰编著,乌鲁木齐:新疆美术摄影出版社,2013年11月。

本书是关于新疆民间艺术的研究,介绍与探讨了该地区各民族的民间服饰及其民俗文化。书中对新疆地区维吾尔族、哈萨克族、回族、蒙古族、柯尔克孜族、达斡尔族等十余个民族的民间服饰进行了叙述,收录了大量服饰插图,并从颜色、搭配、装饰、寓意与民俗等角度阐述了各族服饰的文化内涵,体现了新疆地区民间服饰的艺术特征与民俗信仰,反映了该地区丰富多彩的社会生活与传统文化。

671 《民间器物》(新疆艺术研究·第1辑·民间美术卷),张文阁编著,乌鲁木齐:新疆美术摄影出版社,2013年11月。

本书是关于新疆民间艺术的研究,介绍与探讨了该地区各民族的民间器物及其民俗文化。书中对新疆民间的陶器、木器、金属器及车马具这四大类器物进行了叙述,收录了许多相关器物的图片,并从质地、工艺、寓意、功用与民俗等角度阐述了民间器物的文化内涵,体现了新疆地区民间器物的艺术特征与民俗信仰,反映了该地区丰富多彩的社会生活与传统文化。

672 《民间毡毯》(新疆艺术研究·第1辑·民间美术卷),张亨德、韩莲芬编著,乌鲁木齐:新疆美术摄影出版社,2013年11月。

本书是关于新疆民间艺术的研究,介绍与探讨了该地区各民族的民间毡毯及其民俗文化。书中对哈萨克族补贴花毡、蒙古族密缝花毡、维吾尔族擀花毡、柯尔克孜族绣花毡等各式民间花毡,以及各色花纹的民间地毯进行了叙述,收录了许多毡毯实物的图片,并从颜色、质地、图案、工艺、寓意与民俗等角度阐述了民间毡毯的文化内涵,体现了新疆地区各民族民间毡毯的艺术特征与民俗信仰,反映了该地区丰富多彩的社会生活与传统文化。

673 《盛世遗风——敦煌的民俗》(走进敦煌丛书),柴剑虹、荣新江主编,谭蝉雪著,兰州:甘肃教育出版社,2007年12月。

本书介绍了敦煌的民俗生活。作者介绍了敦煌当地人的放牧与农耕生活、手工制造业与丝绸之路的商贸往来、家居生活与建房住房、日常卫生医疗、出行等多方面的习俗进行了介绍,特别是日常娱乐中的赛马与马伎等多样的文化娱乐活动逐一进行了考察。此外,作者还对当地岁时节日民俗礼节详细介绍。通过壁画与文献记载,对敦煌人的婚俗、婚制、丧葬礼俗等人生大事作以梳理。因敦煌地区民族众多,书中对少

上编　古代历史文化研究 ◀

数民族的服饰、妆容、禁忌、信仰等问题，也有涉及。

674　《殊方异药：出土文书与西域医学》，陈明著，北京：北京大学出版社，2005 年 6 月。

本书以西域地区出土的医学文书为研究对象，探讨了古代西域医学的成就、发展与中外交流。全书共分为 13 个章节，介绍了西域出土胡语医学文书的概况、研究成果、知识来源、宗教因素等内容，叙述了西域外来的眼科知识及其应用，对童子方、长年方等所记载的药方做了解读。同时，书中还探讨了敦煌吐鲁番文书中的印度生命吠陀理论，对文书中的外来因素、生活习俗等内容做了分析，并就中古时期的中外医学文化交流进行了论述。此外，书后还附有《鲍威尔写本》卷一至卷三的翻译等内容，并附有文中所涉及的 10 余张图表。

675　《丝路华夏医学辨析》，孟昭勋、康兴军主编，于仪农等编撰，西安：陕西人民出版社，2004 年 11 月。

本书是丝绸之路上华夏医学的辨析。书中分为华夏医药的辉煌成就篇、中外医学的传播与交流篇以及开拓华夏医学的新篇章三部分，以华夏医学历史发展为主轴，以丝绸之路东西方科学文化交流为载体，研究了丝路华夏医学的孕育、产生、交流、发展的历史，评价了华夏医药学和医药学家在历史、近代、现代的社会功能和作用，阐明了医学理论和医药实践在发展形成中的辩证关系，分析了社会政治、经济、思想文化、科学技术、意识形态对华夏医学的影响和催化。

676　《唐代的西域屯垦开发与社会生活研究》（石河子大学西域中亚研究丛书），张安福、郭宁等著，北京：中国农业出版社，2011 年 4 月。

本书旨在对唐朝西域的屯垦开发和社会生活进行深入研究。全书分为唐代的西域概况、唐代西域屯垦与开发、唐代西域的人口迁移、唐代西域城乡群体的社会生活、唐代西域民众的宗教信仰及变迁、文学视野下的唐代西域六章。西域地区在唐朝是民族融合的鼎盛时期，社会安定、经济繁荣，有利于西域地区的整体开发和屯田农垦。同时，屯垦开发是唐朝治理西域的重要策略，在屯垦开发的基础上，唐朝发展了西域经济，加快了人口迁移流动，形成了具有时代特色的唐代西域多元文化。

677　《唐代涉医文学与医药文化》，郭树芹著，北京：人民出版社，2012 年 7 月。

本书对唐代涉医文学与医药文化进行了研究，解读了唐代涉医文学的内容与发展，总结了医药文化的历史影响。书中从中国古代哲学、中国古代文学和中国古代医学内在联系的角度探讨了涉医文学创作的起源,介绍了唐代以前涉医文学的总体概况。书中重点从唐文、唐诗、唐五代词和唐代笔记小说等文学作品的涉医作品中,梳理了唐代涉医文学的主要内容;并从这些内容的梳理中,探讨了涉医作品所反映出的时代思想与医药文化,就涉医文学创作的成因及影响做了总结。

**678** 《天山家宴:西域饮食文化纵横谈》,贺菊莲著,兰州:兰州大学出版社,2011年4月。

本书以天山地区西域民族为研究对象,探讨了其饮食文化的概况、发展变迁,与宗教及艺术的联系等内容。书中回顾了西域饮食文化的发展历程,对汉唐时期天山以南绿洲农耕、天山以北草原游牧的饮食文化做了比较,并且分析了天山南北酒文化的发展差异。作者还将汉唐西域饮食文化与西域艺术、西域宗教信仰相结合,分析了其内在的关联与影响。同时书中介绍了汉唐西域的饮食器具,解读了饮食文化的历史变迁,并对汉唐时期西域地区的饮食文化交流做了探析。

**679** 《田作畜牧:公元前2世纪至公元7世纪前期西域绿洲农业研究》,李艳玲著,兰州:兰州大学出版社,2014年10月。

本书研究了公元前2世纪至公元7世纪前期,西域地区绿洲农业的生产情况与社会发展。书中整体介绍了西域绿洲农业生产的地文、气候和水文等自然地理环境,对当地公元前2世纪以前的农业生产与发展做了概述。书中分别论述了公元前2世纪至公元1世纪初、公元1世纪初至5世纪前期,公元5世纪中期至7世纪前期三个历史阶段下的西域绿洲农业,从当地人口资源、农业品种、种植业与畜牧业、农业经济等领域,论述了西域地区绿洲农业不同时期的不同样态,以及当地社会发展情况。

**680** 《忘忧清乐——敦煌的体育》(走进敦煌丛书),柴剑虹、荣新江主编,李重申、李金梅著,兰州:甘肃教育出版社,2007年12月。

本书是对敦煌体育研究之作。书中对敦煌体育的思想和历史背景作以概述,对敦煌体育的含义进行了解释;并通过敦煌壁画解析了当地的竞技体育,包括射箭、蹴鞠、游泳、举重、逾高、超远、投掷甚至于健美等种类。此外,作者对于敦煌的博弈戏,如:六博、樗蒲、波罗塞戏与双陆、围棋、象棋等进行了介绍。敦煌的武术也在壁画、竹简和文献中有所反映,作者对敦煌的剑术及金刚、药叉与武术的联系作以分析。关于敦煌的投壶、竹马、风筝、踏舞等休闲娱乐方面,以及养生与保健方面,本书都有论及。

681 《西域饮食文化史》，伊斯拉斐尔·玉苏甫、安尼瓦尔·哈斯木编著，乌鲁木齐：新疆人民出版社，2012 年 3 月。

本书依据考古发现和历史文献，详细梳理和论述了西域的饮食历史。全书分为古代文化遗存与家耕文明、农业生产器具、农作物和石磨、畜牧与畜牧业经济、果类与园艺业、饮食习俗与饮食结构、饮食器具、汉文典籍和出土文献中与饮食文化有关的记载、维吾尔古代饮食文化八章。内容涉及青铜时代遗址、历史时期的农耕文明、新疆古代畜牧业概况、果物种类、粮食作物加工的食品、铜铁器具、漆器等其他质地的饮食器具、汉文典籍中的相关记载、吐蕃文简牍中的相关记载、漠北回鹘时期与喀喇汗王朝时期的饮食文化、高昌回鹘时期的饮食文化等。

682 《旨酒羔羊——敦煌的饮食文化》（走进敦煌丛书），柴剑虹、荣新江主编，高启安著，兰州：甘肃教育出版社，2007 年 12 月。

本书是对敦煌饮食文化的研究。敦煌藏经洞文献及敦煌壁画中保存了大量唐宋时期的饮食资料。书中根据这些资料，勾勒当时敦煌地区的饮食结构，对食物的原料构成、加工方法和饮食器具、食物的名称及种类都进行了介绍。此外，作者还对敦煌人的宴饮过程，如具体的场所、称谓、座次、方式等作以解读，对敦煌酒的种类、饮酒方式等饮酒习俗具体分析。书中还对饮食在敦煌人精神世界中的作用，如：敬神、供佛、施舍鬼等方面展开，并对敦煌的僧尼饮食进行探讨。作者认为敦煌的饮食业发达，从酒肆、饼铺、肉铺、油坊等店面逐一介绍其发达程度，并作以总结。

683 《智慧敦煌：揭秘敦煌壁画中古人生活智慧》，胡同庆、王义芝著，北京：中国旅游出版社，2015 年 6 月。

本书是通过对敦煌壁画的研究，揭秘中古人生活智慧的著作。书中介绍了佛教的世界观、中古人明确的生活目标与良好的生活习惯，探讨了中古人棋类、乐舞、文字游戏等娱乐活动，以及举重、游泳、打马球等健身运动，并叙述了中古人不同阶层与民族的服饰穿着。同时，书中阐述了中古人的精神生活与健康养生，探讨了因时制宜的生产技术，以及边防措施和军事装备。此外，书中亦讨论了中古人利国利民的政策，对鼓励通商、推广技术、移风易俗、和亲联姻等措施进行了解读。

684 《中古中国外来香药研究》，温翠芳著，北京：科学出版社，2016 年 6 月。

本书对中国中古时期的外来香药进行研究的著作。书中对记述两汉时期和三国两晋南北朝时期外来香药的史料进行了考证，包括考古发现、正史、典章制度、地方志、诗文、笔记小说、本草书籍等来源，并对外来香药的种类、产地、贸易、用途与消费等方面进行了阐述。同时，书中还考证了记述隋唐时期外来香药的史料，除了上述来源之外还包括传世医方书籍、敦煌出土美容医方文书、吐鲁番出土疗病医方文书等来源，并就外来香药的种类、产地、贸易、用途与消费等方面进行了阐述。

**685** 《中世纪初期吐鲁番绿洲的物质生活》，[法] 莫尼克·玛雅尔著，耿昇译，北京：中国国际广播出版社，2012年6月。

本书是叙述与研究中世纪初期吐鲁番绿洲物质生活的著作。书中介绍了吐鲁番地区自然地理、发现过程等概况，探讨了吐鲁番地区的历史发展、政权更替，以及佛教、摩尼教与景教在当地的传播。同时，书中叙述了吐鲁番地区的建筑的基本特征，对世俗建筑、宗教建筑及建筑装饰做了分析；亦对吐鲁番地区各族平民、军队与教徒的服饰进行了研究。此外，书中还讨论了吐鲁番地区的日常生活，并探析了当地的丧葬文化。

**686** 《专家讲敦煌》（丝绸之路与敦煌文化丛书），敦煌研究院、关山月美术馆编，南京：江苏美术出版社，2014年7月。

本书是深圳关山月美术馆"博蕴华光——敦煌艺术展"期间敦煌学专家所作的敦煌艺术系列专题讲座的辑录。敦煌学专家对敦煌的历史、文化、艺术进行了通俗易懂的讲解。本书的讲座涉及敦煌与丝绸之路历史、古代文化、古代少数民族服饰、古代体育、古代艺术等方面的内容。主要内容有樊锦诗《丝绸之路与敦煌莫高窟》、柴剑虹《敦煌文化遗产的人文环境和文化特性》、包铭新《敦煌图像中的中国古代北方少数民族服饰》、李重申的《古代体育的真实画卷——敦煌与古代体育》、赵生良的《敦煌：中国20世纪40年代美术新动向》等。

# 民族与宗教、哲学

687 《"胡人"与文明交流纵横谈》，芮传明著，北京：商务印书馆，2016年6月。

本书讲述古代"胡人"与中土交往的各种故事及其传入的各类物质和非物质产品，并由此分析其对中土文化、经济、社会、生活产生深远影响。书中分为帝君与骏马、域外珍宝与商胡、誉满中土的域外植物和药料、"胡人"带来的日用品、沿着丝路传播的胡乐与胡伎六部分。论述了周穆王、赵武灵王、唐太宗与其坐骑，叙述了中原所见的域外珍宝和胡人识宝的传奇，介绍了美味的葡萄与葡萄酒、神奇的檀香和神圣的菩提树，记叙了胡床、棉花、馄饨的传入。作者对西域的胡舞、杂技和幻术进行了描述，并探讨了域外人士与中土佛教的传播、"北胡"与中原王朝的战争及和平等问题。

688 《7—18世纪西域与西藏地区佛教交流史》，董知珍著，北京：宗教文化出版社，2014年6月。

本书主要论述7—18世纪西域与西藏地区的佛教交流问题，对这两个地区佛教的发展和交融的历史进行了全面的梳理。全书以时间为轴，论述佛教在西域的早期传播以及与吐蕃的关系、隋唐时期西域佛教与吐蕃佛教的关系、吐蕃统治西域时期佛教的交流发展、西域佛教的消弭与藏传佛教在西域的初传、13—16世纪西域的藏传佛教、以及瓦剌和准噶尔部时期西域藏传佛教的发展，并对西域的佛教寺院进行了历史学考察。

689 《白化文文集：敦煌学与佛教杂稿》，白化文著，北京：中国书籍出版社，2016年10月。

本书是白化文先生敦煌学与佛教论集，内容涉及敦煌俗文学、目录学、佛教研究等方面。具体篇目包括：《惭愧地从敦煌学领域中告退》《对敦煌俗文学中讲唱文学作品的一些思考》《什么是变文》《变文与俗讲》《"解讲"和"解讲辞"》《敦煌汉文遗书中雕版印刷资料综述》《中国存世第二部最古书目》《中国敦煌学目录和目录工作的创立与发展简述》《简评〈敦煌劫余录〉和〈敦煌遗书总目索引〉》《王重民先生的敦煌遗书研究工作》《写在〈国家图书馆藏敦煌遗书〉加紧出版之际》《周燕孙

(祖谟）先生与敦煌学》《〈敦煌本佛教灵验记校注并研究〉序》《〈开宝遗珍〉弁言》等 32 篇文章。

690 《沧海航灯：岭南宗教信仰文化传播之路》，郑佩瑗著，广东省人民政府参事室（文史研究馆）编，广州：广东经济出版社，2015 年 10 月。

本书对我国岭南地区的宗教信仰文化以及传播途径做以探讨。全书分为四章，分别论述了佛教、伊斯兰教、基督教及岭南民间信仰的传播和影响。书中叙述了佛教从天竺到中国的传播、广东佛教的圣迹以及惠能法师南宗的创立；对佛教在海上丝绸之路的传播进行了深入的探讨；简述伊斯兰教和基督教的传播路径，介绍相关遗迹并分析其宗教影响；对岭南本土民间信仰，如："龙""狮"及"妈祖""南海神"的崇拜进行讨论，并分析了五洲华人的"崇德敬祖"之风。

691 《藏传佛教在西域和中原的传播：〈大乘要道密集〉研究初编》，沈卫荣著，北京：北京师范大学出版社，2017 年 1 月。

本书是以《大乘要道密集》为研究对象，探讨与分析藏传佛教在西域和中原地区传播的著作。书中回顾了藏传密教在元明两代传播的历史背景，与《大乘要道密集》成书和流传的历史过程，讨论与解读了《大乘要道密集》的篇目与萨思迦的源头。同时。书中还探讨了上师瑜伽在西域和中原的传播，对勘与研究了八思巴造《观师要门》《弥勒菩萨求修》《略胜住法仪》与布思端大师造《大菩提塔样尺寸法》，对藏传密教成就法、造塔仪轨、开光与加持等内容进行了介绍与评述。

692 《藏学学刊·第 3 辑·吐蕃与丝绸之路研究专辑》，四川大学中国藏学研究所主编，成都：四川大学出版社，2007 年 4 月。

本书是藏学学刊中关于吐蕃与丝绸之路研究专题。全书共收入论文 15 篇，主要探讨吐蕃地区考古遗迹、吐蕃与唐的交流以及吐蕃与丝绸之路等问题。具体篇目有：《中国早期青铜文化的起源及相关问题新探》《藏彝走廊地区石棺葬文化及其与甘青地区的联系》《吐蕃"钵阐布"考论》《试解列山古墓葬群历史之谜》《吐蕃墓出土蜀锦与青海丝绸之路》《唐代中西交通吐蕃—勃律道考》《试论唐蕃古道》《于阗与藏西：新出考古材料所见两地间的古代文化交流》《略伦吐蕃的"赭面"习俗》《木棺装饰传统——中世纪早期鲜卑文化的一个要素》《入华粟特人商业活动的特点浅析》《喜马拉雅山第一具干尸的考古发现》《"托架"——西藏佛教初期的图像转变》《拉萨大昭寺藏银瓶以及中国边疆考古的新视野》等文章。

693 《藏族宗教史之实地研究》（中华现代学术名著丛书），李安宅著，北京：商务印书馆，2015年12月。

本书通过实地考察西藏拉卜楞寺和相关社会调查对藏族宗教史进行研究。全书在介绍藏族文化背景与历史概况的基础上，对藏族的原始宗教苯教、早期佛教的宁玛派、萨迦派、噶举派等派别的发展历史、教程、教规和教义进行解析；并对最大教派格鲁派和相关历代班禅喇嘛及所在重要寺院进行解读。最后详细叙述了格鲁派拉卜楞寺的寺院组织、主要神佛、重要节日和活动。

694 《大月氏：寻找中亚谜一样的民族》，[日]小谷仲男著，王仲涛译，北京：商务印书馆，2017年3月。

本书是研究与解读月氏民族历史发展与变迁的专著。书中译汉代和匈奴为例，介绍了游牧民族与文明社会的差异性，探讨了西方霸权对于西域地区的权力争夺，并叙述了月氏民族西迁的历史，以及"希腊化"城市阿伊哈努姆遗址的发掘成果。同时，书中探讨了贵霜王朝的兴起，从碑文中探寻了其与大月氏的关联，叙述了提利亚特佩的黄金遗产。此外，作者对苏尔汗河流域与天山北麓的大月氏遗址进行了考述，并从考古学的角度对月氏民族与贵霜王朝的关系进行了辨析。

695 《氐族史》（欧亚备要），杨铭著，北京：商务印书馆，2014年12月。

本书是介绍与研究氐族历史的专著。书中叙述了先秦时期氐人的起源，及与西戎和羌族的关系，探讨了汉魏时期氐族的区域分布与三国时期的迁徙过程。同时，书中讨论了在西晋十六国前期，西晋、成汉等政权对氐人的统治，以及氐族建立后凉的历史过程，对仇池诸国的兴替与南北朝时期的氐族起义进行了评述。此外，书中还探讨了氐族在关陇地区和陇南川西北地区与其他民族的融合，并就氐族的姓氏、婚姻与语言做了阐述。

696 《敦煌道经与中古道教》（敦煌讲座书系），刘屹著，兰州：甘肃教育出版社，2013年11月。

本书是对敦煌道教文献与中古时期道教的研究。书中对敦煌所出的道经文献，包括《太平经》《老子想尔注》《老子变化经》进行解读，并对敦煌上清经、古灵宝经的特点及基础问题进行分析；对仙公系灵宝经、元始系灵宝经的概况进行介绍；此外，对《洞渊神咒经》《升玄内教经》《太上洞玄灵宝业报因缘经》《太上灵宝元阳经》《太上妙法本相经》《太玄真一本际经》《三洞奉教科诫仪范》《老子化胡经》等道教经典进行介绍，对其成书时间、思想内容、流行经过等问题详细分析，同时对其经典所反映出的道教发展变化进行了深入探讨。

**697** 《敦煌的佛教与社会》（敦煌讲座书系），郝春文、陈大为著，兰州：甘肃教育出版社，2013 年 11 月。

本书依据敦煌藏经洞出土资料和敦煌石窟资料探讨敦煌佛教与社会。书中梳理了敦煌佛教的兴起发展和衰落的过程，对敦煌僧团及起源的机构布局以及寺院寺学等情况进行了叙述，分析了敦煌寺院中僧尼的生活方式和修习活动，并对敦煌佛教僧团与社会关系中的依附人口进行了调查。此外，作者从石窟的营建过程和石窟的空间功能使用的视角考察敦煌石窟与社会的关系，并对归义军时期的佛教政策进行了探索，作者认为归义军政权对佛教的基本政策是既积极扶持和利用，同时又加强控制与管理。

**698** 《敦煌的吐蕃时代》（敦煌讲座书系），陆离著，兰州：甘肃教育出版社，2013 年 11 月。

本书通过对吐蕃时期敦煌文献的解读论述敦煌在吐蕃时期的社会状况。书中介绍了吐蕃对敦煌的占领过程，详细论述了吐蕃时期敦煌的政治制度、军事、法律制度、经济制度和文化、教育等方面；对吐蕃时期的佛教与其他宗教信仰展开讨论，对当时的僧官与僧团、寺户、译经情况及道教、苯教和景教的复杂情况进行分析。此外，书中还对吐蕃时期敦煌唐人与唐蕃关系进行了探讨。作者认为，吐蕃统治敦煌时期充分借鉴模仿唐朝的典章制度，从先进的唐朝文明中汲取养分，同时其各项制度也为后来的归义军政权和周边少数民族政权所继承，对其政治、经济、宗教文化都产生了深远影响。

**699** 《敦煌佛典的流通与改造》（敦煌讲座书系），林世田、杨学勇、刘波著，兰州：甘肃教育出版社，2013 年 11 月。

本书是对敦煌佛典流传的研究之作。书中对敦煌佛典的情况作以概述，从藏经洞的封闭到所藏佛典的性质及年代范围以及各个历史时期佛典翻译撰著情况进行叙述。而后对敦煌佛典外在的装帧形式进行分析，关注佛典在丝绸之路上的流传及在寺院中的管理情况。书中对于流传过程中的修改、化用问题着墨颇多，显示出了佛典受外力影响发生演变的过程。佛教文献的研究方面，作者对大藏经及藏外文献、戒律文书、礼忏文、早期禅宗典籍、三阶教文献、高僧的讲经文等佛教文献做了具体阐释与解读。

**700** 《敦煌佛教感通画研究》，张晓刚著，兰州：甘肃教育出版社，2015 年 8 月。

本书是对敦煌佛教感通题材壁画的研究。书中首先对"佛教感通画"的概念和研究范围以及研究史进行简述；内容上分为上中下三篇展开讨论：上篇"图像考证"对与天竺、于阗、汉地有关佛教感通画，包括瑞祥类、圣迹类、神僧类和传说类题材进行论述；中篇"综合研究"篇，对敦煌瑞像图通式、敦煌佛教感通画图像群等内容进行具体分析，并对敦煌文献《敦煌佛教感通画榜题抄录稿》和有关敦煌佛教感通画题材来源问题进行研究；下篇"个案研究"篇，对敦煌凉州瑞像、中国的分身瑞像进行了个案研究。书后还附有敦煌佛教感通画榜题辑录，为学者研究提供方便。

**701**　《敦煌佛教歌辞研究》（敦煌研究院学术文库），王志鹏著，北京：高等教育出版社，2013 年 5 月。

本书是研究敦煌佛教歌辞的专著。书中概述了敦煌佛教歌辞的历史、范围与作者，叙述了敦煌佛教歌辞在民间的流行与传唱，归纳了敦煌佛教歌辞的形成、种类与特征等内容。同时，书中探讨了敦煌写卷、敦煌变文中佛教歌辞的性质、内容与艺术表现，分析了敦煌佛教歌辞的思想表现，以及歌辞中儒释思想的调和。此外，书中还总结了敦煌佛教歌辞的特征及其影响，并对从敦煌佛教歌辞看唐宋诗歌创作思想的转变做了论述。

**702**　《敦煌佛教图像研究》（浙江学者丝路敦煌学术书系），王惠民著，杭州：浙江大学出版社，2016 年 3 月。

本书是王惠民先生关于敦煌佛教造像、经变壁画等图像的研究论文集。内容包括如来卐字相与如来心相、鹿头梵志与尼乾子、毗那夜迦像、传法高僧图、行脚僧图、十六罗汉图与十六罗汉图榜题底稿、地藏图像、天请问经变、楞伽经变、密严经变、思益经变、尊胜经变、孔雀明王经变、十轮经变等。作者通过实地勘察和引用佛经文献对这些图像的内容、文献资料进行解读，分析其图像来源、流行和传播原因等问题，并对相关图像进行了考释。

**703**　《敦煌佛教文学》（敦煌讲座书系），郑阿财著，兰州：甘肃教育出版社，2013 年 11 月。

本书是对敦煌佛教文学的研究。书中首先厘清了"敦煌佛教文学"的概念，而后分别从韵文、散文、讲唱体三大类对敦煌佛教文学进行分类；从赞颂、自证、弘传析论敦煌佛教文学的功能分类；以敦煌佛教文学中无常、地狱等主题为例，论述敦煌佛教文学主题研究的要义；作者分别从禅宗、净土宗等佛教世俗化最典型的两大宗派考察佛教文学与佛教发展；同时，分析了敦煌文学语言中的佛教、白话与通俗的属性特色，对敦煌佛教文学的语言进行深入探讨；并以敦煌礼忏与佛诞节为例，结合敦煌佛教文学与文献观察佛教寺院文化与佛教节庆文化。作者对唐代佛教文学全视角的透视与观察，有助于神话敦煌佛教文学的研究，廓清佛教文学在中国文学的发展面貌。

704 《敦煌佛教与石窟营建》（敦煌讲座书系），王惠民著，兰州：甘肃教育出版社，2013年11月。

本书是对敦煌佛教与石窟营建的研究。书中首先对佛教的寺院和石窟进行概述，介绍佛陀的足迹与佛教、佛像的产生过程以及敦煌的佛教与石窟的发展情况，进而从石窟形制、供养人与工匠、画稿等方面对石窟的形制与营建进行了整体介绍。而后，从竺法护、乐僔、法良等高僧对佛教的推进及敦煌石窟的首创展开讨论，对北朝、隋代、唐前期、吐蕃占领敦煌时期、归义军时期和回鹘、西夏、元代等敦煌各个时期的石窟营建作以详述，并分别对各个历史时期石窟的分期、营建过程、造像题材等内容进行了解析。

705 《敦煌佛影：敦煌北朝佛教艺术面面观》，胡同庆、王义芝著，兰州：甘肃人民美术出版社，2016年9月。

本书主要对敦煌北朝佛教艺术进行解读。作者分别对北凉、北魏、西魏、北周时期的佛教壁画内涵、源流进行分析；通过解析莫高窟的龙凤图像，分析外来的佛教艺术与汉文化之间的关系；对莫高窟第254、275窟壁画进行重点解读，分析介绍与千佛画有关的概念、佛经依据、佛教信仰、修行方式以及外道人物及其历史背景和艺术特色与美学特征；介绍北朝洞窟外貌与环境、洞窟形制、窟内造像、窟内壁画以及明窗和视觉心理之间的关系等内容。

706 《敦煌邈真赞释译》，张志勇著，北京：人民出版社，2015年9月。

本书是对敦煌邈真赞的词语注释及现代汉语翻译。作者对敦煌地区有明确作者的六十七篇邈真赞，如：智照、洪辩、悟真、张球等当地人所写，以及二十五篇阙名邈真赞，共计九十二篇邈真赞文本进行梳理，对其文字进行注释，并翻译成现代汉语，方便读者阅读。作者认为晚唐五代时期的敦煌邈真赞具有重要的历史资料价值和词汇学研究价值，同时也具有很高的文学价值和文化价值。

707 《敦煌莫高窟北区石窟研究》（敦煌研究院学术文库），彭金章著，兰州：甘肃教育出版社，2011年4月。

本书是研究敦煌莫高窟北区石窟的论文集，汇集了该领域专家学者相关文章约50篇。书中分为上下两册，内容包括《敦煌莫高窟北区洞窟清理发掘简报》《敦煌隋唐瘗窟形制的演变及相关问题》《敦煌莫高窟北区新发现中的景教艺术》《莫高窟北区石窟出土的版刻汉文大藏经本》《敦煌莫高窟北区出土西夏文文献初探》《敦煌北区石窟出土回鹘文文献的综合研究》等研究成果，从考古发掘、汉文文献、石窟保护、民族语言文字文献等领域对北区石窟进行了探讨与论述，具有较高的学术价值，促进了对于敦煌石窟与敦煌学的研究与发展。

708　《敦煌莫高窟第100窟研究》（敦煌与丝绸之路石窟艺术丛书），米德昉著，兰州：甘肃教育出版社，2016年10月。

本书对敦煌莫高窟第100窟的营建、石窟内容与艺术等问题进行了研究。作者对窟内图像内容进行了解读并分析晚唐五代时期敦煌佛教与石窟艺术，探析主室图像的布局与意义以及曹氏家族的执政与第100窟的图像渊源，并对第100窟的整体图像作风与晚唐五代石窟艺术的发展进行探讨。书中对第100窟内的现存壁画、彩塑、文字题记等，做了完整而详细的记录、整理、考证、辨识，为后续研究奠定了基础。

709　《敦煌莫高窟第454窟研究》（敦煌与丝绸之路石窟艺术丛书），郭俊叶著，兰州：甘肃教育出版社，2016年10月。

本书是对敦煌莫高窟第454窟内容的考证和相关研究。书中对第454窟的结构、重修和供养人分别进行介绍，对前室壁画内容分析论证，探讨前室与主室的关系；对甬道佛教史传故事画进行研究，分析其特点与反映出的相关问题；重点解读主室法华经变、弥勒经变、维摩诘经变、楞伽经变与观无量寿经变画的内容，揭示其所传递出的历史信息；对主室屏风故事画的背景和反映的思想进行深入探讨；最后综合分析第454窟佛教艺术及其历史背景和宗教意义，并对窟中其他经变榜题进行了校录。

710　《敦煌三夷教与中古社会》（敦煌讲座书系），姚崇新、王媛媛、陈怀宇著，兰州：甘肃教育出版社，2013年11月。

本书是对敦煌祆教、摩尼教、景教的研究。书中分别对三夷教展开讨论，首先对敦煌祆教早期入华情况展开探索，介绍祆寺的建立和消亡进行，并对敦煌发现的祆教经典进行解读，同时对祆画和造像进行艺术分析，从整体上把握祆神崇拜与中古敦煌的社会情况；对于敦煌摩尼教的研究，则从摩尼教的兴起、传播开始论述，对韩文摩尼教经典解读并对敦煌佛道典籍中的摩尼教进行了深入分析；敦煌景教方面，除了论述其发展和流传，作者重点探讨了景教与佛教的关系，并通过对《三威蒙度赞》与《本生心地观经》文献的解读进一步分析了两者的联系。

**711** 《敦煌僧诗研究》，刘晓玲著，北京：中国社会科学出版社，2016年11月。

本书对敦煌地区高僧所创作的诗词进行研究。书中首先对敦煌僧诗的概念进行界定并讨论敦煌僧界与世俗政权的关系，分析敦煌域外高僧、诗词作品及与曹溪禅的渊源，叙述敦煌高僧及其创作内容并对敦煌佚名僧诗进行了探讨；在对敦煌僧诗讨论的基础上对敦煌五台山文殊菩萨信仰与"五会念佛"赞进行深入解析；此外，对敦煌本《王梵志诗》中的僧诗主题和艺术特点进行探讨；并在整体上对敦煌僧诗的题材、内容上的特点以及敦煌僧诗的审美风格进行总结。

**712** 《敦煌诗解读》，汪泛舟著，北京：世界图书出版有限公司，2015年3月。

本书为对敦煌所出诗歌的解读。全书分为上下两卷，上卷选诗多涉佛道内容，分为四个部分：杂咏与修禅诗、高僧与名僧诗、佛经与道家诗、寓托与别体诗；下卷选诗多涉世俗生活，包括：敦煌古迹与巡礼诗、张氏归义军时期诗、敦煌节气诗、敦煌编年诗，两卷共计二百七十四首。作者将内容分为原诗重录、抄卷简述、校注详细、解读通俗等四部分对敦煌诗进行全面分析，并对诗歌作品的时代进行了考证。

**713** 《敦煌石窟中的少数民族服饰研究》（敦煌与丝绸之路石窟艺术丛书），谢静著，兰州：甘肃教育出版社，2016年10月。

本书是对敦煌莫高窟塑像和壁画中少数民族服饰的研究。作者用二十四史《舆服志》、敦煌历史文献敦煌石窟艺术史考释壁画、彩塑中的人物服饰，并结合考古学民族学、民俗学、工艺学等对敦煌石窟中的少数民族服饰文化进行多角度多方位的研究。全书分为五编，分别对鲜卑族、吐蕃族、回鹘族、党项族、蒙古族等少数民族服饰进行研究，包括对少数民族服饰进行综合论述，分析各少数民族服饰形成及原有传统服饰的民俗特点、中原民族对少数民族服饰的影响、各少数民族之间服饰文化的相互影响等问题。

**714** 《敦煌吐蕃统治时期石窟与藏传佛教艺术研究》（敦煌研究院学术文库），樊锦诗主编，兰州：甘肃教育出版社，2012年4月。

本书是关于敦煌吐蕃统治时期石窟与藏传佛教艺术研究的论文集，汇集了该领域国内外学者相关文章约40篇。书中内容包含《密教"心月轮观"的学理与实践——以敦煌石窟为例》《敦煌壁画中吐蕃赞普像的几个问题》《吐蕃时期敦煌石窟壁画修筑者中的粟特人》《敦煌吐蕃时代的文殊菩萨图像探讨》《从藏传佛教看敦煌莫高窟第465窟佛教艺术》《敦煌石窟吐蕃时期的藏传佛教绘画艺术》等研究成果，具有较高的学术价值，促进了对于敦煌石窟与敦煌学的研究与发展。

715 《敦煌学与佛教杂稿》，白化文著，北京：中华书局，2013年4月。

本书是白化文先生在敦煌学与佛教方面的研究情况的总结，主要收录了六部分的内容：第一部分主要是对敦煌俗文学与敦煌遗书资料及其编目工作方面的探索共20篇。第二部分，以《汉文大藏经简述》为主，包括对《赵城金藏》《高丽大藏经》及其他一些佛教典籍的研究。第三部分是有关汉化佛教的研究。第四部分是为《佛教美术丛考》《佛教美术丛考续编》等书所写序言4篇，第五部分是五篇纪念性的文章，第六部分是与儒释道三教相关联文章。

716 《敦煌哲学（第1辑）》，范鹏主编，兰州：甘肃人民出版社，2013年10月。

本书是敦煌哲学研究会成立大会暨首次学术研讨会论文集。论文主要包括三类：敦煌哲学研究论文，如：杨利民《敦煌哲学：概念的界定与研究的价值》、孔敏《敦煌石窟飞天形象的哲学解读》等篇；第二类是传统意义上的敦煌学研究文章，包括马德《敦煌的入世佛教及其社会实践》、沙武田《从莫高窟石室瘗窟随葬波斯银币看中古敦煌佛教》、高启安《唐五代敦煌人名研究四题》等篇；第三类文章是以敦煌文化为讨论对象，以颜廷亮先生《转换关注重点：敦煌文化价值问题新思考》为代表，杨秀清《关于大众思想史研究若干问题的思考——以敦煌文献为中心的研究》等篇。

717 《敦煌哲学（第3辑）》，杨利民、范鹏主编，兰州：甘肃人民出版社，2016年7月。

本书是敦煌哲学研究会第三次学术研讨会会议论文集，共收入论文30余篇。主要论及四个方面：敦煌哲学基本问题，包括：杨利民《敦煌哲学范式初探》、范鹏《曹氏归义军初期敦煌洞窟营建中折射出的价值观——以莫高窟第98窟为例》等篇；敦煌哲学艺术方面，有：马俊峰《图像、符号与意义——以敦煌壁画为例》、史忠平《浅探莫高窟唐代净土经变中观音的"次中心"地位——兼论偶像式绘画中"飞升感"的营造》等篇；敦煌宗教哲学方面，包括：张海娟、杨富学《儒家孝道思想在回鹘中的流播与影响》等篇；敦煌社会文化方面，包括：冯培红《唐五代敦煌佛教与大族社会》等篇。

718 《法国藏学精粹》（法国汉学研究丛书），郑炳林主编，耿昇译，兰州：甘肃人民出版社，2011年4月。

本书是法国汉学家藏学研究成果论集。书中收入石泰安、森安孝夫、A. 麦克唐纳、戴密微、上山大峻、图齐、布隆多等著名汉学家的研究论著，内容涉及吐蕃政治史研究、藏文文书研究、藏传佛教研究、苯教研究、吐蕃与其他少数民族政权的交流研究以及法国藏学家的相关研究等方面。具体篇目有：《吐蕃编年史辨析》《吐蕃统治结束后在甘肃和于阗官府中使用藏语的历史》《敦煌写本中的吐蕃巫教与苯教》《敦煌藏文写本综述》等论文58篇。

**719** 《古代蒙古及北方民族史史料概述》，王雄著，呼和浩特：内蒙古大学出版社，2008年6月。

本书是对蒙古及北方民族史史学的汇编及点校之作。书中主要介绍了蒙古兴起以前的古代北方民族史料、蒙元时期蒙古史史料、明代蒙古史史料以及清代蒙古史史料。具体内容上，分别对叙述北狄与匈奴，东胡与乌桓，鲜卑，柔然与敕勒，突厥与回纥，契丹与女真，室韦等民族史料进行校释；蒙元时期蒙古史史料则重点对元朝的传记、典制、地理志文献等文献进行叙述；明代蒙古史史料则对明代史籍、边防图辑、明人文集、奏议、汇编、类编、杂编文献进行了介绍；对于清代的实录及编年体史、《清史稿》等纪传资料、档案资料、闻见录和笔记杂著等记载的蒙古史料，作者也进行了点校。

**720** 《龟兹历史与佛教文化》（丝瓷之路博览），薛宗正著，北京：商务印书馆，2016年6月。

本书是对龟兹历史与佛教文化的研究之作。书中首先通过舍利塔和石窟寺对龟兹的佛教文化进行了介绍，讨论了白氏王朝与佛国龟兹的历史，通过龟兹境内的克孜尔石窟及苏巴什佛寺讨论了中国佛寺的起源问题。作为佛国，龟兹保存了大量佛教遗迹，作者对其中的西域部派佛教的本生故事、因缘故事和涅槃故事等佛教故事的艺术特征和内涵作了探讨。此外，作者还对龟兹与唐的关系，特别是安西大都护府定治明府城问题进行了研究。书中还对安息佛寺与汉地大乘佛教的关系，及安史之乱后的龟兹佛教进行了探索。

**721** 《国外敦煌学藏学研究——翻译与评述》（欧亚历史文化文库），余太山主编，杨铭编，兰州：兰州大学出版社，2012年7月。

本书是对国外敦煌学、藏学研究情况的综述与翻译。书中对国外敦煌学、藏学的研究状况进行述评，包括国外关于敦煌藏文文献《阿柴（吐谷浑）纪年》的研究、国内外英藏敦煌、和田等地出土古藏文写本的研究、国内外吐蕃统治敦煌史研究的回顾与展望等方面；对国外著名学者的研究论述进行翻译，包括藤枝晃《吐蕃统治下的敦煌》、山口瑞风《敦煌的历史：吐蕃统治时期》、武内绍人《〈敦煌、新疆出土古藏文契约文书〉导言》、托马斯《有关敦煌的藏文文书》等篇。书中还附以学者著述目录，为读者研究提供便利。

**722** 《华戎交汇——敦煌民族与中西交通》（走进敦煌丛书），柴剑虹、荣新江主编，荣新江著，兰州：甘肃教育出版社，2007 年 12 月。

本书对敦煌的民族与中西交通进行介绍。书中首先从古老敦煌的月氏人谈起，对张骞出使和河西归汉等史实进行介绍；通过玉门关与悬泉置来对汉代的关城和客栈进行叙述，并对敦煌地区的关口、驿道等遗迹的相关历史进行解读；通过丝绸的传播，介绍了经由敦煌的东西方物质文化交流；此外，作者还对敦煌佛教与东西交通的传播进行了探讨。敦煌地区民族众多，作者对胡人在敦煌地区的交易、定居、信仰进行分析，讨论敦煌在中西沟通方面的重要地位。通过对吐蕃、回鹘、于阗等国与敦煌政权往来的考述，分析了西域诸国与敦煌的文化交流。

**723** 《回鹘摩尼教研究》（敦煌研究院学术文库），杨富学著，北京：中国社会科学出版社，2016 年 8 月。

本书是对回鹘摩尼教进行全面研究的著作。书中介绍了摩尼教的兴起与东渐过程，译释了回鹘皈依摩尼教的若干文献，探究了回鹘语摩尼教文献中所记载的回鹘改宗过程，总结了回鹘归宗摩尼教的社会历史根源。同时，书中还记述了摩尼教在漠北回鹘、高昌回鹘及河西回鹘的相关历史，分析了回鹘摩尼寺的形成及其功能的异化，探讨了回鹘摩尼教衰微与消亡的时间与过程。此外，书中还归纳了摩尼教对回鹘语文、文学、艺术等文化领域的影响，并对摩尼教与回鹘其他各宗教间的关系进行了阐述。

**724** 《回鹘与敦煌》（敦煌讲座书系），杨富学著，兰州：甘肃教育出版社，2013 年 11 月。

本书主要探讨回鹘与敦煌的关系。书中对回鹘的源流及漠北回鹘汗国的建立与发展，社会演进与经济状况及信仰文化等问题进行了叙述，通过解读史料对高昌回鹘及其与敦煌的经济关系、文化关系和佛教艺术关系等方面作以探讨；通过敦煌资料与传世文献对甘州回鹘及其与敦煌的关系进行解读，包括甘州回鹘与张氏归义军、曹氏归义军的关系，并分析了甘州回鹘灭亡的原因；而后对沙州回鹘的出现进行论述，探讨了沙州回鹘的建立与消亡。此外，作者还对敦煌回鹘语文献及其价值进行讨论，总结了敦煌在宗教信仰、文学成就、石窟艺术等方面的回鹘文化。

725  《瘠土耕耘——史金波论文选集》，史金波著，北京：中国社会科学出版社，2016年9月。

本书是史金波先生的学术论文集，共收入论文55篇。研究内容主要分为西夏研究、中国民族研究和中国民族文字研究三方面。对于西夏的研究涉及西夏的宗教、农业、军事、生活生活及文献考释诸多方面，代表文章有《西夏活字版文献及其特点——世界上现存最早的活字印本探考》《西夏的饮食制度和风尚》《西夏粮食借贷契约研究》《西夏社会文书简论》《西夏佛教的流传》等篇；中国民族研究方面，则有《中国民族史学的社会功能》《从西夏看中华民族多元一体》等篇；中国民族文字研究方面，则包括《少数民族古文字与少数民族史研究》《中国少数民族文字文物综述》等篇。

726  《解读敦煌：报恩父母经典故事》，樊锦诗主编，上海：华东师范大学出版社，2016年3月。

本书是对敦煌壁画中报恩父母经典故事的解读。本书收录了报恩经变、父母恩重经变、目连变、福田经变等涉及报恩父母经变故事壁画，此外还包括劳度叉斗圣变、宝雨经变、戒律变、梵网经变等内容。这些经变分布于敦煌石窟中的莫高窟、榆林窟、西千佛洞和五个庙石窟，涉及51个洞窟及64铺壁画。书中详细介绍了经变故事发生、发展经过和最后结局等内容，并揭示出了经变画中反映的佛教思潮以及中国传统文化与佛教思想的互相影响。书中辅以大量精美彩图，为壁画的解读提供了资料。

727  《解读敦煌：禅宗经典故事》，贺世哲著，上海：华东师范大学出版社，2016年3月。

本书对敦煌壁画中的禅宗经典故事进行了系统诠释。书中分别对表现禅修思想的楞伽经变、金刚经变、思益梵天所问经变、密严经变以及天请问经变进行解读。对每一经的基本思想、主要标志、传入方式以及思想精髓等内容进行逐一介绍。同时，对反映这五大经变内容的绘画题材进行分析，并通过对经变画中的譬喻故事的解读探讨了中世纪中国社会各个阶层的生活状况。书中辅以大量精美的经变故事壁画，图文结合，为读者研究提供便利。

728  《解读敦煌：法华经故事》，贺世哲著，上海：华东师范大学出版社，2016年3月。

本书对宣扬佛性的三大经变：法华经变、涅槃经变、维摩诘经变进行系统解读。书中叙述了法华信仰、涅槃信仰、维摩诘信仰的主要思想内容和传入中国的方式，详细说明法华经变、涅槃经变、维摩诘经变如何从隋代产生、初唐和盛唐蓬勃发展、中唐开始格式化、归义军时期日趋式微的演变规律，并以大量系统精美的图片佐证。此外，作者还利用敦煌壁画中的经变内容分析其不同文化因素的融合，并讨论经变画的风格特征，特别对莫高窟中经典的 220 窟和 332 窟经变壁画作了详细解析。

**729** 《解读敦煌：佛国尊像》，罗华庆著，上海：华东师范大学出版社，2016 年 3 月。

本书是解读敦煌系列之一，对敦煌石窟中的佛尊像艺术进行解读。书中根据不同时期佛尊像的风格特点，从北朝的萌发期，经隋、唐、五代，到宋元进入消亡期，把敦煌尊像的发展分为六个时期，对每个时期的三世佛、千佛、菩萨、弟子、罗汉以及护法众神等尊像的具体形象、内涵和其所传达的佛教思想进行解析，同时，对尊像画题材，主题内容演变及信仰的变化进行了论述。书中配以大量精美壁画彩图，为研究佛教尊像的读者提供了资料。

**730** 《解读敦煌：弥勒佛与药师佛》，王惠民著，上海：华东师范大学出版社，2016 年 3 月。

本书是解读敦煌系列之一，对敦煌石窟中的弥勒信仰和药师信仰进行解读。敦煌壁画中，净土信仰图像以弥勒经变、药师经变最为经典，这两种经变壁画有 200 余铺。书中对壁画、纸绢画以及藏经洞出土文献的《药师经》写本中的弥勒和药师形象进行详细解读，分析经变中二者的人物形象，并对经变画中所反映现实生活图景进行讨论，包括婚丧嫁娶、农耕劳作、佛教剃度等内容。敦煌中的弥勒经变和药师经变具有重要史料价值，本书对二者的形象和信仰进行了较为全面的介绍与分析。

**731** 《蒙古的人和神》（西域探险考察大系），[丹] 亨宁·哈士纶著，徐孝祥译，乌鲁木齐：新疆人民出版社，2013 年 10 月。

本书记录了近代时期作者从山西大同到新疆和静一线的探险经历与所见所闻。书中分为两卷，共计 39 章节，包括"西部可汗传说""我成为斯文·赫定考察队的一员""终于到达额济纳河""穿过黑戈壁""沙漠那边的绿洲""我被带到'西部可汗'面前""土尔扈特的强人""土尔扈特之源"等内容。书中再现了西北地区 20 世纪二三十年代的历史风貌，并就土尔扈特蒙古部落的光荣与梦想，以及面对时代潮流的抉择做了解读，为西北地区的学术研究提供了一手资料。

**732** 《蒙古入侵时期的突厥斯坦》（西域历史语言研究译丛），[俄] 巴托尔德著，张锡彤、张广达译，上海：上海古籍出版社，2011年7月。

本书是巴托尔德所著，张锡彤、张广达翻译的叙述蒙古入侵前的突厥史，分为上下两册，详细讲述了起于伊斯兰教开始武装进攻，断于13世纪初成吉思汗登场的中亚历史。书中内容共五章，分别为"河中地理概述""截至十二世纪的中亚史""哈剌契丹人与花拉子模沙""成吉思汗与蒙古人"与"蒙古人统治下的突厥斯坦（1227—1269年）"。书中内容再现了突厥斯坦的历史风貌，展现了这一历史时段突厥斯坦的发展与变迁，具有很高的学术价值，推动了中亚史研究的进一步发展。

733 《蒙古史学史：十三世纪—十七世纪》，[蒙]沙·比拉著，陈弘法译，上海：上海古籍出版社，2015年12月。

本书从史学史角度对13—14世纪末蒙古人历史知识的发展过程以及15世纪初至17世纪末蒙古人史学传统进行了系统研究。书中考察了古文字历史产生的前提以及《纽察·脱卜察安》成书经过和思想内容；通过《察罕·图克》《圣武亲征录》《元史》等史籍对帝国时代的蒙古史学史进行探索。对于15世纪初至17世纪的史学史，作者对呼图克台·彻辰·洪台吉、固什·却尔济、萨迦·端珠卜等首批史学家进行了研究；对于17世纪下半叶的蒙古史学史，作者则探讨了《阿勒坦·脱卜赤》《沙拉·图吉》《额尔德尼·脱卜赤》《阿萨拉克齐·耐日图·音·图克》等著作。

734 《蒙古史研究（第6辑）》，中国蒙古史学会编，北京：科学出版社，2000年8月。

本书为中国蒙古史学会主办的系列学术论集，收录中外学者关于蒙古史研究的论文25篇，主要篇目包括：《辽朝最高决策机构的职能及其演变》《蒙古国汉人世侯辖区社会经济考查》《日本统治时期的内蒙古盟旗制度》《论元代的廉政措施》《元代河南行省研究》《15世纪中叶前的北元可汗世系及政局》《康熙之路——纪康熙首次亲征噶尔丹》《清至民国管理蒙古事务机构的演变》《日本统治时期的内蒙古盟旗制度》《印藏蒙一统传说故事的由来》《〈蒙古源流〉与佚名〈黄金史〉的关系（日文）》等。

735 《蒙古史研究（第7辑）》，中国蒙古史学会编，北京：科学出版社，2003年12月。

本书是中国蒙古史学会的论文汇编，收录的论文包括蒙元时期的政治、经济、文化、民众、军事、环境、生态各方面的研究成果。本辑为第7辑，是魏弥贤教授六十五寿辰纪念专集。收录了论文33篇。具体文章包括：《魏弥贤教授简介》《关于契丹族源诸说新析》《成吉思汗与蒙古人的地理意识与地理发现（西里尔文）》《大蒙古国诸汗身边的汉人与儒学》《蒙元对贵州、广西与海南地区的统治和经营》《明朝的蒙古族世家》《〈元朝秘史〉中的暴力死亡（德文）》等。

**736** 《蒙古史研究（第 8 辑）》，齐木德道尔吉、宝音德力根主编，北京：科学出版社，2005 年 6 月。

本书是中国蒙古史学会的论文汇编，收录的论文包括蒙元时期的政治、经济、文化、民众、军事、环境、生态各方面的研究成果。本辑为第 8 辑，为布信教授八十寿辰纪念专集。收录了论文 30 篇。具体文章包括：《成吉思汗与西夏》《元代蒙古语同北方汉语语言接触的文献学考察》《故建威都尉夫人王氏墓志及相关问题》《元上都城址的考古学研究》《元代宫廷大宴考》《元代云南教育考》《论东土默特蒙古》《也先干涉明朝皇帝位考述》等篇。

**737** 《蒙古史研究（第 9 辑）》，齐木德道尔吉、宝音德力根主编，北京：科学出版社，2007 年 7 月。

本书是中国蒙古史学会的论文汇编，收录的论文包括蒙元时期的政治、经济、文化、民众、军事、环境、生态各方面的研究成果。本辑为第 9 辑，为翁独健先生诞辰一百周年纪念专集。书中共收入文章 28 篇，包括《纪念翁独健先生诞辰 100 周年》《唐朝与契丹部落发展的历史关系——兼谈大贺氏家族的衰微和契丹部落发展的趋势》《关于蒙古帝国的"约孙"（日文）》《元代的海船户》《清初"察哈尔国"游牧地考》《关于清代官修民族文字文献一些问题的探讨》等篇。

**738** 《蒙古史研究（第 10 辑）》，齐木德道尔吉、宝音德力根主编，北京：科学出版社，2010 年 8 月。

本书是蒙古史研究论集的第 10 辑，为金启孮教授诞辰 90 周年纪念专辑。书中收入中外学者关于蒙古史研究的论文 29 篇，分别为《著名女真、满学、蒙古学家金启孮先生》《简牍所见汉朝烽火制度——兼谈匈奴的对应》《古代突厥语都斤山考》《元代蒙古地区行中书省研究》《"蒙古"部落名称来源及其内涵》《乌兰夫在内蒙古实行民族区域自治的伟大实践》《"蒙疆"政权的教育政策——以蒙古人初中等教育为中心（日文）》等篇。书后附有《蒙古史研究》第 1—9 辑目录。

**739** 《蒙古史研究（第 11 辑）》，齐木德道尔吉、宝音德力根主编，北京：科学出版社，2013 年 12 月。

本书为中国蒙古史学会主办的系列学术论集，收录中外学者关于蒙古史研究的论文17篇，内容涵盖历史学、文献学、文学、语言学各个学科，在一定程度上代表了目前蒙古史研究领域的学术水平。具体文章包括：《〈元朝秘史〉文献学研究史概述》《17世纪上半叶满蒙汉文档案在蒙古史研究中的应用：以内蒙古大学清初蒙古史研究为例》《回鹘王子葛啜墓志鲁尼文志文再释读》《Die Schlacht von Wahlstatt bei Liegnitz und die Mongolen》《"额勒只带"史实再辩》等篇。

740　《蒙古史研究（第12辑）》，齐木德道尔吉、宝音德力根主编，北京：科学出版社，2013年12月。

本书为中国蒙古史学会主办的系列学术论集，收录中外学者关于蒙古史研究的论文24篇，内容涵盖历史学、文献学、文学、语言学各个学科，具体文章包括《札奇斯钦先生的蒙元史研究》《古代蒙古人历史编纂之特点——从〈元朝秘史〉到〈蒙古源流〉的变化》《满洲面对元北明南——蒙古因素何以影响清初制度》《异密阿儿浑及其在呼罗珊等地进行的两次户口调查》《元末农民军三首领小考》《徐良利著〈伊儿汗国史研究〉考误》《北元蒙古史中的"辽阳军"考释》等篇。

741　《蒙古游牧图：日本天理图书馆所藏手绘蒙古游牧图及研究》，乌云毕力格等编著，北京：北京大学出版社，2014年8月。

本书是乌云毕力格教授所编对日本天理图书馆藏手绘蒙古游牧图的研究。收录了清朝末年至民国中期的45幅《蒙古游牧图》，包含了蒙古各部落、盟、旗的历史地图，乌云教授解读了手绘蒙古游牧图并讨论了这些地图的价值，并对地图进行了释读，考订了各幅地图的题目、语种、绘制年代等问题。作者从历史地图入手，详细分析出蒙古各旗盟疆域、风俗、族群的流变。书后附有满蒙文专名所引，对读者查阅本书提供便利。本书是一部具有重要意义的蒙古学研究著作，推进了蒙古历史地理研究。

742　《蒙古与教廷》（中外关系史名著译丛），[法]伯希和著，冯承钧译，北京：中华书局，2001年7月。

本书是伯希和对蒙古与教廷的研究。书中内容主要分为两类，一类是以教廷档案中发现的蒙古统治者致教皇的文书为对象，如贵由致因诺曾爵四世波斯文答书、1268年阿八哈致教皇拉丁文书、阿八哈使臣致1274年里庸宗教大会拉丁文文件、1304年哈赞蒙文信札等。另一类是对聂思脱里派的列边阿答、阿思凌、安德·龙如美二人事迹，以及14世纪上半叶中国蒙古与教皇交涉的研究。书中引用了大量的拉丁文和波斯文史料、教会史书以及一些西方学者写作的有关著作和论文，对中外关系史、蒙古史的研究有重要参考价值。

743 《摩尼教敦煌吐鲁番文书译释与研究》（欧亚历史文化文库），芮传明著，兰州：兰州大学出版社，2014 年 12 月。

本书是对摩尼教敦煌吐鲁番文书所作的译释与研究。全书分为三部分，上编对敦煌汉语摩尼教文献《摩尼教残经》《摩尼光佛教法仪略》《下部赞》进行了校释；中编对吐鲁番非汉语文书，如：帕提亚语赞美诗《胡亚达曼》《安噶德罗希南》、中古波斯语"光辉者耶稣"赞歌"宇宙创生""俗世创生"文书、粟特语寓言故事文书、突厥语《忏悔词》《摩尼大宋》等文献的译释，并对文献中的教义与内涵进行了深入分析；下编则是对东方摩尼教文书的考释和研究。

744 《摩尼教与古代西域史研究》，马小鹤著，北京：中国人民大学出版社，2008 年 10 月。

本书汇集了作者关于中亚史的论文。在西域史地研究方面，作者利用新材料考释和分析穆格山粟特文文书、阿富汗出土的巴克特里亚文文书、阿富汗新出巴克特利亚文文书、嚈哒钱币、隋唐支氏家族碑铭等文献；在摩尼教的研究方面，本书综合利用各国学者对于中古波斯文、帕提亚文、粟特文、回鹘文、希腊文、拉丁文和科普特文资料进行释读，侧重分析其义理。同时，书中将摩尼教与基督教、拜火教、佛教进行比较，并分析了其宗教符号。本书为学者研究摩尼教和西域文化提供了参考。

745 《牧歌流韵：中国古代游牧民族文化遗珍·党项卷》（嘉峪关市"一带一路"建设文化丛书），刘秀文著，兰州：甘肃人民出版社，2015 年 5 月。

本书利用西夏文典籍、石刻、墓志、壁画等文化遗存，图文并茂地还原了党项族历史，解读了西夏的政治、经济、文化，展现党项民族独具特色的古代文明和灿烂文化。具体内容上，作者分别对西夏文佛经《吉祥遍至口和本续》、武威杂木寺石刻、瓜州榆林窟党项族的突发形象、西夏承天寺塔、贺兰山西夏岩画、西夏地形图、西夏《番汉合时掌中珠》、黑水城西夏文献、西夏王陵 6 号陵、莫高窟 109 窟西夏供养像服饰等遗迹遗物进行了解读。

746 《牧歌流韵：中国古代游牧民族文化遗珍·回鹘卷》（嘉峪关市"一带一路"建设文化丛书），崔星著，兰州：甘肃人民出版社，2015 年 5 月。

本书以回鹘族群为研究对象，通过回鹘故城和遗迹、回鹘壁画和回鹘文木活字等遗珍的研究，展现回鹘民族独具特色的古代文明和灿烂文化。具体而言，书中对北庭高昌回鹘佛寺遗址、哈拉巴拉嘎斯王城遗址、哈密本回鹘文《弥勒会见记》、回鹘文摩尼教寺院经济文书、回鹘文《乌古斯可汗的传说》写本、回鹘明教三塔石刻、九姓回鹘毗伽可汗碑、婆罗迷文回鹘语医药文献残片、敦煌回鹘文木活字等遗迹及文物文献进行了解读。

**747** 《牧歌流韵：中国古代游牧民族文化遗珍·蒙古卷》（嘉峪关市"一带一路"建设文化丛书），史淑琴著，兰州：甘肃人民出版社，2015年5月。

本书以图文并茂的形式介绍了蒙古族的文化遗存。书中解读了蒙古族的遗迹、文献、壁画等遗珍，分析了蒙古族的政治、经济、文化特点，展示了蒙古族的历史文化，诠释了古代民族间的交流与融合及其草原生态特色。具体内容上，作者分别对鄂托克旗百眼窑石窟、成吉思汗陵、察合台文手抄本古籍、达勒特古城铜币、元代巴思八文虎符圆牌、瓜州县榆林窟第6窟蒙古供养人、《蒙古秘史》《蒙古黄金史纲》等遗迹及文物文献进行了解读。

**748** 《牧歌流韵：中国古代游牧民族文化遗珍·契丹女真卷》（嘉峪关市"一带一路"建设文化丛书），孙建军著，兰州：甘肃人民出版社，2015年5月。

本书利用契丹族的典籍、石刻、墓志、壁画等文化遗存，图文并茂地还原了契丹族历史，解读了其政治、经济、文化，还原了契丹的历史面貌，展现了契丹民族独具特色的古代文明和灿烂文化。具体内容上，作者分别对巴林左旗辽太祖陵、乾县《郎君行记》石刻、承德契丹文"敕宜速"金银牌、奈曼旗陈国公主黄金面具、耶律倍《骑射图》、阿城金太祖陵、《赵城金藏》、繁峙岩山寺壁画、合阳梁山千佛洞等遗迹及文物进行了解读。

**749** 《牧歌流韵：中国古代游牧民族文化遗珍·粟特卷》（嘉峪关市"一带一路"建设文化丛书），张小元著，兰州：甘肃人民出版社，2015年5月。

本书利用粟特族的典籍、石刻、墓志、壁画等文化遗存，图文并茂地还原了粟特族的历史，解读了其政治、经济、文化，展现了粟特民族独具特色的古代文明和灿烂文化。具体内容上，作者分别对粟特古文信札、白釉胡人头像、贵族宴饮图、大凉刘和墓碑、女供养人史崇姬、粟特文买婢契、康业墓罗马金币、安伽墓围屏石榻、湟中胡人牵驼画像砖、礼泉篮彩女立俑、步行仪仗图、粟特银碗等遗迹和文物进行了详细解读。

**750** 《牧歌流韵：中国古代游牧民族文化遗珍·突厥卷》（嘉峪关市"一带一路"建设文化丛书），王万平著，兰州：甘肃人民出版社，2015年5月。

本书利用突厥族的典籍、石刻、墓志、壁画等文化遗存，图文并茂地还原了突厥的历史，解读了其的政治、经济、文化，展示出了突厥民族特色，展现了突厥民族独具特色的古代文明和灿烂文化。具体内容上，作者分别对布古特碑首狼雕、阿尔泰山杜拉特沟岩画、太哈尔石突厥石刻文字遗存、菱花型三折足鎏金银盘、高昌供时文书、乾陵蕃臣像、阿史那思摩墓室壁画、哥舒翰纪功碑、西沃图乌兰突厥祭祀性遗址、突骑施钱币等遗迹、文物进行了解读。

**751** 《**牧歌流韵：中国古代游牧民族文化遗珍·吐蕃卷**》（嘉峪关市"一带一路"建设文化丛书），王东著，兰州：甘肃人民出版社，2015年5月。

本书利用吐蕃族的典籍、石刻、墓志、壁画等文化遗存，图文并茂地还原了吐蕃的历史，解读了其的政治、经济、文化，展示出了其民族特色，展现了吐蕃民族独具特色的古代文明和灿烂文化。具体内容上，作者分别对都兰吐蕃墓骆驼头盖骨、敦煌莫高窟法成修禅窟、玉树文成公主庙、敦煌文献《顿悟大乘正理决》、敦煌博物馆藏古藏文写经、瓜州榆林窟《婚礼图》、甘州黑水桥敕碑等遗迹、文物进行了解读。

**752** 《**牧歌流韵：中国古代游牧民族文化遗珍·鲜卑卷**》（嘉峪关市"一带一路"建设文化丛书），孙海芳、胡杨著，兰州：甘肃人民出版社，2015年5月。

本书利用有关鲜卑少数民族的典籍、石刻、墓志、壁画等文化遗存，图文并茂地还原了鲜卑民族的历史，解读了其政治、经济、文化等内容，展现鲜卑民族独具特色的古代文明和灿烂文化。具体内容上，作者分别对嘎仙洞遗址、鲜卑金步摇饰、敦煌莫高窟428窟、乌兰察布晋鲜卑归义侯金印、北魏鲜卑人舞乐俑、北魏石棺床、北魏世宗宣武帝景陵、洛阳《吐谷浑墓志》、嘉峪关新城魏晋6号壁画墓等遗迹、文物进行了细致解读。

**753** 《**牧歌流韵：中国古代游牧民族文化遗珍·匈奴卷**》（嘉峪关市"一带一路"建设文化丛书），柯英著，兰州：甘肃人民出版社，2015年5月。

本书利用匈奴的典籍、石刻、墓志、壁画等文化遗存，图文并茂地还原了匈奴的历史，解读了其政治、经济、文化，展现了匈奴民族独具特色的古代文明和灿烂文化。具体内容上，作者分别对包头单于道、刘胜墓胡佣造型灯、延庆玉皇庙山戎墓殉牲、诺音乌拉胡服、匈奴相邦印、民勤休屠王城遗址、居延古道、莫高窟"刘萨诃因缘变相图"、镇原黑脸天子墓、张掖马蹄寺石窟、阿拉沟虎纹金牌饰等匈奴遗迹遗物进行了详细解读。

**754** 《**牧歌流韵：中国古代游牧民族文化遗珍·诸戎卷**》（嘉峪关市"一带一

路"建设文化丛书），赵开山著，兰州：甘肃人民出版社，2015年5月。

本书利用有关戎羌少数民族的典籍、石刻、墓志、壁画等文化遗存，图文并茂地还原了西北少数民族的历史，解读了其政治、经济、文化上的民族特色，展现了诸戎族独具特色的古代文明和灿烂文化。具体内容上，作者分别对临洮马家窑彩陶、酒泉"羌女图"、茂县羌笛、敦煌莫高窟"圣历碑"、敦煌"后凉镇墓罐"、临泽昭武故城、敦煌玉门关"支诚汉简"、楼兰美女干尸、尼雅佉卢文手稿残卷等遗迹、文物进行了细致解读。

**755** 《菩提遗珠：敦煌藏文佛教文献的整理与解读》（西北民族文献与文化丛书），才让著，上海：上海古籍出版社，2016年9月。

本书对于海内外所见藏文文献中佛教文献的部分择要进行整理和解读。书中对藏文文献进行了汉译、释文，并对相关的藏文、藏传佛教、藏族历史和人物等领域的内容进行深度解读。书中各章对文献的内容、性质、版本比较、译者、流通情况以及其反映的历史、宗教信仰、社会生活等内容加以分析。涉及具体藏文文献有：P.T.99号《正说圣妙吉祥名》、P.T.449号《心经》、P.T.105号《往生净土法》、P.T.121号《顿悟摄要论》、P.T.849号《印度高僧德瓦布扎事略》等篇。

**756** 《秦汉边疆与民族问题》（西域历史语言研究丛书），王子今著，北京：中国人民大学出版社，2011年4月。

本书介绍与研究了秦汉时期的边疆与民族问题，旨在通过对相关历史文化现象的考察，探讨秦汉时期边疆史与民族史的发展与演变。书中叙述了秦汉时期在长城沿线与北部边境的经营，分析了辽东发展与"海东""真藩"的征服，阐述了"南夷"居地汉文化的扩张以及"通西南夷"的成功。同时，书中还分析了秦汉边地少数民族的经济生活，记述了汉地胡人与越人的生活情况，并就秦汉时期的国家意识与民族意识做了探讨，展现了边疆地区的历史风貌与人文样态。

**757** 《青册金鬘：蒙古部族与文化史研究》，乌云毕力格著，上海：上海古籍出版社，2017年2月。

本书是对蒙古部族与文化研究史的研究。主要内容分为上下两编：上编主要探讨蒙古部落到部族的形成和演变发展历史，特别是蒙元时期至清代的部族形成及其构造，包括喀喇沁、阿苏特、和硕特、扎鲁特、东土默特、喀尔喀蒙古等著名部族的兴替和变化以及北元时期南、北和西蒙古若干部的形成与构造。下编为蒙古文化史研究，探讨了16世纪蒙古人接受藏传佛教格鲁派信仰后的西藏文化影响及其表现，分析了藏传佛教影响下南、北、西蒙古佛教政治文化和宗教文化的片段，并对畏吾体蒙古文文字遗产进行了研究。

**758** 《清代新疆民族关系研究》，赵海霞著，北京：民族出版社，2014 年 11 月。

本书是对清代民族关系的研究。书中分析了准噶尔汗国时期新疆的民族关系，包括 16 世纪新疆各民族的重新整合及其分布格局、准噶尔汗国对新疆各族的统治以及新疆各民族之间经济文化的交流问题；解读了清乾嘉时期对新疆诸族的统治以及各民族间的经济、文化交流；探讨了道咸同时期对新疆统治政策的变化、内忧与外患下新疆民族矛盾，并对新疆各族人民反对列强侵略斗争与民族关系发展的新特点进行了总结。此外，作者对建省后新疆的民族关系也做了探讨。

**759** 《清代中国西部宗教立法研究》，田庆锋著，北京：人民出版社，2015 年 1 月。

本书是对清代时期中国西部宗教的立法研究。书中分为六章，系统地考察了清代中国中央政府西部宗教立法的基本原则、法律形式、立法进程，及其对西部政教关系、宗教管理、宗教行为和宗教财产的法律调整等问题。重点对清代中国对藏传佛教、伊斯兰教的立法历史进程做了详细论述。作者总结了清代中国西部宗教立法的特征及现代启示，认为清代的西部宗教立法具有加强国家管理、因势利导性、世俗性、不平衡性等特征，对当代中国民族宗教立法在立法原则、立法路径、立法边界、立法主体等方面有重要的启示价值。

**760** 《塞种史研究》，余太山著，北京：商务印书馆，2012 年 1 月。

本书是我国第一部关于塞种史的专著。书中分别研究了塞种与大夏、大月氏、大宛、康居、奄蔡、乌孙、罽宾及乌弋山离等历史古国的内在关联与影响，探讨了以塞种为中心，贵霜王朝建立之前中亚地区的历史。此外，书中还对塞种及其各组分的名称、起源、中足、语言及迁徙过程等提出了一个自成系统的假说，并对大夏迁徙、大月氏西迁、康居五小王的位置等问题做了考证。本书勾勒出了塞种史的基本轮廓，推动了中亚、南亚、西亚上古史的研究。

**761** 《三危佛光——莫高窟的营建》（走进敦煌丛书），柴剑虹、荣新江主编，王惠民著，兰州：甘肃教育出版社，2007 年 12 月。

本书对敦煌莫高窟的营建与保护进行介绍。书中分为佛教篇、营建篇、保护篇三部分，佛教篇对敦煌佛国的肇启进行介绍，包括敦煌佛教的初期传入，竺法护等高僧对敦煌早期佛教的影响以及敦煌的佛教世界作以整体上概述；营建篇则对莫高窟的形制，包括禅窟、中心柱窟、佛坛窟、殿堂窟、大像窟、影窟、僧房窟等不同石窟的形制作以简述，并对石窟的窟主、工程与工匠进行分析。而后，分别对北朝洞窟、隋代洞窟、唐前期洞窟及中唐以后洞窟遗迹作以重点解读。在保护方面，作者对莫高窟的崖面加固、壁画和塑像的保护等问题，提出了自己的见解。

762　《盛女敦煌》，胡同庆、王义芝著，北京：中国旅游出版社，2014年9月。

本书是通过对敦煌壁画与塑像中女性形象的研究，反映中国古代女性社会生活的著作。书中叙述了敦煌北凉时期的母婴图，以及北魏时期惊恐悲恸的王妃、虔诚的佛教女信徒等画像，探讨了西魏时期雍容华贵的西王母、与男性平行相向的女供养人行列，和北周时期恭敬礼佛的贵妇人、侍奉病人的女子等内容。同时，书中对隋唐时期女性的发髻样式、插梳方式、面妆，以及各式各样的天女形象和各类故事中的女性形象做了阐述，并就五代宋元时期的西夏女供养人、蒙古族妇女的形象等内容做了探讨，展现了中国古代妇女的生活情境，是一部浓缩的中国古代妇女生活史。

763　《十王经与中国中世纪佛教冥界的形成》，[美]太史文著，张煜译，张总校，上海：上海古籍出版社，2016年12月。

本书以敦煌文献为基础，以佛教《十王经》为研究对象，对《十王经》的由来与内容，以及中国中世纪佛教的冥间观念进行了探讨。书中记述了"十王"的起源故事、追悼仪式、艺术形式，以及产生等内容，研究了其经文的制作，和《悼念亡妻的翟奉达》《妙福，一位患病的比丘尼》《比丘道真受持》等经文故事，并对《十王经》的语言、体裁、校订版本等文本信息做了辨析。此外，书后还附有十王、《十王经》插图、《十王经》写本、《十王经》不同修订本中的菩萨名称对照等内容，对书中内容起到辅助与说明的作用。

764　《驶向撒马尔罕的金色旅程》（丝路译丛），[法]葛乐耐著，毛铭译，桂林：漓江出版社，2016年11月。

本书是法国学者葛乐耐多年以来研究与考察的成果集合，对撒马尔罕的历史文明与发展历程等方面做了解读。书中以粟特人的自我画像与撒马尔罕大使厅壁画为例，对撒马尔罕的壁画艺术做了探讨；并从古书、文书与遗事的角度，分析了撒马尔罕与片治肯特古城的历史。同时，书中也对星相学与神学的领域，探究了大夏贵霜王朝的希腊万神殿、吐鲁番出土的唐代占星术绘卷中的印度和波斯天文学传统等内容；并就拜火教的习俗、葬俗，与北朝的文化联系等方面做了评述。

765 《殊方未远：古代中国的疆域、民族与认同》，葛兆光、徐文堪、汪荣祖、姚大力等著，北京：中华书局，2016 年 8 月。

本书是研究古代中国疆域、民族与认同的著作，收录了国内外学者相关对话与研究 30 余篇，具有鲜明的学术史意义，并且能让读者深入了解中国史研究的前沿论题，启发读者对中国历史与民族文化的思考。书中内容包括了《葛兆光再谈"从周边看中国"》《徐文堪谈西域研究》《杉山正明谈蒙元帝国》《狄宇宙谈内亚史研究》《沈卫荣谈西藏与藏学热》《美国藏学主流的学术传承与学术批评》《欧立德谈满文化与满族认同》《朱玉麒谈清代边塞纪功碑与国家认同》等相关文章。

766 《丝路佛风：西域佛教史》（华夏文库佛教书系），熊江宁著，郑州：中州古籍出版社，2016 年 2 月。

本书是对西域佛教史的研究论著。书中叙述了西域的地理、人文历史状况以及诸国并起的西域文明，探讨了佛教在西域的传入、流布广大以及西域佛教与内地的往来等内容。作者详细叙述了高昌回鹘时期佛教的发展以及河西地区的佛教发展，分析了西域佛教的衰落与延续的经过，并对藏传佛教在西域的发展进行了勾勒。此外，作者对西域佛教的艺术也进行了概述，包括西域佛教的石窟艺术、西域佛教的绘画艺术以及西域佛教音乐舞蹈等方面的内容。

767 《丝路高僧传》，景天星著，西安：陕西人民出版社，2017 年 3 月。

本书是对往来于丝绸之路上的高僧作以研究的著作。书中选取了 28 位著名高僧，并根据其往来丝路的空间走向将其分为西域东来、印度东来和汉地西行等三种不同的类型进行论述。作者对丝路高僧的经历、业绩、思想及其历史地位等做了系统阐释，并将丝绸之路上的南亚、中亚、东南亚各个古国的地理、交通、文化以及政治交往与经贸往来等相关元素贯穿其中，展示了佛教与丝绸之路密不可分的历史图景，再现了丝路高僧求法弘教的伟业以及传承了千余年的丝路高僧精神。

768 《唐代敦煌汉文景教写经研究》（敦煌学博士文库），王兰平著，北京：民族出版社，2016 年 9 月。

本书是专门研究敦煌藏经洞出土的唐代汉文景教写经的著作，对这些文献的真伪与特点进行解读。书中对敦煌出土的唐代敦煌汉文景教写经做了整体评述，对敦煌古代景教遗迹和文献做了回顾，并探讨了敦煌景教写经的真伪。同时，书中对景教经典《序听迷诗所经》和《一神论》的经文作了校记和考释，并逐一与《圣经》做了比对；此外作者对《志玄安乐经》《大秦景教宣元本经》《大秦景教三威蒙度赞》和《尊经》

▶ 丝绸之路研究论著叙录

等景教文献也作了校记和考释,为唐代敦煌汉文景教写经提供了研究成果。

**769** 《唐代景教文献研究》(中国社会科学院博士后文库),聂志军著,北京:中国社会科学出版社,2016 年 12 月。

本书是对景教文献的研究,通过对景教文献的考释,加深词义的准确性,纠正文献的误读,正确理解景教的教义。书中对唐代景教的文献文字和文献词语做了研究,考释了讹误字、疑难俗字、写经词语与碑文词语。同时还考释了唐代景教文献的核心术语,对"经教""波斯经教"和"景教"的关系以及《尊经》做了解读;并从文献史实考证的角度对景教碑文中的词语做了考辨。此外书中还研究了唐代景教文献整理的相关问题,校注了《志玄安乐经》等内容,为唐代景教文献研究提供了科研成果。

**770** 《唐代粟特人华化问题述论》,王睿著,北京:社会科学文献出版社,2016 年 8 月。

本书是以唐代来华粟特人的礼俗为背景,探讨了唐代粟特人华化的问题。书中概述了研究缘起、观点思路、方法与创新,对"华化"问题进行了解释,并考释了康姓、粟特安姓、固原史氏等粟特人的华化胡名。书中还对吐鲁番粟特胡名中的佛教因子做了探讨,对粟特安姓的宗教信仰和中古粟特人的华化礼俗做了分析,研究了唐代以华化为主体,胡化、蕃化(突厥化)相伴共生的现象。此外作者还解读了中国的粟特柘羯军、中亚柘羯募兵制和粟特人的商武二级观等内容。

**771** 《唐代吐蕃与西北民族关系史研究》,杨铭著,兰州:兰州大学出版社,2012 年 1 月。

本书是对唐代时期吐蕃与西北民族关系史的研究。作者全面收集汉文文献资料及敦煌、新疆出土的汉、藏、于阗、粟特文文献的有关内容,分别探讨吐蕃与青藏高原诸民族的关系,如:与吐谷浑、党项、白兰、多弥、勃律等;吐蕃与天山南北诸族的关系,包括与突厥、突骑施、沙陀、回纥、鄯善、于阗等族;以及吐蕃河西走廊各民族关系,如南山、嗢末,特别是敦煌汉族的往来关系。此外,书中还对吐蕃与西北民族之间的政治交流、文化影响、地理交通等问题进行了探讨,并分析西北民族的"吐蕃化"以及对后来藏族形成所产生的作用。

**772** 《唐代吐蕃与西域诸族关系研究》(中国边疆研究文库),杨铭著,哈尔滨:黑龙江教育出版社,2014 年 2 月。

本书系统阐述了唐代吐蕃与西域各民族之间的关系,对民族史和地方史的研究提供了史料价值与学术价值。书中论述了唐代吐蕃在青藏高原和天山南北地区，与羊同、党项、突厥等十几个民族的关系，也对吐蕃与天竺、吐火罗、大食等南亚和中亚关系的关系做了阐述。同时，书中详细介绍了于阗王、粟特、曹、苏论等西域部族与名号，梳理了藏、汉文献关于西域地名与交通的记载。此外，作者对英国收藏的敦煌、西域吐蕃写本书文，阿拉伯、波斯文献中的吐蕃记载等历史文献做了考论，也印证了唐代吐蕃与西域各族的关系。

**773** 《唐风吹拂撒马尔罕：粟特艺术与中国、波斯、印度、拜占庭》，[意]康马泰著，毛铭译，桂林：漓江出版社，2016 年 11 月。

本书主要探讨了中国古籍中的"康国"，即撒马尔罕的历史文化，以及粟特艺术与中国、波斯、印度和拜占庭的联系与影响。书中回顾了欧亚文明的历史碰撞与交融，对玄奘之旅的见证做了介绍。作者从粟特艺术与中国、粟特艺术与波斯、粟特艺术与印度、粟特艺术与拜占庭四个层次来进行论述，从北朝墓葬、萨珊艺术、印度教神等文物遗迹和考古发现中，梳理和解读了相关考古成果，分别探讨了二者之间的艺术交融与互动影响，并以此反映了粟特民族的迁徙发展、文化发展，对丝绸之路历史和文明的研究具有很高的学术价值。

**774** 《洮岷花儿与西北民族民俗文化研究》，柯杨、武文著，北京：人民出版社，2012 年 7 月。

本书是柯杨先生关于洮岷花儿和武文先生关于西北民族民俗文化的研究合集，对西北地区的花儿山歌和民族民俗文化的发展做了考证。书中介绍了花儿的由来、流传区域和格律，对听众与歌手的环境因素进行了分析，阐述了花儿关于日常生活与民族文化的联系和影响，并对花儿在学界的整体研究做了回顾。同时书中研究了秦陇宗教文化的基本结构，探讨了裕固族的宗教信仰与文化传承，并对裕固族的民间神话和叙事诗中的民族自我意识做了评析。

**775** 《突厥汗国与隋唐关系史研究》，吴玉贵著，北京：商务印书馆，2017 年 11 月。

本书是研究突厥汗国与隋朝和唐朝关系史的著作。书中回顾了突厥汗国征服周边与内乱分裂的过程，并叙述了其对西域地区的统治情况。书中亦分析了"远交近攻"方略下隋唐对突厥及西域的关系，探讨了东突厥汗国的兴衰及唐朝对北方的统一。同时，书中还叙述了西突厥汗国的强盛与衰落及其国内局势的演变，讨论了唐朝在进兵西域后的历史活动。此外，书中还分析了西突厥汗国的覆亡与唐朝确定在西域地区的统治，并对唐朝对西域政策的转变和各地区羁縻州府的设置进行了阐述。

**776** 《突厥人、粟特人与娜娜女神》，[俄] 马尔夏克著，毛铭译，桂林：漓江出版社，2016 年 11 月。

本书记述了"中亚考古之父"马尔夏克先生在 2003 年夏到 2006 年夏期间，带领联合国中亚考古队分别在撒马尔罕和片治肯特古城进行挖掘的考察成果。全书分为壁画与娜娜女神、突厥人与粟特人、粟特与北朝三个部分，探讨了片治肯特古城带谷仓的娜娜女神壁画和撒马尔罕大使厅壁画的粟特艺术，研究了粟特社会的构成与外来文化的互动，以及粟特人与突厥人的异同与联系，并对 Miho 石雕上的粟特生活与艺术样式，及 Miho 石棺与北朝粟特石葬具艺术做了评析，再现了中亚地区粟特文化的发展与变迁，具有重要的学术价值。

**777** 《图像与文本——汉唐佛经叙事文学之传播研究》，李小荣著，福州：福建人民出版社，2015 年 1 月。

本书以文本传播、图像传播相结合的方式，辨析了汉唐佛经叙事文学的内容特点、艺术价值与文化影响。书中回顾了在佛教东传以前，中国叙事文学在图文传播上的简况，对比分析了汉唐佛经叙事文学在图文传播中的异同，探析了佛陀降魔、鬼子母、九色鹿等佛传本生故事的图文传播。作者对净土经典和汉传秘典的图文传播做了评述，分析其传播渠道、传播内容，以及各自图文传播的异同。同时书中还对造像与造像记进行了研究，梳理了造像的类型与背后故事，并对佛经故事、重大历史事件的造像题记进行了列举和介绍。

**778** 《图像与信仰——中古中国维摩诘变相研究》（儒释道博士论文丛书），肖建军著，成都：巴蜀书社，2015 年 2 月。

本书以图像与信仰的互动与联系为中心，探讨了中国古代维摩诘图像的发展变迁、艺术价值，及其宗教信仰的特征与内涵。书中分析了维摩诘图像的起源与维摩诘变相的图像来源，对炳灵寺、云冈石窟、北朝造像碑等历史遗迹中的早期维摩诘变相做了介绍。书中还探析了隋代维摩造像与法华造像的双弘并举，研究了初唐维摩诘经变对表现净土世界场景浓厚兴趣的历史原因，并解读了唐代维摩诘经变"帝王问疾图"中所隐含的历史信息。作者分析了维摩诘经变历史演变中几幅经典作品，探究了其蕴含的宗教义理和艺术价值。

**779** 《图像与仪式——隋唐长安佛教艺术》，白文著，北京：商务印书馆，2016

年11月。

本书以隋唐长安地区的佛教艺术为研究对象，探讨了佛教造像的具体形态和佛教艺术的价值意义。书中列举了长安光宅寺七宝塔石刻、麟游慈善寺石窟、淳化金川湾石窟、安塞大佛洞石窟和药王山摩崖造像等隋唐时期长安的佛教艺术，对其图像构成、类型与特征、观念与信仰，以及艺术背后佛教传播、文化精神等内容做了探析。并且，书中研究了关中地区唐代药师造像与隋唐造像碑，总结了关中地区药师佛像的艺术形态与特征，对泾阳文庙、药王山、唐代窖藏的造像碑内容进行了解读。

780 《吐蕃敦煌抄经研究》，张延清著，北京：民族出版社，2016年11月。

本书探讨了在吐蕃王朝占领下的敦煌地区，大规模弘扬佛学、组织抄经、传播佛教等活动给当地带来的变化与影响。书中介绍了吐蕃的兴起与佛教在吐蕃的传播，梳理了吐蕃占领敦煌以后所推行的兴佛举措，探究了敦煌汉文佛经与藏文佛经抄写的年代与当时抄经坊的发展，统计了当时抄经团队的人数与构成，以及抄经的费用与纸张由来。书中还对一些佛经的内容进行了翻译、抄写与校对，并就吐蕃在敦煌抄经中的惩治举措做了解读。

781 《吐蕃佛教史研究论文集》，德吉卓玛著，北京：中国藏学出版社，2015年4月。

本书是对现有关于吐蕃佛教史研究成果的归类与总结，筛选并收录了国内学者在学术期刊发表的相关论文50余篇，包括历史文化、佛教流播、人物生平、经典仪轨、敦煌文献等五方面内容。书中不仅对吐蕃王朝历代赞普的生卒年做了考证，也对佛教在吐蕃地区的流传与发展做了探讨，并评析了吐蕃佛教史上的重要人物和历史问题，讨论了敦煌遗书中的藏文文献。本书所含内容史料丰富，涉及面广，充分展现了国内关于吐蕃佛教史研究的全貌。

782 《吐蕃统治敦煌西域研究》，杨铭著，北京：商务印书馆，2014年12月。

本书研究了敦煌与西域地区在吐蕃统治时期的历史概况与出土文献，还原了当时吐蕃统治下的历史风貌。书中评述了吐蕃统治敦煌与西域时期汉胡各族、鄯善国、于阗国、敦煌当地部落与河陇军政机构的基本情况，对《吐蕃官吏呈请状》《吐谷浑（阿柴）纪念》《大事纪念》等敦煌与西域地区的古藏文文献进行了研究，并对所记载的内容做了考证。同时，作者考述了吐蕃十将制、一级基层兵制等治理制度，以及藏文文献中萨毗等词汇，为吐蕃统治敦煌西域时期的历史提供了重要的学术成果。

783 《吐蕃统治敦煌与吐蕃文书研究》，杨铭著，北京：中国藏学出版社，2008年9月。

本书是研究吐蕃历史与文化的专著。书中综合论述吐蕃统治时期敦煌的政治、军事制度，并在研究吐蕃统治时期敦煌的经济制度、社会阶层和社会生活的变化、吐蕃与汉族及其他民族的文化交融方面提出了自己的见解。作者着重对吐蕃历史文书涉及的重要人物、事件、民族及其相互关系，以及敦煌与西域吐蕃文书中涉及的一些专题进行了深入的考证，厘清了学术界重要问题。本书的"附录"部分包括了国内外研究吐蕃统治敦煌的论著译文、目录等重要的内容，方便读者进一步研究探讨。

784 《吐蕃统治河陇西域时期制度研究：以敦煌新疆出土文献为中心》，陆离著，北京：中华书局，2011年3月。

本书研究了吐蕃在统治河陇西域地区时期所推行的官吏体系与治理制度。书中概述了吐蕃统治时期河陇西域的历史情况，介绍了本书研究的对象、范围、方法和设想，探讨了乞利本、节儿、汉人都护等官职及其对后世的影响，对敦煌吐蕃文献中关于五十岗、五岗等基层官职做了解读，并就河陇西域的其他军事、财政、农牧业等官职做了研究。同时，书中详细探析了吐蕃的告身制度、大虫皮制度、基层兵制、驿传制度、法律制度、司法制度、劳役制度、仓廪制度、市券制度、寺户制度和僧官制度，从各个领域对吐蕃统治下的制度做了全面阐述。

785 《吐蕃统治时期敦煌密教研究》（敦煌与丝绸之路石窟艺术丛书），赵晓星著，兰州：甘肃教育出版社，2017年3月。

本书利用大量出土的古代文献，对吐蕃统治时期的敦煌密教做了详细研究，具有较高的学术价值。书中以敦煌文献与图像为中心，讨论了这一时期敦煌密教的特点与定位，对密教经典、陀罗尼密典、持明密典、密宗经典、密教疑伪经、大乘经典和密教石窟等内容进行了分类与特点介绍，并对密教的艺术风格及后世影响，以及与其他信仰的关系做了解读。此外，书中还以莫高窟第361窟为中心，探讨了内部藻井、戒律屏风画、五台山图、经变画及密教图像等内容，对361窟的主题与功能、艺术成就和与其他洞窟的关系做了评述。

786 《吐蕃至归义军时期敦煌佛教经济研究》，王祥伟著，北京：中华书局，2015年11月。

本书主要从经济来源、经济规模和经济管理等方面，探讨了吐蕃至归义军时期的敦煌佛教经济。书中概述了敦煌佛教经济的内涵，和其经济主体——寺院经济的出现，并简评了其研究现状。书中对敦煌督司及其下设机构的经济经营做了考论，分析了寺院经济的发展及主要收入构成，并就寺院财产的管理体系做了探讨。同时，作者还探讨了敦煌石窟、兰若和佛堂经济的特征及收入来源，分析了敦煌僧尼的私有经济与贫富分化，并就吐蕃和归义军政权对向寺院征税、寺院属民、寺院宅舍、僧尼地产等敦煌佛教经济的管制做了研究和解读。

**787** 《吐谷浑资料辑录》，周伟洲编著，北京：商务印书馆，2017年6月。

本书是对汉、藏文史料所载吐谷浑资料进行辑录、整理与校注的著作，所辑史料主要源于西晋至北宋时期史书中的《吐谷浑传》，也包括这一时期的史学论著、文集，和敦煌、新疆所发现的汉藏文书与简牍等史料。书中共分为五卷，涵盖"吐谷浑专传""吐谷浑人物传志""散见资料编年录""敦煌、新疆发现的古藏文写本、简牍内的吐谷浑资料""其他散见资料"五大类，具体包括《晋书·四夷传》中的《吐谷浑传》《旧唐书·西戎传》中的《吐谷浑传》《五代会要》中的《吐谷浑传》《大周故西平公主墓志》，以及《交河郡夫人慕容氏墓志》《李万全传》等史料数十件，内容翔实丰富，对研究吐谷浑的历史提供了一手资料。

**788** 《吐火罗史研究》，王欣著，北京：中国社会科学出版社，2002年1月；北京：商务印书馆，2017年5月。

本书主要研究了河西走廊、塔里木盆地南缘和中亚地区吐火罗人的历史活动与发展变迁，对上述地区吐火罗的民族史做了解读。书中介绍了吐火罗的族名与族属，记述了吐火罗族源的迁徙、分布等发展情况，并就吐火罗民族在河西走廊、塔里木盆地南缘的活动，以及征服巴克特里亚王国，贵霜王朝衰亡后的部族独立等在中亚地区的历史活动做了评述。作者还就西突厥统治下的吐火罗与吐火罗叶护政权做了探讨，分析了这一时期吐火罗斯坦的统治以及突厥化的进程。

**789** 《吐火罗语世俗文献与古代龟兹历史》，庆昭蓉著，北京：北京大学出版社，2017年1月。

本书是利用吐火罗语世俗文献研究古代龟兹国的历史。书中概述了吐火罗语世俗文献的出土与收藏情况，并介绍近年国外吐火罗语文献学研究的重要进展，对吐火罗语世俗文献的分群与年代进行了解析。作者从出土文献与戒律文献分析了龟兹本地物质生活的基本面向，探讨了龟兹人的信仰生活，并在此基础上探讨龟兹佛寺经济的基本概念与龟兹佛寺的经营状况。此外，本书也结合了一部分古代龟兹地区境内现存石窟题记的最新调查成果，揭示出了龟兹国人民生活各个方面。

790 《吐鲁番柏孜克里克石窟出土汉文佛教典籍》，季羡林、冯其庸主编，新疆维吾尔自治区吐鲁番学研究院、武汉大学中国三至九世纪研究所编著，北京：文物出版社，2007年9月。

本书整理与总结了吐鲁番柏孜克里克石窟所出土的大量汉文佛教典籍。这些出土文献以公元6世纪至14世纪的写本、印本佛经及与寺庙有关的文书等佛教典籍为主，编者对洞窟内容的出土典籍进行了全面清理，辨析、分类、归纳后将其以图录的形式进行出版。书中将出土的汉文佛教典籍分为经藏部分、密藏部分、音义部分等六大类，为研究柏孜克里克石窟出土的汉文佛教典籍的内容、学术价值和历史意义提供了丰富翔实的汇总资料，推动了相关研究的发展。

791 《吐鲁番新出摩尼教文献研究》，柳洪亮主编，新疆吐鲁番地区文物局编，北京：文物出版社，2000年1月。

本书是对吐鲁番地区柏孜克里克千佛洞65号窟出土的八件摩尼教书信文献的研究。书中考释了三件粟特文摩尼教书信与五件回鹘文摩尼教书信，记述了每件文献转写、释读与注释的相关内容，并附有文献的图版。此外，本书还进行了有关于摩尼教的专题研究，包括摩尼教在高昌地区的初步传播问题，吐鲁番胜金口北区寺院是否是摩尼寺的问题以及柏孜克里克摩尼教粟特文书信的格式等方面内容。本书对研究摩尼教具有重要学术价值，推动了学术研究的发展。

792 《吐鲁番宗教史》，杨富学、陈爱峰编著，乌鲁木齐：新疆科学技术出版社，2013年10月。

本书探讨了吐鲁番的宗教发展史，作者以文献资料与实地勘查相结合，运用历史学、文化人类学等研究方法，对吐鲁番地区历史上的宗教信仰、文化交流、民族融合等内容做了梳理与解读。书中概述了吐鲁番宗教的兴衰变迁，对其宗教的演变特点做了回顾，重点探讨了萨满教、祆教、佛教、道教、摩尼教、景教、伊斯兰教等教派，对其宗教特点、经典与教义、兴旺与衰败、著名宗教人物、相关文学以及现存的宗教遗存等内容做了叙述与研究，指出了宗教世俗化、民族化与地域性的特点。

793 《晚唐五代敦煌佛教教团戒律清规研究》，魏迎春著，上海：上海古籍出版社，2015年4月。

本书是对晚唐五代时期敦煌当地佛教教团戒律清规的研究。书中对僧尼违戒个案进行了系统的研究，探讨了晚唐五代敦煌佛教教团僧尼饮酒问题及蓄财状况，解读了晚唐五代敦煌佛教教团的戒律清规以及科罚制度，分析了僧尼试经与考课制度。作者探讨僧尼违戒饮酒、蓄财之风形成的历史原因和社会原因，并深入研究当时佛教世俗化的问题。本书的研究对揭示佛教中国化、世俗化过程的轨迹、特点有着重要的价值，为读者提供了参考资料。

**794** **《文本与历史：藏传佛教历史叙事的形成和汉藏佛学研究的建构》**，沈卫荣、侯浩然著，北京：中国藏学出版社、北京大学出版社，2016年7月。

本书从对藏文文献的介绍和研究入手，通过对各种类型的藏传佛教文献分别在不同时期的出现、形成和发展的描述，讨论了藏传佛教各种历史叙事的内容，及其建构和变化的过程，并重点讨论了藏传佛教文本的形成与藏传佛教历史的建构之间的紧密关系。作者从源自西夏、元、明时代的汉译藏传密教文本的研究出发，通过多语种佛教文本的对勘和分析构建了藏传密教于西夏、元、明三代传播的历史。此外，本书还对藏学界关于藏文文献和藏传佛教历史的研究及其成果做了介绍和评论，为相关从事藏学研究的学者开展研究提供参考资料。

**795** **《文本中的历史：藏传佛教在西域和中原的传播》**，沈卫荣主编，北京：中国藏学出版社，2012年9月。

本书为沈卫荣教授主编的关于对藏传佛教传播研究的论文合集，旨在通过精细的文本研究，解读、诠释这些艰涩难懂的密教文献，进而揭示藏传佛教于西域和中原传播的历史。书中收入研究论文20余篇，分为敦煌古藏文文献研究、西夏时代藏传密教文献研究、汉译萨思迦派文献研究、印藏佛教艺术研究、满蒙文佛教文献研究、元明清汉藏佛教史事考证等方面。具体篇目有《九至十一世纪的吐蕃观音崇拜——以敦煌古藏文文献研究为中心》《有关帕当巴桑杰的西夏汉文密教文献四篇》《萨思迦班智达造〈大金刚乘修师观门〉汉、藏本对勘》《印度佛传图像模式在雕刻中的发展演变》等。

**796** **《文殊堂：曹元忠时代佛教文化与视觉形象个案研究》（敦煌与丝绸之路石窟艺术丛书）**，邹清泉著，兰州：甘肃教育出版社，2016年10月。

本书以敦煌莫高窟曹元忠时期的文殊堂个案为研究对象，讨论曹氏统治盛期对敦煌莫高窟的经营历史以及佛教艺术传统的嬗变。书中对历史上的曹元忠时代背景加以介绍，对文殊堂前殿堂遗址、洞窟结构及壁画遗存进行个案解读，考证文殊堂中的佛坛造像以及壁画《文殊变》《维摩变》与《五台山图》，分析维摩信仰的发展，探讨《维摩变》与《五台山图》的视觉传统；并对曹元忠与浔阳翟氏的画像进行研究；最后剖析了文殊堂图像程序与视觉意向。

797 《西北边疆民族研究：政策与法律》，胡小鹏、李晓英主编，兰州：甘肃文化出版社，2013年10月。

本书是胡小鹏、李晓英主编的关于西北边疆民族政策与法律的学术专著。全书分上下两编，对宋元明清及民国时期的民族与宗教政策、边疆少数民族的治理等情况进行了全面的研究。上编为"民族政策与边疆治理"，论述了元明清时期的西北边疆民族政策、西北边疆政治互动情况以及西北边疆民族地区的治理等问题。下编为"民族宗教事务与法律治理"，论述了宋代西北民族地区的法律及其实践、藏传佛教宗教事务的法律化、清代回疆的司法控制以及晚清民国时期的藏边民族纠纷解决机制等内容。

798 《西北民族论丛（第11辑）》，周伟洲主编，北京：社会科学文献出版社，2015年8月。

本书是由周伟洲先生主编，陕西师范大学中国西部边疆研究院（西北民族研究中心）主办的学术集刊。本辑为第十一辑，主要内容由15篇论文组成，包括1篇特稿张云的《论唐朝对吐蕃攻势的应对与决策》；9篇专论分别为《高昌国与突厥之间关系研究》《御制平定西藏碑刻校录》《边疆核心区建设中的族群与国家——以乾嘉时期伊犁开发为例》《晚清新疆伯克变革研究》《民国时期三次康藏战争研究》《民族学视阈下的柯尔克孜（吉尔吉斯）人及其跨国》《疆域历史与历史疆域——东西方国家疆域变迁与比较研究》《伊宁市民族与宗教生态发微》；1篇纪念文、1篇述评及3篇外文论著。

799 《西北民族论丛（第12辑）》，周伟洲主编，北京：社会科学文献出版社，2015年10月。

本书是由周伟洲先生主编，陕西师范大学中国西部边疆研究院（西北民族研究中心）主办的学术集刊。本辑为第十二辑，主要内容由15篇论文组成，主要有《青海藏族聚居区形成的历史考察》《统万城明代城址考论——兼论忻都城、察罕脑儿城、国民政府有关十世班禅灵童征认的政策实践研究》《中亚东干人语言文字变迁与当代发展思考》《民间文献〈中阿双解字典〉研究》《中国历史上雪盲的发生、防护与认识》《中国古代的外国与外臣考》等14篇专论。书后附录第十五届、第十六届"马长寿民族学讲座"纪要。

800 《西北民族史与察合台汗国研究》，刘迎胜著，北京：中国国际广播出版社，2012年9月。

本书是对西北民族史与察合台汗国进行研究的著作。书中回顾了蒙古人早期的历史，介绍了其族源的历史与演变。书中亦探析了蒙古西征的历史背景，分析了历史上北方民族的西迁潮流。同时，作者就蒙古在中亚统治的建立和察合台汗国的发展做了解读，探讨了察合台汗国在蒙古国中的地位，诉说了朝廷与西北诸王的矛盾，叙述了海都、都哇与元廷的战争。此外，书中还研究了察合台汗国与西北的历史地理，对中唐到元初曲先地区的历史、古代中原与西域之间的玉石之路、托勒密《地理志》中的塔里木河等内容做了论述。

801 《西北少数民族地区经济开发史》，周伟洲编著，北京：中国社会科学出版社，2008年8月。

本书是研究与探讨西北少数民族地区经济开发史的专著，总结了历史上西北经济开发的历史发展与经验教训，对今天西部大开发与"一带一路"建设具有现实意义。书中对新疆维吾尔等族地区经济开发、回族与西北地区的经济开发，以及甘青藏族、蒙古等族地区的经济开发做了系统论述，并探讨了关于西北少数民族地区经济开发史中涉及的若干理论问题。同时，书中还收录了五份关于西部大开发与西北民族问题的调研报告，在总结历史经验教训的同时，提供了关于西北民族问题的建议与思路。

802 《西部道教造像艺术研究》，朱尽晖著，北京：中国社会科学出版社，2016年11月。

本书对关中、巴蜀等地隋唐道教造像艺术的文脉起源和类型样式进行梳理和考证。书中阐述了本书的研究范围、意义、方法与现状，对道教美术的历史沿革及生发动因与隋唐道教造像概况进行介绍，分别对关中、巴蜀地区道教造像的艺术风格深入研究，并就西部地区道教造像的文化意义与社会功能进行分析。对于西部地区道教造像的美学特征，包括道教造像的审美心理、美学语言与人文愿景等方面，作者也进行了论述。本书通过图像学分析和文献学引证，利用二重证据法及多元方法论，将道教造像艺术置于整个社会人文的大背景下，揭示其艺术源流、文化内涵与审美价值。

803 《西部民族、文物与文化研究》，杨铭著，北京：民族出版社，2014年5月。

本书是杨铭关于中国西部地区民族、文物与文化研究的论文集。全书分上下两编，上编为"民族与历史"，主要是有关巴蜀、氐、羌、西藏等西部民族的论述，代表性论文有《从岷江上游的石棺葬说到"氐羌南迁"》《敦煌藏文文献所见的南诏及其与吐蕃的关系》等篇；下编为"文物与文化"，讨论了有关巴蜀文化与文物、博物馆领域内的一些宏观的或热点的问题以及某一文物的考证，代表性论文有《挑战与机遇并存——西部大开发中的重庆文化》《略谈藏族宗教用品定级中的若干问题》等篇。

**804** 《西夏佛典探微》（西夏文献研究丛刊），胡进杉著，上海：上海古籍出版社，2015年7月。

本书是对西夏佛教经典进行多方面研究的学术专著。全书共分为三篇十四章，西夏佛典版本析论篇，主要探讨夏译汉文佛典和西夏文佛典所依据的原典，一窥西夏佛教和汉传佛教、藏传佛教的关系；西夏文佛典译注篇，翻译、注解四篇西夏文佛经；西夏佛经扉画研究篇对西夏佛经扉画的类别与特色进行论述，根据已出版的70余幅西夏佛经扉画为例，探讨它们的形式类别，并分析其内容。书后附有西夏藏词汇对照表，根据《十五佛母赞》等十一部夏译藏文佛典，罗列一千余则夏、藏对照字词，并附简短的例句，以供阅读夏译藏文佛典时之参考。

**805** 《西夏佛经序跋译注》，聂鸿音著，上海：上海古籍出版社，2016年5月。

本书是对西夏文佛经的序跋进行整理与译注的著作。书中收录了西夏佛经卷首或卷尾40篇序跋，包括《慈悲道场忏法序》《大乘无量寿经后序愿文》《过去未来现在贤劫千佛供养次第仪序》《达摩大师观心论序》《金刚般若波罗蜜多经发愿文》《五部经后序愿文》《尊者圣妙吉祥智慧觉增上总持发愿文》等内容，对其进行了翻译与考释的工作，包含了名称、原文、译文、注释等内容。书后并附有西夏文对译，有助于西夏学、佛学等领域研究与发展。

**806** 《西域敦煌宗教论稿续编》（敦煌与丝绸之路学术文丛），杨富学著，兰州：甘肃教育出版社，2015年4月。

本书是对西域地区敦煌文献与宗教文化研究的学术论文集。全书共收有10篇论文，宗教方面的研究有《敦煌文献对中国佛教史研究的贡献》《敦煌文献P.2977所见早期舍利塔考——兼论阿育王塔的原型》《也谈敦煌文献中的"付法藏因缘传"》《浚县大伾山六字真言题刻研究》《〈金刚经〉与南宗禅——以敦煌文献为中心》《〈孔雀明王经〉文本的形成与密教化》《回鹘摩尼寺的形成及其功能的异化》等篇；社会生活方面的研究有《唐代长安与敦煌佛教文化之关系》《鄯善敦煌吐蕃僧人饮酒习俗考析》《论鄯善国出家人的居家生活》等篇。

**807** 《西域佛教考论》，霍旭初著，北京：宗教文化出版社，2009年8月。

本书是关于西域地区佛教文化与佛教石窟造像等方面的专门性研究。全书共由15篇论文组成，关于佛教文化的代表性论文有《"无遮大会"考略》《对龟兹流行密教几个论说的辨析》《鸠摩罗什大乘思想的发展及其对龟兹石窟的影响》《鸠摩罗什"破戒"问题琐议》；关于石窟等方面的研究有《西域石窟寺音乐造型概论》《龟兹石窟"佛受九罪报"壁画及其相关问题研究》《克孜尔石窟故事壁画与龟兹本土文化》《克孜尔石窟壁画中的佛教史人物》等论文。

**808** 《西域佛教研究》，陈世良著，乌鲁木齐：新疆美术摄影出版社，2008年11月。

本书是对西域地区佛教的系统研究。全书主要分为"鸠摩罗什年表考略""鸠摩罗什出家寺院考""鸠摩罗什从小乘到大乘的转变"以及"与池田大作先生关于罗什三藏的对话"等几组专题文章。书中整体研究了新疆的佛教传播、鄯善的佛教、藏传佛教在西域的演变情况，于阗佛经翻译家无罗叉以及鸠摩罗什生平的一些问题等。作者认为中原的佛教主要以大乘为主，而大乘的大量经典翻译者主要是鸠摩罗什和竺法护完成的，中原佛教源自西域，西域佛教在中国佛教史上具有重要的价值。

**809** 《西域佛教演变研究》（儒道释博士论文丛书），彭无情著，成都：巴蜀书社，2016年3月。

本书对西域佛教发展演变史进行研究。主要内容为分析西域佛教产生的原因，探索西域佛教自身的特色，解读西域佛教向内陆的传播、最终消亡的过程。全书充分运用史料、考古发现的实物证据以及国内外的最新研究成果，具体探讨西域佛教的兴衰演变，对西域佛教所涉及的诸多相关问题进行系统的剖析，展示出了西域佛教的原始面貌。本书推进了西域佛教的研究，并对新疆的宗教史、民族史和文化史的解读提供了参考资料。

**810** 《西域古代民族史事研究》，李志敏著，乌鲁木齐：新疆美术摄影出版社、新疆电子音像出版社，2014年8月。

本书收录了作者关于古代西域民族的研究文章26篇，分为有关历史地理考证、拓跋魏等民族史事考证两编。收录文章包括《李白出生地在吐鲁番考》《克姆丹之称问题与西夏国都兴庆城》《唐安西都护府"两四镇不同"问题述要》《有关地名研究与斯坦因所获粟特信札断代问题》《"纳职"名称考述》《高梧关地理位置探讨》《噶仙洞的发现与拓跋魏发祥地问题》《关于乌孙民族移动的几个问题》《高昌王国田赋数额问题及计赋方法》《关于麴氏高昌王国主体居民族属问题》《可汗名号语源及含义释略》《魏晋六朝"杂胡"之称释义问题》等。

**811** 《西域民族图案大典》，中国美术家协会编，乌鲁木齐：新疆美术摄影出版社，2014年6月。

本书收录了西域民族图案作品，分为维吾尔族图案、哈萨克族图案、柯尔克孜族图案、锡伯族图案、蒙古族图案、俄罗斯族图案、塔吉克族图案等。内容涉及花帽饰纹、耳环饰纹、发饰饰纹、戒指饰纹、首饰盒饰纹、外衣饰纹、袖头饰纹、衬衣饰纹、裤角饰纹、腰巾饰纹、女靴饰纹、地毯饰纹、擀花毯饰纹、壁挂饰纹、手巾饰纹、枕头饰纹、墙围布饰纹、箱子饰纹、褡裢饰纹、口袋饰纹、刀套饰纹、陶壶饰纹、托盘饰纹、热瓦甫饰纹、碗柜饰纹、卧柜饰纹、藻井饰纹、壁龛饰纹、瓷砖饰纹、寺庙窗棂饰纹等各类图案，为学者探讨西域民族图案与民族文化提供了重要资料。

812 《西域圣火：神秘的古波斯祆教》，滕磊编著，北京：人民美术出版社，2004年7月。

本书是对古代西域地区古波斯祆教的相关研究与论述。书中主要分为"琐罗亚斯德如是说""炼狱""礼仪、节日""火崇拜与独特的葬俗""宗教拼盘""西风东渐"六部分。具体内容包括琐罗亚斯德开天辟地传说、先知降世传说、帝王英雄传说以及虚假的信仰、亚历山大的迫害以及宗教的繁荣与巴米扬大佛及阿拉伯"圣战"等内容。本书对波斯的祆教进行系统梳理与勾勒，并针对出土与传世文物对其教义、教法、独特的信仰进行了解读。

813 《现代佛教学术丛刊·80·西域佛教研究》，张曼涛主编，北京：北京图书馆出版社，2005年8月。

本丛书收集近代佛教学者专家823人的论文1776篇，用现代学术立场探讨佛教，为后人揭示了佛教的哲学、佛教的根本研究及佛学研究的方法，同时阐明了佛教与中国社会、中国文化的关系，表叙了佛教与其他地域或学科发展关系。本册以西域佛教研究为主题，收录了《佛教与西域》《西域佛教之研究》《西域佛教之古物》《西域佛法灭亡时代考》《论西域大乘国之子合》《日本史学家有关西域佛教史地之研究》《后汉时传佛教于中国之西域人》《佛教国际及魏晋至隋时之西域》《大月氏国之佛教》《安息国及康居国之佛教》《疏勒国及高昌国之佛教》《迦湿弥罗国之佛教》《龟兹国之佛教》《于阗国之佛教》等文章。

814 《新出土中古有关胡族文物研究》（西部边疆研究丛书），周伟洲著，北京：社会科学文献出版社，2017年3月。

本书是关于中古时期胡族文物和历史文化的研究论著。全书分为四章，第一章是对北朝胡人墓志的考证，包括：《大唐西市博物馆入藏北朝胡族墓志考》《北周莫仁相、莫仁诞父子墓志释解》《杨文思墓志与北朝民族及民族关系》等4篇论文；第二章是对隋唐时期胡人墓志的研究，包括《隋〈虞弘墓志〉释证》《乞伏令和夫妇墓志证补》《〈唐故突骑施王子志铭〉补考》《甘肃榆中出土唐交河郡夫人慕容氏墓志考释》4篇文章；第三章为隋唐胡人文物及"六胡州"研究，辑录了《青海都兰暨柴达木盆地东南沿墓葬主民族系属研究》等论文4篇，第四章为胡人乐舞图像研究，主要对6世纪至7世纪中国相关粟特人墓葬出土乐舞图和唐韩休墓"乐舞图"进行研究。

815 《新疆少数民族服饰及文化研究》，徐红、陈龙等著，上海：东华大学出版社，2016年3月。

本书是研究新疆少数民族服饰与文化的著作。书中探索了新疆少数民族传统服饰的历史渊源，对其形成过程与发展做了介绍。同时，书中还逐一对维吾尔族、哈萨克族、回族、柯尔克孜族、乌孜别克族等12个新疆地区少数民族的服饰进行了探讨，并就其服饰视觉审美与社会风俗习惯进行了介绍。此外，书中还对这些少数民族的服饰进行了共性研究，对该地区少数民族服饰的文化特征与传统特色进行了总结。

816 《匈奴经营西域研究》，王子今著，北京：中国社会科学出版社，2016年12月。

本书对匈奴经营西域的历史进行解读。书中利用碑刻、简牍等新发现史料结合文献记载，根据二重证据法，转换匈奴经营西域的立场和视角，进行这一历史阶段政治、军事、经济、交通以及区域开发和民族关系的综合研究。具体内容方面，作者对匈奴定楼兰兼并乌孙、呼揭及其旁二十六国以及匈奴统治下的"赋税"制度及人口政策进行探讨。此外，作者对于匈奴对西域的开发以及控制西域的方式，包括文化政策等方面都进行了分析，特别讨论了匈奴与汉王朝对西域的争夺以及在此背景下西域诸国的文化走向。

817 《匈奴史料汇编》（欧亚备要），林幹编，北京：商务印书馆，2017年5月。

本书是对从战国到南朝陈国灭亡这一历史时期的匈奴史料进行整理与汇编的著作。书中分为上下两部分，上部记述了《史记·匈奴列传》《后汉书·南匈奴列传》等五部史书中涉及匈奴与匈奴人物的内容，梳理了自公元前318年至公元220年散见资料系年录，并整理了地理、汉简、金石等相关内容。同时下部记述了《晋书·北狄匈奴传》《宋书·氐胡传》《魏书·匈奴宇文莫槐传》等约三十部史书中涉及匈奴与匈奴人物的内容，梳理了自公元前220年至公元589年散见资料系年录，并整理了地理、汉官礼乐、金石等相关内容。此外，作者还对所录史料进行了考订与注释，具有较高的学术价值。

818 《嚈哒史研究》，余太山著，北京：商务印书馆，2012年1月。

本书是系统研究嚈哒民族历史发展与兴衰的著作，展现了其在中亚历史上的重要作用，以及对中亚、北亚、南亚、西亚乃至欧洲历史产生的深远影响。书中探讨了嚈哒的族名、族源与族属，叙述了其西迁索格底亚那的背景与过程，讨论了其占领吐火罗斯坦、进犯萨珊波斯与笈多印度的历史，并对后期嚈哒帝国覆灭的原因进行了考述。同时，书中还探讨了嚈哒帝国的社会经济、东西交通，以及区域内控制、统治的方法和制度等内容，对研究中国西域史、中亚古代史、波斯古代史和印度古代史有着较高的学术价值。

819 《印度到中国新疆的佛教艺术》（敦煌学研究丛书），季羡林主编，贾应逸、祁小山著，兰州：甘肃教育出版社，2002年9月。

本书对印度及丝绸之路沿线的佛教遗址及其艺术进行了论述。全书分为"印度和中亚篇""中国新疆篇"两部分，"印度和中亚篇"对佛教的起源和兴盛，佛教艺术在印度的形成、演变和繁荣，以及沿着丝绸之路向四方的传播、发展和影响等问题做了总体上的考察和勾勒。在"中国新疆篇"中，作者对新疆的丝绸之路南、北道的佛教遗址及艺术进行了具体的介绍和分析，展示出了新的资料和研究成果，并提出了自己的看法。

820 《印度婆罗门教哲学与佛教哲学比较研究》（南亚研究丛书），姚卫群著，北京：中国大百科全书出版社，2015年1月。

本书是对婆罗门教哲学和佛教哲学中的主要思想进行的系列专题比较研究，包括发展线索与远古圣典、事物根本与基本构成、思维方法与逻辑推理、伦理观念与修行理论、恒常变化与轮回解脱以及思想交锋与文献记述等。研究中涉及了吠陀奥义书、婆罗门教六派哲学中的根本经典及古代的相关注释，并有印度早期佛教、部派佛教、大乘佛教和后期佛教中的有关经论等。书中对两教中的这些文献的主要哲学思想进行了认真梳理，选择了最有代表性的思想观念进行了对比研究。

821 《幽冥里的华丽：高句丽壁画服饰的识读、剖析与演绎》，郑春颖著，北京：商务印书馆，2016年5月。

本书结合正史《高句丽传》等史籍记载，以高句丽壁画墓所绘世俗服饰为主体，兼及墓葬、城址等遗迹出土的簪、钗、耳环、耳坠等各类服饰遗物，通过图录形式系统地介绍异彩纷呈的高句丽服饰文化。本书共五章，概述了高句丽服饰文化产生的历史背景及高句丽服饰文化的基本风貌，分析高句丽壁画人物服饰，从发式、发饰、面妆、冠帽、身衣、足衣等方面介绍高句丽服饰的基本构成，简介考古发掘出土的簪、钗、耳环、耳坠、指环、镯子、带扣、带銙等各类遗物，探讨服饰的社会性以及民族性、地域性、等级性、礼仪性特质。此外，作者对高句丽服饰文化与东北古代各族服饰文化，与百济、新罗服饰文化、与日本古坟时代服饰文化的碰撞与交流进行了论述。

**822** 《于阗史丛考》，张广达、荣新江著，北京：中国人民大学出版社，2008年9月。

本书是张广达和荣新江两位先生合写的关于于阗史的论文合集。书中内容涉及于阗史料的年代、于阗国王统世系、于阗人种、于阗佛教、于阗美术等诸多方面，具体文章有《和田、敦煌发现的中古于阗史料概述》《关于唐末宋初于阗国的国号、年号及其王家世系问题》《巴黎国立图书馆所藏敦煌于阗语写卷目录初稿》《上古于阗的塞种居民》《于阗佛寺志》《10世纪于阗国的天寿年号及其相关问题》《圣彼得堡藏和阗出土汉文文书考释》等篇，书后附有详细的《于阗史研究论著目录》。本书推进了唐宋于阗乃至整个西域史研究，具有参考价值。

**823** 《于阗与敦煌》（敦煌讲座书系），荣新江、朱丽双著，兰州：甘肃教育出版社，2013年11月。

本书探讨公元10世纪前后于阗及其与敦煌关系的历史。书中对于阗的历史作以概述，特别是对李圣天及其继任者尉迟苏罗王、尉迟达磨王与尉迟僧伽罗摩王统治时期于阗国内的政治环境与周边国家的关系进行了论述；对于阗与沙州归义军的交往及婚姻关系进行探讨；经济上则对于阗的玉石朝贡贸易和与敦煌的丝织品交流进行了分析；在宗教信仰方面，作者对敦煌的于阗瑞像和八大守护神像进行了考证，探索其信仰内涵，并分析于阗佛教王国灭亡的原因；书中还对佛典、医药文献、地理行记、使臣报告与往来书信等于阗语文献进行了转写与译注。

**824** 《元代吐蕃地方行政体制研究》（欧亚备要），张云著，北京：商务印书馆，2017年11月。

本书是研究元代时期吐蕃地方行政体制的专著。书中叙述了元代制约吐蕃地方行政体制的三股势力，探讨了元代管理吐蕃地区的中央机构与相应职能，分析了元代乌思藏宣慰司、吐蕃等处宣慰司、吐蕃等路宣慰司的有关问题与下辖机构，并就元代吐蕃与北庭、甘肃、陕西、四川等周边地区的关系做了解读。此外，书后还附有几篇文章，包括《论元代在西藏地方建政立制的基础》《答失蛮其人及其经略吐蕃考实》《释"帝师之命与诏敕并行于西土"》等内容。

**825** 《元史及民族与边疆研究集刊（第 18 辑）》，刘迎胜主编，上海：上海古籍出版社，2006 年 11 月。

本书是对元史、民族与边疆等方面进行探讨与研究的专著，收录了该领域专家学者所著文章约 20 篇。书中从元史研究、民族和宗教及边疆研究、综述研究、译文等角度进行了阐述与解读，内容包括《从和林碑文看元代和林城的回回与汉人》《元代畏吾儿人阿里海牙史事探析》《明清吕宋赴婆罗洲针路研究——前近代我国东洋地理交通的传统知识体系》《明与中亚帖木儿王朝往来的语言问题》《明清时期汉文伊斯兰文献概述》等研究成果，具有较高的学术价值，有助于相关学科与该领域的进一步发展。

**826** 《元史及民族与边疆研究集刊（第 19 辑）》，刘迎胜主编，上海：上海古籍出版社，2007 年 12 月。

本书是对元史、民族与边疆等方面进行探讨与研究的专著，收录了该领域专家学者所著文章约 20 篇。书中从元史研究、民族和宗教及边疆研究、译文等角度进行了阐述与解读，内容包括《元朝对黎族的治理》《唐、宋时期东南沿海穆斯林礼法制度之初步探讨》《西夏文佛经〈吉祥遍至口合本续〉略考》《〈哈烈国与明朝关系述略〉读后感》《伊斯兰复兴与中亚地区稳定》等研究成果，具有较高的学术价值，有助于相关学科与该领域的进一步发展。

**827** 《元史及民族与边疆研究集刊（第 20 辑）》，刘迎胜主编，上海：上海古籍出版社，2008 年 11 月。

本书是对元史、民族与边疆等方面进行探讨与研究的专著，收录了该领域专家学者所著文章约 10 篇。书中从元史研究、民族和宗教及边疆研究、文献整理与考辨等角度进行了阐述与解读，内容包括《蒙元史上的脱脱禾孙》《中古亚洲双语字典编纂传统——从〈双语辞典学导论〉谈起》《开元六年〈征突厥制〉史事考辨》《锡伯名称考》《试论早期共祖黄帝传说的层累构建》等研究成果，具有较高的学术价值，有助于相关学科与该领域的进一步发展。

**828** 《元史及民族与边疆研究集刊（第 21 辑）》，刘迎胜主编，上海：上海古籍出版社，2009 年 12 月。

本书是对元史、民族与边疆等方面进行探讨与研究的专著，收录了该领域专家学者所著文章约 10 篇。书中从元史研究、民族和宗教及边疆研究、读书札记、研究综述等角度进行了阐述与解读，内容包括《忽必烈的"世界主义"眼光与高丽国的命运》《秦汉时期的北疆》《回鹘碑文所见八世纪中期的九姓鞑靼》《迁都前明朝四夷馆方位小考》《明代回族历史六题》等研究成果，具有较高的学术价值，有助于相关学科与该领域的进一步发展。

829　《元史及民族与边疆研究集刊（第 22 辑）》，刘迎胜主编，上海：上海古籍出版社，2010 年 9 月。

本书是对元史、民族与边疆等方面进行探讨与研究的专著，收录了该领域专家学者所著文章约 20 篇。书中从元史研究、民族和宗教及边疆研究、文献整理、研究综述等角度进行了阐述与解读，内容包括《元唐兀高氏家族考略》《七河景教碑属于阿儿浑人之说》《"天朝"与"朝天"——高丽奉事金、元用语略考》《民国时期镇江清真寺经书广告略析》《稽胡族源问题研究综述》等研究成果，具有较高的学术价值，有助于相关学科与该领域的进一步发展。

830　《元史及民族与边疆研究集刊（第 23 辑）》，刘迎胜主编，上海：上海古籍出版社，2011 年 12 月。

本书是对元史、民族与边疆等方面进行探讨与研究的专著，收录了该领域专家学者所著文章约 20 篇。书中从元史研究、民族和宗教及边疆研究、研究综述、读书札记、书刊评介等角度进行了阐述与解读，内容包括《元大护国仁王寺名称、地址考略》《从两种碑刻资料看元代广西瑶民起义问题》《郑和船队锡兰山之战史料研究——中国海军的首次大规模远洋登陆作战》《论石勒之种族》《会昌年间唐廷对于如何安置南迁回鹘的三次讨论》等研究成果，具有较高的学术价值，有助于相关学科与该领域的进一步发展。

831　《元史及民族与边疆研究集刊（第 24 辑）》，刘迎胜主编，上海：上海古籍出版社，2012 年 10 月。

本书是对元史、民族与边疆等方面进行探讨与研究的专著，收录了该领域专家学者所著文章 10 余篇。书中从元史研究、民族和宗教及边疆研究、古籍整理、书刊评介、会议综述等角度进行了阐述与解读，内容包括《〈至正条格〉中关于军事方面的资料初探》《忽必烈的高丽政策与元丽关系的转折点》《早期民族学界参与边疆教育述略》《十三至十六世纪蒙古历法的几个问题》《2010年出版的两种元史、民族与边疆研究著作》等研究成果，具有较高的学术价值，有助于相关学科与该领域的进一步发展。

**832　《元史及民族与边疆研究集刊（第25辑）》，刘迎胜主编，上海：上海古籍出版社，2013年6月。**

本书是对元史、民族与边疆等方面进行探讨与研究的专著，收录了该领域专家学者所著文章约20篇。书中从元史研究、民族和宗教及边疆研究、研究综述、译文等角度进行了阐述与解读，内容包括《宋日两国文书中年号问题探析》《元朝帝师藏文法旨与〈授时历〉——论藏历与汉历之取舍》《明清汉文伊斯兰教典籍札记六则》《现存晚清民国镇江清真寺刻经辑目详注》《元初的回回人》等研究成果，具有较高的学术价值，有助于相关学科与该领域的进一步发展。

**833　《元史及民族与边疆研究集刊（第26辑）》，刘迎胜主编，上海：上海古籍出版社，2014年5月。**

本书是对元史、民族与边疆等方面进行探讨与研究的专著，收录了该领域专家学者所著文章20余篇。书中从元史研究、海疆与海洋活动史研究、民族和宗教及边疆研究等角度进行了阐述与解读，内容包括《"吐蕃"一名的读音与来源》《〈萨剌姆东使记〉译注与研究》《明代来华西域人的归附与明廷的安置》《多元民族文化中的唐汪唐姓姓氏考察》《试论马注思想的发展》等研究成果，具有较高的学术价值，有助于相关学科与该领域的进一步发展。

**834　《元史及民族与边疆研究集刊（第27辑）》，刘迎胜主编，上海：上海古籍出版社，2014年6月。**

本书是对元史、民族与边疆等方面进行探讨与研究的专著，收录了该领域专家学者所著文章约20篇。书中从元史研究、海疆与海洋活动史研究、民族和宗教及边疆研究、文献研究、古籍整理、研究综述、勘误等角度进行了阐述与解读，内容包括《元代陕西行台设废原因蠡测》《〈岛夷志略〉地名与汪大渊行程新考》《试探成吉思汗灭夏的行军路线》《〈史记·西南夷列传〉标点献疑一则》《〈明史·西域传〉正误二则》等研究成果，具有较高的学术价值，有助于相关学科与该领域的进一步发展。

**835　《元史及民族与边疆研究集刊（第28辑）》，刘迎胜主编，上海：上海古籍出版社，2014年12月。**

本书是对元史、民族与边疆等方面进行探讨与研究的专著，收录了该领域专家学者所著文章 20 余篇。书中从元史研究、海疆与海洋活动史研究、民族和宗教及边疆研究、文献研究、读书札记、研究综述等角度进行了阐述与解读，内容包括《拜住西征与蒙古派系斗争》《台州古代海上交通和台州商人初探》《鞑靼和大元国号》《清咸同年间黔西南回民起义领导金万照生平考略》《关于"景教"之"景"的内涵》等研究成果，具有较高的学术价值，有助于相关学科与该领域的进一步发展。

836  《元史及民族与边疆研究集刊（第 29 辑）》，刘迎胜主编，上海：上海古籍出版社，2015 年 6 月。

本书是对元史、民族与边疆等方面进行探讨与研究的专著，收录了该领域专家学者所著文章约 20 篇。书中从元史研究、海疆与海洋活动史研究、民族和宗教及边疆研究、文献研究、译文等角度进行了阐述与解读，内容包括《黑水城所出〈肃州路官员名录〉新考》《明郑海商行迹琐议——以"唐船风说书"的记载为中心》《1734 年菲律宾群岛图研究》《古代伊朗与中国马球运动文献、文物之比较》《慎懋赏〈海国广记〉中的波斯语词汇》等研究成果，具有较高的学术价值，有助于相关学科与该领域的进一步发展。

837  《元史及民族与边疆研究集刊（第 30 辑）》，刘迎胜主编，上海：上海古籍出版社，2015 年 12 月。

本书是对元史、民族与边疆等方面进行探讨与研究的专著，收录了该领域专家学者所著文章 20 余篇。书中从元明清时期的海疆与海洋活动，以及相关历史遗迹等角度进行了阐述与解读，内容包括《南华禅寺宋碑与广州市舶司建制小考》《从〈奉使波斯碑〉看元朝同伊利汗国使臣往来》《元代中国沿海地区伊斯兰教网络的研究——根据伊斯兰教石刻年代、地理的分析》《从郑和宗教信仰争议看明帝国对西洋诸国的态度》《古代航海与宗教祈祷——读郑和下西洋相关碑刻札记》等研究成果，具有较高的学术价值，有助于相关学科与该领域的进一步发展。

838  《元史及民族与边疆研究集刊（第 31 辑）》，刘迎胜主编，上海：上海古籍出版社，2016 年 9 月。

本书是对元史、民族与边疆等方面进行探讨与研究的专著，收录了该领域专家学者所著文章 20 余篇。书中从元史研究、海疆与海洋活动史研究、民族和宗教及边疆研究、读书札记、译文等角度进行了阐述与解读，内容包括《论元代的人口籍没》《〈马可·波罗行纪〉与高丽史料对勘三则》《中国帆船与东亚海域交流》《关于清初蒙古伊苏特部》《清末新疆学堂教育行政机构研究》等研究成果，具有较高的学术价值，有助于相关学科与该领域的进一步发展。

839 《元史及民族与边疆研究集刊（第 32 辑）》，刘迎胜主编，上海：上海古籍出版社，2017 年 1 月。

本书是对元史、民族与边疆等方面进行探讨与研究的专著，收录了该领域专家学者所著文章 20 余篇。书中从元史研究、海疆与海洋活动史研究、民族和宗教及边疆研究、文献研究、读书札记、研究综述等角度进行了阐述与解读，内容包括《元朝末代中书右丞相也速行迹及其与时局关系探究》《元大德〈南海志·税粮〉浅释》《舍市舶取博易：宋朝与交州边境贸易体系形成原因再析》《西藏问题之所在及中英噶厦两国三方之间关系的演变》《三藩之乱期间琉球王国的外交抉择——以〈华夷变态〉的记载为中心》等研究成果，具有较高的学术价值，有助于相关学科与该领域的进一步发展。

840 《元史及民族与边疆研究集刊（第 33 辑）》，刘迎胜主编，上海：上海古籍出版社，2017 年 12 月。

本书是对元史、民族与边疆等方面进行探讨与研究的专著，收录了该领域专家学者所著文章约 20 篇。书中从元史研究、海疆与海洋活动史研究、民族和宗教及边疆研究、读书札记等角度进行了阐述与解读，内容包括《元代漠北野马川考论》《航海技术的获得与传递——以元明时期海运路线的开辟为例》《元代泉州穆斯林移民探析》《暾欲谷家世钩沉》《北喀尔喀与爱新国的早期往来及其影响》等研究成果，具有较高的学术价值，有助于相关学科与该领域的进一步发展。

841 《云南民族的历史与文化概要（修订版）》，王文光、尤伟琼、张媚玲编著，昆明：云南大学出版社，2014 年 11 月。

本书是叙述与探讨云南民族历史与文化的著作。书中回顾了远古至先秦时期云南地区的古人类和当地文化，分析了云南早起族群的产生过程。书中亦探讨了自秦汉时期至元明清时期云南地区的民族与文化，叙述了当地政治、经济与民族的历史面貌，考析了历代云南民族的分化、重组与发展，并记述了当地各民族的特色文化。此外，书中还探讨了现当代的云南民族及其文化发展，对彝族、白族、纳西族、哈尼族、傣族等多个少数民族的由来与演化做了讲述，并记述了他们各自的文化生活习俗。

842 《中古艺术宗教与西域历史论稿》，姚崇新著，北京：商务印书馆，2011 年 5 月。

本书是关于中古艺术宗教与西域历史的论文集，汇集了作者所著文章约 20 篇。书中内容包括《青州北齐石造像考察》《中山大学图书馆藏北齐卢舍那法界人中像及相关问题》《试论高昌国的佛教与佛教教团》《吐谷浑佛教论考》《中古时期巴蜀地区的粟特人踪迹》《唐宋时期巴蜀地区的火祆教遗痕》《唐代西州的官学——唐代西州的教育之一》等研究成果，对中古佛教艺术、汉传佛教、西域胡人及其宗教、中古吐鲁番的历史与社会等方面进行了探讨与论述。

843 《中古中国的粟特胡人：以长安为中心》（西域历史语言研究丛书），毕波著，北京：中国人民大学出版社，2011年5月。

本书是研究中国中古时期长安地区粟特胡人的著作。书中叙述了北齐与北周时期，胡人对于都城周边、地方社会乃至宫廷中的影响，探讨了北朝末期至唐代初期胡人逐步进入宫廷从事侍卫工作的过程，以及胡人入仕唐朝宫廷的常规途径，展现了唐代国际化的历史面貌。同时，书中还探讨了隋唐时期长安坊市胡人聚居区的形成与变迁，阐述了隋唐长安城粟特胡人的社会网络，并对社会网络的流动迁移、自我建构等内容进行了研究。

844 《中古中国与粟特文明》，荣新江著，北京：生活·读书·新知三联书店，2014年8月。

本书是北京大学荣新江教授探讨中古中国与粟特文明的著作，书中收录了作者关于粟特研究的文章约20篇，内容包括《西与粟特移民聚落补考》《安史之乱后粟特胡人的动向》《萨保与萨薄：北朝隋唐胡人聚落首领问题的争论与辨析》《北朝隋唐胡人聚落的宗教信仰与祆祠的社会功能》《有关北周同州萨保安伽墓的几个问题》《粟特与突厥——粟特石棺图像的新印证》《中古贵族墓室壁画上的胡风——猎豹、杂服及其他》等研究成果，对粟特人的迁徙与聚落、粟特商队与祆祠、入华粟特人的多元文化等方面进行了考析与阐述。

845 《中国西部民族文化通志·法律卷》，瞿明安、何明主编，张晓辉、孙健飞等编著，昆明：云南人民出版社，2017年5月。

本书是研究我国西部民族法律文化的著作。书中叙述了治理多民族地区的国家法和区域性政权的法律，以及他们各自的行政、民事、刑事、经济等法律制度和司法机关。同时，书中还探讨了神话与史诗中的早期规范与规范变迁，讨论了宗教与法律的关系，阐述了原始宗教信仰、佛教教义、道教教义、基督教教义及伊斯兰教教义与行为规范的内联与影响。此外，书中还探讨了西部民族地区的家族法，及历史上的纠纷解决机制，并对现代社会中的习惯法做了解读。

846 《中国西部民族文化通志·服饰卷》,瞿明安、何明主编,杨源、贺琛编著,昆明:云南人民出版社,2014年7月。

本书是研究我国西部民族服饰文化的著作。书中叙述了我国西部民族服饰的研究意义、历史变迁与南北差异,探讨了服饰原料的采集和丝织、毛纺、皮毛鞣制等制作工艺,叙述了服饰的面料装饰及缝制方法。同时,书中还介绍了西部民族服饰的款式结构与配件装饰,分析了服饰类型的成因。此外,书中还探讨了服饰色彩特征与图案特征,阐述了服饰不同的区域风格与民族审美,并就服饰在社会生活的功能与习俗做了总结。

847 《中国西部民族文化通志·古籍卷》,瞿明安、何明主编,华林编著,昆明:云南人民出版社,2014年7月。

本书是研究我国西部民族古籍文化的著作。书中对西部民族古籍进行了梳理,探讨了西部民族古籍的类别、文化内涵、重要地位与研究意义等内容。书中亦分析了原始古籍的界定与产生、记事方式、记录特点与学术价值,探究了口碑古籍的界定、产生、构成、特性与现状,并对文字古籍的构成、形制、特点、分布状况与整理译著做了阐述。同时,书中还探讨了汉文古籍的界定、产生、构成、特点、分布等内容及整理刊载的现状,并就图像古籍的界定、产生、构成、价值与分布进行了总结。

848 《中国西部民族文化通志·婚姻家庭卷》,瞿明安、何明主编,瞿明安、刘永青著,昆明:云南人民出版社,2017年5月。

本书是研究我国西部民族婚姻家庭文化的著作。书中介绍了西部少数民族婚姻家庭的价值与功能,探讨了加强西部少数民族婚姻家庭研究的若干重要问题。书中亦叙述了西部少数民族的恋爱交往活动的形式、内容、过程与规范,讨论了其择偶的主要形式与重要标准,强调了媒妁在缔结婚姻中的作用。同时,书中叙述了婚姻缔结过程中的聘礼与嫁妆,探析了具有交换价值、带有戏剧色彩或是带有虚拟性质的婚姻缔结形式,讨论了血缘外婚、血缘近亲属通婚、姻亲通婚与族际通婚的婚姻制度,以及夫妻之间的婚配形式。此外,作者研究了西部民族婚后的家庭生活模式,并就家庭的代际关系、传承方式、继承制度等内容做了解读。

849 《中国西部民族文化通志·教育卷》,瞿明安、何明主编,黄海涛、王天玉、田莉编著,昆明:云南人民出版社,2015年2月。

本书是研究我国西部民族教育文化的著作。书中回顾了我国西部地区民族教育的历史现状、基本特点及作用意义，探讨了西部地区的民族社会教育与民族社区培训教育，并叙述了民族家庭教育的观念、内容与方法。同时，书中还分析了西部地区的民族宗教教育，讨论了多元文化背景下的民族基础教育及其可持续发展。此外，书中还探讨了西部地区的民族职业教育与民族高等教育，并就西部地区民族教育的复杂性和教育发展的多元性、现代性，以及教育文化的创新性做了解读。

850 《中国西部民族文化通志·科技卷》，瞿明安、何明主编，韦丹芳、秦红增主编，昆明：云南人民出版社，2014年7月。

本书是研究我国西部民族科技文化的著作。书中回顾了西部民族科技的意义、贡献、特点、地方性知识与文化摩擦，探讨了十月历与十二月历的天文历法，对西部民族医学的发展及医理、诊断、治疗和用药等方面做了阐述。书中还探讨了西部民族的农耕机械、渔猎工具、纺织工具和交通工具等传统机械，对西南地区、西北地区和北方地区的水利灌溉做了分类讨论。同时，书中还叙述了西部民族使用的计数单位与度量衡，并列举了与生产、生活和军事相关的其他科技知识，以及在医学、数学、天文学、农业等领域的科技人物。

851 《中国西部民族文化通志·历史卷》，瞿明安、何明主编，赵永忠、陈燕著，昆明：云南人民出版社，2017年6月。

本书是研究我国西部民族历史文化的著作。书中叙述了中国西部自然生态环境与西部民族文化的关系，以及西部民族的文化特点和对中国民族文化的贡献，并探讨了先秦时期的西部民族及其文化孕育，对秦汉时期的西部民族和其文化，以及西部民族间的文化交流做了记述。同时，书中还探讨了魏晋南北朝、隋唐五代、宋代，以及元明清时期的西部民族及其文化，分别就当时西北地区与西南地区的民族文化和民族间的交往与文化交流做了讲述与解读，系统性地再现了我国西部地区民族文化的历史发展。

852 《中国西部民族文化通志·旅游卷》，瞿明安、何明主编，孙九霞、苏静编著，昆明：云南人民出版社，2014年7月。

本书是研究我国西部民族旅游文化的著作。书中叙述了我国西部少数民族旅游的研究意义、背景条件、发展历程与成就，探讨了古代与近现代旅游发展的阶段与特点，梳理了自然景观与文化景观等旅游资源。同时，书中对旅游客源、市场营销以及不同类型的旅游线路和旅游产品进行了分析，探讨了住宿、餐饮旅行社与交通等旅游产业的现状与特点。另外，书中还总结了国家与地方对于西部地区的旅游规划，阐述了相关的旅游政策与管理办法，并就旅游带来的经济影响、社会与文化影响，以及环境影响进行了评介。

853 《中国西部民族文化通志·贸易卷》，瞿明安、何明主编，杨清震等著，昆明：云南人民出版社，2014年7月。

本书是研究我国西部民族贸易文化的著作。书中叙述了西部地区民族贸易的形成与发展和特殊性，并介绍了民族贸易的优惠政策。书中亦讨论了贸易商品的种类，包括生产资料、服饰、饮食、医药、文化和宗教工艺品和住宅商品等方面，并探讨了在城市和农村地区的商业街、物供中心、连锁店、超级市场、集市等贸易场所。此外，书中分析了西部民族地区的市场类型和交易方式，并就商品的流通渠道、流转环节和流通网络，以及开展贸易的机构做了评述。

854 《中国西部民族文化通志·生态卷》，瞿明安、何明主编，崔明昆、赵文娟等编著，昆明：云南人民出版社，2017年6月。

本书是研究我国西部民族生态文化的著作。书中对民族生态学、西部生态环境、西部民族生态文化进行了回顾，并对西部民族的水文化、山谷文化、植物文化、森林文化、草原文化、动物文化、采集渔猎文化等方面进行了研究，探讨了其居住环境、民俗信仰、祭祀崇拜、生计方式、动物图腾、生态适应等领域的文化生活。同时，书中还对传统生态知识进行了科学阐释，列举了傣族、哈尼族等民族的生态知识与生态观，并就生态文化与可持续发展做了研究与论述。

855 《中国西部民族文化通志·体育卷》，瞿明安、何明主编，卢兵编著，昆明：云南人民出版社，2015年2月。

本书是研究我国西部民族体育文化的著作。书中回顾了西部地区体育文化的历史、现状、基本特征及其意义，对负重角力与对抗、奔跑与竞速、投远掷准、跳高跳远、枪弩射击、舞龙舞狮、骑术、益智游戏、冰雪运动、武术武技及球类游戏等体育项目进行了梳理与叙述。同时，书中还概述了民运会的竞赛项目，对项目立项、球类项目、单项项目、水上项目、竞速类项目、民族式摔跤及马术武术等内容进行了总结与介绍。

856 《中国西部民族文化通志·文学卷》，瞿明安、何明主编，段炳昌等编著，昆明：云南人民出版社，2014年7月。

本书是研究我国西部民族文学文化的著作。书中叙述了西部民族的天地起源神话、人类起源神话、洪水神话和变形神话，探讨了创世史诗、英雄史诗和迁徙史诗，讨论了人物传说与风土传说。同时，书中还探讨了西部民族的生活故事、童话和动植物故事，梳理了叙事歌、抒情歌、仪礼歌、生活歌及谚语等歌谣。此外，书中还叙述了西部民族的作家文学，对古代作家文学，西部省区的少数民族现当代小说创作和诗歌创作进行了评述。

**857**　《中国西部民族文化通志·饮食卷》，瞿明安、何明主编，秦莹、张人仁、张宏勇编著，昆明：云南人民出版社，2017年6月。

本书是研究我国西部民族饮食文化的著作。书中介绍了西部民族的日常食俗，叙述了其主食的地域特色与副食的多种多样，探讨了过年庆贺与节庆歌舞、竞技、孝亲、择偶，以及生育、成年、婚嫁、丧葬等类别的食俗。同时，书中阐述了西部民族在信仰崇拜、祖灵祭拜、农耕稼穑等方面的食俗，讨论了飨宴时餐饮、待客、奉茶等程序的礼仪。此外，作者强调了西部民族的饮食禁忌，对食材获取、食物加工、食物饮品和宴饮食礼的禁忌做了总结与说明。

**858**　《中国西部民族文化通志·影视卷》，瞿明安、何明主编，吴秋林、陈学礼著，昆明：云南人民出版社，2015年2月。

本书是研究我国西部民族影视文化的著作。书中介绍了影视民族学的概念与历史缘起，探讨了影像书写与我国西部民族文化的关系，强调了我国西部影视民族志的重要意义。书中亦对我国西部影视民族志进行了概述，梳理了西部影视民族志的发展历史，对在西部各省区拍摄的影视民族志影视片进行了总结。同时，书中还探讨了影视民族志资料片与民族专题片的拍摄，并就影视民族学的学术交流活动做了阐述。

**859**　《中国西部民族文化通志·娱乐卷》，瞿明安、何明主编，万建中编著，昆明：云南人民出版社，2015年2月。

本书是研究我国西部民族娱乐文化的著作。书中回顾了中国西部各民族娱乐的产生、种类特点与历史发展，及其体现的社会生活意义，逐一探讨了西部民族民间游戏娱乐、民间体育竞技、民间舞蹈娱乐、民间唱歌娱乐的特征与分类，并对每一种娱乐方式都进行了整理与叙述。此外，书中还探讨了西部民族的史诗演唱、民间讲述等口头文学表演，并对民族剧种、宗教戏曲等民间表艺术进行了评述，体现了西部地区民族娱乐的多元化与多样性。

**860**　《中国西部民族文化通志·哲学卷》，瞿明安、何明主编，李国文、陈燕主编，昆明：云南人民出版社，2017年6月。

本书是研究我国西部民族哲学文化的著作。书中介绍了古传创世史诗中的哲学思想萌芽与发展，探讨了西部少数民族的宇宙起源神话与万物起源观，及其哲学思想的渊源与发展。同时，书中亦阐述了西部少数民族传统宗教与"内化"外来宗教中的哲学思想，探析了其在事物演化、军事、医学及日常生产生活中传统朴素的辩证法思想，以及学而知之和受宗教影响的认识论思想。此外，作者论述西部少数民族无神论思想的发展、特点及意义，并就其社会历史思想、社会政治思想与社会伦理道德思想进行了评述。

861 《中国西部民族文化通志·政治卷》，瞿明安、何明主编，段尔煜卷主编，昆明：云南人民出版社，2017年6月。

本书是研究我国西部民族政治文化的著作。书中叙述了民族政治历史演进、基本特征和研究意义，及其与民族文化的关系，探讨了西部民族地区的建制与区划和统一性与区域性的政权组织。同时，书中分析了中央、地方及民族区域自治的各级政治制度，讨论了西部民族的管理机构、管理策略与管理内容。此外，作者探讨了西部民族原始社会残余、转体变迁与封建领主制的社会政治形态，并就西部民族的军事活动与西部各族间的政治关系做了阐述。

862 《中亚的民族关系：历史、现状与前景》（新西域宝库·欧亚战略丛书），潘志平主编，乌鲁木齐：新疆人民出版社，2003年10月。

本书对中亚地区的民族关系作以系统讨论。书中从对中亚民族的历史进程、苏共的民族政治与苏联时期中亚民族关系、中亚各国独立后面临的民族问题、中亚国家关于民族理论的探索等四个问题展开讨论。作者研究了中亚多民族的迁徙、融合、冲突，以及苏联时期的民族殖民和民族关系等问题，特别是伊斯兰教复兴问题等方面。本书全面系统地考察中亚民族关系的历史、现状与前景，既有学术价值，也有积极的现实意义。

863 《中亚维吾尔人》，李琪著，乌鲁木齐：新疆人民出版社，2003年12月。

本书以大量中外文献史料为基础，分七个方面对中亚维吾尔人的历史和现状及其特点进行深入的研究。作者追溯了中亚维吾尔人的历史，说明了中亚维吾尔名称的由来；分析了中亚维吾尔人口城市化问题；概述了一个多世纪以来俄苏及独联体中亚国家维吾尔研究的历史继承性与时代特征；论述了维吾尔人移居中亚的五个主要阶段、迁徙形态及原因以及百年历史变迁中的社会因素；并从新疆迁居中亚之维吾尔人与本民族主体的关系等内容进行了讨论。

864 《周一良全集·第 3 编·佛教史与敦煌学》，赵和平主编，北京：高等教育出版社，2015 年 12 月。

本书是作者周一良先生全集中的一册，主要收录了作者对于佛教史与敦煌学的研究与思考。书中内容包括作者所著、钱文忠先生所译的《唐代密宗》，也包括《〈宋高僧传·善无畏传〉中的几个问题》《中国的梵文研究》《敦煌写本杂钞考》《跋敦煌写本"海中有神龟"》《王梵志诗的几条补注》等学术成果，并收录了作者在《敦煌遗书论文集》等专著中所作的序言。书中文章具有较高的学术价值，有助于敦煌学与佛教史的研究与发展。

865 《北周石窟造像研究》（敦煌与丝绸之路石窟艺术丛书），吴荭著，兰州：甘肃教育出版社，2017 年 1 月。

本书对丝绸之路上北周时期的石窟造像进行研究。书中具体分析了敦煌石窟、麦积山石窟、须弥山石窟、水帘洞石窟以及炳灵寺等其他地区石窟中北周时期石窟寺类型；对北周各石窟寺进行比较，并分析差异产生的原因；研究北周单体造像形式，并对造像内容及思想内涵进行探讨，论述单体造像的渊源及其成因；对北周石窟造像及南朝石窟造像的特点、关系及相互影响进行分析。

866 《曾有西风半点香：敦煌艺术名物丛考》，扬之水著，北京：人民美术出版社，2016 年 9 月。

本书是对佛教艺术名物的考证。通过对佛教艺术的器物表象分析图像从原生地到落脚点的传播路线，以及在传播中，因不同地域和不同文化所进行意向上叠加所展现的文化源流。如：通过对敦煌早期至隋唐石窟窟顶图案的意象及演变，特别是帐、伞、幢、幡细部构件的考订等方面探讨佛教在中土的居住所在；通过艺术名物上的连理枝等纹饰，分析其源流与文化传播等。全书解读的器物涉及佛教生活的衣食住行各个方面，还原了历史上佛教社会生活的现实图景。

867 《川北佛教石窟和摩崖造像研究》（敦煌与丝绸之路石窟艺术丛书），雷玉华、罗春晓、王剑平著，兰州：甘肃教育出版社，2016 年 10 月。

本书是对丝绸之路上川北石窟和摩崖石刻造像的研究论著。书中对川北石窟和摩崖造像进行调查，通过对龛像类型进行分析，结合纪年，对川北佛教石窟和摩崖造像作了分期研究。全书共分为六章，具体叙述了川北石窟和摩崖造像概况；分析广元地区、巴中地区和其他相关地区石窟和摩崖造像的分期与年代；对川北石窟和摩崖造像的开凿背景、发展渊源以及与川西地区等其他地区石窟的关系进行探讨；并对石窟中的常见题材，如：阿育王像、地藏十王像等做以具体考察研究。

  868 《垂衣裳：敦煌服饰艺术展精粹》，刘元风主编，北京：中国纺织出版社，2015年11月。

  本书为北京服装学院民族服饰博物馆承办的"垂衣裳——敦煌服饰艺术展"作品集。北京服装学院师生以敦煌元素为设计灵感，对敦煌服饰文化继承与创新，设计出了一系列艺术作品。全书共分为六章，包括对敦煌壁画的赏析、教师及特邀设计师对敦煌主题服装设计作品的展示、在校研究生对敦煌主题服装设计作品、敦煌主题首饰设计作品、敦煌主题造型艺术作品、敦煌图像中的人物服饰形象复原。

  869 《从民国到新世纪：新疆美术发展态势研究》，李开荣著，北京：光明日报出版社，2013年1月。

  本书是对民国到现在的新疆美术发展态势进行研究的著作。书中介绍了民国时期新疆现代美术的开端，评述了该时期在新疆作画的重要美术家，探讨了新中国成立后十七年间新疆美术的显著特点与逐步发展，以及雕塑、水彩画、漫画与美术教育等领域的现状。同时，书中还叙述了"文革"时期新疆美术的历史概况，记述了改革开放以来新疆美术题材与风格的多样化，探讨了国画、油画、版画、雕塑等各类美术的蓬勃发展，以及美术教育的卓越成效。此外，书中还评述了新中国成立以来的新疆重要美术家，并就新疆美术的发展特点与前景进行了总结。

  870 《从天竺到华夏：中印佛教美术的历程》，阮荣春、张同标著，北京：商务印书馆，2016年11月。

  本书对从印度到中国佛教美术的发展及本土化历程进行解析。全书分为七章，以时间顺序为主要脉络，从古印度佛教美术历程开始，历经东汉三国两晋时期、十六国北朝时期、隋唐五代时期到元明清时期，对佛教美术的发展进行解构。内容涉及印度、西域、河西走廊以及国内重要寺庙的石窟艺术、壁画艺术、造像艺术，为佛教美术在中国的演进研究提供了资料。

  871 《东瀛西域：百桥明穗美术史论文集》，百桥明穗著，上海：上海书画出版社，2013年10月。

  本书是日本著名美术史学家百桥明穗在东西佛教美术交流史领域的研究成果，全书分为"佛教绘画编"和"墓葬壁画编"。"佛教绘画编"对敦煌的法华经变、药师经变、净土变以及其他佛教故事画与日本本土画作的源流关系及系谱进行讨论，并对丝绸之路上女性形象与古代日本进行初步探讨；"墓葬绘画编"对日本墓葬壁画，如高松琢、龟虎古坟壁画进行分析，并与中国墓葬壁画和东亚壁画艺术作以对比研究。作者将实地考察与考古调查资料的运用结合，为研究佛教美术、考古美术及美术交流史的学者提供了参考。

**872** 《敦煌壁画乐舞："中国景观"在国际语境中的建构、传播与意义》，邝蓝岚著，北京：社会科学文献出版社，2016年3月。

本书通过敦煌壁画乐舞探讨"中国景观"在国际语境中的构建、传播和意义。书中提出"中国景观"的概念，对敦煌元系统和敦煌壁画乐舞进行非线性研究；对敦煌的自然地理"景观"和人文地理"景观"进行探讨，并对"华戎所交一都会"想象中的"景观"和敦煌表演艺术的"景观"进行解读；分析音乐人类学背景下的敦煌壁画乐舞，展示其色彩、造型、心神、气韵等。作者从传统美学、表演理论及知觉认知科学的角度，以敦煌乐舞的艺术形态构建"中国景观"，展示中国传统美学。

**873** 《敦煌壁画乐舞研究》（敦煌学研究丛书），季羡林主编，郑汝中著，兰州：甘肃教育出版社，2002年9月。

本书是对敦煌壁画的乐舞研究。书中对敦煌乐舞壁画的形成分期和图式进行了分析，对敦煌壁画中的乐伎、舞伎进行介绍，并对所用乐器，包括乐器的种类、乐器的仿制、特异乐器等方面进行考略。此外，作者还对新发现的莫高窟第275窟音乐图像以及榆林窟千手观音经变乐器图等图像进行了解读和分析，并对壁画中飞天的艺术风格进行了纵向论述。对于甘肃所出的音乐文物，作者从整体上进行把握，指出了其风格特点。书后附有莫高窟音乐洞窟统计表、壁画乐伎统计表等表格，为学者研究提供便利。

**874** 《敦煌壁画中的养生》，胡同庆、王义芝著，兰州：甘肃人民美术出版社，2015年10月。

本书通过对敦煌壁画中的养生内容，对敦煌文化以及中国古代养生文化进行介绍。全书分为九章，分别就养生与信仰、养生与修行、良好的生活习俗与娱乐活动展开论述，并结合敦煌壁画中与此相关的内容进行讨论。书中还对当时的美容与时尚、运动方式、情爱生活、饮食疗养和诊病医疗等与日常生活息息相关的各个方面进行分析讨论。除了考证壁画中的内容，作者还对藏经洞出土S.76《食疗本草》等文献进行分析，探索文献对养生的启示，揭示传统养生文化。

875 《敦煌变文》（敦煌讲座书系），李小荣著，兰州：甘肃教育出版社，2013年11月。

本书对敦煌变文作以梳理与讨论。书中首先对敦煌变文的研究简史进行梳理，并分析了敦煌变文的特点，总览敦煌变文的发展流变，对其早期形成、展开、唱导、转变与消亡过程进行了勾勒。此外，对佛道二教的讲经和俗讲情况进行分析，探讨了佛道俗讲思想互融互摄。作者还对非宗教变文到底题材类型进行探索，如：《伍子胥变文》《李陵变文》等，并分析其所表达的精神内涵。对于变文的表演方面，书中对表演的地点、主体和文本类型进行介绍，分析了其表演的艺术属性。作者认为变文在中国文学史上具有重要的影响，其内容和文体具有无可替代的地位，对其他俗文学的影响意义重大。

876 《敦煌藏经洞出土绘画品研究史》（敦煌与丝绸之路石窟艺术丛书），袁婷著，兰州：甘肃教育出版社，2016年10月。

本书对敦煌藏经洞出土的绘画品作以系统整理研究。作者将藏经洞绘画品根据早期的发现与流布、各国学者对绘画品研究的兴起与演进以及研究的兴盛进行分期，阐述各国收藏品的形成，论述各国学者对绘画品的整理调查经过和临摹研究。书中对国内外学者的研究成果进行比较归纳并做出评价，推进了敦煌藏经洞所出绘画品研究史的梳理与研究。书后附有对英、法、日、俄及中国等散存敦煌画进行的目录整理，为研究者提供了参考。

877 《敦煌飞天》，史敦宇、金洵瑱绘，兰州：甘肃人民美术出版社，2016年9月。

本书是对敦煌壁画中飞天形象的临摹图。书中按照壁画的年代顺序，从北凉、北魏的飞天壁画开始，包括西魏时期、北周时期、隋唐时期以及五代、宋、西夏、元不同时期的伎乐飞天、供养飞天、童子飞天、飞天与菩萨等诸多飞天形象，同时对安西榆林窟的飞天壁画也进行了临摹。每幅飞天图像辅以文字解说，对飞天的形态、肢体动作加以描述。全书共收录临摹飞天图像211幅，为读者提供了较为全面的敦煌飞天的形象资料。

878 《敦煌服饰暨中国传统服饰文化学术论坛论文集》，刘元风、贾荣林主编，上海：华东大学出版社，2016年12月。

本书为北京服装学院民族服饰博物馆围绕"垂衣裳——敦煌服饰艺术展"而举办的传统服饰文化学术论坛论文集。书中主要对六朝时期、隋唐五代时期的服饰、少数民族服饰和宋元明清女子服饰展开讨论，特别对服饰发展史中的新材料提出了新认识。

具体论文包括：《唐代之女子男装与胡服》《隋唐五代金银首饰的名称与样式》《"服妖""时世装"：古代中国服饰的伦理世界与时尚世界》《敦煌石窟供养人服饰艺术图像资料的特色和价值》《西夏服饰考》《明末清初女服"披风"考释》《宋代女冠研究》等。

879 《敦煌古代石刻艺术》，吴军、刘艳燕著，兰州：甘肃人民出版社，2016年7月。

本书对敦煌古代石刻艺术进行了较为全面的介绍，对敦煌古代石刻的著录与研究进行综述，系统解析敦煌的岩画、摩崖石刻、石碑、石塔、石雕造像和其他石刻等相关石刻艺术品，并对石刻资料所记载的文献资料进行调查，重点分析了其艺术特色与历史价值，为读者研究提供便利。书中末章还对敦煌古代石匠与采石场进行了分析，并附以敦煌古代石刻研究论著目录。

880 《敦煌历史与莫高窟艺术研究》（敦煌学研究丛书），季羡林主编，史苇湘著，兰州：甘肃教育出版社，2002年9月。

本书是史苇湘先生对敦煌历史与莫高窟艺术研究论集。书中选取36篇论文，充分表现了史苇湘先生创立并运用的敦煌本土文化论和石窟皆史等敦煌历史与莫高窟艺术研究的理论体系。具体篇目有探讨敦煌历史的《敦煌史略》《丝绸之路上的敦煌与莫高窟》《世族与石窟》等篇以及探讨敦煌艺术的《珍贵敦煌彩塑》《丰富的敦煌图案》《论莫高窟北凉与北魏前期壁画艺术》《莫高窟中的福田经变》《敦煌佛教艺术的再认识》等篇，对敦煌艺术的图案构成、经变画、艺术理论、敦煌艺术与文学、历史的关系等问题都有诸多探讨。

881 《敦煌莫高窟壁画病害水盐来源研究》，郭青林等著，北京：科学出版社，2016年4月。

本书是对敦煌莫高窟壁画病害的调查与研究。书中从对莫高窟壁画盐害及水盐运移研究现状进行了综述，对壁画病害类型及分布特征区域、地质与洞窟地层工程地质特征、洞窟地层水盐特征及渗透特性、水环境特征等问题进行深入研究，分析莫高窟窟内水汽与盐分来源以及与壁画产生病害的关系等问题。书中还对历史上对壁画保存的干预措施，如石窟加固工程、风沙防护工程、窟区环境整治工程综合分析，对莫高窟的整体保护措施和未来的展望提出看法。

882 《敦煌十六国至隋石窟艺术》（敦煌与丝绸之路石窟艺术丛书），顾淑彦著，

▶ 丝绸之路研究论著叙录

兰州：甘肃教育出版社，2016年10月。

本书主要对敦煌十六国至隋的石窟艺术作以介绍。书中对敦煌北凉、北魏、西魏、北周、隋唐、曹氏归义军政权不同时期的石窟艺术进行综述；分析洞窟崖面位置与洞窟形制；对十六国至隋代的彩塑艺术，如：菩萨像、弟子像、天王像、金刚力士像等以及这一时期壁画艺术进行深入解读分析，并根据洞窟平面图对代表洞窟进行介绍。本书在介绍敦煌十六国北朝至隋唐时期的石窟艺术的同时，展示了敦煌隋代艺术在中原与西域两种风格的影响下的吸收并蓄的艺术探索与创新。

**883** 《敦煌石窟彩塑艺术概论》（敦煌与丝绸之路石窟艺术丛书），郑炳林、张景峰著，兰州：甘肃教育出版社，2016年10月。

本书对敦煌石窟彩塑艺术进行研究，作者对敦煌石窟洞窟形制与彩塑类型及制作方法进行分析；解读不同历史时期的彩塑艺术与代表洞窟；探讨窟中佛像、弟子像、菩萨像、天王像、力士像、地鬼塑像、龙首塑像、羽人和神僧的彩塑艺术形象，特别对天兽（白狼）等特殊塑像及组合进行解说。通过以上对敦煌彩塑艺术形象的解读，探寻敦煌石窟北凉、北朝、隋代、唐代以及归义军时期不同时代彩塑艺术的主题思想以及佛教思想。

**884** 《敦煌石窟考古与艺术研究文集》（敦煌学研究文库），张景峰著，北京：民族出版社，2016年10月。

本书为张景峰所著敦煌石窟考古与艺术研究论文集。全书共收入作者学术论文21篇，分别涉及敦煌石窟与佛教思想研究，包括《莫高窟第431窟初唐观无量寿经变与善导之法门在敦煌的流传》《佛教两种末法观的对抗与阐释——敦煌莫高窟第321窟研究》等篇；敦煌石窟塑像研究，包括《莫高窟祥瑞白狼塑像考察》《敦煌莫高窟的影窟及影像——由新发现的第476窟谈起》等篇；敦煌石窟供养人画像及题记研究，如《敦煌莫高窟第138窟供养人画像再认识》等；敦煌石窟本生故事的研究，如《敦煌石窟最早观音经变考》；以及敦煌学研究综述与书评等内容。

**885** 《敦煌石窟艺术简史》，赵声良著，北京：中国青年出版社，2015年8月。

本书对敦煌石窟美术史进行系统梳理，结合最新的考古材料与研究成果分别对十六国时期、隋唐时期、五代宋西夏元代时期的石窟艺术进行了研究。具体内容涉及各个时期石窟的形制、彩塑艺术、壁画的题材与布局以及不同时期壁画的艺术特色等，并对敦煌石窟艺术来源、美术发展分期、保护研究历程等问题进行了论述。书中配以插图200余幅，图文并茂，兼具学术性与通俗性。

886 《敦煌石窟艺术总论》（敦煌讲座书系），赵声良著，兰州：甘肃教育出版社，2013 年 11 月。

本书是对敦煌艺术进行总述的著作。书中首先对艺术发展的源流进行讨论，提示出佛教艺术源于印度且经过中亚传入，因此敦煌石窟及中国各地石窟带有印度、中亚等地艺术痕迹。而后对敦煌石窟艺术的发展史进行概述，并从建筑的角度对石窟形制进行分析。在艺术方面，作者阐述敦煌彩塑艺术对于探讨中国雕塑史具有不可取代的作用，从故事画艺术、经变画艺术、人物画艺术、山水画艺术、装饰艺术等方面对详细解析敦煌石窟的艺术形式，在此基础上，对敦煌艺术的继承与创新进行了总结。

887 《敦煌俗文学研究》（敦煌学研究丛书），季羡林主编，张鸿勋著，兰州：甘肃教育出版社，2002 年 9 月。

本书对唐五代在敦煌地区流行的曲子词、说唱故事，包括变文、讲经文、话本等和通俗诗文为主体的通俗文学作品以及当地文士的作品作以研究。作者力图探索敦煌文学作品时，把其置于中国文学发展史中溯源追流，比较中原与边陲，寻找隐藏在作品背后的贯穿线索，理出其独特发展走向。书中包括俗文学研究论文 21 篇，具体篇目有《敦煌讲唱文学的体制及类型考察》《敦煌讲唱记忆搬演考略》《简论敦煌民间词文和故事赋》《敦煌唱本〈百鸟名〉的文化意蕴及其流变影响》《敦煌道教话本〈叶静能诗〉考辨》等。

888 《敦煌隋代石窟壁画样式与题材研究》，杨郁如著，兰州：甘肃教育出版社，2017 年 9 月。

本书对敦煌隋代石窟壁画的样式和题材展开研究，探讨了隋代壁画的艺术特征与文化嬗变因素。书中介绍了敦煌隋代石窟的特征与时代背景并对其进行分期，归纳出隋代石窟艺术的发展与风格特征；从隋代壁画的配置安排入手，解析其设计构想和布局结构以及构图样式的变化；通过隋代壁画中的宝盖图样和摩尼图像等个案的演变讨论隋代壁画中对外来样式的融会贯通以及地方特性；对隋代石窟的壁画中千佛、飞天、各种经变题材进行讨论，分析壁画题材的继承与创新；同时本书也对中国佛教授记思想与授记图像进行了探讨。

889 《敦煌图案：敦煌历代精品边饰·圆光线描图集》，杨东苗、金卫东编绘，杭州：浙江人民美术出版社，2016 年 8 月。

本书是敦煌历代边饰、圆光复原图案精品线描图集。边饰是构成众多图案的基本元素，书中对北魏、西魏、北周、北凉、隋、初唐等各个时期的花絮边饰、四神边饰、忍冬纹、菱格纹、菱格杂花纹、几何纹、千佛、藻纹、双虎图案、连锁忍冬纹、龙纹、喧枝莲花纹、翼马连珠纹、卷草纹、海石榴边、百花卷草纹、云头纹等边饰图案线描复原，同时也对圆光图案绘制线描图。本书以线描的方式再现了敦煌壁画中的装饰图案，对敦煌壁画做了直观、清晰的解读。

890 《敦煌图案：敦煌历代精品藻井线描图集》，杨东苗、金卫东编绘，杭州：浙江人民美术出版社，2016年8月。

本书是敦煌历代藻井复原图案精品图集。书中对敦煌各个历史时期的藻井图案中的不同纹饰进行复原描绘。具体包括莲花飞天平棋、宝池飞天平棋、裸体飞天平棋、飞天双虎平棋、飞天龙纹平棋、莲花飞天藻井、化生伎乐藻井、石榴莲花藻井、化生童子藻井、莲花水纹藻井、三兔忍冬藻井、莲花火纹藻井、连珠棋格图案、茶花藻井井心、华盖、频伽莲花藻井、千手观音藻井、千手观音藻井井心、龙纹鹦鹉藻井、团花平棋、双龙莲花藻井、团龙藻井、宝相花藻井等图案内容。此外，作者还对安西榆林窟、新疆库木吐喇石窟的藻井进行描绘，并在对历代藻井复原描绘的基础上创造设计出盛唐风格的藻井。

891 《敦煌文学总论》（敦煌讲座书系），伏俊琏著，兰州：甘肃教育出版社，2013年11月。

本书是对敦煌文学的研究。书中对敦煌文学的历史演进作以概述，分析敦煌文学的作者队伍，并对不同的文学形式进行分析，包括敦煌经典文学、敦煌的唐诗、白话诗、歌辞、俗赋、小说、讲经文和变文等内容。特别对敦煌婚仪文学进行探讨，分析敦煌文献与传世文献运用场合的异同。结语中对敦煌文学在中国文学史上的地位作以总结。作者认为敦煌文学最典型的特点是以讲诵、演唱、传抄为其基本传播方式，以集体仪式创作为其创作特征，以仪式讲诵为其主要生存形态，这种特征使敦煌文学在文学史上具有重要价值意义。

892 《多元文化背景下的新疆曲子研究》，徐玉梅著，北京：中国戏剧出版社，2013年12月。

本书是以多元文化为背景重点研究新疆曲子的著作。书中介绍了新疆曲子的由来，反映了西北移民迁徙的历史过程，展现了新疆曲子多元化的特征，对剧种形成与发展所历经的几个重要历史阶段做了探讨，并且历史、客观、系统地把新疆曲子的历史变迁、传播手段、流传分布、文化内涵、音乐形态、语言特征、表演形式等方面进行了论述。同时，书中还收录了新疆曲子的演唱习俗与艺人信息，全面统计了曲目、剧目、曲牌等内容。

893 《飞天艺术：从印度到中国》（丝绸之路与敦煌文化丛书），赵声良著，南京：江苏美术出版社，2008年10月。

本书对中国古代石窟壁画的飞天艺术进行了研究。书中对飞天的起源进行了考述，从印度神话中的天女、印度艺术中的天人到中亚和龟兹艺术中的天人都对中国飞天的形成造成了影响；作者对甘肃石窟的飞天、云冈石窟的飞天、龙门及周边石窟的飞天以及敦煌的飞天做了详细讨论，分析各石窟飞天的特点及其内涵精神的表达；同时对唐代以后各地飞天也进行了探讨，并对文化中重心南移后南方石窟飞天的特点做以总结。作者认为各地各时代的飞天通过点、线交错、色彩的互映，形体动态的缓、疾，传达出了节奏美和静态美，是中国传统审美精神的体现。

894 《甘肃石窟志》，敦煌研究院、甘肃省文物局编，兰州：甘肃教育出版社，2011年12月。

本书对甘肃石窟全貌进行系统梳理。书中按地理位置由西到东，分别就敦煌莫高窟、炳灵寺石窟、麦积山石窟等甘肃省各地现存的170余处石窟的相关情况做了记述。内容涉及各个石窟群的始建年代、建筑形制、窟内遗存、壁画题材、艺术风格等方面进行考证，同时对石窟群及重要石窟形成的历史文化背景及其在中国文化、艺术史上的地位和影响等问题进行了讨论，并对石窟的发展脉络和艺术演变风格等问题进行了分析。全书图文并茂，大量图片与文字相配合，为研究甘肃石窟提供了资料。

895 《高昌石窟壁画线描集·吐峪沟石窟》，吐鲁番学研究院、吐鲁番博物馆编，上海：上海古籍出版社，2017年5月。

本书主要以高昌时期的吐峪沟石窟为研究对象，以图文并茂的形式，构画了吐峪沟石窟壁画约150幅线描图，生动形象地展示了壁画的艺术价值与文化价值，反映了壁画的历史风貌与当地的高昌文明与宗教信仰。书中概述了吐峪沟石窟的基本情况，以及对石窟壁画的图解；图版部分对东区第18窟的立佛、第27窟的千佛与菩萨、第32窟的飞天、第50窟的佛本生故事，以及西区第2窟的立佛、第20窟的十六观看、礼拜窟的菩萨和天神等壁画做了记述，真实地再现了当时的历史文明与艺术样态，推动了学术发展。

896 《高昌艺术研究》（中国古代民族艺术研究系列），胡洪庆、李季莲主编，上海：上海古籍出版社，2014年4月。

本书是对高昌艺术的研究著作，书中从高昌绘画艺术的成就、价值与地位展开，分别对高昌雕塑的艺术风格与分类、高昌建筑的形成和概况、高昌音乐文化的背景与音乐结构、高昌舞蹈的风格特点、高昌服饰的演变特色、高昌书法篆刻的主要类型和艺术特点、高昌工艺美术背景和总体特色以及高昌戏剧的形式和特点等方面进行了研究探讨，并对艺术的深远影响进行分析。书中每一专题都配以图版，图文并茂参照比对，为读者研究提供便利。

897　《龟兹佛教石窟美术风格与年代研究》（新疆师范大学"立足新疆面向中亚研究"丛书），梁超、阿扎提·苏里坦主编，北京：中国书店，2009年10月。

本书是研究龟兹佛教石窟美术风格与年代的著作。书中叙述了龟兹石窟壁画的制作过程、表现技法与风格类型，探讨了壁画风格与所属洞窟的组合关系，辨析了壁画风格类型的年代分期，对壁画内容、塑像布局和洞窟形制进行了对应比较分析。同时，书中还探讨与回答了关于吐鲁番地区早期石窟壁画风格、龟兹石窟塑像风格、龟兹石窟飞天图像艺术形式等相关问题，并就龟兹石窟壁画的临摹与创作进行了实践研究。

898　《龟兹石窟保护与研究国际学术研讨会论文集（2011）》，新疆龟兹研究院编，北京：科学出版社，2015年12月。

本书是"龟兹石窟保护与研究"国际学术研讨会论文集。全书共收录来自中、德、意、日等国学者32篇学术文章，分为保护篇和研究篇两大部分，"保护篇"集中探讨了龟兹石窟的保护成果，涉及到环境因素、壁画保护等相关内容，如：《龟兹石窟保护今昔探讨》《文化景观的理念与石窟寺保护——以世界遗产的概念为视点》等篇；"研究篇"则对石窟壁画中的图像、题记以及简牍、造像等内容进行了考古学和历史学的研究和分析，如：《麦积山石窟早期洞窟与禅修》《龟兹石窟中的古文字题记》等篇。书中展示了国内外专家学者对龟兹历史文化的学术研究成果，充分体现出了龟兹学跨学科合作研究的特点。

899　《龟兹石窟寺》，李瑞哲著，北京：中国社会科学出版社，2015年12月。

本书是对龟兹石窟寺的系统研究之作。书中首先阐述了龟兹石窟的开凿背景，对佛教的传入、石窟的开凿以及地面寺院的修建进行总体概述；作者详细分析了龟兹石窟形制，对克孜尔中心柱石窟进行了分期研究。对龟兹石窟的壁画研究是本书的重点，作者根据龟兹石窟的壁画题材内容与艺术风格探讨了其来源和影响，分析其思想文化内涵，对龟兹流行的佛教派别进行分析研究。通过以上分析，作者对龟兹佛教及其艺术发展的几个阶段作以总体上的把握和总结。

900 《龟兹艺术研究》（中国古代民族艺术研究系列），上海艺术研究所、新疆艺术研究所等著，上海：上海古籍出版社，2014年4月。

本书是介绍与研究龟兹艺术的著作。书中概述了龟兹建筑的形成与发展、类型及特点和其风格特征，探讨了龟兹音乐文化的形成、种类、乐器与乐队编制、乐调与音乐形态，以及地位与影响。同时，书中也分析了历史文献、石窟壁画或出土文物中所展现的龟兹舞蹈，对其种类、特点、东传与影响做了阐述。此外，书中还对龟兹的服饰风格、书法篆刻艺术等内容做了探析，并对龟兹工艺美术的历史概况和艺术特征进行了解读。

901 《瀚海拾墨：西域古代汉文字书法浅探》，仲嘉亮著，北京：光明日报出版社，2015年2月。

本书是以西域出土汉文字资料为基础，探索其书法特征的专著。书中从西域发现的汉文字资料的社会文化背景、发掘研究现状、历史地域演变和形式内容价值等方面进行探讨，并对古代西域文字的书法特征展开论述，特别是对书法文字的时代特征、地域特征、形式特征、书体特征以及总体艺术风格等问题细致解读。同时，书中亦对西域历代主要的书法作品和代表人物进行列举介绍，梳理西域书法的发展脉络，并对西域书法与中原书法的艺术风格作以对比分析。

902 《河西宝卷与敦煌文学研究》，庆振轩主编，北京：人民出版社，2012年7月。

河西宝卷是活在民间的敦煌文学，在讲唱内容和讲唱形式上与敦煌变文一脉相承，具有鲜明的地域文化特色。本书是对河西宝卷与敦煌文学的研究文集，共收入论文25篇。论文作者对各自关注的宝卷及相关的文化现象进行了探讨并论述了河西宝卷和敦煌文学的密切关系。具体内容有《河西宝卷著述提要》《读河西〈方四姐宝卷〉札记》《图文并茂，借图述事——河西宝卷与敦煌变文渊源探论》《敦煌〈五更转〉与河西宝卷〈哭五更〉之关系研究》《酒泉宝卷与话本小说的文体共性初探》等篇。

903 《嘉峪关新城魏晋墓砖壁画保护研究》，张晓东、王春梅编著，兰州：甘肃文化出版社，2016年6月。

本书是对嘉峪关新城魏晋墓的砖壁画保护研究。书中对魏晋墓和砖壁画的基本情况作以概述，对砖壁画的历史价值、艺术价值和科学价值进行了评估；书中通过仪器测定和材料分析，解析了壁画所使用的颜料构成。对于砖壁画的保护现状，作者进行了详细调查，并对壁画病害的成因进行了分析。通过以上调查与分析，作者提出了对于砖壁画保护的具体措施。本书对新城魏晋墓砖壁画的保护研究与措施的提出，为后学提供了有价值的参考资料。

904 《解读敦煌：敦煌彩塑》，刘永增著，上海：华东师范大学出版社，2016年3月。

本书是对敦煌石窟中敦煌彩塑的解读。全书分为四章，对北朝时期的彩塑进行解读，并对这一时期中原与西域的艺术交汇进行探讨；对隋代彩塑进行解析，探讨其承前启后的汉风胡韵；解读初唐、盛唐时期彩塑风格，分析其写实的世俗形象；解读中唐至元代的彩塑形象，对这一阶段的造像演变进行研究，分析其由盛至衰的文化嬗变。书后附有敦煌大事记，为读者理解敦煌文化的演变提供资料。

905 《解读敦煌：飞翔的精灵》，郑汝中著，上海：华东师范大学出版社，2016年3月。

本书为解读敦煌系列之一，对敦煌壁画中的飞天形象进行解读。书中对敦煌的飞天形象作以总体上的介绍和解读，并根据不同时期飞天的不同风格，把其分为四个阶段进行进一步解析。作者将北凉、北魏、西魏时期飞天归入萌发期，指出这一时期飞天具有浓烈的西域风格；认为北周、隋代的飞天具有创意期的特点，是飞天艺术的高峰；唐、五代时期的飞天是敦煌飞天的鼎盛时期，敦煌艺术进入了成熟、定型并趋于程序化的时期；宋、西夏和元代则属于敦煌壁画晚期。此外，书中还对飞天所传达的佛教思想进行了揭示和解读。

906 《解读敦煌：中世纪建筑画》，孙毅华、孙儒僩著，上海：华东师范大学出版社，2016年3月。

本书对敦煌壁画中的建筑画进行解读。全书分为五章，对佛教石窟中大量的建筑画的种类风格进行介绍分析。具体内容上，首先对建筑画作以总体上的介绍，包括种类数量以及断代依据等内容；对佛教建筑中的各种佛塔进行解读，分析其表现出的印度建筑风格；分析隋代、初唐、盛唐、中晚唐、西夏等各个时期的佛教建筑画，揭示其建筑特点和风格；对壁画中展现的世俗建筑进行解读，为读者研究古代民居提供了参考资料；此外，书中还对中世纪的建筑施工和建筑构建进行专门描述与分析，讨论其不同时代的演变特征。

907 《克孜尔石窟壁画》（丝绸之路流散国宝），霍旭初编著，济南：山东美术出版社，2013年1月。

本书对丝绸之路上流散的国宝进行了整理与研究，主要选取了英国大英博物馆、法国吉美博物馆、德国柏林亚洲艺术博物馆、日本东京国立博物馆、韩国首尔国立中央博物馆等单位，收藏的关于克孜尔石窟壁画的历史资料。书中以图文结合的方式，介绍了克孜尔石窟的概况，对供养人像、本生故事图、佛传故事图、说法图、姻缘故事图、比丘像等多种宗教艺术进行了记述，探讨了其历史价值与文化价值，对当时的社会生活、宗教信仰、艺术思想和文化交流等方面做了解读。

908 《李白唐诗西域》，薛天纬著，上海：上海古籍出版社，2011年3月。

本书是薛天纬在李白诗歌、唐代诗坛、西域文献等方面的专题论文的结集。本书分为三个部分：首先是对李白卒年问题的再讨论、李白精神的历史认识、大唐盛世与李白的人性追求、李白文化研究与实证研究以及一部分致辞、序文、祭文等；其次是关于唐诗歌行诗体、反七律体说略的研究、唐代诗人心态研究以及一部分专题研究和鉴赏文章；最后分析了岑参诗与盛唐边塞诗的人性内涵以及有关西域诗的考证、鉴赏等内容。

909 《龙门石窟与西域文明》，张乃翥著，郑州：中州古籍出版社，2006年12月。

本书是对龙门石窟与西域文明的研究，通过考古手段将文化遗迹以特写图版及其说明文字的形式予以叙述。书中以龙门造像的时序为脉络，分别分为前石窟时代和石窟时代，对西域文化与中原的交往进行寻踪与回顾；通过北魏和唐代两个阶段的营造历史，将石窟雕刻按题材部类划分，分析造像中包含的西域文化因素；同时，作者从龙门石刻文献探查西域文明对中原社会意识形态的浸润与濡染，并从龙门石窟艺术中总结了思想文化交流带给人们的启迪。

910 《陇东河西石窟研究文集》（丝绸之路石窟研究文库），郑炳林、魏迎春、赵青山主编，兰州：甘肃文化出版社，2014年3月。

本书是对陇东河西地区石窟演技的论文集，共收入论文260余篇。全书分为"总论"、上编"陇东石窟"和下编"河西石窟"。包含以下篇章：《甘肃的石窟艺术》《甘肃的石窟》《甘肃石窟：中国石窟艺术的宝藏》《秦地石窟与中原佛教文化初探》《甘肃石窟文化综述》《丰富多彩的甘肃石窟艺术》《20世纪早中期甘肃石窟的考察和研究综述》《分布在河西、陇右的佛教雕塑略论》《十六国的石窟寺与敦煌石窟艺术》《甘肃佛塔巡礼》《丝绸之路上的佛教密宗艺术》《元代印本佛经》《丝绸之路东段的几处佛教石窟——泾川王母宫与南、北石窟寺考察》等。

911 《楼兰书法史》，任小平著，乌鲁木齐：新疆美术摄影出版社，2014年9月。

本书是关于楼兰简牍与墨迹的书法艺术史研究。书中介绍了西汉黄龙元年至魏晋前凉时期的木牍与纸文书交替时期的书法风貌。重点阐述黄文弼先生在楼兰发现的西汉时期71枚木简、魏晋简以及前凉时期的信稿墨迹中书法艺术特色。书中有对李柏文书出土地的争论以及书法、历史的解读，亦有对张超济等西域楼兰代表书家墨迹的详细阐释。本书集学术、史学、书法理论研究于一体，图文并茂，为后学研究古代书法艺术提供了参考资料。

912 《绿洲上的乐舞》（华夏文明之源丛书），王克芬、柴剑虹著，兰州：甘肃教育出版社，2015年7月。

本书是王克芬与柴剑虹先生所著，对敦煌乐舞的研究之作。书中从敦煌乐舞的地理背景、人文背景及源流、敦煌乐舞的文化特征、经变画中的天宫乐舞、壁画里的民俗歌舞场面、特色鲜明的民族舞蹈、生动活泼的童子舞姿、绿洲乐舞的文化特征、丝路乐舞的传承以及当代敦煌乐舞的研究与实践等方面结合相关史料，详细介绍了敦煌壁画中音乐舞蹈的多种类别、形态风貌、艺术特色、美学价值、来源和影响，对敦煌乐舞进行了全面系统的论述。

913 《麦积山石窟艺术文化论文集：2002年麦积山石窟艺术与丝绸之路佛教文化国际学术研讨会论文集》，郑炳林、花平宁主编，兰州大学敦煌学研究所、麦积山石窟艺术研究所编，兰州：兰州大学出版社，2004年6月。

本书是麦积山石窟艺术与丝绸之路佛教文化国际学术研讨会论文集。书中涉及石窟考古、石窟艺术、石窟文献与佛教文化等方面的研究，具体论述有《从麦积山石窟艺术看丝路佛教文化的特质》《麦积山与乙弗后有关之洞窟》《麦积山石窟的保护与研究》《壁画千佛的符号性及其特征》《近几年来敦煌莫高窟田野考古综述》《论敦煌石窟崖面上的"王公窟"现象》《晚唐五代敦煌的十王信仰》《甘肃中东部石窟早期经变及佛教故事题材的考察》《回鹘五台山信仰与文殊崇拜考》《丝绸之路民族传统体育考古研究》等篇。

914 《美丽的粉本》（穿越敦煌丛书），何鸿、何如珍编，杭州：西泠印社出版社，2015年5月。

本书是为20世纪40年代敦煌莫高窟原大壁画粉本。书中的粉本包括地藏菩萨、观音菩萨、捧遵花大士、药师、地藏、观音三尊像、千手千眼观音与婆薮仙、缝稿手姿及铅笔稿等内容。本书中的粉本为第一手线性粉本，每一粉本上的人物各部位均用汉字标明颜色，且有张大千编号，粉本线条流畅自然，贴近原作，在诸多壁画毁坏的情况下，这一批粉本有十分珍贵的文献价值和绘画艺术价值。

915　《民间建筑艺术》（新疆艺术研究·第 1 辑·建筑艺术卷），左立光、李安宁编著，乌鲁木齐：新疆美术摄影出版社，2013 年 11 月。

本书是关于新疆建筑艺术的研究，介绍与探讨了该地区各民族的民居建筑、宗教建筑与建筑装饰及其民俗文化。书中叙述了汉族、回族、锡伯族、满族等 9 个农耕民族与哈萨克族、蒙古族等 4 个游牧民族的民居建筑样式、风格与特点，探讨了新疆地区关于清真寺建筑、麻扎建筑及佛教建筑的宗教特征与文化内涵，并对琉璃釉面花砖装饰、拼砖花装饰、窗棂与镂窗等建筑装饰进行了分析，体现了新疆地区多民族的艺术特征，反映了新疆多元化的社会生活。

916　《鸣沙习学集：敦煌吐鲁番文学文献丛考》，徐俊著，北京：中华书局，2016 年 11 月。

本书是徐俊先生关于敦煌吐鲁番学的论文合集。书中收录论文、札记、书评多篇，其主体都与敦煌吐鲁番文学相关。全书按照论文、劄记、书评及附录编排，大致分为先唐诗、唐五代诗、歌辞、学术史等四类。具体篇目有：《敦煌先唐诗考》《俄藏 дх. 11414+дх. 2947 前秦拟古诗残本研究——兼论背面券契文书的地域和时代》《敦煌学郎诗作者问题考略》《敦煌写本唐人诗歌存佚互见综考》《唐五代长沙窑瓷器题诗校证——以敦煌吐鲁番写本诗歌参校》《敦煌文学作品整理本提要》等。

917　《莫高窟旧影》（穿越敦煌丛书），何鸿、何如珍编，杭州：西泠印社出版社，2015 年 5 月。

本书是莫高窟老照片合集。书中所收录的是罗寄梅摄影团于 20 世纪 40—60 年代所拍摄敦煌莫高窟原版老照片。全书分为六章，这些老照片包含了北魏、西魏、北凉、隋、唐、五代、宋、西夏各个时期的莫高窟中有代表性的壁画、彩塑作品。同时，也有部分照片为莫高窟外景。这些照片品相完整，清晰度高，对敦煌学的研究和石窟的修复保护均有重要的参考价值，推进了学术发展。

918　《莫高窟唐代观音画像研究》，史忠平著，北京：中国社会科学出版社，2016 年 2 月。

本书是对莫高窟唐代观音画像的研究。书中以莫高窟唐代壁画、绢画、麻布画及纸画中的观音画像为主体,对说法图观音画像、经变画观音画像、密教观音画像和单尊观音画像的宗教内涵、造像源流、艺术风格等内容进行探讨,并对观音画像的手势、持物进行了分类,介绍其造型与图案内涵以及持物与手势的关系,分析手势和持物所反映的艺术特色。书中还对莫高窟唐代观音画像与美术史,如:风格与流派、画体与画样、画稿和圆光诸问题进行了探讨。

919 《清代西域诗研究》(新疆师范大学"立足新疆面向中亚研究"丛书),星汉著,上海:上海古籍出版社,2009年12月。

本书是对清代西域诗歌的研究。书中按时间划分,综述了历代西域地理范围与清代西域文学,回顾了清代统一西域前的西域诗,分析了清代统一西域期间的诗作、解读了清代统一西域后以及新疆建省后的西域地区诗作。作者对岳钟琪、阿克敦、曹麟开、和瑛、萨迎阿、毓奇、毕沅、林则徐等人的诗作都作了解析,并将诗作放在当时西域大环境的背景下进一步进行了研究。本书首次对清代西域诗进行了综合性整体研究,对促进社会和谐安定与西部大开发具有一定的意义。

920 《日本宁乐美术馆藏吐鲁番文书》,陈国灿、刘永增编,北京:文物出版社,1997年10月。

本书是对日本宁乐美术馆藏吐鲁番文书的校释图录。宁乐美术馆所藏吐鲁番文书均为开元二年各地送达蒲昌府的牒、状、辞、帖,或是蒲昌府自理公务的牒文。本书对这批文书作以全面整理,采取上图下文的形式,每件文书均给以拟题,并作必要的说明。在顺序上以月日先后为序,无月日但内容相近者则排于其后。全书对82件文书作了录文,未作录文者则附以图版。本书为研究唐代吐鲁番地区提供了重要的史料,书中录文也为学者研究提供了便利。

921 《沙漠绿洲中的艺术奇葩——新疆和田地区〈十二木卡姆〉调查研究》,王建朝著,成都:西南交通大学出版社,2017年7月。

本书是调查研究新疆和田地区传统古典音乐《十二木卡姆》的著作。书中介绍了和田地区《十二木卡姆》的概况与生存背景,探讨了《十二木卡姆》的音乐形态、乐调特征与表演形式。同时,书中还记述了《十二木卡姆》的主要传承人及其承袭谱系,分析了传承人的审美观和他的价值与地位,并阐述了《十二木卡姆》的传承渠道和传承特点。此外,书中亦评述了和田地区《十二木卡姆》得以存续的原因及其社会文化功能,并就其当代处境与保护传承进行了思考。

922 《沙漠中的美术馆：敦煌莫高窟》（华夏文明之源丛书），赵晓星著，兰州：甘肃人民美术出版社，2014年2月。

本书以敦煌莫高窟55个代表洞窟为例，图文并茂地研究与介绍了莫高窟的壁画与造像艺术。书中选取石窟的开凿年代，最早始于北凉，最晚止于蒙元，作者根据石窟开凿的历史时期，将本书分为了北凉、北魏、西魏、北周、隋、初唐、盛唐、中唐、晚唐、五代、北宋、沙州回鹘、西夏、蒙元等多个章节，对各个时期的代表艺术做了介绍与探讨，体现了石窟艺术不同时期的艺术风格与民族特色，反映了莫高窟从初创到繁荣再到衰落的演变过程，以及当地社会文化的历史发展。

923 《石窟艺术》（中国建筑艺术典藏丛书），王其钧、谢燕著，北京：中国旅游出版社，2015年4月。

本书是介绍我国佛教石窟文化与石窟艺术的著作，对石窟内建筑、壁画、雕塑等艺术的风格、表现形式、样式特点、背景影响等内容做了解读。书中图文并茂地对云冈石窟、龙门石窟、麦积山石窟和敦煌莫高窟做了详细介绍，对其代表洞窟、洞窟形制、空间与建筑、壁画艺术、彩塑艺术等内容做了叙述，并且也介绍了石门山石窟、彬县大佛寺、炳灵寺等历史遗迹。同时，书中也探讨了从三国两晋南北朝至明清时期的石窟历史与兴衰变迁，就造像艺术、壁画艺术、装饰图案、佛像的手印与坐姿等方面做了论述。

924 《石窟艺术研究（第1辑）》，麦积山石窟艺术研究所编，北京：文物出版社，2016年9月。

本书是以佛教石窟为研究对象，由麦积山石窟艺术研究所编写的论文集，全书分为石窟研究、佛教美术、石窟保护、文献题记等四个篇章，汇集了本单位学者与该领域专家相关论文15篇，对石窟考古、佛教美术、碑刻释读、文物保护等多个领域进行了研究与探讨。书中内容包括《敦煌莫高窟第158窟十方净土图像考论》《麦积山石窟第127窟涅槃图像研究》《南北朝隋代萨埵太子本生与须大拏太子本生图像》《麦积山石窟第15窟保护修复》《清水北魏秦亭碑考析》等文章。

925 《石窟艺术研究（第2辑）》，麦积山石窟艺术研究所编，北京：文物出版社，2017年12月。

本书是以佛教石窟为研究对象，由麦积山石窟艺术研究所编写的论文集，全书分为石窟研究、佛教美术、石窟保护、文献题记等四个篇章，汇集了本单位学者与该领域专家相关论文16篇，对石窟考古、佛教美术、壁画解读、文物保护等多个领域进行了研究与探讨,具有很高的学术价值。书中内容包括《大足石窟研究回顾(1945—2016年)》《莫高窟考察纪行》《广元千佛崖藏佛洞造像考》《麦积山石窟北朝佛衣类型》《麦积山石窟部分残损洞窟的复原研究》《佳县化云寺题记明清文化因素分析》等文章。

**926** 《手的艺术》(敦煌手姿线描精品),李振甫著,杭州:浙江古籍出版社,2016年5月。

本书以敦煌历代石窟壁画与造像中的人物手部姿态为研究对象,精心描摹与绘制出其手部姿态的线描图,以时代为排列顺序,汇编成精品专集。书中共介绍了从十六国开始,历经北魏、西魏、北周、隋代、初唐、盛唐、中唐、晚唐、五代、宋、元等历史时期,对每个历史时期最具代表性的手部姿态进行了描摹与再现。作者通过对这些手姿的整理,展现了各个时代佛教艺术独特的形式、风格与特点,也从侧面反映出当时社会的历史风貌与人文样态。

**927** 《丝路·思路:2015年克孜尔石窟壁画国际学术研讨会论文集》,徐永明主编,石家庄:河北美术出版社,2015年9月。

本书是2015年召开的关于"新丝绸之路·克孜尔石窟壁画国际学术研讨会"的论文集,共收录了由来自中国、英国、德国、意大利、日本等多个国家几十位权威专家学者所著的40篇研讨文章,汇集了近年来业内对于克孜尔石窟壁画和相关佛教文化以及古龟兹文明的最新研究成果。专家学者们从多个角度进行研究论述,包括壁画所体现出的绘画技术与绘画风格,展现出的人文历史与时代风貌,以及佛教艺术和龟兹文化等,再现了丝绸之路上克孜尔石窟地区历史进程、文化传统、宗教、艺术、民俗的发展与变迁。

**928** 《丝路苍狼:西域民间狼文学叙事研究》,刘振伟著,北京:学苑出版社,2015年11月。

本书是对在西域各民族间流传的关于狼的各种叙事故事汇总,对其进行全面解读。书中分为西域狼祖神话、当狼祖遭遇他者、狼人英雄、狼神的没落、狼神远遁等五部分展开论述。作者探讨了狼祖及狼神的形象,论述了故事在传说中的多变性,分析了各种文本之间的关联,指出文本之间具有强大的"互文"性。此外,本书还将西域各民族关于狼的叙事与西域历史进程进行关联,探讨这些叙事故事与西域历史进程的关系。

929 《丝路瑰宝：敦煌艺术》，常州博物馆编，北京：故宫出版社，2015年8月。

本书是对辉煌灿烂的敦煌石窟艺术的介绍。书中分为五个章节，分别介绍了莫高窟第45窟、敦煌彩塑临品、敦煌壁画临摹品、藏经洞文献、模制花砖等内容。书中用高清大图展示了菩萨胸像、菩萨立像、供养菩萨像、天王立像等彩塑临品以及听法菩萨、伎乐菩萨、鹿王本生、五百强盗、佛传故事、张骞出使西域、西域商队、张议潮出行图等壁画临摹作品。对于藏经洞文献，书中展示妙法莲华经普贤菩萨劝发金刚般若波罗蜜经等6种经卷。模制花砖方面，则对八瓣莲花纹砖、胡人牵驼砖、宝相花纹砖等10种纹样作以了介绍。

930 《丝路画语——唐墓壁画中的丝路文化》，程旭著，西安：陕西人民出版社，2016年6月。

本书通过对唐代墓葬中的壁画研究，探讨丝路文化交流。书中分为人物篇、飞天篇、动物篇、凌格篇五个章节，分析了唐墓壁画文化传统的渊源，叙述了壁画的主要内容，对壁画中的胡人、胡物及外来宗教文化因素进行了论述，并讨论了大唐文明的外传和流布。作者梳理唐墓壁画中的人、物、场景，从图像艺术中探讨唐代各民族交流、互鉴、融合、发展的轨迹，融汇唐墓壁画中有关丝路的内容，探索出唐代外来文化因素在唐墓壁画中的显现，反映丝路文明的传播和发展轨迹。

931 《丝路文化与五凉文学研究》，庆振轩主编，北京：人民出版社，2012年7月。

本书是对历史上五凉文学作品与丝路文化研究文集。全书分为两部分，"丝路文化与丝路文学"篇对古丝绸之路上流寓陇右河西走廊的作家作品及相关文化现象研究，具体内容包括对杜甫陇右诗的创作探讨、对边塞诗风嬗变的讨论、对裴景福的"丝路"之行与《河海昆仑录》的研究等；"凉州文化与凉州文学"篇，集中对五凉文学与五凉文化进行探究，内容包括对《武威金石录》中唐人墓志的探索、对张骏《薤露行》的讨论、对《永嘉长安谣》议论以及五凉主要作家和作品略论等。

932 《丝路艺文（第1辑）》，熊双平主编，兰州：甘肃文化出版社，2017年1月。

本书是以挖掘、传承、发扬丝绸之路文化为宗旨，兼顾当下文化艺术和古代文化艺术的论集。本辑为第1辑，分为丝路经典、人文钩沉、名家访谈、经典临摹和丝路行走五部分。具体内容包括《敦煌悬泉置汉简》《克孜尔石窟壁画艺术》《大秦景教流行中国碑》《梁启超家书》《汉唐胸怀 丝路精神——朱培尔先生访谈》《东汉张芝〈冠军贴〉》《简牍之旅》《敦煌和居延简牍之旅行记》《人生识字忧患始——写在敦煌和居延简牍之旅结束之后的话》等篇。

**933** 《丝路艺文（第 2 辑）》，熊双平主编，兰州：甘肃文化出版社，2017 年 5 月。

本书是以挖掘、传承、发扬丝绸之路文化为宗旨，兼顾当下文化艺术和古代文化艺术的论集。本辑为第 2 辑，分为丝路经典、人文钩沉、名家访谈、经典临摹和丝路行走五部分。具体内容包括《蜀道瑰宝〈汉三颂〉》《清代那彦成〈重修兰州城碑记〉与兰州》《中国南北少数民族历史文化异同的农史观察》《劳榦院士访问记》《居延汉简图版之部序》《坚守的力量》《〈西狭颂〉摩崖艺术简论》《雪澡精神 碑焕古风——记〈丝路艺文〉张家川访碑之旅》等篇。

**934** 《丝路艺文（第 3 辑）》，熊双平主编，兰州：甘肃文化出版社，2017 年 9 月。

本书是以挖掘、传承、发扬丝绸之路文化为宗旨，兼顾当下文化艺术和古代文化艺术的论集。本辑为第 3 辑，分为丝路经典、人文钩沉、名家访谈、经典临摹、丝路行走和永元器物册六部分。具体内容包括《〈流沙坠简〉后序》《关于继续编辑出版居延考古报告的请示》《秦汉教育制度、文吏培养及对简牍书写的影响》《陈梦家与简牍学》《忆梦家》《溯本求源循道以往——刘正成先生访谈》《西北汉简一百年（节选）》《居延考察日记》等篇。

**935** 《苏履吉敦煌诗钞选注》，苏履吉著，姜德治注，兰州：甘肃文化出版社，2016 年 6 月。

本书选录了苏履吉在甘肃敦煌为官期间写的诗作，并作了简要注释。诗作多为近体律诗和绝句，也有一些古体诗，主要记述了作者的所见、所闻、所思、所感，言政事民生。叙亲情友谊，反映了清代敦煌的社会生活。具体诗篇有《岁杪赴敦煌任志感》《同马参戎游鸣沙山月牙泉歌》《次瓜州口接王生章之来书知登拔萃志喜》《腊月八日安西城外送别二首》《留别敦煌父老士民》《劝王青压少饮酒》等。

**936** 《唐敦煌壁画女性服饰美学研究》，阮立著，兰州：兰州大学出版社，2015 年 12 月。

本书以唐代敦煌壁画为研究对象，探讨了画中女性服饰的美学。书中阐述了西域与外来风格对中原风格的影响，以及敦煌本土元素的发展，对隋到唐的风格演变做了介绍，并且探析了唐代敦煌壁画中女性服饰气韵生动、天衣飞扬且富有理性的美学精神，从技术美与艺术美两个层面分析了壁画中女性服饰艺术的美学特征，就女性服饰艺术的色彩美、形式美做了探讨。同时作者讨论了唐代服饰与异域文化元素的交融之美，以及唐代服饰对周边各国和民族在服饰文化上的影响，阐述了唐代敦煌壁画女性造型的美学意义，诠释了唐代各时期的美学精神与服饰造型的审美理念。

937 《唐与回鹘时期龟兹石窟壁画研究》，刘韬著，北京：文物出版社，2017年8月。

本书对唐与回鹘时期的龟兹石窟壁画进行了深入研究。书中对龟兹地区唐朝风格与回鹘风格的洞窟进行了划分，对库木吐喇石窟和森木塞姆石窟的个别洞窟壁画进行了复原，对库木吐喇唐风与回鹘风洞窟壁画的内容进行了考释，并重构了塑像。作者亦对龟兹地区唐风与回鹘风洞窟画塑组合与题材布局，以及洞窟壁画的风格特点、风格划分及形成背景做了探讨。此外，书中还以库木吐喇窟群区第12、15至17窟为中心，对龟兹地区唐风与回鹘风洞窟壁画的年代进行了分析与考证。

938 《天上人间：敦煌艺术》（华夏文库佛教书系），陈明著，郑州：中州古籍出版社，2015年3月。

本书着重研究了敦煌地区壁画、彩塑、装饰工艺等类型的艺术文化。书中介绍了敦煌地区阳关、玉门关、莫高窟、月牙泉、敦煌古城等历史遗迹，反映了当地的历史风貌与社会变迁。作者重点研究了千佛之窗、泥彩塑像和装饰工艺，对敦煌壁画的发展与特点、本生故事与经变故事、敦煌壁画中的人物形象、泥彩塑像的发展与特点、装饰工艺的发展与特点做了详细论述。同时书中也提出了对敦煌艺术中壁画、彩塑等文物的科学保护，并给予了方法与建议。

939 《天水麦积山第127窟研究》（敦煌与丝绸之路石窟艺术丛书），孙晓峰著，兰州：甘肃教育出版社，2016年10月。

本书对天水麦积山第127窟的石窟艺术进行研究。书中首先对北魏晚期以来秦州境内佛教的传播与发展进行综述，叙述了秦州历史地理背景；其次对127窟的开凿、营建、形制、窟内造像与壁画内容分别进行了介绍，深入分析了127窟的图像内涵及教化功能，对图像蕴含和宣扬的佛教思想以及与中国传统文化的关系进行论述；具体分析127窟的图像来源，探讨其与陇右地区佛教艺术之间的关系；并就127窟壁画艺术成就分析其在中国古代绘画史上的地位与价值。

940 《天水麦积山石窟研究文集》，郑炳林、魏文斌主编，兰州：甘肃文化出版社，2008 年 2 月。

本书是关于天水麦积山石窟研究的大型系列文集，全书共收录文章 250 多篇，自冯国瑞调查麦积山石窟开始至 21 世纪初，囊括了国内外所发表的相关文章。书中把这些发表的文章基本分为了九个部分，包括考察与研究综述，历史与考古，造像与壁画艺术，洞窟介绍、造像与壁画内容，建筑、纪游与名声，保护与维修，碑刻与文献，其他，内容总录与大事年表等方面，真实地反映了天水麦积山石窟的内容、特点、历史作用与影响。此外书中还有附有附录，利于相关文章的查找与利用。

**941** 《图说敦煌二五四窟》，陈海涛、陈琦著，北京：生活·读书·新知三联书店，2017 年 12 月。

本书以敦煌莫高窟北魏时期开凿的 254 窟为例，用图文结合的形式研究与解读了敦煌石窟的历史文化与艺术成就，全书共收录 385 幅敦煌壁画图片及临摹线描图和示意图，让读者有了更加直观与具象的感受。书中回顾了公元 5 世纪前后敦煌的历史和地理，以及莫高窟始建的经过。书中重点讨论了 254 窟南北两壁上萨太子舍身饲虎、尸毗王割肉贸鸽、释迦降魔成道的故事，对壁画里的故事与图像做了解读，从壁画的局部分析了其所蕴含的艺术造诣与文化内涵，并分别对壁画所反映出的"势"之运行、"势"之结合、"势"之抗衡做了诠释。此外作者还探讨了 254 窟所体现出的禅观精神，刻画了敦煌人的精神世界。

**942** 《图说敦煌艺术》，王爱和著，长春：吉林人民出版社，2010 年 1 月。

本书以图文结合的方式，探讨与讲述了敦煌艺术的现状与发展，及其所体现的人文气息和文化精神。书中介绍了敦煌石窟的构造形制和壁画风格，对佛像画、菩萨像中的宗教形象的发展与演变做了解读。书中还探析了敦煌艺术中的经变图、故事图、史迹画、神怪画、民俗生活画等内容，客观地反映了当时社会风俗与民间信仰的样态。同时作者还探讨了壁画中乐伎与飞天的形象，对彩塑造像的特点做了评述。此外，书中梳理了流散国外的英藏、法藏等敦煌遗书，并就敦煌艺术的研究与保护提出了看法与建议。

**943** 《吐鲁番壁画》（丝绸之路流散国宝），贾应逸编著，济南：山东美术出版社，2013 年 1 月。

本书对丝绸之路上流散的国宝进行了整理与研究，主要选取了英国大英博物馆、法国吉美博物馆、德国柏林亚洲艺术博物馆、日本东京国立博物馆、韩国首尔国立中央博物馆等单位，收藏的关于吐鲁番壁画的历史资料。书中以图文结合的方式，介绍了吐鲁番地区的高昌古城和柏孜克里克石窟，对菩萨像、供养人像、摩尼教大祭司和信徒像、伎乐飞天、佛本行经变图、经变故事画、转轮圣王像等多种宗教艺术进行了记述，探讨了其历史价值与文化价值，对当时的社会生活、宗教信仰、艺术思想和文化交流等方面做了解读。

944 《吐鲁番墓砖书法》，侯灿主编，重庆：重庆出版社，2002年5月。

本书是整理与收录吐鲁番墓葬出土墓砖书法的图录，精选自已经刊布或未曾刊布的墓砖图版，共计100多幅，包括彩图11幅，墨迹79幅，砖刻21幅等。书中对每件墓砖书法都逐一做了介绍，包括题名、图版、成文时间、出土地址、材质、颜色、尺寸等内容。本书再现了墓砖的内容和其文字艺术的表现形式，反映了当时的丧葬习俗、行文方式、书法艺术和文化发展，有助于推动相关学术的进一步研究，具有较高的学术价值。

945 《吐峪沟石窟壁画与禅观》（吐鲁番学研究丛书），[日]宫治昭著，贺小萍译，上海：上海古籍出版社，2009年10月。

本书以宫治昭教授对吐鲁番吐峪沟石窟的调查研究成果为主，附录了关于印度、犍陀罗及中亚佛教美术相关的论文4篇。书中从洞窟壁画内容、表现的禅观思想、禅定僧的系谱等多方面，结合经籍、贯通中亚，考证和论述了须摩提女因缘故事画与禅观。附录研究论文的篇目分别为《宇宙主释迦佛——印度·中亚·中国》《犍陀罗初期佛像》《半跏思惟像的演变形式——形象—原典·宗教实践》《中亚涅槃图的图像学的考察——围绕哀悼的形象与摩耶夫人的出现》。

946 《维吾尔民间建筑图案集》（新疆艺术研究·第1辑·建筑艺术卷），张亨德、韩莲芬编绘，乌鲁木齐：新疆美术摄影出版社，2013年11月。

本书是关于新疆建筑艺术的研究，介绍与探讨了该地区维吾尔族的民间建筑图案及其民俗文化。书中概述了维吾尔族礼拜寺、民居与陵墓等民间建筑，分别对建筑室内外墙壁龛形饰纹、大门饰纹、瓷砖饰纹、藻井饰纹、窗格饰纹、苏公塔饰纹等建筑图案艺术进行了系统探讨与阐述，解读了当地民间建筑特有的风格与规律。书中附有大量饰纹插图，并对其线条、构图、纹样与宗教特点等内容做了叙述，体现了其伊斯兰风格的艺术特征，以及伊斯兰文化的宗教信仰与社会情感。

947 《西北大学藏民国时期教育部艺术文物考察团西北摄影集选》，西北大学文化遗产学院编，西安：西北大学出版社，2016年8月。

本书是西北大学文化遗产学院选编的一部关于民国时期教育部艺术文物考察团考

▶ 丝绸之路研究论著叙录

察西北时留下的摄影作品的摄影集。全书共分五册十辑，上图下文，图文并茂，是1940年王子云带领的"西北艺术文物考察团"对陕、甘、青、豫、川五省进行了历时四年的艺术文物考察工作，并将考察成果记录成册（包括大量图片和文字），主要内容为西北的史迹名胜、文物古迹、佛雕艺术、建筑、工艺美术及社会风俗，西北大学出版社将其按照原貌影印出版，具有极高的史料价值，对于研究西北地区的艺术文物较有价值。

948 **《西出阳关：历代亲历西域诗人剪影》**，顾世宝著，北京：商务印书馆，2015年10月。

本书探索了中国古代亲历西域的诗人所写诗篇及其背后的故事。书中对西域诗人前往西域的原因、路途见闻、诗歌作品进行了分析。全书分别对西域和亲的故事题材、边疆战争题材、西域田园生活、西域独特的风貌风情等方面的诗歌进行了讨论。作者探寻了历史上迁客骚人的精神世界和由其创造的文学宝藏，对于西行诗人和西域诗篇在文学史上的地位有一定揭示与推进作用。

949 **《西夏艺术研究》**（中国古代民族艺术研究系列），上海艺术研究所、宁夏民族艺术研究所著，上海：上海古籍出版社，2009年7月。

本书是介绍与研究西夏艺术的著作。书中叙述了西夏绘画与雕塑的艺术风格、历史地位与影响因素，探讨了西夏文与西夏书法及其刻本、碑刻与印章艺术，对西夏建筑的形成与发展、历史分期、艺术特点及主要遗存做了总结。同时，书中还探讨了西夏服饰的形成条件、形制特征、身份特征和艺术特色，评析了西夏瓷器、冶金、染织、印刷等工艺的发展和其工艺美术的历史地位。此外，书中还梳理了西夏音乐与舞蹈发展的历史阶段，并对其种类、艺术特点与历史成就做了阐述。

950 **《西域壁画全集·克孜尔石窟壁画（1）》**（丝绸之路历史文化荟萃），新疆石窟研究所编，乌鲁木齐：新疆美术摄影出版社，2017年1月。

本书是西域壁画全集中新疆克孜尔石窟壁画专辑，研究与探讨了克孜尔石窟初创期的佛教壁画艺术，体现了克孜尔石窟龟兹佛教文化的早期样态。书中对所收录的壁画进行了系统阐述，按照洞窟编号、壁画内容进行分类，对每幅壁画的名称、图版、所在洞窟编号，以及壁画主要内容等方面进行了介绍，记述了包含第118窟佛传图、立佛、第92窟佛传图、乾闼婆、天人、第77窟飞天、弥勒菩萨、天宫伎乐等石窟壁画的内容与形象。

951　《西域壁画全集·克孜尔石窟壁画（2）》（丝绸之路历史文化荟萃），新疆石窟研究所编，乌鲁木齐：新疆美术摄影出版社，2017年1月。

本书是西域壁画全集中新疆克孜尔石窟壁画专辑，研究与探讨了克孜尔石窟繁荣期的佛教壁画艺术，体现了克孜尔石窟龟兹佛教文化的蓬勃发展。书中对所收录的壁画进行了系统阐述，按照洞窟编号、壁画内容进行分类，对每幅壁画的名称、图版、所在洞窟编号，以及壁画主要内容等方面进行了介绍，记述了包含第110窟弥勒菩萨说发图、佛传图、降魔图，第34窟券顶右全景、券顶左全景、鬼子母失子缘、第17窟忍冬纹饰、熊本生、月光王本生、尸毗王本生等石窟壁画的内容与形象。

952　《西域壁画全集·克孜尔石窟壁画（3）》（丝绸之路历史文化荟萃），新疆石窟研究所编，乌鲁木齐：新疆美术摄影出版社，2017年1月。

本书是研究、整理与记述西域地区已发现佛教壁画的著作集合，本书是该系列的第3册，研究与探讨了克孜尔石窟衰落期和台台尔石窟的佛教壁画艺术，体现了龟兹风格与新出现的中原成分在壁画艺术中的有机融合。书中对所收录的壁画进行了系统阐述，按照洞窟编号、壁画内容进行分类，对每幅壁画的名称、图版、所在洞窟编号，以及壁画主要内容等方面进行了介绍，记述了包含吐峪沟石窟、雅尔湖石窟、七康湖石窟、柏孜克里克石窟、胜金口石窟、伯西哈石窟、大桃儿沟石窟、小桃儿沟石窟等石窟壁画的内容与形象。

953　《西域壁画全集·库木吐喇石窟壁画（4）》（丝绸之路历史文化荟萃），新疆石窟研究所编，乌鲁木齐：新疆美术摄影出版社，2017年1月。

本书研究与探讨了库木吐喇石窟的佛教壁画艺术，体现了中原、龟兹、回鹘等文化对佛教艺术的影响。书中对所收录的壁画进行了系统阐述，按照洞窟编号、壁画内容进行分类，对每幅壁画的名称、图版、所在洞窟编号，以及壁画主要内容等方面进行了介绍，记述了包含第20窟立佛和菩萨、降魔变，第23窟天人、比丘、佛传图，第46窟游化佛和封神、金翅鸟与月天、菱格因缘故事等石窟壁画的内容与形象。

954　《西域壁画全集·森木塞姆石窟 克孜尔尕哈石窟壁画（5）》（丝绸之路历史文化荟萃），新疆石窟研究所编，乌鲁木齐：新疆美术摄影出版社，2017年1月。

本书研究与探讨了森木塞姆石窟和克孜尔尕哈石窟的佛教壁画艺术，体现了中原、龟兹、印度等文化对佛教艺术的影响。书中对所收录的壁画进行了系统阐述，按照洞窟编号、壁画内容进行分类，对每幅壁画的名称、图版、所在洞窟编号，以及壁画主要内容等方面进行了介绍，记述了包含第24窟因缘故事、菩萨、梵志，第26窟天人、天

▶ 丝绸之路研究论著叙录

宫伎乐,第 30 窟鹦鹉舍身救火本生、孔雀王本生、涅槃经变等石窟壁画的内容与形象。

**955** 《西域壁画全集·柏孜克里克石窟壁画(6)》(丝绸之路历史文化荟萃),新疆石窟研究所编,乌鲁木齐:新疆美术摄影出版社,2017 年 1 月。

本书是研究、整理与记述西域地区已发现佛教壁画的著作集合中第 6 册,研究与探讨了柏孜克里克石窟的佛教壁画艺术,体现了中原、高昌、回鹘等文化对佛教艺术的影响。书中对所收录的壁画进行了系统阐述,按照洞窟编号、壁画内容进行分类,对每幅壁画的名称、图版、所在洞窟编号,以及壁画主要内容等方面进行了介绍,记述了包含克孜尔石窟(7 至 8 世纪及以后)、台台尔石窟(6 至 8 世纪)等石窟壁画的内容与形象。

**956** 《西域壁画全集·古代佛教寺院墓室壁画(7)》(丝绸之路历史文化荟萃),新疆石窟研究所编,乌鲁木齐:新疆美术摄影出版社,2017 年 1 月。

本书研究与探讨了西域古代佛教寺院墓室的壁画艺术,体现了昆仑山、天山等地的佛寺壁画艺术特色。书中对所收录的壁画进行了系统阐述,按照佛寺名称、壁画内容进行分类,对每幅壁画的名称、图版、所在佛寺名称,以及壁画主要内容等方面进行了介绍,记述了喀拉墩佛寺坐佛像,策勒佛寺菩萨像、供养人像,米兰佛寺占梦图、佛与六弟子,苏巴什佛寺佛传故事,高昌故城佛寺圣枝节图等佛寺壁画的内容与形象。

**957** 《西域出土晋代墨迹的书法史研究》,[日]西川宁著,姚宇亮译,北京:人民美术出版社,2015 年 3 月。

本书是对西域出土晋代墨迹书法作品的研究著作。书中从书法史研究角度对斯坦因三次探险的发掘品、斯文赫定第二次探险发掘品、西本愿寺第二次探险发掘品的进行概述;在资料的整理和编年方面,将其分为有纪年、无纪年等部分分别梳理整理关于各个年代书法风格的研究,作者以实证方法分别阐述书法表现的形式和意义,并作了样式论的综合考察;书中根据出土资料对史事的进行勾勒,并从书法史的角度对这些资料加以阐释,论证了西域出土书迹与同时代的钟繇、陆机、王羲之等的书风之关系。

**958** 《西域绘画·1》,马炜、蒙中编著,重庆:重庆出版社,2010 年 1 月。

本书是《西域绘画》系列的第 1 册,收录了敦煌莫高窟藏经洞中流失至海外的绘画真品,本册以介绍与探讨其绘画中佛与菩萨的形象为主要内容。书中包含了《树下说法图》《阿弥陀·八大菩萨图》等多幅佛与菩萨形象的绘画全图与局部图,并配有其高清图版、名称、年代、尺寸、材质、颜色与简介。同时，书中对重要的珍品进行了绘画内容、构图布局、艺术风格、形态美感及其映射的社会文化与宗教信仰等多层次的赏析与品鉴，展现了这些绘画的历史文化、艺术价值与时代特色。

959　《西域绘画·2》，马炜、蒙中编著，重庆：重庆出版社，2010年1月。
　　本书是《西域绘画》系列的第2册，收录了敦煌莫高窟藏经洞中流失至海外的绘画真品，本册以介绍与探讨其绘画中菩萨的形象为主要内容，多源于幢幡的幡身部分。书中包含了《四观音文殊普贤图》《观世音菩萨像》等多幅菩萨形象的绘画全图与局部图，并配有其高清图版、名称、年代、尺寸、材质、颜色与简介。同时，书中对重要的珍品进行了具体内容、构图布局、艺术风格、形态美感及其映射的社会文化与宗教信仰等多层次的赏析与品鉴，展现了这些绘画的历史文化、艺术价值与时代特色。

960　《西域绘画·3》，马炜、蒙中编著，重庆：重庆出版社，2010年1月。
　　本书是《西域绘画》系列的第3册，收录了敦煌莫高窟藏经洞中流失至海外的绘画真品，本册以介绍与探讨其绘画中菩萨的形象为主要内容。书中包含了《普贤菩萨图》《引路菩萨像》等多幅菩萨形象的绘画全图与局部图，并配有其高清图版、名称、年代、尺寸、材质、颜色与简介。同时，书中对重要的珍品进行了具体内容、构图布局、艺术风格、形态美感及其映射的社会文化与宗教信仰等多层次的赏析与品鉴，展现了这些绘画的历史文化、艺术价值与时代特色。

961　《西域绘画·4》，马炜、蒙中编著，重庆：重庆出版社，2010年1月。
　　本书是《西域绘画》系列的第4册，收录了敦煌莫高窟藏经洞中流失至海外的绘画真品，本册以介绍与探讨其绘画中菩萨的形象为主要内容，另收录了一份比较特殊的《景教人物图》。书中包含了《地藏十王图》《千手千眼观世音菩萨图》等多幅菩萨形象的绘画全图与局部图，并配有其高清图版、名称、年代、尺寸、材质、颜色与简介。同时，书中对重要的珍品进行了具体内容、构图布局、艺术风格、形态美感及其映射的社会文化与宗教信仰等多层次的赏析与品鉴，展现了这些绘画的历史文化、艺术价值与时代特色。

962　《西域绘画·5》，马炜、蒙中编著，重庆：重庆出版社，2010年1月。
　　本书是《西域绘画》系列的第5册，收录了敦煌莫高窟藏经洞中流失至海外的绘画真品，本册以介绍与探讨其绘画中天王与金刚的形象为主要内容。书中包含了《行到天王图》《金刚力士像》等多幅天王与金刚形象的绘画全图与局部图，并配有其高

▶ 丝绸之路研究论著叙录

清图版、名称、年代、尺寸、材质、颜色与简介。同时，书中对重要的珍品进行了具体内容、构图布局、艺术风格、形态美感及其映射的社会文化与宗教信仰等多层次的赏析与品鉴，展现了这些绘画的历史文化、艺术价值与时代特色。

963　《西域绘画·6》，马炜、蒙中编著，重庆：重庆出版社，2010年1月。

本书是《西域绘画》系列的第6册，收录了敦煌莫高窟藏经洞中流失至海外的绘画真品，本册以介绍与探讨其绘画中佛传图为主要内容。书中包含了《灵鹫山释迦说法图》《佛传图·燃灯佛授记、三苦》等多幅佛传的绘画全图与局部图，并配有其高清图版、名称、年代、尺寸、材质、颜色与简介。同时，书中对重要的珍品进行了具体内容、构图布局、艺术风格、形态美感及其映射的社会文化与宗教信仰等多层次的赏析与品鉴，展现了这些绘画的历史文化、艺术价值与时代特色。

964　《西域绘画·7》，马炜、蒙中编著，重庆：重庆出版社，2010年1月。

本书是《西域绘画》系列的第7册，收录了敦煌莫高窟藏经洞中流失至海外的绘画真品，本册以介绍与探讨其绘画中经变图为主要内容。书中包含了《报恩经变相图》《母鹿本生》等多幅经变的绘画全图与局部图，并配有其高清图版、名称、年代、尺寸、材质、颜色与简介。同时，书中对重要的珍品进行了具体内容、构图布局、艺术风格、形态美感及其映射的社会文化与宗教信仰等多层次的赏析与品鉴，展现了这些绘画的历史文化、艺术价值与时代特色。

965　《西域绘画·8》，马炜、蒙中编著，重庆：重庆出版社，2010年1月。

本书是《西域绘画》系列的第8册，收录了敦煌莫高窟藏经洞中流失至海外的绘画真品，本册以介绍与探讨其绘画中经变图为主要内容。书中包含了《药师净土变》等经变的绘画全图与局部图，并配有其高清图版、名称、年代、尺寸、材质、颜色、题记与简介。同时，书中对重要的珍品进行了具体内容、构图布局、艺术风格、形态美感及其映射的社会文化与宗教信仰等多层次的赏析与品鉴，展现了这些绘画的历史文化、艺术价值与时代特色。

966　《西域绘画·9》，马炜、蒙中编著，重庆：重庆出版社，2010年1月。

本书是《西域绘画》系列的第9册，收录了敦煌莫高窟藏经洞中流失至海外的绘画真品，本册以介绍与探讨其纸本绘画为主要内容。书中包含了菩萨像、高僧像等纸本绘画全图与局部图，并配有其高清图版、名称、年代、尺寸、材质、颜色与简介。同时，书中对重要的珍品进行了具体内容、构图布局、艺术风格、形态美感及其映射的社会文化与宗教信仰等多层次的赏析与品鉴，展现了这些绘画的历史文化、艺术价值与时代特色。

967　《西域绘画·10》，马炜、蒙中编著，重庆：重庆出版社，2010 年 1 月。

本书是《西域绘画》系列的第 10 册，收录了敦煌莫高窟藏经洞中流失至海外的绘画真品，本册以介绍与探讨其纸本与幢幡绘画为主要内容。书中包含了《观音经册子》以及佛说法图等纸本与幢幡绘画的全图与局部图，并配有其高清图版、名称、年代、尺寸、材质、颜色与简介。同时，书中对重要的珍品进行了具体内容、构图布局、艺术风格、形态美感及其映射的社会文化与宗教信仰等多层次的赏析与品鉴，展现了这些绘画的历史文化、艺术价值与时代特色。

968　《西域考古与艺术》，林梅村著，北京：北京大学出版社，2017 年 11 月。

本书汇集了作者在西域考古与艺术方面的研究成果。全书主要内容涉及塞伊玛—图尔宾诺文化遗物与史前丝绸之路考古；古代西域民族包括大月氏、康居人、粟特人的迁徙与交流；丝绸之路文化艺术的传播；西域都护府遗址的发现；龟兹王城、怛逻斯城等遗迹与丝绸之路考古以及珠宝艺术与中外文化交流等问题。书中内容以考古材料为依据，结合实地调查和文献考证，对丝绸之路上的考古和艺术等问题提出了自己的见解。

969　《西域历代文学作品选注》，廖肇羽编著，乌鲁木齐：新疆大学出版社，2009 年 12 月。

本书是对西域地区历代文选作品的选编与注释。主要内容为历代以来有关西域的优秀诗歌、散文和小说的注释与分析。书中开头和结尾分别附以《边塞风雅颂：西域文学概论》和《西域名人名著提要》。全书按照体裁，分为上编（诗歌卷）、中编（散文卷）、下编（小说卷）三大部分，每个部分再依据写作年代先后进行编排，各篇目依次由正文、注释、鉴赏组成。全书建立了西域文学知识结构的基本框架，并对作品做出新的系统描述和分析。

970　《西域美术全集》，李贵春、孙大卫、赵莉等主编，天津：天津人民美术出版社，2016 年 6 月。

本书以汉代至五代宋初的西域美术遗存为主体，同时兼及汉代之前和宋、元、明、清的部分内容，包括岩画、纸画、绢花、雕塑、工艺、服饰、建筑、壁画等多种艺术形式全书涉及西域历史时期地理、宗教、美术、建筑等多学科门类。书中以美术门类分卷如下：岩画卷、绘画卷、雕塑卷、工艺美术卷、服饰卷、建筑卷、壁画卷。其中壁画卷涉及到高昌石窟壁画、克孜尔石窟壁画、库木吐喇石窟壁画、森木塞姆、克孜尔尕哈等石窟壁画。全书对古代西域美术遗存作以了全面的梳理，是一部西域美术的集大成之作。

  971 《西域美术十五讲》，王志炜、王健编著，天津：天津大学出版社，2012年5月。

  本书是西域美术的研究讲义。书中以专题的形式，结合史料与考古资料介绍西域的绘画、石刻和工艺美术，并吸收了近年来在这方面研究中所获得的重要成果。书中分为游牧文化长廊、天上人间、画界传奇、通灵艺术、故乡的守望者、传统的时尚、生活万花筒、泥与火的"邂逅"、千锤百炼见金身等章节，逐一解说西域美术，并配有大量实物图片，使读者能够感受并学习新疆古代美术的艺术特征和成果。本书对西域的历史、民俗、宗教等有关学科的研究也具有一定的参考价值。

  972 《西域人文学术研究》，陈国光著，乌鲁木齐：新疆人民出版社，2011年7月。

  本书是陈国光先生在西域宗教人文历史方面的学术论文集。书中共收入论文36篇，主题涉及西域的宗教与民族关系、西域统治者的民族政策、西域不同民族的社会生活等方面，具体篇目有《佛教与西域文化》《藏传佛教（喇嘛教）在新疆的早期传播》《伊斯兰教传入新疆的时间问题》《西辽统治者与西域地方伊斯兰政权》《蒙元统治者与西域穆斯林》《清政府对新疆伊斯兰教的政策》《我国新疆地区历史上伊斯兰法制的兴衰》《清代新疆回民的社会生活》等篇。

  973 《西域文化对中国古代诗歌的影响》，王开元等著，乌鲁木齐：新疆大学出版社，2012年6月。

  本书对西域文化对中国历代诗歌的影响展开论述。全书分为八章，内容包括西域文化对先秦诗歌、汉魏晋南北朝诗歌、唐代诗歌、宋、辽、金、西夏诗歌、元代诗歌、明代诗歌及清代前后期诗歌的影响。作者以典型诗人的代表诗作同西域文化的关系为线索，分析探讨了西域文化对于中国古典诗歌在政治、哲学、经济、生活风俗、民族性格等方面的影响，这种影响又包括风物、景观、气候、地理等自然因素的影响。

  974 《西域文化影响下的中古小说》，王青著，北京：中国社会科学出版社，2006年1月。

  本书是对西域文化影响下的中古小说进行的研究。全书共分为八章，主要内容有中西文化交往的途径、动因及其他，西域文化的输入与想象力的拓展，西域文化对中古小说观念层面的影响，西域世界与中古小说题材内容的拓展，西域文化对中古小说情节的影响，以及西域文化对小说文体形式的影响等问题。书中论述了中古时期中西文化交往的多种途径与各种方式，并利用大量文献资料和学术界的既有成果，从思维方式、观念模式、题材内容、情节与文体形式诸方面深入地考察了西域文化对此一时期小说的影响。

975 《西域文化与敦煌艺术》，何山著，兰州：甘肃人民美术出版社，2014年6月。

本书是论述西域文化与敦煌艺术的研究专著。全书共分为十五章，介绍了西域的地理环境以及各个民族的基本情况，叙述了西部的原始文化及其特质、混交型的游牧文化及其心理目标、开放型的商业文化及其行为动力等问题。作者对希腊文明在西域的扩散、印度佛教及佛教艺术的传播问题进行了探讨，并对世界四大古老文明在西域的集结进行了解读。对于敦煌本土文化精神、佛教在敦煌的传播及佛、道、儒三教的合流等问题亦进行了深入分析。本书从文化比较学与艺术哲学出发，从对世界艺术整体把握上，对敦煌艺术的本质与内涵及西域历史文化对敦煌艺术的影响等问题进行了论述。

976 《西域文学与文化论丛（第1辑）》（新疆师范大学西域文史丛书），周珊、朱玉麒主编，北京：学苑出版社，2012年7月。

本书是关于西域文学与文化的论文集，收录了新疆师范大学西域文史研究中心研究人员相关文章约30篇。书中内容包括《重视起吐鲁番地区汉文文学的传播与接受——以吐鲁番出土文书为中心》《唐诗"交河"语汇考论》《新世纪新疆汉语文学文化资源和主题精神》《历史上新疆少数民族与汉族文化互动探讨》《新疆蒙古民间信仰历史寻踪》等研究成果，从文学、语言、艺术、考古、信仰等多个领域对西域文学与文化进行了探讨与论述，体现了西域文化的多元性，推动了学界相关领域的研究与发展。

977 《西域文学与文化论丛（第2辑）》（新疆师范大学西域文史丛书），周珊、吴华峰主编，北京：学苑出版社，2014年12月。

本书是关于西域文学与文化的论文集，收录了新疆师范大学西域文史研究中心研究人员相关文章约30篇。书中内容包括《拓展民族文论研究》《当代翻译文学对维吾尔文学的影响》《新疆经验与王蒙的小说创作》《新疆汉语方言语言系统研究》《外来词对维吾尔语词义的影响》《中国塔吉克族语言使用现状调查分析》《清代新疆民族教育的政府反思与对策》等研究成果，从文学、语言、考古、民俗等多个领域对西域文学与文化进行了探讨与论述，体现了西域文化的多元性，推动了学界相关领域的研究与发展。

978 《西域艺术史》，王嵘著，昆明：云南人民出版社，2006年3月；北京：人民出版社，2013年8月。

本书从出土文物、遗址遗存、传统文化与习俗等方面论述了西域艺术的源流、发展以及各时期西域各民族在艺术上取得的辉煌成就。全书分为原始艺术、佛教时期艺术、伊斯兰教时期艺术三编共14章。内容涉及原始艺术概说、石器艺术、陶器艺术、岩画艺术、石雕艺术、歌舞艺术、佛教时期艺术概说、两汉时期西域艺术、魏晋南北朝时期西域艺术、隋唐时期时期西域艺术、伊斯兰教时期艺术概说、宋辽金时期的西域艺术、元明时期的西域艺术、清朝时期的西域艺术等。

979 《西域艺术通论》，仲高著，乌鲁木齐：新疆人民出版社，2004年12月。

本书是一部全面系统研究西域艺术的通论式学术专著。全书分为九章，内容包括西域文化的多元格局、西域艺术的发生机制、西域艺术人文初曦、西域绿洲艺术之脉、西域草原艺术之维、西域汉文化艺术之链、西域宗教艺术解悟、西域艺术与东西方文化、西域诸民族文化艺术关系等。作者通过追溯西域艺术形成原理的比较，在研究中跨通艺术学、美学、文化人类学、考古学、民族学、民俗学、心理学等学科，以诸如史前彩陶、岩画、动物纹样、石人、鹿石、西域乐舞、佛教艺术、建筑艺术等的本体特征的揭示为切入点，对西域艺术的文化语境、生成机制、艺术类型、本体论特征及不同文化、艺术间关系诸问题进行理论阐述。

980 《西域音乐史》，宋博年、李强主编，乌鲁木齐：新疆人民出版社，2006年9月。

本书系统地论述了西域自古以来的音乐文化和音乐流变。全书分为七章，按年代顺序排列，分别介绍了远古先秦、两汉、魏晋南北朝、隋唐五代、宋元、明清、近现代时期的音乐文化。内容涉及神话及传说中的西域乐舞，月氏、乌孙、匈奴诸族音乐，胡角横吹与鼓吹铙歌，佛教音乐文化的东渐，唐代大曲与西域乐舞，敦煌胡乐及宗教乐舞，诸宫调、元曲与胡曲，西夏乐舞与西羌乐演变，阿拉伯音乐文化的东渐，新疆维吾尔族音乐形态基本特点，新疆哈萨克族音乐形态基本特点，新疆回族音乐概述，新疆蒙古族音乐形态基本特点，新疆柯尔克孜族历史及音乐文化概述等。

981 《西域—中亚语文学研究：2012年中央民族大学主办西域—中亚语文学国

际学术研讨会论文集》，阿不都热西提·亚库甫主编，上海：上海古籍出版社，2015年12月。

本书为2012年中央民族大学举办的"西域—中亚语文学国际学术研讨会"论文汇编，收录了与会的国内外专家学者关于《古代维吾尔诗歌的语文学研究》的研究成果。按照研究专题，分为吐火罗语研究、伊朗语研究、汉文文献研究、回鹘文研究、考古与宗教研究、近代西域与中亚研究六个部分。书中收录的文章包括《龟兹地区现存吐火罗语写本与题记的调查与研究》《裴捹的人生轨迹》《西域梵经石在清代的发现与研究》《近年吐鲁番佛教石窟寺考古的新收获》《敦煌莫高窟、安西榆林窟的回鹘语题记》《裕固族东迁地西至哈至为沙瓜二州考》等。

982 《箫管霓裳——敦煌乐舞》（走进敦煌丛书），柴剑虹、荣新江主编，王克芬著，兰州：甘肃教育出版社，2007年12月。

本书是对敦煌乐舞的研究。书中首先对敦煌乐舞华戎所交一都会的历史背景、人文背景及源流进行介绍，通过敦煌壁画探讨经变画中的天宫乐舞，特别是对其中的巾舞、鼓舞、琵琶舞姿等进行了重点解读；对供养人礼佛舞、宴饮舞、祭祀舞等民俗歌舞场景进行了介绍，并对诸如胡旋舞、胡腾舞、柘枝舞等特色鲜明的民族舞进行了描述。此外，敦煌壁画中还有许多童子形象，作者对生动活泼的童子舞姿进行分类解读。舞蹈文化源远流长，对此，作者总结了汉唐敦煌乐舞的文化特征，并通过《丝路花雨》舞剧的创作及教学实践，讨论了敦煌乐舞的继承与创新。

983 《谢稚柳学术艺术研究文集》，徐建融主编，上海：上海书画出版社，2016年10月。

本书共收录研究谢稚柳先生学术与艺术成就的论文以及诗词、题跋105篇，侧重于学术研究，涉及谢稚柳先生在诗文、词曲、敦煌学、鉴定学、美术史论、书法创作、绘画创作各方面的成就和评价。收录文章包括《题谢稚柳画》《壮暮翁哀辞》《谢稚柳：敦煌壁画艺术学的奠基者》《谢稚柳的艺术》《笔精墨妙气格新——谈谢稚柳的绘画艺术》《谢稚柳绘画史研究方法的研究》《谢稚柳学术艺术在近现代画史上的意义》《试论谢稚柳先生水墨观的现实意义》《谢稚柳学术文献研究的特别价值》。

984 《新疆"花儿"学术论文集》，马雄福主编，乌鲁木齐：新疆人民出版社，2012年9月。

本书是关于新疆地区"花儿"民歌的学术论文集，汇集了国内学者相关文章20余篇。书中解析了新疆"花儿"的艺术特征、艺术风格、表现形式与文化内涵，研究新疆"花儿"的发展历史,探讨了西北地区原生态"花儿"的渊源与流布,并对"花儿"在称谓、分类及传承方式等方面进行了评析。此外,书中还包括了《新疆"花儿"的起源、改编和创新》《"新疆花儿"的唱词特点和演唱形式》《语气助词及回族方言在"花儿"中的应用》等内容,具有较高的学术价值,推动了新疆"花儿"研究的发展。

985　《新疆艾德莱丝绸传统工艺(新疆少数民族工艺美术研究·工艺卷)》,张俊慧著,乌鲁木齐:新疆美术摄影出版社、新疆电子音像出版社,2015年6月。

本书是介绍与研究新疆艾德莱丝绸传统工艺的著作。书中回顾了"艾德莱斯"跟随中国现代纺织艺术发展的历史进程,强调了新疆现代艺术所具有的地方特色与地缘优势。同时,书中对比分析了"艾德莱斯"的传统工艺与现代工艺,探讨了重构市场供求关系、塑造品牌、走战略性发展之路的目标与方针,阐述了与生态、人文资源同步开发,增强对外贸易竞争力的发展理念,并就"艾德莱斯"在视觉设计、市场运作及人文交融过程中的进化演绎进行了思考与展望。

986　《新疆艾德莱斯绸纹样艺术(新疆少数民族工艺美术研究·纹样卷)》,张亨德、韩莲芬编著,乌鲁木齐:新疆美术摄影出版社、新疆电子音像出版社,2015年6月。

本书是介绍与研究艾德莱斯绸纹样艺术的著作。书中总论了新疆维吾尔族艾德莱斯绸与新疆棉毛织花毯帕拉孜,对其历史发展、艺术风格、民族特点与文化内涵等内容进行了解读。同时,书中还逐一对艾德莱斯绸和棉毛帕拉孜进行了叙述,介绍了其制作工艺和各种样式,包括艾德莱斯绸和田式、艾德莱斯绸莎车式、拜合散姆绸纹样,以及棉织和毛织的花毯、服饰、日用品、马鞍垫等内容,再现了新疆艾德莱斯绸纹样的地域特征,以及新疆人民的民俗文化与社会生活。

987　《新疆壁画中的动物形象(新疆艺术研究·第1辑·壁画艺术卷)》,周菁葆、孙大卫著,乌鲁木齐:新疆美术摄影出版社,2013年12月。

本书是关于新疆壁画艺术的研究,介绍与探讨了其中所出现的与动物相关的元素与形象。书中叙述了动物画与本生故事的渊源,列举了本生故事中动物画的表现内容,并评述了象本生故事、伎乐·飞天·坐禅·树鸟、日·雁图、猴本生故事、金翅鸟、四兽因缘等动物画的表现形式,并配有高清图版、名称、出处以及相关介绍。书中内容展现了壁画艺术的技艺水平与样式风格,以及佛教文化对它的作用与影响,同时也反映了当时社会生活与宗教信仰的历史面貌。

988 《新疆壁画中的服饰艺术（新疆艺术研究·第 1 辑·壁画艺术卷）》，周菁葆、孙大卫著，乌鲁木齐：新疆美术摄影出版社，2013 年 12 月。

本书是关于新疆壁画艺术的研究，介绍与探讨了其中所出现的与服饰艺术相关的元素与形象。书中叙述了本生故事、举哀菩萨、佛说法图、水天眷属等龟兹壁画中所包含的服饰，记述了天象图、因缘故事、高昌回鹘王供养像、毗沙门天、本行经变等高昌壁画中所具有的服饰，并配有高清图版、名称、出处以及相关介绍。书中内容展现了壁画艺术的技艺水平与样式风格，以及佛教文化对它的作用与影响，同时也反映了当时社会生活与宗教信仰的历史面貌。

989 《新疆壁画中的供养人画（新疆艺术研究·第 1 辑·壁画艺术卷）》，周菁葆、孙大卫著，乌鲁木齐：新疆美术摄影出版社，2013 年 12 月。

本书是关于新疆壁画艺术的研究，介绍与探讨了其中所出现的与供养人画相关的元素与形象。书中叙述了佛和菩萨、供养比丘、穹隆顶壁画等壁画中的供养人形象，记述了本行经变、比丘供养像图等龟兹石窟壁画中所描绘的供养人造型，与比丘受教图、高昌回鹘王供养像等高昌壁画中所描绘的供养人形态，并配有高清图版、名称、出处以及相关介绍。书中内容展现了壁画艺术的技艺水平与样式风格，以及佛教文化对它的作用与影响，同时也反映了当时社会生活与宗教信仰的历史面貌。

990 《新疆壁画中的乐舞艺术（新疆艺术研究·第 1 辑·壁画艺术卷）》，周菁葆、孙大卫著，乌鲁木齐：新疆美术摄影出版社，2013 年 12 月。

本书是关于新疆壁画艺术的研究，介绍与探讨了其中所出现的与乐舞艺术相关的元素与形象。书中总结了飞天与伎乐飞天的概况与艺术形象，对新疆石窟壁画中伎乐天、天宫伎乐、听法菩萨、回鹘供养人、穹隆顶菩萨图、佛与天宫伎乐图、奏乐婆罗门等内容所包含的历代乐器与舞姿进行了梳理与阐述，并配有高清图版、名称、出处以及相关介绍。书中内容展现了壁画艺术的技艺水平与样式风格，以及佛教文化对它的作用与影响，同时也反映了当时社会生活与宗教信仰的历史面貌。

991 《新疆壁画中的民俗文化（新疆艺术研究·第 1 辑·壁画艺术卷）》，周菁葆、孙大卫著，乌鲁木齐：新疆美术摄影出版社，2013 年 12 月。

本书是关于新疆壁画艺术的研究，介绍与探讨了其中所出现的与民俗文化相关的元素与形象。书中梳理佛教故事画、供养人画中的民俗文化，分析了比丘像、回鹘王侯家族群像、佛传图等壁画中的服饰民俗特征，以及六屏式鉴诫画中的民俗人物造型与菱形格装饰等内容,并配有高清图版、名称、出处,以及图案的相关介绍。书中内容展现了壁画艺术的技艺水平与样式风格,以及佛教文化对它的作用与影响,同时也反映了当时社会生活与宗教信仰的历史面貌。

**992** 《新疆壁画中的人体艺术(新疆艺术研究·第 1 辑·壁画艺术卷)》,周菁葆、孙大卫著,乌鲁木齐:新疆美术摄影出版社,2013 年 12 月。

本书是关于新疆壁画艺术的研究,介绍与探讨了其中所出现的与人体艺术相关的元素与形象。书中叙述了本生故事、思维菩萨、佛说法图、地狱变等壁画中所反映的龟兹壁画人体艺术的造型分类,记述了佛传故事、鹿野苑说法图等龟兹壁画中所体现的造型特色,与供养人、穹隆顶菩萨图等高昌壁画中所体现的绘画风格,并配有高清图版、名称、出处以及相关介绍。书中内容展现了壁画艺术的技艺水平与样式风格,以及佛教文化对它的作用与影响,同时也反映了当时社会生活与宗教信仰的历史面貌。

**993** 《新疆壁画中的图案艺术(新疆艺术研究·第 1 辑·壁画艺术卷)》,周菁葆、孙大卫著,乌鲁木齐:新疆美术摄影出版社,2013 年 12 月。

本书是关于新疆壁画艺术的研究,介绍与探讨了其中所出现的与图案艺术相关的元素与形象。书中梳理与讨论了本生故事、因缘故事、佛传故事、本行经变等壁画中包含的花树图案、花草纹饰、菱格图案与适合图案等内容,并配有高清图版、名称、出处以及相关介绍。书中内容展现了壁画艺术的技艺水平与样式风格,以及佛教文化对它的作用与影响,同时也反映了当时社会生活与宗教信仰的历史面貌。

**994** 《新疆彩陶纹样艺术(新疆少数民族工艺美术研究·纹样卷)》,魏久志著,乌鲁木齐:新疆美术摄影出版社、新疆电子音像出版社,2015 年 6 月。

本书是介绍与研究新疆彩陶纹样艺术的著作。书中叙述了新疆彩陶纹饰的形式与分布,梳理了关于新疆彩陶纹饰的一些启示,辨析了新疆彩陶纹饰的源流,探讨了其展示的新疆史前文化系统的面貌,以及新疆彩陶纹饰与中亚其他地区彩陶纹饰的关系。同时,书中分析了新疆彩陶与甘青彩陶的关系,记述了两者之间的文化交流与新疆彩陶纹饰东传的可能性。此外,书中还探析了新疆彩陶的分布特点、艺术精神、纹饰内涵与艺术特色,并附有彩陶图录增加了读者对于新疆彩陶的直观感受。

**995** 《新疆彩陶研究(新疆艺术研究·第 1 辑·美术研究卷)》,魏久志著,乌鲁木齐:新疆美术摄影出版社,2013 年 11 月。

本书是研究新疆地区彩陶文化的专著。书中介绍了新疆彩陶纹饰的形式与分布,对新疆彩陶纹饰所反映的史前文化系统和与中亚其他地区彩陶纹饰的关系进行了辨析，并且探讨了新疆彩陶与甘肃、青海等地区彩陶的关系。同时，书中还分析了新疆彩陶的艺术精神，就其地理环境概况、分布特点、地理环境对彩陶风格的影响、彩陶纹饰的形式与内容、三角纹饰的内涵，以及彩陶纹饰的艺术特色等内容进行了阐述与解读。

996 《新疆传统地毯手工艺（新疆少数民族工艺美术研究·工艺卷）》，董馥伊著，乌鲁木齐：新疆美术摄影出版社、新疆电子音像出版社，2015 年 6 月。

本书是介绍与研究新疆传统地毯手工艺的著作。书中叙述了维吾尔族地毯所包含的文化特性及其与绿洲文化、多元文化和审美文化的内在联系，分析了维吾尔族地毯的主要流派、传统纹样、艺术特色和其所反映的民族色彩观。同时，书中还记述了维吾尔族地毯关于材料准备、纹样选定、编织成型、美化完成等织造工艺，探讨了对于维吾尔族地毯技艺培养、传承与保护的方法与途径，并就其地毯纹样进行了图片赏析。

997 《新疆传统建筑砖饰艺术（新疆少数民族工艺美术研究·研究卷）》，孙大卫著，乌鲁木齐：新疆美术摄影出版社、新疆电子音像出版社，2015 年 6 月。

本书是介绍与研究新疆地区传统建筑砖饰艺术的著作。书中探讨了坯砖在新疆传统建筑中的应用与装饰，叙述了坯砖的制作工艺、应用的自然条件，以及在古代建筑中和吐鲁番地区建筑上的应用。同时，书中亦分析了烧砖在新疆传统建筑中的应用与装饰，并对烧砖的色彩、造型与应用做了记述。此外，书中还阐述了瓷砖在新疆传统建筑中的应用与装饰，对其种类、纹样与应用进行了探究。书中内容突出了以维吾尔族为主体的伊斯兰风格砖饰，也体现了其对不同民族、不同宗教文化的汲取，展示了新疆多民族多宗教文化相互融合、传承发展的建筑砖饰艺术特色。

998 《新疆传统手工木器工艺（新疆少数民族工艺美术研究·工艺卷）》，赵凯著，乌鲁木齐：新疆美术摄影出版社、新疆电子音像出版社，2015 年 6 月。

本书是介绍与研究新疆传统手工木器工艺的著作。书中回顾了新疆传统手工木器的历史与源流，探讨了其传统手工木器的种类、制作工艺及影响木器品质的因素。同时，书中还叙述了传统手工木器的造型样态，对木器所体现的民族审美情绪、传统装饰的基本设计原则、赋色偏好的视觉美感、装饰审美的造型规律，以及木器装饰的文化内容进行了系统阐述。此外，书中还探讨了当代传统手工木器样态的审美意识特点，并对传统精髓在现代民族手工木器中的拓展与应用进行了解读。

999 《新疆刺绣纹样艺术（新疆少数民族工艺美术研究·纹样卷）》，张亨德、韩莲芬编著，乌鲁木齐：新疆美术摄影出版社、新疆电子音像出版社，2015年6月。

本书是介绍与研究新疆刺绣纹样艺术的著作。书中概述了新疆地区刺绣的历史与发展，介绍了多绣法的新疆民族民间刺绣，对维吾尔族、柯尔克孜族、哈萨克族、回族、俄罗斯族、满族、蒙古族、塔吉克族、乌孜别克族和锡伯族，在服饰、花帽、壁挂、提包以及日用品等类别上的刺绣进行了逐一描述与探讨，展现了新疆各民族民间刺绣的民族风格与社会生活，也是各民族艺术审美、风俗习惯与文化内涵的直接体现。

1000 《新疆的文化瑰宝：新疆维吾尔自治区非物质文化遗产集萃》，新疆维吾尔自治区对外文化交流协会编，乌鲁木齐：新疆青少年出版社，2013年1月。

本书对新疆各民族在数千年的历史发展过程中，创造的各具风貌、沉淀深厚的民间传统文化进行了系统的介绍，包括民间文学、民间音乐、民间舞蹈、戏曲和曲艺、杂技与竞技、民间美术、传统手工技艺、民俗等。内容涉及三大史诗《玛纳斯》《江格尔》《格萨（斯）尔》、新疆维吾尔木卡姆艺术、哈萨克族动物模拟舞阿尤毕、新疆锡伯族曲艺朱伦呼兰比和更心比、维吾尔族达瓦孜、新疆哈萨克族民间图案文化、蒙古包制作技艺、柯尔克孜族约尔麦克编织技艺、锡伯族西迁节、塔塔尔族撒班节、新疆俄罗斯族的帕斯喀节等。

1001 《新疆古代雕塑》（丝绸之路流散国宝），李军、贾应逸编著，济南：山东美术出版社，2013年1月。

本书对丝绸之路上流散的国宝进行了整理与研究，主要选取了英国大英博物馆、法国吉美博物馆、德国柏林亚洲艺术博物馆、日本东京国立博物馆、韩国首尔国立中央博物馆等单位，收藏的关于新疆古代雕塑的历史资料。书中以图文结合的方式，介绍了楼兰古城遗址、米兰Ⅱ号佛寺遗址、丹丹乌里克佛寺遗址、夏克吐尔佛寺遗址等内容，对木雕装饰、菩萨头像、泥塑佛坐像、金刚头像、本生图等多种宗教艺术进行了记述，探讨了其历史价值与文化价值，对当时的社会生活、宗教信仰、艺术思想和文化交流等方面做了解读。

1002 《新疆古代服饰艺术（新疆艺术研究·第1辑·美术研究卷）》，阿迪力·阿不力孜编著，乌鲁木齐：新疆美术摄影出版社，2013年11月。

本书是研究新疆古代服饰艺术的著作。书中记述了新疆古代帽子的形制与特征，回顾了新疆古代居民的常见发式与化妆习惯。同时，书中还叙述了新疆古代文物中的首饰、装饰品、袍服、衣衫、裙装、裤装、鞋靴、手套、披巾、铜镜、梳子等生活中穿戴与日用之物，探讨了其样式风格、地域特色与文化内涵。此外，书中对新疆古代服饰的质地做了探讨，从多方面对古代服饰艺术进行了研究，体现了新疆古代服饰所反映出的民俗文化与历史面貌。

1003  《新疆哈萨克族工艺美术（新疆少数民族工艺美术研究·工艺卷）》，涂苏别克著，乌鲁木齐：新疆美术摄影出版社、新疆电子音像出版社，2015年6月。

本书是介绍与研究新疆哈萨克族工艺美术的著作。书中叙述了哈萨克族在男性、女性、儿童首饰配件等服饰中的传统工艺，探讨了哈萨克族独特的毡房文化。同时，书中还对刺绣、制毡、花带、草席等传统工艺，以及餐具、木器、马具、乐器、铁器等器具工艺进行了介绍，并探讨了草原石人、草原岩画、草原建筑等历史文化，再现了哈萨克族传承至今的民俗信仰与社会生活。

1004  《新疆花帽纹样艺术（新疆少数民族工艺美术研究·纹样卷）》，张亨德、韩莲芬编著，乌鲁木齐：新疆美术摄影出版社、新疆电子音像出版社，2015年6月。

本书是介绍与研究新疆花帽纹样艺术的著作。书中以维吾尔族为阐述对象，总论了新疆地区的花帽工艺与文化，对其历史发展、艺术风格、民族特点与文化内涵等内容进行了解读。同时，书中还逐一对阿訇帽、格子架绣花帽、巴旦姆花帽、串珠绣花帽、植绒绣花帽、密缝绣花帽等各类纹样与织绣工艺的花帽做了叙述，再现了新疆地区花帽纹样的民族特征，以及维吾尔族人民的民俗文化与社会生活。

1005  《新疆花毡纹样艺术（新疆少数民族工艺美术研究·纹样卷）》，张亨德、韩莲芬编著，乌鲁木齐：新疆美术摄影出版社、新疆电子音像出版社，2015年6月。

本书是介绍与研究新疆花毡纹样艺术的著作。书中总论了新疆地区主要民族精美的花毡纹样，对其历史发展、艺术风格、民族特点与文化内涵等内容进行了解读。同时，书中还逐一对维吾尔族擀花毡、绣花毡、模戳印花毡、镂版印花毡，哈萨克族绣花毡、补贴花毡、擀花毡，以及柯尔克孜族补贴花毡等内容做了记述，再现了新疆地区各民族花毡纹样的地域特征，以及新疆人民的民俗文化与社会生活。

1006  《新疆绘画艺术品》（丝绸之路流散国宝），巫新华主编，彭杰编著，济南：山东美术出版社，2013年1月。

本书对丝绸之路上流散的国宝进行了整理与研究，书中所收录的164幅插图主要

▶ 丝绸之路研究论著叙录

源自于天山南麓的吐鲁番、焉耆、库车、拜城、楼兰与和田等古代的历史遗迹。书中概述了 20 世纪末西方"探险队"在新疆的考察活动和劫掠的历史文物,以图文结合的方式,对菩萨像、纹饰图案与残片、摩尼教宗教仪式图像、摩尼教人物像、回鹘人物像、供养人像、立佛、人物故事图等多种宗教艺术进行了记述,探讨了其历史价值与文化价值,对当时的社会生活、宗教信仰、艺术思想和文化交流等方面做了解读。

1007 《新疆柯尔克孜族传统银饰艺术(新疆少数民族工艺美术研究·研究卷)》,莫合塔尔·加帕尔著,乌鲁木齐:新疆美术摄影出版社、新疆电子音像出版社,2015 年 6 月。

本书是介绍与研究新疆柯尔克孜族传统银饰艺术的著作。书中概述了柯尔克孜族的民族历史、文化艺术、生活习俗与社会经济,探讨了柯尔克孜族银饰的分类选题、工艺手法、收藏价值与文化内涵。同时,书中还对柯尔克孜族头饰、颈饰、手饰、配饰、器物和马具等银饰种类进行了记述,阐述了其银饰与服饰搭配的穿戴风格与民族习惯。此外,书中还提供了银饰鉴定与保养的方法,并对中国柯尔克孜族近代著名的银匠做了介绍。

1008 《新疆柯尔克孜族工艺美术(新疆少数民族工艺美术研究·工艺卷)》,饶蕾著,乌鲁木齐:新疆美术摄影出版社、新疆电子音像出版社,2015 年 6 月。

本书是介绍与研究新疆柯尔克孜族工艺美术的著作。书中叙述了柯尔克孜族在民族服饰、珠宝首饰上的服饰工艺,探讨了其刺绣工艺、刺绣图案与刺绣物品的样式风格与文化特征。同时,书中还记述了柯尔克孜族在日常生活中的内饰纹样,以及关于花毡与织花毯的制作工艺,并梳理了在马具、乐器等其他方面的工艺美术风格与特点,再现了柯尔克孜族传承至今的民俗信仰与社会生活。

1009 《新疆蒙古族工艺美术(新疆少数民族工艺美术研究·工艺卷)》,王松著,乌鲁木齐:新疆美术摄影出版社、新疆电子音像出版社,2015 年 6 月。

本书是介绍与研究新疆蒙古族工艺美术的著作。书中概述了蒙古族在民族服饰与穿戴配饰上的服饰工艺与风俗特点,对金银器的概况与分类、马鞍与马镫的发明与发展,以及马具文化在蒙古族文化中的独特地位进行了总结。同时,书中还探讨了蒙古族关于自然纹样与吉祥图案的纹饰工艺,记述了毡帐的形制、结构与装饰等工艺内容,并对蒙古族的毡帐文化进行了解读。

1010 《新疆民俗装饰画艺术（新疆少数民族工艺美术研究·研究卷）》，于文胜编，乌鲁木齐：新疆美术摄影出版社、新疆电子音像出版社，2015年6月。

本书是介绍与研究新疆地区民俗装饰画艺术的著作。书中分析了运用不同形状的点，粗细、曲直各异的线，大小、方圆不同的面对装饰画进行创作，包括擀毡、制作酸奶、汲水等日常生活，姑娘追、叼羊等游戏，弹奏与歌舞，人与大自然和谐共处等主题的内容，收录的装饰画集中表达了边疆人民热爱生活、热爱自然的美好愿望。此外，书中还对装饰画的构图特点、艺术风格等方面进行了探讨，体现了新疆民俗装饰画的民族特色与文化内涵。

1011 《新疆民族民间美术（新疆艺术研究·第1辑·美术研究卷）》，左红卫编著，乌鲁木齐：新疆美术摄影出版社，2013年11月。

本书是研究新疆民族民间美术的论文集，汇集了该领域专家学者相关文章约30篇。书中从新疆地区各民族民间艺术研究与传统工艺教学研究两个方面进行了阐述与探讨，包含了《新疆民族民间工艺美术的地域分布及特征》《维吾尔族手工艺品的文化特征》《维吾尔—伊斯兰设计文化的成因及其风格体现》《锡伯族民间图案艺术初探》《维吾尔族民间美术的教育价值》《新疆玉雕人才培养模式探讨》等成果，具有较高的学术价值。

1012 《新疆民族器物造型与装饰（新疆少数民族工艺美术研究·研究卷）》，张亨德、韩莲芬编著，乌鲁木齐：新疆美术摄影出版社、新疆电子音像出版社，2015年6月。

本书是介绍与研究新疆民族器物造型与装饰的著作。书中对新疆地区陶土制器皿器物，小刀、铁器、铜器等金属工艺品，配饰，民族乐器，木器家具，车马具，皮具工艺品及其他工艺品共计十几个门类进行了关于其造型与装饰的探讨与叙述，展现了其各自的造型艺术、生活习俗与地域风格。同时，书中还探讨了其制造工艺、材质用料以及色彩选用等内容，反映了新疆少数民族对于不同造型与装饰器物的艺术爱好与审美情趣，体现了其民族特色与文化内涵。

1013 《新疆少数民族服饰艺术（新疆少数民族工艺美术研究·研究卷）》，徐红著，乌鲁木齐：新疆美术摄影出版社、新疆电子音像出版社，2015年6月。

本书是介绍与研究新疆地区少数民族服饰艺术的著作。书中叙述了维吾尔族在帽子、头巾、男装、女装、妇女装饰、裤装、东疆地区服饰等领域的内容，探讨了哈萨克族帽子、头巾、男装、女装及鞋靴等服饰，记述了回族头饰、传统服饰及配饰等内容。同时，书中还对柯尔克孜族、塔吉克族、乌孜别克族、蒙古族、满族、锡伯族、达斡尔族、俄罗斯族以及塔塔尔族的男女服装、帽子、鞋靴与具有民族特色的服饰进行了介绍，并阐述了新疆地区少数民族服饰的艺术特性。

**1014** 《新疆少数民族纹样艺术（新疆少数民族工艺美术研究·纹样卷）》，叶尔江·铁流编著，乌鲁木齐：新疆美术摄影出版社、新疆电子音像出版社，2015年6月。

本书是介绍与研究新疆地区少数民族纹样艺术的著作。书中展示了大量新疆地区民族传统纹样，对纹样图案的来源进行了探讨，包含当地丰富植物物种所提供的自然素材，以及自然形态和几何形态所构造的图案造型等内容。同时，书中还评述了新疆少数民族纹样活泼的组合形式和简单有序的设计样式，探析了新疆地区少数民族的艺术风格与民族审美，并对纹样在民族文化、历史变迁和社会环境中所孕育的民族特色和地域文化进行了解读。

**1015** 《新疆塔吉克族工艺美术（新疆少数民族工艺美术研究·工艺卷）》，徐红、汪锁红、田佳鹤著，乌鲁木齐：新疆美术摄影出版社、新疆电子音像出版社，2015年6月。

本书是介绍与研究新疆塔吉克族工艺美术的著作。书中回顾了塔吉克族的历史演变与文化发展，记述了其在民族服饰、彩绘习俗、配饰文化上的服饰工艺技法与特征。同时，书中还讨论了塔吉克族关于"蓝盖力"、草皮房、毡房等各式民居和装饰风格的传统文化，分析了塔吉克族在刺绣与钩花上的特点、用途和工艺。此外，书中还探讨了塔吉克族在装饰纹样上的配色风格与色彩观念，对其纹样的特点、布局与应用进行了阐述。

**1016** 《新疆土陶艺术（新疆少数民族工艺美术研究·研究卷）》，张文阁著，乌鲁木齐：新疆美术摄影出版社、新疆电子音像出版社，2015年6月。

本书是介绍与研究新疆地区土陶艺术的著作。书中概述了新疆土陶的历史演变与发展，分析了环境、民间工艺对于新疆土陶发展的影响，对彩陶文化和新疆土陶艺术、唐三彩对新疆土陶技艺的促进，以及新疆土陶上东西文化风格等内容进行了探讨。同时，书中还记述了新疆土陶的形制、纹饰、制作工艺、烧造工序与风格特征，总结了新疆土陶的技艺现状，并就新疆土陶技艺申报国家非遗进行了回顾。

**1017** 《新疆吐鲁番传统聚落建筑艺术（新疆少数民族工艺美术研究·研究

卷）》，孙大卫著，乌鲁木齐：新疆美术摄影出版社、新疆电子音像出版社，2015年6月。

本书是介绍与研究新疆吐鲁番传统聚落建筑艺术的著作。书中回顾了新疆吐鲁番地区传统聚落的建筑艺术，叙述了高昌故城、交河故城的建筑风格，探讨了柏孜克里克、吐峪沟、胜金口等石窟的建筑形制与壁画艺术。同时，书中还分析了鄯善地区民居建筑的特殊性，讨论了苏公塔、麻扎、吐鲁番东大寺与西大寺等建筑的民族与地域特色，并对新疆吐鲁番地区传统建筑的传承与发展做了总结与思考。

1018 《新疆维吾尔手工艺文化（新疆少数民族工艺美术研究·研究卷）》，伊明江·阿布都热依木著，乌鲁木齐：新疆美术摄影出版社、新疆电子音像出版社，2015年6月。

本书是介绍与研究新疆地区维吾尔族手工艺文化的著作。书中叙述了维吾尔族手工艺的社会氛围与地理环境，探讨了纺织品、木制品、金属制品等手工艺品的类型与特点，分析了维吾尔族文化、原始宗教和外来宗教对其手工艺品的影响。同时，书中还记述了维吾尔族手工艺品在社会意义、民俗文化、伦理思想等方面的文化特征，以及对文化资源的保护与传承，探析了手工艺文化的色彩、装饰与图案艺术，并对其著名的艺人生平进行了考察。

1019 《新疆维吾尔族刺绣艺术（新疆少数民族工艺美术研究·研究卷）》，吐尔的·哈地尔·那孜尔著，乌鲁木齐：新疆美术摄影出版社、新疆电子音像出版社，2015年6月。

本书是介绍与研究新疆地区维吾尔族刺绣艺术的著作。书中回顾了新疆地区民间刺绣的历史，叙述了维吾尔族男装、女装在刺绣上各自的特点，对其花帽刺绣、帐幔及床上用品刺绣，以及工艺饰品刺绣进行了探讨，强调了维吾尔族的民族风格对于其在刺绣等艺术上的影响。同时，书中还分析了维吾尔族刺绣时的用料、技法与工艺，探讨了维吾尔族刺绣的艺术风格与表现手法，体现了其刺绣艺术的民族特色与文化内涵。

1020 《新疆维吾尔族建筑彩绘艺术（新疆少数民族工艺美术研究·研究卷）》，石妙春著，乌鲁木齐：新疆美术摄影出版社、新疆电子音像出版社，2015年6月。

本书是介绍与研究新疆地区维吾尔族建筑彩绘艺术的著作。书中概述了维吾尔族彩绘艺术的形成、发展与价值体现，探讨了建筑彩绘的地域性文化特征与审美文化特征，以及在纹样、色彩、构图透视以及寓意上的艺术特征。同时，书中还分析了藻井、梁柱、门框、檐廊、墙面等方面的彩绘装饰及其构成，记述了建筑彩绘的表现方法及工艺流程，并就新疆维吾尔族建筑彩绘技艺的传承与保护做了阐述。

1021 《新疆维吾尔族民间土布工艺（新疆少数民族工艺美术研究·工艺卷）》，徐红、瓦力斯·阿不力孜、汪锁红著，乌鲁木齐：新疆美术摄影出版社、新疆电子音像出版社，2015年6月。

本书是介绍与研究新疆维吾尔族民间土布工艺的著作。书中回顾了新疆纺织与印染的历史与发展，叙述了维吾尔族民间土布的现状与传承，探讨了本色土布的制作工艺、应用与艺术特点，并对色织土布的染色工艺、艺术风格进行了总结。同时，书中还叙述了"拜合散姆"的生产技术与文化价值，梳理了直接印花和防染蓝印花布的工艺、应用及艺术风格，并对维吾尔土布纹样符号的文化内涵、形式特征进行了解读。

1022 《新疆维吾尔族模戳印花纹样艺术（新疆少数民族工艺美术研究·纹样卷）》，张亨德、韩莲芬编著，乌鲁木齐：新疆美术摄影出版社、新疆电子音像出版社，2015年6月。

本书是介绍与研究新疆维吾尔族模戳印花纹样艺术的著作。书中总论了新疆地区维吾尔族的民间模戳印花工艺与文化，对其历史发展、艺术风格、民族特点与文化内涵等内容进行了解读。同时，书中还逐一对维吾尔族的模戳印花壁挂、窗帘、台布、墙围、花布等日用品与装饰品做了叙述，并记录了一些模戳印花的单独纹样，再现了新疆维吾尔族模戳印花纹样的民族特征，以及维吾尔族人民的民俗文化与社会生活。

1023 《新疆维吾尔族纹样艺术（新疆少数民族工艺美术研究·纹样卷）》，吐尔逊·哈孜著，乌鲁木齐：新疆美术摄影出版社、新疆电子音像出版社，2015年6月。

本书是介绍与研究新疆维吾尔族纹样艺术的著作。书中概述了维吾尔族纹样的现状、发展与内涵，通过图版展示了大量的维吾尔族传统纹样，可以直观地看到其形态、线条、颜色、花纹等内容，反映了新疆地区丰富的自然形态素材与几何形态图案是传统纹样塑造的基本要素与灵感来源。同时，书中还展现了维吾尔族纹样的构图、设计等内容，体现了其简约有序且不失活泼的民族风格与艺术美感。

1024 《新疆锡伯族工艺美术（新疆少数民族工艺美术研究·工艺卷）》，贺灵著，乌鲁木齐：新疆美术摄影出版社、新疆电子音像出版社，2015年6月。

本书是介绍与研究新疆锡伯族工艺美术的著作。书中探讨了锡伯族常用工具的制作工艺，以及其民族服饰的文化特征，叙述了锡伯族的民间乐器的特点与分类，讨论了葫芦琴的民族特色与传承发展。同时，书中还对锡伯族手工艺品与民间刺绣的制造、色彩与图案等方面进行了阐述，归纳与总结了锡伯族关于手绘纹样的艺术风格与文化内涵。此外，书中还对锡伯族的建筑装饰进行了探讨，从多方面多角度再现锡伯族传承至今的工艺技法、文化特征、民俗信仰与社会生活。

1025 《新疆岩刻画（新疆艺术研究·第 1 辑·美术研究卷）》，苏北海著，乌鲁木齐：新疆美术摄影出版社，2013 年 11 月。

本书是研究新疆地区岩刻画的著作。书中从考察实录与综合研究两部分进行了阐述，介绍了新疆地区的自然环境与岩画的分布特点，对富蕴县、阿勒泰市、哈巴河县、裕民县、托里县等地的十余处岩画进行了叙述，探讨了岩画所处的自然环境和其体现的原始崇拜、社会生活与史前文化等内容。同时，书中还评述了新疆地区岩画的产生与发展，分析了母系氏族与父系氏族社会时期的岩画特点，并从岩画的内容对史前时期人们狩猎、放牧、祭祀等社会生活进行了阐述。

1026 《新疆伊斯兰陵墓建筑艺术（新疆少数民族工艺美术研究·研究卷）》，孙大卫著，乌鲁木齐：新疆美术摄影出版社、新疆电子音像出版社，2015 年 6 月。

本书是介绍与研究新疆伊斯兰陵墓建筑艺术的著作。书中列举了哈密、吐鲁番、阿克苏、克孜勒苏、喀什、伊利等地区共二十余处伊斯兰陵墓建筑，分别对其建筑年代、形制风格、装饰特色等内容进行了探讨，分析了建筑装饰中对几何纹样、植物纹样、文字纹样等图案的交织运用。书中内容代表了新疆地区伊斯兰陵墓建筑的高层水平，对研究该地区伊斯兰建筑的发展过程与艺术特征有着重要的学术价值。

1027 《伊斯兰建筑装饰艺术》（新疆艺术研究·第 1 辑·建筑艺术卷），左立光著，乌鲁木齐：新疆美术摄影出版社，2013 年 11 月。

本书是关于新疆建筑艺术的研究，介绍与探讨了该地区伊斯兰风格的建筑装饰艺术及其民俗文化。书中概述了伊斯兰建筑装饰艺术的特点，分别对喀什艾提尕尔清真寺、库车清真大寺、和田加满清真寺等南疆伊斯兰建筑，乌鲁木齐固原清真寺、伊宁回族清真大寺、新疆伊斯兰教经文学院等北疆伊斯兰建筑，以及吐鲁番苏公塔清真寺、哈密回王陵等东疆伊斯兰建筑的装饰艺术进行了系统探讨与阐述，体现了其伊斯兰风格的艺术特征，以及伊斯兰文化的宗教信仰与社会情感。

1028 《艺苑瑰宝——莫高窟壁画与彩塑》（走进敦煌丛书），柴剑虹、荣新江主编，赵声良著，兰州：甘肃教育出版社，2007 年 12 月。

本书图文并茂地介绍了莫高窟的壁画与彩塑艺术。书中首先对早期到唐代的佛像彩塑进行介绍，分析每一时期不同的彩塑艺术风格，并对佛像画和说法图进行解读。而后对飞天艺术进行介绍，针对北朝、隋代、唐代前期与后期的不同飞天艺术分别探讨其形态与风格。对于佛教的壁画方面，对充满牺牲精神的本生故事和忠孝思想的佛教故事、佛教史迹故事以及附属于经变画中的故事都进行了解读，并就故事画中的艺术成就进行了具体分析。重点对维摩诘经变、弥勒经变、药师经变、法华经变等经变画和不同时期的山水画详细探讨，论述其突出的风格及艺术成就。

1029 《永靖炳灵寺石窟研究文集》（丝绸之路石窟研究文集），郑炳林、石劲松主编，兰州：甘肃文化出版社，2011年6月。

本书是对永靖炳灵寺石窟研究的论文成果合集，炳灵寺文物保护研究所和兰州大学敦煌学研究所共同编辑，分为上下两册，收录了研究炳灵寺石窟论文、调查报告等，内容涉及分期断代、石窟简史、艺术研究、佛学研究、石刻建筑及其他文物、学术史等。具体篇目有《炳灵寺石窟的历史渊源与地理环境》《凉州石窟遗迹与"凉州模式"》《炳灵寺石窟与西秦佛教》《炳灵寺及其藏传佛教壁画艺术》《炳灵寺与佛教艺术交流》等篇。该文集是对炳灵寺石窟保护研究工作的系统总结和全面回顾，具有较高的资料价值和学术价值。

1030 《榆林窟第25窟：敦煌图像中的唐蕃关系》（敦煌与丝绸之路丛书），沙武田著，北京：商务印书馆，2016年7月。

本书是沙武田教授选择敦煌石窟艺术代表洞窟榆林窟第25窟为研究对象对敦煌石窟洞窟个案专题的研究。书中讨论了洞窟营建的时代，分析了洞窟营建的动机、思想与功德主。作者对八大菩萨曼荼罗图像进行了补遗并讨论了吐蕃米椒艺术进入敦煌石窟的尝试，对于瓜州榆林窟营建史作者也进行了探讨。本书对吐蕃人与瓜州本地的唐人在处理唐蕃关系、藏汉关系的探索，为今天处理汉藏关系提供有益的思考与借鉴。

1031 《榆林窟艺术》（丝绸之路与敦煌文化丛书），樊锦诗主编，敦煌研究院编，南京：江苏美术出版社，2014年8月。

本书是樊锦诗主编全面介绍榆林窟的内容、历史价值、艺术价值以及新研究成果的著作。书中对榆林窟的历史地理背景、内容及艺术价值进行整体论述，并根据榆林窟各洞窟的时代特征，分唐代、曹氏归义军、回鹘、西夏元代4个时期对榆林窟的石窟艺术特别进行论述，对每个时期典型的代表性洞窟做了图文并茂的详细介绍。同时，作者对清朝初年，喇嘛吴根栋在榆林窟东崖洞窟前清理淤沙时发现象牙佛的经过做了介绍。此外，作者对榆林窟的保护问题也进行了阐述。

1032 《造像：敦煌文化传奇》，李奎编著，汕头：汕头大学出版社，2015 年 2 月。

本书是专门介绍与研究敦煌文化的著作。书中研究了敦煌石窟，对北凉北魏和隋唐宋元开凿的洞窟进行了介绍，探讨了其中各具风采的彩塑造像与石窟建筑，以及祁连山北麓的艺术石窟。同时，书中探析了敦煌莫高窟与榆林窟的壁画，对北凉、北朝、隋代与唐代等壁画的内容、艺术风格与表现形式进行了解读。此外，作者对敦煌遗书进行了探讨，介绍了莫高窟藏经洞发现的过程，并阐述了敦煌遗书的重要价值与历史意义。

1033 《长安粟特艺术史》，单海澜著，西安：三秦出版社，2015 年 1 月。

本书对在长安居住的粟特人进行了考察。书中主要讨论了粟特人的历史、宗教，粟特人的东迁与聚落，祆教的东传，粟特人在长安的活动及事迹，长安地区的粟特人艺术等问题。作者以西安北郊出土的三座北周时期的粟特人安伽墓、史君墓、康业墓为例，分析入华粟特人美术中的一些重要的主题图像，如神祇图像、丧仪图像、商队图像等，并通过对这些葬具、葬俗和美术图像的探讨，反映出中原汉文化与外来的粟特文化之间的交流和互动。

1034 《中国石窟艺术——炳灵寺》，甘肃炳灵寺文物保护研究所编，南京：江苏凤凰美术出版社，2015 年 8 月。

本书是由甘肃炳灵寺文物保护研究所编著而成介绍炳灵寺石窟艺术的著作。书中分为丝绸之路与炳灵寺石窟和炳灵寺石窟艺术两部分，主要介绍了大寺沟口、小积石山丹霞地貌、黄河之滨、炳灵石林雨霁、大寺沟外景、大寺沟等炳灵寺石窟周围景观，对近一百七十篇幅的石窟佛像、壁画及题记等内容进行了详细的解读，并对石窟艺术进行了探讨。本书为研究炳灵寺石窟提供了参考资料。

1035 《中国石窟艺术——麦积山》，花平宁、魏文斌主编，南京：江苏凤凰美术出版社，2013 年 8 月。

本书是记述与研究麦积山石窟艺术的图录，收录了 200 多幅具有代表性的石窟图片与壁画图片。书中叙述了麦积山崖面、第 74 窟西崖中部、第 71 龛右胁侍菩萨、第 80 窟正壁左侧及左胁侍菩萨、第 76 窟壁画莲花及顶部飞天、第 142 窟窟顶飞天、第 117 窟石雕佛坐像等建筑、壁画或雕塑的艺术形象，并附有定名、图版、出处及简介与赏析等内容，体现了麦积山石窟在丝绸之路东西文化交流上的桥梁作用，并映衬了石窟艺术背后的历史风貌。

**1036** 《中国石窟艺术——莫高窟》，敦煌研究院编著，南京：江苏凤凰美术出版社，2015 年 12 月。

本书是由敦煌研究院编著而成介绍莫高窟石窟艺术的专著。本书主要内容囊括了石窟壁画中的佛经故事、山川景物、亭台楼阁等建筑画、山水画、花卉图案、飞天佛像以及当时劳动人民进行生产的各种场面等，探讨了十六国至清代 1500 多年的民俗风貌和历史变迁。书中根据朝代壁画表现出不同的绘画风格，展示了中国封建社会的政治、经济和文化状况，为中国古代史研究提供珍贵的形象史料。

**1037** 《中国石窟艺术——榆林窟》，敦煌研究院编，南京：江苏凤凰美术出版社，2014 年 7 月。

本书是记述与研究榆林窟石艺术的图录，收录了 100 多幅具有代表性的石窟图片与壁画图片。书中叙述了东西崖栈道、化纸楼、第 17 窟中心柱东向龛立佛、第 28 窟中心柱北向面立佛、第 25 窟窟室内景、第 25 窟北壁飞天等建筑、壁画或雕塑的艺术形象，并附有定名、图版、出处及简介与赏析等内容，体现了榆林窟在佛教思想、壁画内容及表现形式上的艺术成就，并映衬了石窟艺术背后的历史风貌。

**1038** 《中国石窟艺术——云冈》，张焯主编，南京：江苏凤凰美术出版社，2011 年 8 月。

本书是记述与研究云冈石窟艺术的图录，收录了 100 多幅具有代表性的石窟图片与壁画图片。书中叙述了第 11—13 窟外景、第 1 窟中心塔柱、第 3 窟左胁侍菩萨、第 17 窟北壁交脚弥勒、第 19 窟南壁罗睺罗因缘、第 25 窟窟顶飞天等建筑、壁画或雕塑的艺术形象，并附有定名、图版、出处及简介与赏析等内容，体现了云冈石窟在佛教思想、壁画内容及表现形式上的艺术成就，并映衬了石窟艺术背后的历史风貌。

**1039** 《中国文学与地域风情："〈文学遗产〉西部论坛"论文选萃》，薛天纬、朱玉麒主编，北京：学苑出版社，2005 年 12 月。

本书是由薛天纬等主编的以西部为主要研究对象，从文学和地理等角度研究的综合性文集，其中的作品有《神话西王母浅说》《六朝僧侣：文化交流的特殊使者》《边塞诗派的成熟兴衰与大西北》《岑参诗与唐轮台》《耶律楚材与蒙元时期丝绸之路文学》《西北方志中八景诗词述论》等，全面概述了西域神话地貌、唐诗繁荣的西部因素、唐代诗化的音乐和西部乐器、文人话本与吴越文化等西部地区的诗词文学内容，为读者研究西域文学提供了参考。

1040　《中国新疆壁画：龟兹》，新疆龟兹石窟研究所编，乌鲁木齐：新疆美术摄影出版社，2008年6月。

本书是介绍与探讨中国新疆地区龟兹石窟壁画的著作。书中以古代龟兹地区的石窟壁画艺术为线索，对克孜尔石窟中第38窟的天宫伎乐图、本生故事、涅槃图，第84窟的因缘佛传图、第69窟的龟兹国王和王后、菱格本生故事等一系列壁画内容进行了叙述与解读。此外，书中还对龟兹地区台台尔、库木吐喇、森木塞姆、克孜尔尕哈等石窟的壁画进行了一一阐述，探讨了新疆石窟壁画中龟兹风格的形成与发展，以及龟兹文化对于佛教石窟艺术的地域影响，具有较高的艺术价值。

1041　《中国新疆壁画艺术·第一卷：克孜尔石窟（一）》，《中国新疆壁画艺术》编委会编，乌鲁木齐：新疆美术摄影出版社，2009年9月。

本书是新疆壁画艺术中克孜尔石窟壁画专辑，研究与探讨了克孜尔石窟初创期与发展期的佛教壁画艺术，体现了克孜尔石窟龟兹佛教文化的早期样态。书中对所收录的壁画进行了系统阐述，按照洞窟编号、壁画内容进行分类，对每幅壁画的名称、图版、所在洞窟编号，以及壁画主要内容等方面进行了介绍，记述了包含第118窟佛传图、立佛，第92窟佛传图、乾闼婆、天人，第38窟本生故事、弥勒菩萨、天宫伎乐等石窟壁画的内容与形象。

1042　《中国新疆壁画艺术·第二卷：克孜尔石窟（二）》，《中国新疆壁画艺术》编委会编，乌鲁木齐：新疆美术摄影出版社，2009年9月。

本书是新疆壁画艺术中克孜尔石窟壁画专辑，研究与探讨了克孜尔石窟繁盛期的佛教壁画艺术，体现了龟兹风格壁画的形成与发展。书中对所收录的壁画进行了系统阐述，按照洞窟编号、壁画内容进行分类，对每幅壁画的名称、图版、所在洞窟编号，以及壁画主要内容等方面进行了介绍，记述了包含第110窟佛传图、禅定佛，第17窟本生故事、涅槃图、立佛，第196窟飞天、因缘故事、弥勒菩萨说法图等石窟壁画的内容与形象。

1043　《中国新疆壁画艺术·第三卷：克孜尔石窟（三）》，《中国新疆壁画艺术》编委会编，乌鲁木齐：新疆美术摄影出版社，2009年9月。

本书是新疆壁画艺术中克孜尔石窟壁画专辑，研究与探讨了克孜尔石窟繁盛期与衰落期的佛教壁画艺术，体现了克孜尔石窟壁画晚期的特点。书中对所收录的壁画进行了系统阐述，按照洞窟编号、壁画内容进行分类，对每幅壁画的名称、图版、所在洞窟编号，以及壁画主要内容等方面进行了介绍，记述了包含第8窟因缘故事、本生故事，第100窟佛传图、天宫伎乐、帝释天，第184窟菱格因缘故事、本生故事等石窟壁画的内容与形象。

1044 《中国新疆壁画艺术·第四卷：库木吐喇石窟》，《中国新疆壁画艺术》编委会编，乌鲁木齐：新疆美术摄影出版社，2009年9月。

本书是新疆壁画艺术中库木吐喇石窟壁画专辑，研究与探讨了库木吐喇石窟的佛教壁画艺术，体现了龟兹艺术风格的特点。书中对所收录的壁画进行了系统阐述，按照洞窟编号、壁画内容进行分类，对每幅壁画的名称、图版、所在洞窟编号，以及壁画主要内容等方面进行了介绍，记述了包含第23窟菱格因缘故事、天人、比丘，第63窟因缘故事、本生故事，第50窟供养者、采花献佛得生天缘、天象图等石窟壁画的内容与形象。

1045 《中国新疆壁画艺术·第五卷：森木塞姆石窟 克孜尔尕哈石窟》，《中国新疆壁画艺术》编委会编，乌鲁木齐：新疆美术摄影出版社，2009年9月。

本书是新疆壁画艺术中森木塞姆石窟与克孜尔尕哈石窟壁画专辑，研究与探讨了两处石窟的佛教壁画艺术，体现了印度风格对石窟壁画艺术的影响。书中对所收录的壁画进行了系统阐述，按照洞窟编号、壁画内容进行分类，对每幅壁画的名称、图版、所在洞窟编号，以及壁画主要内容等方面进行了介绍，记述了包含第30窟因缘故事、本生故事，第32窟罗刹和韦驮、举哀天人、供养天王，第44窟菱格因缘故事、天宫伎乐、供养比丘等石窟壁画的内容与形象。

1046 《中国新疆壁画艺术·第六卷：柏孜克里克石窟》，《中国新疆壁画艺术》编委会编，乌鲁木齐：新疆美术摄影出版社，2009年9月。

本书是新疆壁画艺术中柏孜克里克石窟壁画专辑，研究与探讨了柏孜克里克石窟自高昌郡时期至回鹘高昌后期的佛教壁画艺术，体现了高昌风格对石窟壁画艺术的影响。书中对所收录的壁画进行了系统阐述，按照洞窟编号、壁画内容进行分类，对每幅壁画的名称、图版、所在洞窟编号，以及壁画主要内容等方面进行了介绍，记述了包含第44窟说法图、护法与千佛，第4窟胁侍菩萨、平棋图案，第20窟毗沙门天王图、大悲变相图、佛本行经变等石窟壁画的内容与形象。

1047 《中国新疆吐鲁番民间图案纹饰艺术》，李肖冰编著，乌鲁木齐：新疆人民出版社，1997 年 7 月。

本书是以吐鲁番历史文化为大背景研究吐鲁番地区图案艺术纹饰的专著。主要介绍了维吾尔花帽、被头花、提包刺绣花饰等新疆的服饰文化；民族家居装饰艺术建筑图案装饰、地毯、壁挂图案纹饰等家居装饰；花木箱、刻花洗手壶与盆、麻札的造型与装饰等家具装饰。本书绘制的 200 余幅彩图，是画家深入农村采集整理而成，彩图色泽火红、热烈，构图饱满，颇具吐鲁番盆地特色，既有承袭古老遗风的韵味，又具有现代社会的特色。

**1048　《中亚佛教艺术》**，［意］马里奥·布萨格里、［印］查娅·帕塔卡娅、B. N. 普里著，许健英、何汉民译，贵阳：贵州大学出版社，2015 年 1 月。

本书是对中亚佛教艺术的论述。书中分为三个部分，首先为意大利马里奥·布萨格里的《中亚绘画》包括《中亚绘画之发萌——米兰》《喷赤干和粟特的影响》《丝路北道的主要中心》《吐鲁番画组》等；其次是印度查娅·帕塔卡娅的《中亚艺术》包括《木器所展示的中亚艺术和工艺》《品域性的艺术风格》等；最后是印度 B. N. 普里的《中亚佛教》（节选）包括《复合型的和田派》《丝绸之路北道诸画派》《吐鲁番》《敦煌》等。本书可以使读者对于中亚地区整体的绘画、木雕及佛教艺术中心有较为系统、完整的认识，书后附的《中亚绘画图版》和《中亚艺术图版》也便于读者参考。

**1049　《中亚古代艺术》**（新疆艺术研究·第 1 辑·美术研究卷），Г. А. 普加琴科娃、Л. И. 列穆佩著，陈继周、李琪译，乌鲁木齐：新疆美术摄影出版社，2013 年 11 月。

本书是介绍与研究中亚古代艺术的著作。书中对于古代中亚地区建筑装饰、雕塑、壁画、细密画、陶器、金属工艺品、艺术织物、骨雕等品类的艺术文物进行了叙述，探讨了各种艺术品在古代时期的发展历史与演化过程，分析了其风格样式、地域特征、文化内涵与民俗信仰。同时书中还收录了关于中亚古代艺术品的实物插图，并附有题名、年代等内容，真实再现了古代中亚地区各民族的物质生活、文化传统与历史风貌。

# 语言与文献

1050 《〈回回馆杂字〉与〈回回馆译语〉研究》，刘迎胜著，北京：中国人民大学出版社，2008年10月。

本书以北京图书馆本、柏林国立图书馆本与北京图书馆所藏袁氏抄本为底本，校以其他善本，采用波斯文原文、汉译与汉字音译之间互校的方法更正单靠不同刊本、抄本之间比对不能解决的讹误，并将波斯文原文逐字拉丁转写，作以诠释。全书共分为五部分，前言部分主要介绍中国古代伊朗语文与波斯语文教学简史、明中期以前我国双语字书（辞典）编写简史、相关研究史、《回回馆杂字》与《回回馆译语》概述、本书版本介绍及说明。第二部分为本书校释部分，分别对"四夷馆本"和"四夷馆本""增续杂字"以及"袁氏本"进行校释。第三、四、五部分则分别为小结、引用书目和回回字索引。

1051 《〈通典〉西域文献要注》，李锦绣、余太山著，上海：上海人民出版社，2009年5月。

本书由"西戎总序"和60个西域国家小传组成，反映了汉唐之间西域经营的历史，也记录了汉唐期间西域诸国的风土概况。全书分为二编，第一编为《通典·边防·西戎》"西域"部分序说，包括"序略"分析；《通典·边防典》西域诸国排序原则；《通典·边防典》西域诸国在正史《西域传》的取材、正史其他人物传以及游记与地志的取材；本书的编纂原则及内容特色和独特的史料及价值；《通典·边防典》与《政典》的关系等问题。第二编为《通典·边防典》西域文献要注，包括西域60个国家的小传及注。

1052 《巴黎藏回鹘文诗体般若文献研究》（古代维吾尔语诗歌集成），热孜娅·努日著，上海：上海古籍出版社，2015年12月。

本书为对巴黎国家图书馆所藏的回鹘文抄本 Pelliot Ouigour 4521 中的两个回鹘佛教内容文献《回鹘文常啼菩萨的求法故事》及《菩萨修行道》的语文学研究成果。对《回鹘文常啼菩萨的求法故事》研究包括文献研究综述、文献的语言特点及成书年代、文献所见汉字及与其相应的突厥语词、在本文中所使用的符号与缩略语以及文献来源等问题进行探讨。同时对《回鹘文常啼菩萨的求法故事》以及《菩萨修行道》中的韵文部分的转写、译文、注释、词汇索引和相关文献的语言特点等方面进行了具体分析。

1053 《滨田德海搜藏敦煌遗书》，方广锠编纂，北京：国家图书馆出版社，2016年9月。

本书收录日本原大藏省书记官滨田德海搜集珍藏的敦煌遗书36件，主要是南北朝时期到归义军时期的敦煌写经，是近年来比较大宗的唐人写经回流，对敦煌学研究具有重要文献意义。敦煌学专家方广锠先生为全书作序，并在书后附以详细的条记目录和鉴藏印释文。所录经卷有敦煌所出妙法莲华经、大般涅槃经、大般若波罗蜜多经、金光明经、大智度论、观世音经、思益梵天所问经、佛名经以及一些契约文书等。

1054 《陈诚西域资料校注》，《新疆通史》编撰委员会编，王继光校注，乌鲁木齐：新疆人民出版社，2012年11月。

本书收集了明代陈诚出使西域的相关文集以及事迹，是研究明代西域的重要历史文献资料。具体内容包括《奉使西域复命疏》《进呈御览奉使西域往回纪行诗》《葱岭二条归休补遗》《蔷薇露之说》《与安南辨明丘温地界书附安南回书》《安南国王复书》《又复安南国王书》《再送还安南馈赆书》《安南国王又复书》《狮子赋》《自述新居上梁文》《历官事迹》《东溪萧元淳思本堂记》等篇目。附录中还附有《陈竹山先生文集》序以及陈诚诗文补遗、陈诚年表和西域行程记等文献资料。

1055 《党项西夏碑石整理研究》（西夏文献研究丛刊），杜建录著，上海：上海古籍出版社，2015年12月。

本书是对党项与西夏碑石资料的考释研究。全书分为两部分，上篇是对党项与西夏碑石的概论与叙录以及具有代表性墓志专题研究，包括唐五代宋初夏州拓跋政权墓志铭考释、唐延州安塞军防御使白敬立墓志铭考释、后唐定难军节度押衙白全周墓志考释等；下篇是对碑石的整理，收集了陕西、内蒙古、甘肃、宁夏、北京、河北、河南等地藏党项与西夏碑刻，并进行了考释，为读者研究西夏历史提供了便利。

1056 《东方学研究所圣彼得堡分所收藏哈喇浩特及西域出土中世纪蒙古文文献研究》，［匈］G. 卡拉（Gyorgy Kara）著，敖特根译，北京：民族出版社，2006年12月。

本书对柯兹洛夫黑城收集品中的16件蒙古文残文书以及克洛特可夫收集品中的一件西域文书进行了较全面、系统的研究，所含文书具体包括G111、G110（正面）、G110（背面）、G112（正面）、G113、G121、G114、G119、G118、G107、G112、

G106、G108、G109、G120（正面）、G120（背面）、G115、G117、G116 等，大部分文书为首次刊布，为读者研究蒙古文文书提供方便。

**1057** 《敦煌本乌鸣占文献研究》，房继荣著，兰州：甘肃人民出版社，2016 年 11 月。

本书对敦煌文献中的乌鸣占文献做以系统研究。全书分为四部分，绪论对乌鸣占文献的内容和研究意义作以介绍；上篇分别对敦煌汉文文献、藏文文献中的乌鸣占文献进行录文及翻译，对汉藏文占卜表中的内容进行校释；下篇对敦煌本乌鸣占文献的定名问题进行研究，考论敦煌本乌鸣占文献源流，分析乌鸣占文献产生的背景和年代；结论部分对乌鸣占文献的源流进行了宏观和微观的分析。

**1058** 《敦煌变文单音动词词义演变研究》（静苑语言学丛书），李倩著，北京：中国社会科学出版社，2015 年 9 月。

本书以敦煌变文为语料，探索单音动词词义演变研究。全书分为三部分，首先对语料研究现状与理论基础进行综述；其次重点分析变文单音动词词例，包括同义词来源分析、多义词演变分析、综合考察等内容；最后为变文词义演变的理论分析，涉及词义演变与变文词汇系统的形成和词义演变的历史考察和认知分析等内容。全书通过考察变文单音动词实例对其演变历程与轨迹以及敦煌变文动词词汇系统形成的作用和影响进行全面分析，揭示变文动词词汇系统与前代词汇系统的区别和联系。

**1059** 《敦煌变文集补编（第二版）》，周绍良、白化文、李鼎霞编，北京：北京大学出版社，2016 年 7 月。

本书是对敦煌变文集的补编，录著新发表变文 9 篇，补校 6 篇。内容包括《双恩记》《妙法莲华经讲经文》《盂兰盆经讲经文》《维摩诘所说经讲经文》《维摩碎金》《须大拏太子本生因缘》《悉达太子修道因缘》《十吉祥》《押座文》《赞僧功德经》《释迦因缘》《榜题（洪字六十二号）》《六禅师七卫士酬答》《下女夫词》《散座文》等篇目。书后附有俗字表，为读者阅读变文提供便利。

**1060** 《敦煌变文名物研究》（挂榜山文集），张春秀著，成都：西南交通大学出版社，2015 年 7 月。

本书主要对敦煌变文中的名物进行梳理和考释。全书分为上下两编，上编对敦煌变文语言研究及名物研究的现状与趋势进行分析，对敦煌变文名物的研究价值和研究方法进行论证，并总结了敦煌变文中名物的特征；下编对敦煌变文中的饮食类、衣饰类、器用类、舟车类、乐器类、武备类、佛具类等名物进行了详尽的考释，对敦煌变文的阅读与理解、汉语词汇史的研究、辞书的编纂与修订提供参考与借鉴。

1061 《敦煌变文字义通释》，蒋礼鸿著，杭州：浙江大学出版社，2016年10月。

本书是蒋礼鸿先生考释敦煌变文词语的学术专著，选取敦煌变文中不易理解的难词，加以考证和解释。全书分为六个篇章，分别对称谓词汇，包括奴、孥、阿奴、乘、某乙、厶乙、下官、之者等；容体词汇，包括牟、闻样、人貌等词；名物词汇，包括威仪、问头、纸笔、房卧等类；事为词汇篇，包括去就、昇常、踏地等类；情貌词汇篇，包括无端、可憎、薄媚、圣等；虚字篇，包括隔是、弱、可中、或若、其等字词，对读者理解敦煌变文字义，和研究汉语词汇史提供参考价值。

1062 《敦煌道经目录篇》，[日]大渊忍尔著，隽雪艳、赵蓉译，济南：齐鲁书社，2016年10月。

本书为日本著名学者大渊忍尔先生搜集世界各大图书馆所藏敦煌道经资料整理而成的敦煌道经目录。全书分为灵宝经类、上清经类、道教经类、杂道经类、道教类书、失题道经等六大部分共四百九十六件敦煌文献资料的目录，与道藏本相关文献进行校勘，并有详细的说明和校记，书后附有索引，为读者研究和利用敦煌道经提供便利。

1063 《敦煌掇琐本切韵校记》（赵少咸文集），赵少咸著，北京：中华书局，2016年4月。

本书是对敦煌掇琐本《切韵》进行校勘与记述的著作。书中对作者赵少咸先生的生平进行了概述，并详细阐述与探讨了支韵、之韵、微韵、鱼韵、虞韵、模韵、齐韵、皆韵、灰韵、咍韵等30余种平声韵，董韵、肿韵、讲韵、纸韵、旨韵、止韵、尾韵、语韵、麌韵、姥韵等40余种上声韵，送韵、真韵、至韵、志韵、未韵、御韵、遇韵、暮韵、泰韵、霁韵等40余种去声韵，以及屋韵、沃韵、烛韵、觉韵、质韵、物韵、月韵、没韵、末韵、曷韵等20余种入声韵，具有较高的学术价值，推动了语言文字学的研究与发展。

1064 《敦煌歌辞文献语言研究》，刘传启著，北京：中国社会科学出版社，2016年6月。

本书是对敦煌歌辞文献语言的研究。主要内容有：对敦煌歌辞和《敦煌歌辞总编》的作者、创作年代及写作关系进行介绍并概述敦煌歌辞研究的现状及其语言研究的价值和意义；对敦煌歌辞写卷进行综述，介绍了敦煌歌辞重点写卷并分析其传抄原因及功用；分析敦煌歌辞的语言特点，包括对话艺术和民间话语形态的分析；对敦煌歌辞的语调进行研究，对歌词俗语词考释以及对歌辞的句法进行校释与分析；最后对敦煌歌辞校释并商补。

**1065** 《敦煌汉文文献题记整理与研究》，朱瑶著，北京：中国社会科学出版社，2016年7月。

本书是对敦煌所出汉文文献题记的整理研究。全书分为五章，首先对敦煌文献的题记作以概述，对题记的释名、甄别、分类及书写位置进行介绍，考察了题记的定义及历史渊源；对佛教文献题记做以具体研究，针对中土佛教经典崇拜产生的原因、造经者的造经目的与特点以及写经题材和文字的衍变等内容进行分析，考察了佛教信仰的时代变迁；对道教及三夷教文献题记研究，包括道教及三夷教的文献综述以及题记所表现的写经活动等内容；此外，书中还详述了四部文献的题记，分析了唐五代宋初的学校教育和特点。

**1066** 《敦煌经学文献论稿》（浙江学者丝路敦煌学术书系），许建平著，杭州：浙江大学出版社，2016年8月。

本书是浙江大学古籍研究所许建平先生关于敦煌经学文献的研究论文集，集中了许建平先生多年的研究成果。具体内容包括对敦煌本《周易》《尚书》《诗经》《毛诗音》《礼记音》及《论语》等儒家经典的校录和考证，作者对敦煌本经学文献的辑佚价值、校勘价值、音韵学价值、文字学价值、版本学价值进行了重要揭示。此外，作者还分享了自己研究敦煌学的经过以及整理敦煌文献的经验和需要注意的问题，对后学整理敦煌文献很有裨益。

**1067** 《敦煌蒙书研究》（敦煌学研究丛书），季羡林主编，郑阿财、朱凤玉著，兰州：甘肃教育出版社，2002年9月。

本书是对敦煌出土蒙书的系统研究之作。书中将敦煌出土蒙书分为识字类蒙书、知识类蒙书、德行类蒙书分别讨论。识字类蒙书包括《千字文》《开蒙要训》等综合性识字蒙书，《俗务要名林》《杂集时用要字》等杂字类蒙书，《碎金》等俗字类蒙书及《上大夫》等习字类蒙书；知识类蒙书则包括《杂抄》等综合知识类蒙书，《蒙求》等历史知识类蒙书，《兔园册府》等习文知识类蒙书；德行类蒙书主要有以《新集文词九经抄》为代表的一般类蒙书、《太公家教》为代表的家训类蒙书及《王梵志诗》等格言诗类蒙书。除了对以上蒙书进行系统解读，作者还对敦煌蒙书的性质和价值进行了深入挖掘和讨论。

1068 《敦煌契约文书语言研究》，陈晓强著，北京：人民出版社，2012年12月。

本书从语言文字学角度对敦煌契约文书展开研究。全书分为《敦煌契约文书辑校》勘正、对敦煌契约文书词语汇释、敦煌契约文书选注三部分，分别对敦煌契约文书文本、文字及语言研究进行了研究。具体内容包括敦煌契约文书用字现象的考察和疑难字的考释；敦煌契约文书用词现象、契约套语的考察和疑难词的考释以及对代表性敦煌契约文书篇章的注释，为读者研究汉语史及民俗文化学提供了资料。

1069 《敦煌石窟与文献研究》（浙江学者丝路敦煌学术书系），施萍婷著，杭州：浙江大学出版社，2015年12月。

本书是施萍婷先生关于敦煌石窟与文献研究论集。全书分为敦煌石窟研究和敦煌文献研究两方面展开论述。石窟研究方面，对敦煌莫高窟的历史沿革、428和220等代表石窟进行解读，并对敦煌等地所见须摩提女因缘故事画、无量寿经变、阿弥陀经变、金光明经变等敦煌经变画进行了研究。敦煌文献研究方面，对敦煌研究院所藏《酒账》、敦煌的历日、俄藏 дх. 1376、1438、2170、法藏 P. 2130、英藏 S. 2926 等号敦煌遗书作了详细考释与研究，并对敦煌所出唐代奴婢买卖文书及其书跋进行了探讨。

1070 《敦煌所出唐宋书牍整理与研究》，王使臻、王使璋、王惠月著，成都：西南交通大学出版社，2016年9月。

本书是对敦煌所出唐宋时期书牍的整理与研究。全书分为两编，上编对近三十年敦煌所出唐宋书牍研究现状进行概述，具体分析书牍的出表、上书、奏文等文体，并研究押署和封缄的方法，从书牍中的内容信息还原唐宋社会的社会历史生活状况；下编对敦煌所出的唐宋书牍进行分类整理，包括敕、表、奏状、上书、牒、榜、帖、状、启、书、委曲、谘、简札等内容。书中还附以敦煌所出唐宋书牍相关人名索引，为读者研究提供便利。

1071 《敦煌吐蕃文契约文书研究》（甘肃政法学院法学文库），侯文昌著，北京：法律出版社，2015年12月。

本书是敦煌吐蕃文契约文书的研究专著。书中首先探讨了吐蕃文的渊源问题并概述了吐蕃文契约文书的研究现状及价值；随后根据吐蕃文契约文书的内容，分为雇佣契约、租佃契约、买卖契约和借贷契约四类，分别介绍各类契约文书的格式并对其性质进行分析。作者对30件左右吐蕃文契约文书进行了深入研究，探索当时的社会经济状况以及契约所体现的史学、法学价值，并对吐蕃文契约文书进行了整体的分析和概括。书后附有吐蕃文契约的录文（汉译文），为读者后续研究提供便利。

**1072　《敦煌吐鲁番本〈文选〉》，饶宗颐编，北京：中华书局，2000 年 5 月。**

本书为饶宗颐先生所编敦煌吐鲁番本《文选》。本书网罗世界各地收藏《昭明文选》古写本残缣零简，包括法藏《张平子西京赋》、俄藏《左太冲吴都赋》、柏林藏《通幽赋》、英藏《晋纪总论》《塘上行》、国家图书馆藏《陆士衡辩亡论》、敦煌研究院藏《李萧远运命论》等。书中对唐代文选学进行略述，并对敦煌吐鲁番本《文选》进行叙录，配以各个写本的图版，附录《文选音》《班孟坚幽通赋并注》《王仲宣登楼赋》等篇。

**1073　《敦煌吐鲁番本〈文选〉辑校》，金少华著，杭州：浙江大学出版社，2017 年 4 月。**

本书是对敦煌吐鲁番所出《文选》的辑校之作。作者收集敦煌、吐鲁番等地出土的《文选》写卷 44 号，在前人研究成果的基础上进行梳理，整理出汇校本。书中将写卷分成白文本、李善注本、佚名注本三类，分别加以校录。每件文书都有题解、底本参校本的简要说明、原本完缺情况、抄写年代研究情况判断，并对其进行录及附以详细的校勘记。此外，作者还在绪论中对写卷的版本价值、校勘价值、文字学价值及音韵学价值等方面进行了具体的考订，供读者参考。

**1074　《敦煌吐鲁番出土发病书整理研究》（敦煌汉、藏文术数书整理释录与比较研究书系），陈于柱著，北京：科学出版社，2016 年 11 月。**

本书是对敦煌吐鲁番出土《发病书》研究。全书分为研究篇和校录篇两部分：研究篇对敦煌吐鲁番出土《发病书》作了较为详细的叙录并对《发病书》的定名、断代、缀合等问题进行了探讨；此外，作者探究了敦煌吐鲁番出土《发病书》中关于社会史、医疗史等方面的内容，对《发病书》中的"代人""天医""代人"等问题进行了考论。校录篇包括敦煌吐鲁番出土《发病书》、于阗文、古藏文占病文献、新发现的传世线装本《发病书》等资料，作者对其进行了校录整理，为学界提供参考。

**1075　《敦煌吐鲁番法制文书研究》，陈永胜著，兰州：甘肃人民出版社，2000 年 9 月。**

本书是对敦煌吐鲁番法制文书的研究专著。书中对敦煌法制文书的研究背景、研究现状进行梳理，针对法制文书中的正章典籍，解读唐代律令残卷的内容与价值意义；分析敦煌吐鲁番契约文书，对其类型、形制、内容进行总结，并概括契约文书的社会意义；对敦煌吐鲁番出土的经济法制、商业法制以及婚姻继承法制进行深入研究，分析唐代社会法制的发展情况；此外，作者还对敦煌诉讼文书进行了解读。本书为研究中国古代法制提供了新的史料内容，填补了正章典籍的空白，也为读者了解唐代丝绸之路沿线商业、经济法制体系提供参考。

**1076　《敦煌吐鲁番契约文书中的群体及其观念、行为探微》，陈敬涛著，北京：中国政法大学出版社，2013 年 11 月。**

本书是对敦煌吐鲁番出土契约文书的研究专著。全书主要研究契约文书中的人们的思想观念和行为，通过对契约主体双方身份内容，包括姓名、亲缘和地缘关系、职衔、民族、性别等因素的研究，来揭示订立契约的当事人的各个侧面；以主保关系为视角研究敦煌吐鲁番契约中保人的各自特征和变迁，并就一份买卖契约中的主、保状况进行个案研究；以契约文书中"沽各半"套语为中心，概括立契主体的思维和行为方式；最后从《百喻经》的债字出发对契约主体的思维和行为方式进行微观洞察。作者对契约文书的研究，展示出了中古时期敦煌吐鲁番民众的相互关系、思维行为以及他们的日常生活。

**1077　《敦煌吐鲁番社会经济文献词汇研究》，黑维强著，北京：民族出版社，2010 年 11 月。**

本书对敦煌、吐鲁番社会经济文献词汇进行了系统研究。全书分为五部分，主要对敦煌、吐鲁番社会经济文献词汇的构成成分进行了分析；对文献中的一批新词、新义进行考证；对文献中来自佛教和西北一些民族语言中的外来词进行调查，并分析了当地的方言词；考察了文献词汇与现代汉语方言词汇的关系；讨论敦煌吐鲁番社会经济文献词汇与辞书编纂问题，并对文献中的重要词头、词尾作了探讨；此外，针对敦煌、吐鲁番社会经济文献疑难词语，作者也做了较为详细的考释。

**1078　《敦煌吐鲁番所出唐代军事文书初探》，孙继民著，北京：中国社会科学出版社，2000 年 11 月。**

本书对敦煌吐鲁番发现的唐代军事文书进行研究，根据两地所出与府兵有关的文书，探讨了唐代府兵装备、府兵的征行制度；利用兵募、健儿、子弟有关文书，分析了唐代兵募、健儿制度的诸多问题；根据行军与军镇相关文书，讨论了唐代行军的营制、兵种问题，并对垂拱年间西域的军事形式和瀚海军的相关情况做了解析；此外，书中还通过对敦煌吐鲁番所出唐代的军事文书整理，探讨了文书的写作年代及历史交通地理资料方面的价值。

**1079** 《敦煌吐鲁番文书研究》（浙江学者丝路敦煌学术书系），朱雷著，杭州：浙江大学出版社，2016年4月。

本书是朱雷先生关于敦煌吐鲁番文书研究文集，收入论文27篇，研究内容涉及敦煌吐鲁番两地的政治、经济、宗教、文学等方面。作者通过敦煌吐鲁番出土文书的研究，对东晋十六国时期少数民族与中原王朝的经济交流、土地制度以及唐代中央对西域地区的少数民族政策、两地户籍政策与变化等内容都有探讨，并对敦煌吐鲁番地区出土的变文，如《伍子胥变文》《舜子变》《李陵变文》《张义潮变文》等进行了辨疑与分析。书中还谈了作者对敦煌吐鲁番文书的追求经历以及与唐长孺先生整理文书的经历，对读者研究敦煌吐鲁番文书很有裨益。

**1080** 《敦煌吐鲁番文献》（20世纪中国文物考古发现与研究丛书），王素著，北京：文物出版社，2002年4月。

本书是对敦煌吐鲁番文献研究综述著作。全书从敦煌吐鲁番的历史与文化入手，对20世纪敦煌吐鲁番文献从发现到研究的经过及其重要成果进行了综述。书中对敦煌吐鲁番文献的整理着墨颇多，分别对两个地区的出土文献的研究现状进行综述，并将其分为古籍整理、历史与民族文献整理、社会经济文献整理三部分详细述之。本书对敦煌吐鲁番文献的主要内容和重要价值进行了评介，且图文并茂，资料翔实，具有较高的学术价值。

**1081** 《敦煌吐鲁番文献研究》，郑炳林主编，兰州大学敦煌学研究所编，兰州：兰州大学出版社，1995年8月。

本书是兰州大学敦煌学研究所对于敦煌学研究论文集成之作。书中共收入郑炳林、齐陈骏、陆庆夫、楼劲、杜斗城、王冀青等六位先生的研究论文38篇，有关于民族文献与古代民族的考论，如：《敦煌民族文献与河西古代民族》《略论敦煌民族史料的价值》等篇；有关于法制文化的探讨，如：《敦煌、吐鲁番文书中有关法律文化资料简介》《伯2819号残卷所载公式令对于研究唐代政制的价值》等篇；有关于敦煌当地人物研究，如《〈索勋纪德碑〉研究》《敦煌本〈张淮深变文〉研究》等篇；以及历史地理研究，如《〈沙州伊州地志〉所反映的几个问题》《唐五代敦煌新开道考》等方面。

**1082** 《敦煌吐鲁番文献与名家书法》，毛秋瑾著，济南：山东画报出版社，2014年7月。

本书是以敦煌吐鲁番文献与名家书法为研究对象的论著。全书分为三部分，主要对史籍记载的柳公权书法及《金刚经》碑拓加以考察并探讨敦煌本《金刚经》拓本及相关研究并提出自己的看法；整理了敦煌吐鲁番写本中与王羲之书法《兰亭序》《十七帖》《宣示表》《尚想黄绮帖》等名帖，探讨了这些写本的书写年代、书写者身份、书体与书法风格等问题；通过敦煌吐鲁番本《文选》探讨裴行俭的仕宦与书法并分析裴行俭对唐初书坛的影响。

**1083　《敦煌吐鲁番文献与日本典藏》，王三庆著，台北：新文丰出版股份有限公司，2014 年 9 月。**

本书主要探讨日本收藏敦煌吐鲁番文书的价值。全书对日本天理图书馆藏敦煌写卷的价值和目前存在的争议进行探讨，阐述了敦煌书仪文献在日本的发展和研究现状，讨论了敦煌文献与日本佛教和民俗的呼应关系，并对敦煌文献与日本古典写经之间的联系进行了深入分析。书中通过对《唐人十二月相闻书》《朋友书仪》《月仪书》等敦煌书仪的研究，对书仪的流变进行了追索，发掘出了奈良时期古写经与敦煌文献呼应之处，以及与东亚各国交流的情况，并通过敦煌文献与日本古写经对中古佚失典籍进行了补正。

**1084　《敦煌吐鲁番研究：文献与文明》，刘再聪、秦丙坤主编，兰州：甘肃文化出版社，2013 年 10 月。**

本书是研究敦煌吐鲁番相关文献与文明研究的论文集。本卷共收录论文 31 篇，分为四个主题，敦煌吐鲁番出土文书校释，如《敦煌写本吐蕃文雇工契 P. T. 12794 探析》等篇；敦煌吐鲁番出土文书研究，如《〈沙州都督府图经〉纂修年代及其相关问题考》等篇；敦煌出土文书与社会历史研究，如《从敦煌文书看唐五代敦煌地区布纺织业》《从吐鲁番文书看唐代西州县以下行政建制》等篇；敦煌学论著翻译，如《中国古代籍帐研究·著者序言》等篇。书中既有对文书的细密考证，也有对敦煌、吐鲁番地区及中古中国相关史实的考订，从中可以看到学界在这一领域的研究过程，以及发现新的治学方法与路径。

**1085　《敦煌吐鲁番医药文献新辑校》，沈澍农编，北京：高等教育出版社，2016 年 12 月。**

本书是对敦煌藏经洞与吐鲁番周边地区出土的中医药文书辑校之作。书中对法藏、英藏、俄藏、日藏及中国所藏敦煌吐鲁番中医药文书进行了校录。全书主要分为总论和分论两部分，总论对敦煌吐鲁番医药文献研究情况作以整体叙述，分析本研究的难点及存在问题；在分论中，对敦煌所出各个医药文书进行细致研究，包括每件文书的录文、校勘、注释等内容,并为每件文书作以详细叙录。此外,本书还比较了《敦煌中医药文献辑校》各卷号拟名并举出其他已出版著作中同卷异名的情况。

**1086** 《敦煌文献避讳研究》(敦煌讲座书系),窦怀永著,兰州:甘肃教育出版社,2013 年 11 月。

本书是对敦煌文献中避讳现象的研究。作者搜集近 2000 件存有纪年的文献,对其进行甄别确定出 608 件纪年明确时间可靠的敦煌文献作为考察对象,梳理了其中的避讳情况,判断文献中的避讳状况,并对避讳特点和影响因素做了总结和归纳。此外,作者对敦煌文献避讳的方法,如:缺笔避讳、改字避讳、改型避讳等情况逐一进行分析,并就避讳字形作以深入探讨,考察了避讳字与敦煌俗字的关系。值得一提的是,作者还对敦煌文献断代的重要意义和避讳断代的原则进行了归纳,为敦煌文献的断代工作提供了参考。

**1087** 《敦煌文献探析》,杨宝玉著,北京:人民美术出版社,2005 年 6 月。

本书是对敦煌文献的探索分析之作。主要内容分为六部分,介绍敦煌文献再现于世与流散世界的劫难经历;对敦煌文献的装帧形式展开讨论,并对其中的早期印本和拓本进行了介绍;通过佛教、道教、摩尼教、景教、祆教等不同宗教的文献探讨敦煌宗教文献的内容和价值;分别对敦煌文献中经、史、子、集四部文献解读敦煌世俗文献的价值;通过百年来的学术史回顾,介绍敦煌学的研究状况,并论述其国际显学的地位与所取得的成绩。

**1088** 《敦煌文献与唐代社会文化研究》,赵贞著,北京:北京师范大学出版社,2017 年 2 月。

本书围绕敦煌文献与唐代社会文化展开研究。全书分为律令制度、社会经济、学术与教育、占卜与历日四编,具体内容涉及:唐尚书六部二十四格初探、敦煌出度文书所见唐代度牒的申领与发放、敦煌吐鲁番文书所见唐代"三贾均市"的制作与实践、对中男承担的差役考察、唐五代春衣的发放、杏雨书屋藏《群牧见行籍》的探究、古代传统典籍,如《晋书·列传》《搜神记》的探讨、唐代《图经》的编纂、教育蒙书的分析、对鸟占历、具注历等敦煌历书的分析等。

**1089** 《敦煌文献与中古教育》(敦煌讲座书系),屈直敏著,兰州:甘肃教育出版社,2013 年 11 月。

本书结合敦煌文献与传世文献对中古时期的教育作以探讨。书中梳理了汉代至唐代敦煌官学的发展脉络，对敦煌州县乡学的教育、敦煌道学与寺学教育作以探讨，并对敦煌学校的师资力量进行了分析。作者通过敦煌文书中的题记、石窟供养人题名的资料对敦煌的职能技术教育，如音乐教育、伎术教育等教育机构进行探究。教育内容方面，对敦煌的经学、史学、医学、道学以及蒙学教材进行了介绍，并根据敦煌文献对中古儒学教育的普及以及中古教育特质的演变提出了自己的看法。

1090 《敦煌文献整理导论》（浙江学者丝路敦煌学术书系），张涌泉著，杭州：浙江大学出版社，2015年12月。

本书是张涌泉先生关于敦煌文献整理的学术论文集，共有论文20篇。全书分为五部分，包括敦煌文献的定名研究，如：俄藏未定名《八阳经》残片考和敦煌写本羽326号残卷叙录等研究；敦煌残卷的缀合研究，涉及《八阳经》《瑜伽师地论》《梵网经》《药师琉璃光如来本愿功德经》等写本的缀合等内容；敦煌写本的断代研究，对《文心雕龙》的断代进行时间辨考；以及对古代写本的抄写情况的探讨和对敦煌文献的校勘研究。本书对敦煌文献整理提出理论见解，为读者提供学术指导并具有重要的学术意义和参考价值。

1091 《敦煌西域出土的古藏文契约文书》（新疆通史翻译丛书），[日] 武内绍人著，赵晓意注释，杨铭译，乌鲁木齐：新疆人民出版社，2016年3月。

本书是对敦煌西域出土的古藏文契约文书的研究。作者运用语言学和文字学的方法，对古藏文契约文书进行了较为全面系统的分析，对残损文本解释，辨认未知文字，澄清复杂表达，复原契约文书潜在的格式。书中对古藏文契约根据内容进行分类，将其分为买卖契约、借贷契约、雇佣契约进行分别研究。同时，对古藏文契约文书的特点进行总结，并分析其社会背景。此外，作者在书中的文献部分收录了所研究的藏文契约的转写本及注解，并在附录中列有所有藏文写本的音节索引表，部分藏文单词及短语的索引表，以及附在卷尾的引文索引、藏文契约及两卷汉文契约的一览表，为读者研究提供了便利。

1092 《敦煌西域法制文书语言研究》，王启涛著，北京：人民出版社，2016年9月。

本书是对敦煌吐鲁番所出法制文书的系统整理研究。全书分为五部分，主要对敦煌吐鲁番法制文书进行概述和分类，并把法制文书根据内容分为法典语言、执法者语言、控辩语言、契约社条语言等方面展开研究论述。作者通过系统整理敦煌吐鲁番法制文书，对以上四类法制文书进行详细探讨，并将每一类别进行细化，对相关术语进行溯源及考辨，分析不同类别文书中所反映出的不同语言特点，展示了中国古代丝绸之路的法制理念与法制文化。

1093 《敦煌西域古藏文社会历史文献》，[英] F. W. 托玛斯编著，刘忠、杨铭译注，北京：民族出版社，2003年3月。

本书是英国著名古藏文学者托玛斯所作对敦煌西域古藏文社会历史文献的研究专著。书中对阿柴（吐谷浑）、沙洲、罗布地区、于阗地区、突厥的古藏文地名、氏族、寺庙、残存资料等进行探究，并通过古藏文的资料探讨当时政府和社会情况，包括官职设置、职业生活、土地与税收、出行与运输、医药占卜、法律信函等各个方面。此外，作者还通过古藏文文书对吐蕃的军事情况进行了探讨。书后附有藏文拉丁文转写，为读者提供研究便利。

1094 《敦煌西域文献旧照片合校》，李德范校录，北京：北京图书馆出版社，2007年9月。

本书是国家图书馆善本特藏部敦煌吐鲁番资料中心所藏王重民、向达等先生于海外所摄敦煌西域出土文献照片合校集。主要内容包括敦煌吐鲁番及其他地区出土的汉文文献、西域古代民族语文文献和艺术品等，涉及英藏、法藏、德藏及国内部分馆藏。作者对旧照片的校勘主要根据《英藏敦煌文献》《法藏敦煌西域文献》《甘肃藏敦煌文献》等已出版的资料及缩微胶片进行比定。国图所藏敦煌西域文献旧照片不仅包含了敦煌遗书中四部书中重要的社会经济、历史、科技史料以及语言文字、俗文学、佛经、道经等的珍贵史料与艺术品等，且藏于德国部分照片的原件已不存于世，因此，这些照片具有非常重要的文献与文物价值。本书的出版不仅为读者研究提供便利也为旧照片的保护做出了贡献。

1095 《敦煌写本文献学》（敦煌讲座书系），张涌泉著，兰州：甘肃教育出版社，2013年11月。

本书是对敦煌写本文献研究系统整理之作。书中分为绪论编、字词编、抄例编、校理编四部分。绪论编对吐鲁番文书、敦煌文献、黑水城文献、明清档案等写本文献作以介绍，叙述其特点，并指出写本文献在文字学、音韵学、词汇训诂学、古籍校勘等方面的价值；字词编对敦煌文献的字体、俗语词、俗字等考释方法和类型作以介绍，并对敦煌文献的异文进行辨析；抄例编对写本文献中的讹文、脱文、衍文、错乱等情况及其补救办法分别加以归纳和讨论，并对重文符号、省代、省书和省文符号、标识符号、双行注文等符号的用法加以说明；校理编对敦煌残卷的缀合、定名、断代、辨伪、校勘的方法做以详细介绍。

1096 《敦煌悬泉汉简释粹》，胡平生、张德芳编撰，上海：上海古籍出版社，2001年8月。

本书是记述与研究敦煌地区出土悬泉汉简的专著，汇集了简牍、帛书以及泥墙墨书题记等各类文字资料共计272号。书中共分为六大类文书，包括诏书、律令、司法文书与政治类，经济与地理类，悬泉置管理与事务类，使节往来与周边关系类典籍文化类和西汉元始五年（公元5）《四时月令诏条》。此外，这六类文书中包含了12种册书，包括《失亡传信册》《传马名籍》《过长罗侯费用簿》《日书·建除》等内容，具有较高的学术价值与研究意义。

1097 《敦煌悬泉置出土文书研究》（敦煌与丝绸之路学术文丛），俄军、杨富学主编，张俊民著，兰州：甘肃教育出版社，2015年11月。

本书是对敦煌悬泉置出土文书研究专著。书中从四个方面对出土文书材料进行整理研究，对"亭""骑置"资料的整理，全面揭示了作为汉代东西交通线上效谷县邮驿机构的设置状况；对其内部"置""厩""厨""啬夫"人名的探讨，从悬泉置内部具体任职小吏的人名，再现悬泉置驿站的运作；从马匹的数量、来源、名籍特征等方面探讨悬泉置的马匹问题；通过悬泉汉简所记载的物价相关资料，讨论了汉代社会经济生活。另外，书中收录的有关律令制度文章对于考察汉代的邮驿制度乃至其所代表与反映的法律制度具有重要的参考价值。

1098 《敦煌医学文献研究集成》，潘文、袁仁智主编，北京：中医古籍出版社，2016年7月。

本书为敦煌医学资料研究辑录。书中综述了自1900年敦煌藏经洞开启之后，敦煌医学资料的研究概况，作以文章目录索引，并将敦煌医学资料分以敦煌医学文献研究、敦煌医学临床研究、敦煌医学实验研究和其他研究四个方面，分别辑录相关研究文章。作者认为，近年来的敦煌医学文献研究不断深入，研究范围不断拓宽，指向日趋鲜明，文献校勘日益精密，研究成果越来越丰富。全书为进一步研究敦煌医学文献提供便利，推进了敦煌医学研究的繁荣发展。

1099 《敦煌语言文献研究》（浙江学者丝路敦煌学术书系），黄征著，杭州：浙江大学出版社，2016年3月。

本书是黄征先生关于敦煌语言文献研究的学术论文集，内容涉及敦煌写本整理研究、敦煌俗语及俗音考辨、王梵志诗校释以及浙江敦煌学研究等相关问题研究论文 30 篇。作者将自己的求学经历，治学经验及学术成果呈现出来，为研究者提供了古典文献、出土文献整理研究方法和治学研究范本。书中最后一部分是作者对蒋礼鸿、徐复和郭在贻等老先生关于语言学研究贡献的评传，是对学术史的回顾也是对老先生治学方法的继承。

1100　《敦煌语言文字学研究》（敦煌学研究丛书），季羡林主编，黄征著，兰州：甘肃教育出版社，2002 年 9 月。

本书是对敦煌语言文字学的研究，以敦煌俗字、俗语词等俗语言文字学内容为研究重心。书中以敦煌语言文字学的性质、范围、研究方法为核心进行讨论，并借助敦煌写本异文分析作者在俗字、俗音、俗语词等诸多方面作的基本概念和见解。在具体的考辨方面，对敦煌变文中的俗语词进行考证，如《敦煌变文疑难字词考辨》等篇；对口语语法训诂进行研究，如《敦煌愿文杂考》等篇；以及对文献的校录之作，如：《〈降魔变文〉新校》等篇。另有一部分文章为作者以书评的形式表达敦煌语言文字学研究与敦煌文献整理等诸多方面的基本观点，如：《蒋礼鸿先生传略》等篇。

1101　《敦煌占卜文献与社会生活》（敦煌讲座书系），王晶波著，兰州：甘肃教育出版社，2013 年 11 月。

本书是对敦煌占卜文献的研究。书中对敦煌卜法类文献、式占文献、占候类文献、敦煌相术、敦煌梦书、禄命类文献、宅经类文献、敦煌葬书、敦煌时日宜忌类文献、杂占及其他文献进行了分类梳理与考订，包括这些文献的定名、分类，考察其内容性质、缀合断裂、判断时代，并联系一般传世文献进行比较探讨。此外，作者结合敦煌占卜文献与传世典籍的记载，考察了占卜对民众社会生活的影响及其表现形态，讨论了占卜所涉及的家庭婚姻、生育子孙、疾病医疗、出行、居住、丧葬等方面的问题。

1102　《俄藏黑水城汉文非佛教文献整理与研究》，孙继民著，北京：北京师范大学出版社，2012 年 3 月。

本书是对俄罗斯所藏黑水城出土的汉文非佛教文献进行整理与研究的著作，共分为上中下三册，包括整理篇与研究篇两部分。书中整理篇是对《俄藏黑水城文献》第 1 至 6 册中所有非佛教汉文文献进行的整理与总结，以释录与校勘文字为主，包括定名、题解、录文、标点、校记和参考文献等内容。研究篇汇集了相关学者对于这些文献的大量学术成果，包含综合研究、宋代文献研究、西夏文献研究、金代文献研究，以及元代文献（附清代文献）研究等五个部分，具有较高的学术价值与意义。

1103 《俄藏黑水城所出〈宋西北边境军政文书〉整理与研究》，孙继民著，北京：中华书局，2009 年 4 月。

本书是对俄罗斯所藏黑水城出土的《宋西北边境军政文书》进行整理与研究的著作。书中分为整理篇与研究篇两部分，整理篇主要对《宋西北边境军政文书》进行了整理工作，以释录与校勘文字为主，包括定名、题解、校记、参考文献等内容。研究篇主要汇集了作者近年来对该文书的研究成果，并附录了几篇研究其他俄藏黑水城文献的专题文章，对当时的重要人物、机构、制度以及重大历史事件进行了研究与考述，具有较高的学术价值与意义。

1104 《法藏敦煌西夏文文献》，李伟、[法]郭恩主编，上海：上海古籍出版社，2007 年 4 月。

本书是对法藏敦煌西夏文文献进行整理与考订的著作。书中收录了法国国家图书馆藏的全部西夏文文献，如《佛说天地八阳神咒经》《大方等如来藏经》《占察善恶业报经》《药师琉璃光七佛本愿功德经》《地藏菩萨本愿经》等，以及大量文献残文。书中西夏文文献的编排方式以法国国家图书馆馆藏号为序，同时在文献号下注有该文献的定名、译文、参考文献、描述以及考订等内容，具有较高的学术价值与研究意义。

1105 《古代维吾尔语诗体故事忏悔文及碑铭研究》（古代维吾尔语诗歌集成），张铁山著，上海：上海古籍出版社，2016 年 1 月。

本书是对古代维吾尔语诗体故事、忏悔文及碑铭的研究专著，包括《"观音经"相应比喻故事》《高昌王及王后的故事》《佛本行故事集》等 6 篇诗体故事；《父母恩重经》《佛说三十五佛名礼忏文》《忏除一切罪》等 5 篇重要诗体忏悔文以及《重修文殊寺碑》《居庸关碑》《亦都护高昌王世勋碑》等 4 篇晚期回鹘语诗体碑铭的具体研究，展示了对中亚地区古文献的研究成果，为读者研究维吾尔语文献提供了重要文献资料。

1106 《古突厥碑铭研究》（欧亚备要），芮传明著，北京：商务印书馆，2017 年 6 月。

本书是以古突厥碑铭为研究对象，论述与探讨后突厥政权征战历史与突厥语词汇的著作。书中考述了后突厥政权的早期根据地，对其历史上"东征"与"西征"的主要内容、日期、过程等内容进行了探讨，并讨论了其征讨黠戛斯的行军路线与奔袭阿泥河的过程，辨析了其与突骑施交战的地点及相关地理问题。同时，书中亦对突厥语中"大汉""大家"等词汇,坐骑名号,以及"叱利""敕勒"等族名、"汗""可汗"等官号与称衔进行了考释,并对阙特勤碑、暾欲谷碑、翁金碑等碑铭进行了译注。

1107 《古突厥文献西域史料辑录》,洪勇明著,西安:世界图书出版西安有限公司,2014年3月。

本书对古代突厥文文献进行了转写和释读。书中对北蒙古碑铭中的暾欲谷碑、阙特勤碑、阙立啜碑、翁金碑等9个碑刻文献,叶尼塞碑铭中的乌巴特碑、伯克里碑和阿勒腾湖碑以及新疆和敦煌中的突厥文献如:艾利亚兹马文书、雅尔和屯感谢信、米兰戍堡文书等文献进行逐一介绍,并利用考据法、对勘法、词义发展法等研究方法分别对所选突厥语碑铭和文献进行释读。书中对这些文献所反映出的史料进行分析,为研究突厥发展史提供了参考资料。

1108 《国家图书馆藏西域文献的修复与保护》,国家图书馆古籍馆编,北京:国家图书馆出版社,2017年4月。

本书是国家图书馆对馆藏西域文献修复和保护的研究成果。书中对国家图书馆藏西域文献作以介绍,对古籍残损情况进行调查,并确立修复原则,在此基础上对纸张进行了检测和分析。修复工具是修复工作中重要的一环,书中对所用工具,包括修复用纸、染料、粘接剂等工具和设备详细介绍。在修复的技术线路与操作规范方面,作者将每一步骤详细介绍并举例,具体分析了20件西域文献的修复案例。在文献保护方面,对于纸质残片和木质文献存放和保护环境进行了介绍。本书总结了西域文献修复保护的成果和经验,为古籍修复和保护界的切磋与研讨提供了参考。

1109 《河西北朝石窟》,张宝玺著,上海:上海古籍出版社,2016年10月。

本书主要对敦煌莫高窟窟群以外的河西北朝石窟进行研究。书中收入了天梯山石窟、圣容寺石窟、金塔寺石窟、千佛洞石窟、马蹄寺石窟、上中下观音洞、童子寺石窟、文殊山石窟、昌马石窟、旱峡石窟、五个庙石窟。全书分为总论、每窟分论、大事年表和石窟内容总录等部分。作者从总体上概述了石窟分布、研究史和保存现状以及研究价值;详细说明了各个石窟中的文物和历史信息并配以图版进行叙述。书中的大事记和内容总录部分为后学研究提供了便利。

1110 《黑水城出土钱粮文书专题研究》,潘洁著,银川:宁夏人民出版社,2013年12月。

本书是研究黑水城出土钱粮文书的专著。书中介绍了有关于提调钱粮文书的描述,探讨了元代提调官的设置与提调钱粮的问题,分析了钱粮收支文书中所记述的钱粮物的放支方式、文书用印等内容。同时,书中还探讨了钱粮文书中关于孤老文书、军人口粮与官员俸禄的记载,叙述了官用钱粮文书与军用钱粮文书的相关问题。此外,书中还对官私钱物账进行了梳理,对钱物账的种类、账目中的物品、计量单位和诸色人户进行了总结。

**1111** 《黑水城出土西夏文医药文献整理与研究》(西夏文献文物研究丛书),梁松涛著,北京:社会科学文献出版社,2015年8月。

本书是对黑水城出土西夏文医药文献进行整理与研究的专著。全书主要分为两部分,首先是对黑水城出土西夏文医药文献研究,其次为对西夏文医药文献的解读与考释。书中对西夏文医药文献底本来源、特点及价值进行了介绍,分析了黑水城出土医药文献所反映的医学特色,并通过西夏文医药文献的研究分析其反映出的西夏文化。作者不仅对西夏文医学文献做了翻译,还对适宜医方进行系统的筛选及临床应用分析并对西夏医学与周边民族医学相互影响关系进行探讨,从医学社会史的角度对西夏文医药文献进行了系统研究。

**1112** 《黑水城人文与环境研究:黑水城人文与环境国际学术讨论会文集》,沈卫荣、中尾正义、史金波主编,北京:中国人民大学出版社,2007年4月。

本书是2006年黑水城人文与环境国际学术研讨会论文集。书中集结中、日、俄、美、蒙古等国60余名人文学者和自然科学家,通过对居延汉简、黑水城出土西夏文、西藏文、蒙古文、汉文文献的解读,对该地区古代屯田、农作、交通、植生构造、城址变迁等问题进行了讨论。具体论文篇目有《从绿洲到沙漠——居延绿洲消失的自然因素与人类活动》《简牍所见汉代居延地区生态环境概述》《居延オァシスの遺跡分布とエチナ河》《Glacier Change Estimation Using Landsat TM Data》《宗教信仰和环境需求:十一至十四世纪藏传密教于黑水城地区的流行》《西夏与丝绸之路的关系——以黑水城出土文献为中心》等37篇。

**1113** 《黑水城文献论集》,杜建录主编,北京:学苑出版社,2014年12月。

本书是关于黑水城文献研究的论文集,收录了国内学者相关文章15篇。书中内容包括《黑水城汉文文献概论》《黑水城出土元代赋税文书研究》《黑水城出土汉文写本医方整理研究》《黑水城出土元代习抄文书整理研究》《黑水城出土文书中的元代亦集乃路公文与公文制度》《元代亦集乃路的军用钱粮物——以黑水城出土文书为中心》《元代亦集乃路地方建制》等研究成果,具有较高的学术价值,有助于黑水城文献的进一步研究。

**1114** 《黑水城西夏文献研究》，束锡红著，北京：商务印书馆，2013年3月。

本书是研究黑水城西夏文献的专著。书中回顾了西夏与黑水城的历史，以及西夏文献与黑水城文献的定义，叙述了黑水城及其他西夏文献在国内外的收藏情况，分析了黑水城西夏文献及其他各部收藏的相互关系。同时，书中还列举了黑水城西夏世俗文献与佛教文献，对佛教文献所反映的教派特点进行了阐述，并研究了黑水城西夏文献的版本学问题，对其纸质、印刷术、版本鉴别、版画、装帧、题记等内容进行了辨析。此外，书后还针对目前西夏文献进行了总目初编，对西夏文献起到了整理与归纳的作用。

**1115** 《黑水城元代汉文军政文书研究》，杜立晖、陈瑞青、朱建路著，天津：天津古籍出版社，2015年4月。

本书是研究黑水城元代汉文军政文书的著作。书中介绍了黑水城元代汉文军政文书的数量构成及其学术价值，对与元代军粮军事、西北诸王、行政、财政、府学、军政有关的文书进行了研究，对黑水城《照验状》与元代军粮供应、黑水城元代文献中的安定王及其部队、黑水城文献所见元代的行詹事院、黑水城元代甘肃行省丰备库钱粮文书、关于几件黑水城元代府学文书的缀合，以及黑水城元代公文用纸等一系列问题进行了分析与探讨，具有较高的学术价值与意义。

**1116** 《黄文弼所获西域文献论集》，荣新江编，北京：科学出版社，2013年10月。

本书是对黄文弼所获西域文献研究论集。书中汇集了海内外研究黄文弼所获西域文献的重要论文26篇，研究内容包括对吐鲁番社会文书的考察，如：马雍《吐鲁番的"白雀元年衣物券"》、陈国灿《吐鲁番旧出武周勘检田籍簿考释》、池田温《开元十三年西州都督府牒秦州残牒简介》等篇；宗教语言文献的研究，如：茨默《有关回鹘王国摩尼寺院经济的一件回鹘语文书》、耿世民《回鹘文摩尼教寺院文书初释》等篇，为研究中亚与西域历史、考古、语言、文学、文献、民族等相关学科的专家学者提供参考。

**1117** 《回鹘文契约断代研究：昆山识玉》，刘戈著，北京：中华书局，2016年3月。

本书是对回鹘文契约文献的断代研究。书中分为发现篇与探索篇两部分，首先根据冯·加班、耿世民、张铁山、森安孝夫等学者对回鹘文文字形态的认识作以讨论，并针对文字形态的书体及年代进行断代，总结了前人转写中的现象及存在问题；其次对蒙元时代回鹘文契约中的晚期文字现象进行论述，详细分析了这一时期的回鹘文契约文献，并对其中的文字内容和套语形式进行了解读。作者在附录中对前人研究的文书编号做了对应表，并刊出部分回鹘文契约照片及摹写，为读者研究提供便利。

**1118　《回鹘文诗体注疏和新发现敦煌本韵文研究》（古代维吾尔语诗歌集成），米尔卡马力·阿依达尔著，上海：上海古籍出版社，2015 年 12 月。**

本书对元代的回鹘文诗歌进行注疏并对新出土回鹘文佛教韵文诗进行刊布和研究。书中对《入阿毗达磨论》《金花钞颂疏》《五更转颂》等诗进行了注疏，对新刊布的韵文如：《字母诗》《千字文》回鹘文《华严经》重新梳理，并作了校勘。对于新发现敦煌本佛教韵文诗，如：莫高窟北区石窟新发现韵文长诗，以及山西博物院藏《八阳经》进行了释读与分析。本书为国内外学界提供了较为系统的文献资料和语文学研究成果。

**1119　《回鹘学译文集新编》（敦煌与丝绸之路学术文丛），俄军、杨富学主编，杨富学编著，兰州：甘肃教育出版社，2015 年 5 月。**

近年来大量稀世回鹘语文献公布，填补了以往汉文史籍的不足，本文集是国外学者对敦煌、吐鲁番、哈密等地回鹘语文献研究的翻译集结。研究内容包括突厥刻铭研究、敦煌禅文献的回鹘语翻译、国外所见回鹘语文献考释、回鹘语宗教文献研究、蒙古文化的突厥化以及回鹘文医学文献的考释等方面。具体文章有：《突厥之君主观》《一组突厥卢尼文刻铭研究》《丝绸之路上的突厥铭文：天山卢尼文铭刻》《出自巴米扬的一件回鹘文残卷》《摩尼文突厥语贝叶书》等 30 篇。

**1120　《嘉峪关金石校释》（丝绸之路金石丛书），郑亚军主编，吴景山著，兰州：甘肃文化出版社，2015 年 9 月。**

本书是对嘉峪关金石碑铭的校释。全书共收录嘉峪关地区自史前时代至现代的金石碑铭共一百一十余种，所收碑铭均按其刻镌时间的先后顺序排列，每种碑铭的前页为图版，后页为释文，作者在每种碑铭的释文之后均附有按语，同时简要引录一些与本碑铭文字相关的研究资料。书中收入的碑铭除文字刻石外，还包括岩画、壁画砖、城砖刻字、木匾和摩崖石刻等，对嘉峪关的金石碑铭做了较为全面的收集，同时释文及按语也为读者研究提供了重要基本资料。

**1121　《简牍所见汉匈关系史料整理与研究》，特日格乐著，北京：北京交通大**

学出版社,2015 年 11 月。

本书是对出土简牍中关于汉匈关系的史料的整理与研究。书中对已经公布的西北简牍中所见的汉匈关系史史料进行梳理、分类、辨析、统计、考证,并结合传世文献史料,从政治、经济、军事等方面对西汉中期至东汉中期的汉匈关系进行研究。主要内容包括简牍所见有关河西走廊自然地理历史背景之探讨,主要是汉代河西走廊的地理概况和整个河西地区的发展情况;简牍所见汉匈关系若干史实研究,如:王莽废除匈奴名号及兵败西域的经过等内容;以及简牍所见汉代对匈奴的长城预警体系研究等方面。

1122 《简牍学论稿:聚沙篇》,张俊民著,兰州:甘肃教育出版社,2014 年 4 月。

本书是张俊民先生关于简牍研究的重要成果,书中共收入论文 34 篇,从多个角度揭示了汉代西北地区的边塞社会生活状况、历史地理地貌和丝绸之路的情况,具体篇目包括:《甘肃简牍概述》《汉代西北地区屯田的区域性》《从汉简谈汉代西北边郡运输的几个问题》《敦煌悬泉置探方 T0309 出土简牍概述》《悬泉置遗址出土简牍文书功能性质初探》《简牍文书所见汉代边塞防御系统》等篇。本书对于汉代西北地区历史地理、军事制度、经济生活和丝绸之路的研究具有重要的学术价值。

1123 《解读敦煌:敦煌装饰图案》,关友惠著,上海:华东师范大学出版社,2016 年 3 月。

本书是对敦煌壁画中的装饰图案的解读。本书将图案在石窟中的装饰部位及性质分为建筑、服饰、佛具器物、一般装饰四类,主要介绍建筑图案中的人字坡、平棊、藻井,佛具图案中佛龛楣饰、华盖、佛座、背光等。书中将常见装饰图案分为北朝、隋、初盛唐、中晚唐、五代及宋、西夏及元六个时期分别论述不同时期的图案特征及其独特风格。敦煌壁画中的装饰图案表现出了印度、波斯、中亚、西域和中国传统文化不同风格的交汇融合,是研究古代图案的档案,也为发展现代艺术提供了纹样数据,具有学术价值和现实的应用价值。

1124 《解读敦煌:发现藏经洞》,罗华庆著,上海:华东师范大学出版社,2016 年 3 月。

本书为解读敦煌系列之一,对敦煌莫高窟藏经洞及其文献的发现进行解读。全书分为四章,分别对藏经洞的发现始末进行勾勒,历数其遭受的外国劫掠者骗盗的劫难;对藏经洞百科全书式的文献进行解读,包括宗教典籍、科技文献、古典文学文献、舞谱曲谱等内容;对藏经洞的盛世绘画进行全方位解读,包括绘画的收藏地、材质、内容、技法、断代等；此外，书中还对敦煌书法艺术进行解析，特别是敦煌写经体、敦煌保存的名家、名帖作品，作者指出藏经洞写卷堪称一部书法史。

**1125** 《考古发现西夏汉文非佛教文献整理与研究》（西夏文献文物研究丛书），孙继民著，北京：社会科学文献出版社，2014年10月。

本书是对考古发现的西夏汉文非佛教文献进行整理与研究的著作。书中分为整理篇与研究篇两部分，整理篇主要对考古发现的大量西夏汉文非佛教文献进行了整理工作，以释录与校勘文字为主，包括定名、题解、录文、标点、校记和参考文献等内容。研究篇主要汇集了关于黑水城文献的研究成果10余篇，如《黑水城文献与中国古代史研究》《从黑水城文献看西夏榷场管理体制》《关于两件黑水城西夏汉文文书的初步研究》等文章，具有较高的学术价值与意义。

**1126** 《凉州方言词汇研究》（河西历史与文化研究丛书），李贵生著，兰州：甘肃人民出版社，2017年1月。

本书对凉州的方言词汇进行了研究。书中从凉州方言的语音和语义入手研究了凉州方言的构词方法和类型，对凉州方言词汇进行考释，从词源学的角度考察了凉州的历史渊源。书中分析了凉州方言的规范化，并解析了方言中的民俗词语，分析了其中反映出的民俗文化，揭示了方言词语蕴含的文化意义。作者对凉州方言的词汇、词义进行较为全面的综述，亦对凉州方言的熟语，包括成语、谚语、歇后语、惯用语等进行了分析，让读者了解了凉州方言词汇的概貌。

**1127** 《蒙古诸部族与蒙古文文献研究》（西域历史语言研究丛书·蒙古学编·卷三），[日]森川哲雄著，白玉双译，呼和浩特：内蒙古人民出版社，2014年7月。

本书是对蒙古诸部族与蒙古文文献的研究。书中利用汉籍史料与蒙古文史料围绕明代蒙古万户的起源及其集团展开了论述，包括《关于中期蒙古的万户——特别通过与兀鲁思的关系》《关于喀尔喀万户及其建立》等文章。此外，作者围绕明末至清朝中期的蒙古史进行研究，研究了《蒙古源流》文献，并对《黄金史》等编年史的关系也进行了考察。具体论文有：《萨冈彻辰与〈蒙古源流〉的编纂》《关于〈黄金史〉的抄本及其成书年代》《成吉思汗家族系谱与〈蒙古源流〉》等。

**1128** 《民族史视野下的北魏墓志研究》，刘连香著，北京：文物出版社，2017年3月。

本书是基于民族史角度对北魏墓志资料进行的研究。书中对北魏墓志的概况作了叙述，包括北魏墓志的刊刻时间、出土区域、墓主姓氏及身份等内容；对北魏洛阳墓志与墓区的分布进行了考察，分别对皇室、宗族与诸胄、鲜卑诸姓与胡汉墓志作了考述。此外，作者对墓志所见北魏洛阳乡里结构进行了分析。通过以上内容的探讨，作者将墓志作为基础材料，探讨了民族融合的过程，丰富了民族史学的研究内容。此外，书后附有北魏墓志一览表，方便读者查阅资料。

1129 《欧亚大陆语言及其研究说略》（欧亚历史文化文库），余太山主编，徐文堪著，兰州：兰州大学出版社，2013年12月。

本书对近现代之前的欧亚内陆地区所使用的语言进行研究。书中对主要汉藏语系的语言和文献、阿尔泰语系语言文字及其文献、印欧语和印欧人起源及其在中国的踪迹、欧亚大陆的其他语言和文字、古代西域的语言和文字、吐火罗语文献等分别进行了简要说明，梳理了其中有文献传统的语言，并对这些语言文字进行了释读，介绍了相关研究的重要文献著作。同时作者也对古代汉语外来词的词源以及语言与基因等问题进行了考证与分析。

1130 《青海藏医药文化博物馆藏佉卢文尺牍》（梵文贝叶经与佛教文献系列丛书），段晴、才洛太主编，上海：中西书局，2016年12月。

本书是记述与研究青海藏医药文化博物馆所藏佉卢文尺牍的著作。书中共收录了《安归伽26年佛图军的证言》《安归伽25年佛图军涉巫事件》《佛图军家的酒事》《欠粮以马还》等佉卢文尺牍，并对这些文书进行了系统的整理与释读，包括定名、转写、注释等内容。作者通过对这些佉卢文尺牍进行研究，判断他们应出自斯坦因定名的尼雅13号遗址，并且尺牍内容也展现了三四世纪时鄯善王国在社会、经济、官制等方面的历史面貌。

1131 《撒拉语语音研究》，舍秀存著，上海：上海大学出版社，2015年4月。

本书是专门研究与解读撒拉语的著作。书中对撒拉语的语音系统做了详细的介绍，探讨了高元音、央元音、圆唇元音、复合元音、塞音、擦音、塞擦音、鼻音，以及送气不送气等撒拉语的元音和辅音，对他们的演变类型、地理分布做了辨析。书中亦探讨了撒拉语的词汇，如母亲、丈夫、上午、骆驼、梦等，还有动词式、反身代词人称、选择连词等语法。此外，作者还研究了撒拉语的分布与演变，讨论了其地理分布类型，以及非语言因素导致的变化。

1132 《上海图书馆藏敦煌吐鲁番文献》，上海图书馆、上海古籍出版社编，上海：上海古籍出版社，1999年6月。

本书是上海图书馆藏敦煌吐鲁番文献图录。书中收入上海图书馆藏全部敦煌吐鲁番文献187号，并附收传世唐宋文献9号。内容上对每一号编有叙录，包括所收文献的外形和内容作简要说明，以及著译者、抄写年代、装式、纸色、纸质、纸数、残况等信息。同时，书中摘出所收文献中有年代记载的题记，按公元纪年排列；并摘出文献题名以及原有题记、印章中的人名、寺名按四角号码顺序编排，作出索引。文献有《大方广佛华严经》《妙法莲华经》《圣寿智无量大乘经》《太玄真一本际经》以及部分社会文书。

1133 《石室写经——敦煌遗书》（走进敦煌丛书），柴剑虹、荣新江主编，郝春文著，兰州：甘肃教育出版社，2007年12月。

本书是对敦煌遗书的介绍与研究。作者对敦煌遗书的内容、时限、文本形态、装帧形态、文字形态以及数量和收藏情况进行了概述。总体上，对敦煌艺术的内容及价值作以讨论，而后分别对敦煌宗教文献、历史地理文书、社会史文书、俗文学文献、科技文献、敦煌写本四部书的内容和价值进行了详细论述，展示了学术界的研究成果。同时作者也介绍了敦煌遗书在世界各地的收藏情况，重点对一些有历史价值、文献价值又兼具趣味性的敦煌遗书进行了赏析。

1134 《史与物：中国学者与法国汉学家论学书札辑注》，祖艳馥、[西]达西娅·维埃荷-罗斯编著，北京：商务印书馆，2015年10月。

本书以1909年至20世纪30年代期间，中国学者和学术机构写给法国汉学家伯希和的38封信，以及相关13个附件为研究主体，再现了中国近现代学术的起源以及覆盖欧亚大陆的思想迁徙和运动所收集的相关史料，以及基于这些史料的研究扩展。书中记述内容以《蔡元培致伯希和信》《陈寅恪致伯希和信》《陈垣致伯希和信》《傅斯年致伯希和信》《罗振玉致伯希和信》《王国维致伯希和信》《张元济致伯希和信》等信件为主，并附有伯希和藏新闻报道、伯希和撰文《纪念王国维》手稿、内藤湖南致伯希和信四通等史料。

1135 《世界民间藏中国敦煌文献（第1辑）》，于华刚主编，北京：中国书店，2014年6月。

本书是对百余年来遗散在世界各地民间收藏家手中的敦煌文献进行的统一征集与编纂，是敦煌文献的重要组成部分，也是对目前已知敦煌文献的补充，本书是该系列的第1辑。书中收录了成贤斋所藏25件敦煌文献与3件非敦煌古文献，并对这些文献进行断代,明确其价值,并附以图记,关于书中图版,采取了原大原色的影印方式,再现了这些文献的原貌。具体文献内容包括《大般涅槃经》《妙法莲华经》《金光明最胜王经》《金刚般若波罗蜜经》《比丘尼戒本》等经书的部分卷本,为敦煌学的研究提供了丰富的资料。

**1136** 《世界民间藏中国敦煌文献(第 2 辑)》,于华刚主编,北京:中国书店,2017 年 6 月。

本书对百余年来遗散在世界各地民间收藏家手中的敦煌文献进行统一征集与编纂,是敦煌文献的重要组成部分,也是对目前已知敦煌文献的补充,本书是该系列的第 2 辑。书中收录了海华堂所藏 43 件敦煌文献,并对文献信息进行著录,明确其断代。书中图版采取了原大原色的影印方式,再现了这些文献的原貌,具体文献内容有:《大法炬陀罗尼经》《大般涅槃经》《大威德陀罗尼经》《大方广佛华严经》《无量寿宗要经》等经书的部分卷文,为敦煌学及佛教的研究提供了资料,颇具研究价值。

**1137** 《斯坦因所获吐鲁番文书研究》,陈国灿著,武汉:武汉大学出版社,1997 年 11 月。

本书是陈国灿先生所作对斯坦因所获吐鲁番文书的研究。书中内容分为四部分,对斯坦因所获吐鲁番文书的研究,包括斯坦因对文书的搜寻、马伯乐对文书的整理以及作者对文书部分内容资料的探讨;其次为文书录文整理,包括阿斯塔那墓、高昌古城遗址、丫头沟遗址、吐峪沟遗址、交河古城遗址、营盘遗址、巴拉瓦斯特、麻扎塔格、丹丹威里克、安德悦遗址出土的文书。作者整理文书时发现了编号与墓葬的关系,对文书进行重新归类,拼接残片纠正了前人的错误,并做出了前人未有的研究。本书为文书学和历史研究提供了重要价值。

**1138** 《宋思溪藏本大唐西域记(共 3 册)》,释玄奘译,释辩机撰,北京:国家图书馆出版社,2017 年 3 月。

本书是玄奘奉唐太宗敕命而著,记述了玄奘所亲历一百多个国家地区的概况、疆域、气候、山川、风土、人情、语言、宗教、佛寺以及大量的历史传说、神话故事等,本书为研究中古时期中亚、南亚诸国的历史、地理、宗教、文化和中西交通提供了珍贵资料,也是研究佛教史学、佛教遗迹的重要文献。本书所选版本为资福寺大藏经《思溪藏》本,此本系清末杨守敬从日本访得者,携带回国,现藏国家图书馆。

**1139** 《隋唐五代宋初雇佣契约研究:以敦煌吐鲁番出土文书为中心》(河南大

学图书馆学术丛书），徐秀玲著，北京：中国社会科学出版社，2017年5月。

本书主要对敦煌吐鲁番出土契约文书进行研究。作者根据敦煌吐鲁番地区出土的隋唐五代宋初时期的农业、畜牧业、手工业、建筑业、雇人代役等契约文献记载内容，分析契约文书的基本格式和内容，探讨其性质，分析契约双方的身份地位以及双方的权利与义务等问题。此外，作者还对契约中处罚和担保情节进行了讨论。契约文书的内容从侧面反映出了隋唐五代宋初时期的社会经济状况、生产生活、交通运输以及人口迁徙之间相互影响的密切关系等内容。

1140 《吐蕃卜辞新探：敦煌PT1047+ITJ763号〈羊胛骨卜〉研究》，陈践著，上海：上海远东出版社，2015年1月。

本书以敦煌藏文文献《羊胛骨卜》为研究对象，将此文献在全世界的各残卷进行了缀合和解读，以此探讨了吐蕃卜辞的内容、文化与历史价值，为研究敦煌藏文文献提供了重要的学术成果。作者对敦煌藏文占卜文书做了概述，并对文献中所记录的内容进行了研究，通过藏文录文、拉丁转写、汉文译文、文本释读等方式，探究了《羊胛骨卜》相关内容，以及背后的民族、信仰、宗教、占卜等文化。并且，书中还对文献的一些细节做了补充翻译，对麦克唐纳的观点等内容做了评注。

1141 《吐鲁番出土高昌文献编年》，王素著，台北：新文丰出版公司，1997年1月。

本书是关于吐鲁番地区所出土高昌文献的编年体史料集，收录了全部高昌出土文献（非佛教部分）共计1071件，并且根据时间的先后顺序将出土文献进行汇编。书中文献年代先后历经了西晋、前凉、前秦、北凉、高昌等多个朝代，时间最早的为西晋泰始九年（273），最晚的为高昌延寿十七年（640）。并且书中每件文献均注有题目、时间、质地、全缺情况、墨色特点、出土编号、收藏单位、图文刊载论著，以及个人研究心得和海外研究成果。本对吐鲁番地区出土的高昌文献进行了详细的整理与汇编，是一部查阅高昌文献必备的工具书，推动了相关的学术成果与研究发展。

1142 《吐鲁番出土唐代文献编年》，饶宗颐主编，陈国灿著，台北：新文丰出版股份有限公司，2002年12月。

本书是对吐鲁番出土唐代文献的编年。吐鲁番出土唐代汉文文献，是唐代政治、经济、军事、民族、文化多方面的公私档案资料。本书按编年体将其有纪年的文书逐年逐月逐日加以排列拟题，注明文书收藏号、缺损、存行及特征，并作内容简介。书中对缺纪年而有重要内容的文书，亦收录并作考释。每件文献均注录所载图、文书刊及 20 世纪一百年来主要研究成果索引。本书是研究唐代历史及社会问题必备的工具书。

**1143** 《吐鲁番出土文书·叁》，唐长孺主编，中国文物研究所等编，北京：文物出版社，1996 年 2 月。

本书是唐长孺主编的对吐鲁番文书整理校释之作。本书是《吐鲁番出土文书》第三册，书中收入了阿斯塔那 91、150、16、210、327、44、74、137、317、208、325、322、42、332、214、5、4、330、61、201、346、202、19、191、376、304、40、221、209、29、179、512、222、501、508、100、225、93、125、67、518、20、35、157、239、363 号墓以及哈拉和卓 39、56、103 号墓的文书，作者对这些文书进行整理，录文并作以注释。本书提高了吐鲁番文书的使用价值，是学界重要的研究参考资料。

**1144** 《吐鲁番出土文书·肆》，唐长孺主编，中国文物研究所等编，北京：文物出版社，1996 年 12 月。

本书是唐长孺主编的对吐鲁番文书整理校释之作。本书是《吐鲁番出土文书》第四册，书中收入了阿斯塔那 119、232、83、36、188、108、240、194、31、230、226、189、223、229、184、192、27、358、178、228、187、216、193、215、509、510、37、101、381、85、105、70、73、43、30、380、532、531、9、161、49、139、167、227、224、77、506 号墓以及哈拉和卓 102、2 号墓、交河故城 1 号地点文书、乌尔唐 1 号墓的文书，作者对这些文书进行整理，录文并作以注释。本书提高了吐鲁番文书的使用价值，是学界重要的研究参考资料。

**1145** 《吐鲁番出土文书词语考释》，王启涛著，成都：巴蜀书社，2005 年 6 月。

本书是对吐鲁番出土文书的考释。书中从吐鲁番出土文书原卷图片入手，从语言文字学角度，对出土吐鲁番出土文书的文字与语言（包括语音、词汇、语法）进行全面而系统的释读、整理、考释和研究，并以字词为单位，以音序排列，逐字、逐词穷尽式收入。作者将每一个字和词与《汉语大字典》《汉语大词典》两部工具书相对照，凡是两书已经解释的词语，均不收入。本书为从各个角度研究吐鲁番出土文书的学者提供了扎实可靠的吐鲁番出土文书释读文本。同时，书中总结吐鲁番出土文书文字与语言的考释方法，促进了吐鲁番学研究的深入，并对汉语史研究和词典编纂起到重要作用，填补了吐鲁番学和汉语史研究的空白。

**1146** 《吐鲁番出土文书人名地名索引》，李方、王素编，北京：文物出版社，

1996 年 11 月。

本书是根据文物出版社出版的《吐鲁番出土文书》平装本（全 10 册）所编写的索引，书中主要以人名与地名两部分为检索内容，人名在前、地名在后，并且采用了四角号码查字法进行编排。同时书后附有人名、地名的笔画索引，以人名和地名的第一个字为检索内容，按照笔画部首进行排列，而异体字、别体字等则附在各笔画部首排列的末尾。索引中的人名和地名一般源自文书中出现的十六国至唐代这一范围，也包括原书墓解、题解、注释所引同墓出土墓表、墓志中的人名和文书印文中的地名。本书的出版满足了学术界研究工作的需要，对吐鲁番出土文书的研究起到了积极的作用。

1147 《吐鲁番出土文书研究》，王启涛著，成都：巴蜀书社，2005 年 8 月。

本书是对吐鲁番出土文书的研究。全书分为吐鲁番出土文书——从另一个角度看中国的历史文化；吐鲁番出土文书与敦煌文书研究；吐鲁番出土文书与辞典编纂；吐鲁番出土文书与古文献整理；吐鲁番文书中的繁化、简化、省略、通假与异体现象；唐长孺所编图录版《吐鲁番文书》献疑。书中论及了吐鲁番文书的价值，为传世文献提供了可供校勘的版本，揭示出了吐鲁番文书的辞典编纂价值，并论及了吐鲁番文书中颇具特色的文书现象。

1148 《吐鲁番出土文书疑难词语考释》，王启涛著，成都：巴蜀书社，2005 年 6 月。

本文以唐长孺先生主编的图录本《吐鲁番出土文书》和陈国灿、刘永增先生主编的图录本《日本宁乐美术馆藏吐鲁番文书》以及沙知、吴芳思先生编著的《斯坦因第三次中亚考古所获汉文文献（非佛经部分）》所刊载的吐鲁番出土文书原卷图片为依据，识读和诠释有关疑难词语。本书全面系统地考释了吐鲁番出土文书的疑难词语，为研究吐鲁番学的基础参考书。

1149 《吐鲁番出土文书语言研究》（当代浙江学术文库），陆娟娟著，杭州：浙江工商大学出版社，2015 年 6 月。

本书是以吐鲁番出土文书的语言为研究对象，探讨了文书的相关特点，以及各类文书中的用语特点。书中所含文书多为应用文书，口语化程度高，俗字俗语多，具有语言研究价值。书中概述了吐鲁番出土文书语言研究的价值与和意义，分析了出土文书在问题、用字及用语上的特点。同时，书中亦对公文类文书、契约类文书、籍帐类文书、随葬衣物疏、书信及其他类别文书中的词语进行了考察，对各种文书做了总结与概述，研究了其类型、格式与特点，并对其词语的用语特点做了考释。

1150 《吐鲁番出土文献词典》，王启涛著，成都：巴蜀书社，2012年6月。

本书是关于吐鲁番地区出土文献的一部专业性词典，对这些文献中的7000多个词条进行了缜密的解读。书中所收录的语料主要包括吐鲁番地区的出土文书和砖志等，也包括一些在新疆和田、库车等地出土的文书，语料参照对象为文书的原件或原件图版。书中索引包括音序和笔画两部分，词典正文按照 A 到 Z 的顺序进行排列。同时，作者在列举和介绍前人研究的基础上，又进行了重新核对与校勘，把自己的考证过程也展示在了书中，使得本词典的解释更加准确和具有说服力。

1151 《吐鲁番出土文献语言导论》，王启涛著，北京：科学出版社，2013年7月。

本书对吐鲁番出土文献的语言系统和文字系统进行了全面研究。书中概述了吐鲁番出土文献的语言系统，解释了吐鲁番出土文献的概念和学术价值。作者研究了法制文献的语言特点，对上行文书、平行文书、下行文书等行政文献的语言特点做了评述，探讨了契约文献的语言特点，分析了高昌券的种类与语言文字特点等内容。同时，作者还研究了书信文献雅与俗的语言特点，对吐鲁番出土丧葬文献的种类和其语言特点做了解读，此外还对条记、手实、户籍、田亩帐、财务帐等帐簿文献的语言特点进行了考证。

1152 《吐鲁番出土砖志集注》，侯灿、吴美琳著，成都：巴蜀书社，2003年4月。

本书汇集了吐鲁番地区所出土十六国至唐代的墓葬砖志300余方，按照墓主人死葬的时间为先后顺序进行编排。书中对吐鲁番出土砖志和其研究综述做了介绍，在凡例部分分为大凉政权出土砖志、高昌王国出土砖志与唐西州出土砖志三部分，砖志年代上起大凉承平十三年（455），下至唐建中三年（782），共计320多年的历史跨度。书中所编砖志包含了题名、图版、释文、正文注释、注明与说明、征引文献论著题录等内容，具有学术价值，推动了吐鲁番出土砖志的学术研究与发展。

1153 《吐鲁番发现回鹘文佛教新文献研究》，迪拉娜·伊斯拉非尔著，北京：民族出版社，2014年12月。

本书以在吐鲁番地区发现的回鹘文佛经新文献为研究对象，对其原文进行了注释、解读和转写等学术工作。书中的文献主要以国家图书馆藏回鹘文《畏吾儿写经残卷》、新疆博物馆藏胜金口本《弥勒会见记》残叶，以及吐鲁番博物馆藏回鹘文《慈悲道场忏法》残叶为主，分别记述和探讨了其原文换写、原文转写、汉文原文、注释、译文等方面的内容。本书对回鹘文佛教文献研究提供了新的学术成果，有利于推动相关领域的学术研究与发展。

1154 《吐鲁番回鹘文社会经济文书研究》，李经纬著，乌鲁木齐：新疆人民出版社，1996年3月。

本书研究了吐鲁番地区出土的回鹘文社会经济文书。书中记述、考释和研究了卖女奴契、卖弟子契、典当亲子契、卖身契等买卖人口文书，租田契、租葡萄园契、卖土地契等租佃与买卖土地文书，借银契、收银字据等借贷文书，纳税缴贡单、派工单、征粮单、免税手谕等有关赋税、徭役的文书，账单、登账记录等各类经济记录，以及信件、遗嘱、婚约、合资贸易协议书等其他文书。书中对每件文书都进行了原文转写、原文注释与原文翻译，具有学术价值，真实地反映了当时社会的经济样态。

1155 《吐鲁番回鹘文世俗文书语言结构研究》，阿不里克木·亚森著，乌鲁木齐：新疆大学出版社，2001年5月。

本书以13至14世纪在吐鲁番地区写成的169件回鹘世俗文书为研究对象，分析了其历史背景与学术价值，并对这些世俗文书的词语、词汇和语法做了探讨。书中回顾了回鹘文世俗文书的历史背景，以及13至14世纪维吾尔地区的社会生活与文书格式，记述了世俗文书的发现历程，对其进行了研究与分类。作者还研究了世俗文书元音、辅音、音节结构等语音系统，探讨了其语言词汇的基本特点和古代文献词汇，以及派生法、复合词等构词方法；并且从名词、形容词、动词、副词等词性角度对世俗文献做了解读。此外，书中列举了7件回鹘文世俗文书的译释，直观地展示了其语言结构与特点。

1156 《吐鲁番唐代军事文书研究·文书篇》，程喜霖、陈习刚著，乌鲁木齐：新疆人民出版社，2013年11月。

本书是对吐鲁番唐代军事文书研究的文书篇。书中从已刊布的数千件吐鲁番所出唐代文书中遴选八百余件军事文书，统一确定名称，采用扫描形式辑录，作以初步整理研究。作者将文书分为八类，分别为军府、军镇、征行征镇、镇戍、烽铺、军马、军屯以及涉军事文书，对文书的定名、断代作了考订，在书后设注释说明，对某些文书的定名、断代、校勘提出一家之言，同时注出当代学者研究成果等学术资讯，以备读者参考，具有较高学术价值。

1157 《吐鲁番唐代军事文书研究·研究篇》，程喜霖、陈习刚主编，乌鲁木齐：

新疆人民出版社，2013 年 11 月。

本书是对吐鲁番唐代军事文书研究的成果。书中收入了 8 位学者的研究成果，从军府、军镇、征行征镇、镇戍、烽铺、军马、军屯以及涉军事文书等八个方面的不同视角考察了军事文书。代表成果有《唐王朝治理西北边疆的大战略及启示》《吐鲁番文书所见"样似"与样人》《吐鲁番文书所见唐代烽堠制度》《吐鲁番文书所见定远道行军与定远军》《俄藏宋保安军金汤城文书研究》《吐鲁番唐代军事文书综论》《吐鲁番唐代军事文书整理杂识》等篇。

**1158** 《吐鲁番文书总目·欧美收藏卷》，荣新江主编，杨富学等编纂，武汉：武汉大学出版社，2007 年 9 月。

本书是吐鲁番文书总目的欧美收藏卷部分，作者对流散到德国、俄罗斯、土耳其、美国等欧美国家的吐鲁出土番文书，进行收集与整理后汇编而成。书中详细统计并记述了德国国家图书馆、德国印度艺术博物馆、英国图书馆、俄罗斯圣彼得堡东方学研究所、土耳其伊斯坦布尔大学、美国普林斯顿大学葛思德图书馆等机构所藏的吐鲁番文书，并且著录了每件文书的名称、尺寸、正反面书写概况、字体等详细情况。此外，书中还对现不知所踪的德藏吐鲁番文献做了说明。

**1159** 《吐鲁番文书总目·日本收藏卷》，陈国灿、刘安志主编，武汉：武汉大学出版社，2005 年 6 月。

本书是吐鲁番文书总目的日本收藏卷部分，作者对流散到日本的吐鲁番出土文书进行收集与整理后汇编而成。书中详细统计并记述了龙谷大学、京都大学、京都国立博物馆、东京国立博物馆、东京书道博物馆、奈良静嘉堂文库、大阪大天王寺、上野淳一、三井八郎右卫门等日本公、私博物馆及个人所藏的吐鲁番文书，以收藏单位为单元进行排列，以京都、东京、奈良、大阪和其他各地所藏为序，并且著录了每件文书的名称、尺寸、正反面书写概况、字体等详细情况。

**1160** 《王静如文集》（西夏文献文物研究丛书），王静如著，北京：社会科学文献出版社，2015 年 5 月。

本书是纪念王静如先生诞辰 110 周年而编撰的文集，收录了王静如先生所著文章 30 余篇。书中内容包括《西夏文汉藏译音释略》《释定海方氏所藏四体字"至元通宝"钱文》《苏俄研究院亚洲博物馆所藏西夏文书目译释》《辽道宗及宣懿皇后契丹国字哀册初释》《论吐火罗及吐火罗语》《关于达斡尔语言问题的初步意见》《关于吐蕃国家时期的社会性质问题》《敦煌莫高窟和安西榆林窟的西夏壁画》等研究成果，具有较高的学术价值,推动了西夏学、语言学及民族学等领域的发展。

1161 《王重民向达所摄敦煌西域文献照片合集》,李德范主编,国家图书馆善本特藏部编,北京:北京图书馆出版社,2008 年 4 月。

本书收入王重民、向达 20 世纪 30 年代于法、英、德等国所摄流落海外的敦煌西域文献,共 1400 余种、11000 多页老照片,是斯坦因、伯希和所劫敦煌文献中最精华的部分。其中的德藏吐鲁番文献不少已在"二战"中遗失。本书收入旧照片不仅包含了敦煌遗书中四部书中重要的社会经济、历史、科技史料以及语言文字、俗文学、佛经、道经等的珍贵史料与艺术品等,还具有非常重要的文献与文物价值,为读者研究敦煌西域文献提供了重要的研究资料。

1162 《维吾尔族契约文书译注》,张世才编著,乌鲁木齐:新疆大学出版社,2017 年 9 月。

本书是对所收维吾尔族契约文书的翻译和注释之作。书中收录的维吾尔族契约文书 391 份,年代从清代至 20 世纪 50 年代初,所收文书种类齐全,涉及绿洲社会中各种经济交易行为、民间社会活动习惯和行为方式及宗教生活等诸多方面。契约文书排列以时间顺序为准。主要涉及以下方面:一类为土地、住宅、院棚、果园、树木、水磨、客店、水井、牲畜、道路的买卖问题。这类契约数量最多,约占这批资料的 85%。另一类为有关清真寺(包括罕尼卡)、经文学校、麻札的瓦克夫财产的捐赠、出租、经营、出卖、侵犯等问题。约占 17%。此外,书中还收入了耕地、荒地、庄稼的赠送、转让、租佃、伙种和租税问题以及遗产的继承、分割等相关文书。作者对这些文书进行了翻译和注解,为学者研究提供便利。

1163 《文化的绿洲:丝路语言与西域文明》,牛汝极等著,乌鲁木齐:新疆人民出版社,2006 年 6 月。

本书是对丝绸之路语言与西域文明的研究。书中分为六个章节,介绍了丝绸之路从东西贸易到文明传递,分析了丝路绿洲上汉语与民族语的接触与互动,包括汉语和维吾尔语的的互相影响和渗透等问题;探讨了摩尼教与回鹘以及粟特波斯文化的东传,论述了佛教传入时与异域文化的冲突与整合,如:回鹘佛教与摩尼教、景教和伊斯兰教的相遇等问题;介绍了绿洲文化的百科全书《突厥语大词典》;从语言输出到文化移植方面探讨了丝绸之路与基督教东渐。本书利用多语言多文化的丰富资料展现了西域文明的多元面貌。

1164 《文书典籍与西域史地》，张广达著，桂林：广西师范大学出版社，2008年7月。

本书是张广达先生利用文书典籍探讨西域的史地的研究论集。书中内容分为对西域的研究、对敦煌吐鲁番的研究、对西藏与蒙古的研究以及书评。具体研究篇目有《碎叶城今地考》《唆里迷考》《关于马合木·喀什噶里的〈突厥语词汇〉与见于此书的圆形地图》《吐鲁番绿洲及其探险简史》《有关西州回鹘的一篇敦煌汉文文献——S.6551讲经文的历史学研究》《吐蕃飞鸟使与吐蕃驿传制度——兼论敦煌行人部落》《唐代禅宗的传入吐蕃及其有关的敦煌文书》《评〈古代和中古早期东突厥斯坦史纲〉》等。

1165 《吴震敦煌吐鲁番文书研究论集》，吴震著，上海：上海古籍出版社，2009年12月。

本书是吴震先生对敦煌吐鲁番文书的研究论文集。本书汇集论文38篇，涉及吐鲁番学的各个领域，包括古代高昌地区的政治制度、农牧业生产、商贸活动、手工业生产状况、赋税制度、宗教与文化、民族构成及其活动等方面，很多论文具有开创性的意义。具体文章有：《敦煌石室所出唐天宝初年〈郡县公廨本钱簿〉》《敦煌吐鲁番写经题记中"甘露"年号考辨》《张淮深论节始末补证》《吐鲁番出土法制文书概述》《唐开元廿一年西州都督府处分行旅文案残卷的复原与研究》《吐鲁番出土文书中的丝织品考辨》等篇。

1166 《五色四藩：多语文本中的内亚民族史研究》，乌云毕力格著，上海：上海古籍出版社，2017年6月。

本书是对多语文本与内亚关系的研究，全书分为两编，上编为多语文本与内亚民族关系研究，涉及蒙古高原、青藏高原和天山北路卫拉特草原等区域的满蒙、蒙藏和满藏之间的政治关系，下编为蒙古历史地理的研究，涉及清初"察哈尔国"游牧所在、东土默特游牧地之变迁、三世达赖喇嘛圆寂地之地望、17世纪卫拉特各部游牧地之分布等问题。具体论文有《明朝兵部档所见林丹汗与察哈尔蒙古》《绰克图台吉的历史与历史记忆》《康熙皇帝亲征噶尔丹的满文档案及其流传》《车臣汗汗位承袭的变化》等篇。

1167 《武威出土西夏文献研究》（西夏文献文物研究丛书），梁继红著，北京：社会科学文献出版社，2015年12月。

本书是研究武威地区出土西夏文献的著作。书中叙述了武威西夏文献的发现过程、研究现状与学术价值,概述了武威出土西夏文献的基本情况。同时,书中亦对武威西夏乾定酉年增纳草捆文书、武威出土西夏佛教文献的版本特点及价值、特色鲜明的西夏本土佛教文献、西夏时期藏传佛教在凉州传播的原因及影响等问题进行了研究与探讨。此外,书中对武威出土的西夏文献进行了释录,包括西夏世俗文献与西夏文佛经等内容,有助于相关西夏文献的进一步研究。

1168 《西安新获墓志精萃》,西安市文物稽查队编,北京:文物出版社,2016年2月。

本书是西安市文物稽查队追缴并编著的关于西安地区新出土墓志的一本石刻文献图书。全书收录了西安地区新出土墓志一百五十二方,墓志所立时间最早为北周,最晚至民国,其中多方墓志内容涉及重大历史事件,历史研究价值很高。此书具体内容主要分为墓志的图版、说明文字、录文三个部分,图版部分以合适的比例进行缩放,提供了清晰明了的墓志原貌;说明文字部分记录了墓志的年代、形制、尺寸、撰刻人等基本信息;录文部分则是编著者进行的墓志原文释读,为广大历史爱好者和研究者提供了良好的参考条件。

1169 《西夏〈功德宝集偈〉跨语言对勘研究》(西夏文化研究丛刊),段玉泉著,上海:上海古籍出版社,2014年12月。

本书是对西夏《功德宝集偈》进行跨语言对勘研究的专著。书中对西夏文《功德宝集偈》进行了残卷判定与序说,探讨了西夏文译本的成书年代及版本,列举了西夏文本的汉藏对勘材料。同时,书中叙述了《功德宝集偈》在西夏的传译过程,对传译者、各版本间的关系,以及西夏藏传佛教文献翻译过程中的梵译与梵本问题进行了辨析。此外,《功德宝集偈》作为西夏少有的兼具汉、藏、西夏三种文字版本的文献,书中记述了夏汉藏三语对勘的内容,有助于研究西夏语言文字的内容。

1170 《西夏汉传密教文献研究》(西夏文献文物研究丛书),崔红芬著,北京:社会科学文献出版社,2015年12月。

本书是对西夏汉传密教文献进行较为系统的梳理和考证的一本学术研究著作。全书共分为六章,结合传世文献和出土文献的题记、发愿文等,主要对观音、药师、无量寿和星曜等经典和信仰进行深入探讨,考证了汉传密教经典在西夏时期信众中的流行情况。作者把出土密教文献放在当时佛教发展的历史背景下进行考察,体现了西夏佛教发展的继承性与延续性。本书对认识西夏佛教的发展特色、了解周边文化对西夏佛教的影响具有积极意义。

1171 《西夏经济文书研究》，史金波著，北京：社会科学文献出版社，2017年4月。

本书是史金波先生关于西夏历史和汉文文献记载的经济状况文书的整理与研究。书中主要概述了出土文献中有关西夏经济的资料：包括西夏法典《天盛律令》中有关西夏经济的条款，以及新发现的西夏文经济文书，书中亦对西夏文经济文书中的户籍文书、租税文书、粮物计账、商贸文书、契约文书进行了分类研究。书后附录了文书的图版和西夏文录文以及对译、意译汉文译文，为读者研究西夏经济文书提供了参考。

1172 《西夏社会文书研究》（西夏文化研究丛刊），杜建录、史金波著，上海：上海古籍出版社，2013年2月。

本书是研究西夏文献中社会文书类的著作。书中叙述了西夏社会文书的种类、数量与历史价值，考释了西夏榷场文书的内容、书写格式、成书年代等内容，并列举了卖地文契、贷钱文契等文书的相关考证。同时，书中还对官制文书、推官文书、验伤单等进行了解读，研究与译释了四件西夏文户籍文书，以及与耕地税、人口税等相关的农业租税文书，并就西夏社会文书的释文做了记述，真实地再现了西夏社会的历史面貌。

1173 《西夏文〈吉祥遍至口合本续〉整理研究》（西夏文献文物研究丛书），孙昌盛著，北京：社会科学文献出版社，2015年12月。

本书是对西夏藏传佛教经典《吉祥遍至口合本续》的整理和研究的学术专著。全书共分为四部分，首先对《吉祥遍至口合本续》的概况介绍与研究意义说明，从语言文字学和文献学的角度，参考藏文本《真实相应大本续》，对西夏文《吉祥遍至口合本续》进行了全文解读研究，并对西夏语译藏传佛教文献中独具特色的藏式意译词进行了译注。其次对相关问题的探讨，在一定程度上弥补了学术界对西夏文献中藏式意译词研究的相对不足。附录有西夏文佛教词汇索引和藏文字母转写符号对照表以及西夏文《吉祥遍至口合本续》原文部分影印件和藏文《真实相应大本续》原文部分影印件。

1174 《西夏文〈经律异相〉整理研究》（西夏文献文物研究丛书），杨志高著，北京：社会科学文献出版社，2014年12月。

本书是对《经律异相》以西夏文与汉文两种语言对勘整理与研究的著作。书中叙述了《经律异相》的经录入藏，以及在西夏流传版本，分析了《经律异相》西夏文本的翻译方法与特点，以及所表述的佛俗时间，并对《经律异相》在帮助理解与校勘夏汉文本上的重要价值做了阐述。同时，书中重点对西夏文版的《经律异相》进行了校读与译注，修正了原文图版中一些错讹和脱衍的现象，并编排了西夏文首字索引与汉文首字音序索引。

**1175　《西夏文〈孟子〉整理研究》（西夏文化研究丛刊），彭向前著，上海：上海古籍出版社，2015 年 11 月。**

本书是整理与研究西夏文《孟子》的著作。书中回顾了《孟子》在西夏传播的过程，叙述了西夏文《孟子》的翻译风格、译写年代、颠倒译法，以及存在西夏字行书偏旁变异等相关内容，辨析了其中夏汉对音字与宋代西北方的发音，讨论了西夏文《孟子》所反映西夏社会的历史状况。同时，书中校读与译注了西夏文《孟子》中《公孙丑下》《滕文公上》《滕文公下》的部分章节，有助于对西夏文《孟子》的理解，以及对西夏文字的释读。

**1176　《西夏文〈维摩诘经〉整理研究》（西夏文献文物研究丛书），王培培著，北京：社会科学文献出版社，2015 年 11 月。**

本书是对西夏文佛教经典《维摩诘经》的整理和研究的一本学术专著。全书共分为六部分，书中对西夏文译本的存世情况作以概述，收集世界各地收藏的西夏文《维摩诘经》残件资料，根据原始文献不同的题记拼配出初译本和校译本两个佛经版本，在此基础上对比较完整的校译本进行解读，并且通过初译本和校译本的对勘，找到西夏校经的原则。通过作者对经文的解读，了解西夏文《维摩诘经》译自鸠摩罗什汉译本。另外，书中亦对佛经中的专门术语进行了考源并对西夏文《维摩诘所说经》进行了释读。

**1177　《西夏文的造字模式》，韩小忙著，北京：中国社会科学出版社，2016 年 6 月。**

本书是研究西夏文造字模式的专著。书中分析了西夏文辞书的解字模式与其弊端，总结了西夏文中的基本字，以及省形、省声的表现形式与优缺点。同时，书中还分析了汉字六书理论的形成和发展，和六书理论与西夏文字的构造关系，探讨了藏文字母的结构与特征，以字母叠加拼写原理与西夏文字构成。此外，书中还总结了西夏文形式与意义的字形结构，增添、拼合与对调的造字方法，以及汉式和藏式的造字模式，并强调了以"造字模式"拟测佚缺字形构造的原则，展现了西夏文的造字原理与文字发展。

1178 《西夏文化研究》（中国社会科学院学部委员专题文集），史金波著，北京：中国社会科学出版社，2015年6月。

本书是史金波关于在西夏文化方面研究的一本论文集。全书收论文共20篇，论文涉及西夏的语言、文字方面的有《西夏语中的汉语借词》《西夏文辞书及其特点和历史价值》等篇；涉及辞书、译著的有《西夏文本〈类林〉研究中的几个问题》《〈文海宝韵〉序言、题款译考》等篇，涉及到文书、文物、宗教方面的论文则有《敦煌莫高窟北区出土西夏文文献初探》《国家图书馆藏西夏文社会文书残页考》。另外，书中还涉及印刷术、度量衡、历法等自然学科。

1179 《西夏文献丛考》（北方民族大学学术文库），孙伯君著，上海：上海古籍出版社，2015年12月。

本书是孙伯君对西夏文献方面研究的学术著作。全书共分为六章，收录了西夏文史方面的论文。论题分别集中在西夏佛经的校译与用字特点、元代译刊西夏文献考释、西夏官称及姓氏论考、西夏俗文学作品考释等几方面。书中运用敦煌学的研究方法，对黑水城文献映射的西夏和元代的宗教面貌、官称、姓氏、俗文学等做了探求；运用考据学方法对有关西夏文佛经考释方面的论文进行研究，并对黑水城出土西夏佛教典籍做译释和汇考。

1180 《西夏文献解题目录》，惠宏、段玉泉编，银川：阳光出版社，2015年6月。

本书是为解决西夏文献查询不便而编纂的一部工具书，全书分为上下两篇，上篇为西夏文卷，下面为汉藏文卷。书中收录的西夏文献包括俄藏562件、中国藏100件、英藏92件、日藏24件、瑞典藏6件、法藏5件，以及德藏1件，几乎囊括了所有已出土的西夏文、汉文与藏文等西夏文献，其内容涵盖了国内外已公布的所有佛教类与非佛教类文献。作者在收录这些文献的同时，还对其进行了按类编排与整理，并做了释读与考证，具有较高的学术价值，对学界研究西夏文献提供了支持与帮助。

1181 《西夏文献论稿》（西夏文化研究丛刊），聂鸿音著，上海：上海古籍出版社，2012年9月。

本书以西夏文献为主要研究对象，收录了作者相关研究约50篇。书中内容包括《西夏译本〈论语全解〉考释》《列宁格勒藏本西夏文词书残叶考》《西夏〈天盛律令〉成书年代辨析》《西夏文〈阿弥陀经发愿文〉考释》《中国国家图书馆藏西夏文

〈频那夜迦经〉考补》等成果，对西夏政治、经济、宗教、文化、制度，以及西夏文本的儒家经典等多方面内容进行了阐述与解读，具有较高的学术价值，推动了西夏学的研究与发展。

1182 《西夏文珍贵典籍史话》（中国珍贵典籍史话丛书），史金波著，北京：国家图书馆出版社，2015年9月。

本书介绍了国内外西夏文珍贵典籍，书中首先介绍了西夏的历史发展沿革，并对社会情况，文化、信仰、经济等作以具体叙述；其次，对西夏典籍的发现与流散以及我国西夏典籍的早期收获进行了重点介绍，并对西夏典籍的初步研究进行了综述。作者考察了近年来西夏典籍的新发现，对国家图书馆、故宫博物院及海外的收藏机构所藏西夏文献进行了梳理，同时，对英、法、日藏西夏文文献也做了出版和考察工作。书中还记叙了《中国藏西夏文献》的出版过程及西夏珍贵古籍名录的相关工作。

1183 《西夏姓名研究》（西夏文献文物研究丛书），佟建荣著，北京：社会科学文献出版社，2015年12月。

本书是中国古代少数民族姓名研究的一部分，主要对保留在汉文、西夏文史料中的西夏姓氏、人名进行了考证研究。书中对西夏番姓同名异译、西夏番姓夏汉勘同、西夏番姓订正及西夏汉姓进行了考析与研究，分析了西夏人名的种类与人名中存在的几类现象。同时书中还探讨了西夏姓名中的若干问题，对西夏番姓来源及社会政治中的大姓宗族进行了阐述，并就元明时期的西夏姓氏进行了考证。

1184 《西夏学（第1辑）》，杜建录主编，银川：宁夏人民出版社，2006年12月。

本书是对西夏学相关内容进行研究与探讨的专著，收录了该领域专家学者所著文章20余篇。书中从西夏文献研究、西夏文化研究、西夏文物考古研究等角度进行了阐述与解读，包括《西夏人对活字印刷术的杰出贡献》《论儒学与佛教在西夏文化中的地位》《西夏文水陆法会祭祀文考析》《汉文西夏文献之特点及其研究意义和研究方法》《中国藏西夏文献碑刻题记卷综述》等内容，总结了学界对于西夏学的研究成果，具有较高的学术价值，有助于相关学科与该领域的进一步发展。

1185 《西夏学（第2辑）》，杜建录主编，银川：宁夏人民出版社，2007年8月。

本书是对西夏学相关内容进行研究与探讨的专著，收录了该领域专家学者所著文章 10 余篇。书中从西夏历史文献研究、西夏文化研究、西夏文物与考古等角度进行了阐述与解读,包括《中国藏西夏文文献新探》《中国藏西夏文献概论》《中国藏西夏文献综述》《莫高窟、榆林窟西夏文题记研究》《莫高窟北区出土西夏文残片补考》等内容,总结了学界对于西夏学的研究成果,具有较高的学术价值,有助于相关学科与该领域的进一步发展。

**1186** 《西夏学(第 3 辑)》,杜建录主编,银川:宁夏人民出版社,2008 年 10 月。

本书是《西夏学》纪念《中国藏西夏文献》出版的专号,收录了关于《中国藏西夏文献》的记述文章 10 余篇。书中从《中国藏西夏文献》的成书过程、内容概况、作用意义,以及部分内容研究的角度进行了阐述与解读,包括《〈中国藏西夏文献〉的内容特点》《〈中国藏西夏文献〉出版过程》《极为珍贵的西夏文献资料》《中国藏西夏文文献未定名残卷考补》《中国藏西夏文献叙录》等内容,是对《中国藏西夏文献》的详细总结,体现了《中国藏西夏文献》较高的学术价值和对相关领域研究的贡献。

**1187** 《西夏学(第 4 辑)》,杜建录主编,银川:宁夏人民出版社,2009 年 8 月。

本书是对西夏学相关内容进行研究与探讨的专著,亦是黑水城文献研究专号,收录了该领域专家学者所著文章 20 余篇。书中从黑水城文献研究、黑水城文物考古研究等角度进行了阐述与解读,包括《西夏语佛典目录编纂诸问题》《一件黑水城出土的夏汉合璧历日考释》《〈天盛律令·节亲门〉对译与考释》《黑水城出土〈尚书句解〉残页考》《黑水城出土元代赋税文书研究》等内容,总结了学界对于西夏学的研究成果,具有较高的学术价值,有助于相关学科与该领域的进一步发展。

**1188** 《西夏学(第 5 辑)》,杜建录主编,银川:宁夏人民出版社,2010 年 10 月。

本书是对西夏学相关内容进行研究与探讨的专著,亦是首届西夏学国际学术论坛专号的上部,收录了该领域与会专家学者所著文章 30 余篇。书中从西夏文献研究、西夏文化研究、西夏语言文字研究、西夏文物考古研究等角度进行了阐述与解读,包括《〈英藏黑水城文献〉定名刍议及补正》《俄藏西夏文〈维摩诘经〉残卷考补》《西夏语的格助词》《西夏佛教的"真心"思想》《武威石城山出土西夏卜骨考证》等内容,总结了学界对于西夏学的研究成果,具有较高的学术价值,有助于相关学科与该领域的进一步发展。

1189 《西夏学（第 6 辑）》，杜建录主编，银川：宁夏人民出版社，2010 年 10 月。

本书是对西夏学相关内容进行研究与探讨的专著，亦是首届西夏学国际学术论坛专号的下部，收录了该领域与会专家学者所著文章 20 余篇。书中从西夏文献研究、西夏语言文字研究、西夏历史研究等角度进行了阐述与解读，包括《俄藏西夏本〈拔济苦难陀罗尼经〉考释》《关于西夏儒学研究中的几个问题》《黑水城唐卡中的净土信仰》《西夏蕃名官号异译考释》《黑水城汉文文献词语杂释》等内容，总结了业界对于西夏学的研究成果，具有较高的学术价值，有助于相关学科与该领域的进一步发展。

1190 《西夏学（第 7 辑）》，杜建录主编，银川：宁夏人民出版社，2011 年 12 月。

本书是对西夏学相关内容进行研究与探讨的专著，亦是第二届西夏学国际学术论坛专号的上部，收录了该领域与会专家学者所著文章约 40 篇。书中从西夏文献研究、西夏语言文字研究、西夏文物考古研究、西夏文数字化的现状与未来等角度进行了阐述与解读，包括《西夏官式建筑再探》《西夏河西地区基层社会考察》《敦煌莫高窟第 465 窟主室壁画绘于西夏补考》《从武威的西夏墓看西夏葬俗》《西夏文计算机数字化现状与展望》等内容，总结了学界对于西夏学的研究成果，具有较高的学术价值，有助于相关学科与该领域的进一步发展。

1191 《西夏学（第 8 辑）》，杜建录主编，银川：宁夏人民出版社，2011 年 12 月。

本书是对西夏学相关内容进行研究与探讨的专著，亦是第二届西夏学国际学术论坛专号的下部，收录了该领域与会专家学者所著文章 30 余篇。书中从西夏文献研究、黑水城文献研究、西夏语言文字研究、西夏文物考古研究等角度进行了阐述与解读，包括《西夏文〈妙法莲华心经〉考释》《武威亥母洞遗址出土的两件西夏文献考释》《英藏黑水城文献〈法华经〉残叶考释》《黑水城文献中的豌豆小考》《黑水城文献汉文普礼类型礼忏文研究》等内容，总结了学界对于西夏学的研究成果，具有较高的学术价值，有助于相关学科与该领域的进一步发展。

1192 《西夏学（第 9 辑）》，杜建录主编，银川：宁夏人民出版社，2014 年 5 月。

本书是对西夏学相关内容进行研究与探讨的专著，亦是第三届西夏学国际学术论坛暨王静如先生学术思想研讨会专辑的上部,收录了该领域与会专家学者所著文章约30 篇。书中从对王静如先生学术贡献的回顾与总结、黑水城文献研究、西夏制度研究、西夏姓氏研究、西夏文化研究等角度进行了阐述与解读,包括《王静如先生对契丹文字的学术贡献》《黑水城出土西夏文〈法则〉性质和颁定时间及价值考论》《从西夏年号看西夏文化的阶段性》《西夏蕃姓订正》《西夏景教流传初探》等内容,总结了学界对于西夏学的研究成果,具有较高的学术价值,有助于相关学科与该领域的进一步发展。

**1193　《西夏学(第 10 辑)》,杜建录主编,银川:宁夏人民出版社,2014 年 6 月。**

本书是对西夏学相关内容进行研究与探讨的专著,亦是第三届西夏学国际学术论坛暨王静如先生学术思想研讨会专辑的下部,收录了该领域与会专家学者所著文章 30 余篇。书中从黑水城文献研究、西夏文社会文书研究、西夏文佛教典籍研究等角度进行了阐述与解读,包括《黑水城出土西夏文众会条约(社条)研究》《武威藏西夏文乾定酉年增纳草捆文书初探》《一批新见的额济纳旗绿城出土西夏文献》《敦煌、黑水城、龙泉驿文献中的土地买卖契约研究》《试述黑水城出土勘合文书》等内容,总结了学界对于西夏学的研究成果,具有较高的学术价值,有助于相关学科与该领域的进一步发展。

**1194　《西夏学(第 11 辑)》,杜建录主编,银川:宁夏人民出版社,2015 年 8 月。**

本书是对西夏学相关内容进行研究与探讨的专著,收录了该领域专家学者所著文章 30 余篇。书中从黑水城文献研究、西夏律法与制度研究、西夏文佛教典籍研究等角度进行了阐述与解读,包括《西夏历日文献中关于长期观察行星运行的记录》《中国藏西夏文〈维摩诘经〉整理》《英藏西夏文译〈贞观政要〉的整理与研究》《西夏元时期黑河流域绿洲开发的自然驱动因素研究》《黑水城文献所见元代地方仓库官选任制度的变化》等内容,总结了学界对于西夏学的研究成果,具有较高的学术价值,有助于相关学科与该领域的进一步发展。

**1195　《西夏学(第 12 辑)》,杜建录主编,银川:宁夏人民出版社,2016 年 12 月。**

本书是对西夏学相关内容进行研究与探讨的专著,亦是第四届西夏学国际学术论坛暨河西历史文化研讨会专辑的上部,收录了该领域专家学者所著文章 30 余篇。书中从西夏文献研究、黑水城汉文文献研究、西夏语言文字研究等角度进行了阐述与解读，包括《西夏文楷书书法略论》《西夏文"地藏三经"综考》《敦煌莫高窟题记所见西夏归义人研究》《从〈父母恩重经〉看儒释融合——兼及敦煌、黑水城残本的比较》《西夏语的施受格问题》等内容，总结了学界对于西夏学的研究成果，具有较高的学术价值，有助于相关学科与该领域的进一步发展。

**1196 《西夏学（第13辑）》，杜建录主编，银川：宁夏人民出版社，2016年12月。**

本书是对西夏学相关内容进行研究与探讨的专著，亦是第四届西夏学国际学术论坛暨河西历史文化研讨会专辑的下部，收录了该领域专家学者所著文章30余篇。书中从西夏历史研究、西夏文献研究、西夏文化研究、西夏文物考古等角度进行了阐述与解读，包括《中国古代地图中的西夏》《西夏〈天盛律令〉研究的几个问题》《西夏武器装备法律条文与唐宋法律条文比较研究》《西夏龙信仰研究》《阿拉善的西夏建筑遗址》等内容，总结了学界对于西夏学的研究成果，具有较高的学术价值，有助于相关学科与该领域的进一步发展。

**1197 《西夏学辑刊（第1辑）》，北方民族大学西夏研究所编，银川：宁夏人民出版社，2017年1月。**

本书是"第五届中国少数民族古籍文献国际学术研讨会"的论文集，收录了国内外专家学者致辞、讲话与相关文章约30篇。书中从西夏文文献、西夏藏文文献、回鹘文文献等史料入手进行了阐述与解读，内容包括《俄藏黑水城XT67号藏文文献再考察》《西夏文〈妙法圣念处经〉残卷考释》《西夏文文献建筑词汇解析》《丝路遗珍：粟特语古信札口号文献的主要内容及学术价值》《满文文献社会制度词语语义研究》等研究成果，具有较高的学术价值，有助于相关学科与该领域的进一步发展。

**1198 《西夏学论集》，杜建录主编，上海：上海古籍出版社，2016年2月。**

本书是关于西夏学的论文集，汇集了近十年来西夏学界相关文章60余篇。书中从政治、经济、历史、文化、语言、宗教等方面进行了研究，包括《论党项宗族》《西夏与周边各族地缘关系述论》《黑水城文献的考证与还原》《黑水城出土的几件汉文西夏文书考释》《西夏语人称呼应和动词音韵转换再探讨》《从梵夏对音看西夏语的语音系统》《西夏学研究中藏学研究成果的应用》等成果，具有较高的学术价值，推动了西夏学的研究与发展。

1199 《西夏研究论文集》，宁夏社会科学院历史研究所编，南京：凤凰出版社，2015年11月。

本书是宁夏社会科学院历史研究所编的汇集西夏学学科各方面研究成果的论文集。全书共收有18篇论文，充分利用考古成果和海内外发现的西夏文文献进行多方面的研究。关于西夏时期的语言文字、西夏汉文史料的论文有《日本藏西夏文刊本〈大方广佛华严经〉考略》《〈打刺赤碑记〉考释》；关于西夏对党项与唐朝的关系、宋夏对峙与战争的论文则有《试论唐初唐蕃战争对党项羌的影响》《从晚唐墓志中的党项史料看唐朝与党项的关系》《熙宁变法与宋夏战争》等篇；关于西夏经济、文化方面包括《从西夏年号看西夏文化的阶段性》《试论西夏马政源流》《西夏的婚姻立法与婚姻制度》等篇。

1200 《西域碑铭录》，戴良佐编著，《新疆通史》编撰委员会编，乌鲁木齐：新疆人民出版社，2013年2月。

本书汇集中国西北地区出土的历代碑铭的石刻著作。书中分为汉代、北魏——高昌国、唐代、宋代、元代、清代、民国及其他等部分。主要包括：张骞墓碑记光绪五年（1879）、苏武墓碑神爵二年（前60）、任尚碑永元五年（93）、裴岑记功碑永和二年（137）、焕彩沟汉碑永和五年（140）、焉耆王龙突骑支石像座题名（649—650）、突厥答布可汗阿史那社尔石像座题名（649—650）、沙陀夫人阿史那氏墓志铭（720）等。书后附录了主要资料出处与参考书目以及部分碑铭作者、编者简介等内容。

1201 《西域敦煌回鹘文献语言研究》，邓浩、杨富学著，兰州：甘肃文化出版社，1999年6月。

本书对西域敦煌回鹘文献语言进行了梳理和研究。书中概述了回鹘国的历史与文化，介绍了西域、敦煌出土的古代回鹘文文献及百年来世界各国的研究情况，回顾了国内外研究西域敦煌回鹘文献语言的历史与现状。具体内容方面，作者总体概述回鹘文文献语言，全面描写了回鹘文文献语言的语音、词汇和语法，对回鹘文文献语言与突厥文碑铭、喀喇汗王朝文献语言以及早期与晚期回鹘文文献语言进行了相互间的比较研究。同时，作者亦对回鹘文的某些语言现象从语言史的角度进行了探索。

1202 《西域历史与文献论丛（第1辑）》，施新荣、刘振伟主编，北京：学苑出版社，2013年5月。

本书为施新荣、刘振伟主编的西域历史与文献相关的论文集刊第1辑。书中共收录25篇文章。内容涉及西域历史、民族的代表篇目有：《西汉戊己校尉的名和实》

《萨比尔与鲜卑》等篇；有关文物、宗教的有：《献俘礼与"北庭大捷"质疑》《沙陀汉化之过程》等；涉及地理与文献研究的有《龟兹石窟壁画中的猴子骑动物图像——兼论于阗与龟兹的比较》《新疆吉木萨尔县千佛寺庙会考》，涉及丝绸之路、地域文化、中外关系等方面的有《岑参对唐诗西域之路的双重建构》《清代伊犁通库车及喀喇沙尔路史实钩沉》等。本集刊体现了西域文化的丰富多元性，可推进学界在相关领域的学术视野。

1203　《西域历史与文献论丛（第 2 辑）》，施新荣、刘振伟主编，北京：学苑出版社，2016 年 5 月。

本书是施新荣、刘振伟主编西域历史与文献相关的论文集刊第 2 辑。书中收录了有关西域历史、民族、文物、宗教、地理与文献研究的最新成果，涉及丝绸之路、地域文化、中外关系等方面，共计 26 篇文章。具体篇目有：《元朝前四汗时期西域汉人的来源》《明代西北地缘政治之演变》《兰州碑刻所见清代新疆史事》《清代新疆常平仓的发展与管理》《史前"青铜之路"与中原文明》《吐鲁番敦煌出土古代维吾尔语谚语解析》《清末吐鲁番养济院研究》等篇。

1204　《西域历史语言研究集刊（第 1 辑）》，沈卫荣主编，中国人民大学国学院西域历史语言研究所编，北京：科学出版社，2007 年 12 月。

本书是由中国人民大学国学院西域历史语言研究所主办、沈卫荣主编的关于西域历史语言研究的学术刊物，主要介绍国内外学者关于中国西北边疆地区少数民族历史、语言、考古、地理、宗教等方面的最新研究成果。本辑为第 1 辑，论文主题涉及吐鲁番新出文书研究，如《吐鲁番新出一组北凉文书的初步研究》《新出吐鲁番文书所见唐龙朔年间哥逻禄部落破散问题》等篇；地理与考古方面探究，有《精绝王陵考古二三事》等篇；民族语言方面的研究，包括《初探蒙古接受藏传佛教的西夏背景》等篇；对于稿本及档案文献的研究则有《车臣汗汗位承袭的变化——以〈清内阁蒙古堂档〉满蒙文档案史料为中心》等篇。

1205　《西域历史语言研究集刊（第 2 辑）》，沈卫荣主编，中国人民大学国学院西域历史语言研究所编，北京：科学出版社，2009 年 7 月。

本书是由中国人民大学国学院西域历史语言研究所主办、沈卫荣主编的关于西域历史语言研究的学术刊物。介绍国内外学者关于中国西北边疆地区少数民族历史、语言、考古、地理、宗教等方面的最新研究成果。本书为第 2 辑，书中有对蔡美彪先生的祝寿文章，如《八思巴字文献研究的学术贡献——庆祝蔡美彪教授八十华诞》等篇；对新出吐鲁番文书的研究，如：《从新出吐鲁番文书看唐前期的勾征》等篇；对宗教文献的研究，如：《唐代景教史三题——以景教碑为中心》《关于回鹘文佛教文献和〈金光明经〉的发现和研究》《莫高窟北区出土回鹘蒙古文〈般若心经〉抄本残片》等27篇。

1206 《西域历史语言研究集刊（第3辑）》，沈卫荣主编，中国人民大学国学院西域历史语言研究所编，北京：科学出版社，2010年5月。

本书是由中国人民大学国学院西域历史语言研究所主办、沈卫荣主编的关于西域历史语言研究的学术刊物，介绍国内外学者关于中国西北边疆地区少数民族历史、语言、考古、地理、宗教等方面的最新研究成果。本辑是第3辑，书中收入《王尧教授历年论著目录》《吐谷浑的藏文拼写、藏文名称及其阿尔泰语源》《Tib. Ma rdum pa—a Phantom Name》《古代チベットの会计と支出処理：IOL Tib J 897の事例より》《敦煌チベット语文献P. T. 239 表訳注——古代チベットにおける前仏教の葬仪とその仏教化に関する一证言—》《Tibetan Manuscripts Preserved by the Cultural Relics Office of Hengshan, Hunan Province》等21篇。

1207 《西域历史语言研究集刊（第4辑）》，沈卫荣主编，中国人民大学国学院西域历史语言研究所编，北京：科学出版社，2010年9月。

本书是由中国人民大学国学院西域历史语言研究所主办、沈卫荣主编的关于西域历史语言研究的学术刊物。本辑是第4辑，书中第一部分为亦邻真教授逝世十周年的纪念性文章，包括亦邻真论著目录及学术研究等内容；其次为历史、语言方面的研究，包括《蒙元时代蒙汉双语公文初探》《"蒲速"与相关的契丹语文解读问题》等篇；另外则为考古与地理方面的研究论文，包括《哈萨克斯坦17世纪中叶到18世纪上半叶藏传佛教古迹研究及新发现》《"阴山鞑靼"考辨》等篇。

1208 《西域历史语言研究集刊（第5辑）》，沈卫荣主编，中国人民大学国学院西域历史语言研究所编，北京：科学出版社，2012年11月。

本书是由中国人民大学国学院西域历史语言研究所主办、沈卫荣主编的关于西域历史语言研究的学术刊物。介绍国内外学者关于中国西北边疆地区少数民族历史、语言、考古、地理、宗教等方面的最新研究成果。本辑是第5辑，关于历史、语言方面的研究有《说"七"——求索青铜时代孔雀河绿洲居民的精神世界》《中古波斯文文耆M101i—j—c—k—g—l译释——摩尼教〈大力士经〉研究》等；关于考古与地理方面的有《一件吐火罗A语—梵语双语律藏残片》《伊金霍洛——从"大禁地"到"成陵"》；关于宗教文献方面的研究有《"十六天魔舞"源流及其相关藏、汉文文献资料考述》《六世达赖喇嘛仓央嘉措圆寂的真相》等篇。

**1209** 《西域历史语言研究集刊（第6辑）》，沈卫荣主编，中国人民大学国学院西域历史语言研究所编，北京：科学出版社，2013年2月。

本书是由中国人民大学国学院西域历史语言研究所主办、沈卫荣主编的关于西域历史语言研究的学术刊物。介绍国内外学者关于中国西北边疆地区少数民族历史、语言、考古、地理、宗教等方面的最新研究成果。本辑是第6辑，本辑中对于历史、语言方面的研究有《元大都大圣寿万安寺白塔之装藏、装饰——释注〈圣旨特建释迦舍利灵通之塔碑文〉相关段落》等；关于考古与地理方面的有《Christian Missionaries in Qinghai and Gansu: Sources for Tibetan and Mongol Studies》等；关于宗教方面的研究有《元顺帝妥懽帖睦尔与西藏高僧布敦》等篇。

**1210** 《西域历史语言研究集刊（第7辑）》，沈卫荣主编，中国人民大学国学院西域历史语言研究所编，北京：科学出版社，2014年4月。

本书是由中国人民大学国学院西域历史语言研究所主办、沈卫荣主编的关于西域历史语言研究的学术刊物。介绍国内外学者关于中国西北边疆地区少数民族历史、语言、考古、地理、宗教等方面的最新研究成果。本辑是第7辑，论文主题分为四个方面，首先是对陈得芝教授八十华诞的庆祝，包括《陈得芝先生论著译文目录》等篇；其次是关于历史、语言方面的研究有《唐宋之际河西地区的部族关系与护国信仰》《浅说"啸"的语文学》等；最后关于考古与地理方面的有《玛扎伯哈与森木塞姆石窟现存龟兹语及其他婆罗谜文字题记内容简报》《雍敦朵儿只班的元廷之行：以其自传为中心》等篇以及关于宗教方面的研究有《三教合一与悉地成就》等篇。

**1211** 《西域历史语言研究集刊（第8辑）》，沈卫荣主编，中国人民大学国学院西域历史语言研究所编，北京：科学出版社，2015年5月。

本书是由中国人民大学国学院西域历史语言研究所主办、沈卫荣主编的关于西域历史语言研究的学术刊物。书中介绍国内外学者关于中国西北边疆地区少数民族历史、语言、考古、地理、宗教等方面的最新研究成果。本书为第8辑，书中涉及历史方面的研究文章有《文本中的历史：藏传佛教文本的形成及其历史传统的创建——兼回顾和评论近年来西方学界的藏学研究成果》《再议胡服骑射》等篇；关于语言方面的研究有《"海"和"海子"："北中"语言现象》《"嘛"字语源考》等；关于考古与地理方面的则有《巴楚县文物管理所藏龟兹语木简与据史德语陶罐肩部铭刻》《一件新出于阗语世俗文书》等篇。

**1212 《西域历史语言研究集刊（第 9 辑）》，沈卫荣主编，中国人民大学国学院西域历史语言研究所编，北京：科学出版社，2017 年 9 月。**

本书为中国人民大学国学院西域历史语言研究所主办、沈卫荣主编的关于西域历史语言研究的学术刊物。书中对二木博史教授的学术贡献作以综述，论文主题涉及手稿、信件等文献研究的篇目有《五世达赖喇嘛致蒙古部三封书信研究》《〈乾隆朝满文寄信档译编〉的史料价值特点略析》等篇；关于民族语言与民族关系的研究，包括《清初顾实汗与清廷的关系》《清代蒙古秋朝审考》等篇以及其他语言所写关于西域历史语言研究的文章，如《The Influence of Mongol Beliefs on the Law in the Mongol Empire》《Наранулсын нэрт монголч эрдэмтэн》等篇。

**1213 《西域图志校注》，钟兴麒等校注，乌鲁木齐：新疆人民出版社，2002 年 9 月，2014 年 2 月。**

本书对清代乾隆期间编修的《西域图志》进行了校注。《西域图志》为古代西域地方志，收录了传世史籍中的相关内容，集中体现于"图考""列表""疆域""山""水"等方面。全书共四十八卷，收录了乾隆帝关于统一新疆的诗文，记载了西域历代地理沿革、山川河流、地形地貌、各城地理方位；清朝统治新疆初期的政治、军事、经济、教育状况；清朝对新疆蒙古族、维吾尔族上层头领的封赏安置；蒙古族、维吾尔族等不同的风俗习惯和文化面貌；哈萨克、布鲁特（今柯尔克孜）及中亚各部族的风俗面貌。

**1214 《西域遗珍：新疆历史文献暨古籍保护成果展图录》，国家图书馆、国家古籍保护中心编，北京：国家图书馆出版社，2011 年 1 月。**

本书是在国家图书馆举办的"新疆历史文献暨古籍保护成果展"的展览图录。全书分为先秦魏晋南北朝、隋唐五代、宋辽夏金元、明清四部分，收录有关新疆历史的珍贵古籍 70 多种共 200 多幅图，包括汉文和各种少数民族文字古籍。每种古籍书影后都有较为详细的文字描述，介绍其版本、内容、流传及价值和意义等。图录反映了新疆的历史和各民族文化，揭示了新疆古籍保护的重要成就。

**1215 《新出吐鲁番文书及其研究》，柳洪亮著，乌鲁木齐：新疆人民出版社，1997 年 4 月。**

本书收录了 1975 年以后在吐鲁番阿斯塔纳等地的十二座墓葬中出土的文书，时代为北凉、高昌国和唐西州时期，以官府文书和民间经济契约为主。全书分为录文、出土简报、专题研究三编。一编以出土地点为单位，分为墓葬文书、故城文书、石窟文书三类，按时代先后，图文对照地公布了全部文书；二编收入了公布过的清理简报，为研究这批文书提供了出土背景材料；三编收录了围绕出土文书撰写的几篇研究论文，包括《吐鲁番出土文书中的缘禾纪年及有关史实》《〈大唐西域记〉传入西域的年代及有关问题》等。

**1216** 《新获吐鲁番出土文献》，荣新江、李肖、孟宪实主编，北京：中华书局，2008年4月。

本书收录了吐鲁番地区1997年以来，特别是2004年至2006年间，吐鲁番地区新出土的文献300余件。包括：1997年洋海出土文献、2001年鄯善县征集文书、2002年交河故城出土文献、2004年巴达木出土文献、2004年木纳尔出土文献、2004年阿斯塔那出土文献、2005年征集台藏塔出土文献、2006年阿斯塔那出土文献、2006年洋海出土文献、2006年征集吐鲁番出土文献等。时代主要包括高昌郡时期、阚氏高昌王国时期、麴氏高昌王国时期及唐西州时期，以世俗社会的公私文书为主。书中采用考古学方法，用解题方式介绍了发掘的时间、地点、数量，多数图版附有比例尺，部分图版还附有纸鞋、纸帽的原貌、拆解过程。

**1217** 《新获吐鲁番出土文献研究论集》，荣新江、李肖、孟宪实主编，北京：中国人民大学出版社，2010年11月。

本书通过吐鲁番新出文献，对吐鲁番的地方历史、唐朝制度以及中外文化交流等进行了研究，并展示了对于吐鲁番文书的具体整理过程。书中收录了《吐鲁番新出〈前秦建元二十年籍〉研究》《吐鲁番新出北凉计赀、计口出丝帐研究》《吐鲁番洋海出土高昌早期写本〈易杂占〉考释》《吐鲁番新出一组阚氏高昌时期供物、差役帐》《吐鲁番交河沟西墓地新出土高昌墓砖及其相关问题》《交河沟西康家墓地与交河粟特移民的汉化》《吐鲁番新出土唐开元〈礼部式〉残卷考释》《关文与唐代地方政府内部的行政运作——以新获吐鲁番文书为中心》等文章。

**1218** 《新疆出土涉医文书辑校》，段逸山、王兴伊编著，上海：上海科学技术出版社，2016年7月。

本书将分散在世界各地的吐鲁番出土文书和日藏大谷文书，英藏、德藏、俄藏的敦煌文献中明确为新疆出土的，以及新中国成立后的新疆出土考古资料，筛选其中的涉医文书给予整理研究。共收文书约300件，时间主要集中于魏晋、隋唐。书中将这些文书分为两部分：一为汉语编，包括医学理论类、本草类、医方类、针灸类、医事类、兽医类、其他类七类；二为胡语编，包括梵语医学文书、回鹘语医学文书、于阗语医学文书、龟兹语医学文书、犍陀罗语医学文书、叙利亚语残药方六类。书中对这些文书整理分类，进行释文校勘、注释，内容包括提要、释文、校注、按语等条目。

**1219** 《悬泉汉简研究》，郝树声、张德芳著，兰州：甘肃文化出版社，2009年8月。

本书主要以所发现的悬泉汉简为研究对象，从历史学、考古学、简牍学的角度研究了两汉时期的驿置、纪年、交通，及中外关系等内容。书中介绍了悬泉汉简的叙述价值，叙述了悬泉置的历史作用与意义，探讨了汉简中关于若干纪年与"时称"的问题，并对《里程简》进行了地理考述。同时，书中还探讨了汉简中的"传信简"与羌族资料，解读了汉简所反映出的汉代与西域诸国的关系，并就出土简帛中的相关文书内容进行了翻译与考释。

**1220** 《英藏敦煌社会历史文献释录（第1卷）》，郝春文主编，北京：科学出版社，2001年8月。

本书是对英藏敦煌社会历史文献的释录。书中以英国国家图书馆收藏的全部汉文非佛教文献为资料来源，将古代写本按号释录成通行的繁体字，并对原件的错误加以校理，解决所涉及文书定性、定名、定年等问题，每件文书释文后附有校记和学术界有关该文书的研究文献索引。每件文书一般包括文书的标题、文书的释文、说明、校记和参考文献等几个部分。本书为第1卷，包含S.10—S.323号中的社会历史文书，内容包括：《毛诗郑笺》《失名算经》《汉书匡衡传》《食疗本草》《老子道德经序诀》等篇目。本书为敦煌学研究者提供了经过整理的研究资料，扫除了文字上的障碍，充分发挥其文献作用，提高了敦煌文献的利用价值。

**1221** 《英藏敦煌社会历史文献释录（第2卷）》，郝春文主编，北京：社会科学文献出版社，2003年7月。

本书是英藏敦煌社会历史文献释录的第2卷。书中以英国国家图书馆收藏的全部汉文非佛教文献为资料来源，将古代写本按号释录成通行的繁体字，并对原件的错误加以校理，解决所涉及文书定性、定名、定年等问题，每件文书释文后附有校记和学术界有关该文书的研究文献索引。每件文书一般包括文书的标题、文书的释文、说明、校记和参考文献等几个部分。本卷包含英藏敦煌遗书S.327—S.522号中的社会历史文书，内容包括：《社司转帖》《十二月书仪》《雍熙二年五月沙州三界寺授惠意程氏八戒牒》《书仪镜》《五台山行记》等篇目。本书为敦煌学研究者提供了经过整理的研究资料，扫除了文字上的障碍，提高了敦煌文献的利用价值。

1222 《英藏敦煌社会历史文献释录（第3卷）》，郝春文主编，北京：社会科学文献出版社，2003年7月。

本书是英藏敦煌社会历史文献释录的第3卷。书中以英国国家图书馆收藏的全部汉文非佛教文献为资料来源，将古代写本按号释录成通行的繁体字，并对原件的错误加以校理，解决所涉及文书定性、定名、定年等问题，每件文书释文后附有校记和学术界有关该文书的研究文献索引。每件文书一般包括文书的标题、文书的释文、说明、校记和参考文献等几个部分。本卷包含英藏敦煌遗书S.523—S.741号中的社会历史文书，内容包括：《金光明最胜王经卷第八题记》《搜神记一卷》《武威郡夫人阴氏上某和尚书》《竺道生传》《灵棋经》等篇目。本书为敦煌学研究者提供了经过整理的研究资料，扫除了文字上的障碍，提高了敦煌文献的利用价值。

1223 《英藏敦煌社会历史文献释录（第4卷）》，郝春文主编，北京：社会科学文献出版社，2006年7月。

本书是英藏敦煌社会历史文献释录的第4卷。书中以英国国家图书馆收藏的全部汉文非佛教文献为资料来源，将古代写本按号释录成通行的繁体字，并对原件的错误加以校理，解决所涉及文书定性、定名、定年等问题，每件文书释文后附有校记和学术界有关该文书的研究文献索引。每件文书一般包括文书的标题、文书的释文、说明、校记和参考文献等几个部分。本卷包含英藏敦煌遗书S.747—S.997号中的社会历史文书，内容包括：《论语集解（卫灵公至季氏）》《大般若波罗蜜多经题记》《王梵志诗集并序》《老子道德经》《沙州志》等篇目。本书为敦煌学研究者提供了经过整理的研究资料，扫除了文字上的障碍，提高了敦煌文献的利用价值。

1224 《英藏敦煌社会历史文献释录（第5卷）》，郝春文主编，北京：社会科学文献出版社，2006年7月。

本书是英藏敦煌社会历史文献释录的第5卷。书中以英国国家图书馆收藏的全部汉文非佛教文献为资料来源，将古代写本按号释录成通行的繁体字，并对原件的错误加以校理，解决所涉及文书定性、定名、定年等问题，每件文书释文后附有校记和学术界有关该文书的研究文献索引。每件文书一般包括文书的标题、文书的释文、说明、校记和参考文献等几个部分。本卷包含英藏敦煌遗书S.1020—S.1380号中的社会历史文书，内容包括：《十诵律及羯磨题记》《吉凶书仪下卷》《付法传》《僧人名（沙州开元寺沙弥）》《太公家教一卷》等篇目。本书为敦煌学研究者提供了经过整理的研究资料，提高了敦煌文献的利用价值。

1225 《英藏敦煌社会历史文献释录（第6卷）》，郝春文主编，北京：社会科学文献出版社，2009年6月。

本书是英藏敦煌社会历史文献释录的第6卷。书中以英国国家图书馆收藏的全部汉文非佛教文献为资料来源，将古代写本按号释录成通行的繁体字，并对原件的错误加以校理，解决所涉及文书定性、定名、定年等问题，每件文书释文后附有校记和学术界有关该文书的研究文献索引。每件文书一般包括文书的标题、文书的释文、说明、校记和参考文献等几个部分。本卷包含英藏敦煌遗书 S. 1381—S. 1457 号中的社会历史文书，内容包括：《孝经一卷并序》《孔子项托相问书一卷》《晋书（列传第一七、一八）》《春秋后语释文）》《吐蕃时期书仪》等篇目。本书对研究中国古代政治、经济、宗教、文化、历史及中西交通具有重要参考价值。

1226 《英藏敦煌社会历史文献释录（第7卷）》，郝春文主编，北京：社会科学文献出版社，2010年1月。

本书是英藏敦煌社会历史文献释录的第7卷。书中以英国国家图书馆收藏的全部汉文非佛教文献为资料来源，将古代写本按号释录成通行的繁体字，并对原件的错误加以校理，解决所涉及文书定性、定名、定年等问题，每件文书释文后附有校记和学术界有关该文书的研究文献索引。每件文书一般包括文书的标题、文书的释文、说明、校记和参考文献等几个部分。本卷包含英藏敦煌遗书 S. 1467—S. 1772 号中的社会历史文书，内容包括：《失名医方集》《礼忏文摘抄》《祭驴文一首》《某寺藏经书目》《庄子郭象注（天道篇第十三）》等篇目。本书对研究中国古代政治、经济、宗教、文化、历史及中西交通具有重要参考价值。

1227 《英藏敦煌社会历史文献释录（第8卷）》，郝春文主编，北京：社会科学文献出版社，2012年11月。

本书是英藏敦煌社会历史文献释录的第8卷。书中以英国国家图书馆收藏的全部汉文非佛教文献为资料来源，将古代写本按号释录成通行的繁体字，并对原件的错误加以校理，解决所涉及文书定性、定名、定年等问题，每件文书释文后附有校记和学术界有关该文书的研究文献索引。每件文书一般包括文书的标题、文书的释文、说明、校记和参考文献等几个部分。本卷包含英藏敦煌遗书 S. 1774—S. 2048 号中的社会历史文书，内容包括：《历代法宝记（颂唐朝第五祖弘忍禅师碑）》《受十戒文》《老子化胡经并序》《励忠节抄卷第一》等篇目。本书对研究中国古代政治、经济、宗教、文化、历史及中西交通具有重要参考价值。

1228 《英藏敦煌社会历史文献释录（第 9 卷）》，郝春文主编，北京：社会科学文献出版社，2012 年 12 月。

本书是英藏敦煌社会历史文献释录的第 9 卷。书中以英国国家图书馆收藏的全部汉文非佛教文献为资料来源，将古代写本按号释录成通行的繁体字，并对原件的错误加以校理，解决所涉及文书定性、定名、定年等问题，每件文书释文后附有校记和学术界有关该文书的研究文献索引。每件文书一般包括文书的标题、文书的释文、说明、校记和参考文献等几个部分。本卷包含英藏敦煌遗书 S.2049—S.2069 号中的社会历史文书，内容包括：《毛诗郑笺》《四部律并论要抄一卷题记》《新集天下姓望氏族谱一卷并序》《汉书卷七十八萧望之传》等篇目。本书对研究中国古代政治、经济、宗教、文化、历史及中西交通具有重要参考价值。

1229 《英藏敦煌社会历史文献释录（第 10 卷）》，郝春文主编，北京：社会科学文献出版社，2013 年 8 月。

本书是英藏敦煌社会历史文献释录的第 10 卷。书中以英国国家图书馆收藏的全部汉文非佛教文献为资料来源，将古代写本按号释录成通行的繁体字，并对原件的错误加以校理，解决所涉及文书定性、定名、定年等问题，每件文书释文后附有校记和学术界有关该文书的研究文献索引。每件文书一般包括文书的标题、文书的释文、说明、校记和参考文献等几个部分。本卷包含英藏敦煌遗书 S.2071—S.2087 号中的社会历史文书，内容包括：《切韵笺注》《请处分无人承料地状》《瑏玉集》《佛说善恶因果经题记》等篇目。本书对研究中国古代政治、经济、宗教、文化、历史及中西交通具有重要参考价值。

1230 《英藏敦煌社会历史文献释录（第 11 卷）》，郝春文主编，北京：社会科学文献出版社，2014 年 8 月。

本书是英藏敦煌社会历史文献释录的第 11 卷。书中以英国国家图书馆收藏的全部汉文非佛教文献为资料来源，将古代写本按号释录成通行的繁体字，并对原件的错误加以校理，解决所涉及文书定性、定名、定年等问题，每件文书释文后附有校记和学术界有关该文书的研究文献索引。每件文书一般包括文书的标题、文书的释文、说明、校记和参考文献等几个部分。本卷包含英藏敦煌遗书 S.2092—S.2352 号中的社会历史文书，内容包括：《维摩诘经品名录》《上道清法师并序》《妙法莲华经卷第十题记》

▶ 丝绸之路研究论著叙录

《丑女金刚缘》《沙洲乞经状》等篇目。本书为敦煌学研究者提供了经过整理的研究资料，提高了敦煌文献的利用价值。

**1231** 《英藏敦煌社会历史文献释录（第 12 卷）》，郝春文主编，北京：社会科学文献出版社，2015 年 3 月。

本书是英藏敦煌社会历史文献释录的 12 卷。书中以英国国家图书馆收藏的全部汉文非佛教文献为资料来源，将古代写本按号释录成通行的繁体字，并对原件的错误加以校理，解决所涉及文书定性、定名、定年等问题，每件文书释文后附有校记和学术界有关该文书的研究文献索引。每件文书一般包括文书的标题、文书的释文、说明、校记和参考文献等几个部分。本卷包含英藏敦煌遗书 S. 2353—S. 2613 号中的社会历史文书，内容包括：《佛说无量寿宗要经题记》《礼忏文摘抄》《阴国政卖地券》《赞僧功德经一卷》《刘师礼文抄》等篇目。本书为敦煌学研究者提供了经过整理的研究资料，提高了敦煌文献的利用价值。

**1232** 《英藏敦煌社会历史文献释录（第 13 卷）》，郝春文主编，北京：社会科学文献出版社，2015 年 7 月。

本书是英藏敦煌社会历史文献释录的第 13 卷。书中以英国国家图书馆收藏的全部汉文非佛教文献为资料来源，将古代写本按号释录成通行的繁体字，并对原件的错误加以校理，解决所涉及文书定性、定名、定年等问题，每件文书释文后附有校记和学术界有关该文书的研究文献索引。每件文书一般包括文书的标题、文书的释文、说明、校记和参考文献等几个部分。本卷包含英藏敦煌遗书 S. 2614—S. 2710 号中的社会历史文书，内容包括：《大目乾连冥间救母变文一卷并序》《沙州诸寺僧尼名簿》《大部禁方》《阴阳人神智状抄》《唐太宗入冥记》等篇目。本书为敦煌学研究者提供了经过整理的研究资料，提高了敦煌文献的利用价值。

**1233** 《英藏敦煌社会历史文献释录（第 14 卷）》，郝春文主编，北京：社会科学文献出版社，2016 年 10 月。

本书是英藏敦煌社会历史文献释录的第 14 卷。书中以英国国家图书馆收藏的全部汉文非佛教文献为资料来源，将古代写本按号释录成通行的繁体字，并对原件的错误加以校理，解决所涉及文书定性、定名、定年等问题，每件文书释文后附有校记和学术界有关该文书的研究文献索引。每件文书一般包括文书的标题、文书的释文、说明、校记和参考文献等几个部分。本卷包含英藏敦煌遗书 S. 2711—S. 2999 号中的社会历史文书，内容包括：《写经人名》《沙州诸寺付抄经历》《劝善文》《大悲曼荼罗法》《亡考初七追福文》等篇目。本书为敦煌学研究者提供了经过整理的研究资料，提高了敦煌文献的利用价值。

1234 《英藏敦煌社会历史文献释录（第 15 卷）》，郝春文主编，北京：社会科学文献出版社，2017 年 8 月。

本书是英藏敦煌社会历史文献释录的第 15 卷。书中以英国国家图书馆收藏的全部汉文非佛教文献为资料来源，将古代写本按号释录成通行的繁体字，并对原件的错误加以校理，解决所涉及文书定性、定名、定年等问题，每件文书释文后附有校记和学术界有关该文书的研究文献索引。每件文书一般包括文书的标题、文书的释文、说明、校记和参考文献等几个部分。本卷包含英藏敦煌遗书 S. 3005—S. 3330 号中的社会历史文书，内容包括：《太上业报因缘经卷第一》《论语集解（先进—颜渊）》《太上洞玄灵宝无量度人上品妙经》《梁武帝问志公和尚如何修道》《大涅槃经卷第廿六题记》等篇目。本书为敦煌学研究者提供了经过整理的研究资料，提高了敦煌文献的利用价值。

1235 《英藏及俄藏黑水城汉文文献整理》，孙继民、宋坤、陈瑞青等编著，天津：天津古籍出版社，2015 年 5 月。

本书是整理与收录英藏与俄藏黑水城汉文文献的专著。全书分为上下两册，汇集了《英藏黑水城文献》第 1 至 5 册中汉文文献 87 件、《斯坦因第三次中亚考古所获汉文文献（非佛经部分）》文书 200 件、《斯坦因在中亚细亚第三次探险所获中国古文书考释》文书 36 件、《斯坦因第三次中亚探险所获甘肃新疆出土汉文文书——未经马伯乐刊布的部分》文书 6 件，以及《俄藏敦煌文献》第 1 至 17 册黑水城汉文文献 203 件。书中对这些文献进行了整理工作，以释录与校勘文字为主，包括定名、题解、校记和参考文献等内容。

1236 《英国收藏新疆出土古藏文文献叙录》，胡静、杨铭编著，北京：社会科学文献出版社，2017 年 8 月。

本书是对英国国家图书馆所藏 700 余件新疆出土古藏文文献的叙录。包括麻札塔格、山普拉、达马沟、卡达里克、吐峪沟、黑水城等地编号，以及斯坦因和斯文赫定等号。作者对其逐一进行说明介绍，包括序号、题名、编号、形制、尺寸、内容提要、著录状况等。同时本书收录了武内绍人《英国图书馆藏斯坦因收集品中的新疆出土古藏文写本》导论、《文献索引号、出土号、题名与序号对照表》、《藏、汉译名对照》等目录，为读者提供方便。

1237 《影印南朝秘本敦煌秘卷〈伤寒论〉校注考证》，钱超尘著，北京：学苑出版社，2015年2月。

本书主要是以南朝秘本敦煌秘卷《伤寒论》与史料中记载的《辨伤寒》《金匮玉函经》进行研究比对，探索《伤寒论》六朝古本概貌及文本演变轨迹。本书主要内容包括：对南朝秘本《伤寒论》的概述，以及对书中伤寒叙论、伤寒受病日数次第病证、辨太阳病形证、辨阳明病形证、辨少阳病形证等内容的校注。书中考释了《伤寒三阴三阳应用汤散诸方》，总结了此版本的重要价值，是研究中医《伤寒论》的重要著作。

1238 《语言背后的历史：西域古典语言学高峰论坛论文集》，新疆吐鲁番学研究院编，上海：上海古籍出版社，2012年9月。

本书是"西域古典语言学高峰论坛"的论文集，汇集了国内外专家学者相关文章20余篇。书中内容包括《吐鲁番出土的叙利亚语与近世波斯语医药文献》《柏孜克里克新出婆罗谜文写本》《吐鲁番葡萄沟景教遗址出土的叙利亚语、粟特语和回鹘语写本》《吐鲁番出土汉文献的借词》《维吾尔语与马具相关的词汇浅析》《略论古代西域的语言和文字》等研究成果，具有较高的学术价值，推动了西域地区语言学研究的发展。

1239 《元代畏兀儿历史文化与文献研究》（敦煌与丝绸之路学术文丛），俄军、杨富学主编，王红梅、杨富学著，兰州：甘肃教育出版社，2015年4月。

本书针对蒙元时期畏兀儿的历史文化以及密宗文献进行详细研究。全书分为九章，书中对元代畏兀儿的文化进行界定，分析畏兀儿与汉传佛教、藏传佛教的关系，解读元代畏兀儿儒学的发展及传播；文献方面则对元代高昌回鹘的语言系统、词汇的发展进行研究，对回鹘文写本《吉祥胜乐轮曼陀罗》《身轮因明经》《阿毗达摩俱舍论实义疏》等文献进行了研究解读。此外，书中还对莫高窟464窟中的回鹘文榜题进行了分析。

1240 《中国藏黑水城汉文文献》，塔拉、杜建录、高国祥主编，北京：国家图书馆出版社，2008年10月。

本书是整理与收录中国藏黑水城汉文文献的专著，汇集了相关汉文文书4213件，其中包括3980件社会文献和233件宗教文献。全书共十卷，采用全彩写真印刷，涵盖了农政文书、钱粮文书、俸禄与分例文书、律令与词讼文书、军政与站赤文书，以及票据、契约、卷宗、书信、儒学、文史、医学、占卜、堪舆、佛教文献、图画印章等多个品类，再现了黑水城汉文文献的历史面貌，为宋夏金元史、宋元佛教史、宋元科技史、古代医药史和丝路贸易史等领域研究提供了珍贵的一手资料。

**1241** 《中国藏黑水城汉文文献的整理与研究》，孙继民著，北京：中国社会科学出版社，2016 年 10 月。

本书是对中国藏黑水城汉文文献进行整理与研究的专著。全书分为上中下三册，整理篇与研究篇两部分，整理篇主要对中国藏黑水城汉文文献中的农政文书、钱粮文书、军政与站赤文书，以及契约、书信、文史、医学、佛教文献、图画等多个品类进行了整理工作，以释录与校勘文字为主，包括定名、题解、原始编号、尺寸和参考文献等内容。研究篇收录了作者和其所带研究生近年来关于黑水城元代汉文文献的学术成果 20 篇，对涉及军政文书、经济文书、儒学、礼仪文书，以及佛经、古籍文书等类别的历史问题进行了辨析与考释。

**1242** 《中国藏黑水城汉文文献释录》，宁夏大学西夏学研究院、俄罗斯科学院东方文献研究所、中国社会科学院西夏文化研究中心、甘肃省古籍文献整理编译中心，天津：天津古籍出版社，2016 年 12 月。

本书是专门收录黑水城汉文文献的著作，汇集了相关文书 4000 余件，是对中国藏黑水城汉文文献整理与研究的标志性成果。全书共 14 册，分为九卷，内容丰富翔实，涵盖了中古黑水城地区的政治、经济、历史、文化等方面的历史资料，并采用图文对照的形式逐一对文献进行了录文、校勘和注释，为研究宋夏金元史、宋元佛教史、宋元科技史、古代医药史和丝路贸易史等领域提供了新的材料，具有很高的史料价值。

**1243** 《中国藏黑水城汉文文献整理研究》，杜建录著，北京：人民出版社，2016 年 4 月。

本书是对中国藏黑水城汉文文献进行整理与研究的专著。书中概述了黑水城汉文文献的种类、数量与国内外研究情况以及历史价值，对借贷、雇佣、合伙、租赁等汉文契约进行了研究，分析了文献中户计与赋税等内容，并就文献中的诉讼审判和常用术语以及元代职官问题进行了探讨。此外，书中对中国藏黑水城汉文文献中农政文书、钱粮文书、律令与词讼文书、票据、契约、书信、文史、佛教文献等各类文献进行了叙录整理，并根据地理、职官、人物、年代等内容编排了文献索引。

1244 《中国藏黑水城所出元代律令与词讼文书整理与研究》，张重艳、杨淑红著，北京：知识产权出版社，2015年8月。

本书是对中国藏黑水城汉文文献中的律令与词讼文书进行整理与研究的著作。全书分为上下两篇，上篇对中国藏黑水城汉文文献中的律令与词讼文书进行了整理工作，包括定名、题解、录文、校记等内容。下篇收录了研究律令与词讼文书的学术成果10篇，对涉及元代司法部门、元代诉讼和契约参与人、也火汝足立嵬土地案卷、亦集乃路婚姻诉讼与婚书，以及元代保人担保和不动产质押担保等方面的历史问题进行了探析与论述。

1245 《中国藏西夏文献研究》（西夏文化研究丛刊），杜建录编著，上海：上海古籍出版社，2014年9月。

本书是专门研究中国藏西夏文献的著作。书中介绍了中国藏西夏文献的具体情况，包括纸质文献、非纸质文献的种类与数量，以及相关发现与整理研究等内容，并对纸质文献与非纸质文献做了相关叙录整理。同时，书中还对中国藏西夏文献进行了考论，涉及国家图书馆藏泥活字版西夏文文献、敦煌研究院藏新见西夏文文献、内蒙古文物考古研究所藏西夏文文献的价值、武威藏西夏文《志公大师十二时歌》译释、内蒙古考古研究所藏《大轮七年星占书》考释等相关研究，具有较高的学术价值。

1246 《中国国家图书馆藏西域文书：于阗语卷（一）》（梵文贝叶经与佛教文献系列丛书），段晴、张志清主编，上海：中西书局，2015年1月。

本书是记述与研究中国国家图书馆所藏于阗语文书的著作。书中共收录了源自《智炬陀罗尼经》《金光明最胜王经》《百五十般若波罗蜜多经》《出生无边门陀罗尼经》《无垢净光大陀罗尼经》等佛教经籍的40余件于阗语佛籍类残片，和《高僧买奴契约》《伏阇达五年蠲除契约》等3件于阗语案牍文书。书中对这些文书进行了系统的整理与诠释，包括题名、图版、编号、尺寸，以及根据残片反推出的原文等内容，并进行了原文翻译。此外，书中还对这些于阗语佛籍类残片和案牍文书进行了研究，对其所蕴含的历史信息进行了解读与思考。

1247 《中国国家图书馆藏西域文书·梵文、佉卢文卷》，段晴、张志清主编，上海：中西书局，2013年4月。

本书是记述与研究中国国家图书馆所藏梵文与佉卢文文书的著作。书中共收录了源自《撰集百缘经》《妙法莲华经》《宝星陀罗尼经》《佛名经》《金光明经》等佛教典籍的70余件梵文古籍残叶，和《马伊利六年人命官司判决文书》《克罗那那的信札》等几件佉卢文木牍文书。书中对这些文书进行了系统的整理与诠释,包括题名、图版、编号、尺寸,以及根据残叶反推出的原文等内容,并进行了原文翻译。此外,书中还对这些梵文古籍残叶和佉卢文木牍文书进行了研究,对其所蕴含的历史信息进行了解读与思考。

**1248 《中国文化遗产研究院藏西域文献遗珍》,赫俊红主编、中国文化遗产研究院编,北京:中华书局,2011 年 9 月。**

本书是中国文化遗产研究院收藏的 5 至 14 世纪西域文献图录。书中包括西域文献残片 235 件(192 个文本),其中汉文 223 件,大部分为 5—8 世纪写本;回鹘文 8 件、西夏文 4 件,多为 13 世纪的佛教文献写本,具有较高佛学历史文献价值、书法艺术价值和文物价值。具体文献包括:阿毗达摩俱舍论、大般涅槃经、大智度论、金刚般若波罗蜜经、妙法莲华经等佛教文献以及周易等儒家文献,图录中配以录文及文献叙录,为读者研究提供便利。

**1249 《中国西部开发文献(第 1—2 卷)》,许治胜编辑,北京:全国图书馆文献缩微复制中心,2004 年 10 月。**

本书为中国西部大开发有关文献的收录,所收为民国及清代史料,第一卷、第二卷主要内容是中国西域经史,包括两汉之经营地域、唐五代西域管辖状况、宋元时期西域发展变化、明清时期西域的经营地域,另外本书还列了各个时期西域的地形、地势、形势图如《汉代大西域形势图》《后汉通西域图》《唐代西域形势图》《高仙芝伐小勃律图》《元代西域形势图》《清代西北大势图》等,方便读者能够更加清楚了解西域地区在中国各个时期的发展状况,为学者研究提供了资料。

**1250 《中国西部开发文献(第 17 卷)》,许治胜编辑,北京:全国图书馆文献缩微复制中心,2004 年 10 月。**

本书是中国西部开发文献第 17 卷。收录文献有《中国西域经营史》《建国方略》《西北建设论》《西北农业考察》《西北垦殖计划》《西北商业概况》《西北垦殖论》《西北的农田水利》《西北情形讲义》《中国西部之经济状况》《西北盐产调查实录》《西北畜牧业》《建设西北甘青宁》《西北教育考察报告》《西北经济地理》《陕甘调查记》《陕西实业考察报告》《新疆综合考察报告》《中国工业调查报告》《西南六省社会经济之鸟瞰》《西南工业建设方案》《云南对外贸易近况》《中国今日之西南建设问题》《川西南竹材制纸工业概况》《川滇农牧交错地区农牧业地理调查资料》《川康毛麻工业调查报告》《开发西北协会第一届年会报告书》《川康经济建设五年计划大纲草案》《广西经济出路讨论》等内容。

**1251** 《中国西部开发文献（第 18 卷）》，许治胜编辑，北京：全国图书馆文献缩微复制中心，2004 年 10 月。

本书是中国西部开发文献第 18 卷，内容包括罗布淖尔所受水、哈喇淖尔所受水、巴库尔勒淖尔所受水、额彬格逊淖尔所受水、喀喇塔拉额西柯淖尔所受水等有关西部地区主要区域的开发研究文献。具体有《水地记》《河源记》《今水经》《昆仑河源考》《关中水道记》《西陲要略》《治河议》《黄河编》《黄河说》《河源图记》《河源异同辨》《全河备考》《入河巨川编》《东西二汉水辨》《汉水发源考》《西北诸水编》《西域诸水编》《甘肃诸水编》《西河记》《凉州记》《沙洲记》《西和旧事》《塞外杂识》《西北古地研究》《西域水道记》《河源记略》等内容。

**1252** 《中国西部文献题跋》，王继光著，兰州：兰州大学出版社，2014 年 9 月。

本书是王继光先生关于西部文献研究的序、跋、题记的汇集。书中各文考论的地域为欧亚内陆的中国西部，内容为对中国西部历史文献的考察。主要有研究明代的西域使者陈诚及其西使记的系列成果，对清代官修《明史》中若干西部志传的考论、诠释、订误之作，对《明史西番诸卫传》的现代诠释，对二种中外关系史文献的考论之作，对中国少数民族文献的几点思考与研究和西部方志学研究的专题论著，对谱牒学研究论著的序跋等内容。同时，书中还收入了作者主编的两本书《中国古代西部开发人物志》《中国西部民族文化史研究》的前言、后记。

**1253** 《中亚历史语言文化研究》（中亚汉语国际教育研究丛书），王新青、郭卫东著，北京：人民出版社，2013 年 12 月。

本书是系统研究中亚历史语言文化的专著。书中介绍了塔吉克斯坦、乌兹别克斯坦、吉尔吉斯斯坦等中亚五国的历史变迁与发展现状，分析了中亚突厥语与古突厥文、回鹘文、阿拉伯文、基里尔文等时期古代文献的历史渊源关系，探讨了中亚突厥语以及塔吉克语与波斯语在语音和词汇上的共性与特性。此外，书中研究了中亚语言的借词及其文化因素，对汉语、粟特语、梵语、于阗语、波斯语等语言借词与文化因素都做了叙述，并就层层交叠的文化圈与中亚突厥语借词关系做了解读。

**1254** 《朱雷敦煌吐鲁番文书论丛》，朱雷著，上海：上海古籍出版社，2012 年 12 月。

本书是朱雷先生以敦煌吐鲁番出土文书为主要研究对象，利用佛教写经、官私公文、户籍账簿、来往书信、买卖契约、石窟题记中的残存内容，挖掘史料，揭示自汉至唐时期政治、经济、典章制度、宗教、文化、科技等方面内容。同时，书中对前贤的观点进行了细致的梳理和论证。具体文章包括《吐鲁番出土北凉赀簿考释》《吐鲁番出土文书中所见的北凉"按赀配生马"制度》《出土石刻及文书中北凉沮渠氏不见于史籍的年号》《论麴氏高昌时期的"作人"》等篇。

# 综合论述

1255 《2002—2005 敦煌学国际联络委员会通讯辑刊》，郝春文主编，上海：上海古籍出版社，2005 年 11 月。

本书是记述与总结敦煌学国际学术信息的著作，收录了国内外关于敦煌学的文章与信息 20 余篇。书中内容分为学术综述、会议介绍、年会简介，以及纪念文等类别，叙述了敦煌学国际联络委员会成立的背景与因由，概述了 2001 年至 2004 年敦煌学的研究成果。同时，书中还包括了《敦煌石窟艺术研究的拓展与深入》《海峡两岸对回鹘佛教的研究及存在的问题》《"粟特人在中国——历史、考古、语言的新探索"国际学术研讨会综述》《"社会与国家关系视野下的汉唐历史变迁国际学术研讨会"综述》等内容，具有较高的学术价值，有助于敦煌学的研究与发展。

1256 《2006 敦煌学国际联络委员会通讯》，郝春文主编，上海：上海古籍出版社，2006 年 7 月。

本书是记述与总结敦煌学国际学术信息的著作，收录了国内外关于敦煌学的文章与信息 10 余篇。书中内容分为学术综述、会议介绍、纪念文、出版信息，以及论著目录等类别，回顾了 2000 年与 2005 年敦煌学、中国佛教伪经等相关研究成果。同时，书中还包括了《近年来佛教寺院经济研究综述》《新疆吐鲁番学研究院成立暨第二届吐鲁番学学术研讨会感言》《纪念孟列夫》《〈俄藏敦煌艺术品〉编辑后记》《2005 年敦煌学研究论著目录》等内容，具有较高的学术价值，有助于敦煌学的研究与发展。

1257 《2007 敦煌学国际联络委员会通讯》，郝春文主编，上海：上海古籍出版社，2007 年 9 月。

本书是记述与总结敦煌学国际学术信息的著作，收录了国内外关于敦煌学的文章与信息 20 余篇。书中内容分为学术综述、会议介绍、出版信息、其他学术信息，以及论著目录等类别，回顾了 1999 年与 2006 年敦煌学、2006 年吐鲁番学的研究成果。同时，书中还包括了《唐代敦煌汉文景教写经研究述评》《有关陈寅恪的史料及论学思想研究成果述评》《"转型期的敦煌学：继续与发展"国际学术研讨会综述》《〈唐宋之际归义军经济史研究〉后记》《2006 年敦煌学研究论著目录》等内容，具有较高的学术价值，有助于敦煌学的研究与发展。

1258 《2008敦煌学国际联络委员会通讯》，郝春文主编，上海：上海古籍出版社，2008年10月。

本书是记述与总结敦煌学国际学术信息的著作，收录了国内外关于敦煌学的文章与信息约20篇。书中内容分为学术综述、书评、出版信息、其他学术信息，以及论著目录等类别，回顾了1998年与2007年敦煌学、2007年吐鲁番学的研究成果。同时，书中还包括了《吐蕃统治敦煌史研究的回顾与展望》《〈吐鲁番文书总目（欧美收藏卷）〉评介》《〈唐宋之际归义军经济史研究〉评介》《我国敦煌学的新成果——西北师大创建国家级精品课程"敦煌学"》《2007年敦煌学研究论著目录》等内容，具有较高的学术价值，有助于敦煌学的研究与发展。

1259 《2009敦煌学国际联络委员会通讯》，郝春文主编，上海：上海古籍出版社，2009年12月。

本书是记述与总结敦煌学国际学术信息的著作，收录了国内外关于敦煌学的文章与信息约20篇。书中内容分为学术综述、会议介绍、研讨会评述、出版信息、论文，以及论著目录等类别，回顾了1997年与2008年敦煌学、2008年吐鲁番学的研究成果。同时，书中还包括了《近年敦煌染织服饰研究成果现状概述》《民族语言文字专业委员会成立暨民族文献学术》《"世界各机构西域文献收藏史"国际研讨会简介》《敦煌遗书S.1087号〈金刚般若义记〉作者考述》《2008年敦煌学研究论著目录》等内容，具有较高的学术价值，有助于敦煌学的研究与发展。

1260 《2010敦煌学国际联络委员会通讯》，郝春文主编，上海：上海古籍出版社，2010年9月。

本书是记述与总结敦煌学国际学术信息的著作，收录了国内外关于敦煌学的文章与信息约20篇。书中内容分为学术综述、会议介绍、纪念文、出版信息，以及论著目录等类别，回顾了1996年与2009年敦煌学、1981—2009敦煌美学的研究成果。同时，书中还包括了《近三十年来敦煌遗书中尺牍文献研究综述》《敦煌本〈金刚经〉注疏研究综述》《百年敦煌文献整理研究国际学术讨论会综述》《国际胸怀 世界眼光——追忆季羡林先生》《2009年敦煌学研究论著目录》等内容，具有较高的学术价值，有助于敦煌学的研究与发展。

1261 《2011敦煌学国际联络委员会通讯》，郝春文主编，上海：上海古籍出版社，2011年9月。

本书是记述与总结敦煌学国际学术信息的著作，收录了国内外关于敦煌学的文章与信息约20篇。书中内容分为学术综述、会议介绍、纪念文、出版信息、论文，以及论著目录等类别，回顾了1995年与2010年敦煌学、俄藏敦煌文献的研究成果。同时，书中还包括了《敦煌壁画"胡旋舞"是非研究之述评》《植根巴蜀，抉微三学——龙晦先生学术成就述评》《段文杰论著目录》《韦孝骞墓志考补》《俄藏敦煌文献研究论著目录（1918—2010年）》等内容，具有较高的学术价值，有助于敦煌学的研究与发展。

**1262** 《2012敦煌学国际联络委员会通讯》，郝春文主编，上海：上海古籍出版社，2012年7月。

本书是记述与总结敦煌学国际学术信息的著作，收录了国内外关于敦煌学的文章与信息约20篇。书中内容分为学术综述、会议介绍、出版信息、书评，以及论著目录等类别，回顾了1994年与2011年敦煌学、2011年吐鲁番学的研究成果。同时，书中还包括了《百年来敦煌吐鲁番商业贸易研究回顾》《敦煌体育史研究回顾与述评》《2011"法中敦煌学讨论会"综述》《〈唐后期五代宋初敦煌寺院财产管理研究〉评介》《中国摩尼教研究论著总目》等内容，具有较高的学术价值，有助于敦煌学的研究与发展。

**1263** 《2013敦煌学国际联络委员会通讯》，郝春文主编，上海：上海古籍出版社，2013年8月。

本书是记述与总结敦煌学国际学术信息的著作，收录了国内外关于敦煌学的文章与信息20余篇。书中内容分为学术综述、项目动态、纪念文、书评、出版信息，以及论著目录等类别，回顾了1993年与2012年敦煌学、2012吐鲁番学的研究成果。同时，书中还包括了《敦煌石窟中的外道形象研究综述》《原卷是最终的依据——英伦核查敦煌原卷的收获》《艺坛之雄永载史册——回忆常书鸿先生》《〈敦煌舞教程〉评价》《国家图书馆敦煌吐鲁番学资料研究中心简介》《中国回鹘佛教研究著述目录》等内容，具有较高的学术价值，有助于敦煌学的研究与发展。

**1264** 《2014敦煌学国际联络委员会通讯》，郝春文主编，上海：上海古籍出版社，2014年8月。

本书是记述与总结敦煌学国际学术信息的著作，收录了国内外关于敦煌学的文章与信息20余篇。书中内容分为学术综述、纪念文、会议介绍、书评、出版信息、论著目录，以及其他学术信息等类别，回顾了2013年敦煌学与吐鲁番学的研究成果。同时，书中还包括了《2009—2013 年台湾地区敦煌学研究综述》《莫高窟第 285 窟研究百年回顾与综述》《敦煌佛道关系研究综述》《深切怀念宁可先生》《日本杏雨书屋藏敦煌吐鲁番文书研究论著目录（2009—2013）》等内容，具有较高的学术价值，有助于敦煌学的研究与发展。

**1265** 《**2015 敦煌学国际联络委员会通讯**》，郝春文主编，上海：上海古籍出版社，2015 年 7 月。

本书是敦煌学国际联络委员会主办的专业通讯，所收文章内容包括各国敦煌学研究的综合述评和成果，敦煌学最新的学术信息，重要会议的报道和评估、最新的出版信息、专题研究论文和每年敦煌学的主要论著目录等。本书是 2014 年度的信息汇编，具体包括《2014 年敦煌学研究综述》《2014 年吐鲁番学研究综述》《英藏敦煌文献研究综述》《法藏敦煌文献研究综述》等内容。本书是了解敦煌学和相关学科动态的重要信息窗口，也是广大敦煌研究者及爱好者的重要参考书目。

**1266** 《**2016 敦煌学国际联络委员会通讯**》，郝春文主编，上海：上海古籍出版社，2016 年 8 月。

本书是记述与总结敦煌学国际学术信息的著作，收录了国内外关于敦煌学的文章与信息 20 余篇。书中内容分为学术综述、会议介绍、出版信息、论文、学会信息，以及论著目录等类别，回顾了 2015 年敦煌学与吐鲁番学的研究成果。同时，书中还包括了《敦煌祆教研究述评》《中国大陆回鹘文社会经济文书及回鹘经济史研究综述》《霞浦摩尼教学术研讨会综述》《何为敦煌文献》《敦煌文献 S.5894 写卷内容之疑问》《近六十年河西魏晋十六国壁画墓研究著述目录》等内容，具有较高的学术价值，有助于敦煌学的研究与发展。

**1267** 《**2017 敦煌学国际联络委员会通讯**》，郝春文主编，上海：上海古籍出版社，2017 年 7 月。

本书是记述与总结敦煌学国际学术信息的著作，收录了国内外关于敦煌学的文章与信息约 20 篇。书中内容分为学术综述、会议介绍、书评、出版信息、论文、考察日记、学会信息，以及论著目录等类别，回顾了 2016 年敦煌学与吐鲁番学的研究成果。同时，书中还包括了《敦煌诗歌研究百年综述》《刘萨诃研究综述》《2016 中国敦煌吐鲁番学会理事会暨敦煌学学术研讨会综述》《饶公观音贯古今——浅谈饶宗颐教授笔下唐代观音菩萨画像》《2011—2016 年中古法律史研究论著目录》等内容，具有较高的学术价值，有助于敦煌学的研究与发展。

1268 《百年敦煌》，雒青之著，兰州：敦煌文艺出版社，2016 年 1 月。

本书是作者对敦煌藏经洞的发现历史和敦煌文化的认识与反思。主要内容包括：千秋功过王圆箓、叩问莫高窟、旷世大师斯坦因、亚洲十字路口的巨人们、大千世界一大千、别梦依稀、走向敦煌、神秘的榆林窟、大佛脚下无净土、大漠孤烟直、敦煌的反思等篇章，对敦煌文献发现和流散经过，以及此后发生在敦煌的一系列事件提出了自己的看法，并对王圆箓、斯坦因、伯希和等人进行了新的评价。

1269 《大家小书：敦煌学概论》，姜亮夫著，北京：北京出版社，2016 年 7 月。

本书是姜亮夫先生讲授敦煌学的讲稿汇集成书，对初学敦煌学的读者很有裨益。书中，"我与敦煌学"部分介绍了姜先生与敦煌学的渊源与学习经历；其后论述敦煌学的内涵及其在中国文化史上的价值；分门别类地对敦煌经卷进行详细介绍，包括佛教经典、道家经典、儒家经典、文学作品、语言学资料、史地资料和科技材料等；除敦煌文献外，书中也对敦煌石窟艺术展开讲解；全书最后为初学者研究敦煌卷子的具体方法提供了帮助。

1270 《敦煌·西域·民语·外文善本掌故》（国家图书馆善本掌故丛书），陈红彦主编，上海：上海远东出版社，2017 年 1 月。

本书对国家图书馆藏众多善本古籍珍品作以介绍。国家图书馆特藏古籍约 300 万册，由甲骨、金石拓片、敦煌遗书、善本、普通古籍、名家手稿、革命文献、古旧舆图、少数民族文字古籍、西域文献、老照片、外文善本等门类组成。本书包括馆藏敦煌遗书中的精品，如《辨亡论》《问对》《律藏初分卷第三》等；西域文献《观世音菩萨劝攘灾经》《对治十五鬼护身符》等；少数民族文字古籍那塘版藏文《大藏经》、回鹘文《玄奘传》、蒙古文北京版《甘珠尔》；以及外文善本中摇篮本《安哲罗全集》、简话《纽伦堡编年史》等重要典籍，书中对这些珍贵古籍的收藏情况，主要内容及流传故事等作以初步介绍。

1271 《敦煌宝藏》，刘伟著，贵阳：贵州教育出版社，2015 年 8 月。

本书是对敦煌莫高窟的介绍。全书分为六章，"营造千年"对莫高窟的营造历史，包括乐僔开窟和隋唐五代的发展扩建等内容进行介绍；"泪洒青史"记叙了藏经洞的发现过程、探险家的劫掠行为；"敦煌遗书"篇对藏经洞所出敦煌遗书的内容进行介绍，包括宗教文献、文学文献、科技文献等方面；"画中天地"对敦煌莫高窟的石窟壁画故事进行解说；"灿烂彩塑"篇对莫高窟彩塑的神态、服饰进行审美分析；"乐舞九天"对敦煌壁画中舞蹈形象进行研究,并对飞天和伎乐天舞者等形象深入分析。

**1272** 《敦煌的光彩:池田大作与常书鸿对谈录》,[日]池田大作、常书鸿著,香港:三联书店(香港)有限公司,2015年1月。

本书是池田大作先生与常书鸿先生的对谈录。全书将对谈分为五个章节,分别为"丝绸之路上的宝石""寻求永恒的存在""人类闪光的遗产""美与创造的世界""万代友好的纽带",谈话内容紧扣敦煌历史与艺术,从东西文化的汇聚与传播到个人的经历、志趣和彼此的友情以及中日文化的交流等诸多问题,书后附有两位先生大事年表与著述表,为研究两位先生的学术和经历以及敦煌学术史提供参考。

**1273** 《敦煌吐鲁番学耕耘录》,邓文宽著,台北:新文丰出版公司,1996年11月。

本书是邓文宽先生对敦煌吐鲁番文书的研究文集。文集主要分为四个部分论述,分别为对敦煌吐鲁番历日的讨论,包括《敦煌本北魏历书与中国古代月食预报》《吐鲁番出土〈唐开元八年具注历〉释文补正》《敦煌古历丛识》等篇;对敦煌张氏归义军节度使张淮深的研究,包括《张淮深平定甘州回鹘史事钩沉》《也谈张淮深之死》等文;对敦煌本《六祖坛经》的讨论,包括《敦煌本〈六祖坛经〉书写符号发微》《陈寅恪〈禅宗六祖传法偈之分析〉补正》等篇;以及对敦煌发现的奏抄和诗赋的文字考释和辩证研究。

**1274** 《敦煌吐鲁番学论稿》,柴剑虹著,杭州:浙江教育出版社,2000年5月。

本书是柴剑虹先生对敦煌吐鲁番学的研究论集。书中结集了有关敦煌研究的论文45篇,有对敦煌文学写卷的分析与考证,包括《秦妇吟》《曲子还京落》《长安词》等唐人诗赋;对敦煌吐鲁番地区历史地理的"名词"考释;对敦煌所出酒令舞谱的解读以及对敦煌艺术特别是飞天艺术的思考与分析,此外,本书还收录了作者对敦煌学相关论著的序言及会议发言稿等内容。此书是作者在敦煌学领域的学术考论之作,为研究敦煌学的读者提供了研究思想与研究方法。

**1275** 《敦煌吐鲁番学研究论集》,北京图书馆敦煌吐鲁番学资料中心、台北《南海》杂志社编,北京:书目文献出版社,1996年6月。

本书是关于敦煌吐鲁番学的研究论集。全书共收入中国、日本、俄罗斯等国的学者论文41篇,内容涉及敦煌吐鲁番学的各个方面。关于宗教信仰方面,有姜伯勤《敦煌毗尼藏主考》、周绍良《敦煌卷子〈善惠买花献佛因缘〉本事考》、潘重规《敦煌本

〈六祖坛经〉读后管见》等篇；文学方面的研究则有：颜廷亮《敦煌文学概说》、张锡厚《敦煌本〈李白诗集〉残卷探微》等篇；历史地理方面有：程喜霖《吐鲁番与敦煌所出唐代正副过所》、李并成《北魏瓜州敦煌郡鸣沙、平康、东乡三县城址考》等篇，另外论文集中还包括对敦煌法制文书、籍帐文书、历书的研究，以及对敦煌书法艺术、语言文字及写本修复方面的讨论。

**1276** 《敦煌吐鲁番研究（第1卷）》，香港中华文化促进中心等编，北京：北京大学出版社，1996年4月。

本书是敦煌吐鲁番研究第1卷，共收入研究论文、札记、纪念文章以及书评等35篇，本书的编纂旨在拓展敦煌、吐鲁番文物和文献的考察视野、促进中国传统文化和中亚文明的研究向纵深发展。具体篇目包括：季羡林《吐火罗文A（焉耆文）〈弥勒会见记剧本〉新博本76YQ1.30一张两页译释》、黄征《敦煌俗语法研究之一——句法篇》、柴剑虹《俄藏敦煌诗词写卷经眼录（二）》、徐俊《敦煌写本唐人诗歌存佚互见综考》等16篇；札记包括宁可《敦煌遗书散录二则》等6篇；纪念文部分主要是对周祖谟、蒋礼鸿的纪念文章2篇；书中还包括对《英国图书馆藏敦煌汉文非佛教文献残卷目录》《上海博物馆藏敦煌吐鲁番文献》等书的评述11篇。

**1277** 《敦煌吐鲁番研究（第2卷）》，季羡林等主编，北京：北京大学出版社，1997年10月。

本书是敦煌吐鲁番研究文集第2卷，共收入17篇论文、4篇札记、12篇书评以及新书目。内容涉及敦煌吐鲁番的文献研究、图像研究、社会历史研究等诸多方面。具体篇目包括：段晴、王炳华《新疆新出于阗木牍文书研究》、荣新江《敦煌藏经洞的性质及其封闭原因》、柴剑虹《俄藏敦煌诗词写卷经眼录（二）》、孟嗣徽《炽盛光佛变相图图像研究》等篇；札记有：曾良《〈敦煌歌词总编〉商补》等篇；书评则有《敦煌出土文书（一、二）》《敦煌愿文集》《敦煌文献与文学》《新疆石窟艺术》《敦煌吐鲁番文书与丝绸之路》等书的评述。

**1278** 《敦煌吐鲁番研究（第3卷）》，季羡林等主编，北京：北京大学出版社，1998年9月。

本书是敦煌吐鲁番研究文集第3卷，共收入论文20篇、纪念文4篇、书评专文1篇、书评8篇及新书目，内容涉及敦煌写本校释、敦煌宗教文献研究、敦煌文书与唐宋社会等方面。论文具体篇目有：季羡林《新疆的甘蔗种植和砂糖应用》、饶宗颐《敦煌出土镇墓文所见解除惯语考释》、林悟殊《敦煌摩尼教〈下部赞〉经名考释》、黄正建《敦煌文书所见唐宋之际敦煌民众住房面积考略》等篇；纪念文部分则是对贝利教授、姜亮夫、常任侠、周丕显等先生的纪念文章；书评专文部分主要是张广达《评介〈古代和中世纪早期的西域〉》；另外还包括对《敦煌天文历法文献辑校》《海外敦煌吐鲁番文献知见录》等8部书的评述之作。

**1279** 《敦煌吐鲁番研究（第4卷）》，季羡林等主编，北京：北京大学出版社，1999年12月。

本书是敦煌吐鲁番研究文集第4卷吐鲁番研究专号。书中主要以吐鲁番宗教、社会群体、物质文化为中心论题，并收入吐鲁番研究论著的书评，以展示吐鲁番研究的关注焦点和研究进步。具体篇目包括：张广达《吐鲁番出土汉语文书中所见伊朗语地区宗教的踪迹》、姚崇新《试论高昌国的佛教与佛教教团》、荣新江《唐代西州的道教》、邓小南《六至八世纪的吐鲁番妇女——特别是他们在家庭以外的活动》等24篇；纪念藤枝晃、西嶋定生先生的文章2篇；以及对《新出吐鲁番文书及其研究》《吐鲁番出土高昌文献编年》等书的评述11篇。

**1280** 《敦煌吐鲁番研究（第5卷）》，季羡林等主编，北京：北京大学出版社，2001年5月。

本书是敦煌吐鲁番研究文集第5卷，共收入敦煌文献研究、敦煌社会历史研究、纪念文章及书评36篇。具体篇目包括：陈寅恪撰、荣新江整理《〈敦煌零拾〉札记》、王卡《敦煌S.6310号残抄本缀合定名之误》、金圣翰《论唐代敦煌户籍文书中的"自由"》、吴丽娱《敦煌所出杜佑丧服制度图与郑余庆元和书仪》等论文14篇；纪念史苇湘先生、孙修身先生、克里姆凯特教授、丘古耶夫斯基教授的文章4篇；对《俄藏敦煌汉文写卷叙录》《楼兰汉文简纸文书集成》《敦煌佛教经录辑校》《敦煌诗集残卷辑考》等书的评述18篇。

**1281** 《敦煌吐鲁番研究（第6卷）》，季羡林等主编，北京：北京大学出版社，2002年8月。

本书是敦煌吐鲁番研究文集第6卷，书中文章分为四部分，首先是怀念周一良先生的文章，包括季羡林、饶宗颐、白化文、荣新江等先生的纪念文章10篇；论文部分包括王卡《敦煌本〈老子节解〉残页考释》、刘乐贤《敦煌写本中的媚道文献及相关问题》、张广达、荣新江《圣彼得堡藏和田出土汉文文书考释》、陆离《唐五代敦煌寺户制度源流辨析》等15篇；书中还包括京都敦煌吐鲁番会议感言4篇以及对《敦煌道藏》《英藏敦煌社会历史文献释录（第一卷）》等书的评述10篇。

1282 《敦煌吐鲁番研究（第7卷）》，季羡林、饶宗颐主编，北京：中华书局，2004年1月。

本书是敦煌吐鲁番研究论集第7卷，共收入文章40篇。其中论文主要涉及敦煌学家与敦煌学、敦煌文学、文献学、目录学、研究述略与回顾、宗教、语言、教育等诸方面，具体篇目有：孟宪实《伯希和、罗振玉与敦煌学之初始》、李正宇《评莫高窟土地庙藏经来源问题的探讨》、徐俊《唐诗、唐曲子及其相关问题》、白化文《中国敦煌学目录和目录工作的创立与发展简述》、郑阿财《敦煌蒙书研究的回顾与前瞻》、黄正建《敦煌占卜文书研究的回顾与展望》等27篇；纪念杨廷福、苏远鸣、钟与麒先生文章3篇；以及对《犍陀罗佛教文献》《敦煌学与佛教学论丛》《敦煌考古漫记》等书的述评10篇。

1283 《敦煌吐鲁番研究（第8卷·庆祝饶宗颐先生米寿专号）》，季羡林、饶宗颐主编，北京：中华书局，2005年1月。

本书是敦煌吐鲁番研究第8卷，为庆祝饶宗颐先生米寿专号，包括饶宗颐先生对敦煌学的贡献及敦煌吐鲁番学论著目录。论文方面涉及对敦煌吐鲁番文书考辨、对敦煌社会历史探讨、对敦煌语言文字文学研究等方面，具体篇目有：姜伯勤《吐鲁番所出高昌"祀天"文书考》、孟宪实《试论敦煌妇女结社》、黄征《敦煌俗字例释》等18篇；书评则有对《敦煌习学集》《中国古代僧尼名籍制度》《唐代景教再研究》等8部书的述评；另外书中还包括天津图书馆藏敦煌遗书目录及敦煌吐鲁番研究新书目。

1284 《敦煌吐鲁番研究（第9卷：创刊十周年纪念专号）》，季羡林、饶宗颐主编，北京：中华书局，2006年5月。

本书为敦煌吐鲁番研究第9卷——创刊十周年纪念专号，主编饶宗颐对敦煌学研究的现状进行回顾，并对未来发展表达了期望。所收论文内容包括敦煌宗教文书、政治军事文书、石窟壁画、唐宋社会文化等方面，具体文章有：段晴《新发现的于阗语〈金光明最胜王经〉》、陈国灿《鄯善新发现的一批唐代文书》、郝春文《唐后期五代宋初敦煌私社的教育与教化功能》、古丽比娅《吐鲁番柏孜克里克石窟佛本行经变壁画》等篇25篇；对敦煌学者的研究则有白化文《周绍良先生的敦煌学研究》等4篇；书评有《敦煌习学集》《敦煌道教文献研究——综述·目录·索引》等7部书的评述以及近年新书目录。

1285 《敦煌吐鲁番研究（第10卷）》，季羡林等主编，上海：上海古籍出版社，2007 年 9 月。

本书是敦煌吐鲁番研究第 10 卷，共收入研究研究论文 19 篇、纪念文章 2 篇、书评 10 篇。论文部分为"新获吐鲁番出土文献研究"专栏，包括荣新江《吐鲁番新出送使文书与阚氏高昌王国的郡县城镇》、朱玉麒《吐鲁番新出〈论语〉古注与〈孝经义〉写本研究》、文欣《吐鲁番新出唐西州征钱文书与垂拱年间的西域形势》、朱凤玉《敦煌赋的范畴与研究发展》等篇；纪念文则是对玛丽·博伊斯及福安敦两位教授的纪念；书评方面，对《旅顺博物馆藏新疆出土汉文佛经选粹》《中古中国与外来文明》等书进行了评述。

1286 《敦煌吐鲁番研究（第 11 卷）》，饶宗颐主编，上海：上海古籍出版社，2009 年 9 月。

本书是敦煌吐鲁番研究第 11 卷，内容包括历史、地理、艺术、考古、语言、文学、哲学、宗教、政治、经济、法律、社会等各方面的学术专题。"新获和田文献"专栏，收入了荣新江《和田出土文献刊布与研究的新进展》、段晴《于阗语高僧买人契约》等系列论文；书中论文除对敦煌吐鲁番各文献进行语言学、宗教学、社会学、历史学的考辨外，并对《新获吐鲁番出土文献》等 2007 年出版的重要论著进行评介，对《敦煌吐鲁番研究》第 1 至 10 卷的目录进行了分类整理。此外，书中有纪念左景权先生的文章及其敦煌学论著目录，并收入了敦煌吐鲁番学研究的新书目。

1287 《敦煌吐鲁番研究（第 12 卷·季羡林先生纪念专号）》，饶宗颐主编，上海：上海古籍出版社，2011 年 7 月。

本书是敦煌吐鲁番研究第 12 卷，为季羡林先生逝世一周年纪念专号，刊有学者的多篇纪念文章，并编集了季老敦煌吐鲁番学及东方学论著的编年目录。本卷还收入中国大陆及台湾地区、日本、英国等的著名学者关于敦煌、吐鲁番学的研究论文 20 篇、书评 3 篇及新书目。具体篇目有：段晴《德国的印度学之初与季羡林先生的学术底蕴》、荣新江《季羡林先生〈西域佛教史〉》、李正宇《汉代敦煌郡县建立的特殊过程特殊模式》、高田时雄《内藤湖南的敦煌学》等篇。

1288 《敦煌吐鲁番研究（第 13 卷）》，饶宗颐主编，上海：上海古籍出版社，2013 年 8 月。

本书是敦煌吐鲁番研究论集第 13 卷，共收入文章 31 篇。主要分为论文、书评论文以及书评三部分，论文涉及对敦煌文献的考释，对敦煌社会历史、少数民族语言、敦煌宗教的研究等方面，具体篇目有：张涌泉《敦煌文献校勘方法例释》、冯培红

《敦煌大族与西凉王国关系新探》、陈明《新出犍陀罗语佛教写卷中的词语辨析》、林悟殊《敦煌摩尼教文书日月神名辨》等28篇，书评论文有关尾史郎《河西砖画墓、壁画墓的空间与时间——读〈甘肃出土魏晋唐墓壁画〉一书后》及荣新江《俄罗斯的敦煌学——评〈敦煌学：第二个百年的研究视角与问题〉》2篇；以及对《The Silk Road》一书的书评。

1289　《敦煌吐鲁番研究（第14卷·中国敦煌吐鲁番学会成立三十周年国际学术研讨会专号·上）》，饶宗颐主编，上海：上海古籍出版社，2014年12月。

本书是敦煌吐鲁番研究第14卷——中国敦煌吐鲁番学会成立三十周年国际学术研讨会专号，共收入论文35篇。内容主要有敦煌学者与敦煌学的整理研究，如：刘波《俞泽箴与京师图书馆敦煌遗书编目工作》、Nathalie Monnet《Wang Zhongmin's Year in Paris（1934—1939）》；敦煌民族语文献研究，如：段晴《于阗文书所见古代于阗的典押制度》、高田时雄《吐蕃时期敦煌的写经人》等篇；敦煌遗书与历史研究，如：关尾史郎《"五胡"时代户籍制度初探——以对敦煌·吐鲁番出土汉文文书的分析为中心》等篇；敦煌佛教文献研究，如：荒见泰史《敦煌本十斋日资料与斋会、仪礼》等篇。

1290　《敦煌吐鲁番研究（第15卷·中国敦煌吐鲁番学会成立三十周年国际学术研讨会专号·下）》，饶宗颐主编，上海：上海古籍出版社，2015年4月。

本书是敦煌吐鲁番研究第15卷——中国敦煌吐鲁番学会成立三十周年国际学术研讨会专号，共收入研究论文26篇。内容涉及敦煌艺术研究、宗教研究、文本考释等方面，具体篇目有：赵声良《敦煌美术研究与中国美术史——略谈三十年来敦煌美术的研究》、孟嗣徽《文明与交汇——吐鲁番龟兹地区炽盛光佛与星神图像的研究》、杨秀清《论唐宋时期敦煌文化的大众化特征》、王卡《敦煌本〈洞真高上玉帝大洞雌一玉检五老宝经〉》、陈明《丝路出土密教医学文献刍议》等篇。

1291　《敦煌吐鲁番研究（第16卷）》，饶宗颐主编，上海：上海古籍出版社，2016年10月。

本书是敦煌吐鲁番研究第16卷，包括研究论文23篇、书评论文2篇、书评4篇和新书目。论文内容主要涉及敦煌俗文学研究、敦煌佛经研究、敦煌政治制度研究、敦煌写本文献研究等方面，具体篇目有：柴剑虹《雅俗之间——简论敦煌俗文学在中国文学发展史上的地位》、朱丽双《从印度到于阗——汉、藏文献记载的阿那婆答多龙王》、刘子凡《唐代使职借印考——以敦煌吐鲁番文书为中心》、许建平《吐鲁番出土〈尚书〉写本辑考》等篇；书评论文有冯培红《粟特研究又一春——荣新江〈中古中国与粟特文明〉介评》等；书评有《中国文化遗产研究院藏西域文献遗珍》等篇。

**1292** 《敦煌文化探微》（丝绸之路与敦煌文化丛书），赵声良、戴春阳、张元林著，敦煌研究院编，南京：江苏凤凰美术出版社，2014年10月。

本书对辉煌灿烂的敦煌文化进行了探讨。书中对敦煌文化的内涵、特点与价值进行了定义，介绍了敦煌文化的历史地理背景、讨论了敦煌的地域文化与世界显学。全书分为八章，就敦煌的佛教、道教、祆教、摩尼教、景教等众多宗教的不同文化展开讨论；展示出了敦煌学术、教育、体育、以及当地民众衣食住行等社会生活；论述了古代敦煌文学、敦煌壁画和彩塑艺术。此外，作者通过敦煌文书对科学技术及多民族交汇的多元文化进行了探讨。全书最后，作者分析了敦煌带给后人的启示并对敦煌文化的弘扬方式提出见解。

**1293** 《敦煌文化寻绎》，谢桃坊著，成都：四川人民出版社，1999年12月；成都：四川文艺出版社，2017年3月。

本书是对敦煌文化的解说。全书分为六部分，对东方河西走廊上不同时期不同民族的古代文明作以概述；介绍莫高窟作为佛教圣地的艺术、文化宝库；讲述不同信仰的中国古代文明在敦煌碰撞所产生的文化火花以及当地先民的社会生活；讨论敦煌文化断裂的原因和藏经洞的封闭之谜；阐述敦煌文书的重现与流散；论述敦煌学的兴起、发展以及在当代中国的学术研究。

**1294** 《敦煌学论稿》（浙江学者丝路敦煌学术书系），姜亮夫著，姜昆武、柴剑虹、常荩心编，杭州：浙江大学出版社，2017年4月。

本书是姜亮夫先生关于敦煌学的学术文集，收录了《敦煌学概论》《敦煌——伟大的文化宝藏》两部关于敦煌学的专著，还包括论述韵书的《瀛外将去敦煌所藏韵书字书各卷叙录》《吴彩鸾书切韵事辩及其征信录》；对王国维和罗振玉两位先生文章的补充之作《读王静安先生曹夫人绘观音菩萨像跋》《罗振玉补唐书张义潮传订补》；通过壁画和塑像两方面详细论述敦煌艺术的《敦煌造型艺术》；论述敦煌学文化价值重要性的《敦煌经卷在中国文化学术上的价值》；以及对敦煌学视为补充的其他一些文物古迹《敦煌学必需容纳的一些古迹文物》等内容。

**1295** 《敦煌学通论》（敦煌学研究丛书），季羡林主编，刘进宝著，兰州：甘肃教育出版社，2002年9月。

本书是敦煌学研究的通识著作，对敦煌学的各个方面及研究状况进行了系统叙述。

书中分别就敦煌的历史、敦煌石窟艺术、敦煌文献流散史、敦煌遗书研究、敦煌学术史五方面展开介绍。作者认为敦煌学的内容广泛，经过科学整理归纳可以分为敦煌遗书、敦煌石窟艺术、敦煌学理论和敦煌史地四部分。敦煌石窟艺术和敦煌遗书是敦煌学研究的主要内容，是研究当时社会生活的真实材料；敦煌学理论研究，主要是敦煌学在学术上的价值作用和意义等；敦煌史地则是研究中古时代敦煌的历史和历史地理。

1296　《敦煌学新论》（敦煌学研究丛书），季羡林主编，荣新江著，兰州：甘肃教育出版社，2002年9月。

本书是荣新江先生在敦煌学研究方面的论集。书中文章分为四部分，首先是历史方面的文章，包括《敦煌的发现及其学术意义》《法门寺与敦煌》《唐五代归义军武职军将考》等篇；其次是对于敦煌学史的研究，具体篇目有《有关甘肃藏敦煌文献的珍贵记录》《叶昌炽——敦煌学的先行者》等篇；再次是作者近年来撰写的新书书评和学习敦煌学前辈研究成果的一些心得，如：《重读〈敦煌——伟大的文化宝藏〉》《〈英藏敦煌文献〉写本定名商补》等篇；最后一部分是以不同文章题材所写的纪念敦煌学史上的前辈及其著作的体会，包括：《陈寅恪撰〈敦煌零拾〉札记整理后记》《藤枝晃教授与敦煌学研究》等篇。

1297　《敦煌学与古代西部文化》（浙江学者丝路敦煌学术书系），齐陈骏著，杭州：浙江大学出版社，2016年7月。

本书是作者对敦煌学与西部丝绸之路文化的研究论文集。内容包括对敦煌学与西部文化的研究，如《敦煌学与古代西部文化》《从麦积山"寂陵"谈西魏时期关陇地区的文化融合》；河西地区人口与田制研究，如《河西历代人口简述》《敦煌沿革与人口》《简述敦煌、吐鲁番文书中有关职田的资料》《隋唐西北的屯田》；西域地区法律文化研究，如《丝路古道上的法律文化资料简介》《敦煌、吐鲁番文书中有关法律文化资料简介》《有关遗产继承的几件敦煌遗书》等文章。作者对丝路上河西地区的历史发展及中西文化的深远影响进行了比较系统的梳理和系统与研究，在政治、经济、法律等专题研究上提出了自己的见解。

1298　《法国敦煌学精粹》（法国汉学研究丛书），郑炳林主编，耿昇译，兰州：甘肃人民出版社，2011年4月。

本书是法国学者对敦煌学研究的学术论集。书中收入了谢和耐、戴密微、韩百诗、吴其昱、魏普贤、苏远鸣、戴仁等著名法国汉学家关于敦煌学的论著篇目，内容涉及敦煌写本契约研究、敦煌吐鲁番历史研究、敦煌数术研究、敦煌文学研究、敦煌宗教以及敦煌石窟壁画研究等方面。具体论著包括：《敦煌卖契与专卖制度》《8—10 世纪的敦煌》《敦煌写本中的乌鸣占凶吉书》《敦煌本〈珠英集〉两残卷考》《敦煌本佛教教理问答书》《敦煌石窟中的瑞祥图》等 44 篇。

1299　《法国西域史学精粹》（法国汉学研究丛书），郑炳林主编，耿昇译，兰州：甘肃人民出版社，2011 年 4 月。

本书是法国学者研究西域史的学术成果精选集。法国学者在西域史研究方面颇有建树，研究成果丰富。本书收入了韩百诗、伯希和、哈密屯、路易·巴赞、戴密微、石泰安等法国著名汉学家的多篇研究成果，内容涉及西域历史研究、西域地区考古研究、西域民族研究、回鹘文突厥文写本研究、蒙古学研究以及丝绸之路经济贸易研究等方面。具体篇目有：《西域的历史文明与丝绸之路》《从新疆到沙洲的考察记》《敦煌回鹘文写本概述》《法国对丝绸之路的研究》等篇。

1300　《港台敦煌学文库》，郑炳林、郑阿财主编，兰州：甘肃人民出版社，2014 年 12 月。

本套书是港台地区研究敦煌学论文合集，共有 49 册。全书收录港台地区敦煌学领域的论文共 606 篇，达 1170 余万字，涉及到敦煌文学、语言文学、敦煌石窟艺术、敦煌宗教典籍等多方面的内容，展现了港台地区近百年来在敦煌学领域里的重要成果。港台地区著名学者如：王三庆、郑阿财、朱凤玉、吴其昱、李玉珉、汪娟、周凤五等的研究文章皆有收入。本套书是对港台地区学术资源进行的系统整合，展示了港台地区敦煌学研究的基本情况，促进了学术交流。

1301　《姜伯勤自选集》（广东省优秀社会科学家文库），姜伯勤著，广州：中山大学出版社，2015 年 11 月。

本书是姜伯勤先生的学术论文自选集，共收录了 12 篇经典文章。内容包括对隋唐史、敦煌吐鲁番学、丝绸之路、艺术史等方面的研究。具体篇目有：《中国田客制、部曲制与英国维兰制的比较研究》《敦煌的"画行"与"画院"》《敦煌戒坛与大乘佛教》《论敦煌本〈本际经〉的道性论》《敦煌吐鲁番与丝绸之路上的粟特人》《安阳石棺床画像石与粟特人美术》《敦煌白画中的粟特神祇》《大汕的南海航行与澳门南海的禅宗文化圈》等。

1302　《内亚文史论集》，耿世民著，北京：中央民族大学出版社，2015 年 4 月。

本书是集成了作者近十年来在国内外学术刊物上发表的关于内陆亚细亚地区研究

▶ 丝绸之路研究论著叙录

的论文约 40 篇,包含了语言文学、历史、文化、宗教、考古等多方面的研究成果。书中内容包括《近代新疆科学考察简史》《西域古代民族语文的发现和研究》《匈奴人的文化和语言》《论对汉唐时期新疆塔里木盆地古代民族与语文的研究》《中国近年来关于摩尼教的研究》《试论中国哈萨克语方言的划分》等文章,具有较高的学术价值,对内亚学研究起到了推动作用。

1303 《欧亚文明研究:历史与交流》(丝绸之路与华夏文明研究文库、西北边疆史地研究丛书),杨鹏飞、李家莉主编,兰州:甘肃文化出版社,2013 年 10 月。

本书是对欧亚文明研究的论集,全书共收录论文 27 篇,内容涉及古典文明、中世纪文化、宗教与民族关系、政治法律制度、经济与社会等方面,展现了中西文化交流的主题。具体论文有:《葱岭:古代向西开放的门户》《试论明末基督教与儒学的接触》《第二亚欧大陆桥——现代丝绸之路》《略论大月氏贵霜帝国的建立及其族系问题》《中亚地区的稳定及对我国西北地区经济发展的影响》《良治与进步的保证——对美国 1787 年宪法精神与实践的新解读》等篇。

1304 《欧亚学刊(第 1 辑)》,余太山主编,北京:中华书局,1999 年 1 月。

本书是对内陆欧亚历史文化的研究,研究范围主要是历史上活动于欧亚草原及其周邻地区(特别是我国甘肃、宁夏、青海、西藏和小亚、伊朗、阿拉伯、印度、日本、朝鲜乃至西欧、北非等地)诸民族本身及其与世界其他地区在经济、政治、文化各方面的交流和交涉。该书是第 1 辑,汇集了内陆欧亚考古、历史、文化、文献研究的最新成果。具体内容有:《开展内陆欧亚学的研究》《蒙古征服前操蒙古语部落的西迁运动》《清朝皇室与蒙古贵族的政治联姻问题再探》《叙利亚文和回鹘文景教碑铭文献在中国的遗存》《青铜鍑在欧亚大陆的初传》等篇。

1305 《欧亚学刊(第 2 辑)》,余太山主编,北京:中华书局,2000 年 11 月。

本书是对内陆欧亚历史文化的研究,研究范围主要是历史上活动于欧亚草原及其周邻地区诸民族本身及其与世界其他地区在经济、政治、文化各方面的交流和交涉。该书是第 2 辑,汇集了内陆欧亚考古、历史、文化、文献研究的最新成果。具体内容有:《新疆伊梨河流域文化初论》《汉晋正史"西域传"所见西域诸国的地望》《高昌王国与中西交通》《西夏亲属称谓与服制研究》《英国驻喀什噶尔领事馆首任总领事马继业来华的背景及其早期的活动》《十三世纪畏兀儿蒙速速家族供养图考》等篇。

1306 《欧亚学刊（第 3 辑）》，余太山主编，北京：中华书局，2002 年 1 月。

本书是对内陆欧亚历史文化的研究，研究范围主要是历史上活动于欧亚草原及其周邻地区（特别是我国甘肃、宁夏、青海、西藏和小亚、伊朗、阿拉伯、印度、日本、朝鲜乃至西欧、北非等地）诸民族本身及其与世界其他地区在经济、政治、文化各方面的交流和交涉。该书是第 3 辑，汇集了内陆欧亚考古、历史、文化、文献研究的最新成果。具体内容有：《阿尔泰山和天山的大石冢》《唐昭陵、乾陵蕃人石像与"突厥化"问题》《论尼雅遗址遗物和简牍与建筑遗迹的关系》等篇。

1307 《欧亚学刊（第 4 辑）》，余太山主编，北京：中华书局，2004 年 1 月。

本书是对内陆欧亚历史文化的研究，研究范围主要是历史上活动于欧亚草原及其周邻地区诸民族本身及其与世界其他地区在经济、政治、文化各方面的交流和交涉。该书是第 4 辑，汇集了内陆欧亚考古、历史、文化、文献研究的最新成果。具体内容有：《脱解神话的比较研究——新罗三姓初王神话原构图》《九姓胡与中原地区出土的仿制拜占庭金币》《从〈辽史·国语解〉到〈钦定辽史语解〉——契丹语言资料的源流》《生命吠陀：西域出土胡语医学文献的知识来源》《历史时期的胡汉葬俗：吐鲁番的例证》等篇。

1308 《欧亚学刊（第 5 辑）》，余太山、李锦绣主编，北京：中华书局，2005 年 6 月。

本书是对内陆欧亚历史文化的研究，研究范围主要是历史上活动于欧亚草原及其周邻地区诸民族本身及其与世界其他地区在经济、政治、文化各方面的交流和交涉。该书是第 5 辑，汇集了内陆欧亚考古、历史、文化、文献研究的最新成果。具体内容有：《匈奴的崛起》《"派提达那"非"屏息"辨》《"发郎"勘同与十三世纪前后的欧亚北极地》《试论清中期的南疆经略政策——以对内地人的政策为中心》《汉藏——阿尔泰语系缘关系试探》等篇。

1309 《欧亚学刊（第 6 辑）》，余太山、李锦绣主编，北京：中华书局，2007 年 6 月。

本书是对内陆欧亚历史文化的研究，研究范围主要是历史上活动于欧亚草原及其周邻地区诸民族本身及其与世界其他地区在经济、政治、文化各方面的交流和交涉。该书是第 6 辑，汇集了内陆欧亚考古、历史、文化、文献研究的最新成果。具体内容有：《试论中国早期"胡"概念之渊源》《摩尼教神"净风""惠明"异同考》《论清朝统一新疆对中亚的意义》《北朝隋唐粟特人之迁徙及其聚落补考》《唐代"胡人"图像初考》《吐火罗与挹怛杂居考》等篇。

**1310** 《欧亚学刊（第 7 辑）》，余太山、李锦绣主编，北京：中华书局，2007 年 6 月。

本书是对内陆欧亚历史文化的研究，研究范围主要是历史上活动于欧亚草原及其周邻地区诸民族本身及其与世界其他地区在经济、政治、文化各方面的交流和交涉。该书是第 7 辑，汇集了内陆欧亚考古、历史、文化、文献研究的最新成果。具体内容有：《Relations of the Andronovans with the population of Xinjiang and Other Regions of China in the Bronze Age》《新疆考古中所见生殖崇拜遗痕》《伊斯兰教时期中亚的希腊文化遗存》《〈通典·边防·西戎〉"西域"部分序说》《艾苏哈卜·凯赫夫麻札与吐峪沟宗教文化》等篇。

**1311** 《欧亚学刊（第 8 辑）》，余太山、李锦绣主编，北京：中华书局，2008 年 12 月。

本书是对内陆欧亚历史文化的研究，研究范围主要是历史上活动于欧亚草原及其周邻地区诸民族本身及其与世界其他地区在经济、政治、文化各方面的交流和交涉。该书是第 8 辑，汇集了内陆欧亚考古、历史、文化、文献研究的最新成果。具体内容有：《公元前 8—前 3 世纪的萨彦—阿尔泰——早期铁器时代欧亚东部草原文化交流》《托勒密〈地理志〉所见丝绸之路的记载》《突厥王冠考——兼论突厥祆教崇拜的有关问题》《中古粟特祆神崇拜及其源流考辨》《17 世纪中后期的卫拉特与河西走廊》等篇。

**1312** 《欧亚学刊（第 9 辑）》，余太山、李锦绣主编，北京：中华书局，2009 年 12 月。

本书是对内陆欧亚历史文化的研究，研究范围主要是历史上活动于欧亚草原及其周邻地区诸民族本身及其与世界其他地区在经济、政治、文化各方面的交流和交涉。该书是第 9 辑，汇集了内陆欧亚考古、历史、文化、文献研究的最新成果。具体内容有：《The Scythian：Identity》《汉唐时期中国北方游牧部族迁徙的方向和目的地》《汉代汉语文在西域的流行——从西域人汉字名字谈起》《虞弘墓祭火图像宗教属性辨析》《忽必烈与高丽世子俱的会见及高丽还旧都》《试析 16—17 世纪中亚各国与俄国的政治统治》《奥斯曼帝国与土耳其共和国档案馆所藏与中国有关的文件研究》等篇。

**1313** 《欧亚学刊（第 10 辑）》，余太山、李锦绣主编，北京：中华书局，2012

年9月。

本书是对内陆欧亚历史文化的研究,研究范围主要是历史上活动于欧亚草原及其周邻地区诸民族本身及其与世界其他地区在经济、政治、文化各方面的交流和交涉。该书是第10辑,汇集了内陆欧亚考古、历史、文化、文献研究的最新成果。具体内容有:《新疆考古中所见萨满崇拜》《突厥第二汗国建国考》《贵霜王朝的创始人——丘就却》《公元3、4世纪西域绿洲国农作物种植业生产探析——以佉卢文资料反映的鄯善王国为中心》《楚瓦什民族起源的研究状况与思考》等篇。

**1314** 《欧亚学刊（新1辑·总第11辑）》,余太山、李锦绣主编,北京：商务印书馆,2011年10月。

本书是关于古代中外关系史研究的学术刊物,研究范围主要集中在内陆欧亚史。该书为新1辑国际版,所收论文从历史、政治、经贸等方面对古代内陆欧亚物质和文化交流进行考察和研究,具体研究论文有:《The Ends of the Earth: The Xiongnu Empire and Eastern Han Representations of the Afterlife from Shaanxi and Shanxi》《吐火罗问题》《Between West and East: Anthropomorphic and Zoomorphic Representations in the Forest—Steppe Belt and Steppe Zone of Eastern Europe》《汉籍所见拜占庭帝国地理、历史与传说》等,本书所收文章均为国内外内陆欧亚研究的最新成果,具有较强学术性。

**1315** 《欧亚学刊（新2辑·总第12辑）》,余太山、李锦绣主编,北京：商务印书馆,2015年10月。

本书是关于古代中外关系史研究的学术刊物,研究范围主要集中在内陆欧亚史。本书是新版第2辑,汇集了内陆欧亚考古、历史、文化、文献研究的最新成果。具体论文如下:《Coinage and History: From the Greco-Bactrian Kings to the Kushan》《寄多罗贵霜的若干问题》《三十部女真覆议》《Parthian Cities and Strongholds in Turkmenistan》《史思明的名字小议》《罕都台吉在康区的活动探析》《Religious Buildings and Structures in the Ancient City of Sidak》等篇。

**1316** 《欧亚学刊（新3辑·总第13辑）》,余太山、李锦绣主编,北京：商务印书馆,2015年12月。

本书是关于古代中外关系史研究的学术刊物,研究范围主要集中在内陆欧亚史。该书是新版第3辑,汇集了内陆欧亚考古、历史、文化、文献研究的最新成果。代表文章有:《南西伯利亚早期游牧王国王族墓地的景观、布局和形制》《乌禅幕东迁蒙古高原考——兼论匈奴文化对汉代艺术之影响》《印度古代的医师形象与医患关系——

以佛经中的记载为中心》《智慧礼赞——藏汉文蚁穿九曲珠的故事》《日本大和文华馆藏摩尼教〈冥王圣帧〉溯源》《近年吐峪沟石窟考古收获与认识述略》等篇。

1317 《欧亚学刊（新4辑·总第14辑）》，余太山、李锦绣主编，北京：商务印书馆，2016年10月。

本书是关于古代中外关系史研究的学术刊物，研究范围主要集中在内陆欧亚史。该书是新版第4辑，汇集了内陆欧亚考古、历史、文化、文献研究的最新成果。代表文章有：《Fire—steels in Eastern and Western Eurasia》《公元前一千年前后中亚民族的迁徙——萨恩扎伊尔墓地与维加里克墓地分期研究》《哈萨克草原青铜时代文化—比加泽—丹迪拜文化：兼论新疆博尔塔拉蒙古自治州阿敦乔鲁墓葬的文化性质》《莫高窟第158窟图像与祆教关系辨析》等篇。

1318 《欧亚学刊（新5辑·总第15辑）》，余太山、李锦绣主编，北京：商务印书馆，2016年12月。

本书是关于古代中外关系史研究的学术刊物，研究范围主要集中在内陆欧亚史。该书是新版第5辑，汇集了内陆欧亚考古、历史、文化、文献研究的最新成果。代表论文有：《哈密地区史前考古》《新罗早期王族世系源流考论》《Nomadism, Barbarism and Civilization: European Eighteenth Century Approaches to Central Asian History》《摩西和Rus—pa Ngo—snu：藏文西夏开国神话》《Bashir Barakat, Shamsiddin Kamoliddin Cloister of the Uzbek Sufis in Jerusalem》等篇。

1319 《世界的吐鲁番》，伍国用、李小山主编，长沙：湖南美术出版社，2010年11月。

本书以让吐鲁番走向世界、让世界更了解吐鲁番为主题，对吐鲁番地区深厚的历史底蕴、自然地理、艺术文化、宗教民俗等方面进行了挖掘、整理与全方位展示。全书共分为五卷，分别是神奇的地理、厚重的历史、富饶的物产、独特的风景，以及未解的密码，突出了吐鲁番地区在自然、历史、民族、宗教、文化、资源等领域的独有特征，强调了吐鲁番文化多种民族、多种文化相互交融的包容性，再现了吐鲁番的历史风貌与社会样态。

1320 《吐鲁番学研究：第二届吐鲁番学国际学术研讨会论文集》，新疆吐鲁番地区文物局编，上海：上海辞书出版社，2006年10月。

本书是中国新疆吐鲁番学第二届国际学术研讨会论文集。书中收入90篇论文，从考古、历史、语言、宗教、美术等多元角度，体现了国际学术研究的最新研究成果。主要内容涉及吐鲁番文献文物，欧亚古代民族起源和迁徙的国外遗址、文物、史料，匈奴、突厥、粟特等民族历史和文物，以及考古研究的新方法、新成果。代表论文有《鄯善新发现的一批唐代文书》《高昌郡府官制研究》《欧美所藏吐鲁番出土汉文文献：研究现状与评价》《吐鲁番新出唐代烽铺文书考释——新出烽铺文书研究之一》《吐鲁番所出唐代文书中的官营畜牧业》等。

1321 《吐鲁番学研究：第三届吐鲁番学暨欧亚游牧民族的起源与迁徙国际学术研讨会论文集》，新疆吐鲁番学研究院编，上海：上海古籍出版社，2010年5月。

本书是第三届吐鲁番学暨欧亚游牧民族的起源与迁徙国际学术研讨会论文集。论文分为考古卷和历史、宗教、语言卷。考古卷对吐鲁番所出墓葬及器物进行研究，对当地少数民族文化与周边的交流，种族源流的考证和遗址保护等问题进行深入分析，代表论文有：《吐鲁番盆地青铜时代至初铁器时代与周边地区的文化交流》《吐鲁番交河沟西墓地突厥因素略论》《交河故城保护加固》等。历史、宗教、语言卷对吐鲁番地区少数民族语言、文献以及宗教艺术与文化进行讨论，包括《吐鲁番对传统中医药学的贡献》《吐鲁番所出夫役文书与唐代杂徭研究》《吐火罗语文献释读百年纪念》《新疆出土宗教文物及宗教文化》《景教与其他宗教的关系》等问题。

1322 《西域考古·史地·语言研究新视野——黄文弼与中瑞西北科学考查团国际学术研讨会论文集》（新疆师范大学黄文弼中心丛刊），荣新江、朱玉麒主编，北京：科学出版社，2015年6月。

本书是荣新江、朱玉麒主编的为纪念黄文弼先生与中瑞西北科学考查团，与各位学者撰写的关于西域考古、历史、地理、语言、文化等方面的研究论文。本书共收集论文50余篇，内容涵盖历史、考古、语言、文学、学术史等方面。主要代表性论文有《从斯坦因到黄文弼——新疆早期考古的历程与问题》《黄文弼发现罗布泊史前遗存的再认识及其他》《斯文赫定与中亚考古学——赫定及其团员贝格曼、黄文弼的考古工作》等，适合于为从事西域考古、语言、文学研究的研究者提供参考资料。

1323 《西域文史（第1辑）》，朱玉麒主编，北京：科学出版社，2006年12月。

本书是由新疆师范大学西域研究中心创办的学术论集，以中国新疆与中亚等地区的文化和历史为主要研究对象，内容涵盖政治、经济、民族、法律、社会、宗教、美术、文学、语言、地理、考古等多个方面。本辑为第1辑，所收录的论文主要有《新疆考古、文物资料概述（上）》《唐代玻璃及其西来东传》《龟兹石窟塑像调查和塑像风格研究》《于阗：西域的一个早期佛教中心》《从比较语言学看〈三威蒙度赞〉与〈大乘本生心地观经〉的联系》《高昌诸壁、诸垒的始终》《诗史之间：唐代"楼兰"语汇的文化阐释》《新疆近代维吾尔族为主体的民族分布格局的形成和发展》等20篇。

1324 《西域文史（第 2 辑）》，朱玉麒主编，北京：科学出版社，2007 年 12 月。

本书是由新疆师范大学西域研究中心创办的学术论集，以中国新疆与中亚等地区的文化和历史为主要研究对象，内容涵盖政治、经济、民族、法律、社会、宗教、美术、文学、语言、地理、考古等多个方面。本辑为第 2 辑，共收入论文 15 篇，具体篇目有：《吐鲁番出土〈金光明经〉写本题记与祆教初传高昌问题》《麴氏高昌国至唐西州时期墓葬初论》《吐鲁番文书所见唐代里正的上直》《中古波斯文〈摩尼教赞美诗集〉跋文译注》《中古时期巴蜀地区的粟特人踪迹》《求法僧眼中的于阗佛教（3—6 世纪）——兼及和田出土佛教写本》等篇。

1325 《西域文史（第 3 辑）》，朱玉麒主编，北京：科学出版社，2008 年 12 月。

本书是由新疆师范大学西域研究中心创办的学术论集，以中国新疆与中亚等地区的文化和历史为主要研究对象，内容涵盖政治、经济、民族、法律、社会、宗教、美术、文学、语言、地理、考古等多个方面。本辑为第 3 辑，共收入论文 17 篇，涉及于阗文献研究、西域考古研究、西域文学研究及西域历史地理研究等主题，具体篇目有：《于阗文本〈修慈分〉》《于阗梵文佛典的流行和于阗语的翻译》《2008 年和田考察行程日志》《米努辛斯克盆地青铜文化初论》《吐鲁番新出赵同墓志初探》《西域幻术的流播以及对中土小说的影响》《清代临时派遣西域官员诗作论》《乾隆时期寓京维吾尔人和敕建清真寺》等篇。

1326 《西域文史（第 4 辑）》，朱玉麒主编，北京：科学出版社，2009 年 12 月。

本书是由新疆师范大学西域研究中心创办的学术论集，以中国新疆与中亚等地区的文化和历史为主要研究对象，内容涵盖政治、经济、民族、法律、社会、宗教、美术、文学、语言、地理、考古等多个方面。本辑为第 4 辑，共收入论文 17 篇，具体篇目有：《中亚突厥化命题的由来》《高昌建郡时间考辨：兼论汉人西域屯田军户到民户的历史演变》《新疆喀什出土"胡人饮酒场景"雕刻片石用途新考》《新疆文学艺术中的弥勒》《蒙元时期丝绸之路文学研究论略》《徐松与道光朝京师学坛的西北史地研究》《清代西域幕府诗作》等篇。

**1327** 《西域文史（第 5 辑）》，朱玉麒主编，北京：科学出版社，2010 年 12 月。

本书是由新疆师范大学西域研究中心创办的学术论集，以中国新疆与中亚等地区的文化和历史为主要研究对象。本辑为第 5 辑，内容涉及考古、语言、历史、文学、民族、学术史等多个方面，共收入 21 篇。具体篇目有：《罗布淖尔考古与楼兰—鄯善史研究》《简论西汉和新莽时期龟兹的历史地位及其与汉王朝的关系》《论西域出土的楚式刺绣》《丝绸之路上的鸭头勺》《新疆吐火罗语写本及其佛教文献》《玄奘、义净法师的译经与龟兹壁画内容解读》《摩尼教十天王考：福建霞浦文书研究》《日本大谷大学图书馆藏"霍恩勒文库"附新疆考古通信研究》等篇。

**1328** 《西域文史（第 6 辑）》，朱玉麒主编，北京：科学出版社，2011 年 12 月。

本书是由北京大学中国古代史研究中心与新疆师范大学西域文史研究中心合办的学术论集，以中国新疆与中亚等地区的文化和历史为主要研究对象。本辑为第 6 辑，内容涉及考古、语言、历史、文学、民族、学术史等多个方面，共收入论文 20 篇。具体篇目有：《中国国家图书馆藏 BH5-3 号佉卢文买卖土地契约》《英国图书馆藏和田出土木简的再研究——以木简内容及其性质为中心》《罗巴塔克碑铭译注与研究》《旃檀忽哩与天可汗——上海博物馆藏中亚三语钱币研究》《重议柘厥地望——以早期探险队记录与库车出土文书为中心》《11 世纪初于阗佛教王国灭亡新探——兼谈喀喇汗王朝的成立与发展》等篇。

**1329** 《西域文史（第 7 辑）》，朱玉麒主编，北京：科学出版社，2012 年 12 月。

本书是由北京大学中国古代史研究中心与新疆师范大学西域文史研究中心合办的学术论集，以中国新疆与中亚等地区的文化和历史为主要研究对象。本辑为第 7 辑，内容涉及考古、语言、历史、文学、民族、学术史等多个方面，共收入论文 19 篇。具体篇目有：《克孜尔尕哈石窟现存龟兹语及其他婆罗谜文字题记内容简报》《俄国国立艾尔米塔什博物馆所藏佉卢文字及婆罗谜文字木简》《英国图书馆斯坦因收藏品中的突厥语摩尼教文献》《李希霍芬的"丝绸之路"：通往一个概念的考古学》《汉代于阗的崛起与兴盛》《佛塞斯与新疆考古学的起源》等篇。

**1330** 《西域文史（第 8 辑）》，朱玉麒主编，北京：科学出版社，2013 年 12 月。

本书是由北京大学中国古代史研究中心与新疆师范大学西域文史研究中心合办的学术论集，以中国新疆与中亚等地区的文化和历史为主要研究对象。本辑为第 8 辑，内容涉及考古、语言、历史、文学、民族、学术史等多个方面，共收入论文 18 篇。具体篇目有：《于阗盛行密教考》《敦煌藏文文书〈牛角山授记〉残片的初步研究》《西州与北庭——以北庭的西州兵士和胥吏为中心》《陆游诗词中"西域"意象的历史远蕴与现实内涵》《英国牛津大学包德利图书馆藏斯坦因与鄂登堡往来通信研究》《新见两方突厥族史氏家族墓志研究》等篇。

**1331** 《西域文史（第 9 辑）》，朱玉麒主编，北京：科学出版社，2014 年 12 月。

本书是由北京大学中国古代史研究中心与新疆师范大学西域文史研究中心合办的学术论集，以中国新疆与中亚等地区的文化和历史为主要研究对象。本辑为第 9 辑，内容涉及考古、语言、历史、文学、民族、学术史等多个方面，共收入论文 17 篇。具体篇目有：《库木吐喇窟群区第 34 窟现存龟兹语壁画榜题简报》《克孜尔出土德藏佉卢文龟兹王诏谕与契约文书研究》《新疆博物馆藏木板于阗语粮食支出帐考释》《〈于阗国授记〉的成立年代研究》《古代城市遗址高昌的遗构比定——基于地图史料批判的丝绸之路探险队考察报告整合》《喀喇汗王朝与早期伊斯兰教》等篇。

**1332** 《西域文史（第 10 辑）》，朱玉麒主编，北京：科学出版社，2015 年 12 月。

本书是由北京大学中国古代史研究中心与新疆师范大学西域文史研究中心合办的学术论集，以中国新疆与中亚等地区的文化和历史为主要研究对象。本辑为第 10 辑，内容涉及考古、语言、历史、文学、民族、学术史等多个方面，共收入论文 19 篇。具体篇目有：《关于鸠摩罗什札记》《俄罗斯国立艾尔米塔什博物馆所藏库车、锡克沁壁画题记》《俄藏回鹘文〈摩尼教徒忏悔词〉译注》《唐碎叶故城出土"石沙随龟符"初探》《丝绸之路与高昌经济——以高昌国的银钱使用与流通为中心》《和田出土粟特语文献中的四件经济文书》《中国内地会新疆传教士巴富义传记及其史料价值》等篇。

1333 《西域文史（第 11 辑）》，朱玉麒主编，北京：科学出版社，2017 年 6 月。

本书是由北京大学中国古代史研究中心与新疆师范大学西域文史研究中心合办的学术论集，以中国新疆与中亚等地区的文化和历史为主要研究对象。本辑为第 11 辑，内容涉及考古、语言、历史、文学、民族、学术史等多个方面，共收入论文 18 篇。具体篇目有：《唐季摩尼僧"呼禄法师"其名其事补说》《〈阿基来行传〉与摩尼教史实》《中古穆斯林文献中的"中国"称谓》《唐代于阗汉人的文化生活》《蒙古高原寻碑记》《鞑靼史》《清代伊犁的园林建筑及其文学表现》《唐努乌梁海五旗历任总管新考》等篇。

1334 《西域文史论稿》，耿世民著，兰州：兰州大学出版社，2012 年 1 月。

本书是耿世民先生所作对于西域文史的论述。书中对于古代西域的历史语言进行了讨论，包括阿尔泰共同语与匈奴语、古代的突厥汗国与突厥文碑铭的发现和解读；对古代塔里木盆地文化作以概述，介绍了新疆古代民族语文的发现和研究，并对汉唐新疆塔里木盆地古代民族与语文进行了研究。同时，作者对于古代车师——焉耆及龟兹语、吐火罗人及其语言、古代和田塞语以及古代新疆塔里木盆地的民族和语言进行了考释；此外，书中还有作者对中国吐鲁番、敦煌出土的回鹘文献、摩尼教文献、维吾尔佛教文献、现代维吾尔语、哈萨克语文献等方面都进行了研究。书后附有耿世民教授的简介及著作目录，为读者研究提供了资料。

1335 《西域文史论集》，周轩著，乌鲁木齐：新疆大学出版社，2014 年 11 月。

本书为西域文史研究论文集，共收入论文 34 篇。内容涉及清代新疆流放研究、移民屯田研究、辛亥革命研究、外国传教士和西域考察研究、史地研究、民国诗文研究、读书札记和书评等。书中收录了《清伊犁将军与惠远城》《土尔扈特部东归诸因素分析》《清代新疆流人与西域史地学》《林则徐与红山嘴及雕像铭文之误》《〈辛卯侍行记〉所记吐鲁番与罗布之交通》《俄属芬兰男爵曼纳海姆（马达汉）的西域考察》《邓缵先新疆诗文研究》《巴楚移民屯戍的历史考察》《巴里坤移民屯戍与汉文化》《读书札记四则》《〈刘鹗集〉评介》等文章。

1336 《西域研究》（近代海外汉学名著丛刊），[日] 藤田丰八著，杨炼译，太原：山西人民出版社，2015 年 9 月。

本书是日本中亚史研究的早期名著，对中国西域历史进行了研究。书中论述了历代中原王朝与西域诸国的交往和文化交流史，提出了诸多值得探讨的问题，在西域史研究领域开风气之先。全书分为十一个部分，内容涉及扜泥城与伊循城、扜弥与Dandan-Uilik、于阗之树枝河及达利河、萨宝、莎车与Ga-hjag、吐谷浑与Drug（Drug-gu）、月氏乌孙之故地、月氏西移之年代、焉支与祁连、大宛贵山城与月氏王庭、论"释迦""塞""赭羯""糺军"之种族等问题。

**1337** 《中外敦煌学家评传》（敦煌学研究丛书），季羡林主编，陆庆夫、王冀青著，兰州：甘肃教育出版社，2002年12月。

本书是对敦煌吐鲁番研究学者研究评传，共收入敦煌学家评传29篇，包括中国的敦煌学家，如：罗振玉、王国维、陈垣、陈寅恪、向达等10位学者的评传；日本敦煌学家，如：内藤湖南、狩野直喜、泷精一、矢吹庆辉等9位学者；欧美各国的敦煌学家，包括格伦威德尔、斯坦因、沙畹、伯希和等共10人。书中对这些学者的生平事迹、学术贡献进行了客观评价，对一些学者在我国西北的劫盗行径也做了客观述评。书后附有《本书所收中外敦煌学家主要论著编年目录》，为读者检索相关研究提供便利。

# 下编 当代社会经济研究

# "一带一路"综述

1338 《"一带一路"、中国崛起与国际合作：这对中国和区域意味着什么?》，余虹著，北京：世界知识出版社，2017年11月。

本书着重讨论了在中国政府提出"一带一路"倡议之后，中国的崛起与国际合作的变化和影响。书中介绍了"一带一路"倡议提出的背景、目的和动力，用实际的数据表现了中国目前强劲的经济实力；讨论了"一带一路"与经济全球化的关系，指出了在中国主导经济全球化下所要面临的困境和挑战，并对中国主导的亚投行和"一带一路"的建设进展与国际合作高峰论坛做了分析与评估。作者特别探讨了"一带一路"背景下的中美关系，认为双边贸易逆差是目前中美关系最大的挑战，并从地缘政治、海外项目、经济增速等方面总结了"一带一路"实施时所面临的挑战。

1339 《"一带一路"：打造中国与世界命运共同体》，胡伟主编，北京：人民出版社，2016年5月。

本书是对"一带一路"倡议进行全面解读的著作，强调了其在打造中国与世界命运共同体中的重要作用。书中介绍了"一带一路"倡议的背景、形成、内涵及主要内容等概况，分析了建构"一带一路"倡议的动因，探讨了其在国内与国际上的影响的价值。同时，书中阐述了"一带一路"倡议的使命、目标与工作重点，与相关国际体系做了比较研究，并探讨了倡议在国际环境、国际经济发展不平衡、意识形态、文化多元化等方面所面临的挑战。此外，作者还论述了"一带一路"建设的实施途径，强调了应遵循的原则和机制，并对方案与路径做了评述。

1340 《"一带一路"：当中国和欧洲邂逅在波罗的海》，[法]让·保罗·拉尔松著，李东红主编，北京：清华大学出版社，2017年6月。

本书是以"一带一路"倡议为主题，重点分析中国与波罗的海国家之间的经济贸易、地区合作以及战略走向的著作。书中介绍了中国、欧洲与波罗的海的地缘关系，指出了中国为实现"一带一路"所采取的主要举措和其中蕴含的商机；探讨了波罗的海国家在"一带一路"中起到的作用，并研究了该地区的经济环境、投资趋势和运输潜力。作者指出了"一带一路"下的中亚经济合作，以及对全球价值链的影响，并对中国主导的亚投行进行了金融角度的论证，认为构建"一带一路"需要强大的金融体系进行支撑。另外，本书每章都附有实例进行分析说明，对我国企业的海外投资具有借鉴和学习意义。

1341 《"一带一路"：定位、内涵及需要优先处理的关系》（中国社会科学院"一带一路"研究系列），李向阳著，北京：社会科学文献出版社，2015年5月。

本书从中国和平崛起的国际背景出发，探讨"一带一路"的定位、内涵及建设"一带一路"所需要优先处理的关系等问题。全书分为四部分，第一部分为中国的和平崛起与"一带一路"主要探讨中国经济的快速增长与外部环境变化的关系问题；第二部分详细论述"一带一路"的基本定位；第三部分叙述"一带一路"的内涵特征与目标；第四部分论述建设"一带一路"需要优先处理的关系，如政府与企业关系、历史与现实关系、经济合作与非经济合作、机制化合作与非机制化合作的关系等。

1342 《"一带一路"：多边范式与推进路径》，赵江林著，北京：中国社会科学出版社，2017年9月。

本书以"一带一路"倡议下的多边范式为分析对象，重点突出"一带一路"建设的推进方法。书中叙述了"一带一路"建设中的机遇与挑战，列举了目前所取得的成就；对大区域价值链与中国—东盟价值链进行了深入分析，并论述了构建"一带一路"经济走廊、孟中印缅经济走廊与中巴经济走廊的战略地位和方式方法。作者从生态与可持续发展的角度，探讨了"一带一路"建设中的绿色区域治理理念和联合国可持续发展议程。

1343 《"一带一路"：构建全方位开放新格局》，国家发展和改革委员会学术委员会办公室编，北京：中国计划出版社，2015年8月。

本书以举全国之力推进"一带一路"建设为主要内容，分为以下几个方面论述：培育国际合作竞争新优势；健全投融资机制；构建国际物流大通道；构建"一带一路"战略引领下的全方位区域开放格局；新疆定位；打造丝绸之路经济带（宁夏）试验示范区研究；面向西南开放的支撑要素研究；强化重庆中心枢纽作用，增强对"一带一路"的战略支撑研究；湖北实施"一带一路"战略的研究；江苏推进"一带一路"建设的目标定位及重要举措等。

1344 《"一带一路"：机遇与挑战》，王义桅著，北京：人民出版社，2015年4月。
本书从国际关系的角度解读"一带一路"战略。内容主要分为四部分：第一部分，从推动中华文明的转型、人类文明的创新以及中国梦建设三方面阐述融通中国梦与世界梦；第二部分论述"一带一路"的机遇，包括全方位开放机遇、周边外交机遇、地区合作机遇以及全球发展机遇等。第三部分从地缘风险、安全风险、经济风险、法律风险和道德风险五方面来阐释"一带一路"带来的挑战。第四部分为如何推进"一带一路"建设，书中列举了理念创新、理论创新和方式崭新三方面，主动地发展与沿线国家的经济合作伙伴关系，实现"五通"——政策沟通、道路联通、贸易畅通、货币流通、民心相通，共同打造政治互信、经济融合、文化包容的利益共同体、命运共同体和责任共同体，并充分展示了"世界养育中国、中国回馈世界"的主旋律。

1345 《"一带一路"：机遇与挑战》，刘亚伟、田高良、黄伟主编，西安：西安交通大学出版社，2015年9月。

本书是研究"一带一路"倡议机遇与挑战的论文集，收录了国内专家学者相关文章约20篇。书中内容包括《"一带一路"与文教科先导行业先行战略》《关于"一带一路"倡议的几点思考》《"一带一路"面对的外交风险》《建设"一带一路"的挑战》《"一带一路"沿线冲突风险评估与管控》《构建新丝绸之路经济带的历史回顾与思考》等成果，从政治、经济、外交及"一带一路"建设等方面进行了关于机遇与挑战的论述与探讨，具有较高的学术价值，为"一带一路"的建设与发展提供了建议与帮助。

1346 《"一带一路"：理论构建与实现路径》，王灵桂主编，北京：中国社会科学出版社，2017年3月。

本书以探求"一带一路"建设的理论研究和重大的现实利益关切为切入点，力求为"一带一路"建设涉及的重要理论和现实问题提供依据。全书共分为五部分，首先回顾了近年来"一带一路"的研究成果，论述了本项目的研究价值和主要结论；汇总了世界主要国家智库对"一带一路"的认知和看法，并对其看法做了分析评价。书中的理论篇，对"一带一路"与习近平外交战略思想、与世界秩序问题、与中国经济外交转型和与新型大国关系的问题进行了理论解答；路径篇，通过对"一带一路"下对外开放发展方向、"五通"逻辑框架、区域经济一体化、国际产能合作和海外园区建设的研究，为"一带一路"的建设提供实现的方法和途径；合作篇，重点讨论"一带一路"与亚洲一体化、TPP、欧亚一体化，以及未来全球发展的模式、前景与挑战，强调"一带一路"在国际合作中的积极作用。

1347 《"一带一路":面向 21 世纪的伟大构想》,人民论坛编,北京:人民出版社,2015 年 12 月。

本书精选国内著名的专家学者论述"一带一路"的文章,对"一带一路"战略意义包括共建"丝绸之路经济带"的深层意蕴、"海上丝绸之路"国际战略意义透析等问题进行深入探讨;对"一带一路"从构想到现实的问题与挑战进行了解读;对"一带一路"下的区域合作前景,包括中印关系、亚太共谋发展等区域合作充分论证;并对"一带一路"与人民币国际化和经贸金融战略意义进行了详细分析;"一带一路"与地方战略等几个方面进行了解读与讨论,具有一定的理论价值和实践意义。

1348 《"一带一路":全球发展的中国逻辑》,冯并著,北京:中国民主法制出版社,2015 年 5 月。

本书是对"一带一路"经济发展战略构想进行系统论述的书籍。全书分为五部分论述,分析了"一带一路"战略产生的国内和国际背景及原因;展示丝绸之路经济带自古以来的繁荣趋势;解析"一带一路"在世界范围内经济合作的方向及其地缘政治并探讨了蕴含于新丝绸之路经济带中的巨大经济发展潜力;同时本书也揭示了"一带一路"战略初步成效以及实施新丝绸之路战略所面临的问题和阻碍等,对读者深入了解"一带一路"战略背景和现状有一定的借鉴意义。

1349 《"一带一路":全球经济的互联与跃升》,冯并著,北京:中国民主法制出版社,2016 年 9 月。

本书是在"一带一路"倡议背景下,对全球经济未来发展进行探讨的著作。书中回顾了"一带一路"倡议提出近几年所取得的国际认同与建设成效,对六大板块两条经济带下的欧亚腹地走廊、中巴经济走廊、中国与东盟经济共同体等内容进行了研究,并探析了经济全球化发展的新动力。同时,书中讨论了货币战的两面性与多面性,探讨了人民币国际化所面临的风险,以及"一带一路"倡议下化解货币危机的方法与途径,并就世界秩序未来的走向进行了阐述。

1350 《"一带一路":引领包容性全球化》,刘卫东著,北京:商务印书馆,2017 年 9 月。

本书是作者关于"一带一路"与"包容性全球化"的研究集成,由其著作章节、论文和媒体专访等部分构成。全书共分为五章,叙述了丝绸之路的起源、背景和历史变迁,以及所体现的丝路精神;对比了"二战"前后的全球经济,并指出了全球经济的局限性;论述了"一带一路"的宏观背景,强调全球格局变化的同时中国的发展模式也要转变；重点研究和分析了"一带一路"建设的内涵和思路，提出核心内涵就是包容性全球化；另外，作者侧重"一带一路"建设的若干重大问题探讨，对面临的风险和问题提出自己的对策。

**1351** 《"一带一路"：联动发展的中国策》，于洪君著，北京：人民出版社，2017年5月。

本书是作者关于"一带一路"文章的整理之作。全书分为上下两篇，上篇阐述了"一带一路"倡议的时代背景、现实意义和历史价值，涉及"一带一路"建设的基本原则和与此相关的各种问题。具体篇目有《"一带一路"：创新区域合作新模式》《"一带一路"不是简单扶贫而是要联动发展》等；下篇论述了新时期中国外交的理论突破和实践创新以及在全球化进程中所取得的成就与经验，展示了中国走向世界"双向互动"的前景，包括《倡导命运共同体意识，积极引导国际秩序变革》《合作共赢是当前中国特色大国外交的核心理念》等内容。

**1352** 《"一带一路"：中国大战略与全球新未来》，张祥建、涂永前主编，上海：格致出版社，2017年3月。

本书是研究与探讨"一带一路"倡议引领全球未来发展的著作。书中解读了"一带一路"倡议的目标、决心和推进方法，探讨了西方海洋文明与中华大陆文明的本质与博弈。同时，书中探析了"一带一路"倡议下的世界新格局，阐述了"一带一路"建设中的全球区域合作共赢，以及开辟经济走廊的核心与途径。此外，书中还探讨了全球价值链嵌入与产业转型升级，分析了人民币国际化的作用与意义，并就构建资金支撑平台、实现资本输出模式等问题进行了研究。

**1353** 《"一带一路"：中外学者的剖析》，薛力主编，北京：中国社会科学出版社，2017年1月。

本书汇集50篇来自国内外知名学者的研究文章，对于"一带一路"进行探讨。全书共分为四部分，第一部分从宏观的角度剖析"一带一路"，阐述了其性质、前景、风险和动向，并论述了经济合作和传播技巧等内容；第二部分侧重东盟、大湄公河、中亚等区域经济合作中所面临的机遇和挑战，以及如何应对的相关对策；第三部分着重聚焦中国周边国家，强调中国与周边国家的关系已成为国际关系中的重中之重；第四部分为来自俄罗斯、韩国、日本、巴基斯坦等多个国家海外学者的研究文章，以其本国的视角分析和阐述了"一带一路"对其国家产生的积极影响。

1354 《"一带一路"案例实践与风险防范·法律篇》,龙永图主编,敬云川、解辰阳分册主编,北京:海洋出版社,2017年5月。

本书是通过14个"一带一路"实际案例的研究,探讨其中法律风险与防范措施的著作。书中探讨了大陆法系国家的投资风险,分析了利用离岸公司实施跨国并购的模式、优势与风险,亦对英美法系国家的投资风险做了解读,讨论了境外上市公司的并购实务。同时,书中还探讨了苏联加盟共和国法系国家的投资风险,评述了法务、税筹视角下有关中国投资俄罗斯公司注册等问题,并就伊斯兰法系国家的投资风险同样做了案例阐述。书中对于不同法系国家的案例研究,对减少与防范"一带一路"海外投资在法律上的风险提供了帮助。

1355 《"一带一路"案例实践与风险防范·经济与社会篇》,龙永图主编,查道炯、龚婷分册主编,北京:海洋出版社,2017年5月。

本书是通过7个"一带一路"实际案例的研究,探讨其中经济风险、社会风险与防范措施的著作。书中叙述了海外大型水电项目投资的风险分析与应对,讨论了海外投资在增加收益与管理风险上的应对策略,分析了海外投资中宏观经济与金融风险的联系。同时,书中还探讨了海外投资项目的环境风险与应对,列举了中资企业在环境保护上的优秀案例。此外,书中还评述了海外投资项目中的社会风险,强调了社区关系管理有助于海外投资的可持续发展,对减少与防范"一带一路"海外投资在经济与社会上的风险提供了帮助。

1356 《"一带一路"案例实践与风险防范·文化篇》,龙永图主编,吴冰冰、于运全分册主编,北京:海洋出版社,2017年5月。

本书是通过13个"一带一路"实际案例的研究,探讨其中文化风险与防范措施的著作。书中强调了促进文化沟通、尊重文化差异、推动文化适应的重要性,探讨了中国"走出去"过程中跨文化沟通的问题与经验,并列举了中国企业在伊拉克不能不懂的四大文化。同时,书中还叙述了不同文化和语境下的禁忌与习俗,阐述了"一带一路"倡议背景下的跨文化适应,评述了印度尼西亚"打造海洋强国"的多元文化。书中对于不同文化国家的案例研究,对减少与防范"一带一路"海外投资在文化上的风险提供了帮助。

1357 《"一带一路"案例实践与风险防范·政治安全篇》,龙永图主编,翟崑、周强、胡然分册主编,北京:海洋出版社,2017年5月。

本书是通过7个"一带一路"实际案例的研究与4个外国专家视角的解读,探讨其中政治安全风险与防范措施的著作。书中分别对东南亚国家、中亚国家、南亚国家、东北亚国家、中东国家、非洲国家、中东欧国家以及澳新南太国家整体上的政治安全风险做了评述，还包括对中国工人与当地居民群体冲突案例中的启示，非传统领域的政治安全风险，以及中国企业在澳大利亚的投资风险分析等内容进行了阐述，有助于减少与防范"一带一路"海外投资在政治安全上的风险。

1358 《"一带一路"背景下的国际商务专题研究》，党文娟、黄黎平、于全辉著，成都：四川大学出版社，2017年6月。

本书是在"一带一路"倡议背景下，着眼于国际商务领域的专题研究，旨在探寻经济增长之道、实现全球化再平衡、开创地区新型合作。书中首先叙述了"一带一路"的框架思路，提出了沿线国家"倒梯形"的经济结构；详细介绍了蒙古、韩国、荷兰、法国和马尔代夫这沿线五国的国家概况，和其与中国的双边关系；叙述了国际商务与文化的关系，以及文化差异对国际商务的影响。此外，本书还列举了法国万喜集团、美国柏克德工程公司等国际公司的案例，强调其成功和可以借鉴的优势；分析了韩国、瑞典和以色列的创新特点，以及对我国的启示。

1359 《"一带一路"背景下的中国陆路边境口岸》，张丽君、时保国等编著，北京：中国经济出版社，2017年9月。

本书以我国陆路边境口岸为研究对象，范围涵盖我国云南、广西、西藏、新疆、内蒙古、黑龙江、吉林、辽宁等八个省和自治区。作者深入分析了各省区的功能定位和发展现状，对口岸的起源和变迁做了详细阐述，并且通过对经济发展和文化交流的梳理凸显了口岸在国际交往和合作中的地位和作用。作者认为在"一带一路"背景下，陆路边境口岸会积极推动并服务于"一带一路"和"兴边富民"的发展战略，对经济发展和扩大沿边对外开放提供理论和决策依据。

1360 《"一带一路"背景下构建我国"走出去"企业社会责任软实力》（中国社会科学院"一带一路"研究系列），张中元著，北京：社会科学文献出版社，2016年4月。

本书是研究在"一带一路"背景下构建我国"走出去"企业社会责任软实力的著作。书中分析了我国"走出去"企业对于社会责任实践所存在的局限性和不利影响，探讨了我国"走出去"企业在"一带一路"沿线国家实施社会责任上的国际策略，并评析了其中的影响因素与我国企业的策略选择。同时，书中还探讨了"一带一路"倡议下促进企业履行社会责任的政策应对，并提出了促进企业更好地履行社会责任的政策建议,强调要结合国情制定我国"走出去"企业的社会责任战略,以及建立专门机构推进企业社会责任实施、发挥行业协会的桥梁作用、监督企业履行社会责任等内容。

1361 **《"一带一路"背景下构建中蒙俄经济走廊的战略意义及路径选择》**(中国社会科学院"一带一路"研究系列),郑伟著,北京:社会科学文献出版社,2016年4月。

本书是在"一带一路"倡议背景下,重点研究构建中蒙俄经济走廊的战略意义及路径选择的著作。书中列举了构建中蒙俄经济走廊对于开放性经济、国家周边外交、贸易关系升级、深化产业合作及发展模式创新等方面的战略意义,分析了构建经济走廊的政治经济基础及制约因素。同时,书中探讨了中蒙俄经济走廊在西线、中线和东线上的路线规划,并给予了经济走廊建设在确立经济合作机制、加强法律保障体系建设、提升通关便利化水平、明确通道口岸功能定位等多个领域的政策建议。

1362 **《"一带一路"背景下人民币国际化内在机理研究》**,焦继军著,北京:中国经济出版社,2017年8月。

本书重点探讨了在经济全球化和"一带一路"倡议下,人民币国际化的可行性和必然性。书中从货币国际化的条件、效应等角度着重分析了人民币国际化的实施途径,从人民币自由兑换和汇率制度选择的层面探讨了人民币与资本市场的关系及存在的风险。书中论述了人民币加入 SDR 后对世界经济和国际货币体系的影响,探讨了中国提升金融治理话语权的重要性和方法。此外,本书也列举了人民币国际化中的潜在风险,并提出了防范风险的有效对策。

1363 **《"一带一路"背景下上海合作组织经济合作制度研究:基于组织社会学新制度主义视角的考察》**,连雪君著,上海:上海大学出版社,2017年1月。

本书是基于社会学新制度主义的理论视角对地区国际组织跨学科的应用研究,分为八章。主要对上海合作组织组织研究相关文献进行评述;分析上海合作组织经济合作制度的形式与实践分离的组织现象;组织社会学新制度主义视角下的一种地区国际组织的分析框架;探讨上海合作组织经济合作制度的确立与变化以及效率机制的问题;分析上海合作组织经济合作制度的合法性机制模式;讨论上海合作组织协调经济合作制度的合法性与效率危机关系的策略,最后对上海合作组织协调经济合作进行展望。

1364 **《"一带一路"背景下中国农业对外合作问题研究》**,李先德、刘合光等著,北京:中国农业出版社,2016年10月。

本书以中国农业对外合作为研究对象,探讨了在"一带一路"倡议背景下中国农业对外投资的模式和方法。书中对比了中国国内与海外农业投资的特征,列举了"一带一路"下农业投资政策;并以沿线国家为样本,探讨了其粮食生产和农产品贸易现状,以及与中国的异同。书中论述了在"一带一路"框架下,应促进我国农业对外投资,利用沿线国家各自的独特优势,共谋农业领域的国际合作。另外,本书收录了美国和日本农业政策演变阶段、趋势和启示,对于我国农业"走出去"具有借鉴意义。

1365 《"一带一路"倡议下中国农业对外合作研究——主要国家投资环境与企业发展实绩》,翟雪玲、张雯丽等著,北京:经济管理出版社,2017年9月。

本书列举了中国企业海外投资的实绩,重点研究在"一带一路"倡议下中国农业"走出去"的国际合作问题。书中叙述了中国农业对外合作的现状和特点,提出了在合作中面临的机遇与挑战,并强调国家政策在其中起到的积极作用。作者分析了俄罗斯、中亚五国、缅甸、印度等国家的投资环境,通过对这些国家农业现状的研究,挖掘合作的发展潜力,在审视合作制约因素的同时,探寻合作的方法和途径,最终实现中国农业"走出去"的目标。

1366 《"一带一路"从愿景到行动》,赵可金著,北京:北京大学出版社,2015年12月。

本书从"一带一路"政策的解读出发,系统地对"一带一路"战略布局进行了解释和分析,从新理论、新路径、新外交、新开放、新行动五个层面展开,阐释了"一带一路"的内容和意义,并指出这一战略是通往人类命运共同体的大战略。首先,在新理论方面具体探讨了中国的战略意图和重心、发展观革新和坚持科学方法论的意义;新路径方面则重点阐释了对接发展的政策沟通、一体化的设施联通、便利化的贸易畅通、系统化的资金融通、网络化的民心相通方面的重要意义;新外交方面主要讨论了中俄、中美、中欧以及中国与发展中国家等的多边外交情况;新开放方面则对"一带一路"的六条经济走廊、十五个重要港口等对外开放重点地区进行解读;新行动方面则强调"一带一路"的统筹领导并提出"一带一路"建设应以发展为重、以安全为重、以人为本等问题。

1367 《"一带一路"大实践——国际产能合作经验与教训》,周啸东主编,北京:机械工业出版社,2017年12月。

本书从实践角度出发,通过对国际产能合作的探讨,以及对经典海外投资项目的案例分析，为"一带一路"背景下的中国企业总结"走出去"的经验和方法。作者叙述了国际产能合作的重要性，以全球产业链的视角对其进行了解读，并且运用金融创新、投资管理、税务管理的理论讲述如何更好地为国际产能合作服务。同时作者还指出了中国制造企业所面临的挑战和短板，并提供了实现收益最大化的有效方法。本书还收录了马里纺织、首钢秘鲁铁矿、马来西亚高速宽带等10个具有代表性的海外合作项目，通过对项目的回顾，分析和总结了项目存在的经验和教训，对国内企业实现"走出去"的目标具有指导意义。

1368 《"一带一路"大实践——中国工程企业"走出去"经验与教训》，周啸东主编，北京：机械工业出版社，2016年10月。

本书从实践角度出发，通过系统的管理学理论和国内工程企业在海外投资合作的实际案例相结合，为"一带一路"背景下的中国工程企业总结"走出去"的经验和方法。书中运用了战略管理、合同管理、市场开发、投融资管理、总承包设计管理、人才培养、应急管理等多项理论工具，囊括了国际工程的核心框架和运营体系，全方位地提供了科学系统的项目论证方法。同时作者收录了中澳铁矿、土耳其高铁、波兰高速、阿尔及利亚住房等12个具有代表性的海外投资项目，通过对项目的回顾，分析和总结了项目存在的经验和教训，对国内工程企业实现"走出去"的目标具有指导意义。

1369 《"一带一路"大数据报告（2016）》，国家信息中心"一带一路"大数据中心著，北京：商务印书馆，2016年10月。

本书分为上下两篇，上篇为综合评价报告，构建了"一带一路"发展成效综合评价体系，下设国别合作度、省市参与度两套评价指数，分别对"一带一路"沿线国家和国内各省市进行综合分析和评价排名。下篇为重点专题报告，围绕"一带一路"推进过程中的重要领域、重点区域、重大专题等进行大数据分析。"一带一路"倡议提出以来全球互联网关注情况，包括人民币加入SDR全球互联网关注情况、英国脱欧对中国海外合作影响互联网关注情况、国际产能合作总体进展及互联网关注情况、钢铁行业国际合作现状及互联网关注情况、石油天然气领域国际合作现状及互联网关注情况、中国跨境电商全球互联网关注情况及未来潜力、中国—中东欧国家"一带一路"合作互联网关注情况及未来潜力、中国—阿拉伯国家"一带一路"合作互联网关注情况及未来潜力、澜沧江—湄公河国家"一带一路"合作互联网关注情况及未来潜力、东北亚地区"一带一路"合作互联网关注情况及未来潜力、国内外"一带一路"相关智库调研报告、"一带一路"沿线国家信息化发展水平评估报告等内容。

1370 《"一带一路"大数据报告（2017）》，国家信息中心"一带一路"大数据中心著，北京：商务印书馆，2017年9月。

本书是在2016年版的基础上，继续运用大数据技术及时反映、分析、评估和研判"一带一路"建设的进展和成效，从国别、省市、企业、媒体、智库等多个维度进一步丰富和完善"一带一路"建设情况的评估体系。本书分为上中下三篇，上篇主要围绕"一带一路"国别合作度和省市参与度进行评价研究，深入分析了与中国合作成效显著的国家，以及国内各地区的参与情况。中篇主要从国别贸易合作、企业影响力、智库影响力、媒体关注度等维度进行分析，完善相应专项指数的评估体系。下篇主要以国际合作、高峰论坛和互联网关注情况为重点，挖掘"一带一路"的未来潜力。

1371 《"一带一路"的多元化解析》，张璐璐著，北京：知识产权出版社，2017年1月。

本书从多个角度解析"一带一路"倡议，旨在让读者对其有个系统的认知和了解。书中首先叙述了"一带一路"倡议的概念、背景、内涵等内容，突出其基本原则和伟大意义。其次对丝绸之路和海上丝绸之路做了阶段性历史回顾，从秦汉到明清以时间为线索再现了其各个时期的历史变迁。此外，本书还论述了"一带一路"的合作重点与机制，以及现阶段取得的合作框架、项目建设、配套政策等成果并对"一带一路"进行了前景展望，强调其蕴含的巨大潜力和对世界经济复苏有着很强的推动力。

1372 《"一带一路"的国际法律视野：香港2015"一带一路"国际论坛文集》，王贵国、李鋈麟、梁美芬主编，杭州：浙江大学出版社，2016年3月。

本书以"一带一路"与当代国际法为专题，汇集了在香港2015"一带一路"国际论坛提交的近30篇学术论文。主要探讨在"一带一路"战略提出背景下的国际法律视野，以及香港在"一带一路"战略中的角色。根据论文议题，本书分编为四部分：专家观点篇，包括《Keynote Speech at "One Belt One Road" International Forum》《香港"一带一路"国际论坛主旨发言》《"一带一路"战略实施的法律思考》等7篇；列国法律专家论"一带一路"篇，包括《Building International Infrastructure Networks：Some Lessons from the Experience of the European Union in the Energy Sector》《Governance Model for Belt and Road Countries and Projects：Making Win-win Positions for India and China》等9篇文章；"一带一路"百年机遇篇，包括《百年一遇的新机遇：打开"一带一路"的钥匙》《One Way-One Civil Law》等5篇文章；国际法与"一带一路"战略篇则包括《"One Belt and One Road" and International Law：A Chinese Perspective》

《"一带一路"战略中的国际法律问题》等3篇文章。

**1373** 《"一带一路"的文明回声》,李宏伟编著,北京:中国人口出版社,2015年10月。

本书主要讲述了各历史朝代与丝绸之路相关的故事,每个故事都有着深刻的历史背景,反映了当时的思想、文化、宗教等社会全貌。全书共分为七章,首先介绍了汉、唐、元、明、清等朝代的外交政策与陆上丝绸之路和海上丝绸之路的的开发利用,并对丝绸之路的相关历史事件做以简单叙述;而后讨论了"一带一路"的由来、历史机遇、实施途径和合作重点等相关问题。

**1374** 《"一带一路"读本》,秦玉才、周谷平、罗卫东主编,杭州:浙江大学出版社,2015年10月。

本书以分析解读《愿景与行动》为基础,融历史文化、新闻知识、专业分析,由古及今、纵观全球,用宏观视野深度分析"一带一路"对中国未来发展和在国际产生的深远影响。全书共分为十章,主要探讨了"一带一路"战略构想的提出与规划编制过程;回顾了陆上与海上丝绸之路的历史与文化交流;分析美国"新丝绸之路"计划、俄罗斯"欧亚经济联盟"、欧盟"中亚伙伴关系"、日本"丝绸之路外交"、印度"西进战略"、土耳其"脱欧入亚"战略、联合国"丝绸之路倡议"等大国在丝绸之路上的角逐;解读了"一带一路"经济格局、贸易投资格局、能源格局、合作共识的时代背景;具体分析"一带一路"基本原则与合作方向等思路问题;详述"一带一路"政策、设施、贸易、资金等方面的合作沟通与交流合作机制平台等问题;简要概述了中国西北、东北、西南、内陆及沿海地区的各地优势;最后对目前的合作成效加以回顾并展望了未来合作共赢的愿景。

**1375** 《"一带一路"读本》,中国现代国际关系研究院著,北京:时事出版社,2015年9月。

本书是中国现代国际关系研究院专家、学者编纂的一部兼具普及性与研究性的著作。全书共分为五部分,共计七十八个问题解答。构想篇对"一带一路"的基本原则和主要构想进行解读;政策篇对"一带一路"的基础建设、能源通道、产业转移方面进行了具体分析;现状篇对"一带一路"沿线国家的发展进行了解构,包括中阿、中俄、中国与南亚、东盟、中东欧、西欧、非洲等国际合作现状及前景进行讨论;项目篇则叙述了丝绸之路上的重要项目如何发展规划;研究篇主要论及海上丝绸之路的风险与挑战、亚投行的建设与发展问题。

1376 《"一带一路"发展战略涉税问题概览》,中国注册税务师同心服务团编,北京:中国税务出版社,2015年7月。

本书是研究我国与"一带一路"沿线国家之间税制问题的专著。书中介绍了阿尔巴尼亚、巴基斯坦、俄罗斯、蒙古、泰国、印度等沿线国家的税制,对我国与沿线国家所签税收协定中的股息、利息、特许权使用费、税收饶让、税种范围等多方面内容进行了对比分析。同时,书中详细收录了与"一带一路"建设相关的税收法律法规,涉及出口退税、企业所得税、境外注册中资控股企业、对外支付、转让定价风险、境外税务纠纷解决等方面。此外,书中还就相关案例与产品做了评介。

1377 《"一带一路"国家产业竞争力分析》,张其仔等著,北京:社会科学文献出版社,2017年5月。

本书是对"一带一路"沿线64个国家的产业竞争力分析的著作。书论述了"一带一路"沿线国家产业竞争力状况及其优劣产业与中国经贸合作情况问题。全书分为总论、东南亚地区篇、南亚地区篇、中亚地区篇、俄罗斯和蒙古篇、西亚与中东地区篇、中东欧地区篇,概述"一带一路"国家经济发展面临的主要挑战,并对不同类型国家的产业竞争力变化进行总结性分析,归纳了其产业转型升级面临的挑战、产业发展的任务,探讨了中国在其中起到的重要作用。

1378 《"一带一路"关键词》,尚虎平编著,北京:北京大学出版社,2015年12月。

本书全面介绍了"一带一路"的具体内容、战略目标、历史演变、挑战与风险、海外声音与应对举措问题等,并对一些案例和具体问题进行进一步解读。全书分为七章,共享105个关键词,吸取学者、政府官员、企业家、记者、国外友人等各界人士对"一带一路"的认知,并融入与"一带一路"相关的大量资料。内容涉及"一带一路"的各个方面,特别是对不同产业投资风险及规避和应对措施等诸多实用问题做了具体探讨。

1379 《"一带一路"国际贸易支点城市研究》,中国人民大学重阳金融研究院主编,北京:中信出版社,2015年12月。

本书以"一带一路"国际贸易支点城市为研究对象,认为推动贸易畅通关键在找对支点城市。全书追溯历史上"丝绸之路"及其沿线国际贸易支点城市,论述"一带一路"国际贸易支点城市的理论依据。研究"一带一路"国际贸易支点城市排名体系，排出上海、北京、深圳等优势城市，义乌、张家港等潜力城市，乌鲁木齐、喀什、霍尔果斯等战略城市，此外就新亚欧大陆桥经济走廊、中蒙俄经济走廊、中国—中亚—西亚经济走廊、中国—中南半岛经济走廊、中巴经济走廊、孟中印缅经济走廊和海上丝绸之路的"一带一路"国际贸易支点城市进行了分析和评价，并指出促进"一带一路"国家贸易支点城市建设的政策建议。

1380 《"一带一路"国家法律风险报告（上、下册）》，国家开发银行编著，北京：法律出版社，2016年8月。

本书按照"一带一路"区域分布，对沿线蒙古国、俄罗斯联邦、中亚五国、东南亚十一国、南亚八国、中东欧十九国、西亚北非十九国，共64个国家的法律制度与法律风险按国别做了逐个介绍，开展了多层次、多角度的深度分析，包括国情简介、法律概览、金融法律制度、投资法律制度、法律风险评价等内容。本书涉及国家覆盖面广，贴近中国企业对外投融资的实际需求，并探索性地构建了国别法律风险评价标准。

1381 《"一带一路"国家法律服务和法律风险指引手册》，江苏省南通市司法局、上海对外经贸大学组织编写，北京：知识产权出版社，2016年1月。

本书对"一带一路"沿线66个国家的贸易、投资、劳工等方面的法律体系有较为全面、细致的阐述和分析。并分区域对"一带一路"沿线所有国家现行的公司法、外资法、外资优惠政策、进出口管理法规、动植物检验检疫法规、劳动法、环境保护法等内容进行了比较全面的整理和归纳，尤其针对南通当地建筑企业众多，对外投资以基础设施工程承包为主的特点，为更好地服务当地企业对外进行工程承包活动的客观需求，特别针对工程承包、招投标条件和程序等法律规则专设一节，为当地建筑企业通过工程承包进行海外投资提供有针对性的规则指引。

1382 《"一带一路"国家国情·俄罗斯》（中国"一带一路"研究丛书），李晶主编，北京：经济管理出版社，2017年7月。

本书是详细介绍与探讨"一带一路"沿线国家俄罗斯的专著。书中叙述了俄罗斯的地理特征、自然资源、旅游景观、国民生活与国家象征，探讨了俄罗斯政治发展、政治文化与政治制度的具体情况，对俄罗斯的经济制度、经济现状、经济政策与发展计划做了解读。同时，书中还概览了俄罗斯的文学、艺术、教育与历史文物，分析了其自身多元化的民族构成与礼俗特点，以及宗教对于社会和国家的影响。此外，书中还研究了俄罗斯的对外关系与外交政策，评述其在"八国集团""金砖国家"与"上合组织"中的作用,并就其与世界主要国家与地区的国际关系做了阐述,全方位地展现了俄罗斯的国家国情。

1383 《"一带一路"国家国情手册》,汪应洛、黄伟、徐立国主编,北京:科学出版社,2016年4月。

本书主要对俄罗斯、白俄罗斯、乌克兰、摩尔多瓦、哈萨克斯坦、土库曼斯坦、吉尔吉斯斯坦、乌兹别克斯坦、塔吉克斯坦、阿富汗、印度尼西亚等"一带一路"沿线64个国家的国情进行了详细介绍。内容包括该国家的经济与贸易、工业、农业、服务业、交通、旅游、资源、人口、文化、教育与科研、政治与政党等内容。

1384 《"一带一路"国家教育发展研究》,北京师范大学中国教育与社会发展研究院、"一带一路"国家教育发展研究课题组著,北京:北京师范大学出版社,2017年1月。

本书是在"一带一路"倡议背景下,以国家教育发展为视角的研究著作。书中强调了人文交流是"一带一路"的基础,教育是人文交流的重要内容,国家教育的发展对"一带一路"的建设具有重要意义。全书从幼儿保育与教育、初等教育、中等及中等后教育、青年与成人扫盲的角度,探讨了不同年龄段和不同知识人群的教育现状和教育方法,阐述了教育普及和教育质量的重要性。作者分析了教师队伍建设的基本情况,对主要国家的教师队伍进行了系统的调研。此外,作者还论述了国家教育信息化的有关进展,指出其存在的问题和面临的挑战,并提出了未来发展的政策建议。

1385 《"一带一路"国家投资潜力指数:各沿线国家投资潜力评价2016》,李虹等著,北京:商务印书馆,2017年7月。

本书是研究"一带一路"国家投资潜力指数的专著。书中综述了中国对外直接投资的相关理论与研究进展,探讨了沿线国家投资潜力评价指标体系中,关于国内市场、人力资本、基础设施、战略资源、制度环境和对华关系等领域的相关内容。同时,书中亦对沿线国家投资潜力进行了综合排名及分项排名与解析,并对西亚、中东欧、南亚、独联体、中亚与东亚等沿线国家的投资潜力做了国别分析。此外,书中还基于"投资潜力—风险平衡表"、战略规划和国别特征,以及投资目标,对沿线国家投资布局与行业投资布局做了具体分析,为"一带一路"的海外投资提供了数据支持与信息帮助。

1386 《"一带一路"国家语言状况与语言政策(第一卷)》,王辉主编,北京:

社会科学文献出版社，2015 年 11 月。

本书主要研究"一带一路"沿线 65 个国家的语言国情和语言政策，搭建"一带一路"沿线主要国家和地区语言和语言政策的数据库平台，为读者提供决策参考。本书为丛书第一卷，研究了包括阿联酋、东帝汶、菲律宾、吉尔吉斯斯坦、柬埔寨、马来西亚、尼泊尔、沙特阿拉伯、泰国、土耳其、新加坡、越南等 12 个亚洲国家以及白俄罗斯、捷克、拉脱维亚、塞浦路斯、匈牙利等 5 个欧洲国家的语言状况与语言政策，涉及各国语言状况、语言政策、语言教育、对中国的启示和借鉴等内容。

1387 《"一带一路"海外国家气候漫谈》，宋英杰主编，北京：气象出版社，2017 年 8 月。

本书是专门探讨"一带一路"沿线 60 多个国家气候的著作，根据地理学概念将这些国家按照东南亚、南亚、东亚和中亚、中东地区、亚欧交界、东欧、南欧和中欧进行区域性分析，对每个国家进行了最具代表性的特点论述。因沿线国家横跨欧亚非三个大陆，各国地理和气候差异巨大，所以本书对气候数据的收集与分析，有助于研究他国气象资源、极端天气等内容。同时这些数据也可从侧面反映出各个国家的投资环境和人文环境等信息，有利于"一带一路"因地制宜地实施建设和拓展海外合作项目。

1388 《"一带一路"合作空间拓展：中拉整体合作新视角》，中国社会科学院拉丁美洲研究所著，北京：中国社会科学出版社，2017 年 5 月。

本书重点讨论中国与拉美国家在"一带一路"倡议下整体合作的新思路和新途径，全书力求在原有中拉整体合作的基础上加以突破，探讨新的合作模式和经济增长点。在对以往整体合作进行充分调研后，作者阐述了中拉合作目前面临的机遇和挑战，指出其发展动力所在。同时作者分析了中拉经贸关系和产能合作的现状和前景，认为潜力巨大，前景广阔。此外，本书还列举了中国与南美铁路合作的实际案例，论述了海外基础设施建设项目的方法和意义。

1389 《"一带一路"和"走出去"战略：原产地签证概要与操作实务》，国家质量监督检验检疫总局通关业务司、江苏出入境检验检疫局编著，北京：中国标准出版社、中国质检出版社，2016 年 1 月。

本书共分八章，从我国"一带一路""走出去"战略和自由贸易区战略开始论述，详细讲解了原产地规则的概念、我国自贸区原产地规则及签证操作程序、原产地证书操作实务、享受优惠关税的方法步骤等内容；并对关税以及原产地规则的分类和主要内容进行理论归纳；对我国进出口货物涉及的区域性优惠原产地规则、普惠制和我国非优惠原产地规则、特惠制原产地规则进行了详细讲解，分析了各类原产地规则应用中的异同点，并介绍了我国出口货物涉及的原产地规则运用实例、原产地证操作实务及利用自贸协定优惠原产地政策的方法、案例和建议等。

1390 《"一带一路"话石油》，陆如泉、段一夫等著，北京：石油工业出版社，2015年10月。

本书对"一带一路"战略、战术以及风险进行分析，详述中国石油企业的现状；重点梳理了"一带一路"沿线16个国家和地区的石油工业概况，内容涵盖油气工业的发展历史和规划、主要油气田的勘探开发现状、国内油气消费和出口、现役和规划管道、主要石油公司和外国投资、资源管理机制和组织机构等；深入分析了"油路"的战略与策略，包括"一带一路"之油气地缘政治、中亚"五斯坦"政局动向、油气行业管理体制、油气田项目机会等内容；并指出了中国石油企业面临的风险与不确定性。

1391 《"一带一路"环球行动报告（2015）》，杨善民主编，北京：社会科学文献出版社，2015年9月。

本书记录了"一带一路"上的年度进展，涵盖从2013年秋"一带一路"倡议提出到2014年底框架逐步充实并由此开始奠基施工的全过程，内容包括：中共中央、国务院的决策部署，中央各部委的政策措施，地方政府的行动，国际组织和外国政府的反应，企业的参与，媒体、学界及社会公众的争论等内容。全书分为三章，首先论述丝绸之路是人类共同的历史文化遗产；其次叙述"一带一路"倡议的总框架，包括"一带一路"的目标、任务、原则和路径等内容；最后详细介绍"一带一路"五通的具体内容，并认为"一带一路"是中国与世界的新动力。

1392 《"一带一路"环球行动报告（2016）》，杨善民主编，北京：社会科学文献出版社，2016年10月。

本书记录了从2015年1月至2015年12月中国关于"一带一路"建设的倡议、政策、措施、项目、平台以及相关会议、论坛、展览、文体活动等内容。全书分为中央篇、地方篇、国际篇、企业篇、专题篇和社会反响篇几部分，内容包括党中央及国家各部委关于"一带一路"的政策措施；陆路丝绸之路和海上丝绸之路各地区的政策措施和主要项目回顾；国际及政府间合作组织和机构、外国政府的各项情况；央（国）企及海外产业园区、民营企业、港澳台企业和外资企业的具体情况概述；铁路、港口、投融资机构与渠道、自贸协定和自贸区的介绍；"一带一路"的多媒体传播和"一带一路"主题会议、论坛及相关活动的综述等。

1393 《"一带一路"黄皮书2014》，杨言洪主编，银川：宁夏人民出版社，2015年5月。

本书主要讲述丝绸之路经济带及21世纪海上丝绸之路的发展背景、发展历程、历史意义等，内容涉及能源合作、经济贸易、区域合作等内容。全书分为三个篇章，上篇主要论述丝绸之路的历史传承与延伸，包括古代陆上丝绸之路、海上丝绸之路、新时期"一带一路"的战略构想、"一带一路"战略实施进展与展望；中篇主要介绍"丝绸之路"经济带北线、中线、南线和东南亚沿线国家和主要节点城市政治、经济和人文环境；下篇详细解读了21世纪海上丝绸之路：东南亚段、南亚—西亚段、西亚—东北非段沿线国家和主要节点港口城市政治、经济和人文环境等内容。

1394 《"一带一路"基础设施投融资机制研究》，罗雨泽著，北京：中国发展出版社，2015年8月。

本书主要讨论了基础设施投融资机制。论述了跨境基础设施互联互通投融资研究概况、基础设施属性与政府市场关系等问题，并对几种常见基础设施投融资理论进行评述；分析政府主导的传统投融资模式、市场主导的投融资模式、基础设施投资者选择的一般理论模型；介绍美国马歇尔计划、欧盟睦邻政策、南美洲区域基础设施一体化倡议、东盟基础设施互联互通的情况；解读了中国推进基础设施互联互通具备良好基础和制度需求、跨境基础设施投融资机制基本框架和建设建议以及亚洲基础设施投资银行筹建及国际合作；解构"一带一路"政策支持体系并指出要正确认识和积极稳妥推进"一带一路"建设。

1395 《"一带一路"简明知识读本》，本书编写组编，北京：新华出版社，2016年1月。

本书包括六部分内容，首先介绍"一带一路"构想的基本内涵，而后叙述如何建设"一带一路"的互通以及中国各地方如何发挥优势；讨论"一带一路"如何改变生活；叙述"一带一路"上的"中国故事"；并附以"一带一路"大事记等六个部分。每一部分既有背景介绍，也有深入解读，还包括专家学者的评论和新华社、人民日报等媒体发布的相关报道，同时还配有趣味性的丝路故事，为读者了解"一带一路"相关知识提供了参考资料。

1396 《"一带一路"建设对策研究》，刘卫东、刘志高主编，北京：科学出版社，2016年11月。

  本书是论述"一带一路"建设对策的著作。书中以数学模型和数据分析为基础，探究了"一带一路"建设面临的重要理论和实践问题；解释了"一带一路"的科学内涵，强调这是我国为应对世界经济格局变化和经济全球化进入新阶段所提出的重大倡议；论述了"一带一路"将从全面放开、互联互通、国际贸易、人文交流与合作等方面对国土空间格局产生积极的影响。同时，本书还对"一带一路"建设的贸易投资前景进行了深入分析，列举了竞争性、互补性和投资合作等内容；研究分析了沿线国家的商品格局、直接投资空间格局、海洋经济、投资便利化和贸易网络等内容，为中国在"一带一路"的建设上提供了重要的理论支持。

  1397 《"一带一路"建设金融支持法律问题研究》，曾文革著，厦门：厦门大学出版社，2017年9月。

  本书从金融支持法律研究的角度出发，对"一带一路"倡议背景下的亚投行、丝路基金和中国—东盟关于人民币国际合作的机制等法律问题进行了深入探讨。书中分析了主流金融机构的现有模式和金融政策，以法律的视角审视其合理性和值得借鉴的地方。在围绕亚投行、主权贷款规则、私营部门业务信用风险管理规则、融资风险防控规则等方面，通过系统科学的论述，总结了支撑相关金融建设的风险评价体系和方法。同时作者还对丝路基金的PPP融资模式及中国—东盟关于人民币的合作机制展开了富有建设性的研究，为相关国际合作提供了法律保障。

  1398 《"一带一路"建设与东北亚能源安全》，朴光姬、钟飞腾、李芳主编，北京：中国社会科学出版社，2017年10月。

  本书是研究"一带一路"倡议背景下有关于东北亚能源安全与国际合作的论文集，全书共收录了13篇文章，从不同的角度进行分析和探讨。书中强调了"中蒙俄经济走廊"在东北亚能源合作中的先导作用，为该地区其他能源的多样性合作做出表率。作者认为在"共商、共建、共享"的合作原则下，东北亚在能源领域有着很大的合作空间，存在很多机遇，前景广阔有利于地区稳定和协同发展。同时本书的研究也为进一步深入探讨东北亚能源多边合作奠定了基础，也为研究该地区其他领域的国际合作提供了参考。

  1399 《"一带一路"建设与东盟地区的自由贸易区安排》（中国社会科学院 "一带一路"研究系列），王金波著，北京：社会科学文献出版社，2015年5月。

  本书论述了"一带一路"的历史传承与时代内涵，解读"一带一路"中国与东盟合作与互惠；通过中国与东盟自贸区的升级路径和优先方向、自贸区的升级范畴和具体内涵、中国—东盟自贸区的发展趋势及其影响因素等问题详细论述了"一带一路"与中国与东盟自贸区的升级问题；解构"一带一路"和RCEP框架下中国与东盟合作的机制化，包括RCEP的缘起、内涵与特征、RCEP与地区统一市场的构建、中国参与和推动RCEP的思考问题；最后，本书从"一带一路"与东盟经济共同体的深度链接等五个方面系统论述了"一带一路"战略构想与东盟地区的自由贸易区安排的关系，深化"一带一路"对东盟自贸区安排的理论体系。

1400 《"一带一路"建设与中国国际话语权提升》，陈宗权等著，四川：西南财经大学出版社，2017年6月。

本书以中国国际话语权为视角研究"一带一路"建设，着重从经济、制度和文化三个层次论述中国国际话语权的机理及其过程中的风险与挑战。书中首先阐述了国际话语权的概念和理论基础，包括其形成机理和类别。其次分析与研究了"一带一路"建设与提升中国经济、制度和文化的国际话语权，并揭示了内在联系，提出了实现路径。最后论述了中国要在经济、制度和文化上彰显国家自信，打造展示中国自信、重塑参与国自信的国际平台。

1401 《"一带一路"建设中的产业转移：对象国和产业的甄别》（中国社会科学院"一带一路"研究系列），钟腾飞著，北京：社会科学文献出版社，2016年4月。

本书是研究"一带一路"建设中产业转移的著作。书中介绍了世界与中国的"新常态"，以及国际产能合作与产业转移，探讨了中国产业转移的理论与东亚经济体的发展经验，并分析了中国"一带一路"产业转移的目标国与产业方向，审视了中国与沿线国家在制造业能力上的差距。同时，书中还探讨了中国省级经济体的国际性产业转移问题，评述了省级行政区与"一带一路"建设，以及东部沿海省份的对外直接投资等内容，并就中国产业的创造性转移做了阐述。

1402 《"一带一路"建设中的港口与港口城市》，郑秉文、李文、刘铭赜著，北京：中国社会科学出版社，2016年10月。

本书是国内第一部在"一带一路"倡议背景下，系统研究我国沿海港口与港口城市地位及作用的著作。书中通过对环渤海港口群、长三角港口群与珠三角港口群选取的七个代表城市的实地调研，论述了每个港口群的功能定位，及下辖主要港口城市的发展现状及前进方向。作者还根据调研的实际情况对港口城市的未来发展提出了新的发展思路和政策建议，使本书在实际应用中富有较强的指导意义和实践价值。

1403 《"一带一路"建设中的宁夏发展战略研究》,方勇主编,北京:社会科学文献出版社,2017年11月。

本书以专题研究报告的形式,分析和探讨了"一带一路"建设中宁夏回族自治区的发展定位和战略选择等问题。书中回顾了宁夏的历史遗产和人文特点,对发展基础做了梳理;并从历史学、经济学、政治学、民族学和宗教事物等多角度剖析了宁夏的发展现状,提出了强化基层治理,发挥人文优势,推进中阿务实合作等观点。作者着重分析了宁夏在"一带一路"建设中的格局定位和合作方向,并指出了建设发展的机遇和挑战。全书还对宁夏发展中遇到的问题给予了一定的建议和解答,为相关决策提供了参考和依据。

1404 《"一带一路"金融大战略》(中国金融四十人论坛书系),陈元、钱颖一主编,北京:中信出版社,2016年4月。

本书是在"一带一路"倡议背景下,对国家金融层面进行战略分析的著作。书中探讨了"一带一路"倡议与金融支持,阐述了中国经济"走出去"的创新思路与推进策略,并且研究了倡议之下的对外投资、金融机构布局、国内布局,及人民币国际化与金融基础设施建设等问题,对其机制、机遇、路径、策略等内容做了论述。同时,书中还探讨了"一带一路"建设过程中的风险及应对方法,并强调应区别不同国家的特点,有针对性地推进"一带一路"倡议在沿线国家和地区的合作共赢。

1405 《"一带一路"经济学》,梁海明著,成都:西南财经大学出版社,2016年1月。

本书主要探讨"一带一路"倡议下的经济发展。作者以国际视野、从海外角度去分析、探讨"一带一路"的发展路径以及由此带来的发展契机。全书分为四个部分探讨主题,文化传播篇包括对于"一带一路"下文化包容与共生、"一带一路"倡议海外传播应避免四大误区等问题;企业走出去篇主要探讨保护中国企业知识产权、国企改革、李嘉诚"一带一路"走出去的企业经验以及中国企业走出去如何规避风险等问题;地方政府篇解读了伊斯兰金融经济的发展问题、粤港澳地区经济资源的落实与发展、海南等港口城市的发展等问题;国际经济博弈篇则针对美联储加息问题以及中俄、中韩、中印的经济发展关系进行探讨。

1406 《"一带一路"经济走廊与区域经济一体化:形成机理与功能演进》(中国社会科学院"一带一路"研究系列),王金波著,北京:社会科学文献出版社,2016

年4月。

本书是研究"一带一路"经济走廊与区域经济一体化的著作。书中介绍了"一带一路"经济走廊的区位因素、地缘延伸,及中国所具有的独特优势,分析了经济走廊的贸易创造效应、贸易流量与贸易结构。同时,书中还探讨了经济走廊在投资格局、结构与环境上的促进效应和在产业结构、竞争力与区域生产网络上的聚集效应。此外,书中还梳理了经济走廊与区域基础设施的互联互通,并对经济走廊与自贸区网络构建、区域价值链的延伸等区域经济一体化内容进行了阐述。

1407 《"一带一路"蓝皮书:"一带一路"建设发展报告(2017)》,**李永全主编**,北京:社会科学文献出版社,2017年1月。

本书以报告的形式探讨了"一带一路"建设的相关问题,指出国家发展战略的相互对接是建设合作的重要条件。作者选取了国际项目合作的案例,分析了"一带一路"建设中与他国合作的切入点与战略路径;并从国内区域建设的角度,分别列举和论述了甘肃、河南、黑龙江、海南与云南五省在参与"一带一路"建设时的区域规划和实施方法。书中还汇集了法律风险防范、基础设施投融资、电商合作、铁路合作等专题实例,通过实践分析为"一带一路"建设中可能遇到的问题和挑战提供了合理的建议与对策。

1408 《"一带一路"六国农村土地制度概论》,**郭静利、李思经主编**,北京:中国农业科学技术出版社,2017年12月。

本书是选取"一带一路"沿线上六个国家,进行农村土地制度研究的专著。书中分别探讨了塔吉克斯坦、吉尔吉斯斯坦、格鲁吉亚、缅甸、柬埔寨和巴基斯坦的农村土地制度,对其国家简介、农业概况和农村土地的基本法律框架、所有权与使用权、土地利用与分配结构、市场建设,以及政府对于土地调控的相关政策等内容进行了阐述与解读。书中内容有助于研究"一带一路"国家农业的新型国际分工合作关系,对"一带一路"区域农业经济学的体系梳理与综合分析提供了帮助。

1409 《"一带一路"旅游创新发展》,**北京巅峰智业旅游文化创意股份有限公司课题组编著**,北京:旅游教育出版社,2016年2月。

本书从"一带一路"国家战略视角出发,以丝绸之路重要省份的旅游实践为研究样本,对于如何对接"一带一路"国家战略提出了具有启示性的旅游发展意见,内容包括"一带一路"旅游合作的战略目标方向、创新发展的全局落实;全局视野下的区域创新亮点,包括丝绸之路经济带区域创新亮点、21世纪海上丝绸之路创新亮点、

"一带一路"专家视野创新亮点等方面。同时,书中还对实战需求下的科学创新规划进行解读,并囊括了研究专题、核心省份发展规划、实战规划案例分析等内容。

1410 《"一带一路"面临的国际风险与合作空间拓展:以斯里兰卡为例》,赵江林、周亚敏、谢来辉著,北京:中国社会科学出版社,2016年10月。

本书以"21世纪海上丝绸之路"沿线国家之一的斯里兰卡为研究对象,探讨"一带一路"建设中面临的国际风险和相应对策,以及拓展合作空间的方式方法。书中全面分析了斯里兰卡新政府对"一带一路"的认知和态度,论述了科伦坡中国港口城项目受挫的深层原因,以及在新政府政策转变之后中斯关系的未来走向,为中国与斯里兰卡的国际合作提供了参考依据和政策建议。作者侧重论述了科伦坡作为港口城市的战略作用,提出了建设自贸区、加强港口合作等拓展方向,对研究与其他国家合作时的国际风险具有借鉴价值和指导意义。

1411 《"一带一路"年度报告:从愿景到行动(2016)》,赵磊主编,"一带一路"百人论坛编,北京:商务印书馆,2016年1月。

本书深度剖析"一带一路"倡议所带来的现实机遇,对所面临的具体问题与挑战提出建议并系统梳理2015年"一带一路"建设成果。主要内容包括"一带一路"的文化经济学;"一带一路"国际贸易支点城市研究报告;"一带一路"与中企软实力;"一带一路"与我国航运中心建设新战略;"一带一路"与文化输出的途径探究;"一带一路"需要文化包容及推动文化产业走出去;"一带一路"公共外交;发挥媒体优势,服务"一带一路"国家战略等问题。

1412 《"一带一路"年度报告:行者智见(2017)》,赵磊主编,"一带一路"百人论坛研究院编,北京:商务印书馆,2017年2月。

本报告集合了"一带一路"百人论坛研究院多位专家学者的25篇经典文章,深度剖析了"一带一路"倡议所带来的现实机遇,并对所面临的具体问题与挑战提出了务实的建议。文章主要从政府与政策、企业与经济、人文与传播三个关系视角来进行论述,通过与"一带一路"相关精品案例的结合,以实践为依据来呈现相关研究成果。在政府与政策视角中,通过对南京、乌海、香港、澳门等城市的研究,强调了当地政府给予扶持政策的积极影响。在企业与经济视角中,以中交集团、三胞集团、山东电建三公司等企业为例,挖掘企业获得成功的理念与优势。在人文与传播视角中,提出了文化遗产再利用、建设文化精品、发展创意产业的建议,在夯实人文基础的前提下,实现"一带一路"文化的国际传播。

1413 《"一带一路"区域农业发展研究》,郭静利、李思经主编,北京:中国农业科学技术出版社,2017年12月。

本书是研究"一带一路"区域农业发展的专著。书中强调了农业在"一带一路"建设中的重要定位,探讨了"一带一路"农业产业国际合作与模式,分析了"一带一路"国家耕地资源的分配格局,以及畜牧业的生产格局与特征。同时,书中还探讨了我国农业科技走出去的现状、特点、问题与对策建议,对"一带一路"倡议背景下的中国农业做了对外投资分析。此外,书中亦研究了倡议背景下中国与中亚五国的农产品贸易的现状与前景,并就中印农产品贸易的基础、现状、竞争性、互补性与发展趋势做了阐述。

1414 《"一带一路"全媒体气象服务需求》,宋英杰主编,北京:气象出版社,2017年8月。

本书是重点探讨"一带一路"倡议背景下,利用全媒体资源进行气象服务的著作。书中对"一带一路"所带来的机遇与挑战进行了回顾,指出各媒体虽都在涉足"一带一路"的报道,但在气象服务等领域仍有空白。作者分析了气象服务的现状,阐述了气象服务需求和产品设计,以及在书籍、广播、电视、移动新媒体等传统和新兴媒体中的表现形式。同时,作者提出了要充分利用物联网、虚拟现实、人工智能等新技术服务"一带一路"建设,与气象服务相结合打造"气象+"的新理念,这对其他领域与全媒体的相结合提供了参考和借鉴。

1415 《"一带一路"上的中关村》,新华社国际新闻编辑部、中关村一带一路产业促进会著,北京:新华出版社,2017年11月。

本书着重研究了在"一带一路"倡议背景下,代表中国科技创新的中关村里的上百家高新科技企业,紧跟时代步伐,发挥创造性和自身优势,积极参与到"一带一路"建设的问题。书中以中关村民营高新企业的实际案例为蓝本,通过调研的形式捕捉企业家们的创新意识和民族精神,展现这些企业在"一带一路"建设中起到的积极作用;也体现了在不同文化和科技的交流与碰撞中,中国企业的大智慧。书中的采访被新华社以多国语言向世界报道,全面地向世界展示中关村高新企业的作用和风范。

1416 《"一带一路"视角下的宁波港口经济圈研究》,陈飞龙著,北京:经济科学出版社,2015年12月。

本书首先讨论港口经济圈的形成和发展,界定港口经济圈的内涵并回顾发展历程,同时借鉴城市经济学相关理论,对港口经济圈特征进行分析;第二部分分析港口经济圈发展模式与启示,着眼于全球视野,对港航服务型的港口经济圈、腹地经济型的港口经济圈、全要素型的港口经济圈和国际中转型的港口经济圈四种不同模式进行重点分析,为宁波打造港口经济圈提供了经验借鉴和启示;第三部分探讨港口经济圈的圈层结构,提出宁波港口经济圈是涵盖核心层、辐射层和影响层的三层圈层结构,并对宁波港口经济圈的圈层的空间扩展、产业构成和发展方向进行分析;第四部分对宁波港口经济圈的核心层、辐射层和影响层的发展进行了系统分析和阐述;第五部分提出了宁波港口经济圈2030年的发展前景。

1417 《"一带一路"视角下的中国与东盟矿业合作问题研究》,燕永锋等著,北京:科学出版社,2016年3月。

本书主要研究中国与东盟矿业合作问题,探讨促进相互之间的矿业合作,实现中国与东盟协议提出的贸易自由化和便利化,为建立中国与东盟自由贸易区的具体合作制度提供借鉴意义。首先对中国与东盟已有的矿业领域合作的研究进行简要的回顾,分析中国与东盟矿业合作的资源基础、经济基础和社会基础,介绍当前中国与东盟矿业领域合作发展的历程及总体情况。其次分析矿业跨国合作的国际协调与多边合作对话机制,矿产资源跨国经营的国际规则、中国与东盟矿业合作的方向、重点领域及优先序等问题。并对中国与东盟矿业合作的模式、跨文化管理与合作战略风险管理进行实证与规范分析研究。

1418 《"一带一路"视野下亚非经济圈的构建与发展》,马文琤、智宇琛、汪塞飞叶著,北京:中国社会科学出版社,2017年4月。

本书重点研究了"一带一路"建设下中外合作经济走廊和地区经济圈的构建和发展,探讨了经济合作的积极作用和战略意义,以及面临的经济机遇和问题。书中叙述了以"四大走廊"为支柱的印度洋经济圈的构建路径,阐述了中巴经济走廊的成效和主要挑战,并对东非沿岸的三大经济走廊做了富有建设性的分析。作者对孟加拉湾经济圈做了重点论述,强调印度在该地区的国际影响,指出了孟中印缅经济走廊的主要困难,并给予了政策建议。本书对研究亚非经济圈的地缘政治和地区大国影响做了充分讨论,对有效构建和发展经济圈提供了合理的建议与对策。

1419 《"一带一路"视野下中国—东盟研究论丛》,黄灿主编,北京:清华大学出版社,2015年11月。

本书由50篇研究论文组成,分为上、中、下三篇。上篇主要内容是"一带一路"

视野下中国—东盟经济贸易旅游投资合作研究，包括"论 AEC 建成给中国进出口企业带来的机遇与挑战""浅论打造中国—东盟自由贸易区升级版的现实意义"等 23 篇论文；中篇主要内容是"一带一路"视野下中国—东盟教育交流合作研究，包括"浅议中国与东盟国家的教育合作""中国—东盟自由贸易区背景下广西民办高校信息化教育发展研究"等 15 篇论文；下篇主要内容是研究"一带一路"视野下中国—东盟语言文化、社会风俗及历史情况，由"试述历史上泰国与柬埔寨的关系""浅谈越南传统节日与中国文化的渊源"等 12 篇论文组成。

1420 《"一带一路"视野下中国在印度洋四大经济走廊的发展》，智宇琛、马文琤、杨玉鑫著，北京：中国社会科学出版社，2017 年 4 月。

本书重点研究了"一带一路"建设下中巴、肯尼亚—乌干达、埃塞俄比亚—吉布提、坦桑尼亚—卢旺达四大经济走廊的现状和发展，并对四大经济走廊构建下的印度洋经济圈提出了政策建议。书中对四大经济走廊下的地缘政治、地区局势和战略目标做了阐述，探讨了能源、电力、产能、基础设施建设等方面合作的发展方向，并侧重分析了经济走廊面临的地区安全、民族矛盾、政局动荡、西方世界干预等主要挑战。同时作者还论述了合理构建和发展印度洋经济圈的途径，提出优化贸易结构、引导产业对接、加强反恐合作、建立合作平台的对策和建议。

1421 《"一带一路"下中国企业走出去的法律保障》，陈文主编，北京：法律出版社，2015 年 12 月。

本书通过对不同的专业领域投资的新视角分析，阐述"一带一路"下我国企业在走出去过程中所遇到的法律问题、各类困境及其解决方法和途径。全书分为十四章，分别论述中国企业境外投资的现状，包括中国鼓励境外投资的法律法规、政府鼓励企业境外投资的政策、中国企业境外投资现状、中国企业境外投资目前普遍遇到的问题；探讨中国企业境外金融领域的投资问题；中国企业境外能源与矿产资源领域的投资、中国制造业企业境外投资的情况、常见问题和未来展望；文化教育投资在大国强国道路上的意义；中国企业和个人在境外不动产领域的投资；中国企业境外中介咨询服务领域的投资；中国互联网企业境外投资的发展历程、投资现状以及所存在的问题；联合国、世界贸易组织、欧盟等国际组织对国际投资的法律保护；国际投资法律纠纷解决机制及投资风险防范；促进境外投资的融资和保险机制；避免国际税收双重征税的机制；中国律师在中国企业和公民境外投资中的作用等。

1422 《"一带一路"相关国家贸易投资关系研究：东南亚十一国》，李敬、陈容著，北京：经济日报出版社，2017年5月。

本书是在"一带一路"倡议背景下，研究中国与东南亚十一国贸易投资关系的著作。书中提纲挈领地回顾了中国与"一带一路"相关国家的政治与外交情况，并概述了东南亚十一国的贸易情况与投资现状。全书对十一国进行了逐个探讨，以各国的基本情况、产业情况、外贸情况、当地的投资情况、与"一带一路"其他国家的贸易关系以及和中国的双边贸易关系为研究角度，论述了这些国家的经济基础、贸易地位、产业结构、政府导向等内容，总结了当地投资的具体环境和应注意的相关问题。此外，本书重点分析了中国与这些国家之间的贸易竞争与互补关系，为国家和企业的贸易投资提供了参考依据。

1423 《"一带一路"相关国家贸易投资关系研究：俄罗斯、蒙古、独联体其他六国》，李敬、邓靖等著，北京：经济日报出版社，2017年5月。

本书是在"一带一路"倡议背景下，研究中国与俄罗斯、蒙古、独联体其他六国贸易投资关系的著作。书中提纲挈领地回顾了中国与"一带一路"相关国家的政治与外交情况，并概述了这八国的贸易情况与投资现状。全书对这些国家进行了逐个探讨，以各国的基本情况、产业情况、外贸情况、当地的投资情况、与"一带一路"其他国家的贸易关系以及和中国的双边贸易关系为研究角度，论述了这些国家的经济基础、贸易地位、产业结构、政府导向等内容，总结了当地投资的具体环境和应注意的相关问题。此外，本书重点分析了中国与这些国家之间的贸易竞争与互补关系，为国家和企业的贸易投资提供了参考依据。

1424 《"一带一路"相关国家贸易投资关系研究：南亚八国和中亚五国》，李敬、雷俐、邓靖著，北京：经济日报出版社，2017年5月。

本书是在"一带一路"倡议背景下，研究中国与南亚八国和中亚五国贸易投资关系的著作。书中提纲挈领地回顾了中国与"一带一路"相关国家的政治与外交情况，并概述了这十三个国家的贸易情况与投资现状。全书对这些国家进行了逐个探讨，以各国的基本情况、产业情况、外贸情况、当地的投资情况、与"一带一路"其他国家的贸易关系以及和中国的双边贸易关系为研究角度，论述了这些国家的经济基础、贸易地位、产业结构、政府导向等内容，总结了当地投资的具体环境和应注意的相关问题。此外，本书重点分析了中国与这些国家之间的贸易竞争与互补关系，为国家和企业的贸易投资提供了参考依据。

1425 《"一带一路"相关国家贸易投资关系研究：西亚北非十六国》，李敬、李然、谢晓英著，北京：经济日报出版社，2017年5月。

本书是在"一带一路"倡议背景下，研究中国与西亚北非十六国贸易投资关系的著作。书中提纲挈领地回顾了中国与"一带一路"相关国家的政治与外交情况，并概述了这十六个国家的贸易情况与投资现状。全书对这些国家进行了逐个探讨，以各国的基本情况、产业情况、外贸情况、当地的投资情况、与"一带一路"其他国家的贸易关系以及和中国的双边贸易关系为研究角度，论述了这些国家的经济基础、贸易地位、产业结构、政府导向等内容，总结了当地投资的具体环境和应注意的相关问题。此外，本书重点分析了中国与这些国家之间的贸易竞争与互补关系，为国家和企业的贸易投资提供了参考依据。

1426 《"一带一路"相关国家贸易投资关系研究：中东欧十六国》，李敬、肖伶俐著，北京：经济日报出版社，2017年5月。

本书是在"一带一路"倡议背景下，研究中国与中东欧十六国贸易投资关系的著作。书中提纲挈领地回顾了中国与"一带一路"相关国家的政治与外交情况，并概述了这十六个国家的贸易情况与投资现状。全书对这些国家进行了逐个探讨，以各国的基本情况、产业情况、外贸情况、当地的投资情况、与"一带一路"其他国家的贸易关系以及和中国的双边贸易关系为研究角度，论述了这些国家的经济基础、贸易地位、产业结构、政府导向等内容，总结了当地投资的具体环境和应注意的相关问题。此外，本书重点分析了中国与这些国家之间的贸易竞争与互补关系，为国家和企业的贸易投资提供了参考依据。

1427 《"一带一路"沿线国家安全风险评估》，《"一带一路"沿线国家安全风险评估》编委会编著，北京：中国发展出版社，2015年12月。

本书就"一带一路"沿线国家安全风险进行评估，主要包括：北亚的蒙古国；中亚的哈萨克斯坦、乌兹别克斯坦等5国；南亚的巴基斯坦、印度、孟加拉国等8国；东南亚的泰国、印度尼西亚、马来西亚等11国；西亚北非的沙特阿拉伯、伊朗、土耳其等16国；独联体的俄罗斯、乌克兰、格鲁吉亚等7国以及中东欧的波兰、罗马尼亚、捷克、斯洛伐克、保加利亚等16国。本书对各国国家安全风险进行分级，分析主要安全风险源并运用大量资料与数据阐明安全风险产生的原因以及潜在的风险等；探讨各国主要领导人执政方略和各国主要政党及与中国的外交关系。

1428 《"一带一路"沿线国家法律环境国别报告（第二卷）》，中华全国律师协会著，北京：北京大学出版社，2017年5月。

本书是采用中英文对照的编排形式，对"一带一路"沿线国家的法律环境进行研究的国别报告。本书为报告的第二卷，依照国家名称英文字母排序，逐一对缅甸、尼泊尔、巴基斯坦、斯里兰卡、土耳其、乌克兰、乌兹别克斯坦及越南等21个国家进行了论述，内容涉及投资、贸易、劳动、金融、环境保护、知识产权、争议解决等多个领域。书中探讨了这些国家的法律制度及基本法律环境，以及国家市场准入机制、外汇管理、融资、土地政策、公司设立与解散等一系列内容，为"一带一路"建设提供了可靠的法律环境分析与解读。

1429 《"一带一路"沿线国家法律环境国别报告（第一卷）》，中华全国律师协会著，北京：北京大学出版社，2017年5月。

本书是采用中英文对照的编排形式，对"一带一路"沿线国家的法律环境进行研究的国别报告。本书为报告的第一卷，依照国家名称英文字母排序，逐一对孟加拉国、白俄罗斯、克罗地亚、埃及、匈牙利、伊朗、马来西亚及蒙古等22个国家进行了论述，内容涉及投资、贸易、劳动、金融、环境保护、知识产权、争议解决等多个领域。书中探讨了这些国家的法律制度及基本法律环境，以及国家市场准入机制、外汇管理、融资、土地政策、公司设立与解散等一系列内容，为"一带一路"建设提供了可靠的法律环境分析与解读。

1430 《"一带一路"沿线国家工业化进程报告》，黄群慧主编，北京：社会科学文献出版社，2015年12月。

本书在已有相关研究基础上，利用作者提出的工业化综合评价体系，测度"一带一路"沿线国家的工业化进程，进一步根据沿线国家工业化水平的测度结果，分阶段对沿线国家的基本情况、经济概况及其与中国的经贸往来情况进行评述。全书分为六部分，对"一带一路"战略已有的研究进行述评以及对沿线国家的产能和水平做以介绍；将沿线国家根据工业化进程情况分为前工业化国家、工业化初期国家、工业化中期国家、工业化后期国家和后工业化国家五个进程做以详细论述。

1431 《"一带一路"沿线国家国情研究：东南亚六国国情研究》，深圳市人民政府发展研究中心、深圳市人民政府政策研究室著，北京：中国发展出版社，2017年9月。

本书是研究"一带一路"沿线东南亚地区新加坡、马来西亚、印度尼西亚、泰国、越南和菲律宾等六国国情的著作，旨在通过对各国政治、经济、外交、法律、招商以及对华态度等方面的探讨，为国内企业实现"走出去"的目标提供参考依据。书中全面分析了新加坡、马来西亚等六个国家，对各个国家2016年的总体情况与2017年的发展做了总结与展望，并且从国家政党执政的特点入手解读其政策导向。同时，作者还对重点城市做了发展情况说明，阐述其重要的地理和经济作用以及合作的方式方法；通过对投资政策和投资环境的分析，给予国内企业更多的提示与参考。

1432 《"一带一路"沿线国家国情研究：南亚四国国情研究》，深圳市人民政府发展研究中心、深圳市人民政府政策研究室著，北京：中国发展出版社，2017年9月。

本书是研究"一带一路"沿线南亚地区印度、巴基斯坦、孟加拉国和斯里兰卡等四国国情的著作，旨在通过对各国政治、经济、外交、法律、招商以及对华态度等方面的探讨，为国内企业实现"走出去"的目标提供参考依据。书中全面分析了印度、巴基斯坦等四个国家，对各个国家2016年的总体情况与2017年的发展做了总结与展望，并且从国家政党执政的特点入手解读其政策导向。同时，作者还对重点城市做了发展情况说明，阐述其重要的地理和经济作用以及合作的方式方法；通过对投资政策和投资环境的分析，给予国内企业更多的提示与参考。

1433 《"一带一路"沿线国家国情研究：中东欧五国国情研究》，深圳市人民政府发展研究中心、深圳市人民政府政策研究室著，北京：中国发展出版社，2017年11月。

本书是研究"一带一路"沿线中东欧地区俄罗斯、白俄罗斯、波兰、捷克和乌克兰等五国国情的著作，旨在通过对各国政治、经济、外交、法律、招商以及对华态度等方面的探讨，为国内企业实现"走出去"的目标提供参考依据。书中全面分析了俄罗斯、波兰等五个国家，对各个国家2016年的总体情况与2017年的发展做了总结与展望，并且从国家政党执政的特点入手解读其政策导向。同时，作者还对重点城市做了发展情况说明，阐述其重要的地理和经济作用以及合作的方式方法；通过对投资政策和投资环境的分析，给予国内企业更多的提示与参考。

1434 《"一带一路"沿线国家国情研究：中亚两国国情研究》，深圳市人民政府发展研究中心、深圳市人民政府政策研究室著，北京：中国发展出版社，2017年12月。

本书是研究"一带一路"沿线中亚地区哈萨克斯坦和乌兹别克斯坦两国国情的著作，旨在通过对其政治、经济、外交、法律、招商以及对华态度等方面的探讨，为国内企业实现"走出去"的目标提供参考依据。书中全面分析了这两个国家，对其2016

年的总体情况与 2017 年的发展做了总结与展望，并且从国家政党执政的特点入手解读其政策导向。同时，作者还对重点城市做了发展情况说明，阐述其重要的地理和经济作用以及合作的方式方法；通过对投资政策和投资环境的分析，给予国内企业更多的提示与参考。

1435　《"一带一路"沿线国家哈萨克斯坦的中国认同》（新疆文化研究学术丛书），范晓玲著，北京：光明日报出版社，2017 年 5 月。

本书是研究与探讨"一带一路"沿线国家哈萨克斯坦的中国认同的专著。书中探讨了哈萨克斯坦教科书上、媒体上和国民眼中的中国形象，对教科书中的中国形象、媒体上涉华报道的倾向性，以及关于中国形象的民众调查问卷进行了分析。同时，书中还探讨了哈萨克斯坦国民眼中的"丝绸之路经济带"，通过对调查结果的统计，总结了民众对于经济带的认知变化与相关启示。此外，书中还讨论了哈萨克斯坦国民眼中的孔子学院，并强调了孔子学院在传播中国文化与汉语上所起到的桥头堡作用。

1436　《"一带一路"沿线国家和地区法律与税收政策研究》，赖小民主编，北京：中国金融出版社，2017 年 5 月。

本书是研究"一带一路"沿线国家和地区法律与税收政策的专著。书中内容分为上下两册，收录了保加利亚、捷克、印度、哈萨克斯坦、马来西亚、巴基斯坦、波兰、泰国、乌克兰、越南等 37 个国家和地区的法律与税收概况，对其经济金融环境、法律制度环境和财税环境进行了分析，并探讨了"一带一路"相关的法律规定与税收政策。书中内容有助于国内企业了解"一带一路"沿线国家和地区的投资环境，实现对投资机会的把握与投资风险的控制。

1437　《"一带一路"沿线国家经济：巴基斯坦经济》，李克强主编，北京：中国经济出版社，2016 年 4 月。

本书共分为七章，通过对"一带一路"沿线国家巴基斯坦的概况、经济结构与经济发展、基础设施建设、经济制度与经济政策、对外经济贸易与合作、历史上巴基斯坦与中国的经济文化交流等问题的探讨，研究巴基斯坦在"一带一路"战略中的地缘政治与地缘经济，探究巴基斯坦在"一带一路"战略中的地位与作用，并对"一带一路"战略实施所带来的风险与挑战，巴基斯坦特定经济结构与经济发展水平对"一带一路"战略实施的可能性贡献与利益需求进行具体分析与论证。

1438　《"一带一路"沿线国家贸易投融资环境（第二册）》，宋慧中主编，北京：中国金融出版社，2017年8月。

本书是对"一带一路"沿线国家贸易投融资环境进行深入研究的著作，涵盖了阿曼、埃及、巴基斯坦、波兰等20余个国家。作者对这些国家进行了逐个分析，从每一个国家的经济金融、经济环境、政策规定、司法制度、中国企业应注意的事项等多个角度展开了翔实全面的探讨，对各国的投融资环境进行了系统性的梳理与总结。书中还叙述了在各国办事的手续和流程，值得国内企业参考和学习。本书内容为中国企业的海外投融资合作和项目建设提供了决策支持，对中国经济贸易的发展和企业实现"走出去"的目标提供了帮助。

1439 《"一带一路"沿线国家贸易投融资环境（第一册）》，宋慧中主编，北京：中国金融出版社，2016年12月。

本书是对"一带一路"沿线国家贸易投融资环境进行深入研究的著作，涵盖了哈萨克斯坦、韩国、马来西亚、蒙古、斯里兰卡等14个亚洲国家。作者对十四国进行了逐个分析，对每一个国家的经济金融、经济环境、政策规定、司法制度、中国企业应注意的事项等多个角度展开了翔实全面的探讨，对各国的投融资环境进行了系统性的梳理与总结。书中还叙述了在各国办事的手续和流程，值得国内企业参考和学习。本书内容为中国企业的海外投融资合作和项目建设提供了决策支持，对中国经济贸易的发展和企业实现"走出去"的目标提供了帮助。

1440 《"一带一路"沿线国家五通指数报告》，北京大学"一带一路"五通指数研究课题组著，北京：经济日报出版社，2017年1月。

本书是专门研究在"一带一路"倡议下，中国与沿线国家实现政策沟通、设施联通、贸易畅通、资金融通、民心相通的五通著作，希望通过对五通指数的分析，找到国际合作的切入点，提高发展效率，减少阻碍力量，实现中国与沿线国家在政治、经济、文化等领域的互惠互利。书中叙述了"一带一路"建设的总体思路和现状，重点对五通指数做了系统性的总结报告。作者还通过列举招商局集团、中国对外建设有限公司等企业的实际案例，阐述了五通指数在实际应用中的作用和成效，为其他企业海外投资建设提供了参考依据。

1441 《"一带一路"沿线国家语言国情手册》，杨亦鸣、赵晓群主编，北京：商务印书馆，2016年11月。

本书是介绍与研究"一带一路"沿线国家语言国情的专著。书中以沿线国家中文名称的拼音为排序方式，对除中国以外的阿尔巴尼亚、巴基斯坦、波兰、马来西亚、

▶ 丝绸之路研究论著叙录

印度、越南等 64 个沿线国家的语言国情进行了逐一阐述,包括各国官方语言、主要民族语言、语言历史,以及语言与民族或社会的关系等内容,力求为对外交流人员提供方便快捷、全面准确的沿线国家语言国情资讯,为"一带一路"建设与国际合作提供支持与帮助。

1442 **《"一带一路"沿线国家知识产权法律制度研究:中亚、中东欧、中东篇》,管育鹰主编,北京:法律出版社,2017 年 9 月。**

本书是重点研究在"一带一路"倡议下,关于中亚、中东欧和中东地区沿线国家知识产权法律制度的著作,深入探讨了这些国家的司法体系和知识产权制度,对这些国家的知识产权法律做了充分的解读。书中对这些国家进行了逐个叙述,真实客观地反映出各个国家知识产权法律体系和投资环境的实际情况,为中国企业在海外投资中遵守他国法律、避免知识产权法律纠纷提供了参考依据。同时,国内对他国知识产权法律研究侧重于欧美发达国家,本书的内容在这一领域起到了填补空白的作用。

1443 **《"一带一路"沿线国家主权信用风险报告》,毛振华、阎衍、郭敏主编,北京:经济日报出版社,2015 年 8 月。**

本书针对"一带一路"沿线国家的信用风险,从国家主权信用概况展开讨论,对国家的主权信用风险进行分析,并对建设"一带一路"的金融政策所面临的挑战进行探讨。全书对"一带一路"的 27 个沿线国家具体解读,分国别从经济财政金融概况、债务及可持续性分析以及主权信用风险分析三个方面,对其主权风险进行了多角度的刻画,同时对各国债务可持续性及主权评级调整因素进行了展望。

1444 **《"一带一路"沿线国家主权信用风险展望(2017)》,艾仁智、万华伟编著,北京:中国经济出版社,2017 年 11 月。**

本书是对"一带一路"沿线国家的主权信用风险进行探讨与展望的著作。书中综述了"一带一路"沿线国家主权信用风险展望,介绍了联合主权信用评级的相关内容。同时,书中重点对柬埔寨、马来西亚、缅甸等 8 个东南亚国家,孟加拉国、印度、巴基斯坦等 3 个南亚国家,格鲁吉亚、哈萨克斯坦等 5 个中西亚国家,埃及、土耳其、以色列等 6 个中东与非洲国家,白俄罗斯、捷克、波兰等 14 个中东欧国家的主权信用风险进行了综述。此外,书中还回顾了全球主权信用风险的历史,为"一带一路"建设提供了数据支持与信息帮助。

1445 **《"一带一路"研究文选》,李军主编,北京:当代世界出版社,2017 年**

5 月。

本书是对"一带一路"倡议进行研究和解读的文集,汇聚了来自海内外多国学者撰写的几十篇相关文章。书中从多个角度剖析了"一带一路"倡议,论述了其外交理念和建设方向,阐述了其背后的地缘政治和大国关系,反映出海外合作共建的重要性和战略意义,强调要在基础设施建设之外注重软环境建设。书中还以外国学者的视角,探讨了国际社会对"一带一路"倡议的认知和看法,有利于政府和企业更好地进行相应决策。此外本书还收录了"一带一路"国际会议的会议综述,指出要凝聚全球智慧、共建智库联盟、发挥优势互补、实现合作共赢。

1446 《"一带一路"一百问》,秦玉才、周谷平、罗卫东主编,杭州:浙江大学出版社,2015 年 9 月。

本书为"一带一路"知识普及读本,采用一问一答的形式,从百姓关心话题、时事政治经济热点出发,通过对战略构想、历史回顾、大国角逐、时代背景、框架思路、合作领域、机制平台、各地优势、合作成效、愿景展望等几方面,简述"一带一路"的定义、内涵,剖析其历史脉络,深入解读"一带一路"的战略、资源、合作成果和风险机遇,并介绍"一带一路"国内外相关合作组织、相关行业信息等背景知识,分析"一带一路"带给相关行业的机遇和对百姓日常生活的影响等问题。

1447 《"一带一路"引领中国》,财新传媒编辑部编,金立群、林毅夫著,北京:中国文史出版社,2015 年 10 月。

本书以"一带一路"战略为核心,从战略格局、亚投行、金融崛起、大国外交、产业趋势、机遇与挑战六大角度切入,深入讲解中国在不断变幻的世界形势中的战略选择与应对;从当前政府工作入手,逐步分析"一带一路"的制定思路、核心内涵、实现方式、面临的机遇与挑战以及最终所产生的重大影响。内容涉及"一带一路"与自贸区、"一带一路"战略的核心内涵与推进思路、"一带一路"的经济金融效应、"一带一路"与国际货币秩序变革、"一带一路"中的大国合作、"一带一路"战略下对外投资新格局等现实问题。

1448 《"一带一路"与"亚欧世纪"的到来》,薛力著,北京:中国社会科学出版社,2016 年 5 月。

本书分析"一带一路"战略提出并实施过程中所面对的种种挑战与中国的战略应对,全书分为四部分:论述"一带一路"与外交转型,面临的挑战与机遇,方案调整和机制改革;解读"一带一路"与区域外交方略,包括亚洲大国外交、中东外交、欧洲外交、拉丁美洲、东盟共同体建设等外交方略；探讨"一带一路"与中美、中日、中缅等双边关系；最后解读"一带一路"背景下的国别研究，包括乌克兰、日本、越南、利比亚和俄罗斯等国家前景和特点等问题。

1449 《"一带一路"与东北亚区域合作》，孙玉华、刘宏主编，北京：时事出版社，2017年9月。

本书是在"一带一路"倡议下，主要研究东北亚地区国际合作的著作，为该地区的合作模式提供了新思路和新路径。书中重点讨论了"一带一路"倡议与东北亚区域经济合作的关系和对策，分析了中日对东盟的贸易竞争与贸易互补。作者还从文化认知的视角研究了该地区的国际合作，阐述了"一带一路"合作共生系统，构想了日韩参与"一带一路"建设发展的原因和趋势。书中还提出了辽宁省在东北亚地区合作中的作用，强调了其自身地缘和产能的优势，提出了其融入"一带一路"国际合作需要克服的劣势。

1450 《"一带一路"与甘肃发展研究》，张建君著，北京：经济科学出版社，2017年12月。

本书是国内学者在2016年发表的以甘肃省与"一带一路"建设为主题的相关论文的合集，为甘肃省在"一带一路"建设中开展多边合作、发挥自身优势、打造绿色丝绸之路献计献策。书中从战略思考与向西开放的角度，强调了丝绸之路甘肃黄金段的战略地位和作用，阐述了促进甘肃省向西开放的经济优势和路径选择；还从经贸合作和产业开发的角度，通过模型研究探讨了贸易与能源效率的关系，并对甘肃省产业合作的特色性和优势性进行了深入分析，总结提出了相关的政策建议。

1451 《"一带一路"与国际产能合作：地方发展破局》，徐绍史主编，北京：机械工业出版社，2017年4月。

本书是从地方发展打破格局、拓展思路的视角，解读"一带一路"与国际产能合作的著作。书中从理论层面叙述了国际产能合作的内涵与意义，分析了当前面临的机遇与挑战，论述了实现国际产能合作"走出去"战略目标的步骤和方法。结合国内产能分布情况，对我国部分行业的优势产能进行了深刻解读；并通过对欧美发达国家产能合作的分析，找到了可供国内学习和借鉴的国际经验。最后，作者详细探讨了我国各省市自治区国际产能合作的发展现状及实践情况，为政府和企业提供了参考依据。

1452 《"一带一路"与国际产能合作：国别合作指南》，徐绍史主编，北京：机械工业出版社，2017年4月。

本书是从发展和开拓国别合作的角度，解读"一带一路"与国际产能合作的著作。书中分析了以周边国家为"主轴"，开展东南亚、南亚、中亚、东北亚等地区产能合作，形成优势互补，共同打造经济走廊的发展路径；解读了在非洲、中东和中东欧等地区，提高坦桑尼亚、埃塞俄比亚等沿线国家三网一化的建设速度，推动与土耳其、伊朗等沿线国家"1+2+3"的务实合作，加强与匈牙利、波兰等沿线国家"1+6"合作框架所取得的作用和成效。同时，作者还阐述了与巴西、哥伦比亚等拉美国家打造中拉合作命运共同体的意义和影响。

1453 《"一带一路"与国际产能合作：行业布局研究》，徐绍史主编，北京：机械工业出版社，2017年4月。

本书是从国际产能合作的重点行业为研究对象，解读"一带一路"与国际产能合作的著作。书中宏观地概括了合作的背景、现实基础和重要意义，并对国内广泛关注的资源外投等问题给予了解答。全书详细论述了基础性原材料、有色金属、电力、能源、建材与化工等重点行业的生产能力、出口情况、国际竞争力等内容，总结了欧美发达国家在这些行业产能合作中的国际经验。书中还探讨了加快重点行业融入全球价值链的路径和方法，分析了推进重点行业产能合作的政策措施和优势产能"走出去"的模式创新，并对海外合作的布局与优化提供了建议。

1454 《"一带一路"与国际产能合作：企业生存之道》，徐绍史主编，北京：机械工业出版社，2017年4月。

本书是从企业开展国际产能合作的角度，解读"一带一路"与国际产能合作的著作。书中提纲挈领地总结了企业开展国际产能合作的意义与机遇，分析了国内企业对外投资的现状，提供了欧美发达国家的企业经验。全书重点探讨了企业参与发展国际产能合作的构想、布局和应对策略，分析了培养国际人才、加强知识产权合作、国际化标准建设、全球化技术整合等提高合作竞争力和话语权的方法和途径。最后，书中还收录了大量国际企业的实践案例，为国内企业进行相关合作提供了有效的参考和建议。

1455 《"一带一路"与国际贸易新格局：丝绸之路经济带智库蓝皮书2015—2016》，中国人民大学重阳金融研究院主编，北京：中信出版集团，2016年1月。

本书从国际贸易的角度由中外专家共同解读"一带一路"战略，提出了"一带一路"的新格局、新政策、支点城市的发展、贸易机会等问题。主要内容包括：多国政要对"一带一路"建设的支持；"一带一路"与国际贸易新格局；贸易畅通政策的沟通与协同;"一带一路"的贸易机会与未来;跨境贸易与金融合作;国际贸易支点城市的合作与共赢;"义新欧"助力贸易畅通;2015年"丝绸之路经济带"国际贸易支点城市报告。

1456 《"一带一路"与青年机遇》,陈晓锋、王宸曦主编,杭州:浙江大学出版社,2017年8月。

本书是在"一带一路"倡议背景下,以现代香港青年为主要视角,探讨其与"一带一路"倡议之间的联系和所起的作用,以及未来的机遇。书中收录了多篇观点鲜明的文章,分析了香港独特的经济环境和地缘优势,和香港青年在"一带一路"建设中起到的积极作用。书中指出香港青年作为香港的未来,具有精力充沛、思维活跃、可塑性强等特点,在未来的机遇之中扮演着重要角色。同时,书中还指出香港青年要具有国家意识,认识国家趋势,发挥自身优势参与科技创新。

1457 《"一带一路"与区域经济增长机制的构建、转型和扩容》(中国社会科学院"一带一路"研究系列),朴光姬著,北京:社会科学文献出版社,2016年4月。

本书是研究"一带一路"倡议下区域经济增长机制的构建、转型和扩容的专著。书中评析了国际区域经济增长机制的结构与演变,探讨了其基本结构类型与供给选择排序,以及基础条件的调整升级与内在矛盾。同时,书中还讨论了东亚区域经济增长机制的形成与"西扩",对机制的形成、缺陷,以及中国加入导致的变化做了解读。此外,书中还进一步探讨了"一带一路"与东亚区域增长机制的转型,并就机制转型、机制设计,以及"一带一路"推动亚洲区域增长机制扩容转型的可行性进行了研究。

1458 《"一带一路"与未来中国》,徐希燕等著,北京:中国社会科学出版社,2016年2月。

本书从"一带一路"的历史渊源、理论支撑、区域范围等基础理论出发,通过对"一带一路"战略背景、战略意义与战略布局的描述,探讨"一带一路"与国际协同发展问题;对"一带一路"与中国未来政治的问题,包括国际政治影响力构成及影响因素、我国的国际政治影响力、我国政治受"一带一路"建设的挑战、我国未来政治的新格局等进行深入分析;对经济新常态下的"一带一路"战略、"丝绸之路经济带"与中国未来经济发展、"21世纪海上丝绸之路"与中国未来经济发展和中国各省区市"一带一路"实施方略等经济问题进行解读;书中还探讨了"一带一路"与构建未来新型大国外交格局和"一带一路"与中国未来文化交流问题。

1459 《"一带一路"与文化产业》，胡文臻著，北京：社会科学文献出版社，2016年3月。

本书通过对"一带一路"战略构想进行解读，分析文化产业战略构想、文化产业发展的政策环境、理论实践等问题；重点研究"一带一路"文化产业硬实力与软实力两方面内容；深入分析文化产业融合经济林果产业，特别是文化产业融合的杜仲产业、经济林果产业是新型的生态资源能源产业、培育新型生态资源能源经济体系几方面，并对文化产业融合经济林果产业具体案例进行解读。

1460 《"一带一路"与亚洲一体化模式的重构》（中国社会科学院"一带一路"研究系列），王玉主著，北京：社会科学文献出版社，2015年5月。

本书是探讨"一带一路"与亚洲一体化模式重构问题的著作。书中分为五章，分别对"一带一路"与亚洲再平衡、亚洲经济一体化、互联互通与区域一体化、在"一带一路"建设中构建亚洲新型一体化模式等问题进行讨论。作者重点分析了亚洲区域合作的现状及其存在的问题，探讨了在"一带一路"建设过程中构建亚洲区域合作新模式的必要性和可能路径。作者认为，从构建亚洲新型区域合作模式高度推动互联互通建设、搭建具有亚洲特色的一体化平台，在"一带一路"建设中实现亚洲一体化和共同繁荣，既是"一带一路"建设应该追求的目标，也将是中国对亚洲政治经济格局最重要的重塑。

1461 《"一带一路"与中国发展战略》，张蕴岭、袁正清主编，北京：社会科学文献出版社，2017年4月。

本书是在"一带一路"倡议下，以中国发展战略为研究对象的文集，收录了国内多位学者的文章。书中解读了"一带一路"的合作机制，对建设发展和经济合作进行了战略思考。同时，书中以地理分区为视角，模拟了中国周边的地缘政治，并探讨了与中东欧地区的合作模式。还从外交活动的角度，构想了中国经济外交的新发展，提出了战略转型的新思路，指出了外交活动的新风险。本书对中国发展战略的布局和实施路径进行了理论阐述，有助于推动相关领域的深入研究，也为相关决策提供了参考依据。

1462 《"一带一路"与中国农业"走出去"——以黑龙江农垦在俄罗斯东部地区的农业开发为例》（中国屯垦史研究丛书），初冬梅著，北京：社会科学文献出版社，2017年12月。

本书是以黑龙江农垦在俄罗斯东部地区的农业开发为例，研究"一带一路"倡议背景下中国农业实现"走出去"目标的专著。书中分析了俄罗斯"向东看"的背景、举措，和为黑龙江垦区在俄罗斯东部地区的农业开发提供的机遇，强调了黑龙江垦区在俄罗斯东部地区的农业开发是"一带一路"倡议的有机组成部分。同时，书中亦分析了俄罗斯东部地区的农业发展现状、发展国际农业合作的投资环境，以及发展国际农业合作的投资政策。此外，书中还就黑龙江垦区在俄罗斯东部地区进行农业开发的现状进行了分析，并就其产业布局、路径选择、面临的问题与发展前景做了阐述与解读。

1463 《"一带一路"与中国沿边开放新视野》，黄志勇、邝中、谭春枝主编，南宁：广西人民出版社，2015年11月。

本书主要是对"一带一路"大战略大背景下中国沿边地区开放开发的情况介绍。全书分为总篇、区域篇和专题篇三部分，对我国沿边地区开放开发的总体发展态势和不同省份的发展情况进行了阐述，分析其面临的困难和挑战，提出了具有一定针对性的提升开放开发水平的新思路和对策建议。主要内容包括广西、云南、新疆、甘肃、内蒙古、黑龙江、吉林、辽宁沿边开放成就、问题及对策研究；中国沿边开放新政策、地区口岸经济发展研究、重点开发开放试验区比较研究、中越跨境经济合作区建设研究等问题。

1464 《"一带一路"与中国自贸试验区融合发展战略》，福建师范大学福建自贸区综合研究院著，北京：经济科学出版社，2017年11月。

本书是在"一带一路"倡议下，对我国11个自贸试验区融合发展进行系统性研究的著作。书中详细阐述了"一带一路"与中国自贸试验区融合发展的内在机理，以增长极、循环累积因果等理论作为基础，探讨了自贸试验区融合发展的战略价值。书中还研究了当前融合发展的主要任务，强调基础建设、战略升级和与沿线国家实现战略对接的重要性与方法，并从规则体系和法制保障等方面分析了自贸试验区融合发展的战略保障。本书理论翔实，分析全面，为自贸试验区的融合发展提供了理论依据和战略选择。

1465 《"一带一路"与中亚的繁荣稳定——"一带一路"与中亚国际论坛论文集》，张恒龙主编，上海：上海大学出版社，2017年8月。

本书是中亚国际论坛的论文集，旨在探讨"一带一路"与中亚地区繁荣稳定的模式与关系，实现地区间和平有序的发展。书中分析了在"一带一路"倡议背景下加强合作思维的重要性，以及面临的跨文化挑战；指出了"一带一路"会助推中亚地区的繁荣稳定，有利于经济走廊的建设和地区安全的稳固。书中还对上海合作组织进行了深入探讨，分析了在安全、经济和文化等领域新的合作机遇。同时本书对丝绸之路经济带与欧亚经济联盟进行了研究，分析了二者之间的合作关系与对接路径，为合作共建提出了构想。

1466 《"一带一路"战略》，胡正塬著，北京：中共中央党校出版社，2017年2月。

本书是全面解读"一带一路"倡议的著作。书中介绍了"一带一路"倡议的时代背景与历史传承，叙述了"一带一路"倡议的基本政策，探讨了"一带一路"倡议在国际与国内的合作重点，分析了"一带一路"倡议与现代农业、生态文明、"中华力"以及"中国梦"的内在联系与相互作用。同时，书中还探讨了"一带一路"倡议对于世界格局的影响，分析了中国与丝绸之路沿线国家与地区的合作发展，并就"一带一路"倡议背景下全球安全战略、世界基础产业和世界金融秩序等问题做了阐述。

1467 《"一带一路"战略：互联互通、共同发展：能源基础设施建设与亚太区域能源市场一体化》，李平、刘强等著，北京：中国社会科学出版社，2015年9月。

本书主要论述"一带一路"与能源基础设施建设与亚太区域能源市场一体化问题。解读"一带一路"战略为世界经济发展提供新的机遇并强调如何推动东北亚、东南亚、中国西部以及中亚和西亚等区域能源市场一体化；对各个区域的重点项目提出建议并论述投融资机制、能源市场定价机制、安全保障机制等保障措施。指出能源安全是全世界共同关心的重要问题，能源合作既要重视基础设施互联互通，也要考虑货币、资本、商贸、金融合作等方面，推动形成亚洲能源共同市场。

1468 《"一带一路"战略背景下与中东的能源合作》，潜旭明著，北京：时事出版社，2016年1月。

本书主要介绍"一带一路"战略背景下与中东的能源合作问题。分析国际能源安全与合作理论、国际能源合作主要机制，介绍国际能源分布以及中东能源概况，阐述"一带一路"战略政策与"一带一路"背景下与中东能源合作的主要机制，并重点探讨了"一带一路"战略背景下中海能源合作；考察美国对中东地区的能源战略的演变、美国在伊拉克的困局、中美在中东能源关系等问题；并以叙利亚为例着重研究了中东热点问题与大国博弈，提出了当前国际石油格局下对中东能源合作的战略思考。

1469 《"一带一路"战略实施与西亚阿拉伯国家产能合作分析》，倪晓宁著，北京：对外经济贸易大学出版社，2017年11月。

本书是研究与探讨"一带一路"倡议下中国与西亚阿拉伯国家进行产能合作的著

作。书中回顾了"一带一路"产能转移的理论与认识,强调了"一带一路"建设中产能合作的特殊性,比较分析了西亚阿拉伯国家的经济现状,研究了与西亚阿拉伯国家进行产能合作的金融支持,以及在产能合作中的风险与解决机制。同时,书中还分析了贸易、投资等与西亚阿拉伯国家进行产能转移的合作方式,并就市场潜力及其软环境进行了剖析与阐述。

**1470** 《"一带一路"战略下的区域经贸发展:海南岛、北部湾与环南海》,李世杰编著,北京:中国经济出版社,2017年4月。

本书是重点研究海南岛、北部湾及环南海地区,在"一带一路"倡议下区域经济建设与发展的著作。书中提纲挈领地对区域经贸关系做了梳理,解读了自贸区与自贸园区的嵌入机制,并对海南与东盟的经贸合作进行研究。同时书中从资源开发、经济合作与贸易发展的角度,分别论述了南海、北部湾和海南岛的合作模式和发展方向,力求实现各地区在"一带一路"建设中的战略布局与积极作用。同时书中对海南产业的未来发展提出了思考,对文化资源、海洋资源和离岸金融市场等领域进行了探讨和阐述。

**1471** 《"一带一路"战略下中国与欧亚金融合作》,沈悦主编,西安:西安交通大学出版社,2016年9月。

本书是专门研究在"一带一路"倡议背景下,中国与欧亚开展金融合作的著作。书中从理论基础入手宏观地解读了欧亚金融合作的相关概念与理论,并分析了金融合作的必要性和可行性。作者还对当下中国与欧亚金融合作的现状做了调查研究,寻找其中金融合作的定位与方向,构想了未来金融合作的发展框架与人民币国际化的推进方法;同时,对金融合作所面临的机遇与挑战做了阐述。书中列举了中国与东盟等国际间区域合作的案例,并为欧亚金融合作提供了启示和政策建议。

**1472** 《"一带一路"战略研究》,刘卫东等著,北京:商务印书馆,2017年1月。

本书是对"一带一路"战略的研究。作者从陆路跨境运输通道建设与中欧运输班列组织方案、产业"走出去"模式、我国与"一带一路"沿线国家贸易、对外开放平台建设重点、人文合作的重点突破领域与途径,以及风险研究等方面,探讨了"一带一路"建设理论与实践问题;同时从经济、社会、政治、文化、环境等角度研究沿线重点国家,为找准合作领域提供科学决策基础。另外,本书还包括了8个国家的国别概况研究,为国家有关规划提供科学材料,也有助于研究人员深入探索"一带一路"建设。

1473 《"一带一路"战略与国际区域经济合作》,王明华主编,北京:法律出版社,2016年1月。

本书是关于"一带一路"倡议与国际区域经济合作的论文集,收录了国内专家学者相关文章16篇。主要包括《中国与上海合作组织成员国贸易互补性与比较优势分析》《"丝绸之路经济带"的风险管理研究》《我国与哈萨克斯坦经贸状况浅析》《新丝绸之路与马歇尔计划的比较研究》《中国与东盟自由贸易区的现状及前景》《基础设施投资与对外贸易的动态关系分析——以中亚五国为例》等研究成果,为"一带一路"建设提供了理论、思路与方法。

1474 《"一带一路"战略与和平发展》,汪伟民主编,北京:法律出版社,2016年9月。

本书是一部从和平发展的视角探讨"一带一路"建设的著作,共收录了国内专家学者相关文章21篇。主要包括《"丝绸之路经济带":战略构想及其挑战》《"丝绸之路经济带"与中国的中亚政策》《探究南海区域争端的化解途径——以区域国际公共产品供给为视角》《新丝绸之路与中亚安全合作》《15世纪前期海上丝绸之路上的文化交流》《"丝绸之路经济带"建设过程中对伊斯兰因素的认知》等研究成果,为谋求地区稳定,推进"一带一路"建设提供了建议与帮助。

1475 《"一带一路"战略与区域开发开放:基于江苏实践的研究》,古璇、古龙高、赵巍著,长春:吉林人民出版社,2015年3月。

本书是以江苏为例探讨"一带一路"倡议与区域开发开放的著作。书中解析了"一带一路"倡议的理论创新,总结了关于"一带一路"交汇点的基本框架与发展建设。同时,书中强调了国家东中西区域合作在"一带一路"建设中的示范作用,探讨了苏北地区在"一带一路"倡议背景下的跨越式发展,分析了江苏沿海地区开放的重点与难点,以及创建连云港自由港区的作用。此外,书中还对连云港、群山港等地区开展区域国际合作进行了讨论,并就倡议下的江苏省的人才优先发展、人才支撑体系建设等内容进行了阐述。

1476 《"一带一路"战略与西南边疆的开放、稳定与发展——中国社会科学论坛暨第六届西南论坛论文集(2015)》,林文勋、郑永年主编,北京:社会科学文献出版社,2017年1月。

本书是在"一带一路"倡议的大背景下,阐述"一带一路"与中国西南边疆开发、稳定和发展关系的论文集。全书共分为四个部分,从宏观角度深度解读"一带一路"倡议和其带来的影响;侧重"一带一路"与西南边疆的开放和发展,分析东南亚和南亚的主要国家在"一带一路"中的地位和作用,以及整个地区的地缘政治和经济合作;对"一带一路"与西南边疆的稳定与治理,面对跨界民族、边疆治理等现实问题提出对策;针对"一带一路"与西南边疆的民族团结与宗教和谐,对西南藏区做了重点阐述,并对民族团结提出有利方略。

1477 《"一带一路"战略与中越沿边开发开放经济带建设研究》,廖东声、熊娜著,北京:经济管理出版社,2015年12月。

本书分析了"一带一路"经济带建设与中越沿边开发开放理论依据,概述中越沿边经济带开发开放的建设历程、现状以及存在的主要问题,对中越沿边开发开放经济带建设环境进行分析,阐述了中越沿边开发开放经济带建设障碍因素的识别与实证,并对中越沿边开发开放经济带建设基本思路、建设战略、建设机制、建设风险管控进行了具体深入的分析。全书研究了中越沿边地区建设开发开放经济带的经济社会发展基础、资源环境基础、经济发展现状、制度建设现状、建设障碍因素等,评估了"一带一路"战略框架下中越沿边开发开放经济带建设的各类风险及其成因。

1478 《"一带一路"战略与宗教对外交流》,卓新平、蒋坚永主编,北京:社会科学文献出版社,2016年3月。

本书以"一带一路"战略下的宗教对外交流为主题,收入相关论文13篇,包括《"一带一路"与宗教文化交流及其现实意义》《"一带一路"倡议开拓宗教对外交流新境界》《关于"一带一路"战略中宗教因素的几点思考》《顺势而为、发挥优势推进新时期中国宗教领域公共外交工作》《发挥宗教在"新丝绸之路经济带建设"大战略中的积极作用》《长春真人丘处机西游与古代丝绸之路的新拓展》《"一带一路"与心灵沟通——论宗教交流在"一带一路"战略中的地位和作用》《南海诸岛庙宇史迹及其变迁的考现学研究》《亚洲秩序与宗教信仰交往方式》《谈"一带一路"上的中泰佛教文化交流与经济动力因素》《佛教在中印文化交流中的地位和作用》《丝绸之路与佛教在中国的早期传播》等内容。

1479 《"一带一路"争端解决机制》,王贵国、李鋈麟、梁美芬主编,杭州:浙江大学出版社,2017年8月。

本书是一部重点研究"一带一路"争端解决机制的著作,旨在通过对沿线国家政治、文化、法律和现有机制等方面的分析,建立更加行之有效的解决机制。书中对现有主要三种争端做了回顾,阐述了其现行的解决方法与不足之处,强调了建立"一带一路"争端解决机制的重要性。同时，作者详细论述了争端解决机制下申诉、调解、仲裁等方面的相应规则，并在附录明确了相应人员的行为准则、透明度规则和费用明细表等内容。全书内容翔实，功能性与实用性强，对"一带一路"的顺利建设起到了保障作用。

1480 《"一带一路"知识问答》，王浦劬、刘尚希主编，北京：人民出版社，2015年9月。

本书是以问答的形式解读"一带一路"倡议的著作，包括五大部分共计一百余道相关知识。书中宏观地讲述了"一带一路"倡议的背景、意义、原则、机遇、实施方法、合作共赢等内容，又分别对"新丝绸之路经济带"和"21世纪海上丝绸之路"的范围、目标、意义、模式、亮点等内容进行了系统阐述。同时作者把"一带一路"与中国区域经济发展和中国产业经济发展相结合，回答了"一带一路"倡议对经济发展所起的作用，有助于企业和个人深刻了解和学习"一带一路"倡议的内涵和其带来的积极影响。

1481 《"一带一路"知识新读本》，王包泉、王静、钱昌照著，北京：清华大学出版社，2016年4月。

本书以习近平总书记等中央领导多次重要讲话以及国家发展改革委、外交部、商务部2015年3月28日发布的《推动共建丝绸之路经济带和21世纪海上丝绸之路的愿景与行动》为主线，对实施"一带一路"战略的时代背景、外交理念、重大意义、共建原则、框架思路、主要任务、合作机制以及中国各地方开放态势等重大问题进行了系统介绍和阐释，对"一带一路"的主要问题给予了针对性的回答。

1482 《"走出去"与企业法治："一带一路"建设的机遇与挑战》，王耀国主编，北京：法律出版社，2016年1月。

本书是2015年中国企业法制论坛的发言和论文集。该论坛以"走出去与企业法治"为主题，旨在通过对实施"走出去"和"一带一路"战略的理论与实践问题进行探讨，共同思考和研究企业"走出去"和参与"一带一路"建设所面临的机遇与挑战。本书共收入论文30篇，内容包括《TPP投资规则及中国企业对外投资的法律》《实施"走出去"战略企业应当采用法治方式面对机遇与挑战》《融入"一带一路"与法律风险防范》《"一带一路"推进中的国家风险与法律防控》《"一带一路"战略下中国企业加快"走出去"所面临的机遇》《"一带一路"战略的国际政治经济学分析》《"一带一路"战略的国际税法思考》《PPP在"一带一路"基础设施建设中的法治研究》《国际投资条约外资准入"国民待遇与负面清单"模式研究》《丝路沿线国家 FDI 市场准入法律制度的比较——以中亚五国为例》《中国国际身份的调整与建设"一带一路"的基本策略——国际关系理论与国际法学科交叉之分析》《"一带一路"背景下中哈有限责任公司董事会职能比较研究》等问题。

1483 《2015 中国经济年鉴"一带一路"卷》，中国经济年鉴"一带一路"卷编辑委员会编辑，北京：中国经济年鉴社，2015 年 12 月。

本书是《2015 中国经济年鉴》的增刊，旨在研究"一带一路"建设进展与沿线国家五通指数等内容。书中介绍了"一带一路"倡议的缘起与发展，探讨了倡议面临的风险与问题，并叙述了相关的模式优化。同时，书中总结了我国与"一带一路"沿线国家五通指数研究的总体报告，并逐一对政策沟通、设施联通、贸易畅通、资金融通、民心相通的指数报告进行了解读。此外，书中还分析了青岛市人民政府打造 21 世纪海上丝绸之路北线起航点等三个建设案例，并列举了 2013 年至 2015 年"一带一路"建设的大事记。

1484 《2016 年"一带一路"倡议与东北亚区域合作》，刘亚政、金美花主编，北京：社会科学文献出版社，2017 年 5 月。

本书是专门研究"一带一路"倡议下，东北亚地区国际合作的文集，汇集了国内多位学者的研究成果，旨在探讨和挖掘该地区的合作模式与实施途径，对实现"一带一路"倡议在该地区的合作共建提出了政策建议。书中解读了"一带一路"倡议给东北亚地区带来的合作机遇与挑战，也叙述了该地区国家对倡议的态度和选择；并以贸易与投资、文化与旅游、流通与通道建设为角度，分析了中国在东北亚地区国际合作的基础、模式与路径，对未来的发展前景进行了展望。

1485 《2016 中国经济年鉴"一带一路"卷》，"'一带一路'设施联通研究"课题组编辑，北京：中国经济年鉴社，2016 年 12 月。

本书是《2016 中国经济年鉴》的增刊，以报告的形式对"一带一路"设施联通进行了研究。书中叙述与解读了推进"一带一路"设施联通的思路和政策，强调"一带一路"设施联通合作机制亟须加强与创新。同时，书中还分析了"一带一路"基础设施建设投融资现状、需求、问题，提出了相关建议，并研究了建设中 PPP 模式的实际应用。此外，书中还探讨了中国企业参与"一带一路"基础设施建设的策略，研究了铁路、公路、电力、管道等基础设施的建设与联通，并就打造"信息丝绸之路"的方法与途径进行了讨论。

1486 《财团就是力量:"一带一路"与混合所有制启示录》,白益民编著,北京:中国经济出版社,2015年11月。

本书通过对日本财团经济的分析,探讨混合所有制经济。全书共分为十章,介绍了日本财团在20世纪初期对中国经济的占有情况、日本经济衰退时期以及"二战"后财团的经济状况,分析财团模式的利弊以及对日本经济的影响,探讨日本财团对政界的影响,比较日本和美国不同的经济模式并对日本财团模式的核心竞争力进行分析,总结日本财团模式值得我国民企和央企借鉴之处,指出东亚共同体中集体经济才是我国强国之选。

1487 《茶和天下:"一带一路"视野中的茶和茶文化》,中国国际茶文化研究会编,杭州:浙江人民出版社,2015年11月。

本书为"一带一路"视野中的茶与茶文化论坛论文集,收录了全国茶文化专家学者编写的53篇论文,专题探讨"一带一路"战略大背景下我国茶和茶文化的复兴与崛起。全书分为理论篇和实践篇两部分,理论篇探讨茶与古代陆海丝绸之路的渊源,论证茶与"一带一路"结合的必要性与可能性。实践篇通过各地已进行的探索,总结经验,提出茶产业未来的发展方向。本书涉及茶与茶产业的历史,并结合当前热点,体现了茶文化研究者的现实关,怀通过对"一带一路"战略背景下茶产业现状的科学分析,提出了茶产业发展的对策、建议。

1488 《产业经济:"一带一路"倡议实施的关键环节与核心动力》("一带一路"开发研究丛书),涂锦、钟永祥编著,成都:西南交通大学出版社,2017年4月。

本书是一部从产业经济角度研究"一带一路"倡议实施的关键环节与核心动力的著作。书中探讨了构建经济、文化、政治三位一体的大三角战略,梳理了"一带一路"建设中的优先产业,并阐述了"一带一路"沿线各国的贸易结构与贸易增长分析,以及实现贸易互通的模式与对策。同时,书中还强调了倡议实施下沿线国家金融合作的实践与风险,探讨了人民币国际化与"一带一路"产业之间的促进关系。此外,书中还强调了文化产业在"一带一路"产业中的重要地位,梳理了美国与日本在文化产业国际化方面的先进经验,并总结了中国文化产业战略的实施路径。

1489 《成都参与"一带一路"和长江经济带建设的战略与对策研究》,成都市社会科学院联合课题组编,北京:中国社会科学出版社,2016年8月。

本书主要分析了"一带一路"和长江经济带的历史背景和区域发展现状,并在此基础上提出成都参与"一带一路"和长江经济带的战略和对策建议。主要内容分为五个部分，首先总论成都参与"一带一路"和长江经济带建设的战略与对策研究，而后分别探讨成都参与"一带一路"建设的战略与对策研究、丝绸之路经济带与成都的经贸关系历史背景研究、成都参与长江经济带建设的战略与对策研究和成都在长江流域经济带中的历史地位与经济文化交流研究等问题。

**1490** 《从黄河文明到"一带一路"（第1卷）》，李晓鹏著，北京：中国发展出版社，2015年10月。

本书是一部以中华帝国的治乱得失为线索进行研究的著作，对中国农耕时代做了总结，讲到了科举制度之前的秦代郡县制度与魏晋门阀政治，叙述了唐代帝国的盛极而衰和"杯酒释兵权"的灾难后果。书中还探讨了明朝洪武、成化、弘治等几位皇帝的治国策略，探讨其政策背后的意义与得失。同时，作者还对文景之治、武周革命、仁宣之治等施政纲领做了解读，梳理了国家政策与朝代兴衰的内在联系，通过对历史事件和历史人物的层层分析，思考过往的历史教训对"一带一路"下的中国社会所带来的启示。

**1491** 《从黄河文明到"一带一路"（第2卷）》，李晓鹏著，北京：中国发展出版社，2016年5月。

本书不同于第1卷的治乱得失，而是以王朝覆灭的历史宿命为线索进行研究，对历史上因文武之争、派系之争、宦官篡权、重农抑商等原因导致的王朝衰落进而覆灭做了解读，强调了其历史结果的必然性。书中列举了以宋明两代为主的历史实例，分析了士大夫阶级、文官集团、官僚集团等利益集团，其相互之间或与皇权之间的斗争与联系，并揭示了内斗与内耗加速了王朝的衰败与灭亡。同时书中也对朝代制度、官僚体系、变法更新等内容做了分析，探讨了其不足之处与失败的原因，给当代社会以启示。

**1492** 《大国前途："一带一路"与国家安全》，东中西部区域发展和改革研究院编，北京：中央编译出版社，2017年8月。

本书是国内专家学者基于"一带一路"与国家安全所著论文的合集，有助于解决"一带一路"建设中国家安全方面的难点与问题。书中对"一带一路"的顶层设计做了回顾，认为在信任、风险和市场等领域都面临着挑战，并强调要发挥智库在"一带一路"中的关键作用。同时书中阐述了基于"一带一路"倡议的安全观，分析了存在的五大风险，并说明了坚持和平发展的重要性。此外书中还分别论述了"一带一路"

倡议与经济安全、地缘政治安全、边疆安全、宗教安全和外交安全的关系，通过系统地分析与研究，找出其中不利的因素并提出应对策略。

1493 《大交通：从"一带一路"走向人类命运共同体》（"一带一路"开发研究丛书），向宏、胡德平等主编，成都：西南交通大学出版社，2017年4月。

本书是探讨从"一带一路"走向人类命运共同体的著作。书中解读了后全球化过渡期的时代特征、国际常态与中国机遇，从全球布局、供给侧改革、金融外交、市场呼应、中国的独特优势等角度浅析了"一带一路"倡议的总体目标与方向，并凸显了中国企业与项目在全球中的竞争力。同时，书中还探讨了世界经济的增量再平衡，评述了中国高铁在"一带一路"建设中的示范性作用，及其实现"走出去"的战略、举措与实施路径。此外，书中还论述了要从"大交通"与"新文明"的角度把握中国与世界的未来，展现了中国能力对走向人类命运共同体的作用。

1494 《大战略："一带一路"五国探访》，赵忆宁著，杭州：浙江人民出版社，2015年12月。

本书是关于"一带一路"上吉尔吉斯斯坦、巴基斯坦、斯里兰卡、卡塔尔、马来西亚五国的访谈记录。作者实地考察41个大型工程，采访了包括"一带一路"中国建设者、所在国家工程项目的发包建设方等75人，话题包括地缘政治、国家发展战略、国家与国家之间的关系等，重点讨论中国推出的"一带一路"战略内涵，以及他们对这一战略的理解。通过访谈，作者指出受访者对"一带一路"战略给予了正面与积极的评价、沿线国家领导人高度认同"一带一路"实现"共同富裕"的理念，并肯定中国影响力与重新构建新的国际秩序的努力。

1495 《读懂"一带一路"蓝图：〈共建"一带一路"：理念、实践与中国的贡献〉详解》，刘伟主编，北京：商务印书馆，2017年9月。

本书是详细解读"一带一路"倡议的著作，旨在用事例和数据向世界证明"一带一路"对全球起到的作用和给予的贡献。书中探讨了"一带一路"的背景，对中国为何提出"一带一路"倡议、其合作方式、世界贡献、合作方等关键问题做了回答与解释。书中还重点讨论了"一带一路"倡议的共建模式，详解了六大经济走廊，分析了基础设施、能源、金融、人文、生态等合作方式，并对双边、多边等合作机制进行了系统解析，有助于相关部门、企业或个人学习和参考。

1496 **《读懂"一带一路"》，厉以宁、林毅夫、郑永年等著**，北京：中信出版社，2015年11月。

本书从历史、地缘、经济、外交等不同视角出发逐一解析"一带一路"的具体内容。全书分为八章，包括详细解读"一带一路"的战略主题、分析"一带一路"的高层含义、解构"一带一路"对外开放的新格局、探讨如何建设"一带一路"的战略环境、如何通过"一带一路"重建亚欧大陆桥、解析"海上丝绸之路"的战略思考、分析"一带一路"的潜在风险及错误认知、回顾历史上的丝绸之路等内容。

1497 **《对外投资新空间："一带一路"国别投资价值排行榜》，任力波主编**，北京：社会科学文献出版社，2015年3月。

本书通过对中国企业投资环境的分析，得出"一带一路"上国别投资价值排行榜的结论。书中解读全球经济形势下的中国"走出去"战略与"一带一路"战略，分析中国在"一带一路"沿线国的投资情况，评估"一带一路"的投资环境并构建一套评估的指标体系，评估"一带一路"沿线国基础设施指数与经济指数。综合上述讨论，得出"一带一路"沿线国制度指数排名、政治指数排名以及投资价值的总排名。

1498 **《峨眉论坛：面向"一带一路"的开发论坛与新型国际组织》（"一带一路"开发研究丛书），宋刚主编**，成都：西南交通大学出版社，2017年4月。

本书是面向"一带一路"倡议，研究与探讨构建峨眉论坛与峨眉论坛大学的著作。书中回顾了"一带一路"倡议的实施意义、推进成果、实施基础与遇到的困难，阐述了应以区域共同市场为基点，以产业协同发展为支点，以"超级项目"为方法论，提出了峨眉论坛和峨眉论坛大学的建设构想，并建议打造包括开放论坛、公开大学、超级智库与"一带一路"开发研究院"四位一体"的，联结政产学兼取宏微观的"一带一路"开发集成平台。此外，书中还针对峨眉论坛及论坛大学的发展计划、管理体系与资源建设做了设计与总结。

1499 **《风云丝路："一带一路"沿线国家气候概况》，宋英杰主编**，南京：江苏凤凰科学技术出版社，2017年10月。

本书是专门介绍"一带一路"沿线国家气候概况的著作，对中国和65个沿线国家的气候进行了系统总结，有助于读者学习当地的气候知识和地理文化。书中根据地理位置分为了东亚篇、西亚篇、南亚篇、亚欧交界篇、东欧篇、南欧篇、中欧篇、中亚篇和东南亚篇，作者先对中国的气候进行了概括性描述，然后逐一解读了这65个沿线国家的气候环境、气候特征、气候类型，以及此类气候带来的优劣势，和对这个国家的影响。同时，书中的每一个章节的标题都是对这个国家气候的凝练，突出了其气候最主要的特点，让读者可以一目了然地抓住该国的气候核心。

**1500 《福建经济新常态与"一带一路"发展战略研究》，李鸿阶主编，福州：福建教育出版社，2017年3月。**

本书是研究新常态下福建经济发展与加快融入"一带一路"建设中的著作。书中叙述了对经济新常态的科学认识，介绍了福建经济新常态的发展特征，分析了经济新常态对福建发展的影响，探讨了新常态下福建经济发展的总体思路，解析了其经济发展的路径选择，构建了其产业结构转型升级的目标与方向，以及统筹城乡发展的方向与途径。此外，书中还研究了福建加快融入"一带一路"建设的方法，强调要加快福建自由贸易试验区的建设，并就全面深化闽台经济合作、加快福建生态文明建设等内容进行了阐述。

**1501 《改变世界经济地理的"一带一路"》，刘伟主编、葛剑雄等撰文，上海：上海交通大学出版社，2015年9月。**

本书是研究"一带一路"倡议影响与改变世界经济地理的著作，收录了十余篇国内著名学者关于"一带一路"背景、意义、合作模式、建设思路等内容的文章，对"一带一路"建设起到了理论指导的作用。书中论述了丝绸之路的历史地理背景和未来，研究了"一带一路"倡议下的经济地理革命与共赢主义时代，并对国际发展合作模式和全球视野大战略做了解读与构想。同时，书中还对海上丝绸之路的建设进行了思考，强调了中国文化多样性在"一带一路"建设中的作用，提出了应以更加主动的姿态推动沿线国家的教育合作。

**1502 《构建"一带一路"设施联通大网络》，国务院发展研究中心"一带一路"课题组著，北京：中国发展出版社，2017年12月。**

本书是研究"一带一路"设施联通建设的专著，以专题报告的形式探讨了设施联通的意义、途径、难点、相关政策等问题，旨在为构建"一带一路"设施联通大网络献计献策。书中阐述了"一带一路"设施联通建设的思路、合作机制，论述了基础设施建设的投融资环境以及PPP模式的应用，并提供了政策建议。同时书中还从铁路、公路、电力、管道等实体领域分析了基础设施建设的互联互通，对其意义、现状和机遇做了讨论，并提出了相应的发展建议，对政府和企业的决策起到了参考作用。

**1503 《国际技术溢出与中国"一带一路"高技术产业技术进步》，欧阳珍秋、**

陈昭等著，北京：科学出版社，2017年11月。

　　本书是专门研究在"一带一路"倡议下，国际技术溢出与中国高技术产业技术进步之间关系与影响的著作。书中介绍了研究的背景与意义，回顾了国际技术溢出的现状，并对相关重要概念做了界定。作者着重分析了"一带一路"倡议的创新网络中，国际技术溢出的主要渠道和溢出机制，实证研究了网络嵌入和国际技术溢出对高技术产业技术进步的影响，并对"一带一路"省域高技术产业进步进行了实证和因素分析，对技术再创新做了构想与探讨。书中还对提高中国"一带一路"省域高技术产业利用国际技术溢出效率提出了建议，有助于政府和企业参考与借鉴。

　　1504　《国家战略："一带一路"热点问题深度剖析》，郝玉柱、孙志伟主编，北京：中国经济出版社，2017年10月。

　　本书是专门研究"一带一路"热点问题的著作，对宏观战略、物流运输、区域合作、金融战略与投资等领域进行了深入的探讨。书中分析了围绕"一带一路"经济区构建的现代物流体系，阐述了跨境物流协作与基于国际竞争力的物流发展新模式，同时强调了互联互通在区域合作中的重要性，探讨了其优劣势及合作模式与路径。书中还对国内企业落实"一带一路"建设投资进行了研究，对企业海外投资行为的风险、对策、资本、发展方向等领域做了论述，并考虑了金融法律的合作问题，有助于相关部门和企业学习与借鉴。

　　1505　《国家战略："一带一路"政策与投资·沿线若干国家案例分析》，于立新、王寿群、陶永欣主编，杭州：浙江大学出版社，2016年7月。

　　本书研究"一带一路"国家政策并对沿线国家的投资进行实证分析。书中系统地讲述了"一带一路"倡议的战略意义与政策含义，对其开放基础、战略定位、重要意义、理论依据和政策体系等核心内容做了解读，有助于读者学习和了解"一带一路"倡议的精髓。同时，书中还引用了与印度尼西亚、越南、印度、哈萨克斯坦等沿线国家进行合作的国际项目，通过对合作国家与具体事例的分析与研究，给予了我国企业关于海外建设的投资启示，为相关企业的决策提供了参考和依据。

　　1506　《国外媒体看"一带一路"》（2017）》，王辉、贾文娟著，北京：社会科学文献出版社，2017年12月。

　　本书对国外媒体关于"一带一路"倡议报道进行了收录与解读。全书共汇集了2016年全球五大洲32个国家的79家媒体发表的120篇相关文章。书中收录的外媒报道真实地反映了当地政府、媒体和民众对"一带一路"倡议的认知和看法，并且表达了外媒对于"一带一路"与本国之间联系与影响的看法，并对政府的态度和政策给予了相应评价。书中收录的外媒报道也有助于国内相关部门或业内学者学习与研究，也为"一带一路"的建设提供了信息参考和对策依据。

**1507** **《国外智库看"一带一路"》，王灵桂主编，北京：社会科学文献出版社，2015年9月。**

本书是专门收录与解读国外智库关于"一带一路"倡议研究的著作，共汇集了十余个国家四十几家组织和机构发表的两百余篇评论文章。书中不仅选取了俄罗斯、印度、巴基斯坦等沿线国家的智库文章，也选取了美国、英国、加拿大、以色列等有世界影响力的国家的智库文章，尤其以美国卡内基国际和平基金会的文章最多，达五十余篇。书中将这些智库的观点和评论翻译成集，表达出国外智库对于"一带一路"倡议的态度和看法，也为"一带一路"建设与国内智库发展提供了学习和参考的资料。

**1508** **《海峡西岸经济区发展报告·2015：基于"一带一路"和自贸区的战略背景》，洪永淼主编，北京：北京大学出版社，2016年1月。**

本书是2015年海峡西岸经济区年度发展报告，通过23篇专题并结合"一带一路"倡议与自贸区的战略背景，总结了经济区在2015年的整体发展情况，给相关部门和企业提供了信息参考和对策建议。书中分析了发展海西区文化产业对于推进"一带一路"倡议的战略意义，探讨了倡议背景下的海西区旅游业发展，并对福建省融入"一带一路"投资合作做了深入研究。书中还着重以福建自由贸易试验区为例，对自贸区的建设进展、基础设置做了介绍，并提出了应对现状的对策建议；还从经济贸易的角度阐述了金融政策的创新路径、跨境电商的发展、人民币的资本项目、福建与台湾进行经贸合作等内容。

**1509** **《海峡西岸经济区发展报告·2016：基于"一带一路"和自贸区的战略背景》，洪永淼主编，北京：北京大学出版社，2017年3月。**

本书是2016年海峡西岸经济区年度发展报告，通过21篇专题并结合"一带一路"倡议与自贸区的战略背景，总结了经济区在2016年的整体发展情况，给相关部门和企业提供了信息参考和对策建议。书中探析了在"一带一路"倡议背景下福建自贸区的跨境电商供应链，研究了海峡两岸金融服务贸易自由化，解读了海西区对外文化贸易的现状与问题。同时，书中还重点对福建省进行了城市规模、工业园区发展、金融改革、对外投资发展等方面的分析研究，并对厦门市的服务贸易发展和境外投资等内容做了阐述。

1510　《海峡西岸经济区发展报告2017：基于"一带一路"和自贸区背景》，洪永淼主编，北京：经济科学出版社，2017年11月。

　　本书是2017年海峡西岸经济区年度发展报告，通过4个板块15篇专题并与"一带一路"倡议及自贸区相结合，总结了经济区在2017年的发展情况，为相关部门和企业提供了信息参考和对策建议。书中从贸易与投资角度研究了福建省与"一带一路"沿线国家的双边贸易关系，实证分析了对外直接投资逆向技术溢出效应；并从财政与金融的角度对厦门自贸区的税收、融资租赁、金融体系等方面做了论述。此外书中还从环境与公共服务和农业与文化的角度进一步对福建省的生态环境与农业发展进行了探讨。

1511　《吉林省城市竞争力报告·2015·融入"一带一路"：吉林省城市发展新版图》，崔岳春、张磊主编，北京：社会科学文献出版社，2016年3月。

　　本书以报告的形式，从吉林省地级市和县级市竞争力的排名和综述入手，总结了全省各市在"一带一路"倡议下的发展概况。书中对2014年吉林省地级市和县级市城市竞争力的年度排名以及概况做了总结论述，以此为基础并结合融入"一带一路"倡议的时代要求，提出了吉林省城市发展新版图的规划。同时书中对长春、吉林等8个地级市以及延吉、梅河口等4个县级市分别做了城市竞争力报告，阐述了城市发展的机遇与挑战，以及未来的发展方向，同时提出了有效的政策建议，有助于吉林省快速融入"一带一路"建设之中。

1512　《建设"一带一路"的战略机遇与安全环境评估》，"一带一路"课题组编著，北京：中央文献出版社，2016年1月。

　　本书在着眼"一带一路"倡议战略机遇的同时，重点研究和评估安全风险，为相关部门与企业提供了决策依据。书中探讨了中亚、中东欧、南亚等"一带一路"沿线区域，对当地国家的历史文化、政治经济及社会安全，以及参与建设的意愿等方面进行了系统分析，找出其存在的安全风险，提出了建设中面临的挑战。同时书中也对"一带一路"在东海和南海的建设方向做了研究，评估了其中潜藏的风险与挑战，并提出了政策建议。

1513　《解读中原地区三大国家战略规划与"一带一路"战略》，张改素、丁志伟主编，北京：中国经济出版社，2017年5月。

　　本书是一部专门解读中原地区三大国家规划融入"一带一路"建设的著作。书中系统介绍了河南省国家粮食生产核心区、中原经济区和郑州航空港经济综合试验区三大国家级战略的建设规划,论述了规划的背景、形成过程、定位与目标、核心主题、空间规划与推进措施等内容。同时,书中对"一带一路"倡议做了介绍与回顾,通过对基础环境、融入途径和合作领域的探讨,总结了中原地区三大国家战略规划融入"一带一路"建设的方式方法,为相关部门和企业的决策提供了依据与参考。

1514 《聚焦"一带一路":经济影响与政策举措》,赵晋平等编著,北京:中国发展出版社,2015年11月。

本书是对"一带一路"下经济影响与政策举措研究成果的梳理和总结,具有研究报告和参考文献的特点。全书分为三部分,第一部分为主报告,主要围绕"一带一路"区域合作的内涵、影响与政策举措进行论证和分析,并以连云港自贸区、新疆维吾尔自治区等为案例进行实践研究。第二部分为专题报告,从多角度正确解读"一带一路"区域合作的政策含义,强调开放包容、合作共赢。第三部分为专家观点,融汇和收录了国内多位专家的研究成果,从政治、经济、国际关系、人文交流等领域阐述了"一带一路"对世界和谐发展的积极影响。

1515 《崛起大战略:"一带一路"战略全剖析》,新玉言、李克编著,北京:台海出版社,2016年1月。

本书是一部全面剖析和解读"一带一路"倡议的专著,旨在向读者讲述"一带一路"倡议的意义、使命、建设方式、机遇与挑战等内容,有助于读者学习与参考。书中回顾了丝路文明与兴衰,介绍了"一带一路"倡议的来历,普及了其使命、推进思路、共建原则等核心观,同时还解读了"一带一路"倡议的发展理念,列举了"一带一路"建设中的发展优势。此外,书中也分析了在"新常态"下"一带一路"倡议的发展环境,解读了目前主要大国的态度及地缘挑战,对世界其他国家的经济建设规划进行了多方比较。

1516 《科学认识"一带一路"》,陆大道、江东等著,北京:科学出版社,2017年10月。

本书是一部专门剖析与解读"一带一路"倡议的著作,旨在向读者科学地阐述"一带一路"地缘环境、区域合作与国际发展等内容。书中对"一带一路"倡议实施的全球地缘政治与地缘经济做了系统的环境分析,从中国和国际两方面的视角论述了相互间的影响。同时,书中在区域经贸与技术合作领域,对中国与其他国家、地区或国际组织进行合作的基础、态势和前景做了深入探讨。此外,作者以国际通道、战略支点及与国内区域发展的链接为着眼点,提出了解决关键问题的对策,并对实施"一带一路"倡议提出了相应建议。

1517 《来华留学生视野中的"一带一路"倡议》,程妤主编,上海:同济大学出版社,2017年4月。

本书是基于同济大学多国留学生参与的"一带一路"国情与舆情研究,以来华留学生为视角解读"一带一路"倡议的著作。书中从土库曼斯坦、越南、巴基斯坦、巴西、坦桑尼亚等国家留学生的视角出发,阐述了其国家的国情与中国"一带一路"之间的关系与影响。同时,书中还收集了德国、法国、印度、英国、美国等主要大国的舆论情况,并通过分析反映出其对"一带一路"倡议的认知与态度。作者通过对上述内容的研究与实践,总结了有助于"一带一路"倡议跨文化传播的建议,探究了跨文化教育的成效。

1518 《冷思考:"一带一路"深层问题与关键问题梳理及求解》("一带一路"开发研究丛书),马跃主编,成都:西南交通大学出版社,2017年4月。

本书是一部梳理与求解"一带一路"深层问题与关键问题的著作。书中介绍了"一带一路"倡议的时代背景、基本原则与总体思路,评述了中国与沿线国家政府间的合作关系。同时,书中梳理了关于交通、能源、通信等基础设施的互联互通,探讨了"一带一路"倡议下投资贸易、资金融通、人文交流等领域的国际合作,并对区域合作机制与区域合作平台进行了探讨。此外,书中还从一个机遇、两个共同体、三个圈层、四区两核对"一带一路"的发展做了阐述,并对中国投身"一带一路"建设进行了理性思考。

1519 《流量经济新论:基于中国"一带一路"战略的理论视野》,孙希有著,北京:中国社会科学出版社,2015年3月。

本书是一部在"一带一路"倡议背景下,致力于研究中国流量经济新理论的专著,对"一带一路"倡议的建设与发展起到了理论支撑的作用。作者在书中提出了流量经济这一新的经济概念,并对其体系结构、机制作用、政策影响等内容做了充分的阐述与解读。同时,作者还通过把流量经济理论与地域分工、空间结构、区域经济增长、区域发展不平衡、城市聚散效应及城市圈等理论进行比较研究,阐释了全球研究流动性经济发展的理论都处于支持"一带一路"倡议的战略思维状态,"一带一路"倡议是流动性经济理论的实践。

1520 《梅花与牡丹:"一带一路"背景下的中国文化战略》,金巍主编,北京:中信出版集团,2016年1月。

本书以"一带一路"战略为背景,以"梅花精神、牡丹时代"为理念,从国际政治、经济、文化交流、文化贸易、企业与组织等多元角度,对"一带一路"背景下的文化与文化战略问题进行了解读。全书共分为八章,分别对"一带一路"背景下文化战略的价值基础和文化表述、中国崛起与人类文明的多级化、21世纪海上丝绸之路与中国特色海洋文化传播、地缘国际政治与区域经济一体化战略中的"文化软实力"作用、"一带一路"背景下的文化交流与展望、文化经济学视角下中国道路的内在动因与文化复兴、"一带一路"背景下文化贸易的意义与战略维度、"一带一路"跨文化交流背景下的企业角色与责任等问题进行深入探讨。

1521 《梅州:"一带一路"世界客都——第四届世界客商大会"世界客商与21世纪海上丝绸之路研讨会"论文集》,黄伟宗主编,广州:广东经济出版社,2015年9月。

本书是第四届世界客商大会"世界客商与21世纪海上丝绸之路研讨会"的论文集,论文主题围绕"一带一路"建设展开,内容涉及客商核心竞争力,文化交流和经贸招商,"海上丝绸之路"发展规划,如何加强和客商以及世界客属地区交流合作互利共赢,发挥梅州"华侨之乡"优势积极参与21世纪海上丝绸之路建设等问题。具体文章包括《被遗忘的海上丝绸之路:梅州——印度之路》《梅州积极参与"一带一路"建设的思考与建议》《世界客商共建21世纪海上丝绸之路》和《试论"一带一路"战略背景下的客商与梅州振兴发展》等。

1522 《面向"一带一路"的律师法律服务——第八届西部律师发展论坛获奖论文集》,西部律师发展论坛组委会编,兰州:兰州大学出版社,2016年9月。

本书是"第八届西部律师发展论坛"获奖文章的论文集,收录了国内学者相关成果数十篇。主要包括《律师解释法律的基本原则及方法》《行政许可法中相对人优先权利保护研究》《消费信托的模式、前景及风险防范》《P2P网络贷款法律风险与防范》《律师行业法律服务的供给侧改革——以诉讼法律服务为视角》等研究成果,对"一带一路"背景下的律师法律服务、律师制度改革背景下的律师事务所管理与发展、以审判为中心的刑事诉讼改革与刑事辩护、法治政府建设背景下律师法律服务的方式、"互联网+"时代的律师业发展,以及青年律师的职业精神培养等领域做了论述与探讨。

1523 《能源投资典型案例评析:"一带一路"战略下企业风险防控和争议解

决》，陈臻、杨卫东、周章贵主编，阳光时代律师事务所环境资源能源（ERE）研究中心编，北京：法律出版社，2015年11月。

本书是一部对国际能源投资案例进行评析的专著，旨在为"一带一路"倡议背景下的国内企业进行海外能源投资时，提供风险防控与争议解决的启示与对策。书中从能源资源勘查开采投资仲裁、能源工程建设投资仲裁，以及能源生产、运输、购买投资仲裁的三个方面进行探讨，选取了国际知名能源企业因为争议上诉仲裁的经典案例，并通过基本案情、争议焦点、仲裁庭的意见和裁决、风险提示的框架进行案例评析。此外，书中还附录了《华盛顿公约》与ICSID（投资争端解决国际中心）仲裁案件类型分析，对相关机制与实证进行了解读与阐述。

1524 《欧洲和"一带一路"倡议：回应与风险》，刘作奎著，北京：中国社会科学出版社，2015年12月。

本书研究了欧洲国家、欧盟与欧洲精英对"一带一路"倡议的态度与看法，并从回应中分析内在风险。书中介绍了中东欧国家以及欧盟对于"一带一路"倡议的回应，强调了中欧需要在互联互通、区域合作等方面推进相关建设。同时作者也分析了欧洲精英们对于"一带一路"倡议的基本看法，总结了其提出的问题与政策建议。书中还对"一带一路"在欧洲的建设做了风险评估研究，探讨了其主要困难、应对风险以及建设影响，并且作者针对"一带一路"在欧洲的建设提出了加强内外统筹、互利共赢化解欧盟疑虑、机制创新、前瞻性研究等政策建议，有助于相关部门进行决策参考。

1525 《欧洲和"一带一路"倡议：回应与风险（2017）》，刘作奎著，北京：中国社会科学出版社，2017年6月。

本书重点研究2015年以来欧洲国家、欧盟与欧洲精英对"一带一路"倡议的态度与看法，是《欧洲和"一带一路"倡议：回应与风险》的续作。书中总结了中东欧国家与欧盟成员国对于"一带一路"倡议的观点与回应，并用问卷调查的形式调研了欧洲精英们对倡议的看法、问题与建议。书中还对"一带一路"在欧洲面临的风险做了探讨，针对地缘政治、保护主义、移民问题等内容做了风险分析。同时，作者在书中提出了有理有据有节地回应负面诉求、务实客观看待欧盟审查、合理宣传、因国施策因事施策等政策建议。

1526 《盘古智库谈"一带一路"》，盘古智库编著，太原：山西经济出版社，2015年1月。

本书是盘古智库对于"一带一路"倡议的解读之作，通过对倡议下模式、亮点、逻辑、影响等内容进行分析，从时政、金融、发展思路等方面总结发展现状，提出政策建议。书中构画了"一带一路"跨区域战略，强调对外"走出去"与内在转型需同步，并对"一字大义、十大亮点"的"一带一路"新布局做了解读。同时书中也分析了中国对外投资的国际环境与四大风险，认为需完善中国企业对外投资的风险评级。作者探讨了"一带一路"倡议与陆海权新思维、政商陷阱、"亚投行"、中美关系等领域之间的关系和影响，为相关部门与企业提供了决策依据。

1527　《启航"一带一路"》，《启航"一带一路"》编委会组编，上海：上海交通大学出版社，2015年7月。

本书是对"一带一路"倡议进行解读的著作，旨在通过对丝路精神、多边格局、领导力、营销革新、绿色发展等内容的探讨，找寻"一带一路"建设的关键所在。书中回顾了共建"一带一路"的丝路精神，强调了"亚投行"的创新与活力是多边金融格局的新力量，并提出通过"一带一路"圆桌论坛倾听一线的反馈声音。同时书中还收录了武建强与杨斌的访谈录，对21世纪的领导力做了解读，并认为在"一带一路"建设中要注重营销革新与绿色发展，营造创新创业生态系统。

1528　《全球空间与"一带一路"研究：海港卷》，曹小曙、曹占忠、王妙妙等著，西安：陕西师范大学出版社，2017年10月。

本书从海港角度研究全球空间与"一带一路"倡议之间的联系与影响，有助于读者从全球视野学习海上丝绸之路的运输体系与海港发展。书中总结了全球港口的体系，对港口竞争和港城关系等内容做了叙述；探讨了全球海运物流体系，对货运公司、船队类型、途经路线与海运物流的发展等内容做了分析。此外，书中探讨了中国港口的机制与体系，和其与全球海运物流之间的影响；并立足全球视野，论述了全球港口的格局、位序变动及海上运输的演化。

1529　《全球空间与"一带一路"研究：旅游卷》，李君轶等著，西安：陕西师范大学出版社，2017年10月。

本书从旅游角度研究了全球空间与"一带一路"倡议之间的联系与影响。书中总结了"一带一路"倡议背景下旅游业的发展机遇与挑战，分析了全球旅游市场的演化过程，以及市场需求与格局之间的影响。书中还对全球旅游空间格局做了推演，强调重塑之下的新格局所带来的影响。同时，作者从供求关系、发展趋势、竞争态势、产业创新、区域合作等角度，探讨了旅游产品开发、旅游产业发展、世界旅游合作等话题，并提出了发展策略与发展展望，为"一带一路"倡议下的旅游发展提出了建议。

1530 《全球空间与"一带一路"研究：文化卷》，詹小美等著，西安：陕西师范大学出版社，2016年12月。

本书从文化角度研究全球空间与"一带一路"倡议之间的联系与影响，有助于"一带一路"的文化建设。书中总结了全球空间格局中的"一带一路"倡议的战略构想与文明互鉴，对倡议的历史演进做了逻辑性探讨，对"一带一路"所蕴含的东方文化进行了介绍，强调其内在的软实力体现；并阐述了"一带一路"境内国土开发的空间定位与国土文化空间定位下的现实物化。同时，作者分析了"一带一路"境外文明互鉴的空间向度，对空间承载、空间演进与空间叙事做了科学的解读。此外，书中探析了"一带一路"文化战略大数据系统，通过采集、集成、处理、挖掘和展演的顺序进行系统论述。

1531 《全球治理中的中国与上海：上海对接"一带一路"》，任琳等著，北京：社会科学文献出版社，2017年10月。

本书是在中国广泛参与全球治理的背景下，以上海为例解读"一带一路"倡议，以及上海对接"一带一路"的著作。书中分析了全球治理的格局与中国所处的位置和起到的作用，通过对影响未来世界政治经济发展基本因素的研究，探讨了中国参与全球治理的机遇与挑战，并强调要发展全球伙伴关系，以新的发展理念进行合作实践。同时，书中分析了上海对接"一带一路"倡议的模式，提出了打造"绿色丝绸之路""健康丝绸之路""智力丝绸之路""和平丝绸之路"的具体实践。

1532 《让科普走进"一带一路"》，刘菊平主编，太原：山西人民出版社，2015年10月。

本书是一部记录与研究雁门文化历史与发展的著作。书中对雁门文化做了解读，强调其在中原文化与草原文化、西域文化以及丝路多种经济文化的交流中发挥了重要的历史作用。作者介绍了雁门西玉、雁门古州、雁门农耕与雁门轻工四个部分，重点探讨了雁门地区玉器文化与经济贸易的交流与发展，分析了当地农业技术与农耕文化样态与革新，对当地手工业的发展和技艺的交融做了阐述，以历史的辩证角度研讨了雁门文化在丝绸之路中的重要地位与历史价值。

1533 《人民币国际化报告·2015："一带一路"建设中的货币战略》，中国人民大学国际货币研究所编，北京：中国人民大学出版社，2015年7月。

本书是一部从人民币国际化角度解读"一带一路"建设中货币战略的专著，旨在通过对人民币国际化的深入研究，为政府提供政策建议。书中介绍了人民币国际化的相关指数与目前国际化的现状，并从与"一带一路"倡议相互促进的逻辑角度出发，阐述了二者之间的关系与影响。书中还探讨了"一带一路"建设中主要贸易品计价货币选择与基础设施融资的重要意义、合作机制与主要模式，并强调产业园区与电子商务是推动人民币国际化的重要突破口，将促进国际贸易与人民币国际化的发展。

1534 《日本与我国的"一带一路"倡议》（中国社会科学院"一带一路"研究系列），郭霞、朴光姬著，北京：社会科学文献出版社，2016年4月。

本书是一部介绍与研究日本在我国"一带一路"倡议下的政治走向与两国双边关系的著作。书中回顾了中国的"一带一路"倡议与日本的"丝绸之路外交"战略，叙述了日本政府对于"一带一路"倡议的反应与日本非官方对倡议的解读，并探讨了日本有此反应的内外原因。同时，书中分析了中国与日本实力的相对变化，阐述了两国在亚洲基础设施市场的竞争关系。此外，书中还讨论了日本应对"一带一路"倡议的政策走向，并就中国应对政治安全风险、经济竞争加剧以及实现合作共赢提出了建议与对策。

1535 《厦门"一带一路"经贸合作研究：潜力与对策》，何军明著，厦门：厦门大学出版社，2017年11月。

本书是一部研究厦门在"一带一路"建设中经贸合作潜力与对策的著作，为相关部门的决策提供了参考。书中回顾了福建省在"一带一路"建设中的发展机遇，对厦门对外经济贸易合作的现状做了情况介绍。作者系统地分析了南亚国家、中东欧国家、俄蒙中亚国家以及西亚非洲国家的合作潜力，把对跟中国的合作现状，和这些地区主要国家的合作潜力做了充分解读。书中提出了厦门推进"一带一路"经贸合作的对策建议，强调要以东盟为核心，加强产业合作与服务贸易合作，并积极开展城市外交。

1536 《山东融入"一带一路"建设战略研究》，郑贵斌、李广杰主编，北京：人民出版社，2015年4月。

本书是一部专门研究山东省如何融入"一带一路"建设的著作，旨在加快推进省内建设，使山东省在共建"一带一路"中发挥其积极作用。书中回顾了我国"一带一路"倡议的背景、意义与基本框架，并对我国部分省区在"一带一路"建设中的做法与启示做了总结；探讨了山东参与并推进"一带一路"建设的思路、原则、定位和目标，以及战略布局。同时，书中强调要与沿线国家与地区开展包括贸易、投资、产业园区建设、科技、环保、文化等领域的多边合作，为山东快速融入"一带一路"建设提供了方法与途径。

1537 《商战兵法：用〈孙子兵法〉谋略赢"一带一路"商战》，王法德著，北京：中国财政经济出版社，2017年11月。

本书是在"一带一路"倡议背景下，将《孙子兵法》的谋略化用在商战中的著作。书中对《孙子兵法》的各个篇章做了回顾与解读，并且对每一篇应用的方法与领域做了探讨。作者重点研究了商战理论与《孙子兵法》的谋略实践，对"两优"贷款优惠度影响因素、PPP项目融资模式与"两优"贷款结合、对非援助内生性等内容做了系统思考，并强调了国别风险研判的十项原则，提出了经济发展影响因素对银行研判国别风险的启示，有助于相关部门与企业的决策研究。

1538 《上海服务"一带一路"定位研究》，刘乃全等编著，上海：上海人民出版社，2017年6月。

本书是一部研究上海在"一带一路"倡议中的定位，并如何服务"一带一路"建设的著作。书中探讨了上海服务"一带一路"倡议的推进路径，并从金融视角、文化视角等领域阐述了上海与"一带一路"建设的关系与影响。作者分析了上海的经济地位与产业发展现状，强调通过产业优势与科创中心建设对接"一带一路"建设。同时作者还研究了上海园区"出海"在"一带一路"建设中的作用，介绍了其现实逻辑与基础优势，并提出了相关的发展建议，为上海服务"一带一路"提供了参考依据。

1539 《生力军的进击：中国民企在"一带一路"建设中的地位和作用》，国观智库"一带一路"课题组著，北京：社会科学文献出版社，2017年10月。

本书是一部专门研究中国民营企业在"一带一路"建设中地位与作用的著作，为民企的海外合作提供了建议与对策。书中分析了"一带一路"建设与民企对外投资合作间的关系，并强调民企的独特作用。通过对"一带一路"建设为民企海外投资带来机遇的分析，在民企投资重点国家与重点产业方面做了探讨。同时书中也分析了民企所面临的挑战，认为民企实现"走出去"需应对外部与内部的多重风险。此外作者还为民企提供了参与"一带一路"建设的建议，要从执行层面做好风险应对，并且统筹协调、发挥合力地开展投资合作。

1540 《世纪蓝图："一带一路"实施策略研究》，刘强著，北京：人民日报出版社，2015年12月。

本书是一部研究"一带一路"倡议实施策略的专著。书中回顾了"一带一路"倡议的背景与战略意义，强调利用融合发展消除极端主义。通过对俄罗斯、中亚、东南亚等沿线重点国家和地区探讨，分析其内在的投资环境和合作模式。书中重点研究了"一带一路"建设中的能源合作领域，对能源市场一体化进行了深入思考，并对能源合作提出了具体的项目建议。同时作者还提出了要建立投融资机制、能源市场定价机制与安全保障机制，以应对能源合作过程中的风险与挑战。

1541 《世界是通的："一带一路"的逻辑》，王义桅著，北京：商务印书馆，2016年5月。

　　本书共分为十章，主要论述了丝绸之路沿线国家的开发计划；阐释"一带一路"时代的全球化、文明、战略、经济、政治、外交逻辑以及"一带一路"的中国智慧和世界智慧等内容。第一部分以起、通、达为引子论述中国化的全球化与全球化的中国化。第二部分具体论述"一带一路"全球化的东西交流与互鉴；文明的复兴与创新；时空并进、陆海内外联动以及东西双向开放的战略布局；国内一体化及合作共赢的经济逻辑；共同复兴的政治思路以及"一带一路"的认知与辩证法。第三部分阐述了"一带一路"的战略对接、国际产能与装备合作以及开发第三方市场的中国思路和"一带一路"可分享、可持续、可内化的世界智慧。

1542 《世界遗产视野下的"一带一路"》，国家图书馆、中国圆明园学会编，北京：商务印书馆，2017年7月。

　　本书是国家图书馆与中国圆明园学会联合举办的"世界遗产视野下的'一带一路'"系列讲座的讲座集，共邀请了国内十位权威学者进行了专业演讲。讲座以丝绸之路和海上丝绸之路的历史文化为主，包括其考古知识、文化遗产保护、风帆贸易、中西交通的特点和作用、丝路的形成以及外来器物和外来文明等主要内容，从历史沿革、经济文化交流，以及艺术、交通、民俗等多个角度阐述了"一带一路"下世界遗产文化的发展和变迁。这些文章对于填补相关研究的空白和帮助读者全面了解"一带一路"的历史文化较有益处。

1543 《首届"一带一路"沿线城市智库联盟论坛文集》，杨东升主编，北京：人民出版社，2017年10月。

　　本书是第一届"一带一路"沿线城市智库联盟论坛的论文集，收录了智库学者发表的30余篇专题文章。书中探讨了"一带一路"倡议下的国际贸易与国际投资，对与韩国、俄罗斯、东盟等国家和国际组织的合作做了分析，并阐述了在沿线国家直接投资的风险和应对。此外，书中论述了"一带一路"建设中的支点城市和区域发展合作，对沿海港口城市、新疆地区、江苏及福建等省的支点作用做了分析及对策研究。

▶ 丝绸之路研究论著叙录

同时，探讨了城市治理现代化与新型智库建设问题，对城市治理与智库建设提出了新的思考和建议并分析了连云港作为"一带一路"交汇点，其核心区和先导区的建设，对未来的打造方案提出了多重构想。

**1544** 《数说"一带一路"》，肖振生主编，北京：商务印书馆，2016年1月。

本书是一部从数据角度解读"一带一路"倡议的著作。书中对"一带一路"在公路、铁路、能源等方面的基础建设做了介绍，以事实证明了基础设施的建设促进了与沿线国家的互联互通与经济发展。同时书中也讲述了中国与沿线国家的双边贸易，展现了"一带一路"下的合作共赢；从文化旅游的角度探讨了未来合作的商业前景与文化传播。此外书中强调了人民币的世界地位以及国际化的必然性，有利于国际贸易与全球经济一体化的发展。

**1545** 《数字丝绸之路："一带一路"数字经济的机遇与挑战》，中国电子信息产业发展研究院编著，北京：人民邮电出版社，2017年12月。

书本是一部研究"一带一路"倡议下数字经济发展的专著，旨在解读政策大趋势下，全球化时代信息产业发展的新机遇。书中对数字丝绸之路的时代背景与概念做了阐述，分析了数字丝绸之路与世界数字经济的新格局，以及面临的机遇与挑战。书中从产业角度对国际产能合作、相关技术产业、应用服务等领域，与数字丝绸之路相结合做了探讨，并构建了法律服务、文化交流、普惠金融、人才培养等方面的支撑体系。作者还对数字丝绸之路提出了政策建议，有助于政府和企业进行决策参考。

**1546** 《图说"一带一路"大战略》，任宣编，北京：人民日报出版社，2015年1月。

本书是用图说的形式解读"一带一路"倡议的著作，旨在向读者普及"一带一路"知识与成果，有助于读者更好地学习与领会"一带一路"。书中用图表细说了"一带一路"倡议的发展，通过20个关键词对倡议进行了精准的解读；回答了"一带一路"倡议的背景、内涵、合作重点、实现措施等方面的问题，揭示了倡议所蕴含的精髓与脉络。同时作者通过分析各地的布局情况，探讨了"一带一路"建设的机遇和影响，对合作共赢的美好未来进行了展望。

**1547** 《推进"一带一路"建设的策略研究》，张哲人、李大伟等著，天津：南开大学出版社，2017年12月。

本书是一部研究推进"一带一路"建设相关策略的报告集。书中叙述了"一带一路"建设的重大意义和主要内容,探讨了沿线国家的基本情况和与我国合作的诉求,并总结了推进建设中基础条件不充分、依赖传统模式、投融资机制不完善等几点问题与困难。同时,书中研究了我国与"一带一路"沿线国家相对要素禀赋变化的机制与趋势,讨论了我国与沿线国家在贸易投资上的潜力和发展,比较了我国实施"一带一路"建设的国际经验,并就我国与若干沿线国家开展经济合作的思路进行了分析与论述。

1548 《外国人眼中的"一带一路"》,曹卫东主编,北京:人民出版社,2016年5月。

本书以多个国家的政府、媒体和民众为视角,论述了不同国家各阶层对于"一带一路"倡议的认知和看法。书中一方面从西方发达国家的角度进行论述,如美国政府为何不支持"一带一路"以及美国智库和主流媒体的看法,也论述了俄罗斯对"一带一路"的评论和中俄合作前景,此外还包括日本、韩国、英国、法国、德国、西班牙等国家政府和民众的看法和评价。另一方面从印度、孟加拉国、阿富汗、埃及和拉美国家等发展中国家的角度进行分析,论述"一带一路"在发展中国家的报道、反应和合作建议。

1549 《文化经济学的"一带一路"》,赵磊著,大连:大连理工大学出版社,2016年5月。

本书从文化经济学的角度解读"一带一路"倡议。作者强调要进一步明确"一带一路"的内涵实质,认为"一带一路"的"高点"是文化经济学。书中探讨了通过促进文明互鉴、民心相通、提升文化自信、文化软实力等方法,打造"一带一路"的人文格局,让中国文化"行走"起来。同时书中还阐述了"一带一路"要有标志性项目,对于重点区域、重点国别、重点领域与重点项目要精准发力;通过对海外投资实例的列举,分析了中企自身的优势与软实力的不足,并提出了对策与建议。

1550 《文明的对话:中国佛教在"一带一路"中的文化纽带作用》,学诚法师著,北京:人民出版社,2015年11月。

本书从中国佛教与佛学的角度阐述佛教文化在"一带一路"建设中所起的作用。书中回顾了"一带一路"倡议的文化内涵,对佛教在古丝路上的传播做了叙述,强调中国佛教对"一带一路"进程具有文化启迪的助力作用;探讨了佛教友爱向善的积极影响,认为它是缔造联系亚洲一些国家的纽带,将促进例如中孟、中印等国家间的友谊。同时作者认为中国佛教可作为"走出去"战略的先行者,强调了佛教文化的价值与内涵,和其承载了中华文化的自觉与自强。书中还关注了佛教文化的价值与意义,认为佛教在促进文化深层次交流与构建和平发展的时间等方面具有重要作用。

**1551**　《向海而兴:"一带一路"视野中的广西发展战略》,张承良著,南宁:广西人民出版社,2015年12月。

本书是一部在"一带一路"倡议背景下,对广西发展战略进行深入研究的著作。书中强调了海上丝绸之路逐渐兴起的过程及其地位的演进,对从"环北部湾"到"泛北部湾"的发展战略做了解读,并阐述了广西在"一带一路"建设中所起的重要作用。同时作者基于流域经济发展进行创新整合,构想了"珠江时代"的发展途径。书中提出了广西应利用自身绿色旅游与矿源丰富的优势开展对外合作,并注重信息时代下的协同发展,对广西锐意担当的精神做了解读与展望。

**1552**　《携手推进"一带一路"建设——在"一带一路"国际合作高峰论坛开幕式上的演讲》,习近平著,北京:人民出版社,2017年5月。

本书出版了中共中央总书记、国家主席、中央军委主席习近平同志于2017年5月14日在"一带一路"国际合作高峰论坛开幕式上发表的题为《携手推进"一带一路"建设》的主旨演讲。演讲系统讲述了以和平合作、开放包容、互学互鉴、互利共赢为核心的丝路精神;对"一带一路"倡议提出四年来,在政策沟通不断深化、设施联通不断加强、贸易畅通不断提升、资金融通不断扩大、民心相通不断促进等领域所取得的丰硕成果做了总结。同时,演讲中指出要把"一带一路"建设成和平、繁荣、开放、创新与文明之路,并将为"一带一路"注入强大动力,为世界发展带来新的机遇。

**1553**　《新丝路新梦想:"一带一路"战略知识读本》,向洪、李向前主编,北京:红旗出版社,2015年9月。

本书是一部以问答的形式系统解读"一带一路"倡议的著作,旨在向读者全方位介绍"一带一路"的知识与精神。书中对丝绸之路的历史进行了回顾,系统解读了"一带一路"倡议的核心内容,并分别对"丝绸之路经济带"与"21世纪海上丝绸之路"做了阐述。书中还从国内与国际两方面探讨了"一带一路"建设的思路、方法、优势、意义、作用等内容。同时,分析了"一带一路"倡议对中国和世界的影响,强调其在经济发展、文化传播和产业发展中所起的积极作用。

**1554**　《匈牙利看"一带一路"和中国——中东欧合作》,陈新主编,李丹琳、马骏驰译，北京：中国社会科学出版社，2017年5月。

本书以匈牙利为视角，解读"一带一路"倡议下中国与中东欧国家的合作。书中总结了中国与东欧16国关于"16+1合作"的经验，并对合作的进一步发展做了展望。同时，书中分析了中国与匈牙利近年来的经贸关系，强调投资是中匈经济关系的重点。作者解读了中东欧国家对"一带一路"倡议的态度，阐述了匈牙利学者对倡议及中国—中东欧合作机制的理解，并重点分析了中国与维谢格拉德四国之间的合作与影响。

1555 《循环递进："一带一路"倡议创造的内外市场及大中小企业协同发展的新契机》（"一带一路"开发研究丛书），蒋玉石、张红宇编著，成都：西南交通大学出版社，2017年4月。

本书是一部研究"一带一路"倡议创造的内外市场及大中小企业协同发展新契机的专著。书中叙述了"一带一路"倡议对中国全球价值链的重构作用，以及对全球市场发展的引领作用，强调了"一带一路"倡议有利于协调大中小企业的内外市场，亦是引领中国产业调整发展的新契机。同时，书中还分析了倡议给大中小企业发展带来的机遇与挑战，研究了"一带一路"国际区域合作的贸易竞争与互补关系，探讨了大中小企业社会责任软实力的构建。此外，书中还阐述了中国铁路"走出去"对"一带一路"建设的服务作用，并就其未来发展做了前瞻讨论。

1556 《亚太地区发展报告·2015——"一带一路"》，李向阳主编，北京：社会科学文献出版社，2015年1月。

本书是在"一带一路"倡议背景下，研究2015年亚太地区整体发展的报告。书中对2014年至2015年的亚太形势做了回顾与展望，强调亚洲经济的温和增长与经济改革正在成为新常态。书中对"一带一路"推行的经济基础做了阐述，分析了"21世纪海上丝绸之路"的互联互通与区域合作。同时编者还提出了当年的地区热点问题，探讨了地区紧张局势对"一带一路"建设的影响，并且分析了中国与地区大国之间的关系，对中日、中韩、中印等国家间的关系做了诠释。

1557 《一带一路 丝绸之路：神话·宗教·媒介·哲学》，颜亮著，北京：金城出版社，2017年8月。

本书是运用神话学、文化人类学、中西哲学和后现代理论探讨丝绸之路沿线历史文化遗存和多学科交叉研究的著作。全书分为四编，阐释了于阗起源的神话，并对神话进行了差异性文本和总体文本的分析；以甘肃兰州西固区为考察样本，分析宗教对其民间信仰的影响；着重强调了于阗作为佛教传播中转站的历史意义，并比较研究民族地区教育问题。此外，作者还从哲学角度对《尚书·洪范》和《范畴》两种文献进行了科学的对比分析研究。

1558 《一带一路：迈向治理现代化的大战略》，冯维江、徐秀军著，北京：机械工业出版社，2016年5月。

本书研究了如何以现代化方式建设"一带一路"，旨在阐述"一带一路"的优势与面临的挑战以及"一带一路"建设对世界的作用与影响。书中对丝绸之路的历史做了回顾，并分别介绍了周边大国的国际发展计划，并对"一带一路"的目标、原则、规划等内容做了解读，探讨了国内东、中、西部分层对接的地方策略。作者还研究了"一带一路"合作机制的整合与创新，强调加强双边合作、强化多边机制、开拓二轨协调；并对互联互通的发展机会与风险做了评析。

1559 《一带一路：全球价值双环流下的区域互惠共赢》，刘伟、郭濂主编，北京：北京大学出版社，2015年12月。

本书是一部研究"一带一路"倡议下全球价值双环流所带来的区域互惠共赢的著作。书中分析了全球价值双环流架构下"一带一路"倡议的愿景、理论基础与推进思路，并对中国企业实现"走出去"进行了思考。作者阐述了"一带一路"建设中互联互通的地位与作用，研究了跨国投融资体制，以及中国与发展中国家的贸易模式；探讨了"一带一路"的历史观、世界观与价值观，对文化战略做了思考。书中从发达国家高速发展阶段的反思中寻找对我国的启示。

1560 《一带一路：中国的文明型崛起》，赵磊著，北京：中信出版集团股份有限公司，2015年10月。

本书将"一带一路"置于国际视角下，探讨美国、日本及俄罗斯、印度等"一带一路"沿线国家对该战略的认知与需求；在调研数据和国内外案例的基础上，针对"一带一路"建设提出了建议，为"一带一路"沿线地方政府及企业规划方案。全书共分为五部分：第一部分论述"一带一路"提升中国综合国力，包括"一带一路"倡议的背景、提升中国丝路硬实力以及软实力等内容。第二部分论述"一带一路"的文化安全与文明再造，详细解释"丝绸之路"词汇的由来及其基本内涵，并对中国外交新常态和国家文化安全与中华文明再造问题进行了阐述。第三部分讨论"一带一路"战略推进阶段，解读丝路愿景与行动并纠正"一带一路"建设的十大错误认知。第四部分主要论述"一带一路"的国际回应与区域突破。第五部分阐述了"一带一路"的机遇：痛点经济学等内容，最后附以丝绸之路经济带建设与新疆发展供参考。

1561 《一带一路百问百答》，王胜三主编，北京：中国社会出版社，2015年9月。

本书以问答的形式讲述"一带一路"倡议，旨在向读者普及"一带一路"的知识、精神与文化。书中回顾了丝绸之路的起源、历史演变与贸易交流，对古丝路上的国家与民族做了考证与介绍，讲述了古丝路上著名的历史人物与其贡献和影响。同时，书中还研究古丝路上的城市的兴衰与其历史变迁，强调了管理机构的历史地位与作用，并且叙述了宗教的传播与文化的发展。此外，作者研究了古丝路的地理特点与交通走向，对当地的物产做了详细介绍，并阐述了新时代的"一带一路"的特点与内涵，对建设与发展进行了展望。

1562 《一带一路倡议与国际关系》，宋国友著，上海：上海人民出版社，2017年12月。

本书是论述"一带一路"倡议与国际关系的著作。书中探讨了中国的新多边主义经济外交，指出对美经济外交需应对"特朗普"风险和对欧经济外交应采取的目标与对策，并基于中美互动的视角对经济外交与全球经济治理进行了解读。同时本书对中国对外援助的转型与发展做了阐述，对推动非洲孔子学院发展的因素进行了实证研究；分析了"一带一路"倡议与中国的区域互联互通战略，对中国—中南半岛经济走廊建设的进展与问题提出了建议与对策。

1563 《一带一路国外投资指南》，徐绍史主编、国家发展和改革委员会编，北京：机械工业出版社，2016年2月。

本书是重点研究海外投资"一带一路"建设下的重点国家的著作，旨在对相关部门与企业提供科学准确的投资分析，并给予投资建议。书中汇集了"一带一路"建设中7大区域24个重点国家中的12个国家，对每一个投资国的详细情况进行了系统调研，分析了包括国家概况、新经济数据、重点投资项目、重点投资区域介绍、相关法律文献等内容，并对双向投资政策资讯、海外新经济情况、投资热点等信息进行了探讨，有利于国内企业实现"走出去"的目标。

1564 《一带一路经济学》，宋文阁、闫春等著，南京：江苏人民出版社，2017年11月。

本书是系统研究"一带一路"经济学的著作，阐述了"一带一路"经济学的理论架构、理论价值与现实意义,并对"一带一路"建设的进展、挑战与应对方式做了解读。书中探讨了"一带一路"倡议下国际贸易的新领域、新途径,以及存在的机遇与挑战,同时在货币金融领域对人民币国际化的现状与发展做了阐述。此外,作者分析了"一带一路"倡议下的区域经济,强调区域合作有利于实现合作共赢,并对新型全球化的经济形势做了展望,提出了政策建议。

1565 《一带一路列国志》,王胜三、陈德正主编,北京:人民出版社,2015年8月。

本书是对"一带一路"倡议中65个沿线国家进行研究的著作,旨在向读者普及与推广"一带一路"政策和沿线国家的具体情况。书中根据沿线走向,逐一介绍了丝绸之路经济带北线国家、丝绸之路经济带中线国家、丝绸之路经济带南线国家、21世纪海上丝绸之路西线国家和21世纪海上丝绸之路东线国家的概况;以图文并茂的方式,对每个国家的历史文化、地理风貌、政治环境、文化传承、经济发展及旅游特点等国别信息做了介绍与探讨,对海外投资的环境分析起到了参考作用。

1566 《一带一路热点问答》,当代世界研究中心编,北京:学习出版社,2015年9月。

本书是以问答的形式,解读30个关于"一带一路"倡议热点问题的著作,有助于读者了解与学习"一带一路"的核心内容。书中回顾了古丝路的概念与内涵,从时代背景、主要内容、框架思路、涵盖地区、规划目标、意义及影响等方面对"一带一路"倡议进行解读。书中也回答了关于"一带一路"建设中存在的风险、加强经贸合作、实现五通合作等相关问题,并分析了"一带一路"建设带来的发展机遇。同时,作者还强调了如何在建设中发挥各地的比较优势,对快速融入"一带一路"建设让企业实现"走出去"目标做了探讨。

1567 《一带一路山川志》,王胜三主编,北京:人民出版社,2017年12月。

本书是以名川大山为主线,研究"一带一路"沿线地理环境的著作,旨在向读者普及和推广"一带一路"沿线的山川地貌、风土人情和文化交流等内容。书中根据沿线走向,逐一叙述了丝绸之路经济带北线、丝绸之路经济带中线、丝绸之路经济带南线和21世纪海上丝绸之路的重要山岭和重要河流,并串联了沿途地区的崇山峻岭、大江大河、戈壁沙漠、森林绿野、草原牧场、绿洲平原等地理风貌。同时书中还探讨了沿线重要山岭和河流名称的由来,对中西方文化和经济的交流史做了回顾。

1568 《一带一路双向投资研究与案例分析》,徐绍史主编,北京:机械工业出版社,2016年2月。

本书是在"一带一路"倡议背景下,研究双向投资并辅以例证的著作。书中强调要借鉴国际经验,尽快规范我国企业海外投资,分析与展望了中国与俄罗斯、日本、韩国、沙特阿拉伯、欧盟等国家和组织间的双向投资的现状与机遇,并提出了相关的政策建议。同时,书中列举了十几个对外投资或在华投资的经典案例,包括吉利收购沃尔沃、大众汽车在华投资、宝洁公司在华投资、万达集团收购美国AMC等,并对这些案例进行了系统的分析和解读,探讨了其优缺点,给其他企业以启示。

1569 《一带一路沿线国家法律风险防范指引:埃及》(《一带一路沿线国家法律风险防范指引》系列丛书),《一带一路沿线国家法律风险防范指引》系列丛书编委会编,北京:经济科学出版社,2016年4月。

本书对"一带一路"沿线国家埃及的法律制度进行论述与解读,并提出详细的防范措施与方法。全书分为八章,分别论述了埃及概况和外交关系;埃及的外资法律体系、外资政策等相关投资法律制度;中国与埃及对外贸易概况、埃及的贸易政策和相关贸易法律体系;埃及基础设施现状及规划和有关工程承包的立法体系和基本内容;埃及劳工市场概述、劳务合作的方式与业务流程、埃及劳动法的基本内容;埃及财税金融政策、金融法律体系及基本内容;埃及知识产权政策、申请专利和申请注册商标程序;埃及诉讼制度、仲裁制度、争议解决法律制度和中埃司法互助协定等问题,每一章节都附有具体案例分析,对每一项政策与法规进一步进行解读,并对中国企业在埃及的经济贸易活动进行指引。

1570 《一带一路沿线国家法律风险防范指引:巴基斯坦》(《一带一路沿线国家法律风险防范指引》系列丛书),《一带一路沿线国家法律风险防范指引》系列丛书编委会编,北京:经济科学出版社,2016年4月。

本书对"一带一路"沿线国家巴基斯坦的法律制度进行论述与解读,并提出详细的防范措施与方法。全书分为十章,分别论述了巴基斯坦概况、法律渊源与体系以及主要国际贸易协定;巴基斯坦投资政策、投资法律、投资监管机构和公司登记程序等相关投资法律制度;对外贸易管理体制和法律体系;工程承包的立法体系和基本内容以及工程承包的方式及业务流程;巴基斯坦劳工法基本内容和劳务合作的法律体系;巴基斯坦财税金融政策、财税金融法律体系及基本内容;巴基斯坦资源法、矿业资源开发、环境保护基本法律规定和环评程序;巴基斯坦诉讼制度、巴基斯坦仲裁制度、巴基斯坦争议解决的其他国际法机制等问题;巴基斯坦其他法律风险防范提示等内容。

全书最后还讨论了巴基斯坦投资的热点行业——电力的投资概况和煤电投资相关政策。每一项政策和法规后都附有具体案例分析进行进一步解读。

1571 《一带一路沿线国家法律风险防范指引：白俄罗斯》（《一带一路沿线国家法律风险防范指引》系列丛书），《一带一路沿线国家法律风险防范指引》系列丛书编委会编，北京：经济科学出版社，2016年4月。

本书对"一带一路"沿线国家白俄罗斯的国家概况和法律制度进行论述。全书共分为八个章节，分别论述了白俄罗斯概况和法律渊源与部门体系；白俄罗斯的外资政策和外资法律等基本内容；贸易政策和对外贸易法律体系；工程承包的立法体系和基本内容以及工程承包的方式及业务流程；白俄罗斯劳工法律体系和进行劳务合作法律的基本内容；白俄罗斯财税金融政策和法律体系；白俄罗斯的诉讼制度、仲裁制度、争议解决法律制度和白俄罗斯与中国之间司法裁决和仲裁裁决的承认和执行等问题。最后一部分是对国家安全审查、国有企业的审查、对外国投资者的待遇标准、外交保护权、特许协议和国有化问题等其他法律风险防范提示。每一章最后两节都进一步论述该项制度的防范风险并对具体案例进行了解读，对中国企业在白俄罗斯的经济贸易活动进行指导。

1572 《一带一路沿线国家法律风险防范指引：波兰》（《一带一路沿线国家法律风险防范指引》系列丛书），《一带一路沿线国家法律风险防范指引》系列丛书编委会编，北京：经济科学出版社，2017年12月。

本书介绍与研究了"一带一路"沿线国家波兰的法律制度，旨在为"一带一路"建设提供该国法律风险防范的相关指引。书中介绍了波兰法律的整体状况，和其在政治、经济、社会文化上的相关环境与法律体系，并重点对该国的投资法律制度、贸易法律制度、工程承包法律制度、劳工法律制度、财税金融法律制度、争议解决法律制度和其他法律制度进行了系统分析，就其法律的基本内容、体系政策、争议解决机制、环境保护、风险与防范等内容做了探讨与解读，从法律风险防范的角度为"一带一路"建设提供了相应支持与对策。

1573 《一带一路沿线国家法律风险防范指引：俄罗斯》（《一带一路沿线国家法律风险防范指引》系列丛书），《一带一路沿线国家法律风险防范指引》系列丛书编委会编，北京：经济科学出版社，2016年4月。

本书对"一带一路"沿线国家俄罗斯的法律制度进行论述。全书共分为八个章节，分别论述了俄罗斯概况和俄罗斯的法律体系；俄罗斯的投资法律调控体系、主要规定和外资政策等相关投资法律制度；对外贸易的法律体系和主要条款以及相关贸易政策；工程承包的立法体系和基本内容以及工程承包的方式及业务流程；俄罗斯进行劳务合作的方式与业务流程以及劳工法律体系的基本内容；俄罗斯财税金融政策（含税收、银行、证券、保险等领域）、财税金融法律体系及基本内容；俄罗斯知识产权政策和知识产权法律体系及基本内容；民事纠纷解决机制、商事仲裁制度、双边经贸等争议解决法律制度等问题。在每一章最后两节都进一步论述该项制度的风险防范和具体案例解读。

1574 《一带一路沿线国家法律风险防范指引：菲律宾》（《一带一路沿线国家法律风险防范指引》系列丛书），《一带一路沿线国家法律风险防范指引》系列丛书编委会编，北京：经济科学出版社，2017年12月。

本书介绍与研究了"一带一路"沿线国家菲律宾的法律制度，旨在为"一带一路"建设提供该国法律风险防范的相关指引。书中介绍了菲律宾法律的整体状况，和其国内主要法律制度与相关国际法律制度，并重点对该国的投资法律制度、贸易法律制度、工程承包法律制度、劳工法律制度、财税金融法律制度、争议解决法律制度和其他法律风险进行了系统分析，就其法律的基本内容、体系政策、争议解决机制、安全审查、风险与防范等内容做了探讨与解读，从法律风险防范的角度为"一带一路"建设提供了相应支持与对策。

1575 《一带一路沿线国家法律风险防范指引：几内亚》（《一带一路沿线国家法律风险防范指引》系列丛书），《一带一路沿线国家法律风险防范指引》系列丛书编委会编，北京：经济科学出版社，2017年12月。

本书介绍与研究了"一带一路"沿线国家几内亚的法律制度，旨在为"一带一路"建设提供该国法律风险防范的相关指引。书中介绍了几内亚法律的整体状况与国家概况，并重点对该国的投资法律制度、贸易法律制度、工程承包法律制度、劳工法律制度、财税金融法律制度、资源法律制度和其他法律制度进行了系统分析，就其法律的基本内容、体系政策、资源保护、风险与防范等内容做了探讨与解读，从法律风险防范的角度为"一带一路"建设提供了相应支持与对策。

1576 《一带一路沿线国家法律风险防范指引：老挝》（《一带一路沿线国家法律风险防范指引》系列丛书），《一带一路沿线国家法律风险防范指引》系列丛书编委会编，北京：经济科学出版社，2017年12月。

本书介绍与研究了"一带一路"沿线国家老挝的法律制度，旨在为"一带一路"

建设提供该国法律风险防范的相关指引。书中介绍了老挝法律的整体状况和其国内主要法律制度与相关国际法律制度，并重点对该国的投资法律制度、贸易法律制度、工程承包法律制度、劳工法律制度、财税金融法律制度、争议解决法律制度、反腐败法律制度和其他法律风险进行了系统分析，就其法律的基本内容、体系政策、争议解决机制、打击腐败、风险与防范等内容做了探讨与解读，从法律风险防范的角度为"一带一路"建设提供了相应支持与对策。

1577 《一带一路沿线国家法律风险防范指引：马来西亚》（《一带一路沿线国家法律风险防范指引》系列丛书），《一带一路沿线国家法律风险防范指引》系列丛书编委会编，北京：经济科学出版社，2017年12月。

本书介绍与研究了"一带一路"沿线国家马来西亚的法律制度，旨在为"一带一路"建设提供该国法律风险防范的相关指引。书中介绍了马来西亚法律的整体状况和其国内主要法律制度与相关国际法律制度，重点对该国的投资法律制度、贸易法律制度、工程承包法律制度、劳工法律制度、财税金融法律制度、争议解决法律制度和其他法律风险进行了系统分析，并就其法律的基本内容、体系政策、知识产权、特许协议、争议解决机制、风险与防范等内容做了探讨与解读，从法律风险防范的角度为"一带一路"建设提供了相应支持与对策。

1578 《一带一路沿线国家法律风险防范指引：蒙古国》（《一带一路沿线国家法律风险防范指引》系列丛书），《一带一路沿线国家法律风险防范指引》系列丛书编委会编，北京：经济科学出版社，2016年4月。

本书对"一带一路"沿线国家蒙古国的法律制度进行论述与解读，并提出详细的防范措施与方法。全书分为八章，分别论述了蒙古国概况、法律渊源与体系以及国际法律制度；蒙古国的外商投资政策和外资法律体系基本内容；蒙古国贸易政策和对外贸易相关法律制度；蒙古国工程承包的立法体系和基本内容以及工程承包的方式及业务流程；蒙古国劳务合作的法律体系、中蒙劳务合作的基本内容以及木尔廷—敖包锌矿项目；蒙古国的财税金融政策、财税金融法律体系及基本内容；蒙古国商标法、地理标志法、《专利法》和国际条约等知识产权法律体系及基本内容；蒙古国诉讼制度、仲裁制度、政治解决等争议解决法律制度等问题，每一章节都有具体案例分析，并对每一项政策与法规进一步进行解读。

1579 《一带一路沿线国家法律风险防范指引：缅甸》（《一带一路沿线国家法律风险防范指引》系列丛书），《一带一路沿线国家法律风险防范指引》系列丛书编委会编，北京：经济科学出版社，2016年3月。

本书对"一带一路"沿线国家缅甸的法律制度进行论述与解读，并提出详细的防范措施与方法。全书分为八章，分别论述了缅甸概况和法律体系；缅甸的外资法律体系、外资政策及矿业投资等相关投资法律制度；对外贸易的法律体系以及相关贸易政策；工程承包的立法体系和基本内容以及工程承包的方式及业务流程；缅甸进行劳务合作的方式与业务流程以及劳工法律体系的基本内容；缅甸财税金融政策、财税金融法律体系及基本内容；缅甸知识产权政策和知识产权法律体系及基本内容；缅甸诉讼制度、缅甸仲裁制度、政治解决等争议解决法律制度等问题，每一章节都有具体案例分析，对每一项政策与法规进一步进行解读。

1580 《一带一路沿线国家法律风险防范指引：南非》（《一带一路沿线国家法律风险防范指引》系列丛书），《一带一路沿线国家法律风险防范指引》系列丛书编委会编，北京：经济科学出版社，2017年12月。

本书介绍与研究了"一带一路"沿线国家南非的法律制度，旨在为"一带一路"建设提供该国法律风险防范的相关指引。书中介绍了南非法律的整体状况与法律体系，并重点对该国的投资法律制度、贸易法律制度、矿业与环境法律制度、工程承包法律制度、劳工法律制度、财税金融法律制度、知识产权法律制度和争议解决法律制度进行了系统分析，就其法律的基本内容、体系政策、矿业管理、知识产权保护、争议解决机制、风险与防范等内容做了探讨与解读，从法律风险防范的角度为"一带一路"建设提供了相应支持与对策。

1581 《一带一路沿线国家法律风险防范指引：尼日利亚》（《一带一路沿线国家法律风险防范指引》系列丛书），《一带一路沿线国家法律风险防范指引》系列丛书编委会编，北京：经济科学出版社，2017年12月。

本书介绍与研究了"一带一路"沿线国家尼日利亚的法律制度，旨在为"一带一路"建设提供该国法律风险防范的相关指引。书中介绍了尼日利亚法律的整体状况，和其国内主要法律制度与相关国际法律制度，并重点对该国的投资法律制度、贸易法律制度、工程承包法律制度、劳工法律制度、财税金融法律制度、争议解决法律制度和其他法律风险进行了系统分析，就其法律的基本内容、体系政策、争议解决机制、安全审查、风险与防范等内容做了探讨与解读，从法律风险防范的角度为"一带一路"建设提供了相应支持与对策。

1582 《一带一路沿线国家法律风险防范指引：沙特阿拉伯》（《一带一路沿线国

家法律风险防范指引》系列丛书),《一带一路沿线国家法律风险防范指引》系列丛书编委会编,北京:经济科学出版社,2015年12月。

本书对"一带一路"沿线国家沙特阿拉伯的法律制度进行论述。全书共七个章节,详细解读了沙特阿拉伯的法律概况;沙特投资法律制度,包括外资政策、外资法律体系及基本内容;沙特贸易法律制度和贸易政策;沙特工程承包法律制度和相关业务流程;沙特劳动用工法律制度与政策;沙特公司财税金融法律制度以及沙特争议、诉讼、仲裁解决法律制度等问题,每一项法律制度后都附有法律风险防范及典型案例分析,对该项法律进行详细解读。

1583 《一带一路沿线国家法律风险防范指引:泰国》(《一带一路沿线国家法律风险防范指引》系列丛书),《一带一路沿线国家法律风险防范指引》系列丛书编委会编,北京:经济科学出版社,2016年4月。

本书对"一带一路"沿线国家泰国的法律制度进行论述与解读,并提出详细的防范措施与方法。全书分为八章,分别论述了泰国概况和法律渊源与体系;泰国的产业现状及规划以及外资立法体系和法律基本内容等相关投资法律制度;泰国对外贸易现状、货物、服务进出口管理政策、进出口商品检验检疫制度、海关管理制度、反倾销与反补贴等相关法律制度;泰国基础设施现状和规划以及有关工程承包立法体系及基本内容;泰国劳务合作的方式与业务流程以及劳工法律体系的基本内容;泰国财税金融政策、财税金融法律体系及基本内容;泰国知识产权政策和知识产权法律体系及基本内容;泰国诉讼制度、泰国仲裁制度、政治解决等争议解决法律制度等问题,每一章节都有具体案例分析,以对每一项政策与法规进一步进行解读。

1584 《一带一路沿线国家法律风险防范指引:塔吉克斯坦》(《一带一路沿线国家法律风险防范指引》系列丛书),《一带一路沿线国家法律风险防范指引》系列丛书编委会编,北京:经济科学出版社,2017年12月。

本书介绍与研究了"一带一路"沿线国家塔吉克斯坦的法律制度,旨在为"一带一路"建设提供该国法律风险防范的相关指引。书中介绍了塔吉克斯坦法律的整体状况,和其国内主要法律制度与相关国际法律制度,并重点对该国的投资法律制度、贸易法律制度、工程承包法律制度、劳工法律制度、财税金融法律制度和争议解决法律制度进行了系统分析,就其法律的基本内容、体系政策、争议解决机制、风险与防范等内容做了探讨与解读,从法律风险防范的角度为"一带一路"建设提供了相应支持与对策。

1585 《一带一路沿线国家法律风险防范指引:新加坡》(《一带一路沿线国家法

律风险防范指引》系列丛书)，《一带一路沿线国家法律风险防范指引》系列丛书编委会编，北京：经济科学出版社，2017年12月。

本书介绍与研究了"一带一路"沿线国家新加坡的法律制度，旨在为"一带一路"建设提供该国法律风险防范的相关指引。书中介绍了新加坡法律的整体状况和其国内主要法律制度与相关国际法律制度，并重点对该国的投资法律制度、贸易法律制度、工程承包法律制度、劳工法律制度、财税金融法律制度、环境保护制度和争议解决法律制度进行了系统分析，就其法律的基本内容、体系政策、相关机制、监管要求、风险与防范等内容做了探讨与解读，从法律风险防范的角度为"一带一路"建设提供了相应支持与对策。

1586 《一带一路沿线国家法律风险防范指引：伊朗》(《一带一路沿线国家法律风险防范指引》系列丛书)，《一带一路沿线国家法律风险防范指引》系列丛书编委会编，北京：经济科学出版社，2017年12月。

本书介绍与研究了"一带一路"沿线国家伊朗的法律制度，旨在为"一带一路"建设提供该国法律风险防范的相关指引。书中介绍了伊朗法律的整体状况与国家概况，并重点对该国的投资法律制度、贸易法律制度、工程承包法律制度、劳工法律制度、财税金融法律制度、争议解决法律制度和其他法律风险进行了系统分析，就其法律的基本内容、体系政策、争议解决机制、安全审查、风险与防范等内容做了探讨与解读，从法律风险防范的角度为"一带一路"建设提供了相应支持与对策。

1587 《一带一路沿线国家法律风险防范指引：印度尼西亚》(《一带一路沿线国家法律风险防范指引》系列丛书)，《一带一路沿线国家法律风险防范指引》系列丛书编委会编，北京：经济科学出版社，2015年12月。

本书对"一带一路"沿线国家印度尼西亚的法律制度进行详细论述。全书分为八章，分别论述了印度尼西亚法律概况、印度尼西亚投资法律制度、贸易法律制度、工程承包法律制度、劳工法律制度、印度尼西亚财税金融法律制度、争议解决法律制度以及国有企业的安全审查、外国投资者的待遇标准、外交保护、特许协议、国有化问题和特殊性问题等方面的法律制度，每一项法律制度后都附有典型案例分析，对该项法律进一步进行解读。

1588 《一带一路引领全球化新时代》，第一财经编著，上海：上海交通大学出版社，2017年8月。

本书是解读"一带一路"倡议引领全球化新时代的著作，汇集了第一财经不同领域的学者、各国政府机构官员和投资机构管理者关于"一带一路"的访谈记录和精华文章。书中强调"一带一路"将开起全球化4.0时代,并引领全球化的发展,是与人类命运共同体建设一脉相承的。同时书中关注了"一带一路"重塑全球新经济的方式,对"一带一路"下的能源合作、可持续发展、绿色经济带等内容做了探讨。此外,书中收录了外国高级官员对于"一带一路"倡议的评价和解读,认为"一带一路"建设将利于双边合作和经济全球化的发展。

1589 《一带一路与国际合作》,黄河主编,上海:上海人民出版社,2015年11月。

本书是以"一带一路与国际合作"为主题的论文集,汇集了国内学者相关文章14篇。书中探讨了"一带一路"与创新的合作机制,对区域公共产品的供给困境和人民币国际化等内容做了解读;探讨了"一带一路"与海外利益,强调中国企业海外投资时需应对安全、政治等风险,保护自身权益。同时书中也分析了"一带一路"与公共产品,对公共产品的供给问题进行了深入研究。此外还对"一带一路"与世界政治经济做了思考,阐述了中国与美国、日本、欧洲国家之间合作的机遇与挑战。

1590 《一带一路战略构想及其实践研究》,胡键著,北京:时事出版社,2016年1月。

本书论述"一带一路"的战略构想及其实践研究的主要内容。全书共分为十章。首先对"一带一路"战略构想提出的理论渊源、内部与外部环境等的背景做以探讨;解读"一带一路"战略构想的主要内容以及中国城市群的战略布局;论述"一带一路"战略构想与中国外交转型,特别是中国重塑亚洲地缘结构的战略路径;探讨"一带一路"建设与中国的高科技外交,如"高铁外交""核电外交""北斗外交"等问题;重点解读"一带一路"核心国的发展战略;详述"一带一路"建设与文化交流情况;对中印缅孟经济走廊、中巴经济走廊、中蒙俄经济走廊等国际经济走廊的概况进行分析;探讨"一带一路"建设与中亚非传统安全治理问题;深入分析"一带一路"战略构想与中国海洋战略与管理的新模式;全书最后,对"一带一路"建设的政治风险,包括沿线国家的政治局势、传统地缘政治的争夺以及非传统因素引发的政治风险进行了解读。

1591 《一带一路战略与海关国际合作法律机制》,何力主编,北京:法律出版社,2015年11月。

本书是研究"一带一路"倡议背景下海关国际合作法律机制的著作。书中介绍了中国海关与"一带一路"沿线国家海关的合作现状、制度基础等内容，探讨了"一带一路"倡议下海关国际合作法律机制的基本框架，分析了丝绸之路经济带多边海关合作机制，以及海上丝绸之路的海关国际法律合作。同时，书中还探讨了"一带一路"倡议与东盟区域海关、欧盟海关合作的法律机制，并就跨境电子商务发展与"一带一路"地域国家立法、世界海关组织与"一带一路"海关法律合作等问题进行了阐述。

1592　《一带一路战略与区域司法保障》，赵俊、陈校主编，北京：法律出版社，2016年1月。

本书是由法学专家撰写的关于"一带一路"司法保障的论文集，汇集了国内学者相关文章26篇。书中分析了"一带一路"倡议下的国际法，对区域经济合作的法律机制进行了思考，并研究了地方政府在"一带一路"建设中的战略职能。同时，书中还评析了毒品、环境污染等犯罪的特点与成因，提出了防控的对策建议，并且就国际反恐法律机制做了探讨。此外，书中还关注了以审判为中心的诉讼制度改革对检察工作的影响，以及隐私权视角下的刑事不公开审判制度的构建等问题。

1593　《一带一路战略：宁波的选择与构建》（丝路研究文库），闫国庆、徐侠民主编，杭州：浙江大学出版社，2016年9月。

本书是在"一带一路"倡议背景下，讨论与研究宁波未来发展的选择与构建的论文集，收录了各领域专家学者所撰文章20余篇。书中内容包括《"网上丝绸之路"背景下宁波跨境电子商务发展路径研究》《宁波与"一带一路"沿线国家和地区物流产业投资合作研究》《试论宁波"海丝"文化遗产的保护与开发途径》《宁波企业投资中东欧国家的法律风险及应对》，以及《"一带一路"战略背景下宁波港口经济圈辐射区域空间结构演变及其实证研究》等成果，具有较高的学术价值，有助于宁波在"一带一路"建设中进一步发展。

1594　《以绿色区域治理推进"一带一路"建设》（中国社会科学院"一带一路"研究系列），周亚敏著，北京：社会科学文献出版社，2016年4月。

本书是研究要以绿色区域治理为目标推进"一带一路"建设的著作。书中总结了中国企业海外投资的环保经验教训，探讨了"一带一路"倡议绿色区域治理理念的精神实质、重大意义与艰巨性。同时，书中分析了当前西方国家、亚洲国家与国际组织在绿色治理上的整体格局，阐述了绿色区域治理的基本内涵、国际经验与中国实践。此外，书中还介绍了"一带一路"重点国家的环保态度和环境现状，并论述了"一带一路"倡议下的环境战略，提出了依托区域贸易协定强化环境保护、积极参与制定国际标准、建立相应绿色区域治理机制等对策建议。

**1595** 《愿景与行动："一带一路"倡议的多角度解读》（"一带一路"开发研究丛书），汪铮主编，成都：西南交通大学出版社，2017年4月。

本书是从多角度分析与解读"一带一路"倡议的著作。书中叙述了历史上的丝绸之路与"一带一路"倡议的重大意义，阐述了倡议所开创的和平发展的新模式与新路径，以及倡议下的可持续发展。同时，书中从经济与政治角度探讨了倡议的地缘政治观与经济观，从文化与教育角度评述了文化交流与人才教育对于倡议的重要性，从海洋与陆地的角度探寻了与沿线国家的共赢发展，并从国家与人类的角度强调了倡议对于迈向人类命运共同体所起到的作用与影响。

**1596** 《云南论坛·2014：一带一路一廊·保山先行先试》，云南论坛秘书处编，昆明：云南大学出版社，2015年9月。

本书是第十届云南论坛的论文集，收录了国内学者关于"一带一路"倡议与"孟中印缅经济走廊"相关的文章40余篇。书中介绍了"孟中印缅经济走廊"的最新进展，强调了"一带一路"倡议为云南带来了新的发展机遇，并解读了从"一廊"到"一带一路"的相关政策。同时，书中重点探讨了保山在"一带一路一廊"中的定位与发展，对其融入经济走廊建设，发挥先导作用做了深入研究。此外书中还分析了保山制造、物流、纺织、旅游等相关产业，并对保山与缅甸等国在农业、教育等方面的合作进行了展望。

**1597** 《长江经济带与中国"一带一路"发展战略研究》，王战主编，上海：上海辞书出版社，2015年2月。

本书是研究"一带一路"倡议下长江经济带发展的著作。书中回顾了长江经济带与"一带一路"倡议的历史与发展，探讨了长江经济带服务"一带一路"建设的对策与建议，并讨论了长江经济带发展战略的若干重大问题。同时，书中叙述了新型城镇化发展的基本特征与内涵，阐述了长江流域城镇化发展的基本态势与总体思路。此外，书中还探讨了长江经济带建设与长三角区域一体化发展，并对长三角地区的融合发展提出了对策与建议。

**1598** 《智力丝绸之路："一带一路"沿线的大学合作》（"一带一路"开发研究丛书），程军、邱延俊主编，成都：西南交通大学出版社，2017年4月。

本书是研究中国与"一带一路"沿线国家关于大学合作的著作。书中对中亚、蒙古、东南亚、南亚、西亚和北非、独联体、中东欧等"一带一路"沿线国家的总体情况、教育概况、知名大学做了逐一介绍，并对这些国家的大学区域合作进行了概况总结和案例分享。书中还探讨了中国与沿线国家关于大学合作的现状，并提出了合作形式，同时对在沿线国家兴办的孔子学院做了解读。此外，书中提到了"一带一路"倡议背景下的大学改革，强调了基于智库平台的中外大学合作的重要性。

1599 《中巴经济走廊——中国"一带一路"战略旗舰项目研究》，李希光等著，北京：文津出版社，2016年8月。

本书是国内第一部系统研究中巴经济走廊的学术著作。书中介绍了巴基斯坦的基本国情及与中国的国际关系，叙述了中巴经济走廊的具体情况与重要作用，探讨了走廊的地缘政治、安全形势、外在挑战，以及防范措施等内容。同时，书中讨论了中巴经济走廊合作中的开发项目，强调了俾路支与瓜达尔港在走廊中的重要性。此外，书中还分析了巴基斯坦国内对于中巴经济走廊的诉求与态度，并对中国如何提升在巴基斯坦的软实力进行了评述，有助于中巴经济走廊的建设与发展。

1600 《中国："一带一路"将带来包容性全球化》，王灵桂主编，北京：社会科学文献出版社，2017年12月。

本书汇集了国外智库对中国"一带一路"倡议一系列有见地的研究报告，客观地解读了倡议给全球发展带来的作用与影响。16个国家的智库探讨了中国的"一带一路"倡议，在全球治理、经济合作、地区局势、建设项目、国际关系等领域发表了见解。13个国家的智库分析了区域全面经济伙伴关系协定，着眼于全球经济的伙伴关系，强调了中国起到的作用。12个国家的智库研究了亚洲基础设施投资银行，解读了中国领导的"亚投行"的作用与意义，以及中国经济外交的世界影响。

1601 《中国"一带一路"建设对欧亚经济格局的影响：重庆内陆开放型经济发展机遇与路径》，杨柏主编，北京：经济管理出版社，2015年12月。

本书解读了"一带一路"建设对欧亚经济格局的影响，并以重庆为例探讨内陆开放型经济发展的机遇与路径。书中分析了"一带一路"倡议下的亚太区域合作的新趋势，重新审视了中国对外开放程度对外资溢出效应的影响，并评析了"一带一路"建设中的困难与风险。同时，书中探讨了重庆融入"一带一路"倡议的方式方法，对重庆口岸经济发展、重庆与中东欧国家的经贸发展、加快重庆特色新型智库建设，以及如何发挥重庆支撑作用等方面做了对策分析，并对重庆的人才培养与产业能源效率进行了思考。

1602 《中国"一带一路"投资安全报告》,曹卫东主编,北京:科学社会文献出版社,2016年3月。

本书是一部对"一带一路"沿线国家的投资安全进行分析研究的著作。书中回顾了我国与沿线国家的金融合作现状,深入研究了"一带一路"建设中的投资与金融市场态势、投资机遇与风险等问题,并对中国企业实现"走出去"目标的模式和策略做了探讨。书中还对旅游业、会展业、文化交流、能源合作等方面的发展做了报告,分析了发展的途径与方法,以及其作用和影响。作者以白俄罗斯、匈牙利、巴基斯坦等国为例,阐述了海外投资中的风险因素,并加以分析与评估,对国内企业的海外投资决策提供了参考。

1603 《中国"一带一路"投资与安全研究报告(2016—2017)》,邹统钎、梁昊光主编,北京:社会科学文献出版社,2017年4月。

本书以专题报告的形式研究"一带一路"倡议下的投资与安全,汇集了国内学者相关文章16篇。书中整体回顾了2016年至2017年中国"一带一路"投资与安全的形势与现状,预测了未来的发展趋势,并强调要维护"一带一路"建设中我国海外投资的相关利益;研究了中国企业"走出去"的保险保障与法律保障,对投资安全风险做了系统性的评估。同时,书中评析了人民币国际化、中国与东盟主要国家双边贸易的发展,并对金融创新、产业布局等内容提出了新的见解。

1604 《中国"一带一路"战略的政治经济学》,邹磊著,上海:上海人民出版社,2015年2月。

本书是一部从政治经济学的角度研究"一带一路"倡议的著作,旨在探讨"一带一路"倡议的时代特征、战略谋划、具体措施及面临的风险。书中回顾了古代丝绸之路的概况与贸易交流,解读了中国与中东的"现代丝绸之路"的兴起、根源及实质,并对倡议的战略谋划做了分析,总结了"一带一路"点面结合的推进举措,同时强调要注重"一带一路"建设中的风险,并给予了管控与因应的建议。本书阐述了"一带一路"建设所带来的发展机遇,思考了多边合作的布局模式,并对未来前景进行了展望。

1605 《中国产业竞争力报告(2015):"一带一路"战略与国际产能合作》,张其仔主编,北京:社会科学文献出版社,2015年12月。

本书以专题报告的形式,研究了"一带一路"倡议与国际产能合作之间的关系与影响。书中探讨了"十三五"期间中国产业转型与升级的现状,以及所面临的新挑战,并提供了政策建议。同时作者梳理了俄罗斯、韩国、日本等15个国家与中国在产业上的互补性,总结了国际产能合作的方法与途径。此外,书中还对黑龙江、吉林、陕西、内蒙古、重庆等15个省市自治区对接"一带一路"倡议的比较优势做了解读,有助于各地区快速融入"一带一路"的建设之中。

**1606** 《中国和"一带一路"沿线国家的区域经济合作发展》,冯宗宪等著,西安:西安交通大学出版社,2017年8月。

本书是从事研究中国与"一带一路"沿线国家在区域经济合作领域共同发展的专著。书中概述了研究所涉及的相关理论,并对"一带一路"区域经济合作发展的理论框架做了解读。作者总结了"一带一路"区域经济一体化的实施路径,对沿线国家的投资现状、产业贸易、贸易成本和贸易便利化等内容做了探讨,同时比较了中国与沿线国家竞争力的优势,实证研究了海外直接投资的贸易效应与影响因素。此外书中还对沿线国家做了风险评估,强调生态文明与可持续合作发展的重要性,并对区域经济合作的未来发展做了展望。

**1607** 《中国企业对"一带一路"沿线国直接投资的国家风险研究》,黄雯著,北京:经济科学出版社,2017年11月。

本书是基于对外直接投资的相关理论,研究中国企业在"一带一路"沿线国家直接投资风险的专著。书中概述了研究的背景、意义与方法,对对外直接投资的相关理论做了阐述,并介绍了中国企业在"一带一路"沿线国家直接投资的现状;探讨了国家风险对外商直接投资的影响机理,并根据东道国的特征,对沿线国家的直接投资风险进行了风险识别。此外,书中论述了"一带一路"沿线国家直接投资的风险指标与风险评估预警,并构建了相应的应对体系与防控措施,有助于中国企业的投资决策和实现"走出去"的目标。

**1608** 《中国区域经济发展报告:"一带一路"战略与新常态下中国区域经济发展》(2016),孙久文主编,北京:中国人民大学出版社,2017年9月。

本书是在"一带一路"倡议与新常态背景下,研究中国区域经济发展的专题报告。书中回顾了"一带一路"倡议的理论基础,总结了2015年中国区域经济的新特点和新趋势,探讨了国内各地区融入"一带一路"建设的机遇与挑战,对重要节点地区和城市做了解读,并提出了对策与建议。同时书中还分析了"一带一路"全方位对外开放的新格局,对中亚、东亚、西亚、南亚等地区的沿线国家与中国之间的双边经贸与区域合作做了阐述,并对合作风险与合作前景进行了评析和展望。

▶ 丝绸之路研究论著叙录

1609 《中国少数民族地区经济发展报告·2015："一带一路"与民族地区的发展》，郑长德主编，北京：中国经济出版社，2016年1月。

本书是基于"一带一路"倡议与民族地区的发展，研究中国少数民族地区经济发展的专著，汇集了国内多位学者相关文章20余篇。书中总结了"一带一路"建设与中国少数民族地区的跨越式发展，并结合广西、贵州、云南、西藏等少数民族聚集的省市自治区融入"一带一路"建设的情况，阐述了当地的经济建设与发展。同时，书中探讨了民族地区口岸经济发展、城镇化发展、对外开放、自贸区建设、产业发展等领域的相关情况，以及对"一带一路"建设的作用与影响。

1610 《中国与"一带一路"国家贸易投资研究》，樊秀峰、闫奕荣、王增涛著，西安：西安交通大学出版社，2017年4月。

本书是研究中国与"一带一路"沿线国家关于贸易投资的专著。书中系统分析了中国与"一带一路"沿线国家的贸易成本测度与影响因素，以及贸易现状与贸易增加值测度等内容，并总结了海上丝绸之路物流绩效与贸易便利化的影响。此外，书中探讨了中国与中亚能源合作的经济效应，对能源合作现状与指数做了评价。书中还对中国与东盟、欧盟、独联体等国际组织的贸易投资做了实证研究，分析了内在的竞争性与互补性，以及影响贸易的关键因素，并针对双边贸易的发展提出了促进之策。

1611 《中国与"一带一路"沿线国家经贸合作国别报告：东南亚与南亚篇》，张晓涛著，北京：经济科学出版社，2017年5月。

本书着重研究了东南亚和南亚地区与中国进行贸易合作的国家，通过对大量数据的收集、整理和计算，分析双边经贸合作。全书分为东南亚篇和南亚篇，东南亚篇包括菲律宾、柬埔寨、马来西亚、缅甸、泰国、新加坡、印度尼西亚、越南等八个国家；南亚篇包括阿富汗、巴基斯坦、不丹、马尔代夫、孟加拉国、尼泊尔、斯里兰卡、印度等八个国家。作者对每个国家的论述都采用了相同的分析方法和研究手段，包含了经济现状与产业结构、具有比较优势的产业、外商投资政策与战略规划、双边经贸合作成果、"一带一路"倡议实施以来双边交流及其成果、中国企业投资机遇与挑战这六个方面。

1612 《中国与"一带一路"沿线国家经贸合作国别报告：东亚、中亚与西亚篇》，张晓涛著，北京：经济科学出版社，2017年12月。

本书是专门研究中国与"一带一路"倡议在东亚、中亚和西亚地区的沿线国家关于经济贸易合作的著作。书中逐一对东亚、中亚和西亚地区的沿线国家进行解读，叙述了这些国家与中国的经贸合作现状，对这些国家的经济现状和产业结构做了阐述，并梳理了这些国家具有国际竞争力的优势产业。同时，书中逐一总结了近年来中国与这些国家的经贸合作成果，以及"一带一路"倡议实施以来中国与这些沿线国家之间的高层交流成果，并逐一分析了中国企业投资这些国家的机会与风险，有助于相关企业的投资决策。

1613 《中国与"一带一路"沿线国家能源合作研究》，高国伟、马莉、徐杨著，北京：人民日报出版社，2017年8月。

本书通过对能源行业的研究与分析，探讨了中国与"一带一路"沿线国家能源合作问题。书中介绍了"一带一路"沿线国家能源储备、生产、消费和贸易的整体情况，并对地区能源行业与重点国家能源行业进行了系统分析；探讨了中国与"一带一路"沿线国家在能源领域合作的意义、思路及形式，强调国际能源治理权的重要性。此外，书中就中国与这些国家在能源领域的合作重点及相应举措做了解读，从电力产能、核电、跨国跨洲电网，以及油气等方面分别做了论述。

1614 《中国与印度携手"一带一路"：前景与挑战》（中国社会科学院"一带一路"研究系列），葛成著，北京：社会科学文献出版社，2016年4月。

本书是研究中国与印度携手共建"一带一路"的著作。书中介绍印度在内外环境上的发展变化，探讨了中印携手"一带一路"建设的共赢效应，强调了中印应共同维护海上航线的安全与贸易繁荣。同时，书中也分析了中印在战略互信缺失、经贸联系失衡等既有矛盾上对"一带一路"合作的制约，讨论了印度的"东向"政治和战略利益，与中国"一带一路"倡议在发展空间上的重叠与制约。因此，书中亦提出了关于中印携手共建的对策分析，强调要保持高层交往、加强政策沟通、建立摩擦协调机制、深化服贸合作，充分挖掘与发挥"一带一路"的经济内涵。

1615 《中国周边安全形势评估·2015："一带一路"与周边战略》，张洁主编，北京：社会科学文献出版社，2015年1月。

本书共分为四部分，包括总篇、"一带一路"与大国因素、"一带一路"与区域因素以及"一带一路"与热点问题。总篇主要论述"一带一路"的战略设计与中国周边安全形式总结。第二部分阐释"一带一路"与大国因素，选取了美国、俄罗斯、日本和印度四个国家，分别研究了它们的亚太战略、对华关系以及对"一带一路"的看法与回应。第三部分是"一带一路"与区域因素，考察了东北亚、东南亚、南亚和中亚，并对各区域在 2014 年度的安全形势进行分析、评估各区域内的国家对"一带一路"倡议的态度、回应、战略对接及其面临的主要挑战。第四部分是"一带一路"与热点问题，针对非传统安全、南海问题、投资的环境政治风险分析，从不同的角度考察了推进"一带一路"面临的主要安全挑战以及中国的应对之策。

1616 《中国周边安全形势评估·2016："一带一路"：战略对接与安全风险》，张洁主编，北京：社会科学文献出版社，2016 年 1 月。

本书是以中国周边安全形势为视角，研究"一带一路"建设的战略对接与安全风险的著作。书中分析了中国周边的安全形势，对"一带一路"建设面临的挑战做了探讨，提出了大国博弈、海上争端、恐怖主义、对华政策等领域的安全风险。同时，书中强调实现战略对接是"一带一路"建设的关键，解读了欧亚经济联盟与丝绸之路经济带的对接合作、"欧亚倡议"与"一带一路"倡议的对接合作，以及中国与印尼、巴基斯坦等国的战略对接，并对其中的风险与挑战提出了应对之策。

1617 《中国周边外交学刊·2015 年第二辑（总第二辑·"一带一路"的战略定位与基本内涵专辑）》，复旦大学中国与周边国家关系研究中心编，北京：社会科学文献出版社，2015 年 12 月。

本书是《中国周边外交学刊》关于"一带一路"倡议的战略定位及思想内涵的专辑，收录了复旦大学多位学者相关文章十余篇。书中审视了"一带一路"倡议下，中国与周边国家和地区的外交关系和外交模式，并对"一带一路"建设的和平发展提出了诸多思考；探讨了"一带一路"倡议所面临的机遇与挑战，且以国际关系为视角解读了其内涵与前景。同时书中还分析了中国与周边国家和地区的次区域合作，并梳理了日本、欧盟等国家和组织对于"一带一路"倡议的认知和回应。

1618 《中英"一带一路"战略合作论坛研究文集》，魏一明、张占仓主编，北京：社会科学文献出版社，2017 年 3 月。

本书是中英"一带一路"战略合作论坛上发表的专家研讨文集。书中围绕中英"一带一路"战略这一主题，分为区域与城市发展、产业与创新发展、文化与社会法治、经贸与金融合作 4 个专题，以英国为借鉴，深入探讨了中原地区尤其是河南省在区域经济发展、城市治理、产业创新、文化建设、自贸区建设以及金融合作等方面的思路与对策。具体文章有《中英区域发展战略演进的比较研究》《"一带一路"内陆节点城市功能优化研究——以郑州为例》《国内外区域协调发展实践对河南的启示》《河南省融入"一带一路"战略探析》、Anhui and Yangtze River Delta Region 等篇。

1619 《中英"一带一路"战略合作研究》,魏一明、张占仓主编,北京:社会科学文献出版社,2016 年 11 月。

本书是专门研究中英"一带一路"战略合作的著作,以河南省为视角对相关合作进行解读。书中探讨了河南省融入中英"一带一路"战略合作的意义、优势、机遇、思路和领域等内容,提出了相关的对策建议。此外,作者对中英之间区域发展的理论与实践、新兴产业园建设、研发与高技术产业合作、乡村建设比较与借鉴、社会治理合作发展、智慧城市建设合作、航空城建设比较、高等教育合作、文化创意产业合作,以及金融业合作发展进行了研究,分析了各自的比较优势,对合作的切入点、思路与模式、方式方法等内容做了论述,并给予了对策建议。

1620 《资本时代:"一带一路"开启的中国跨境投资新天地》("一带一路"开发研究丛书),叶勇编著,成都:西南交通大学出版社,2017 年 4 月。

本书是研究"一带一路"倡议下中国跨境投资的专著。书中介绍了"一带一路"倡议的时代背景与跨境投资,探讨了中国资本跨境投资的驱动力与牵引力,分析了中国跨境投资的现状、问题与风险。同时,书中还讨论了国有资本、民营资本等形式的跨境投资主体,辨析了跨境投资的主要投资方式与影响因素,并梳理了跨境投资所涉及的国家、地区、产业等投资环境。此外,书中还探讨了资本时代下的"一带一路"跨境投融资渠道,评述了有关跨境投资的成功案例,并就中国跨境投资的建议、前景与展望做了总结。

1621 《纵横"一带一路":中国高铁全球战略》,徐飞著,上海:格致出版社,2017 年 7 月。

本书是在"一带一路"背景下,重点探讨和解读中国高铁全球战略的著作。书中讲述了中国高铁目前取得的惊人成就,以及创新型国家战略下的中国高铁模式。通过对地缘政治、国际经济、历史文化等方面的分析,作者总结出中国高铁实现"走出去"战略的方法和路径,并列举了其中的要点和举措。同时,书中强调发展中国高铁离不开高等工程教育,应着重培养相应技术人才,支撑未来中国高铁的研发与建设。全书内容新颖、论述翔实,为"一带一路"建设提供了值得参考的建议和对策。

1622 《"丝绸之路经济带"与哈萨克斯坦"光明之路"新经济政策对接合作的问题与前景》,李永全、王晓泉主编,北京:中国社会科学出版社,2016 年 10 月。

本书是研究中国"丝绸之路经济带"与哈萨克斯坦"光明之路"新经济政策相互

对接与开展合作的著作。书中对二者对接合作所面临的问题和前景进行了提纲挈领的论述,并对中亚地区和哈萨克斯坦的宏观经济环境进行了深入分析。另外,作者重点探讨了二者在对接合作中关于基础设施建设以及生态环境保护的有关问题并从社会舆论环境的角度出发,分析了当地民众对于二者合作的认知和态度,以及舆论环境对合作产生的影响。

**1623** 《"丝绸之路经济带"与湖北对外开放:机遇与应对》,朱新蓉、李志生主编,北京:社会科学文献出版社,2016年11月。

本书重点探讨了在"一带一路"倡议下,湖北省对外开放所面临的机遇和把握机遇的应对策略。书中阐述了湖北省需要加快构建全方位对外开放的新格局,并分析了整体思路、经济优势、政策红利、组织保障等内容,指出了未来的机遇所在。作者详细地分析了国内沿线地区的战略举措与应对策略,并且对其产业格局和市场需求做了深入研究。此外,作者从人民币国际化的角度论述了"丝绸之路经济带"的推进方向,找出了所面临的困难与障碍,并提出了应对的政策建议。

**1624** 《"丝绸之路文化产业带"建设下的甘肃文化产业战略》,张慧著,兰州:甘肃人民出版社,2015年4月。

本书是研究"丝绸之路文化产业带"建设下关于甘肃文化产业发展战略的著作。书中介绍文化产业发展战略的相关理论,分析了国内外文化产业发展战略实践,列举了美国、英国、韩国和中国东部、中部与西部的实践情况。同时,书中探讨了"丝绸之路文化产业带"的开发与利用,并重点就甘肃文化产业发展战略进行了研究,对其条件、定位、目标布局、分类重点、举措与保障等方面都做了探析与解读,有助于甘肃文化产业的快速发展。

**1625** 《"五丝"促"五通":丝绸之路经济带建设论丛》,吕建中、方光华主编,西安:西北大学出版社,2014年6月。

本书为"共建丝绸之路经济带之'四丝'项目研讨会"的论文集。书中收录了多篇政府机构、商会组织、相关企业及专家学者的研讨会文章,提出通过项目推介、高端对话等形式,共商"四丝"发展大计,解析了共建"丝绸之路经济带"带来的新商机。主要内容有《关于推动丝绸之路经济带建设的几点建议》《丝绸之路与"新丝绸之路经济带"的建构》《对共建丝绸之路经济带之"四丝"项目的思考》《加快"网上丝绸之路"的建设》《重塑丝绸之路经济带新起点的文化坐标》等。

1626 《"新丝绸之路"经济带交通基础设施与区域经济增长》，刘育红著，北京：中国社会科学出版社，2014年3月。

本书作者在中国政府重视"新丝绸之路"发展、区域经济协调发展战略的背景下，从研究视角、样本选取、政策设计三方面开创性地对"新丝绸之路"经济带交通基础设施、空间溢出效应与经济增长之间的关系进行了系统的理论分析与实证检验。全书以研究框架展开讨论，分别从"新丝绸之路"经济带交通基础设施发展态势与空间格局分析；交通基础设施与经济增长的动态关系；交通基础设施、空间溢出与经济增长的空间计量分析；交通基础设施与全要素生产率增长的实证分析等几个方面展开论述，最后进行总结与研究展望。

1627 《〈西游记〉与"大西域"文化关系研究》，张同胜著，北京：中国社会科学出版社，2013年9月。

本书主要考察《西游记》中的人物、故事以及人文地理现象与西域文化的关系。全书分为四章，分别为影响实证研究、主题学研究、地理人文学研究、历史文化学研究，将《西游记》中的意向与西域的民俗、地名、动物以及自然景色相联系，探讨古代西域的历史文化以及佛教文化关系；并认为《西游记》中的人物原型、事件母题、叙事特色等深受大西域文化的影响，《西游记》是中土文化与大西域文化相互融合的结晶。

1628 《产业互补与合作：丝绸之路经济带核心区发展战略》，梁留科著，北京：科学出版社，2015年12月。

本书是对丝绸之路上的中亚五国及俄罗斯等经济带核心区发展战略的研究成果。全书分为十章，叙述了丝绸之路上中亚五国及俄罗斯的经济基本情况，阐述中国与中亚五国及俄罗斯在种植业、畜牧业、林业、传统工业、民族工业、现代工业、交通物流业、旅游业这几大类产业方面的合作现状及合作前景；分析各国合作的重要领域并对其进行评价，对中国与中亚五国及俄罗斯产业经济合作的基础、合作模式及实现路径等问题进行归纳总结。

1629 《当代丝绸之路上的国际商贸流通》，马莉莉、王瑞著，北京：中国经济出版社，2016年4月。

本书主要探讨当代丝绸之路上重要国家的国际商贸流通情况。作者全面解析现有政策资料，解读权威数据，为读者普及了"一带一路"经济带上区域国际贸易流通的相关知识，对中国、俄罗斯、哈萨克斯坦、吉尔吉斯斯坦、塔吉克斯坦、乌兹别克斯

▶ 丝绸之路研究论著叙录

坦、土库曼斯坦等国的国际商贸流通发展进行了个案与整体研究,涉及各国贸易的发展背景、外贸制度与政策、对外贸易关系以及与当代丝绸之路的区域贸易合作等问题。

1630 《东亚文化之都建设与新世纪丝绸之路》(东亚文化之都·泉州论坛丛书),吴少峰、洪一彬主编,厦门:厦门大学出版社,2016年1月。

本书是关于东亚文化之都建设与新世纪丝绸之路的论文集,汇聚了专家学者在"东亚文化之都"论坛、新世纪丝绸之路经济论坛、"交流与封闭"国际人类学研讨会、中国香文化高峰论坛等会议上的相关致辞与文章30余篇。书中内容包括《开创韩中日三国文化交流与合作的新时代》《"东亚文化之都"论坛工作总结》《新世界丝绸之路经济论坛发言记录》《理解历史泉州及其视角——读〈世界货仓:公元1000—1400年的海上泉州〉》等文章,具有较高的学术价值,推动了相关学科研究的发展。

1631 《建设丝路新起点 筑梦西安新未来:西安与丝绸之路经济带新起点建设研究》,苏杨主编,西安:陕西人民出版社,2014年10月。

本书是对西安建设丝绸之路经济带新起点的研究。全书分为七个部分,分别为渭河放歌、丝路文旅、丝路商贸、丝路金融、丝路科技、丝路通航、扬帆起航,论述了西安与丝绸之路经济带发展前景及其经济合作研究、构建西安丝绸之路经济带旅游中心研究、构建西安丝绸之路经济带商贸物流中心研究、构建西安丝绸之路经济带金融中心研究、构建丝绸之路经济带西安科技交流中心研究等问题。本书梳理出西安在当前及未来丝绸之路经济带建设中城市发展的主线和方向,并将丝绸之路经济带沿线的历史遗存、历史传说在不同章节以不同方式予以展现,为推进西安的建设提供了参考资料。

1632 《金色喀什·魅力名城:丝绸之路经济带建筑文化研究(Ⅰ)》,樊新和、李雄飞主编,北京:中国建材工业出版社,2016年9月。

本书以陆上丝绸之路历史文化名城喀什为主,分析了名城的历史、文化、艺术与保护规划措施。书中分为上、中、下三篇,分别从喀什历史文化名城保护规划、喀什历史文化街区保护规划以及重点地段城市设计等方面展开讨论。作者对喀什的历史沿革、保护现状、城区规划、非物质遗产的保护等问题进行了具体探索,特别对历史文化街区价值及传统民居的艺术价值进行了分析。对于喀什名城的重点地段,作者探讨与示范了引导性城市设计方案,为研究喀什城市的发展提供了建议。

1633 《橘瑞超西行记》,[日]橘瑞超著,柳洪亮译,乌鲁木齐:新疆人民出版社，2013 年 10 月。

本书是橘瑞超在西域探险的行记。书中主要分为中亚探险、新疆探险记、新疆通信摘抄及附录四部分，中亚探险包括从伦敦出发、在圣彼得堡的两个星期、从圣彼得堡到鄂木斯克、在鄂木斯克的三天、沿额济纳溯流而上、踏上中国领土、走向吐鲁番、进入罗布沙漠、横穿塔克拉玛干沙漠、往西藏高原、探索队在敦煌、访问哈密回部王等；新疆探险记则包括了踏上蒙古草原、喇嘛教与活佛、西域缺少自身的历史、天山南面埋藏着丰富的文物等内容；通信摘抄中有君向潇湘我向秦、驿站如星流等内容；附录中有橘瑞超年谱、西本愿寺的出土文物以及朝鲜总督府博物馆和关东厅博物馆的文物目录。

**1634** 《看世界 105 国·丝绸之路专集：重走丝路两万里》，吴季松著，北京：北京航空航天大学出版社，2016 年 9 月。

本书是作者重走丝绸之路对沿线 105 个国家的考察。作者介绍了丝绸之路与国际科技工业园运动，并解读了国际上对"一带一路"倡议的评价和看法；通过在丝绸之路上的工作经历，作者分析丝绸之路上的生态发展情况。在重走陆上丝绸之路的途中，作者分析了中亚、阿塞拜疆、土耳其、希腊、塞尔维亚、罗马等国家和地区的具体情况，并对丝绸之路北路的集宁、俄罗斯西伯利亚进行了介绍。对于海上丝绸之路，作者对泉州、斐济、卡塔尔等地进行了解读，此外，作者还对丝绸之路上人才的选拔和培养进行了探讨。

**1635** 《绿色丝绸之路经济带的路径研究：中亚农业现代化、咸海治理与新能源开发》，徐海燕著，上海：复旦大学出版社，2014 年 10 月。

本书是对绿色丝绸之路经济带实施路径的研究。书中对古丝绸之路的历史作了回顾，对丝路能源通道催生出的丝绸之路经济带进行了介绍，叙述了中亚国家调整"油气兴国"战略，阐述了中亚国家对农业资源宝库的开发、对新能源资源的利用以及对水资源的开发等问题。书中重点探讨了咸海治理的问题，认为应立足于"退水归海"，共建绿色丝绸之路经济带直面咸海危机。此外，作者对哈萨克斯坦农业现代化与我国农业以及"走向中亚"的问题、丝绸之路经济带的可持续发展路径与"三点支撑"模式以及营建中亚—新疆—河西走廊新能源带等问题进行了论述。

**1636** 《蒙古：北线丝路的重要支点》（"一带一路"列国巡礼），宋歌编著，北京：北京联合出版公司，2016 年 10 月。

本书是介绍与探讨"一带一路"沿线国家蒙古的著作。书中叙述了蒙古的地理风貌、自然气候、国家体制与主要城市,描绘了境内主要山脉、河流、沙漠、矿产等自然资源与地理特征,回顾了自外族征服时期至元帝国建立再到"自治"的历史进程,并对该国杰出人物的生平与贡献做了评述。同时,书中还探讨了该国重要的历史遗迹与民族文化,就其社会生活、民俗信仰与文化传承等内容做了总结,有助于读者对蒙古有一个准确全面的认知,也体现了蒙古作为邻国在北线丝路上的支点作用。

1637 《认识中国:从丝绸之路到〈共产党宣言〉》,[英]彼得·诺兰著,温威译,北京:中信出版社,2017年7月。

本书是研究国外对丝绸之路和马克思意识形态在中国的认识的著作。书中分为丝绸之路经济带和海上丝绸之路、中国、西方殖民主义与《联合国海洋法公约》、《共产党宣言》在21世纪、"class struggle"(阶级斗争)在英国演变的启示几部分。书中深入历史,探究了中国与中亚、东南亚在工业革命前两千年间的长期关系,指出了中国在处理海洋问题时所面临的诸多国际政治和法律挑战,重点分析马克思主义及其遗产对当今中国的意义。作者指出中国未来面临政策挑战时,解释和运用卡尔·马克思的智慧遗产,理解"共产主义",将对中国具有重大的意识形态和实际意义。

1638 《沙特阿拉伯:中东丝路上的绿洲》("一带一路"列国巡礼),李丽编著,北京:北京联合出版公司,2016年1月。

本书是介绍与探讨"一带一路"沿线国家沙特阿拉伯的著作。书中叙述了沙特的地理风貌、自然气候与主要城市,描绘了境内沙漠、海域、缺乏淡水、石油丰富等自然资源与地理特征,回顾了自早期文明至阿拔斯王朝再到独立统一的历史进程,并对该国杰出人物的生平与贡献做了评述。同时,书中还探讨了该国重要的历史遗迹与民族文化,就其社会生活、民俗信仰与文化传承等内容做了总结,有助于读者对沙特形成一个准确全面的认知,也体现了沙特在中东丝路上的战略作用。

1639 《丝绸之路北极航线战略研究》,李振福著,大连:大连海事大学出版社,2016年11月。

本书是研究丝绸之路北极航线战略的专著。书中强调了丝绸之路北极航线开发的背景与意义,分析了我国参与该地区航线开发的内外部环境因素,并就其他国家对于丝绸之路北极航线开发的政策及战略进行了经验借鉴。同时,书中亦探讨了我国参与开发北极航线的目标与总体思路,从国家、行业和企业层面研究了开发路径,对航线开发的保障措施、存在的问题及地区安全做了评述。此外,作者还探讨了丝绸之路北极航线的全球治理机制,对原则、构成要素、法律法规与运行方式等问题做了叙述与解读，为我国参与北极航线的开发提供了对策与建议。

1640 《丝绸之路的现代价值研究》，高伟江、魏文斌著，长春：吉林人民出版社，2005 年 7 月。

本书是研究丝绸之路现代价值的著作。书中介绍了丝绸之路的形成发展、历史作用与现代阐释等问题，叙述了丝绸产业的可持续发展、产业转移与区域经济发展，以及人力资源开发战略。同时，书中也探讨了丝绸之路的经济合作体系、网络建设合作与区域物流发展，并就丝绸之路的中西文化交流、文化遗产保护与旅游资源开发等方面做了论述。此外，作者还讲述了中国丝绸与丝绸文化的内在联系，探究了丝绸在中国艺术、中国文学和中国服饰文化等领域的体现与影响。

1641 《丝绸之路和平奖与丝绸之路经济带国际学术研讨会论文集》，丝绸之路和平奖基金会主编，北京：世界知识出版社，2015 年 12 月。

本书是"丝绸之路和平奖与丝绸之路经济带国际学术研讨会"的论文集，收录了国内外专家学者、外交智库、驻华使节在会议上的讲话与相关论文 20 余篇。书中包括《维护和平开放的环境，促进丝绸之路经济带沿线国家共赢发展》《丝绸之路精神与中国的和平外交》《中国的新丝绸之路：全球连接新远景》等文章，突出了"丝绸之路经济带"与和平进程、"丝绸之路经济带"中的公共外交、丝绸之路的复兴等主题，探讨了建立丝绸之路经济带的意义与作用，表达了对设立丝绸之路和平奖的支持与祝愿。

1642 《丝绸之路核心区建设中新疆民营企业转型升级问题研究》（"新疆企业发展研究"学术丛书），王海芳著，大连：东北财经大学出版社，2017 年 5 月。

本书研究了丝绸之路核心区建设中新疆民营企业转型升级问题，探讨了影响转型的因素以及转型升级的途径与方法。书中从理论角度介绍了研究的内容与意义，叙述了基于竞争优势理论与动态能力理论的研究方法，分析了新疆民营企业的发展现状与现实问题，构建了企业转型升级影响因素的模型，辨析了影响转型升级的因素，阐述了转型升级的类型与路径，并提出了有关转型升级的政策建议。此外，书中进行了实际案例的介绍与研究，为"核心区"建设中的新疆民企转型升级提供了借鉴与启示。

1643 《丝绸之路经济带：发展选择与陕西对策论文集》，方光华、任保平主编，北京：中国经济出版社，2014 年 5 月。

本书是在"一带一路"倡议背景下，研究与探讨丝绸之路经济带的发展及陕西对策的论文集，汇集了国内学者相关论文 20 余篇。书中包括《陕西参与丝绸之路经济带建设的障碍及其突破研究》《丝绸之路经济带：提出、意见及对策》《丝绸之路的历史特点及其对今天"丝绸之路经济带"建设的启示》《用互联网思维打造新丝绸之路经济带》《丝绸之路经济带框架下陕西的角色定位与发展机制》等文章，力求将陕西快速融入"一带一路"建设中来，并提供相应的对策建议。

1644　《丝绸之路经济带：旅游业先行发展路径与对策研究》，梁学成主编，北京：中国经济出版社，2015 年 9 月。

本书是 2014 年西北大学经济管理学院举办的"丝绸之路旅游经济发展研讨会"的论文集，收录了与会专家学者相关文章 17 篇，探讨了"一带一路"倡议下陕西地区旅游业的发展路径与模式。书中包括《丝绸之路文化遗产保护研究：回顾与展望》《新丝绸之路经济带背景下的陕西省旅游空间结构研究》《"丝绸之路经济带"旅游资源整合研究》《丝绸之路经济带：陕西旅游市场的发展态势分析》等文章，为当地旅游行业的发展提供了对策建议，具有较高的学术价值。

1645　《丝绸之路经济带：欧亚大陆新棋局》，刘华芹等著，北京：中国商务出版社，2015 年 4 月。

本书是研究中国与丝绸之路欧亚沿线国家，在"一带一路"倡议背景下的双边外交与经济发展的著作。书中回顾了丝绸之路的盛衰演变，介绍了"一带一路"的经济外交新布局，分析了构建丝绸之路经济带所面临的机遇与挑战，并对构建方法进行了探讨。书中还介绍了上海合作组织、南亚、西亚和中东欧在丝绸之路经济带中的定位，强调要加强丝绸之路经济带的互联互通建设，提升国际金融合作与内陆沿边开发开放水平，拓展与国际组织的合作。

1646　《丝绸之路经济带·桥头堡·第一册》，经济杂志驻疆办事处、霍尔果斯基金开发区工作委员会编，奎屯：伊犁人民出版社，2015 年 4 月。

本书是介绍与探讨丝绸之路经济带建设与发展的经济刊物。书中包括发展观点、权威发布、丝路重镇、金融先锋、前沿电商、实施瞭望等专栏，探讨了"一带一路"背景下长江经济带跨区域合作的路径，对新疆着力打造丝绸之路经济带核心区及构建开放型经济新格局进行了解读，评述了"一带一路"带动中国地区经济发展，分析了和田玉石文化的传播及全国 19 个省市对口援疆等问题。此外，书中还收录了《丝绸之路战略意义堪比入世》《"一带一路"当注重虚实结合》等研究文章，并就"丝绸之路经济带"做了全面解读。

1647 《丝绸之路经济带·桥头堡·第二册》，经济杂志驻疆办事处、霍尔果斯基金开发区工作委员会编，奎屯：伊犁人民出版社，2015年10月。

本书是介绍与探讨丝绸之路经济带建设与发展的经济刊物。书中包括发展观点、丝路观察、特别报道、大美新疆、高端访谈、考古札记等专栏，探讨了金砖银行、亚投行、丝路基金的相同点与不同点，分析了新疆作为桥头堡在"一带一路"建设中的实施方案。同时，书中解读了外媒对于"一带一路"倡议的报道，介绍了霍尔果斯着力打造"丝绸之路经济带"核心区重要支点的现状，并就新疆罗布荒原孔雀河流域的考古调查做了介绍与阐述。

1648 《丝绸之路经济带的合作机制与内陆型改革开放》，任保平、马莉莉、师博等著，北京：中国经济出版社，2016年9月。

本书是2015年"丝绸之路经济带的合作机制与内陆型改革开放国际研讨会"的论文集，分为丝绸之路经济带建设的合作机制与建设中的内陆型改革开放两个主题，收录了国内外专家学者相关文章30余篇。书中包括《丝绸之路经济带建设中贸易畅通的合作机制》《丝绸之路经济带建设中的科技合作机制》《"一带一路"与中国经济发展》《"一带一路"倡议中的话语体系建构》《丝绸之路经济带沿线各省旅游竞争力分析研究》《中国与中亚五国能源合作研究》等文章，对"一带一路"建设起到了推动作用。

1649 《丝绸之路经济带发展报告（2014）》，任宗哲、石英、白宽犁主编，北京：社会科学文献出版社，2014年8月。

本书是关于丝绸之路经济带发展的综合报告，也是国内关于丝绸之路经济带建设的第一本蓝皮书，共包含37份报告与2份附录。书中分析与展望了丝绸之路经济带建设的整体形势与"五通"模式的进展情况，对陕西、青海等省在丝绸之路经济带建设中的作用，丝绸之路经济带覆盖范围，丝绸之路经济带五省区对外贸易竞争力，人民币在丝绸之路经济带上的流通，共建丝绸之路经济带等一系列重点问题进行了研究与探讨，为"一带一路"建设提供了有利的发展模式与对策建议。

1650 《丝绸之路经济带发展报告（2014）》，马莉莉、任保平编著，北京：中国经济出版社，2014年9月。

本书是关于丝绸之路经济带发展的综合报告，探究了全球和中国分工体系中丝绸之路经济带的共建选择与意义，提出了国别、地区、城市各层面协同转型的设想与路径。书中介绍了丝绸之路经济带发展的整体概况，探讨了建设丝绸之路经济带的时代背景与战略选择，分析了主要成员方的发展和参与合作的形式。同时，书中还研究了中国主要区域与丝绸之路经济带的关系与建设模式，探讨了中心城市与城市群的协同转型，评述了协同转型先行示范区的具体情况，并就合作领域与合作进展做了阐述。

1651 《丝绸之路经济带发展报告（2014）》，西安电子科技大学丝绸之路经济带发展研究院著，西安：西安电子科技大学出版社，2015年3月。

本书研究了以丝绸之路经济带发展为主题的学术理论和现实问题，涉及产业、投资、贸易、金融、能源、交通、科技、人才等多个领域，共收录相关文章37篇。书中包含了《"一带一路"大物流战略分析与实施》《丝绸之路经济带背景下区域中心度提升路径研究》《丝绸之路经济带建设中陕西与中亚国家合作研究》《中印货物贸易互补性与贸易潜力实证分析》《丝绸之路经济带国际科技合作前景与机制研究》等专项报告，为"一带一路"建设提供了有利的发展模式与对策建议。

1652 《丝绸之路经济带发展报告（2015）》，马莉莉、任保平编著，北京：中国经济出版社，2015年11月。

本书是关于丝绸之路经济带发展的综合报告，旨在探讨内陆型开放与区域产业合作等问题，并提供了相应的对策与建议。书中概述了"一带一路"中丝绸之路经济带的建设现状，探讨了国际关系与地区局势对建设的影响，构想了内陆型改革开放新高地建设的形式、路径与方法。同时，书中强调了丝绸之路经济带互联互通的作用，讨论了基础设施建设、合作进展、贸易便利化水平等问题，对在能源、农业、工业、文化旅游、电子商务等产业上的合作与发展进行了探讨，并就丝绸之路经济带的代表性区域发展做了解读。

1653 《丝绸之路经济带发展报告（2015—2016）》，任宗哲、白宽犁、谷孟宾主编，北京：社会科学文献出版社，2015年12月。

本书是关于2015年丝绸之路经济带发展的综合报告，立足丝绸之路经济带全线建设，并从总体报告、区域篇、经济篇与社会文化篇四个章节对发展整体情况做了研究与解读。书中共收录相关报告23篇，包括《2015年丝绸之路经济带建设形势分析与展望》《2015年中国—中亚—西亚经济走廊发展报告》《丝绸之路经济带产业合作研究》《丝绸之路经济带人民币国际化发展报告》《2015年丝绸之路经济带文化交流发展报告》等内容，对2015年丝绸之路经济带的发展做了全面总结，并提出了相应的对策与建议。

**1654** 《丝绸之路经济带发展报告（2016）》，马莉莉、王颂吉、李侨敏著，北京：中国经济出版社，2017年3月。

本书是关于丝绸之路经济带发展的综合报告，梳理与研究了"一带一路"建设在互联互通、产能合作、经济走廊等领域的现状、机制与进展，并提出了相应的对策与建议。书中概述了"一带一路"研究与建设的相关进展，构想了沿线支点城市群网络的拓展，解读了互联互通与产能合作的现状与途径，并就中国—中亚—西亚经济走廊和中巴经济走廊的建设进行了论述。同时，书中还探讨了上海、天津等自由贸易试验区的建设，对内陆型与沿海型自贸区进行了比较研究，并就国际贸易、国际经济对接等合作机制进行了解读与阐述。

**1655** 《丝绸之路经济带发展报告（2017）》，任宗哲、白宽犁、谷孟宾主编，北京：社会科学文献出版社，2017年1月。

本书是关于丝绸之路经济带发展的综合报告，对2016年丝绸之路经济带的总体发展情况做了总结与研究。书中共分为总体报告、区域篇、经济篇与社会文化篇四章，收录了相关报告23篇，包括《2016年丝绸之路经济带建设形势分析与展望》《2016年中巴经济走廊发展报告》《欧亚经济论坛十年发展报告》《甘肃丝绸之路经济带建设专题报告》《2016年丝绸之路经济带产业合作发展报告》《2016年丝绸之路经济带文化交流发展报告》等文章，有助于丝绸之路经济带的建设与发展。

**1656** 《丝绸之路经济带甘肃河西走廊新型城镇化战略研究》，甘肃省住房和城乡建设厅、中国科学院地理科学与资源研究所著，北京：科学出版社，2017年6月。

本书是研究丝绸之路经济带河西走廊地区新型城镇化研究的著作。书中探讨了河西走廊在丝绸之路经济带的空间竞争优势与地缘战略地位，介绍了发展背景与城镇化现状，对资源承载力以及生态环境的空间格局、功能、容量与演变进行了系统分析。同时，书中规划了新型城镇化的总体战略，构建了重点城市战略定位与发展模式，并就城市循环经济、绿色基础设施建设、城镇组团与区域合作，以及城镇生态环境与可持续发展做了论述与解读，提出了保障性的对策与建议。

**1657** 《丝绸之路经济带构建与发展研究》，张丽君主编，北京：中国经济出版社，2015年4月。

本书是以丝绸之路经济带构建与发展为主题的论文集，汇集了《改变世界经济格局的战略构想》《丝绸之路经济带城市绿色发展效率的测度与分析》《复兴丝路文化应对当今挑战》等国内学者相关文章40篇。书中研究了新丝绸之路经济带总体建构与发

▶ 丝绸之路研究论著叙录

展，探讨了丝绸之路经济带与西部各省区经济的发展，解读了新丝绸之路经济带与民族地区经济发展，分析了新丝绸之路经济带与国际贸易合作，并对海上丝绸、草原丝绸、茶马古道及关东之路进行了探究，阐述了多学科视角下新丝绸之路经济带的发展模式。

**1658** 《丝绸之路经济带国际运输通道研究》（中国与"一带一路"发展系列研究丛书），孙启鹏、马飞等编著，西安：西安交通大学出版社，2016年9月。

本书是研究丝绸之路经济带国际运输通道的专著。书中概述了丝绸之路经济带国际运输通道的历史演变，探讨了经济带运输通道建设的形势与机遇及挑战。书中亦对运输通道的内涵做了界定，分析了空间、要素、交通方式、沿线国家或经济体等方面的系统构成，讨论了运输需求的产生与影响因素，并构建了现代物流导向的丝绸之路通道运输网络。同时，书中强调了要对多式联运导向的通道交通运输进行组织优化，展现了政策协调在运输通道全球化导向中的重要性，提出了互信互补导向的合作平台的机制创新。此外，书中还就中国在运输通道建设中的战略选择做了探讨，对战略选择、意义、措施等方面做了论述。

**1659** 《丝绸之路经济带和欧亚经济联盟对接研究》，李永全主编，北京：社会科学文献出版社，2017年7月。

本书是研究与讨论丝绸之路经济带和欧亚经济联盟对接问题的论文集，收录了国内外专家学者相关文章22篇。书中共分为"对丝绸之路经济带和欧亚经济联盟的认知""'一带一盟'对接方案"，以及"'一带一路'合作的领域"三大主题，包括了《浅析欧盟对欧亚经济联盟的认知》《"16+1"与"一带一路"关系探析》《"一带一盟"对接的路径选择》《丝绸之路经济带与欧亚经济联盟对接的战略与措施》《"一带一盟"在中亚对接合作的优先领域》等文章，对"一带一盟"的对接与发展起到了理论支持与对策建议的作用。

**1660** 《丝绸之路经济带核心城市建设研究》，薛伟贤著，西安：西安交通大学出版社，2017年5月。

本书是以西安为例，研究丝绸之路经济带核心城市建设的专著。书中介绍了丝绸之路经济带的内涵、思路与前景，解读了其核心城市的建设理论、建设基础与判别标准，强调要加强沿线城市的合作与交流，并分析了沿线城市在合作中所存在的问题，对合作机制进行了构建。同时，书中基于全球价值链理论，分析了西安沿丝绸之路经济带的发展模式与产业定位，讨论了西安在核心城市建设方面的战略规划与设计路径，并就交通、贸易、能源、旅游、金融、文化等多个领域给予了西安在建设丝绸之路经济带核心城市方面的对策与建议。

**1661** 《丝绸之路经济带交通基础设施规划、投资及其经济效应——基于我国西北内陆三省两区的实证研究》，阮青松著，北京：清华大学出版社，2017 年 9 月。

本书是以我国西北内陆三省两区为例，研究与探讨丝绸之路经济带交通基础设施规划、投资和经济效应的专著。书中介绍了研究交通基础设施建设的意义，强调其是"现代丝绸之路"的重要基础，并对我国西北内陆三省两区的交通基础设施的现状进行了综合分析与评价。同时，书中探讨了三省两区交通基础设施的规划目标与规划方案，测算了交通基础设施投资的相关成本，阐述了交通基础设施的经济效应，并就研究内容的结论与展望做了总结。

**1662** 《丝绸之路经济带区域旅游合作机制研究——以西北五省区为例》，张玉蓉著，成都：西南财经大学出版社，2017 年 7 月。

本书是以西北新疆、甘肃等五省区为例，研究丝绸之路经济带区域旅游合作机制的著作。书中介绍了研究的内容、思路、逻辑框架与创新点，叙述了区域旅游合作等方面的理论基础。书中重点讨论了西北五省区区域旅游合作现状及存在的主要问题，分析与阐述了区域旅游合作的动力机制、协调机制与保障机制，并就区域旅游合作的总体思路进行了探讨，为区域旅游合作机制提供了对策建议，有助于西北五省区区域旅游的发展。

**1663** 《丝绸之路经济带上的经济发展》，郭立宏、任保平等著，北京：中国经济出版社，2015 年 6 月。

本书是研究丝绸之路经济带上国家经济发展的著作，探讨了中亚国家经济发展的状态、发展模式与未来前景等内容。书中介绍了近年来丝绸之路经济带经济发展的总体状态，叙述了哈萨克斯坦、乌兹别克斯坦、吉尔吉斯斯坦等中亚五国经济发展的演化历史与发展模式，就五国的发展状态与前景分别做了探讨，并预测了其未来发展趋势。同时，书中还分析了中国参与丝绸之路经济带的战略方针，对"一带一路"建设下的西部大开发与陕西、西安参与丝绸之路经济带的建设进行了论述与解读。

**1664** 《丝绸之路经济带视域下的区域经济合作研究》，李宁著，武汉：湖北科学技术出版社，2017 年 7 月。

本书是以丝绸之路经济带为研究角度，重点探讨中国与哈萨克斯坦区域经济合作的著作。书中介绍了区域经济一体化与"丝绸之路经济带"研究的需求、原则、合作建议等内容，叙述了目前哈萨克斯坦的政治体制与制度。书中重点谈论了中国与哈萨克斯坦在政治与经济等领域的合作，并以丝绸之路经济带为背景，分析了两国政府在经济带建设上的合作模式、特点与意义，探讨了两国物流业的基础现状与合作建设模式，并就中哈两国与丝绸之路经济带的辩证关系进行了思考与解读。

**1665** 《丝绸之路经济带视域下的中亚研究》，冯旭东、刘鑫渝主编，北京：知识产权出版社，2014年12月。

本书是关于"中国新疆与周边国家合作发展学术研讨会"的论文集，汇集了国内外专家学者相关文章数十篇。书中探讨了"丝绸之路经济带"共建中的合作路径与机制，解读了中哈区域经济合作发展涉及的企业法及公司制度，分析了中亚国家的人口现状与国家形势，讨论了化边缘为中心的新疆需要进行的发展战略调整，评述了中国新疆与周边国家社会管理与社会稳定，并就中国新疆与中亚国家文化教育的影响因素及对策等多方面的内容进行了阐述。

**1666** 《丝绸之路经济带文化遗产保护与旅游合作发展研究》（中国与"一带一路"发展系列研究丛书），李树民、王会战主编，西安：西安交通大学出版社，2016年9月。

本书是研究中国与丝绸之路经济带沿线国家关于文化遗产保护与旅游合作发展的著作。书中回顾了丝绸之路经济带文化遗产保护与旅游合作发展的国际成果，介绍了经济带上文化遗产的分布情况与保存现状，探讨了文化遗产保护面临的问题与对策。同时，书中探析了中国、俄罗斯与中亚地区旅游业的发展现状与合作现状，对其旅游合作的基础与优势、问题与对策做了解读。此外，书中还辨析了文化遗产保护与社会经济协调发展的关系，并就文化遗产保护与旅游合作发展的路径模式做了构建与阐述。

**1667** 《丝绸之路经济带——新疆开放发展新机遇》，闫海龙著，北京：经济管理出版社，2017年5月。

本书以新疆为研究对象，探讨了其在丝绸之路经济带上关于开放与发展的新机遇。书中强调了丝绸之路经济带建设是时代发展的必然要求，对丝绸之路的历史、丝绸之路经济带的内涵、特征及发展计划等内容做了回顾与介绍。同时，书中分析了新疆在丝绸之路经济带建设中的地位和布局，探讨了新疆参与经济带建设的基础和环境，思考了打造经济带核心区的发展战略，并突出了建设兵团在经济带核心区建设中的重要作用。此外，书中还列举了地市与县域的发展案例，就其在核心建设中的发展模式、路径和对策等方面做了解读。

1668 《丝绸之路经济带沿线国家跨文化沟通与贸易畅通》，庞鹤、王珏著，北京：中国社会科学出版社，2017年4月。

本书基于丝绸之路沿线国家在文化上的差异性，探讨了沿线国家关于跨文化的相互沟通与贸易通畅等问题。书中介绍了中亚、南亚、中东、中东欧等丝绸之路经济带跨越地区的主要情况，并从文化特征、宗教构成、政治制度、地缘政治、国内局势等方面，分别探析与研究了经济带所跨越的各个地区的不同文化，以及它们与中国之间贸易通畅的现状。此外，书中还实证分析了跨文化差异对贸易畅通的影响，并就基于跨文化管理的丝绸之路经济带沿线国家的贸易畅通在模式、环节与措施等方面做了阐述与解读。

1669 《丝绸之路经济带研究》，王福生主编，兰州：甘肃人民出版社，2013年12月。

本书是对"丝绸之路经济带"的有关基本情况和已有的研究成果进行收集和整理研究，全书主要分为四部分：主要论述丝绸之路经济带的战略构建以及趋势与举措；详述丝绸之路经济带主要国家概况，包括哈萨克斯坦、乌兹别克斯坦、吉尔吉斯斯坦、土库曼斯坦、塔吉克斯坦、巴基斯坦、伊朗和阿富汗等国；详述陕西、甘肃、青海、新疆、宁夏等丝绸之路经济带国内省区情况；最后一部分为丝绸之路经济带相关研究综述，从丝绸之路经济带的内涵、战略角度的研究以及从经济、文化、地理信息等多角度的相关研究加以综述。

1670 《丝绸之路经济带与古州雁门》，韩建保、杨继东主编，太原：山西人民出版社，2014年12月。

本书是研究代县历史文化和其参与丝绸之路经济带建设的论文集，汇集了国内学者相关文章20余篇。书中分为"共享丝绸之路""丝绸之路经济带与古州雁门""西玉东输至雁门"三编，包含了"乘东风抓机遇，推进代县融入'丝绸之路经济带'""丝绸古道上的西俞雁门考""佛教与代县""'丝绸之路经济带'建设与忻代经济转型发展的若干思考""西玉东进雁门关——玉石之路山西道代县路段之二期调研"等内容，具有较高的学术价值，推动了相关学科与研究的发展。

1671 《丝绸之路经济带与欧亚经济联盟：如何实现战略对接？》，富景筠著，北京：社会科学文献出版社，2016年4月。

本书是研究与探讨丝绸之路经济带与欧亚经济联盟实现对接的著作。书中介绍与分析了欧亚经济联盟的历史演变过程,以及动因和趋势,探讨了俄白哈关税同盟框架下三国进口关税的调整及其非关税壁垒的问题,从区域内贸易视角探究了俄白哈关税同盟的驱动因素及发展前景。同时,书中解读了欧亚经济联盟成员国对丝绸之路经济带的态度,分析了俄罗斯对经济带态度的转变及背后的因素。此外,书中还阐述了如何实现丝绸之路经济带与欧亚经济联盟的战略对接,就中俄推进区域合作战略的利益交叉、对接的内容以及能源共同体建设等方面做了研究与论述。

1672 《丝绸之路经济带与区域经济发展研究》,孙久文、高志刚主编,北京:经济管理出版社,2014年12月。

本书是在"一带一路"倡议背景下,主要研究丝绸之路经济带与区域经济发展的著作。书中介绍了我国区域发展和全面对外开放的新格局,解读了国际区域经济合作新形势下的"一带一路"倡议,探讨了基于"西向开放"的"丝绸之路经济带"建设,就"丝绸之路经济带"的产业空间布局,建设中的能源安全与能源合作,向西开放的合作发展模式等问题做了研究。同时,书中还以新疆为例,探讨了构建核心区的发展战略,分析了建设核心区与边境自由贸易区的条件、困难和对策,并对新疆与中亚地区在经贸及交通等方面合作的特点、机遇与挑战进行了阐述。

1673 《丝绸之路经济带与向西开放研究》(丝绸之路经济带与新疆发展丛书),夏文斌主编,北京:中国社会科学出版社,2016年11月。

本书是以新世界格局与中国发展为入手点,探讨西部地区对外开放,对接亚欧大格局的著作,收录了国内外专家学者相关文章20余篇。书中探讨了丝绸之路经济带视角下的向西开放、丝绸之路经济带与中亚发展、中亚媒体涉疆报道现状分析等内容,包含了《欧亚一体化理念——可持续发展的基础》《现代丝绸之路:亚欧腹地多元文化的复兴与交流》《"丝绸之路经济带"框架下的文明和文化交流》《新疆与周边国家贸易流量影响因素研究》等内容,具有较高的学术价值和指导意义。

1674 《丝绸之路经济带与新疆发展》(丝绸之路经济带与新疆发展丛书),夏文斌主编,北京:中国农业出版社,2017年5月。

本书由石河子大学兵团屯垦戍边研究中心、中亚文明与向西开放协同创新中心、"一带一路"——新疆发展与中亚合作高校智库联盟编写,是新疆发展与中亚合作高校智库联盟成立大会暨首届学术论坛上的发言整理而成。具体内容包括《中美角逐下的"一带一路"应该如何走》《寻找西域都护府》《"一带一路"五通指数:俄罗斯中亚部分的评估》《新疆外向型专化型马铃薯产业发展建议》《"一带一路"内涵拓展分析》《新疆与丝绸之路经济带沿线国家产业分工的区域竞争力研究》《"一带一路"战略背景下兵团人才共享机制研究》《打造"一带一路"兵团文化创新发展支点》《天山廊道：文化城市带构想》等文章。

**1675** 《**丝绸之路经济带与新阶段西部大开发**》，**任保平、马莉莉、师博主编**，**北京：中国经济出版社**，2015 年 3 月。

本书是研究与探讨丝绸之路经济带与新阶段西部大开发的著作。书中回顾了丝绸之路经济带研究与发展的现状，分析了经济带的贸易关系、影响因素与发展潜力，探讨了经济带建设的发展战略及与中亚地区的经济贸易与能源合作。同时，书中还研究了新阶段时期的西部大开发策略，探讨了经济带上的我国城镇化建设，阐述了经济带上产业一体化的发展，以及我国与中亚地区的产业联系与合作。此外，书中还提出了相关的策略与措施，对自贸区构建、人民币区域化路径、国家人力资本与人才培养等方面提出了相应的建议与对策。

**1676** 《**丝绸之路旅游发展报告（2016）**》，**李振亭、李君轶、陈宏飞著**，**西安：陕西师范大学出版社**，2016 年 12 月。

本书是以丝绸之路经济带旅游发展为研究对象，探讨我国西北五省区与中亚地区的旅游资源、市场、成果与发展等内容的专著。书中概述了丝绸之路经济带旅游发展的情况，分析了经济带上旅游发展的优势，对我国西北五省区与中亚五国的旅游资源与特色做了阐述。同时，书中叙述了西北五省区和中亚地区旅游业发展的总体情况，亦分别探讨了五省区的区域条件、旅游资源、旅游市场、旅游收入、旅游企业等内容，并就丝绸之路经济带上的旅游合作与创新突破进行了探析与解读。

**1677** 《**丝绸之路旅游区总体规划：2009—2020 年**》，**中华人民共和国国家旅游局编**，**北京：中国旅游出版社**，2010 年 4 月。

本书是丝绸之路旅游区关于 2009 年至 2020 年总体规划的著作。书中记述了丝绸之路旅游区总体规划文本，包括总则、旅游发展条件、旅游发展战略、旅游总体布局、旅游产品规划、旅游品牌规划、旅游服务体系规则、保障措施等 13 章共计 52 条内容。同时，书中亦记述了丝绸之路旅游区总体规划说明书，与文本同为 13 章，对其起到了说明与解读的作用。此外，书中还包含了丝绸之路旅游区总体规划专题合集，分为 6 个专题，对丝绸之路旅游解析与研判、丝绸之路旅游创新产品研究、丝绸之路旅游交通研究等领域进行了探讨与分析。

1678　《丝绸之路通鉴·卷7·打造丝绸之路经济带上的战略高地：陕西经济发展研究》，王琴梅著，西安：陕西师范大学出版社，2016年12月。

　　本书针对陕西在丝绸之路经济带上的"战略高地"定位，对其经济发展加以研究。书中综合运用理论与实证分析相结合、定性与定量分析相结合、一般与特殊分析相结合的方法，从陕西区域经济发展的实际出发，结合统计分析、抽样分析与实地调查，系统分析陕西三大区域的资源禀赋与特色优势产业发展、新型城镇化发展以及资源环境的可持续发展机制、现状及存在问题的原因，并给出了提升思路和对策措施。

1679　《丝绸之路通鉴·卷8·丝绸之路经济带上生物多样性的经济价值识别、展示与捕获研究》，裴辉儒、宋伟著，西安：陕西师范大学出版社，2016年9月。

　　本书根据生态系统与生物多样性经济学（TEEB）理论体系，紧扣"建设美丽中国，深化生态文明体制改革"主题，从气候变迁入手，探讨丝绸之路经济带生物多样性保护管理的价值识别、展示、价值核算。在结论中，作者提出了保护丝绸之路经济带生物多样的制度框架和路径，呈现了对丝绸之路经济带生态脆弱区的保护对象边界界定、价值评估和保护措施的过程。本书对增强国家和区域生态安全、提高丝绸之路经济带生态服务功能、提升自我发展能力颇具意义。

1680　《丝绸之路通鉴·卷9·丝绸之路经济带产业集群价值网络的演化与重构》，雷宏振、贾妮莎等著，西安：陕西师范大学出版社，2016年12月。

　　本书对丝绸之路经济带产业集群发展进行研究。书中介绍了丝绸之路经济带产业结构及产业集群发展的状况，对产业集群的区位与协作性、竞争性以及价值网络结构及效应进行分析。作者提出了丝绸之路经济带产业集群价值网络的特征，对网络演化详细分析，并对高中低端技术制造业、科技、文化及教育产业价值的网络演化的规律进行探索。书中针对演化过程中存在的问题，提出了网络重构的设想和对策建议。

1681　《丝绸之路通鉴·卷10·丝绸之路经济带经济一体化和五通建设研究》，姚宇、夏德水等著，西安：陕西师范大学出版社，2017年6月。

　　本书是对丝绸之路经济带经济一体化和五通建设研究的专著。书中对五通建设的内涵和丝绸之路经济带经济一体化构成内容进行分解阐释，分析丝绸之路经济带经常项目、资本项目一体化与经济增长的因果链，认为前者重点在于提高经济区生产要素配置效率，后者的重点在于提高经济区社会互信体系的市场信用转化。此外，作者对"五通"各个环节分别进行了驱动力实证分解，探讨了环境、纯技术、规模、强度、结构等效应对各环节的不同影响力，为具体政策的提出提供了实证基础，并对实证结论进行了理论解释。

1682 《丝路列国志》（中国社会科学院"一带一路"研究系列），李永全主编，北京：社会科学文献出版社，2015年3月。

本书介绍了欧亚大陆"丝绸之路经济带"国家的基本情况，包括阿尔巴尼亚、阿富汗、阿塞拜疆、爱沙尼亚、巴基斯坦、白俄罗斯、保加利亚、波兰、俄罗斯、土耳其、土库曼斯坦、乌克兰、乌兹别克斯坦等35个国家。书中对各个国家的基本国情，如政治制度、政党制度、经济和社会发展情况，进行了简要的叙述，同时也介绍了各国的地理、人口、国家发展简史和文化特色，还介绍了各国的投资环境，尤其是投资政策方面的情况。本书便于读者查询和了解这些国家最基本的知识。

1683 《丝路商魂：新亚欧大陆桥再创丝路辉煌》（丝绸之路论坛丛书），孟昭勋、岳珑主编，马建昌等编撰，西安：陕西人民出版社，2004年11月。

本书对丝路文化与华夏商贾经济及其理论理念与思维模式作深入的研究辨析，并与当今改革开放，融入WTO走势结合。书中以丝路经济商贾文化为纲，以东西方经济商贸思想文化交流为起点，叙述了从先秦到现代的丝路商贾、经济贸易、东西方经济思想文化交流的历史，综述了历代丝路商贾的理论体系和经营理念以及实践经验。本书弘扬了丝路经贸文化传统，展示了丝路经济文化历史轨迹，探索涵盖历史经贸规律，揭示了经贸商贾内在文化思维，发掘了东西方经贸交流融合催化功能，诠释丝路商魂潜质内涵，研究和剖析了在各个不同历史时期所涌现出的经贸商贾智慧。

1684 《土耳其：记忆中的丝路客栈》（"一带一路"列国巡礼），宋歌编著，北京：北京联合出版公司，2016年4月。

本书是介绍与探讨"一带一路"沿线国家土耳其的著作。书中叙述了土耳其的人口、语言、自然气候、国家体制与主要城市，描绘了境内土耳其海峡、马尔马拉海、阿勒山、丰富矿产等自然资源与地理特征，回顾了自赫梯帝国至"黄金时代"再到共和国成立的历史进程，并对该国杰出人物的生平与贡献做了评述。同时，书中还探讨了该国多元化的历史遗迹与民族文化，就其社会生活、民俗信仰与文化传承等内容做了总结，有助于读者对土耳其形成一个准确全面的认知，也体现了土耳其对于丝绸之路的亚欧连接所起到的桥梁作用。

1685 《图解丝绸之路经济带》，庞闻主编，西安：西安地图出版社，2017年6月。

本书是以图解的形式研究与分析"一带一路"倡议中丝绸之路经济带的著作。书中回顾了丝绸之路的前世今生，对先秦、秦汉、魏晋南北朝、唐宋、元明清等各个历史时期丝绸之路的发展与变迁，做了概括与总结。书中重点讲述了丝绸之路经济带中草原丝路、大漠丝路和南方丝路上的沿线国家，并逐一对这些国家进行了解读，从民俗、能源、地理、位置、宗教、经济、旅游或文化等领域中选取角度对该国进行高度概括，突出其特点和意义。此外，书中还介绍了丝绸之路经济带的地位及影响，并对其发展愿景进行了展望。

1686 《吐鲁番学研究：吐鲁番与丝绸之路经济带高峰论坛暨第五届吐鲁番学国际学术研讨会论文集》，吐鲁番学研究院、吐鲁番博物馆编，上海：上海古籍出版社，2016年11月。

本书是吐鲁番与丝绸之路经济带高峰论坛暨第五届吐鲁番学国际学术研讨会的论文集，汇聚了国内外学者相关研究论文28篇，涉及丝绸之路经济与文化、丝绸之路历史与语言、丝绸之路与考古文物等内容。包括《关于丝绸之路经济带与吐鲁番学的一点思考》《古代丝绸之路对世界经济的重大启示》《吐鲁番出土文书所见中古基层行政体系》《单于、可汗、阿干等词源探讨》《高昌回鹘佛教图像研究补证》《吐鲁番洋海墓地出土马球考》等文章，具有较高的学术价值，推动了吐鲁番学的发展。

1687 《推动共建丝绸之路经济带和21世纪海上丝绸之路的愿景与行动》，人民出版社编，北京：人民出版社，2015年3月。

本书内容是由国家发展改革委、外交部、商务部联合发布的关于《推动共建丝绸之路经济带和21世纪海上丝绸之路的愿景与行动》的全文，并在书后附有就"一带一路"建设有关问题的答记者问。全文内容从时代背景、共建原则、框架思路、合作重点、合作机制、中国各地方开放态势、中国积极行动、共创美好未来等八个方面，对"一带一路"倡议进行了介绍与解读，旨在通过与"一带一路"沿线国家的和衷共济、相向而行，让沿线各国人民共享"一带一路"的共建成果。

1688 《西安建设丝绸之路经济带新起点战略构想》，王静、张永春等著，西安：西安交通大学出版社，2017年6月。

本书是对于建设西安丝绸之路经济带新起点所提出的战略构想专著。全书分为七章，对西安建设丝绸之路经济带新起点进行了背景和条件分析；根据西安作为丝绸之路经济带新起点建设的战略定位，提出了战略基础、战略目标、战略任务，分析了战略意义，规划了战略阶段与战略措施；分别从经济发展战略、文化发展战略、生态文明战略、和谐社会发展战略、城市规划战略等五方面具体论证建设西安丝绸之路经济带新起点的议题。

1689 《西北丝绸之路五省区跨区域旅游合作开发战略研究》，南宇著，北京：科学出版社，2012年7月。

本书是关于丝绸之路上陕西省、甘肃省、新疆维吾尔自治区、宁夏回族自治区和青海省等西北五省区跨区域旅游合作开发战略研究的专著。书中对西北五省区旅游跨区域合作相关理论概述；分析了"丝绸之路"跨国申报世界遗产的价值、意义及现实可行性；指出了西北五省区旅游产业规模、发展格局及存在的问题；对生态环保可持续发展战略研究，提升西北五省区旅游产业竞争优势合作路径分析研究，旅游客源市场动态演化结构分析研究；同时，作者对西北五省区跨区域合作开发的论证与构建西北丝绸之路旅游产品结构网及创新旅游品牌化等问题提出了自己的看法，并认为以丝绸之路文化遗产开发为契机可以推动西北文化产业发展。此外，作者还对西北五省区重点旅游城市梯度合作开发的网络模式研究、旅游合作开发现实保障及对策建议以及西北五省区跨区域合作、联动开发的实践措施进行了总结。

1690 《新疆对外贸易发展方式转变研究：基于丝绸之路经济带战略背景》，龚新蜀、黄伟新著，北京：经济科学出版社，2015年10月。

本书是在建设丝绸之路经济带的背景下，研究新疆对外贸易发展方式转变的著作。书中回顾了新疆对外贸易发展方式转变的过程与现状，对新疆对外贸易发展方式的转变进行了综合测评，并分析了影响发展方式转变的因素。同时，书中还探讨了国内外对外贸易发展方式转变的经验，以及对新疆的启示，构建了新疆对外贸易发展方式转变的目标取向与路径设计，并就发展方式转变的保障措施进行了论述，强调了科技支撑、制度保障、金融支持与人才引领作用。

1691 《新疆与丝绸之路经济带沿线国家贸易合作问题研究》，龚新蜀主编，长春：吉林大学出版社，2015年10月。

本书综合运用经济学、管理学、社会学、地理学等学科的理论和研究方法，结合新疆外贸发展所处的特殊区情，对丝绸之路经济带建设中新疆与丝绸之路经济带沿线国家的贸易合作问题进行了研究。全书分为概念界定与理论基础、新疆对外贸易发展战略研究、新疆与中亚国家贸易合作问题研究、新疆农产品出口贸易竞争力研究、新疆加工贸易转型升级研究、新疆外贸结构转型升级路径研究六章。内容涉及国际贸易相关理论、新疆对外贸易发展战略设计、新疆与中亚国家贸易合作的路径安排、新疆农产品出口贸易竞争力测评、新疆外贸结构转型升级对策及路径实施保障措施等。

**1692** 《新疆周边国家形势研究报告：丝绸之路与地区合作》，高建龙、石岚主编，乌鲁木齐：新疆人民出版社，2014年12月。

本书集中体现了2013年前后的新疆周边国家形势研究。书中从构建丝绸之路经济带的视角出发，对中国邻近的俄罗斯、哈萨克斯坦、吉尔吉斯斯坦等国的政治、经济、安全形势进行了系统、科学的分析研究，也探究了中国如何与丝绸之路经济带各国之间经济、文化、安全等方面的合作。全书分为总报告、国别研究、热点透视、中国新疆与周边国家四篇。内容涉及新疆周边国家形势（2013—2014）、俄罗斯：强势回归中的进与退、全球化语境下对新一轮极端主义思潮冲击中亚地区安全的思考与对策、新疆参与"丝绸之路经济带"构建的战略解析等。

**1693** 《新丝绸之路：阿拉伯世界如何重新发现中国》，[澳] 贝哲民著，程仁桃译，北京：东方出版社，2011年8月。

本书分析了在过去几十年来中国经济快速增长的背景下，中东应如何扩展与中国及其他亚洲国家的关系。书中通过讲故事的方式揭示全球财富和权力的重新平衡，就双边关系的成长带给读者与众不同的视野。全书分为八章，即"新丝绸之路：阿拉伯世界重新发现中国""中国的石油美元与石油争夺""阿拉伯财富资金与伊斯兰走廊的崛起""当中国'走出去'的时候，叙利亚向中国学习""青年妇女与阿拉伯世界的未来""新公共关系战：半岛电视台在中国""阿拉伯语与全球化语言""给西方的启示：一个新的世界中心"。

**1694** 《新丝绸之路：陇海、兰新、北疆线漫游》，高韬编著，上海：上海科学普及出版社，1998年3月。

本书以漫游的形式介绍了新丝绸之路的历史现状，包括沿途6省区79个市县的历史沿革、自然风光、人文景观、风物人情及典故传说。主要篇章有"东海明珠：连云港市""龙争虎斗之地：徐州市""大运河畔聚宝盆：铜山县""七朝古都今更美：开封市""古代'商城'变商都：郑州市""紫气东来函谷关：新安县""东方旅游胜地：西安市""五丈原上诸葛庙：岐山县""古'丝绸之路'的重镇：陇西县""兰都胜景兴隆山：榆中县""戈壁绿洲：酒泉市""国际旅游城：敦煌市"等。

**1695** 《新丝绸之路：中国—阿拉伯文化旅游对经贸合作的作用研究》，郭斌著，北京：经济管理出版社，2015 年 4 月。

本书对中国与阿拉伯国家经贸合作的现状、问题及发展前景进行了深入剖析，从双方文化旅游资源开发模式、经贸合作中的文化纽带——伊斯兰宗教情结，以及其经济效应等三方面展开论述，重点聚焦于文化旅游对中阿经贸合作的促进作用。全书分为七章，内容包括引言、古丝绸之路：历代中国—阿拉伯的文化交流与经贸往来、现代中国—阿拉伯经济贸易合作的基本现状及其发展问题、现代中国—阿拉伯文化旅游的主要发展形势、中国—阿拉伯文化旅游对双方经贸对接的重要作用、中国—阿拉伯经济贸易与文化旅游的国别特点、新丝绸之路：中国—阿拉伯文化交流与经贸合作的未来展望。

1696  《新丝绸之路：重新开始的旅程》，马媛著，北京：五洲传播出版社，2014 年 11 月。

本书以图文并茂的形式介绍了丝路历史，讲述了当今中国与丝路沿线国家在贸易、投资、科技、教育、文化等多领域的多层次合作，全面、客观地介绍了"丝绸之路经济带"战略。全书分为丝路古韵——驼铃悠扬商贾云集、丝路新颜——路桥飞架连通八方、丝路经济——互通互联沿线共赢、丝路传承——羌笛绵延胡舞飞扬、丝路明珠——璀璨绚丽光彩夺目五章。在回顾丝绸之路辉煌历史的基础上，介绍了新丝绸之路经济带建设在政策沟通、道路联通、贸易畅通、货币流通、民心相通等方面已取得的成就、当前的发展路径和未来的美好前景。

1697  《新丝绸之路城市河湖水生态综合治理（上下）》，刘斌主编，北京：中国水利水电出版社，2017 年 1 月。

本书系统总结了近年来陕西省水利水电勘测设计研究院在国内新丝绸之路沿线城市及其周边河湖防洪排涝等功能性整治的基础上，在生态环境治理、保护和设计方面取得的优秀成果，全面展示城市及其周边河湖生态治理和建设实例。书中按照已建城市河流综合治理工程、水库枢纽景观工程、规划设计工程三部分总结编写，涉及陕西省西安市护城河综合改造工程、陕西省延安市南沟门水库枢纽工程、甘肃省天水市麦积区颖川河马跑泉段防洪及生态环境治理工程等工程。每个工程主要介绍了基本情况、设计理念与目标、工程规划设计、创新与总结等内容。

1698  《新丝路与中亚：中亚民族传统社会结构与传统文化》，吴宏伟著，北京：社会科学文献出版社，2015 年 12 月。

本书介绍了哈萨克、乌兹别克、吉尔吉斯等中亚民族的传统社会结构与传统文化。

全书分为上下两篇共十章，上篇着重解析中亚民族传统社会结构，分别介绍了哈萨克、乌兹别克、吉尔吉斯、塔吉克、土库曼民族的传统社会结构，涉及民族起源、人口概况、家庭关系、社会组织、部落传统与当代社会等内容；下篇主要介绍中亚民族的传统文化，详述了哈萨克、乌兹别克、吉尔吉斯、塔吉克、土库曼民族的宗教信仰、风俗习惯、民间文学、语言文字、衣食住行、文艺体育、传统医学等。

**1699** 《伊朗：丝绸西路上的明珠》（"一带一路"列国巡礼），阿钒编著，北京：北京联合出版公司，2016年1月。

本书是介绍与探讨"一带一路"沿线国家伊朗的著作。书中叙述了伊朗的地理风貌、自然气候、政教合一的国家体制以及主要城市，描绘了境内水域、沙漠、矿产等自然资源与地理特征，回顾了自埃兰王国至萨珊王朝再到伊斯兰共和国的历史进程，并对该国杰出人物的生平与贡献做了评述。同时，书中还探讨了该国重要的历史遗迹与民族文化，就其社会生活、民俗信仰与文化传承等内容做了总结，有助于读者对伊朗有一个准确全面的认知，也体现了伊朗在丝绸西路上的战略作用。

**1700** 《以色列与中国：从丝绸之路到创新高速》，[以色列] 莱昂内尔·弗里德费尔德著，北京：人民出版社，2016年7月。

本书主要介绍以色列的经济情况，并就中国和以色列在丝绸之路上的商业合作提出看法。全书分为三部分，第一部分回顾以色列的亚洲历史渊源和与亚洲各国的关系；第二部分分析以色列的创新基因并对以色列的科学技术情况、高科技产业及杰出行业情况进行介绍，讨论创新生态系统的成功秘诀，分析亚洲投资者对以色列经济发展的青睐；第三部分主要论述以色列在亚洲商业中心的地位以及与中国的共同开发与合作，介绍了亚洲企业在以色列的商业活动以及以色列企业在亚洲的商业情况，并对中以双边关系和未来的合作情况进行展望。

**1701** 《中国梦——联合国多边合作与丝绸之路经贸文化交流》，维也纳联合国城中国文化联谊会（联合国中文会）、UNIDO-UNEP绿色工业平台中国办公室、欧亚新丝绸之路经贸文化促进会（奥地利）编，北京：人民出版社，2014年10月。

本书是研究与探讨联合国多边合作与丝绸之路经贸文化交流之间关系与发展的著作。书中强调要利用联合国多边平台，促进中国中小企业的全球发展与国际间的可持续发展合作，分析了科技经贸合作对于夯实中国梦基础的作用，以及促进新丝绸之路经济增长带发展与打造绿色生态工业园区等内容。同时，书中还探讨了丝绸之路沿线地区的多元文化，强调了丝绸之路文化交流将促进中国梦的实现，就关于丝路沿线地区的见闻做了记述，并抒发了作者对于中国梦的情怀与畅想。

**1702** 《中国丝绸之路城市群叙事》，刘士林等著，上海：东方出版中心，2015年8月。

本书以史书记载骆驼商队路线上的26个重要节点城市为研究对象，分别用26章梳理和阐释了丝绸之路线上洛阳、南阳、长安、武威、平凉、兰州、酒泉、敦煌、天水、哈密、吐鲁番等26个城市的发生演化历程、文化资源结构及当代发展路径，为丝路城市研制文化产业战略、规划文化旅游线路、策划文学影视作品以及开展城市空间改造、城市景观设计和城市形象创意提供历史人文参照资料。

**1703** 《中国西部的文化多样性与族群认同：沿丝绸之路的少数民族口头传统现状报告》，朝戈金主编，北京：社会科学文献出版社，2008年6月。

本书是对沿丝绸之路的少数民族口头传统现状的调查报告。全书由19篇专题田野调查报告组成，并配以图片，讲述了生活在沿丝绸之路广大地域之内的众多历史悠久的族群普通民众的精神生活世界，特别是他们的口头传统。书中介绍了柯尔克孜族的英雄史诗《玛纳斯》，维吾尔族长篇韵体达斯坦，哈萨克族的歌谣、谚语、笑话和独有的阿肯弹唱，高山塔吉克人神奇传说，锡伯族民间的抄本和唱本以及回族的信仰体系，卫拉特蒙古族的英雄颂歌等内容。

**1704** 《中国与丝绸之路经济带沿线国家农产品贸易增长潜力及路径研究》，布娲鹣·阿布拉主编，北京：中国农业出版社，2017年8月。

本书以国际贸易理论和区域经济合作理论为基础，分析与探讨了共建"丝绸之路经济带"倡议下中国与经济带沿线国家在农产品贸易增长潜力及路径方面的问题。书中分析了中国与丝绸之路经济带沿线国家农产品贸易的增长条件，对农产品贸易规模的增长潜力，以及农产品贸易结构的优化潜力等内容进行了探讨。同时，书中还分析了中国与沿线国家农产品贸易增长的影响因素，辨析了农产品贸易增长的路径选择，并就农产品贸易增长的保障措施做了总结与阐述。

**1705** 《中韩企业丝绸之路：中韩乡村企业发展与合作》，[韩]李圣权著，北京：机械工业出版社，2006年9月。

本书对中韩两国乡村企业发展历程作了深入的考察，从一个新视角对中韩两国乡村工业化制度作了透彻的分析，并运用比较经济学原理对中韩两国乡村经济改革与工业化进行了比较和研究。主要内容有乡村经济可持续发展的理论渊源、中国学者有关农业和农村可持续发展问题的研究、制度变迁和二元经济结构理论的再考察、中韩两国二元经济下乡村企业的产生与发展、中韩两国乡村企业融资等。书中阐述了中韩乡村企业产生背景、融资特点、经营优势、工业化模式的差别，并对中国经济改革与工业化进程作了探索。

**1706** 《中美丝绸之路战略比较研究——兼议美国新丝绸之路战略对中国的特殊意义》（中国社会科学院"一带一路"研究系列），赵江林著，北京：社会科学文献出版社，2015年5月。

本书是对中美丝绸之路战略的比较研究。书中分为五章，叙述了中美丝绸之路倡议的缘起与走向比较，对中美两国丝绸之路提出的进程加以描述；基于现有的研究基础和官方发布的信息，对中美两国丝绸之路倡议的战略目标或方向、实施路径进行比较，以此明确大国的地区战略走向。同时，作者通过美国对东亚国家和中亚、阿富汗以及南亚的扶持探讨了美国新丝绸之路倡议对中国构成的潜在挑战，并就中国"一带一路"的推进提供了相关政策性参考建议。

**1707** 《中亚国家发展报告·2014·"丝绸之路经济带"专辑》，孙力、吴宏伟主编，北京：社会科学文献出版社，2014年9月。

本书由中国社会科学院俄罗斯东欧中亚研究所组织编写，由五个板块与大事记组成，包括总报告、形势分析与热点问题、中亚国家与世界、中亚国家与中国、中亚五国的国别形势，简要地介绍了外高加索格鲁吉亚、亚美尼亚和阿塞拜疆三国的政经现状及发展。作者对2013年以来中亚各国的政经形势、热点问题、重大事件以及基本国情进行了分析，并对2014年中亚国家政治经济发展和安全保障的趋势进行了展望，为读者了解和研究中亚地区形势提供了重要的参考资料和入门路径。

**1708** 《中亚五国：新丝路的重要支点》（"一带一路"列国巡礼），孔庆楠编著，北京：北京联合出版公司，2016年10月。

本书是介绍与探讨"一带一路"沿线国家哈萨克斯坦、塔吉克斯坦、吉尔吉斯斯坦、乌兹别克斯坦与土库曼斯坦等中亚五国的著作。书中叙述了中亚五国的地理风貌、自然气候、国家体制与主要城市，描绘了该地区境内主要山脉、湖泊、沙漠、矿产等自然资源与地理特征，回顾了自部落时期至并入苏联再到独立的历史进程，并对五国杰出人物的生平与贡献做了评述。同时，书中还探讨了中亚地区重要的历史遗迹与民族文化，就其社会生活、民俗信仰与文化传承等内容做了总结，有助于读者对中亚五国有一个准确全面的认知，也体现了中亚五国作为欧亚大陆"心脏地带"对于新丝绸之路的建设所起到的支点作用。

1709 《走向印度洋："丝绸之路经济带"东南亚—南亚—印度洋方向重点国别研究》，曲凤杰等编著，北京：中国市场出版社，2016年12月。

本书是研究印度洋地区印度、印度尼西亚、柬埔寨、老挝、斯里兰卡和缅甸六国的专著，作者通过对这些国家在政治、经济、经贸合作、国际关系、资源优势、生态环境等多角度的分析和探讨，为"一带一路"倡议走向印度洋地区提供建议和对策。书中对每个国家采用具体问题具体分析的策略，深入研究各国的国情特征，解读这些国家真正的合作诉求及形成这种诉求的原因，为在印度洋地区实现合作共建与互利共赢提供了客观数据与方法途径。

1710 《"21世纪海上丝绸之路"与"全球海洋支点"对接研究：中国福建省、印度尼西亚调研报告》，许利平等著，北京：中国社会科学出版社，2017年2月。

本书以中国"21世纪海上丝绸之路"倡议与印度尼西亚"全球海洋支点"构想相对接为研究对象，用调研报告的形式重点论述中国与印尼关于在海洋经济、海洋文化、海洋交通等领域的交流合作和战略意义。书中介绍了印尼的"全球海洋支点"战略的概念、背景等内容，以及对"海上丝绸之路"的支点作用；论述了福建省作为中国"海上丝绸之路"的起点，其核心区建设的现实基础和应对方法。同时本书还阐述了中国如何与印尼开展能源、海上安全等方面的多边合作，也分析了印尼工业园区的现状和中国企业在印尼的投资环境。作者对中国与印尼战略对接的必要性和可行性等问题也进行了深入分析和讨论。

1711 《"21世纪海上丝绸之路"与中国—印尼战略合作研究》，宋秀琚主编，武汉：华中师范大学出版社，2017年4月。

本书以"21世纪海上丝绸之路"倡议下中国与印度尼西亚的战略合作为研究对象，重点分析和讨论了中国与印尼在海洋领域的经济合作、文化交流、贸易往来、海上交通等内容。作者以海洋外交为视角，探讨了中国与印尼合作的现状与前景，并分析了双边合作的战略意义，同时深入研究和评价了印尼海洋管理制度，并认为其渔业产业的发展值得国内借鉴和学习。此外，作者还从中国与东盟国家的视角出发，论述了彼此在"21世纪海上丝绸之路"倡议下所面临的前景、机遇和挑战，以及如何加强双方的经贸关系，建设新的经济走廊。

1712 《"海上丝绸之路"战略研究》，徐希燕等著，北京：中国社会科学出版社，2016年1月。

本书是专门研究"21世纪海上丝绸之路"战略的著作。全书分析了"21世纪海上丝绸之路"战略的时代背景、战略地位和现实作用等内容，同时对"一带一路"的发展轨迹和空间范围做了一个回顾和界定，揭示了"一带一路"的发展格局和合作机制。作者重点论述了"21世纪海上丝绸之路"关于交通通畅、互联互通、市场互动、亚太繁荣、贸易自由、政治互信的战略构想，以及国内16个相关省市自治区的战略对接选择。此外，书中还叙述了相关国家和国际组织对于"21世纪海上丝绸之路"的反应和策略，并以此提出中国在外交合作中的措施和对策。

1713 《"浙江舟山群岛新区·现代海上丝绸之路"研究》，黄建钢著，北京：海洋出版社，2014年9月。

本书主要是对海上丝绸之路重要地区——舟山群岛新区的建设发展研究。全书分为构想篇、思维篇、路径篇、访谈篇四部分。构想篇包括论"海洋社会战略"、论"第三级港口城市"、论"舟山群岛新区"以及论"现代海上丝绸之路"四篇文章，主要论及舟山新区的经济发展战略问题；思维篇则通过海洋思维、战略思维、先行思维、商人思维、创新思维、科技思维、工业思维、增长思维、再择思维等思维模式的转换促进发展；路径篇探讨了舟山群岛新区建设的多种路径方式，包括文化路径、社会路径、城带路径、人才路径、研究路径、管理路径等；访谈篇则通过对浙江海洋学院党委副书记、海洋政治和法律研究中心主任黄建钢的访谈和社媒报道来展现舟山新区与海洋战略的建设。

1714 《2015中国—东盟研究蓝皮书——21世纪海上丝绸之路上的中国与东盟》，广东海洋大学东盟研究院著，北京：中国经济出版社，2016年10月。

本书围绕"政策沟通、道路联通、贸易畅通、货币流通、民心相通"，对21世纪海上丝绸之路上的中国与东盟各领域之间的合作开展研究。内容包括21世纪海上丝绸之路的中国与东盟设施联通合作机制与路径研究；中国东盟贸易畅通问题研究；中国与东盟国家相互投资的特点、问题与前景展望研究；海上丝绸之路背景下的中国—东盟旅游合作基础、现状与展望；我国实施"21世纪海上丝绸之路"战略的政策沟通研究；中国与东盟国家文化交流的历史溯源、现状及展望等六个专题。

1715 《21世纪"海上丝绸之路"》，王金波著，北京：外文出版社，2014年10月。

本书是一本简要介绍海上丝绸之路，解析"一带一路"倡议的手册。全书分为海上丝绸之路的历史传承与时代内涵，"海上丝绸之路"是一条和平、合作、共赢之路，构建"海上丝绸之路"需要坚持共商、共建、共享的原则，弘扬丝路精神、深化中国与世界合作等四部分。书中每一部分中以数据、表格、相关链接等形式描绘了海上丝绸之路的重要价值以及建设"一带一路"的战略构想与展望。本书对21世纪"海上丝绸之路"的推进具有一定的现实意义。

1716　《21世纪海上丝绸之路：广东再出发》，司徒尚纪著，广州：广东旅游出版社，2016年6月。

本书探讨海上丝绸之路与广东关系，从海上丝绸之路之重镇广东出发，分析广东海上丝绸之路形成的独特条件；梳理从先秦到鸦片战争期间广东在海上丝绸之路的历史演变；探讨广东海上丝绸之路的历史地位和贡献；深入讨论广东在海上丝绸之路的优势以及战略与对策。本书对广东在海上丝绸之路的存在和价值进行了深入的分析，并对广东在建设21世纪海上丝绸之路与区域旅游合作的重要作用方面进行了诸多探讨，提出了广东旅游"走出去"的思路方法并加强了海上丝绸之路的宣传教育。

1717　《21世纪海上丝绸之路：目标构想、实施基础与对策研究》（中国社会科学院"一带一路"研究系列），赵江林主编，北京：社会科学文献出版社，2015年5月。

本书主要从中国与沿路国家经济关系出发，具体探讨了21世纪海上丝绸之路战略的目标定位、推行的经济基础及其相关的对策研究等问题。全书分为九章，探讨21世纪海上丝绸之路项目研究的背景、思路；论述海上丝绸之路战略构想与目标定位；详细探讨海上丝绸之路推行的宏观经济基础、微观经济基础、贸易基础，以及基础设施互联互通、区域合作新模式、中印在21世纪海上丝绸之路格局下的互联互通及能源合作等方面问题，并针对"一带一路"实施的目标共性、路径差异提出了研究对策。

1718　《21世纪海上丝绸之路港口发展报告》，曾庆成编著，大连：大连海事大学出版社，2015年11月。

本书是21世纪海上丝绸之路各个港口的发展报告。全书共分为七章，主要内容包括对海上丝绸之路背景、国家经济与贸易发展状况、主要航运中心与航运市场等港口发展环境进行分析；讨论海上丝绸之路港口基础设施、港口生产、港口投资建设与运营以及港口管理政策的发展现状；进一步分析海上丝绸之路港口管理及投融资模式并预测港口物流发展趋势以及所面临的机遇和挑战，提出海上丝绸之路港口物流系统构建，包括促进海上丝绸之路港口物流系统发展的政策与措施等问题。

1719 《21世纪海上丝绸之路建设与阳江发展》，袁古洁主编，广州：南方日报出版社，2015年8月。

本书主要论述阳江在21世纪海上丝绸之路建设中所面临的机遇与挑战。全书共分三部分，首先通过分析广东港口城市与丝绸之路的渊源和经济发展等相关问题，讨论阳江所面临的发展机遇；其次对阳江地区的战略决策进行深入探讨，包括阳江的定位与机遇、阳江经济发展模式的转型与创新发展、阳江与海上丝绸之路的历史渊源等问题；最后一部分根据21世纪海上丝绸之路的发展形势，探讨发展阳江经济的具体实践与行动，提出发展阳江滨海旅游产业、依托"南海Ⅰ号"发展海上丝路游、开发海上丝绸之路博物馆旅游纪念品研究、借力21世纪海上丝路建设，构建阳江休闲渔业新格局等具体可行方案。

1720 《21世纪海上丝绸之路与广东航运文化》，乔培华、袁炎清主编，广州：中山大学出版社，2016年6月。

本书为研究海上丝绸之路和广东航运文化的论文集，对广东航运的历史演进、发展概况以及海上丝绸之路上中外交流以及对广东的教育、文化、经济等各方面的发展等问题做了相关的深入解析，所收入的论文包括《推进广州国际航运中心建设的思考》《广州航运的历史演进及启示》《广东现代运输船发展概论》《广东航运服务集聚区建设研究》《加快建设腹地型、服务型和物流型国际航运中心》《中国—东盟港航合作研究展望》《推进广州国际航运中心建设的产业思考完善集疏运体系服务广州航运中心建设》《21世纪海上丝绸之路背景下的广东自贸区发展》《广东沿海港口油气储运安全及其保障机制》《海上丝绸之路上华侨华人的精神标识》《孔子学院在东盟》《中华武术在东南亚沿海城市的传承与发展》《海上丝绸之路与中伊文化交流》《海上丝绸之路文化交往对粤语的影响》等篇。

1721 《21世纪海上丝绸之路与广州》，郭凡、蔡国萱主编，广州：中山大学出版社，2015年10月。

本书主要论述广州作为国家中心城市在建设21世纪海上丝绸之路中的核心枢纽地位及相关研究报告。全书分为八章，首先对广州参与21世纪海上丝绸之路建设的战略进行研究，进而分析广州文化对外开放的基本情况；讨论广州文化"走出去"的思路与战略；最后论述深化广州与东盟各国科技合作的思路与对策，并提出南沙新区发展高端航运服务业的研究方向以及充分发挥华侨华人优势助力21世纪海上丝绸之路建设的政策与建议。

1722 《21世纪海上丝绸之路与广州国际化大都市建设》，姚宜著，广州：中山大学出版社，2016年8月。

本书主要探讨21世纪海上丝绸之路与广州国际化大都市建设的相关问题。对国际化大都市理论进行介绍，并对广州作为国际化大都市的发展演进进行了分析，探讨广州在21世纪海上丝绸之路战略影响下的建设路径，提出加快建设广州国际化大都市的建设策略；针对广州开放性经济类型进行研究，在21世纪海上丝绸之路的环境背景下讨论其面临的机遇与挑战，并提出相应的对策措施。同时，本书还对广州在外国人管理服务创新方面、国际形象方面、城市外交方面以及举行国际高端会议等相关具体问题进行讨论，利用广州对外交往资源以及在21世纪海上丝绸之路的背景，进一步发展建设广州国际化大都市。

1723 《21世纪海上丝绸之路与智慧旅游》，朱定局著，广州：广东旅游出版社，2016年6月。

本书主要探讨21世纪海上丝绸之路与新兴旅游业的发展问题。对物联网技术在海上丝绸之路旅游中的应用，如物联网视野下的旅游安全、旅游管理、电子商务等具体问题进行探讨。利用旅游行业大数据，挖掘并解析海上丝绸之路旅游的需求与转型问题。分析移动互联网和云计算在旅游位置服务上的技术与服务；探讨社交网络与旅游营销问题以及丝绸之路旅游的O2O整合模式。

1724 《21世纪海上丝绸之路与中国—东盟合作》，吴士存主编，南京：南京大学出版社，2016年3月。

本书以21世纪中国海上丝绸之路为主题，探讨中国与东盟的合作关系以及海上丝绸之路重要城市所面临的机遇与挑战。全书详细解析建设海上丝绸之路构想的背景、内涵、意义，讨论丝绸之路与全球经济增量再平衡战略，列举广西沿海、沿边开发的新举措，并对海上丝绸之路的油气合作进行探讨。此外，本书还对"一带一路"战略的内涵、推进路径和面临的困难进行分析，对主要国家经贸合作的内涵与模式进行研究，对推进区域合作、海洋国际合作以及中国与东盟合作问题提出了主要做法和启示。

1725 《大洋洲发展报告——21世纪海上丝绸之路南线建设：中国与大洋洲关系（2014—2015）》，喻常森主编，北京：社会科学文献出版社，2015年10月。

本书重点探讨在海上丝绸之路南线建设下，中国与大洋洲在2014—2015年的发展合作以及面临的各种问题与挑战等。全书分为六部分，第一部分对太平洋岛国在21世纪中国战略谋划中的定位进行探讨；第二部分对澳大利亚、新西兰、太平洋岛国在2014年的政局与经济发展进行评估；第三部分报告南太平洋岛国、亚太地区等区域与美国、中国等大国的合作发展关系；第四部分重点分析澳大利亚在中美之间的外交政策取向、新西兰反腐局的制度等热点问题；第五部分专题报告新西兰与"一带一路"战略构想、中国对大洋洲的经济援助和开发项目等问题；第六部分是2014年大洋洲地区大事记，为读者提供参考。

**1726** 《东南亚：21世纪"海上丝绸之路"的枢纽》，葛红亮著，北京：世界图书出版公司，2016年5月。

本书主要探讨东南亚地区在海上丝绸之路的枢纽地位及作用。全书分为三部分，第一部分为导读，介绍东南亚与21世纪"海上丝绸之路"的概况；第二部分为国别篇，详细论述印度尼西亚、马来西亚、新加坡、泰国、文莱、越南、菲律宾、东帝汶、缅甸、柬埔寨、老挝等国与21世纪"海上丝绸之路"的政策与关系；第三部分为专题篇，主要梳理和论述东南亚国家面对"海上丝绸之路"战略构想过程中具有的优势及一系列挑战。

**1727** 《对话海上丝绸之路》，李杰著，北京：北京航空航天大学出版社，2017年7月。

本书收录了国内在"海上丝绸之路"相关研究领域的9位专家的精彩对话，以"海上丝绸之路"为主线，通过专家视角解读"一带一路"战略，并介绍与之相关的法律、历史、地理、军事知识，将普及科学知识与时政热点结合。内容主要涉及"丝路史话""海上丝路""地缘战略""法律空间""地理空间""安全保障""坚强后盾"以及"安保新模式"等八个方面。

**1728** 《俄罗斯：东部陆海丝路的主枢纽》（"一带一路"列国巡礼），宋歌编著，北京：北京联合出版公司，2016年10月。

本书是介绍与探讨"一带一路"沿线国家俄罗斯的著作。书中叙述了俄罗斯的地理风貌、自然气候、国家体制与主要城市，描绘了境内主要山脉、河流、平原、矿产等自然资源与地理特征，回顾了自基辅罗斯时期至苏联时期再到俄罗斯联邦的历史进程，并对该国杰出人物的生平与贡献做了评述。同时，书中还探讨了该国多元化的历史遗迹与民族文化，就其社会生活、民俗信仰与文化传承等内容做了总结，有助于读者对俄罗斯有一个准确全面的认知，也体现了俄罗斯作为邻国在东部陆海丝路上的枢纽作用。

1729 《二十一世纪海上丝绸之路发展战略下广西与东盟旅游合作机制》,张念萍著,北京:光明日报出版社,2014年12月。

本书以海上丝绸之路发展战略为背景,对广西与东盟区域旅游合作机制进行了系统研究。内容分为四篇,第一篇为项目研究背景,介绍了海上丝绸之路的历史背景、影响分析、受益地区、历史经验、规划建设以及基于海上丝绸之路战略的广西—东盟旅游合作机制研究;第二篇为广西与东盟区域旅游合作现状,包括旅游产业发展概况、合作现状与制约因素等;第三篇为广西与东盟区域旅游合作战略,对深化发展战略依据以及合作驱动力进行了分析;第四篇为海上丝绸之路发展战略下广西与东盟合作机制,对战略选择、合作空间结构以及政策保障三方面进行了详细论述。

1730 《菲律宾:海上丝路的新明珠》("一带一路"列国巡礼),孔庆楠编著,北京:北京联合出版公司,2016年1月。

本书是介绍与探讨"一带一路"沿线国家菲律宾的著作。书中叙述了菲律宾的地理风貌、自然气候、国家体制与主要城市,描绘了境内火山与岛屿等自然资源与地理特征,回顾了自氏族制度时期至外来统治时期再到总统制国家的历史进程,并对该国杰出人物的生平与贡献做了评述。同时,书中还探讨了该国的自然风光与民族文化,就其社会生活、民俗信仰与文化传承等内容做了总结,有助于读者对菲律宾有一个准确全面的认知,也体现了菲律宾在海上丝绸之路上的战略作用。

1731 《福建融入21世纪海上丝绸之路的路径与策略》,全毅、王春丽等著,北京:经济管理出版社,2017年7月。

本书通过考察福建与海上丝绸之路沿线主要节点区域的比较优势与营商环境,甄别经贸合作共赢的重点领域,探讨了福建发展与沿线国家经贸合作的策略。全书分为"21世纪海上丝绸之路倡议的时代内涵与建设方略""福建与21世纪海上丝绸之路的历史渊源""福建融入21世纪海上丝绸之路国家倡议探讨""东南亚:21世纪海上丝绸之路的重要枢纽""南亚与印度:21世纪海上丝绸之路的重要驿站""西亚:21世纪海上丝绸之路的重要节点"等十章,以新的视角探讨福建21世纪海上丝绸之路核心区建设。

1732 《福建推进21世纪海上丝绸之路核心区建设的实践与探索》,蔡勇志著,福州:福建人民出版社,2017年10月。

本书总结了福建省在海上丝绸之路核心区建设中取得的成果、不足及今后的发展

▶ 丝绸之路研究论著叙录

对策。内容分为"一带一路"提出的背景及发展成效、福建建设海上丝绸之路核心区的发展现状、泉州推进"海丝"先行区的典型经验、漳州市参与"海丝"核心区建设的现状与思路、福建推进国际产能合作的现状及典型案例等五章。书中运用大量材料，从多角度系统总结了福建省及泉州、漳州两市在"海丝"建设方面的发展成效与典型经验，探析存在的主要问题，并有针对性地提出发展思路。

1733 《广东与海丝沿线国家服务经济合作发展研究》（21世纪海上丝绸之路协同创新中心智库丛书），林吉双、何传添著，北京：人民出版社，2017年7月。

本书关注广东与海丝沿线国家服务经济合作发展，通过文献分析、数据分析、国别比较、案例研究和实地调研等方法，分析广东与海丝沿线国家在会展业、跨境电商、旅游业、服务外包、高等教育和科技等六个方面合作的优势和机遇、现状与挑战、经验与教训等，并提出深化与海丝沿线国家的合作，共同推动海上丝绸之路服务经济合作发展的建设思路和对策建议。全书分为八章，包括建设全方位开放型经济体系与"一带一路"倡议、广东与海丝沿线国家服务外包产业合作发展研究、广东与海丝沿线国家跨境电商合作潜力分析及建议等。

1734 《广交会：海上丝绸之路的新生与发展》（海上丝绸之路研究书系），陈韩晖、吴哲、黄颖川著，广东省人民政府参事室（文史研究馆）编，广州：广东经济出版社，2015年10月。

本书通过记叙"中国第一展"广交会的改革变迁史，展示中国对外开放不断优化的历史进程，演绎海上丝绸之路的新生和发展。全书分为八章，以时间为轴，内容包括贸易大国的辉煌与挑战、统制专营时代下的初试啼声（1957—1978年）、市场化方向的初步探索（1979—1987年）、深化改革的整体推进（1988—2001年）、开放型经济对接国际规则（2002—2007年）、在国际金融危机洗礼中新生（2008年至今）等，每章中分阶段记叙了广交会的转型历程。

1735 《广州与"21世纪海上丝绸之路"建设》，曹云华、李皖南著，北京：中国经济出版社，2017年7月。

本书从历史和现状两个角度分析了广州参与"21世纪海上丝绸之路"的状况。全书分为总论和分论两篇，共七章，详细论述了广州与"21世纪海上丝绸之路"沿线国家和地区，如东盟、南亚、西亚、东北非等进行合作的历史、现状与前景，介绍了沿线国家和地区的基本发展情况。内容包括广州参与"21世纪海上丝绸之路"建设的历史基础、广州参与"21世纪海上丝绸之路"建设的时代机遇、广州参与"21世纪海上丝绸之路"建设的现状与挑战、广州与东盟国家共建"21世纪海上丝绸之路"等。

1736  《国际法新命题：基于21世纪海上丝绸之路建设的背景》，张相君著，北京：社会科学文献出版社，2017年2月。

本书以翔实的历史资料，论证了21世纪海上丝绸之路建设的背景下，国际法如何命题的问题。全书分为八个部分，内容涉及国际法的哲学之问、21世纪海上丝绸之路背景下的现代国际法体系的演变脉络、21世纪海上丝绸之路背景下的现代国际法规则体系的非完备性、21世纪海上丝绸之路背景下的现代国际法规则体系非完备性的法哲学分析和21世纪海上丝绸之路为现代国际法体系供给的法哲学理念维新等。作者强调当前国际法处于亟待进一步发展的阶段，中国应从理论层面与物质层面进行准备与把握。

1737  《海上丝绸之路新探索》，林华东主编，北京：中国社会科学出版社，2016年8月。

本书是"第一届海丝文化国际青年学者论坛"论文集，分为领导致辞、《泉州倡议》、新闻媒体报道、论文等栏目。其中论文部分共收录国内外学者撰写的论文48篇，收录了《海上丝路的历史启示与21世纪"新丝路"的建设》《略谈印度尼西亚与"海上丝绸之路"》《闽南明海法宝禅师与越南南方佛教史》《国际社会对21世纪海上丝绸之路的认知——以印度与东盟为例》《21世纪海上丝绸之路与建设福建省海洋经济强省研究等》文章。本书围绕海上丝绸之路的历史、现实与未来，福建与海上丝绸之路的历史渊源关系，闽台文化交流对21世纪海上丝绸之路建设的影响和贡献等领域进行了深入研究。

1738  《海上丝绸之路与中国—东盟关系》，杨晓强、许利平主编，北京：社会科学文献出版社，2015年12月。

本书是"21世纪海上丝绸之路与中国—东盟命运共同体"学术研讨会的论文集，围绕海上丝绸之路及中国—东盟关系的历史、现状展开，并据此分析了建设21世纪海上丝绸之路及发展中国—东盟命运共同体的机遇、挑战和深远历史意义。全书分为十部分，包括21世纪海上丝绸之路与东盟战略支点国家建设、"一带一路"与中国新时期的周边战略、对建设21世纪海上丝绸之路的思考、古代海上丝绸之路及其21世纪海上丝绸之路建设的启示、人道主义援助与中国—东盟命运共同体建设、21世纪海上丝绸之路的区域协同发展、中国—东盟自由贸易区建设成果和21世纪海上丝绸之路等。

1739 《海上新丝路：21世纪海上丝绸之路发展思路与构想》，张诗雨、张勇编著，北京：中国发展出版社，2014年11月。

本书通过梳理海上丝绸之路的历史，为21世纪中国海上丝绸之路的发展提出了战略建言。全书共分六章，内容包括国际交往及古代丝绸之路、中国海洋运输的历史回顾、中国海洋运输及产业发展现状、海洋运输的国内外趋势展望、面向未来的海上丝绸之路战略构想、振兴海上丝绸之路的战略举措等。在全面回顾中国古代不同时期海上丝绸之路兴衰历程的基础上，深入分析了中国海洋交通运输产业的发展现状，并立足全球海运未来走势，探讨了建设"21世纪海上丝绸之路"的战略构想，提出了振兴海洋事业的政策建议。

1740 《海丝列国志》（中国社会科学院"一带一路"研究系列），王灵桂主编，北京：社会科学文献出版社，2015年6月。

本书为中国社会科学院"一带一路"研究系列成果之一，收录了"一带一路"沿线国家的概况和有关初步评估，描述了它们的基本情况。书中按国别分类，涉及亚洲、非洲、欧洲、大洋洲的38个国家，包括阿联酋、埃及、埃塞俄比亚、澳大利亚、德国、法国、菲律宾、荷兰、柬埔寨、卡塔尔、黎巴嫩、马达加斯加、马尔代夫、马来西亚、蒙古国、尼泊尔、瑞士、沙特阿拉伯、泰国、西班牙、新加坡、新西兰、伊拉克、意大利、英国、越南等。每个国家又按基本信息、政治状况、经济形式、投资状况、双边关系、总体风险评估六大部分进行了深入介绍。

1741 《回眸海丝之路：改革开放以来国内的海上丝绸之路研究》，冯定雄编著，北京：中国环境出版社，2015年8月。

本书分为上、下两篇共六章。上篇综述近年国内外对我国古代海上丝绸之路的研究情况，分为20世纪90年代前的海上丝绸之路研究、20世纪90年代至21世纪的海上丝绸之路研究、21世纪以来的海上丝绸之路研究三章，其中后两章分省市进行了介绍。下篇分为中国古代海外贸易与管理研究、中国古代海上丝绸之路空间、中国古代海上丝绸之路商品研究、21世纪以来我国海上丝绸之路研究的热点问题四章。介绍了历代海外贸易政策与市舶制度，与亚、非、欧、美洲之间的交往贸易，瓷器、茶叶、香料（药物）等商品的贸易情况，海上丝绸之路的概念、开辟时间及分期、始发港等热点问题的研究概况。

1742 《胶东文化与海上丝绸之路论文集》，鲁东大学胶东文化研究所编，济南：

山东人民出版社，2016 年 11 月。

本书为"胶东文化与海上丝绸之路"高端论坛的学术研究成果，共收录论文 33 篇，包括胶东早期海洋文明与海上丝绸之路之始、"一带一路"构想与"韩国欧亚倡议"构想的协作新机遇、东方海上丝绸之路韩国史料中的胶东海商等。重点探讨了胶东经济文化的发展脉络、不同历史阶段的创新精神与文化形象、当下语境中的改革策略；追索了"（东方）海上丝绸之路"的历史渊源、各时代具体形态、多元文化动力和现实国际状态；梳理了胶东文化的国际传播途径及其与"海上丝绸之路"的文化联动、历史记忆、人文谱系；思考了"一路一带"战略格局中胶东经济文化的特殊发展机遇、应对策略等内容。

1743 《历史与现实的呼应：21 世纪海上丝绸之路的复兴》，黄茂兴编著，北京：经济科学出版社，2015 年 1 月。

本书对"21 世纪海上丝绸之路"的历史演进、空间范围、理论和现实基础、战略路径、发展趋势进行了深入探索。全书分为"21 世纪海上丝绸之路"的历史演化、"21 世纪海上丝绸之路"的主要内容与战略目标、建设"21 世纪海上丝绸之路"的理论基础与现实必然、建设"21 世纪海上丝绸之路"的路径设想、建设"21 世纪海上丝绸之路"的政策保障、建设"21 世纪海上丝绸之路"的发展愿景等六章，以"海上丝绸之路"的历史演变与现实选择为主题，展望了"21 世纪海上丝绸之路"的光辉前景，设计了相应的路径与蓝图。

1744 《人民币区域化法律问题研究：基于海上丝绸之路建设的背景》，丁国民、陶菁著，北京：社会科学文献出版社，2016 年 12 月。

本书结合人民币加入 SDR 货币篮子的背景，分析比较海上丝绸之路沿线国家货币政策与制度实践的经验，在此基础上深入探讨 SDR 框架下人民币区域化存在的法律问题，并集中从法律制定、法律实施两大方面论述相关法律制度之完善。全书分为五章，内容涉及海上丝绸之路的机遇——人民币加入 SDR 货币篮子的背景概述、海上丝绸之路的经验——中国货币区域化的历史进程、海上丝绸之路的实践——人民币区域化的法律制度构成、海上丝绸之路的困局——SDR 框架下人民币区域化的法律障碍、海上丝绸之路的出路——SDR 框架下人民币区域化法律制度的探索等。

1745 《泰国：海丝路的战略支点》（"一带一路"列国巡礼），宋歌、姜子钒编著，北京：北京联合出版公司，2016 年 10 月。

本书是介绍与探讨"一带一路"沿线国家泰国的著作。书中叙述了泰国的地理风貌、自然气候、政治体制与主要城市，描绘了境内主要河流、岛屿、矿产、农林等自然资源与地理特征，回顾了自史前文化至大城王朝时期再到曼谷王朝时期的历史进程，并对该国杰出人物的生平与贡献做了评述。同时，书中还探讨了该国重要的历史遗迹与民族文化，就其社会生活、民俗信仰与文化传承等内容做了总结，有助于读者对泰国有一个准确全面的认知，也体现了泰国在海上丝绸之路上的支点作用。

1746 《图说湛江：海上丝绸之路始发港的新跨跃》，中国旅游出版社、湛江市旅游局编，北京：中国旅游出版社，2015年5月。

本书以画册的形式展示了广东省湛江市的历史文化，更包括了历史文化的湛江与现代化湛江城市建设的对比。全书分为汉武开海，旌飞旗扬下南洋；十里窑址，映红了唐宋天空；明清十埠，商旅熙攘聚赤坎；国际通道，自由贸易广州港；走向深蓝，丝路大港新跨越；五岛一港，宜游宜居湛江蓝六个部分，用最美的湛江风光图片，介绍了湛江丰富的旅游资源和深厚的海上丝绸之路文化。每幅图片均配有说明文字。附录部分收录了《海上丝绸之路航线上雷州半岛主港概述》一文。

1747 《推进北方海上丝绸之路："北极问题"国际治理视角》，王新和著，北京：时事出版社，2017年2月。

本书以"北极问题"国际治理为研究视角，探讨了推进北方海上丝绸之路的基础、方法、影响等内容。书中概述了北极问题的定义、战略价值及特点，并就其国际治理的主要特点和重要影响做了解读，讨论了中国参与北极事务的态度、特点与影响，分析了中国在北极治理上的理性选择。此外，作者分析了域外因素的影响，强调了中俄北极合作的重要性，并对推进北方海上丝绸之路的建设与发展提出了相应的治理建议。

1748 《香茶陶珠：特产及其文化交流之路》，冯海波著，广东省人民政府参事室（文史研究馆）编，广州：广东经济出版社，2015年10月。

本书主要选择具有代表性的莞香、茶叶、陶瓷、南珠等，概述其发展历史、生产制作工艺及对外贸易情况等，以此展现"海上香料之路""海上茶叶之路""海上陶瓷之路"的"前世今生"。全书分为香——莞香之路、茶——茶叶之路、陶——陶瓷之路、珠——南珠之路、燕——金燕之路、砚——端砚之路、玉——翡翠玉器之路、石——石材石艺之路、世界工厂——东莞制造业发展之路九章。内容主要叙述了广州与海上丝绸之路的商品及文化交流等问题。

1749 《新海上丝绸之路构建：从泛北部湾到欧洲国际学术研讨会论文集》，廖国一主编,北京:科学出版社,2017 年 2 月。

本书是 2014 年 9 月于广西桂林召开的"新海上丝绸之路构建:从泛北部湾到欧洲"国际学术研讨会的论文集,共收录国内外学者撰写的论文 35 篇。全书分为丝绸之路上的多元文化互动、环丝绸之路区域经济的长期表现、新海上丝绸之路构建与中欧自由贸易区建设三部分。收录文章包括《关于汉代海上丝绸之路的几个问题》《试论广西汉代海上丝绸之路经济带的形成与范围》《宋代钦州博易场的兴衰与海上丝绸之路的发展变迁》《"海上丝绸之路"城市旅游空间格局:基于广西的实证》《海上丝绸之路的战略部署探索》《丝绸之路:衔接亚欧经济板块——兼论泛北部湾与印度》等篇。

1750 《新海丝路上的马来西亚与中国》(中山大学国际问题研究文库·广东与海上丝绸之路沿线国家丛书),范若兰著,北京:世界知识出版社,2017 年 4 月。

本书简要回顾了中国与马来西亚的历史交往,概述了 21 世纪中国与马来西亚的政治、经济和社会发展背景,重点梳理了中国与马来西亚的教育、旅游和文化合作现状,并着重从广东的区位特点出发剖析广东与马来西亚在海上丝绸之路建设框架下的新前景,包括广东华侨的特殊作用,并对未来做出展望。全书共分为六部分,包括斯土斯民:马来西亚概览;前世今生:海上丝绸之路枢纽;繁荣之道:21 世纪的政治、经济与社会发展;风雨彩虹:中国与马来西亚关系;你中有我:广东与马来西亚互动;展望未来:马来西亚与新海上丝绸之路等内容。

1751 《新海丝路上的土耳其与中国》(中山大学国际问题研究文库·广东与海上丝绸之路沿线国家丛书),孟庆顺著,北京:世界知识出版社,2017 年 4 月。

本书介绍了土耳其丰富的自然、人文景观与宗教文化,回顾了土耳其波澜壮阔的历史变迁,分析了在传统与现代、东方与西方的夹缝中土耳其在政治、经济与外交方面的艰难探索,探讨了中国与土耳其悠久的历史联系,尤其是中国改革开放以来广东省与土耳其的友好合作,最后对土耳其在 21 世纪海上丝绸之路建设中的角色做出了评估。全书共分为五章,内容包括欧亚陆桥:土耳其概览;帝国轮替:文明的交汇与碰撞;发展之路:当代土耳其的艰难选择;远邻近亲:日益密切的中土关系;丝路新友:改革开放以来粤土友好往来。

1752 《新海丝路上的新加坡与中国》(中山大学国际问题研究文库·广东与海上丝绸之路沿线国家丛书),黎相宜著,北京:世界知识出版社,2017 年 4 月。

本书讲述了新加坡的自然地理、人文历史,政治、经济与社会发展情况;介绍了

▶ 丝绸之路研究论著叙录

中国与新加坡的友好历史,并着重介绍了广东与新加坡的地缘历史、贸易往来及民间关系,从广东的区位特点出发剖析广东与新加坡在海上丝绸之路建设框架下的新前景,包括广东华侨的特殊作用;最后,对新海丝路上的中新关系作出展望。全书分为五部分,内容包括鱼尾狮城:新加坡的前世今生;"新加坡模式":政治、经济与社会发展;互利共赢:中国与新加坡;人缘相亲:广东与新加坡;展望未来:新海丝路上的新加坡与中国。

**1753** 《新海丝路上的印度尼西亚与中国》(中山大学国际问题研究文库·广东与海上丝绸之路沿线国家丛书),潘一宁著,北京:世界知识出版社,2017年4月。

本书简要回顾了中国与印度尼西亚的历史交往,概述了21世纪中国与印度尼西亚的政治、经济和社会发展背景,重点梳理了中国与印度尼西亚的教育、旅游和文化合作现状,并着重从广东的区位特点出发剖析广东与印度尼西亚在海上丝绸之路建设框架下的新前景,包括广东华侨的特殊作用,并对未来做出展望。全书共分为四章,内容包括:印度尼西亚的形成;现代印尼面面观;"印尼鹰"与"中国龙"共舞;源远流长的广东与印尼关系。

**1754** 《新加坡:海丝梦的新荣光》("一带一路"列国巡礼),杨玉萍编著,北京:北京联合出版公司,2016年1月。

本书是介绍与探讨"一带一路"沿线国家新加坡的著作。书中叙述了新加坡的地理风貌、自然气候,以及"花园城市"的文化与全球第四国际金融中心的作用,描绘了境内海峡、岛屿等自然资源与地理特征,回顾了自早期文明至英属时期再到独立治国的历史进程,并对该国杰出人物的生平与贡献做了评述。同时,书中还探讨了该国现代时尚艺术与民族文化,就其社会生活与风土特色等内容做了总结,有助于读者对新加坡有一个准确全面的认知,也体现了新加坡在海上丝绸之路上的战略作用。

**1755** 《新战略、新愿景、新主张:建设21世纪海上丝绸之路战略研究》,祝哲等著,北京:海洋出版社,2017年1月。

本书是一部系统介绍21世纪海上丝绸之路的研究著作。全书分为18章,内容包括:21世纪海上丝绸之路战略的形成、历史起点——中国古海上丝绸之路、多维理论下的21世纪海上丝绸之路、21世纪海上丝绸之路的战略定位及愿景、建设21世纪海上丝绸之路面临的机遇和挑战、海上丝绸之路上的关键节点、推进基础设施互联互通、区域产业链和价值链合作、区域金融合作、区域海洋经济和管理合作、区域贸易与投资合作、区域人文交流与合作、区域海上通道安全、推动区域内新型国际关系的形成、黄渤海地区融入21世纪海上丝绸之路的思考、长三角地区融入21世纪海上丝绸之路的思考等。

1756 《印度洋地区发展报告·2015·21世纪海上丝绸之路》，汪戎主编，北京：社会科学文献出版社，2015年5月。

本书以"21世纪海上丝绸之路"为主题，阐述了印度洋地区的国际关系。全书由总报告、战略报告、专题报告、附录4个部分组成，其中总报告以"21世纪海上丝绸之路"的建设能力、挑战与应对为主要探讨内容；战略报告探讨了印度对华政策与"一带一路"战略、斯里兰卡政局变化与重建"21世纪海上丝绸之路"倡议、"21世纪海上丝绸之路"与中国印度洋战略；专题报告讨论了加快西南互联互通建设助推"一带一路"发展、"一带一路"建设模式、"21世纪海上丝绸之路"的理论和现实、"21世纪海上丝绸之路"的合作机制构建、中国与"海上丝绸之路"沿线区域/国家贸易投资分析等问题；附录为2014年印度洋地区大事记。

1757 《中国"海上丝绸之路"研究年鉴·2013》，纪云飞主编，杭州：浙江大学出版社，2014年10月。

本书主要围绕2013年度学术界对"海丝"文化的研究展开。全书分为海上丝绸之路研究与海洋强国建设、海上丝绸之路东海航线研究、海上丝绸之路南海航线研究、海上丝绸之路与中西政经交往、海上丝绸之路与中西文化交流、海上丝绸之路与中国博物馆事业六章。内容包括"21世纪海上丝绸之路"与古代海上丝绸之路，钓鱼岛问题与南海问题，航海贸易、市舶机构及海洋政策研究，文化交流、外交往来、人员交往研究，沉船及考古研究，中国与欧美国家的政治交往，欧洲早期汉学，申报世界文化遗产，"海丝文物"的展览，学术研究、对外交流及其他等。

1758 《资本合作与南亚机会：海上丝绸之路金融合作发展报告（2016）》，任志宏主编，北京：中国金融出版社，2016年12月。

本报告是广州国际金融研究院设立的广州金融研究2015年度战略性课题《海上丝绸之路金融合作发展研究》的主要成果，集中体现了近年来海上丝绸之路金融研究领域的国内外专家的最新研究成果。全书共七章，包括了"21世纪海上丝绸之路"金融合作与发展战略研究、"一带一路"沿线国家金融投资价值研究、"海上丝绸之路"之南亚金融投资合作研究、"海上丝绸之路"与中国金融投资海外发展战略、"海上丝绸之路"与人民币国际化、"海上丝绸之路"与区域金融发展、"海上丝绸之路"金融发展合作趋势及展望等内容。全书系统梳理分析了海上丝绸之路金融发展与合作的最新进展，并对发展中存在的问题进行了客观评价。

1759 《自贸区大时代：从福建自贸试验区到 21 世纪海上丝绸之路核心区》，福建师范大学福建自贸区综合研究院编著，北京：北京大学出版社，2015 年 8 月。

本书从国际国内自贸区大格局大趋势出发，对福建自贸区的改革举措与建设思路进行了深度解读与普及性介绍。全书分为"进入自贸区时代：中国和世界的共同趋势""迈入自贸区 2.0 时代：福建自贸区将如何前行？""融入'一带一路'大战略：福建自贸区与'海丝'核心区的融合发展"三篇，以福建自贸试验区为主题，介绍了世界自贸区的昨天、今天和明天，展现了上海开启自贸区 1.0 时代以来取得的积极成效，比较了广东、天津和上海的建设基础，分析了福建自贸试验区在制度创新、金融创新、投资自由化、企业机遇、法治建设等方面的发展政策与方向路径，并对福建自贸试验区与 21 世纪海上丝绸之路核心区的融合发展路径勾画了相应的蓝图与愿景。

# 政治外交

1760 《"颜色革命"袭击下的中亚》，潘志平主编，乌鲁木齐：新疆人民出版社，2006年11月。

本书是对中亚形势分析的论著。书中分为新疆周边形势分析蓝皮书2005年度报告、"颜色革命"、非传统安全、经贸合作、哈萨克斯坦税收环境、非政府组织介绍六部分，叙述了美国、乌兹别克斯坦、哈萨克斯坦、吉尔吉斯斯坦等国的战略及国内发展形势，分析了中国与中亚五国的经贸合作方式，对中亚五国的投资环境和投资风险作以评估。同时，书中还对非政府组织在中亚的活动和影响做了介绍。

1761 《"走出去"与中国海外利益保护机制研究》，李志永著，北京：世界知识出版社，2015年9月。

本书主要探讨中国海外利益及其保护机制。全书分为六章，介绍中国海外利益及其保护机制的基本概念与研究现状；分析"走出去"与中国海外安全风险现状，包括"走出去"战略内涵与中国海外总体安全情况；以美国的经验与启示为例，探讨国内立法与海外利益保护问题；具体分析中国海外利益保护机制中的原则、理念与路径；探讨中国领事保护机制与海外利益保护措施以及中国警务外交与海外利益保护；分析中国企业公共外交与海外利益保护，包括海外利益保护呼唤企业公共外交、企业公共外交的建构与内涵、实践路径、特性与限度以及未来分析，并对海尔外交实践模式进行解构；最后指出中国海外利益保护机制的特色与未来研究方向。

1762 《2003走出阴霾》（欧亚战略丛书），潘志平主编，乌鲁木齐：新疆人民出版社，2004年2月。

本书是新西域文库·欧亚战略丛书中的一部，主要是对2003年新疆及周边地区的有关问题进行分析和预测，由主报告和若干个专题报告组成，主报告是在各专题报告的基础上，对全局情况的宏观分析、讨论；专题报告则就某一重点问题展开讨论，主要包括美国的欧亚战略与中间地带、伊拉克战争与美国的全球战略走向、从伊拉克战争看美国的"改造伊斯兰战略"、新形势下的上海合作组织、中亚地区的安全角势、"伊扎布斯"组织在中亚的活动与新疆稳定、"9·11"事件后恐怖活动车臣新动向、吉尔吉斯斯坦的政治反对派、日趋严重的中亚毒品问题、新疆与中亚经济合作发展的前景及建议、中亚与中国新疆的经济合作关系等问题。

1763 《阿尔泰文明与人文西域》，牛汝极著，乌鲁木齐：新疆大学出版社，2003年10月。

本书是牛汝极先生在阿尔泰学和维吾尔学领域内涉及文化语言学和历史语言学等学科的综合性研究成果，主要分为三部分。第一部分是对阿尔泰文明的研究，分别对阿尔泰语学、西域语言文学、突厥语与突厥文化等方面进行讨论，并从语言探寻新疆的历史文化。第二部分是对维吾尔文化的研究，包括对维吾尔语言文献与历史文化的研究。第三部分则对新疆的史地与人文进行探讨，具体讨论了新疆地名、风俗特点以及民间文学等问题。

1764 《阿拉善：行走的驿站》，董培勤著，北京：作家出版社，2015年10月。

本书对阿拉善独具特色的地理地貌：戈壁、沙漠、山川、河流，以及美食、醇酒、物产、居民等民俗风情进行介绍。对巴丹吉林的历史、沙漠文化、神话传说以及曼德拉山的岩画进行了详细具体的描写叙述，并对阿拉善的地理、羊肉文化、人文历史、神话故事、音乐及民俗等内容进行解读，此外，对伊克尔、巴彦浩特、额济纳等地区的草原文化也有简要介绍。

1765 《埃及和西亚国家汉语教学研究》（"一带一路"沿线国家汉语教学研究丛书），栗君华著，北京：中国社会科学出版社，2017年9月。

本书是研究埃及与西亚国家汉语教学现状、环境与方法等内容的著作。书中对埃及与巴林、阿联酋、黎巴嫩、伊朗、约旦等西亚国家的汉语教学进行了逐一论述，探讨了其国家概况、汉语教学简史、汉语教学的环境和对象、汉语师资和教材及教法，并列举了对每个国家汉语教学进行研究的参考文献。本书内容充分反映了汉语在埃及与西亚国家的普及情况与发展空间，也为"一带一路"在该地区的建设提供了语言方面的基础信息。

1766 《巴基斯坦概论》（"一带一路"国情文化丛书），杨涛、张立明编著，广州：世界图书出版广东有限公司，2016年7月。

本书是介绍与探讨"一带一路"沿线国家之一巴基斯坦的著作。书中概述了巴基斯坦的地理状况、自然资源与行政区划，梳理了巴基斯坦从古代到现代的历史进程，叙述了当地的民族构成、风俗习惯与宗教信仰，并探讨了文学艺术与教育文化的情况与特点。同时，书中讲述了该国的政治制度、国家机构与主要党派，对国民经济的现状与前景，以及军队与国防的概况做了评述。此外，书中还阐述了巴基斯坦的对外关系与外交政策，回顾了中国与巴基斯坦的友好关系，并就该国所面临的主要社会问题进行了解读，从多角度对巴基斯坦的国情文化进行了全面总结。

1767 《巴基斯坦经济》（"一带一路"沿线国家经济丛书），李克强主编，北京：中国经济出版社，2016年4月。

本书是介绍与研究巴基斯坦经济的著作。书中叙述了巴基斯坦的历史发展、人口与民族现状、自然条件、政治制度、经济发展，与中国的外交关系等概况内容，分析了该国的经济结构、经济制度、经济政策，以及基础设施建设的现状与主要项目。同时，书中探讨了该国对外经济贸易与合作的机制、平台与模式，评述了其与中国的交往历史，并就该国在"一带一路"倡议中的地缘政治经济、地位与优势，及造成的风险与挑战做了研究，对"一带一路"建设起到了数据支持与信息解读的作用。

1768 《从千年第一战谈起》，石岚著，乌鲁木齐：新疆人民出版社，2003年10月。

本书从美国军事打击阿富汗的"千年第一战"谈起，讨论阿富汗的今昔和国际格局变换对世界的影响。全书分为十章，首先回顾战争导火索"9·11"事件并分析当前的全球反恐斗争；介绍阿富汗民族国家的形成；分析"冷战"后国际格局形势，特别对美国、俄罗斯等大国的外交政策以及中亚、南亚的国情进行分析；对国际反恐斗争的新形势进行展望并分析探讨新疆地缘政治的新局面。

1769 《地缘政治视野下的中亚民族关系》，张新平著，北京：民族出版社，2006年12月。

本书是研究与探讨地缘政治视野下中亚民族关系的著作。书中叙述了中亚五国民族关系的历史与现状，解读了独联体框架内中亚五国的民族关系与民族政策。同时，书中探讨了伊斯兰世界中的中亚民族关系，评述了中亚地区突厥化与泛突厥主义，及中亚与伊斯兰世界的互动关系等内容。此外，书中还研究了中亚与中国的跨国民族关系，对中亚与中国跨国民族的形成与现状，以及中国与中亚多边合作的机制等方面进行了分析，并就西方势力进入中亚及其对地缘中亚民族关系的影响做了评述。

1770 《国际视野下的中亚研究：中亚政治经济法律国际论坛文集》，雷琳、陈彤主编，北京：企业管理出版社，2012年1月。

本书是中亚国家与中国新疆政治、经济、法律问题研究的学术文集。政治篇对哈萨克斯坦经济发展现状与前景、我国对中亚地区的研究成果、吉尔吉斯斯坦变局解析、哈萨克斯坦民族问题与民族政策以及美国在中亚民主渗透中的国会因素分析等问题进行研究；经济篇则主要包括世界贸易组织与区域经济一体化、哈萨克斯坦共和国金融政策、中国新疆与中亚五国经济合作的互补性分析等问题；法律篇主要涉及原料商品贸易及国际法基础、中哈矿产资源权属的取得及变更制度比较研究、中亚国家外商投资法律环境研究等问题。全书为中国新疆与哈萨克斯坦及中亚各国全方位的交流与合作提供了学术路径，同时也为政府制定相关政策提供参考。

**1771**　《哈萨克斯坦及其与中国新疆的关系》（中国边疆研究文库），厉声、石岚著，哈尔滨：黑龙江教育出版社，2014年4月。

本书是介绍与探讨哈萨克斯坦与中国新疆关系的著作。书中叙述了哈萨克汗国与近代哈萨克民族的确立，以及16世纪哈萨克汗国的衰微与中兴，并探讨了17至18世纪哈萨克汗国与中国西域及俄国的关系，和清代对哈萨克部的治理政策。书中还回顾了俄国在哈萨克斯坦殖民统治的历史，阐述了俄属哈萨克斯坦时期与新疆的关系。同时，书中亦叙述了十月革命后苏维埃政权在哈萨克斯坦的巩固，讨论了此时哈萨克斯坦社会主义事业的发展，以及苏联哈萨克斯坦与新疆的关系。此外，书中也叙述了哈萨克斯坦的独立过程，并就独立后与中国新疆关系的发展做了评介。

**1772**　《拉铁摩尔与边疆中国》，唐晓峰、姚大力等著，北京：生活·读书·新知三联书店，2017年5月。

本书是近二十年来国内外学术界对拉铁摩尔代表性研究进行论述的论文集，汇集了国内外学者相关文章11篇。书中内容包括《拉铁摩尔的"内亚视角"》《欧文·拉铁摩尔、亚洲与比较史学》《鲍培与拉铁摩尔：学术内外的纠葛》《边疆、民族与国家：对拉铁摩尔"中国边疆观"的思考》《拉铁摩尔"双边疆"范式的内涵及其理论和现实意义》《拉铁摩尔对中国新疆的考察与研究》等研究成果，从文化共生中的拉铁摩尔、拉铁摩尔的边疆范式，以及拉铁摩尔的边地实践等三方面进行了阐述与解读，有助于中国边疆研究的进一步发展。

**1773**　《美国的欧亚战略与中南亚五国》，王鸣野主编，乌鲁木齐：新疆人民出版社，2003年10月。

本书是对美国的欧亚战略与中南亚五国发展的研究。书中对美国"冷战"后的国际战略目标和欧亚战略作以概述，对美国欧亚战略中的乌兹别克斯坦、哈萨克斯坦、伊朗、印度、巴基斯坦中南亚五国进行了详细解析，包括五国的战略环境、国内政治、地区性因素以及中亚五国与美国的关系等问题。在附编中，作者对美国欧亚战略中的土耳其也进行了分析探讨。本书对美国与中南亚五国的战略研讨为研究中南亚五国与美国国际关系和"一带一路"的发展提供了参考。

**1774** 《蒙古和独联体等国家汉语教学研究》（"一带一路"沿线国家汉语教学研究丛书），钱道静著，北京：中国社会科学出版社，2017年9月。

本书是研究蒙古与独联体国家汉语教学现状、环境与方法等内容的著作。书中对蒙古与俄罗斯、白俄罗斯、摩尔多瓦、塔吉克斯坦、吉尔吉斯斯坦、阿塞拜疆等独联体国家的汉语教学进行了逐一论述，探讨了其国家概况、汉语教学简史、汉语教学的环境和对象、汉语师资和教材及教法，并列举了对每个国家汉语教学进行研究的参考文献。本书内容充分反映了汉语在蒙古与独联体国家的普及情况与发展空间，也为"一带一路"在该地区的建设提供了语言方面的基础信息。

**1775** 《泰国》（文化中行"一带一路"国别文化手册），中国银行股份有限公司、社会科学文献出版社编，北京：社会科学文献出版社，2016年1月。

本书是《文化中行"一带一路"国别文化手册》中的泰国篇，共有四个章节，分别是国情纵览、政治环境、经济状况，以及双边关系。泰国作为"一带一路"所涉及的65个国家和地区中的东南亚国家，自古以来便与中国有着长久的经济和文化交流。同时泰国历史悠久，自然地理和文化传统独具特色，本书详细地从政治体制、政策导向、经贸关系、自然地理、风俗习惯、人文风貌等多个方面介绍了当前泰国的实际情况。同时，结尾还附有泰国在世界银行发布的各国经商环境中的世界排名。

**1776** 《西域苏非主义研究》，韩中义著，北京：中国社会科学出版社，2008年6月。

本书系统地研究西域苏非主义的相关内容。全书共分为三大部分，主要考察了公元10世纪到近现代西域苏非主义的发展史，大致厘清了其沿革、变化脉络，以及在特定的时期对社会的影响；探讨了西域苏非主义的思想，内容包括禁欲、爱主、奇迹、灵魂、知识等观念；阐述了西域苏非主义与圣徒崇拜、麻扎朝拜、地方文化、尊号名称、政治关系、经济文化类型、教理制度、世系传承等内容。通过上述内容的研究探索，读者可对西域苏非主义有较为全面的认识。

**1777** 《新亚欧大陆桥沿线国家文化经贸概览》（丝绸之路论坛丛书），孟昭勋等编，西安：陕西人民出版社，2000年3月。

本书以中国江苏省连云港至荷兰鹿特丹的横向顺序进行排列，对沿线各国的文化

▶ 丝绸之路研究论著叙录

经贸现状与发展做了介绍与解读。书中采用中英双语的对照方法，叙述了我国在国土概况、政治与社会、经济与交通运输、旅游与文化等领域的现状，并对江苏、安徽、甘肃、青海、新疆等新亚欧大陆桥中国段的 10 个省区做了介绍。同时，书中逐一地对大陆桥由东向西所经过的所有国家做了解读，包括哈萨克斯坦、伊朗、叙利亚、俄罗斯、波兰、德国、法国、荷兰等 27 个国家，充分展示与解读了沿线国家的文化与经贸情况。

1778 《伊朗概论》（"一带一路"国情文化丛书），杨涛、张立明编著，广州：世界图书出版广东有限公司，2016 年 6 月。

本书是介绍与探讨"一带一路"沿线国家之一伊朗的著作。书中概述了伊朗的地理状况、自然资源与行政区划，梳理了伊朗从古代到现代的历史进程，叙述了当地的民族构成、风俗习惯与宗教信仰，并探讨了文学艺术、科学技术与教育文化的情况与特点。同时，书中讲述了该国的政治制度、国家机构与主要党派，对国民经济的现状与前景，以及军队与国防的概况做了评述。此外，书中阐述了伊朗的对外关系与外交政策，回顾了中国与伊朗的友好关系，并就该国所面临的主要社会问题进行了解读，从多角度对伊朗的国情文化进行了全面总结。

1779 《印巴分立克什米尔冲突的滥觞》（欧亚战略丛书），陈延琪著，乌鲁木齐：新疆人民出版社，2003 年 10 月。

本书主要介绍"一带一路"沿线地区克什米尔的战略情况。书中介绍了克什米尔民族宗教冲突的背景，特别是印度、巴基斯坦在克什米尔的争端以及对新疆的安全稳定构成现实威胁。作者分析了印度国内"基本一致"与多样性，如：克什米尔的历史、民族、宗教等情况；叙述了英国殖民统治和民族主义运动的兴起，讲述了印度裂变过程与克什米尔的情况，探讨了印巴分立与克什米尔争端的现状，解析了克什米尔冲突恐怖主义化，并对南亚局势与克什米尔的前景做了展望。

1780 《印度》（文化中行"一带一路"国别文化手册），中国银行股份有限公司、社会科学文献出版社编，北京：社会科学文献出版社，2016 年 1 月。

本书是对"一带一路"重要国家——印度的解读之作。书中分为国情纵览、政治环境、经济状况和双边关系四篇，分别介绍了印度的人文地理、气候状况、文化国情、风俗习惯、国家体制、政治制度、司法环境、政策导向、外交关系、资源状况、国民经济、产业体系、外国企业、金融市场、双边政治关系和经贸关系、华人华侨等方面，附录还给出了该国在世界银行发布的各国营商环境排行榜中的排名，以及我国驻外使领馆的联系方式。

1781 《印度尼西亚》(文化中行"一带一路"国别文化手册),中国银行股份有限公司、社会科学文献出版社编,北京:社会科学文献出版社,2016年1月。

本书是对"一带一路"重要国家——印度尼西亚的解读之作。书中分为国情纵览、政治环境、经济状况和双边关系四篇,分别介绍了印度尼西亚的人文地理、气候状况、文化国情、风俗习惯、国家体制、政治制度、司法环境、政策导向、外交关系、资源状况、国民经济、产业体系、外国企业、金融市场、双边政治关系和经贸关系、华人华侨等方面,附录还给出了该国在世界银行发布的各国营商环境排行榜中的排名,以及我国驻外使领馆的联系方式。

1782 《印度尼西亚国情报告:2015》,韦红主编,北京:社会科学文献出版社,2015年12月。

本书是在中国—印尼建交60周年和万隆会议65周年的背景下编写而成的关于印度尼西亚2015年的国情介绍。书中分为印度尼西亚概况、印度尼西亚发展报告(2014—2015年)、大事记及统计数据三部分,从政治、外交、经济、社会、人文等领域对2015年印尼国情做了全方面的透视,特别强调了中国与印尼未来发展合作的可行性。作者指出中国的"一带一路"战略和印尼"全球海洋强国"战略迎来了合作共赢的契机。加强与东南亚最大国家印尼的战略伙伴关系,是中国新时期外交战略的重要一部分。本书为国际关系、国际政治、外交学等领域研究者提供了参考。

1783 《增量再平衡:中美战略对话的全球性议题与机制构想》("一带一路"开发研究丛书),傅浩著,成都:西南交通大学出版社,2017年4月。

本书是以增量再平衡为视角,研究"一带一路"倡议背景下中美战略对话的全球性议题与机制构想的专著。书中对实体经济全球失衡与增量再平衡、货币经济失衡与增量再平衡,以及收入分配失衡与增量再平衡进行了分析与解读,探讨了全球性失衡所导致的逆全球化影响。同时,书中分析了中美战略对话的现状、发展与战略基础,评述了中美对话对于两国关系的积极影响,以及对话机制的进一步深化发展方向,并构想了实现增量再平衡的方法与途径。

1784 《战略投资:时髦概念背后的深层功夫与系统能力》("一带一路"开发研究丛书),程学庆、董大勇、郭姝辛等编著,成都:西南交通大学出版社,2017年4月。

本书是在"一带一路"倡议背景下研究战略投资的专著。书中阐述了倡议下高铁运营维护的管理模式与战略需求，探讨了互联网金融的目前现状、投资布局、行业监管与发展趋势，强调了大数据的重要作用及面临的机遇与挑战。同时，书中还探讨了数字疆域的信用主权、PPP模式的分类与应用，以及量化投资的特点、技术与策略等内容。此外，书中亦评述了企业并购的战略思维，并就列举的3个并购案例进行了分析与解读。

1785　《中东欧十六国汉语教学研究》（"一带一路"沿线国家汉语教学研究丛书），牛利著，北京：中国社会科学出版社，2017年9月。

本书是研究中东欧十六国汉语教学现状、环境与方法等内容的著作。书中对匈牙利、罗马尼亚、捷克、斯洛伐克、塞尔维亚、马其顿、黑山等中东欧十六国的汉语教学进行了逐一论述，探讨了其国家概况、汉语教学简史、汉语教学的环境和对象、汉语师资和教材及教法，并列举了对每个国家汉语教学进行研究的参考文献。本书内容充分反映了汉语在中东欧十六国的普及情况与发展空间，也为"一带一路"在该地区的建设提供了语言方面的基础信息。

1786　《中东与中亚研究：交往与互惠》（丝绸之路与华夏文明研究文库·西北边疆史地研究丛书），杨鹏飞、张玉霞主编，兰州：甘肃文化出版社，2017年5月。

本书是研究中东地区与中亚地区交往与互惠的论文集，汇集了国内专家与学者相关文章20余篇。书中内容包括《近十年国内关于伊斯兰教与中东现代化问题研究综述》《全球化背景与当代土耳其伊斯兰主义的社会基础》《土耳其政治现代化的历史轨迹》《前苏联时期俄国城市化的特征及历史渊源》《后苏联时期阿塞拜疆移民问题初探》《面向21世纪的"现代丝绸之路"——新亚欧大陆桥》等研究成果，对该地区的政治制度、社会变迁、宗教习俗、人文地理及旅游开发等内容进行了探讨与论述。

1787　《中国—东盟背景下民族地区文化传承与创新研究》，李小文主编，南宁：广西人民出版社，2013年12月。

本书是在中国与东盟开展合作的背景下，研究民族地区文化传承与创新的论文集，收录了广西大学公共管理学院教职工所著文章。书中包括《浅析中国—东盟背景下广西的文化自觉》《浅析广西民族文化现状与发展机遇》《中国—东盟背景下地方政府行政文化革新初探》《中国—东盟背景下广西文化产业发展探究》《广西民族文化资源开发研究综述》等研究成果，探讨了优秀文化对经济社会发展的作用，以及广西如何实现文化的传承与创新等方面的内容，旨在进一步提升广西的文化软实力。

1788 《中国—东盟合作：从 2.0 走向 3.0?》，李红、方冬莉等著，桂林：广西师范大学出版社，2015 年 3 月。

本书是研究中国与东盟合作从 2.0 时代走向 3.0 时代的著作。书中探讨了中国与东盟合作的区域中心性发展，研究了双边政治与安全合作的现状及面临的挑战，分析了东亚区域经济合作框架下的双边经贸合作，阐述了区域经济一体化进程中的双边文化合作。同时，书中还研究了双边文化创意产业的跨境合作，以及互联互通的现状及发展，对双边海洋合作的现状与前景进行了解读。此外，书中以云南省为例探讨了双边媒介交流的新策略，并就台湾的"南向政策"与东南亚研究做了概述。

1789 《中国—东盟双边关系和贸易一体化研究》，麻昌港著，北京：经济管理出版社，2016 年 3 月。

本书基于政治经济学的理论视角，对中国与东盟双边关系和贸易一体化进行了研究。书中概述了研究的意义与方法，分析了国际双边关系定量研究的现状，阐述了中国与东盟的合作机制、自贸区进展与区域合作所面临的问题。同时，书中评析了中国与东盟贸易一体化的发展及影响因素，定量衡量了双边关系，阐述了双边关系和贸易一体化、投资一体化的定量分析模型与结果，并为双边关系与一体化合作提出了相应的对策与建议。

1790 《中国与中亚研究文集》，吴福环、陈世明主编，乌鲁木齐：新疆大学出版社，1998 年 6 月。

本书是吴福环、陈世明主编的以中国和中亚研究为中心的论文合集，主要包括《中亚各国对华关系与中国新疆稳定》《中亚五国的社会政治现状与前景》《中亚五国民族关系新探》《试论中亚五国民族关系的发展前景》《中亚民族国家划界的提出与实施》《清末民初中国新疆与中亚侨民研究》等论文。本书对研究中亚各国之间的历史往来、社会政治现状、各民族关系等方面提供了参考。

1791 《中亚的地缘政治文化》（新西域宝库·欧亚战略丛书），潘志平主编，乌鲁木齐：新疆人民出版社，2003 年 10 月。

本书对中亚的地缘政治文化作以探讨，全书分为两编，上编为关于中亚、新疆宏观的综述，如《中亚：意味着什么》《鸟瞰中亚：地理、历史和文化》《20 世纪的新疆：对面的历史遗产》。下编为政治宗教现象的分析，对民族分立主义、民族平等的理论阐述，以及对泛突厥主义、"东突"恐怖主义的深入剖析。如针对"和卓崇拜""瓦哈比"，书中附录有《浩罕王统考》《1832 年清与浩罕议和考》《霍罕路程·浩罕界》

《布鲁特（柯尔克孜）诸部落考》等关于中亚地区年代学、史地学和民族学的考证文章。

1792　《中亚国家的跨境合作研究》（全球区域地缘政治丛书），孙壮志主编，上海：上海大学出版社，2014年1月。

本书是研究与探讨中亚国家跨境合作的著作。书中回顾了古代中亚地区民族、政权与疆域的历史沿革与变迁，探讨了中亚主体民族的形成与疆域的雏形。同时，书中分析了中亚国家独立以后的边疆政策，以及边疆地区的局势状况，评述了中亚国家的边疆防务、边疆管理体制和边界问题的解决方案。此外，书中还探讨了中亚地区的外部边境合作，探析了其边疆开放与边界安全的国际合作机制，并就中国与中亚国家构筑和平友好的新边界做了阐述。

1793　《中亚五国国情》，海力古丽·尼亚孜主编，西安：西安交通大学出版社，2013年8月。

本书是介绍与探讨中亚五国国情的著作。书中概述了中亚的相关概念与自然人文地理，以及中亚的地位和与中国关系，并着重对哈萨克斯坦、吉尔吉斯斯坦、塔吉克斯坦、乌兹别克斯坦、土库曼斯坦等中亚五国进行了逐一叙述，从其国家的概况、政治、经济、科教、新闻出版、医疗卫生、体育，以及当地主要民族的文化等领域对每个国家进行了解读。书中内容丰富，引用了准确可靠的信息数据，时效性突出，并且部分重要专有名词配有对应俄文，满足了俄语专业人事的学习中亚五国国情的需要。

1794　《中亚五国海关法律概论》（中亚五国法律概论系列丛书），叶芳芳著，北京：知识产权出版社，2015年1月。

本书是研究中亚五国海关法律的专著。书中对哈萨克斯坦、塔吉克斯坦、吉尔吉斯斯坦、乌兹别克斯坦、土库曼斯坦这五国的海关法概况、海关组织等内容进行了叙述，分析了其通关法律制度、海关税费制度及法律救济制度，并对海关手续、海关监管、对外国机构及其人员的海关优惠制度和海关统计进行了探讨。书中内容有助于降低法律风险、加快通关效率，促进中国与中亚五国的贸易往来与经济合作，从海关法律角度对"一带一路"建设提供了信息支持，有助于国内企业实现"走出去"的目标。

1795　《中亚五国矿产资源勘查开发指南》，李恒海、邱瑞照等编著，北京：中国地质大学出版社，2010年5月。

本书是介绍与探讨中亚五国矿产资源勘查与开发的专著。书中叙述了哈萨克斯坦、塔吉克斯坦、吉尔吉斯斯坦、乌兹别克斯坦与土库曼斯坦等中亚五国的自然地理特征、社会政治经济状况，以及矿产资源的种类、分布与储量，梳理了五国地质构造区的特征与单元划分。同时，书中还分别对五国的成矿地质背景、优势矿产地质特征、矿业投资环境、矿业法与开发政策，以及矿产资源勘查开发中应注意的事项进行了逐一阐述，旨在为中国矿业企业及投资者，与中亚五国开展矿业勘查与开发，提供真实准确的信息与资料。

1796 《中亚五国企业法律概论》（中亚五国法律概论系列丛书），郭学兰著，北京：知识产权出版社，2013年10月。

本书是研究中亚五国企业法律的专著。书中对哈萨克斯坦、塔吉克斯坦、吉尔吉斯斯坦、乌兹别克斯坦、土库曼斯坦这五国的企业法律制度的发展与概况进行了叙述，介绍了与公司设立变更、组织形式相关的企业法律政策，并对这些国家的企业法律制度进行了评述，且与国内制度进行了比较。书中内容全面阐述了企业法律的内容，从企业法律角度对"一带一路"建设提供了信息支持，有助于国内企业实现"走出去"的目标。

1797 《中亚五国史纲》，马大正、冯锡时主编，乌鲁木齐：新疆人民出版社，2005年8月。

本书是总结与叙述中亚五国历史纲要的专著。书中介绍了远古时期至15世纪中亚的历史，梳理了当地远古社会、土著民族，以及中亚诸民族建立的王朝与外来政权对该地区的征伐与统治。同时，书中还探讨了15世纪至20世纪初，中亚各民族国家形成的历史发展与俄国对中亚地区的占领，并评述了中亚五国加入苏联之后的社会主义革命，与战后社会主义建设的恢复和发展。此外，书中亦阐述了中亚五国的独立过程，对其独立后国家政治、经济等方面的走向与特点做了总结，并简述了中亚各国与中国的关系。

1798 《中亚五国税收法律概论》（中亚五国法律概论系列丛书），马幸荣著，北京：知识产权出版社，2012年9月。

本书是研究中亚五国税收法律的专著。书中对哈萨克斯坦、塔吉克斯坦、吉尔吉斯斯坦、乌兹别克斯坦、土库曼斯坦这五国的纳税主体、征税对象、税种、减免税、纳税争议解决等税法问题进行了叙述，解读了企业所得税、个人所得税、增值税、消费税、社会税、土地税，及其他财政性收费等税种，并对征税主体、纳税计算、纳税程序和措施等管理制度进行了探讨。书中全面系统地阐述了税法制度的内容与价值，从税收法律角度对"一带一路"建设提供了信息支持,有助于国内企业实现"走出去"的目标。

1799 《中亚五国宪法制度概论》(中亚五国法律概论系列丛书),刘国胜、程静著,北京:知识产权出版社,2015年1月。

本书是研究中亚五国宪法制度的专著。书中对哈萨克斯坦、塔吉克斯坦、吉尔吉斯斯坦、乌兹别克斯坦、土库曼斯坦这五国的宪法的指导思想和基本原则进行了叙述,讨论了其国家性质与国家形式,介绍了五国公民的基本权利与义务,并对立法、行政、司法等国家机构以及在政治、经济与社会上的基本制度进行了探讨。书中对中亚五国的宪法制度进行了比较,奠定了其他法律制度的研究基础,从宪法制度角度对"一带一路"建设提供了信息支持,有助于国内企业实现"走出去"的目标。

1800 《中亚研究》,宋晓梅主编,石河子大学新疆屯垦与文化研究院、石河子大学经济研究院编著,北京:中国农业出版社,2008年9月。

本书分为历史文化篇和经济贸易篇,历史文化部分涉及《吐鲁番文书所见中亚粟特人与丝织品贸易考述》《略论吐鲁番地区交河故城沟西台地汉—唐墓葬葬俗及相关问题》《新疆佛教地理的发现和传播——以近代新疆考古探险为中心》《回鹘西迁前经济生活探析》《新疆呼图壁康家石门子岩画探析》《我看高昌"俗事天神"——兼谈祆教的东传》《唐代宫廷画家的设置与职能》等论文。经济贸易篇包括《"环新疆经济圈"的构建》《当前人民币区域化战略的现实选择》《中亚五国经济改革的理论与实践》《中亚区域经济整合与新疆的向西开放》《中国新疆与上海合作组织国家经济互补性分析》《新疆与周边国家经贸合作的历史回顾及发展趋势》《新疆兵团参与中亚区域经济合作的战略选择及发展模式构想》《新疆兵团参与中亚区域经济合作现状、问题与对策》等内容。

1801 《中亚研究(2014年第1辑)》,杨恕主编,北京:新华出版社,2014年12月。

本书是关于中亚地区研究的论文集,汇集了该领域专家学者相关文章约10篇。书中从中国与中亚、中亚外交、中亚安全和阿富汗问题等角度进行了阐述与探讨,内容包括《丝绸之路经济带语境下中国与中亚的合作》《中国与中亚国家经贸合作关系的现状与前景》《中亚国家的对外政策评析》《地区安全复合体理论视域下的中亚安全问题研究》,以及《简析影响普什图问题的主要因素》等成果,具有较高的学术价值,有助于促进中亚地区的安全稳定与合作发展。

1802 《中亚研究（2016 年第 1 辑·总第 3 辑）》，杨恕主编，北京：社会科学文献出版社，2016 年 12 月。

本书是关于中亚地区研究的论文集，汇集了该领域专家学者相关文章 10 余篇。书中从地区安全与前景、土库曼斯坦研究、历史研究、阿富汗研究和文化交流等角度进行了阐述与探讨，内容包括《中亚地区的多元化及前景和影响》《土库曼斯坦永久中立国地位研究》《土库曼斯坦投资法律环境分析》《抗战期间苏联援建迪化飞机厂问题研究》《西方援助在阿富汗的"恶性循环"》，以及《海外汉学研究与国际文化交流》等成果，具有较高的学术价值，有助于促进中亚地区的安全稳定与合作发展。

1803 《中亚研究（2017 年第 1 辑·总第 4 辑）》，杨恕主编，北京：社会科学文献出版社，2017 年 8 月。

本书是兰州大学杨恕教授主编的关于中亚地区研究的论文集，探讨了哈萨克斯坦对"丝绸之路经济带"的基本态度与中国的方略，哈萨克斯坦在"丝绸之路经济带"建设中的作用、"一带一路"建设在中亚地区面临的挑战与对策、"丝绸之路经济带"视角下的中—吉—乌铁路计划以及如何大力推进丝绸之路经济带新疆核心区建设等具体的问题，并给出了自己的见解；介绍中亚的高等教育概况；探讨了欧安组织对亚信会议组织化的启示与借鉴。

1804 《中亚研究文集（第 3 辑）》，梁超、卫利·巴拉提主编，乌鲁木齐：新疆人民出版社，2014 年 9 月。

本书是关于中亚地区研究的论文集，汇集了国内外专家学者相关文章 30 余篇。书中涉及中亚政治法律、中亚经济贸易、中亚语言文化和中亚教育发展等领域，包含了《俄罗斯亚太战略和政策的新变化》《上海合作组织的发展路径》《中国在中亚的安全利益分析》《俄白哈关税同盟对中哈贸易影响的研究》《中亚七河地区突厥语部族的景教信仰》《哈萨克斯坦独立后 20 年的教育现状探究》等文章，具有较高的学术价值，推动了中亚相关学科与研究的进一步发展。

1805 《中亚研究文集（第 4 辑）》，梁超、卫利·巴拉提主编，乌鲁木齐：新疆人民出版社，2014 年 9 月。

本书是关于中亚地区研究的论文集，汇集了国内外专家学者相关文章 30 余篇。书中涉及中亚政治法律、中亚经济贸易、中亚语言文化和中亚教育发展等领域，包含了《中国周边国际环境的新挑战和外交政策的调整》《中亚安全格局与多边机制的作用》

《金融危机前后中亚国家经济形势对比与前景分析》《中国与中亚的文化交流力建构》《新疆对外汉语本科专业面向中亚国家"走出去"培养模式探析》等文章,具有较高的学术价值,推动了中亚相关学科与研究的进一步发展。

1806  《中亚政局走势微妙》(新西域文库·欧亚战略丛书),潘志平主编,乌鲁木齐:新疆人民出版社,2005年12月。

本书是潘志平主编系统论述2004年中亚局势的著作。书中分析了中亚伊斯兰运动与地区安全、中南亚恐怖活动与地缘背景,讨论了中亚恐怖活动新特点及日趋恶化的中南亚地区毒品问题,对吉尔吉斯斯坦政局及其趋势进行探讨,从塔吉克斯政治转型评述车臣问题。此外,作者从国家统一的战略思考哈萨克斯坦经济的快速增长及对新疆发展的机遇和挑战,对新疆边界安全的问题进行历史回顾,分析长治久安方略,并对新疆周边国家经济现状及发展趋势进行了预测与展望。

1807  《重释内亚史——以研究方法论的检视为中心》,钟焓著,北京:社会科学文献出版社,2017年10月。

本书以作者多年来对内亚史研究的心得为主,以研究方法论的检视为中心,对内亚史进行了新的解读。书中评述了伯希和及其内亚史的研究,叙述了丹尼斯·塞诺眼中的内亚史,探讨了傅礼初在西方内亚史研究中的位置及影响,阐述了乌瑞夫人关于北亚民族学研究中的贡献与启示,以及王明珂历史学研究的人类学化,并讨论了从森部丰看日本粟特研究的新动向。书中在评述六位学者研究的同时,也梳理了内亚史研究的脉络,是对内亚史的一次全新总结,有助于内亚史研究的发展。

1808  《阿富汗概论》("一带一路"国情文化丛书),缪敏、王静、何杰编著,广州:世界图书出版广东有限公司,2016年7月。

本书是介绍与探讨"一带一路"沿线国家之一阿富汗的著作。书中概述了阿富汗的地理状况、自然资源与行政区划,梳理了阿富汗从古代到现代的历史进程,叙述了当地的民族构成、风俗习惯与宗教信仰,并探讨了文学艺术与教育文化的情况与特点。同时,书中讲述了该国的政治制度、国家机构与主要党派,对国民经济的现状与前景,以及军队与国防的概况做了评述。此外,书中还阐述了阿富汗的对外关系与外交政策,回顾了中国与阿富汗的友好关系,并就该国所面临的主要社会问题进行了解读,从多角度对阿富汗的国情文化进行了全面总结。

# 经济贸易

**1809** 《八千里路云和月：行走在西气东输的大地上》，虞敏华著，重庆：重庆出版社，2009年9月。

本书是一部讲述西气东输的报告文学。全书分为六章，主要描写了丝绸之路沿线城市关于西气东输工程的建设情况。书中对于中国天然气能源问题进行了分析，并分别对新疆地区、河西走廊、宁陕地区以及中原地区的重点城市，包括龟兹、鄯善、库尔勒、张掖、武威、中卫、长庆、洛阳、巩义、开封等地的西气东输具体情况进行了描写与分析。对西气东输的安全运营模式和中外合作的方式进行探讨，并对长三角地区的能源情况进行了分析。

**1810** 《柴达木盆地西部地区古近—新近系沉积体系与油气分布》，王艳清等著，北京：石油工业出版社，2014年8月。

本书通过柴达木盆地西部地区古近—新近系沉积地层特征的研究讨论该地区的油气分布规律。书中对柴西地区古近—新近系地质背景介、层序地层、沉积体系等内容进行了具体介绍，并指出了柴西地区古近—新近系地质系统沉积体系的分布规律，建立了柴西地区古近—新近系的三级层序格架，探讨了沉积相与油气分布的关系问题，对柴达木盆地油气勘探有一定的促进作用。

**1811** 《哈萨克斯坦经济》（"一带一路"沿线国家经济丛书），杨思远主编，北京：中国经济出版社，2016年3月。

本书是介绍与研究哈萨克斯坦经济的著作。书中叙述了哈萨克斯坦的国家概况、外交政策、文化多元、经济发展速度等内容，分析了该国经济结构的单一与发展环境的不稳定，以及基础设施建设的成就与运营的低效益。同时，书中还探讨了该国对外经济贸易与合作的格局、平台与模式，评述了其与中国的交往历史，并就该国在"一带一路"倡议中的地缘政治经济、地位与优势，以及造成的风险与挑战做了研究，对"一带一路"建设起到了数据支持与信息解读的作用。

**1812** 《蒙古国经济》（"一带一路"沿线国家经济丛书），黄健英主编，北京：

中国经济出版社，2016年4月。

本书是介绍与研究蒙古国经济的著作。书中叙述了蒙古国的历史发展、人口与民族现状、自然条件、政治制度、经济发展，与中国的外交关系等概况内容，分析了该国经济结构的变迁与经济制度的改革，以及基础设施建设的现状与发展规划。同时，书中探讨了该国对外经济贸易与合作的发展历程、合作伙伴与中蒙口岸经济发展，评述了其与中国古往今来的交往历程，并就该国在"一带一路"倡议中的地缘政治经济、地位与优势、造成的风险与挑战，及对蒙直接投资做了研究，对"一带一路"建设起到了数据支持与信息解读的作用。

1813 《民营经济与中西部发展》，方星海、左学金主编，上海：上海社会科学院出版社，1999年1月。

本书是"中国中西部发展国际研讨会"会议论文集，会议主要探讨如何通过发展民营经济带动中西部经济发展。论文主题分为"民营企业与地区经济增长""民营企业发展的扶持政策""民营企业发展与地区差别""经济转型、技术变化与民营企业发展""其他宏观经济与区域经济问题"以及"民营经济发展的实践"等方面。具体论文有《大力发展民营科技企业》《内陆地区的发展：试论私营部门的作用》《塑造民营骨干企业群》《以经济增长方式的转变逐步缩小地区发展差距》等篇。

1814 《泰国经济》（"一带一路"沿线国家经济丛书），张兴无主编，北京：中国经济出版社，2016年8月。

本书是介绍与研究泰国经济的著作。书中叙述了泰国的历史发展、人口与行政区划、自然条件、政治制度、经济发展，与中国的外交关系等概况内容，分析了该国的经济结构、经济制度、经济政策，以及基础设施建设的现状与中国参与建设的机遇和风险。同时，书中还探讨了该国对外经济贸易发展的三个阶段与政策制度，评述了其与中国古往今来的交往历程，并就该国在"一带一路"倡议中的地缘政治经济、地位与优势，以及造成的风险与挑战做了研究，对"一带一路"建设起到了数据支持与信息解读的作用。

1815 《土耳其经济》（"一带一路"沿线国家经济丛书），张丽君主编，北京：中国经济出版社，2016年4月。

本书是介绍与研究土耳其经济的著作。书中叙述了土耳其的历史发展、人口与民族现状、自然条件、政治制度、经济发展，与中国的外交关系等概况内容，分析了该国的经济结构、经济制度、经济政策，以及基础设施建设的现状与存在的问题。同时，书中还探讨了该国对外经济贸易与合作的体制政策及特色产业，评述了其与中国古往今来的交往历程，并就该国在"一带一路"倡议中的地缘政治经济、地位与优势，以及造成的风险与挑战做了研究，对"一带一路"建设起到了数据支持与信息解读的作用。

1816  《吐鲁番地区金融志》，《吐鲁番地区金融志》编纂委员会编，乌鲁木齐：新疆人民出版社，2015年4月。

本书是记录和承载吐鲁番地区金融业历史变迁、奋斗历程、改革发展的一部行业志书，其时限从吐鲁番有货币金融史以来至2010年止。书中通过概况、大事记、金融机构等二十二编内容，以准确、翔实的资料着重反映了新中国成立以来吐鲁番地区金融机构、货币、存款、贷款、银行卡、结算业务、外汇业务等建设与发展的情况。本书以深厚的历史积淀和文化底蕴，客观、全面、真实、准确地记载和反映吐鲁番金融业的历史进程以及新中国成立以来吐鲁番金融行业的奋斗历程、发展过程、改革变迁和取得的成就。

1817  《文化变革与西部经济开发》（西部大开发研究丛书），张佑林、陈朝霞著，杭州：浙江大学出版社，2012年11月。

本书是研究文化变革与西部经济开发之间关系与作用的专著。书中叙述了长期影响西部经济发展的制约因素，总结了文化观念保守是西部民营经济难以发展的根本原因，对西部文化分类、西部文化性质，以及西部文化对经济发展的影响进行了综述研究。同时，书中亦分析了西部文化的起源、特点、分类与发展过程，探析了文化影响区域经济发展的方法与路径，对精神文化变革与西部经济主体的形成进行了探讨。此外，书中还阐述了制度文化变革与西部市场经济环境培育之间的内联，强调了应利用文化资源发展西部文化产业，并就西部文化变革的总体思路与政策保障做了论述。

1818  《西部城镇化进程中农民财产性收入增长的研究》，唐雪梅著，成都：西南财经大学出版社，2015年8月。

本书是关于西部城镇化进程中农民财产性收入增长的研究专著。书中为提高我国农民生活水平建言献策，具体内容包括：对城镇化研究和财产性收入研究的文献述评；分别从财产性收入对居民幸福感的实证研究、财产性收入和工资性收入的差异、财产性收入影响幸福感的机理三个方面分析财产性收入对幸福感的影响；探讨财产性收入的心理账户、收入流动性、调控的国际经验；并对西部农民财产性收入状况、西部城镇化对农民财产性收入的影响、重庆市农村居民财产性收入增长的实践经验进行调查研究；总结居民财产性收入增长差距的来源路径，根据以上研究，作者提出了西部地区农民财产性收入增长的主要措施。

1819 《西部地区能源资源优势与长期经济增长》（西部大开发研究丛书），蔡圣华、牟敦国等著，杭州：浙江大学出版社，2011年11月。

本书是研究西部地区能源资源优势与长期经济增长的著作。书中分析了能源需求的影响因素与我国对于能源的需求，探讨了我国产业结构的变动与能源需求的变化，叙述了西部能源资源开发利用的现状。同时，书中还评述了西部能源开发对于社会、经济增长的影响，对能源项目开发的风险和资源型开发型区域经济发展的潜在风险做了研究。此外，书中还探讨了西部能源开发所面临的问题，并对西部能源开发综合影响的研究方法和数据做了解读。

1820 《西部民族地区农业购置补贴政策的经济效应研究》，李红著，北京：中国农业科学技术出版社，2014年7月。

本书是关于西部民族地区农机购置补贴政策经济效应的研究。书中首先运用1990—2011年的历史数据，依据综合指数法、灰色关联分析法、主成分分析法三种方法，对新疆农机化水平进行综合评价并论证农机化对农业经济的影响。作者通过相关统计年鉴数据资料，运用VAR脉冲响应模型分析购置补贴政策对农机产业的影响。此外，基于我国2000—2010年间的省际动态面板数据，书中对中国31个省农机化各种投入与农机总动力增长的数量关系进行了预估。

1821 《西部民族地区自然资源禀赋与经济可持续发展》，布和朝鲁著，北京：民族出版社，2011年2月。

本书是研究西部民族地区自然资源禀赋与经济可持续发展的专著。书中评述了区域经济发展阶段论理论、经济发展阶段划分与西部地区经济发展模式转型等内容，叙述了西部地区经济发展的历史与现状，审视了西部地区资源的开发与西部地区经济发展中的自然资源问题。同时，书中还探讨了资源依赖型经济的转型与可持续发展，列举了国内外资源依赖型经济发展的案例。此外，书中还分析了促进区域经济转型的外部推力，并就西部地区实现经济转型的内在动力做了阐述。

1822 《系统视角下西部地区知识经济发展能力研究》，张林著，北京：科学出版社，2015年4月。

本书基于系统理论构建要素—结构—环境—功能的系统模型深入剖析区域知识经

济发展各因素与发展能力之间的相互作用机理，以更加基础性的视角解析知识经济发展功能及其影响因素，为提升西部地区知识经济发展能力提供基础应用研究。全书分为八章，内容包括结论区域知识经济发展研究的系统理论整理与深化、区域知识经济发展能力的系统解析与衡量、西部地区知识经济系统功能状况衡量、西部地区知识经济系统要素—结构和环境发展状况、中国知识经济发展差异的系统比较及其成因研究、西部地区知识经济发展的广西案例研究、西部地区知识经济发展制度建设与管理优化。

1823  《新疆特色水果开拓东南亚市场研究》（西部大开发研究丛书·新疆专题），马惠兰、戴泉、英犁著，杭州：浙江大学出版社，2013年12月。

本书是研究新疆特色水果开拓东南亚市场的著作。书中回顾了东南亚国家的宏观经济及农业生产发展状况，对东南亚国家的水果产生与供给、主要温带水果的贸易进口，以及当地居民的水果消费和变动趋势做了探讨。同时，书中还分析了新疆特色水果出口东南亚的特征与趋势、依存度与贸易互补，评述了新疆特色水果通过深圳和广西出口东南亚的流通渠道与模式，对新疆特色水果开拓东南亚市场的优势与不利因素做了解读。此外书中还阐述了东南亚国家水果市场消费需求的潜力，并就新疆特色水果开拓东南亚市场外销平台建设的思路进行了构建。

1824  《新疆吐鲁番地区矿业经济发展战略与对策研究》，刘建朝等著，西安：陕西科学技术出版社，2003年6月。

本书对吐鲁番地区矿产资源形势和矿业经济发展进行了研究，总结了矿业经济发展过程中的主要经验和存在的主要问题，评价了吐鲁番地区的优势矿产资源，并对主要矿产资源的成矿远景区划等诸多方面的内容进行了探讨。全书分为九章，内容包括吐鲁番地区基本情况与特点，矿产资源形势及开发利用现状，社会经济发展对矿业发展的需求预测，优势矿产资源与成矿远景区划，吐鲁番地区主要矿床技术经济初步评价，矿业经济区划与矿业开发布局，矿业开发与相关产业共同发展，矿产勘查、开发规划建议，矿产勘查与开发的主要措施与对策建议。

1825  《印度经济》（"一带一路"沿线国家经济丛书），李克强主编，北京：中国经济出版社，2016年3月。

本书是介绍与研究印度经济的著作。书中叙述了印度的历史发展、人口与民族现状、自然条件、政治制度、经济发展，与中国的外交关系等概况内容，分析了该国的经济结构、经济制度、经济政策，以及基础设施建设的现状与存在的问题。同时，书中还探讨了该国对外经济贸易与合作的发展模式、开放程度与外资经济发展，评述了其与中国古往今来多领域的交往历程,并就该国在"一带一路"倡议中的地缘政治经济、地位与优势及造成的风险与挑战做了研究,对"一带一路"建设起到了数据支持与信息解读的作用。

**1826** 《中巴经济走廊的政治经济学分析》,高柏等著,北京:社会科学文献出版社,2017年9月。

本书是从政治经济学的角度分析中巴经济走廊建设的论文集,汇集了中巴专家学者相关研究十余篇。书中探讨了影响中巴经济走廊的国际关系结构性因素,分析了巴基斯坦政治体制对中巴经济走廊的影响,研究了巴基斯坦家族政治对中巴经济走廊建设的潜在风险和对策,解读了中巴经济走廊的基建逻辑及其风险。此外,书中还评述了巴基斯坦物流通道建设的空间演化分析等内容,从政治经济学的角度为建设中巴经济走廊提供了分析、对策与启示。

**1827** 《中国—东盟合作背景下的西南民族自治地方经济发展自主权研究》,李莉著,北京:经济管理出版社,2012年8月。

本书是在中国与东盟开展合作的时代背景下,研究西南民族自治地方经济发展自主权的著作。书中分析了中国与东盟合作给西南民族自治地方经济发展自主权制度带来的影响,探讨了西南民族自治地方经济发展自主权的制度基础、制度类型与制度构成。同时,书中对于双边合作背景下,西南民族自治地方经济发展自主权制度变迁的动因进行了论述,思考了其变迁的路径,并强调要在经济立法、财税金融、对外贸易,以及资源开发和环境保护等方面完善西南民族自治地方经济发展自主权。

**1828** 《中国工程企业"走出去"经验与教训》,周啸东主编,北京:机械工业出版社,2015年6月。

本书是研究中国工程企业"走出去"经验与教训的著作,旨在让中国工程企业践行"一带一路"建设,实现"走出去"的发展目标。书中对国际工程项目管理中的战略管理、合同管理、市场开发、投融资、总承包设计管理、全链条物流管理、税务管理、风险管理、企业社会责任管理和人才培养等方面进行了详细研究与论述。同时,书中列举并分析了柬埔寨甘再水电站BOT项目、澳大利亚中澳铁矿项目、沙特阿拉伯比格燃油电站项目等重大国际项目,探讨了其经验与教训,对相关企业实现"走出去"的发展目标给予了对策与启示。

**1829** 《中国双向投资政策指南》,徐绍史主编,北京:机械工业出版社,2016

年 2 月。

本书是国家发展和改革委员会编写发布的"一带一路"双向投资指南，较为全面地收录汇总了 2014 年、2015 年新政策法规文件共 55 篇。书中分为双向投资政策篇、对外投资政策篇和外商投资政策篇，包括国务院印发的各种法律法规、管理办法和意见办法，方便读者参与投资及查阅相关资料。本书内容具有较高的适用性和指导性，是读者学习参考"一带一路"建设投资政策法规的有效工具书。

1830 **《中国西部地区承接国内外产业转移研究：基于循环经济视角》，何龙斌著，北京：中国社会科学出版社，2015 年 5 月。**

本书是对中国西部地区承接国内外产业转移的研究。书中对国内外产业转移理论和循环经济理论进行了回顾，总结了国内外产业转移的基本规律和发展趋势。通过分析西部地区的承接产业转移的生态环境效应和生态承载力，以及内外部条件和产业转移承接力，从生态功能区的视角探讨了西部地区承接国内外产业转移的空间分布，提出西部地区承接产业转移的有效载体——循环经济产业园区。同时，书中确定了西部地区承接东部地区产业转移的基本原则、主要领域与区域、途径与方式并以西部一些典型的生态产业园区为例进行实证研究，提出有针对性的对策和建议。

1831 **《中国西部地区的转型与发展：国际经验与现实选择"全球化与新形势下中国西部地区经济"国际学术研讨会文集》，郑长德主编，北京：经济科学出版社，2014 年 10 月。**

本书是在 2013 年 11 月在四川成都召开的全球化与新形势下中国西部地区经济国际学术研讨会会议论文集，集中探讨当今西部地区经济发展条件下的相关研究。具体成果主要有《新时期西部大开发的转型》《经济增长转型与新兴大国崛起》《中国西部人口较少民族的扶贫政策与效应问题研究——对贵州毛南族的调查研究》《中国少数民族地区空间结构与经济发展关系研究》《我国西部地区少数民族旅游村寨发展模式比较研究》等研究论文。

1832 **《中国西部地区经济社会跨越式发展路径选择》，李群、王宾、曾诚著，北京：中国社会科学出版社，2015 年 4 月。**

本书是结合我国西部大开发及国家的经济社会发展规划，运用大量的数据对我国西部地区经济社会发展进行了实地调查的专著。主要内容有西部经济社会跨越式发展调研的重要意义和必要性，西部经济社会发展的体制、机制与制度安排，西部经济社会发展状况，西部实施经济社会跨越式发展的基础分析等，书中对西部地区经济社会发展取得的成效及其原因、存在问题及其原因，产业结构优化升级，人民生活水平的提高，和谐社会建设，今后的发展思路及其政策取向等都做了详细的分析，提出了有针对性的政策建议。

**1833** 《中国西部发展报告·2015·经济新常态下的西部改革与发展》，姚慧琴、徐璋勇主编，北京：社会科学文献出版社，2015年7月。

本年度报告的主题是"经济新常态下的西部改革与发展"，主要内容包括总报告、经济发展、社会发展、文化教育、生态环境与法治发展等六个部分。其中，"经济发展"部分以丝绸之路经济带建设为背景，重点对丝绸之路经济带沿线国家与省市旅游业与旅游合作、"西安—兰州—乌鲁木齐"产业带与丝绸之路经济带的产业协同发展等问题进行了分析研究，探索丝绸之路沿线国家及相关省市产业合作的新路径。

**1834** 《中国西部经济发展报告·2005》，韦苇主编，北京：社会科学文献出版社，2005年10月。

本书是一部对中国西部经济发展状况的全面报告，是对西部大开发战略启动六周年的总结与献礼。本书作者从对西部大开发的伟大社会实践活动的同步跟踪研究的角度，对中国西部的经济发展做以整体的把握分析。主要内容包括：总论即西部大开发的基本情况，评价有西部大开发五年来的成就与问题、西部大开发战略与对策新探，以及基础设施篇、生态环境篇、产业战略篇、开放环境篇、科技教育篇等内容。

**1835** 《中国西部经济发展报告·2006》，韦苇主编，北京：社会科学文献出版社，2006年8月。

本书是2006年中国西部经济发展报告，主要分为总论篇、东西互动发展篇、区域经济发展篇、社会发展篇。内容有《向全国政协经济委员会关于西部大开发工作的汇报》《2005年西部经济发展形势分析》《西部大开发面临的问题与挑战》《我国西部大开发的成效及未来政策取向》《加快西部少数民族地区特色优势产业发展研究》《西部地区吸引区外资金概况及制约因素分析》《西部各省区市经济发展综合竞争力分析与评价》等。全面地分析了西部诸省的经济状况和发展前景，对于促进西部大开发具有一定的参考价值，某些方面甚至有指导意义。

**1836** 《中国西部经济发展报告·2007》，姚慧琴、任宗哲主编，北京：社会科学文献出版社，2007年9月。

本书是2007年中国西部经济发展报告。主要内容包括总报告、西部农村发展报告、西部特色产业发展报告、西部区域经济发展报告、西部新农村建设农户意愿分析报告、西部区域竞争力分析报告等共六部分，具体内容有《2006年西部经济发展形势分析与2007年预测》《西部特色优势旅游业发展报告》《国际国内产业转移与西安都市圈经济发展研究报告》。全书总结了西部大开发的成果与经验，尤其针对2006年的具体情况进行了具体分析与预测。

1837 **《中国西部经济发展报告·2008》，姚慧琴、任宗哲主编，北京：社会科学文献出版社，2008年9月。**

本书是2008年度中国西部经济发展报告。书中对上一年度西部经济发展取得的成效进行回顾与总结，对存在的问题进行分析，对未来一年的经济运行情况进行预测，同时对国家西部大开发战略的实施进行动态跟踪，对西部经济发展中的重大理论与现实问题进行深度分析研究，为国家有关西部经济发展重大决策提供参考。主要内容有总报告、西部民生与公共服务篇、东西互动发展三篇，包括《2007年西部经济发展形势分析与2008年预测》《西部油气资源富集区域经济发展报告》《东西部互动新态势：产业集群迁移与承接》《西部交通和通讯基础设施发展报告》等。

1838 **《中国西部经济发展报告·2009》，姚慧琴、任宗哲主编，北京：社会科学文献出版社，2009年7月。**

2009年是西部大开发战略提出与实施十周年，本书以"西部大开发十周年：回顾与总结"为主题，重点从西部经济总体发展、西部大开发政策效应、特色优势与新兴产业发展、区域发展、发展环境、民生与公共服务发展、省区市发展、竞争力评价与分析等方面，对西部大开发战略实施十年来西部经济发展取得的成效及存在的问题进行全面的回顾、总结与分析，为国家进一步完善西部大开发政策提供参考。主要内容分为六篇，对西部地区的发展总结，包括总报告、区域发展报告、发展环境报告、民生与公共服务发展报告、省区市发展报告、竞争力评价与分析报告等。

1839 **《中国西部经济发展报告·2010》，姚慧琴、任宗哲主编，北京：社会科学文献出版社，2010年8月。**

本书是2010年度中国西部经济发展报告。内容包括：2009年西部地区经济发展分析与2010年形势预测报告、西部重点经济区（关中—天水经济区、成渝经济区）发展报告、西部民生（四川地震灾区恢复与重建、西部新农村建设、西部低收入人群社会保障）发展报告、西部"十二五"发展思路研究报告、西部发展典型案例分析研究报告、西部竞争力评价与分析报告及西部专题研究报告，每部分报告都在对相关问题进行分析研究的基础上，提出了具有针对性的政策建议。

1840 《中国西部经济发展报告·2011》，姚慧琴、任宗哲主编，北京：社会科学文献出版社，2011年7月。

本书是2011年度中国西部经济发展报告。研究内容包括：2010年西部地区经济发展分析与2011年形势预测报告、西部地区经济增长质量评价分析报告、重点开发经济区（呼包银经济区、兰西格经济区、兰白经济区、陕甘宁经济区、新疆天山北坡经济区、黔中经济区）发展研究报告三大部分。每部分报告都在对相关问题进行分析研究的基础上，提出了发展的基本理念、基本原则和政策等内容，提出了具有针对性的政策建议。

1841 《中国西部经济发展报告·2012》，姚慧琴、任宗哲主编，北京：社会科学文献出版社，2012年12月。

本书是2012年中国西部经济发展报告。主要内容包括总报告、竞争力评价报告、新农村建设报告、产业发展报告、金融稳定报告、专题研究报告等，有《2011年西部地区经济发展总结分析与2012年预测》《西部省域经济发展综合竞争力评价与分析报告》等报告，书中重点对上一年度西部经济发展取得的成效进行回顾与总结，对存在的问题进行分析，对未来一年的经济运行情况进行预测，同时对国家西部大开发战略的实施进行动态跟踪。

1842 《中国西部经济发展报告·2013》，姚慧琴、任宗哲主编，北京：社会科学文献出版社，2013年11月。

本书是2013年中国西部经济发展报告。内容包括总报告、竞争力评价分析报告、新农村建设报告、产业发展报告、金融稳定与安全报告、专题研究报告等部分。报告重点对2012年西部地区经济进行了全面系统的回顾，对西部地区经济发展中存在的主要问题进行了归纳与分析，在此基础上分析了2013年西部地区经济增长面临的内外环境，对2014年的经济增长态势进行了预测，并提出了加快西部地区经济稳定增长的政策建议。

1843 《中国西部经济发展报告·2014》，姚慧琴、任宗哲主编，北京：社会科学文献出版社，2015年5月。

本书是2014年中国西部经济发展报告。主要分理论篇、现实篇、评价篇、发展篇和专题篇等五篇。主要内容则包括传统城镇化理论、发展模式及其困境，新型城镇化的科学内涵，城镇化质量评价指标体系的构建及评价方法，西部地区城镇化发展的回顾与现状，西部地区推进新型城镇化的目标、路径及模式，陕西省农民市民化意愿调查研究报告等。本书分析了 2013 年西部地区经济增长，对 2014 年的经济增长态势进行了预测，并提出了加快西部地区经济稳定增长的政策建议。

**1844** 《中国西部经济发展报告·2015》，姚慧琴、任宗哲主编，北京：社会科学文献出版社，2015 年 9 月。

本书是 2015 年中国西部经济发展报告，以"经济新常态下的西部改革与发展"为题，内容包括 2014 年西部地区经济运行分析与 2015 年展望、西部地区经济发展报告、西部地区社会发展报告、西部地区文化教育发展报告、西部地区生态环境报告、西部地区法治发展报告等，具体有《西部经济发展的阶段性特征及新常态下经济运行的主要特点》《丝绸之路经济带旅游业与旅游合作发展报告》《"西一兰一乌"产业带与丝绸之路经济带产业协同发展研究》等。

**1845** 《中国西部经济发展战略选择：基于增长诊断法的研究》，王晓姝著，北京：中国社会科学出版社，2014 年 5 月。

本书论述了中国西部经济发展战略问题。书中为落后地区提供制定发展战略的一般性思路，而非具体化的政策菜单。书中在运用发展理论提出一般性发展战略制定方法的同时，以中国西部作为特殊化研究对象，将一般性的发展战略选择方式应用于具体化战略选择过程中。主要内容有发展战略的相关研究、理论基础、经济发展影响因素、增长诊断、硬约束的影响因素分析、发展战略选择等方面。

**1846** 《中国西部经济一体化及其促进政策研究》，俞培果著，北京：经济科学出版社，2015 年 11 月。

本书根据当前国内经济一体化的现状和研究的目的，对经济一体化概念作了进一步扩展。书中对经济一体化的理论与实证文献做了综述，并对研究的视角与方法的选择做了介绍。作者对于我国经济一体化的现状与发展趋势进行了概述，并对一体化的影响因素进行了检验，探讨了西部各省区与四大经济区域一体化的规律。此外，作者对成渝经济一体化做了专门研究，并对实证结论进行总结，指出了理论启示与政策的含义。

**1847** 《中亚四国经济》（"一带一路"沿线国家经济丛书），张春敏主编，北京：中国经济出版社，2016 年 12 月。

本书是介绍与研究吉尔吉斯斯坦、乌兹别克斯坦、塔吉克斯坦、土库曼斯坦等中亚四国经济的著作。书中叙述了中亚四国的历史发展、人口与民族现状、自然条件、政治制度、经济发展，与中国的外交关系等概况内容，分析了四国的经济结构、经济制度、经济政策，以及在交通、通信、能源等领域的基础设施建设现状。同时，书中探讨了四国对外经济贸易的商品结构、贸易伙伴与进出口情况，评述了四国在独立前后与中国的经济文化交流，并就四国与"一带一路"倡议的关系与影响做了研究，对"一带一路"建设起到了数据支持与信息解读的作用。

**1848** 《资源型地区可持续发展战略研究——以呼包银榆经济区为例》（西部大开发研究丛书），欧晓理、周谷平等著，杭州：浙江大学出版社，2015年7月。

本书是以呼包银榆经济区为例，研究资源型地区可持续发展战略的专著。书中综述了可持续发展的发展基础、总体要求、空间布局、产业发展、资源能源节约与生态环境保护等内容，探讨了呼包银榆经济区的战略定位与支撑条件，并对该经济区的能源发展、产业发展、生态屏障建设、节约用水、社会主义新农牧区建设、城市化与空间布局、区域创新能力建设，对外开放与区际开放等领域进行了专题研究。

# 社会发展

1849 《18—20 世纪初东部内蒙古农耕村落化研究》，珠飒著，呼和浩特：内蒙古人民出版社，2009 年 1 月。

本书主要探讨 18 至 19 世纪初内蒙古东部农耕村落化研究。全书分为五章，主要讨论清初至清末时期内蒙古东部的汉族移民问题，包括清初至全面放垦蒙地时期；分析农牧交错和蒙汉杂居的新格局，特别对农牧交错格局的形成以及汉族在蒙地取得土地的过程作以论述；探讨内地行政建制在内蒙古东部推广的延续与变革；解析清初到清末时期民族结构与人口构成的变化因素并介绍了东部蒙旗蒙古族的跨旗流动的内容。

1850 《2009 中国区域发展报告——西部开发的走向》，刘卫东、刘毅等著，北京：商务印书馆，2010 年 4 月。

本书是研究西部开发走向的区域发展报告。书中总结了西部地区的发展状态，归纳了西部地区的自然环境演变与综合地域结构，总结了推进西部开发的战略思路，对主要政策类型区进行了划分。同时，书中还探讨了西部地区的产业发展，评述了能源开发的现状与方向，调查了特色农业的潜力与开拓，以及社会事业与公共服务的问题与特点。此外，书中还探讨了西部地区对内对外开放、城镇化发展、交通基础设施建设等内容，并就生态环境的保护与建设做了阐述。

1851 《2014 中国西部法治发展报告：西部地区金融服务与监管法治状况调研》，刘丹冰等著，北京：法律出版社，2015 年 1 月。

本书是对 2014 年西部地区金融服务与监管法治状况的调研。全书分为四章，分别对商业银行法律制度调研，包括国有商业银行在西部提供金融服务的现状与法律对策、全国性股份制商业银行在西部提供金融服务的现状与法律对策等问题研究；对直接融资法律制度进行论述，包括对西部企业上市（IPO）的调查、反思与法律对策、西部企业利用创业板市场融资的现状与法律对策、西部地区 ST 上市公司专题调查、西部地区公司债券融资的现状、问题与法律对策；对新型金融机构法律制度的阐释，包括西部地区村镇银行的发展现状、问题与法律对策、西部地区小额贷款公司的现状、法律支持与对策、中国社区银行发展法律促进与规范的调研等问题；对政策性金融与监管法律制度调研，包括政策性金融支持西部地区经济发展法律问题的调研、金融监管机构在西部地区设置及运转的专题调研以及西部地区民营金融机构差异性监管法律制度研究等问题。

1852 《2015中国区域发展报告——"新常态"下的西部大开发》，刘卫东、宋周莺等著，北京：商务印书馆，2016年3月。

本书是研究"新常态"下西部大开发的区域发展报告。书中叙述了西部地区的发展态势，总结了其发展战略与发展思路，对西部地区的空间布局、结构调整、产业发展、能源开发、基地建设等内容做了探讨。同时，书中还叙述了当地特色农业的发展，评述了关于扶贫、改善民生等社会事业的发展情况。此外，书中还构建了对外开放的格局，以及城镇化的发展模式，把握了交通基础设施发展与建设的总体方向，并就生态环境的保护与建设做了阐述。

1853 《包容性增长视角下的西部民族地区基础教育均等化问题研究》，吴敏娜著，北京：经济科学出版社，2015年10月。

本书基于包容性增长的视角，对西部民族地区基础教育进行研究。首先，对包容性增长概念以及基础教育均等化研究进行概述，分析了基础教育供给均等化与包容性增长的关系；基础教育供给均等化作为包容性增长基础构建之一，是实现包容性增长的重要公共政策手段，要实现包容性增长必须加快基础教育供给均等化。其次，对西部民族地区基础教育供给现状进行了描述，包括对教育不均等现状及原因分析等内容，并以凉山彝族自治州为例研究西部民族地区基础教育发展。最后，对西部民族地区基础教育均等化对策进行探讨。

1854 《冲突·平衡·发展：我国西部地区经济与环境协调发展研究》，李茂林著，武汉：武汉大学出版社，2015年8月。

本书主要论述了我国西部地区经济与环境协调发展的问题。全书分为八章，按照从理论到实践、从问题到对策的逻辑推演方式进行编排架构，通过对经济与环境协调发展基础理论、经济与环境协调发展的实质与核心以及综合评价、实现经济与环境协调发展的主要路径等问题的详细分析，指出西部欠发达地区经济发展与环境质量存在的问题和约束条件，并针对此问题提出了西部地区区内发展与区际共容并重以及维护生态优先，发展经济与维护生态并重的发展新模式，特别对农业、工业和服务业与生态环境协调发展的路径提出了看法。

1855 《创新驱动：内外市场互动的创新机制与模式》（"一带一路"开发研究丛书），郭强等编著，成都：西南交通大学出版社，2017年4月。

本书是研究内外市场互动的创新机制与模式的著作。书中概述了丝绸之路的历史与"一带一路"建设，介绍了创新驱动发展战略的国内外背景与意义，分析了"一带一路"主要辐射国家在创新驱动领域的发展现状，并对美、英、德等国家的先进经验进行了总结。同时，书中还分析了内外市场互动的创新机制与模式，评述了我国创新驱动的发展现状，归纳了"一带一路"带来的创新机遇与挑战，并就内外市场互动的创新机制与模式的运用进行了阐述。

1856 《大敦煌生态保护与区域发展战略研究》，蒋有绪等编著，北京：中国林业出版社，2012年12月。

本书研究了大敦煌地区生态保护与区域发展的著作，旨在以敦煌为中心，统筹疏勒河、党河流域生态保护与区域经济社会协调发展，优化水资源配置，发展优势特色产业，把大敦煌建设成为西北地区生态文化中心。书中强调了大敦煌区域生态治理与可持续发展的重要性，对当地生态环境的具体情况、野生动植物的保护、水资源的合理利用、社会经济的可持续发展等方面做了深入研究与探讨，提出了生态保护与区域可持续发展的建议与对策。

1857 《东西部差距：变动趋势与影响因素——基于演化与分解的分析框架》（西部大开发研究丛书），马述忠、冯晗著，杭州：浙江大学出版社，2011年5月。

本书是基于演化与分解的分析框架，研究东西部差距中变动趋势与影响因素的专著。书中概述了我国地区发展差异的典型特征与东西部差距的历史演化，从理论与实证的角度探讨了地区发展差异问题。同时，书中分析了自然条件、政策因素、国际贸易、外国直接投资、人力资源、人口流动障碍、金融发展、集聚效应等领域对于东西部差距的影响。此外，书中还全景揭示了我国东西部地区的差距，诠释了制约缩小东西部差距的现实因素，并从均衡发展的角度给予了政策性建议。

1858 《多元文化背景下的新疆双语教育理论研究》，张梅著，北京：北京语言大学出版社，2016年3月。

本书以多元文化为背景，对新疆地区的双语教育进行了理论研究。书中介绍了新疆多元的文化特征与双语教育，分析了多元性对语言文化的影响，叙述了新疆双语教育的发展情况，对双语教育的性质、特点、体系、定性、定位与社会功能做了探讨。同时，书中讨论了新疆双语教育的规划与模式，思考了学前双语教育模式的多样化构建,阐述了双语教育的教材编写、教学原则与跨学科研究思路,并就新疆双语教育的发展提出了对策与建议。

1859 《古锦今丝:广东丝绸业的"前世今生"》,刘永连、谢汝校著,广州:广东经济出版社,2015年3月。

本书以锦纶会馆为视角,探索广东丝绸业的发生、发展和曲折变迁的历史进程。书中对锦纶会馆的创建与广东丝绸业的起源、持续发展以及繁荣鼎盛甚至外销海外的过程进行了全面叙述,并对锦纶会馆变迁和广东丝绸业的演变与曲折发展进行了揭示。另外,作者对丝绸业在南洋社会、欧美世界的交易与发展情况作以概述,对于丝绸带动的文化上的巨大影响进行了综述。最后,作者对当代广东丝绸业的振兴与发展前景做出判断,并指出了广东丝绸业的发展优势。

1860 《轨道交通:昨天的辉煌,今天的重任,明天的浪漫》("一带一路"开发研究丛书),陆绍凯、张化雨、彭遥编著,成都:西南交通大学出版社,2017年4月。

本书是以轨道交通为视角,探讨"一带一路"倡议背景下轨道交通的现状与发展的著作。书中回顾了我国轨道交通建设与发展的历史,列举了国内几大重要的铁路项目与援非铁路工程。同时,书中还以西部地区为例探讨了轨道交通与区域经济发展的关系,分析了轨道交通在社会民生中的作用,并强调了轨道交通创新发展的重要性,以及要在该领域实现"走出去"的目标。此外,书中还评述了现有交通运输体系对于编织中国梦所起到的作用,以成都为例分析了轨道交通产业链的发展与规划,并对轨道交通带来的欧亚大陆地缘经济新格局做了总结。

1861 《哈萨克民间图案》(新疆艺术研究·第1辑·民间美术卷),中国美术家协会新疆分会编,乌鲁木齐:新疆美术摄影出版社,2013年11月。

本书是关于新疆民间艺术的研究,介绍与探讨了该地区哈萨克族民间使用的精美图案及其民俗文化。书中所述哈萨克族民间图案分为服饰图案与手工艺图案两大类,收录了大量关于民居、服饰、装饰等方面的插图,并对其线条、构图、纹样与文化特点等内容做了叙述,体现了哈萨克族民间图案的艺术特征和蕴含的民俗信仰,反映了哈萨克族丰富多彩的社会生活与传统文化。

1862 《回眸与前瞻:西域图书馆论坛文萃》,香翠真主编,新疆维吾尔自治区图书馆学会编,乌鲁木齐:新疆人民出版社,2002年5月。

本书是"西域图书馆论坛文萃",主要是对图书馆与西部建设发展相关主题的研究文集，内容分为西部大开发与图书馆、理论研究、业务探讨、文献信息开发与利用、图书馆自动化与数字图书馆、读者工作和队伍建设等内容，编选论文 67 篇。具体篇目有：《西部大开发与图书馆的创新意识》《浅谈图书馆如何服务于西部大开发》《发挥高校图书馆在西部大开发中信息服务优势》《新疆地方社科文献提要数据库构想与意义》《加快西部少数民族地区特色图书馆建设步伐》《我国哈萨克族文字报刊的历史与现状》等篇。

**1863** 《基于国家对口支援背景下的新疆承接产业转移问题研究》，**王晓娟等著，五家渠：新疆生产建设兵团出版社，2014 年 10 月。**

本书探讨了国家对口支援下的新疆承接产业转移问题。书中首先对中央领导集体关于新疆建设思路做了回顾，并对承接产业转移与新疆发展的关系进行了概述；同时叙述了产业转移理论，对国家对口支援产业转移到新疆的动因做了分析，并对国家对口支援下新疆承接转移产业的实证、效应进行了讨论，并对新疆石河子市承接产业转移的案例进行了解析。此外，作者探讨了承接产业转移的发展方向、战略规划及应对策略等问题。本书的研究，对新疆的经济发展具有一定的社会价值和实践价值。

**1864** 《教育部对口支援西部高校工作优秀研究项目项目汇编》，**教育部对口支持工作研究指导中心编，北京：清华大学出版社，2015 年 1 月。**

本书是对教育部对口支援西部高校工作优秀研究项目的汇编。书中汇集了多个支持西部高校工作优秀项目的研究报告，主要有《对口支援推动边疆和民族地区外语教师职业发展实践探究》《民族地区高校教师职业发展实践探究——以新疆财经大学和西藏大学为例》《对口支援学生文化交流项目研究报告——以西南大学对口支援毕节学院与和田师范专科学校两校为例》《依托对口支援实施夏季小学期长效机制研究——以清华大学对口支援青海大学为例》等，这些项目成果为推动边疆和民族地区教师职业发展做出了理论和实践探索。

**1865** 《结构转型、战略转换与消除贫困：以甘肃省为例》，**张永丽、李秀萍著，北京：中国社会科学出版社，2015 年 11 月。**

本书以甘肃省为例，探讨国家战略中的结构转型、战略转换和消除贫困的问题。书中对贫困的界定与测度进行了概述，介绍了国际贫困与反贫困理论的演进，总结了中国扶贫开发的历程与实践，针对甘肃省扶贫开发的历程与实践进行分析，对甘肃省扶贫开发效果的评价与反思。作者从富民产业、劳动力流动、农村金融综合改革、能力建设、城镇化建设等角度对反贫困的措施提出见解，在反贫困目标、反贫困理念、反贫困体制机制、反贫困模式、反贫困内容、反贫困途径等方面,进行了新的探索。

1866 《近现代西北社会研究:发展与变革》(西北边疆史地研究丛书),李建国、尚季芳主编,兰州:甘肃文化出版社,2015年12月。

本书是对近代西北地区经济、社会、民族,以及近现代西北开发等问题的论集。主要内容涉及六个方面,分别为西北自然与人文环境研究、西北社会变迁研究、西北民族问题研究、西北历史人物研究、西北开发史研究及其他西北相关研究。具体文章有《试析自然和人文环境对西北近代商贸经济的影响》《近代天津洋行在西北地区的运行机制——以羊毛贸易为中心的考察》《水陆兼行的特色运输——近代甘宁青羊毛贸易的运输网络》《由地理和地缘方面论兰州市将来的发展》等篇。

1867 《民族宗教与西部地区思想道德建设研究》,郭娅、徐学初著,北京:民族出版社,2015年3月。

本书采取抽样问卷调查、入户调查、深度访谈、座谈会等研究方法,来展示民族宗教对西部民族地区思想道德建设的重要影响。主要内容分为两部分,主报告里对西部地区宗教信仰的基本状况进行了探查,分析了民族宗教对西部地区思想道德的影响,探讨了西部地区民族宗教存在的主要问题及对策建议。分报告中,作者分析了民族宗教对西部地区社会不同群体的影响,并对四川若尔盖达扎书院对藏区思想文化建设的影响、贵州青岩宗教多元共存对社会思想文化建设的影响案例进行了解读。

1868 《企业生态:良性发展的基础与深化改革的关键》("一带一路"开发研究丛书),左大杰编,成都:西南交通大学出版社,2017年4月。

本书以企业生态为视角,对相关基本理论进行了阐释,并从生态学的视角解读了企业管理理论的基础。同时,书中对企业在发展与改革中关于产业链、运营管理、竞争合作、商业模式、创新等方面的问题进行了探讨,亦分析了企业生态的演化原理及规律。此外,书中还以渝新欧物流公司为例,进行了基于企业生态的实证分析,力求为"一带一路"建设中的我国企业提供企业生态的思维与帮助,实现企业的良性发展与深化改革。

1869 《区域发展能力理论:新一轮西部大开发理论创新与模式选择》(区域发展能力研究丛书),姜安印、董积生、胡淑晶主编,北京:中国社会科学出版社,2014年11月。

本书是基于区域发展能力理论,研究新一轮西部大开发理论创新与模式选择的专著。书中叙述了西部大开发的成就、问题及经验,分析了区域发展能力的理论体系与框架结构,构建了西部区域发展能力的指标体系。同时,书中亦探讨了区域功能完善与区域发展能力培育障碍,归纳了问题区域发展能力培育模式的路径选择,阐述了对口支援与西部地区自我发展能力培育的方式。此外,书中还就继续推进西部大开发的制度创新与政策完善进行了总结。

1870 《区域公平的当代构建——以新疆为例》(丝绸之路经济带与新疆发展丛书),夏文斌主编,北京:中国社会科学出版社,2016年11月。

本书以新疆为例,探讨了区域经济社会发展下的区域公平当代构建。书中概述了区域公平的内涵和界定,强调了马克思、恩格斯及中国共产党人的区域公平思想,论述了区域公平的基本特征与政策目标。同时,书中回顾了新时期中央推进新疆区域公平发展的相关战略,探析了区域公平视角下新疆的发展成就与原因,讨论了新疆跨越式发展所面临的时代挑战,并对美国、日本、巴西、印度等国在区域公平上的实践与启示做了总结与解读。此外,书中还叙述了构建区域公平的新疆战略和规划,强调要转变推进发展方式,构建公平开放的市场和社会体系,建立区域生态公平的发展方式,以及提升区域民生公共服务水平。

1871 《区域共同市场:后全球化过渡期的市场特性与趋势前瞻》("一带一路"开发研究丛书),窦祥胜著,成都:西南交通大学出版社,2017年4月。

本书是研究后全球化过渡期的市场特性与趋势前瞻的著作。书中介绍了从全球化到后全球化的过程,分析了后全球化世界市场的区域化与多元化等新特征,探讨了后全球化过渡期人类所面临的人口、资源、环境、安全、贫困等问题。同时,书中还评述了中国在后全球化过渡期的大智慧与大战略,强调了全面推进"一带一路"建设与实现"走出去"目标的重要作用与意义,并提出了在后全球化过渡期的背景下,中国应进一步深化体制改革、加快科技创新步伐、大力发展经济、推动国内外市场深度融合。

1872 《守护阳关:阳关科研与保护》,谢建平著,兰州:甘肃人民美术出版社,2015年1月。

本书是以保护敦煌阳关国家自然保护区生态环境为主题的论文集,收录了国内学者相关论文14篇,对阳关地区干旱缺水、土地沙化、绿洲变小、盐渍化等生态问题进行了系统的论述与研究,旨在探讨自然保护区的生态保护与可持续发展,并提供建议与对策。书中分为生态篇与文化篇,包括《敦煌阳关国家自然保护区生物多样性及保护对策分析》《3S 技术在敦煌阳关国家自然保护区中的应用研究》《甘肃敦煌阳关国家自然保护区湿地现状及保护对策研究》，以及《关于敦煌阳关国家自然保护区文化底蕴的几点思考》等文章。

1873 《守望敦煌：敦煌生态环境保护作品实录》，吴三雄主编，兰州：甘肃人民美术出版社，2015 年 8 月。

本书是关于敦煌地区生态环境保护的作品集，旨在通过对敦煌地区的保护研究与散文诗歌的情景描写，呼吁与引导社会关注敦煌、保护敦煌。书中收录了对于敦煌地区保护研究的新闻作品 15 篇，包括了《为了敦煌绿洲的生态安全》《探问敦煌地下水源地置换工程》《拯救敦煌绿洲》《敦煌绿洲：西北生态安全屏障》《生态保护圈——甘肃敦煌西湖国家级自然保护区》《敦煌不可能变成第二个楼兰》等文章。此外，书中还包括了关于敦煌地区的散文作品 19 篇与诗歌作品 15 篇。

1874 《丝路之光：创新思维与科技创新实践》，孟昭勋、张蓉主编，西安：陕西人民出版社，2010 年 1 月。

本书是对我国的创新思维与科技创新实践的探讨。全书共分九章，分别为：人类科技历史的追寻、迈向人类文明门槛的巨大进步、从魏晋玄学走向隋唐盛世、传统科技的成熟与集成、从传统到现代的艰难转化、艰难的探索之路、新中国的科技事业暨发展中的西北科技、改革开放与西部大开发、风物长宜放眼量等内容。作者回顾了华夏民族先民科技文化创新的思维以及古代科学思想体系的形成，分析了传统科技与近代科技的开拓与实践，探讨了中国新科技模式的建立与西部大开发的成果。作者总结了提高自主创新能力，建设创新型国家的必要性，并对中国国家创新体系进行了研究。

1875 《塔吉克斯坦国家发展与社会文化研究》，杨波著，广州：世界图书广东出版公司，2015 年 7 月。

本书是专门研究中亚国家塔吉克斯坦的社会文化与国家发展的著作。书中从人文地理方面介绍了该国的气候、资源、人口、行政区划、民族历史等内容，并对其史前历史做了回顾。对于该国的政治体制、独立后的私有化进程以及该国的外交关系与政策和武装力量，作者也做了介绍与解读。同时，作者还关注了该国的民族问题与宗教信仰，从文化艺术、教育科研、大众传媒和生活方式等方面梳理了该国社会文化的现状与发展，有利于读者深入了解塔吉克斯坦的整体情况。

1876 《吐鲁番地区电力工业志：1932—1998》，《吐鲁番地区电力工业志》编纂委员会编，乌鲁木齐：新疆人民出版社，2001年9月。

本书是对1932年至1998年间吐鲁番地区电力工业的记录与介绍。书中分为建设、生产、用电、科技与教育、安全、多种经营与职工福利、管理七个篇章。探讨了吐鲁番地区的发电资源、电源建设、送变电建设；分析了调度、运行检修、生产与技术经济指标；用电方面，则对用电构成、用电管理、电价、农村电气化建设进行了探讨；科技与教育方面，书中对科技成果与教育培训等内容进行了介绍。此外，对于安全教育与安全保卫，作者非常重视，列出了安全记录与事故举要。书中对于多种经营与员工福利和管理方面也分别进行了探讨。

1877 《吐鲁番地区文化产业发展规划：镌刻人类世界文明路线图——吐鲁番世界文化多样性研究》，孙昌华、孟建主编，乌鲁木齐：新疆人民出版社，2007年8月。

本书是对吐鲁番地区文化产业发展的规划。书中分为上下两编，上编是吐鲁番地区文化产业发展研究，分别探讨了中国文化产业发展前景广阔、文化产业是吐鲁番发展的战略选择、保护和促进世界文化多样性成为共识、吐鲁番创建全国首个世界文化多样性示范区、吐鲁番文化产业发展总体构想等问题；下编则是吐鲁番地区形象竞争战略研究，对吐鲁番形象战略分析、形象战略选择、形象战略项目创意构成、形象战略的实施与城市品牌的塑造、形象传播中的战略控制、形象战略中的评估与危机管理等问题进行了研究。

1878 《吐鲁番地区邮电志》，《吐鲁番地区邮电志》编纂委员会编，乌鲁木齐：新疆人民出版社，2008年6月。

本书是吐鲁番地区邮电志。书中分为七章，介绍了吐鲁番地区历史上的邮驿并对现代邮电事业机构设置进行了叙述；描述了邮政和电信的具体业务、服务方式、服务网点和资费以及管理方式；对通信机构和无线电的具体管理方式和内容进行了阐述；介绍了企业的经营模式、财务管理和人事管理制度并对后勤、统计、安全、档案管理等方面都有所涉及，此外，书中对吐鲁番邮电方面的党群组织和先进单位、先进集体与先进个人的优秀事迹进行了详细解说。

1879 《吐鲁番地区志》，柏晓主编，吐鲁番地区地方志编纂委员会编，乌鲁木齐：新疆人民出版社，2004年12月。

本书是吐鲁番地区方志。全志由概述、大事记、专业志及附录组成，以记、述、志、传、图、表、录等体裁记事。专业志中分为建制、自然环境、人口、经济综述、种植业、葡萄、哈密瓜、林业、畜牧、农牧机械、水利、坎儿井、乡镇企业、工业、交通邮电、城乡建设环境保护、商业、粮油、金融保险、旅游、综合经济管理、中国共产党吐鲁番地区组织、党派群团、高昌政权、吐鲁番郡王、民政、劳动人事、司法、外事侨务、军事、教育、科学技术、文化体育、广播电视电影、文物古迹、交河故城、卫生防疫、民族宗教、社会新风、人物等三十四编，详细讲述了吐鲁番地区的概貌。

1880 《吐鲁番电业局志：1999—2010》，赵宜明、段琳主编；《新疆电力公司系统电力工业志丛书》编纂委员会编，乌鲁木齐：新疆人民出版社，2011年5月。

本书系统记载了吐鲁番电业局1999—2010年间电力工业发展情况，重点叙述了吐鲁番电业局为吐鲁番地区经济发展和人民群众生活提供优质电能所做的努力和取得的成果。该书内容由概述、大事记、机构与职工、电网建设、供电、用电、科技与教育、经营管理、党群组织、人物组成，共分为八章，约54万字。本书表现了吐鲁番地区长治久安的电力保障，也是对吐鲁番经济发展和人民群众生活发展的记录。

1881 《吐鲁番—哈密盆地油气田开发工程》，崔辉、王世信主编，北京：石油工业出版社，1998年1月。

本书以吐鲁番—哈密盆地油气田开发为中心，对油田地质、油藏工程、钻井工程、测井技术、采油采气工艺、油气集输、地面建设工程、生产自动化及经济管理进行了比较全面系统的阐述，把油气田开发中的各个专业融为一体，详细探讨了油气田的构造、油气田开发方案设计、油气田开发方案实施与研究、油气田开发过程的调整与控制、油气田自动化发展方向等问题，对新油气田的开发与利用具有一定借鉴作用。

1882 《吐鲁番年鉴·2007》，马庭宝主编，中共吐鲁番地委党史研究室、吐鲁番地区地方志编辑室编纂，乌鲁木齐：新疆人民出版社，2008年2月。

本书全面记述2006年吐鲁番行政区域内各行各业发展的概貌，记载吐鲁番政治、经济、军事、文化和社会等方面的基本情况。本书采用分类编辑法，共设29个部类，分别为专载、特载、领导论坛、大事记、概况、政治、群众团体、政法、军事、农业、工业、交通·邮政·通信、城乡建设·环境保护、旅游、商贸流通、经济管理与监督、财政·税收、银行、保险、机构·人事·社保、地震·气象、教育·科技、文化·体育·文物、传媒·档案·图书、卫生·医疗、社会·民族·宗教、县市概况、中央·自治区驻吐鲁番单位、人物、附录等内容。本书为研究、建设吐鲁番提供了信息和资料。

1883 《吐鲁番年鉴·2008》，马庭宝主编，中共吐鲁番地委党史研究室、吐鲁番地区地方志编辑室编纂，乌鲁木齐：新疆人民出版社，2009年5月。

本书是吐鲁番政治建设、经济建设、文化建设和生态文明建设的地方性年鉴。书中记载了2007年吐鲁番地区政治、经济、军事、文化和社会等方面的基本情况，全书采用分类编辑法，共设特载、概况、大事记、政治、群众团结、政法、军事、机构·人事、社会·民生、民族·宗教、外事·侨务、经济监督管理、商贸流通、财政·税收、银行·保险·证券、城乡建设·环境保护、地震·气象、工业、农·林·牧、水利、电力、交通·邮政·电信、旅游、科技·教育、文化体育·新闻出版·广播电视、医疗卫生、县市概况、中央·自治区驻吐单位、人物、附录等30个篇目，137个栏目以及900多项条目。

1884 《吐鲁番年鉴·2009》，马庭宝主编，中共吐鲁番地委党史研究室、吐鲁番地区地方志编辑室编纂，五家渠：新疆生产建设兵团出版社，2010年2月。

本书记载2008年吐鲁番地区的政治、经济、军事、文化和社会等方面的基本情况，为社会各界提供吐鲁番地区的资料。全书共分27个篇目，依次为特载、概况、大事记、党政机关、群众团体、法治、机构·人事、军事、农业、工业、交通运输·信息业、商贸流通、旅游业、经济监督管理、财政·税收、银行·保险·证券、城乡建设·环境保护、地震·气象、科技·教育、文化体育·新闻出版·广播电视、医疗卫生、民族·宗教、社会·民生、县市概况、中央自治区驻吐鲁番单位、人物·光荣榜、附录等内容。

1885 《吐鲁番年鉴·2010》，中共吐鲁番地委党史研究室、吐鲁番地区地方志编辑室编纂，五家渠：新疆生产建设兵团出版社，2011年1月。

本书收载2009年吐鲁番地区经济和社会发展的基本情况，是信息密集、资料权威的工具书。旨在按年度反映吐鲁番市的物质文明、政治文明、精神文明建设的历程，为认识、研究、开发、建设吐鲁番市提供资料和历史借鉴。全书分为30个篇目，包括特载、大事记、概况、政党、政权·政治协商、法治、群众团体、军事、农业、工业、城市建设·环境保护、商贸与流通、经济监督管理、经济开发区、财政·税务、银行·保险·证券、国土资源、交通·旅游、信息产业、社会民生、劳动人事·社会保障、科学技术、教育、广播电视·文化体育、档案、卫生·医疗、街道办事处·乡（镇）场建设、驻市团场、人物、荣誉榜、附录等。

1886 《吐鲁番年鉴·2011》，吐鲁番地区地方志编纂委员会编辑室编纂，五家渠：新疆生产建设兵团出版社，2011 年 12 月。

本书收录 2010 年吐鲁番地区经济和社会发展的基本情况，旨在按年度反映吐鲁番市的物质文明、政治文明、精神文明建设历程，为认识、研究、开发、建设吐鲁番市提供翔实资料和历史借鉴。主要内容为 28 个篇目，分别为特载、大事记、概况、政党、政权·政治协商、法制、群众团体、军事、农业、工业、城市建设·环境保护、商贸与流通、经济监督管理、财政·税务、银行·保险·证券、国土资源、交通·旅游、信息产业、社会民生、劳动人事·社会保障、科技·教育、广播电视·文化体育·档案、卫生·医疗、街道办事处·乡（镇）场建设、驻市团场、人物、荣誉榜、附录等内容。

1887　《吐鲁番年鉴·2012》，吐鲁番地区地方志编纂委员会编辑室编纂，五家渠：新疆生产建设兵团出版社，2012 年 12 月。

本书收载 2011 年吐鲁番地区经济和社会发展的基本情况，旨在按年度反映吐鲁番市的物质文明、政治文明、精神文明建设的历程，为建设吐鲁番市提供资料和历史借鉴，为编史修志积累了资料。书中设 28 个篇目，分别为特载、大事记、概况、政党、政权·政治协商、法制、群众团体、军事、农业、工业、城市建设·环境保护、商贸与流通、经济监督管理、财政·税务、银行·保险·证券、国土资源、交通·旅游、信息产业、社会民生、劳动人事·社会保障、科技教育、广播电视·文化体育·档案、卫生·医疗、街道办事处·乡（镇）场建设、驻市团场、人物、荣誉榜、附录等。

1888　《吐鲁番年鉴·2013》，吐鲁番地区地方志编纂委员会编辑室编纂，五家渠：新疆生产建设兵团出版社，2013 年 12 月。

本书记载了 2012 年吐鲁番地区政治建设、经济建设、文化建设和生态文明建设的历程，记述吐鲁番地区的政治、经济、军事、文化和社会等方面的基本情况。全书共分为 28 个篇目，依次为概况、大事记、湖南援吐、政治、群众团体、法治、军事、经济监督与管理、农业、工业、开发区和工业园区建设、交通·通信、商贸流通、旅游业、财政·税收、银行·保险·证券、城乡建设、地震·气象·环境保护、科学技术、教育、文化·体育·广播影视·报纸、医疗卫生、民族·宗教、社会民生、县市建设、中央自治区驻吐鲁番单位、地县级机构领导名录、人物·荣誉等内容。

1889　《吐鲁番年鉴·2014》，吐鲁番地区地方志编纂委员会编辑室编纂，五家渠：新疆生产建设兵团出版社，2015 年 1 月。

本书收载 2013 年吐鲁番地区经济和社会发展的基本情况，旨在按年度反映吐鲁番市的物质文明、政治文明、精神文明建设的历程。全书共分28个部类，分别为特载、概况、大事记、政党、政权·政治协商、法制、群众团体、军事、农业、工业、城乡建设·环境保护、商贸与流通、经济监督管理、财政·税务、银行·保险·证券、国土资源、交通·旅游、信息产业、社会民生、劳动人事·社会保障、科技·教育、广播电视·文化体育·图书·档案、卫生医疗、街道办事处乡（镇）场建设、驻市团场、人物、荣誉榜、附录等内容。

1890  **《吐鲁番年鉴·2015》，吐鲁番市地方志编纂委员会编辑室编纂，五家渠：新疆生产建设兵团出版社，2015年12月。**

本书全面、系统地记载2014年吐鲁番地区自然、政治、经济、军事、文化和社会生活等方面的基本情况，为社会各界提供资料。全书共分28个篇目，依次为特载、概况、大事要闻、湖南援吐、政治、法治、群众团体、军事、经济监督与管理、农业、工业、旅游业、交通·通信、商贸流通、财政·税收、银行·保险·证券、城乡建设、地震·气象·环保、科学技术、教育、文化·体育·广播影视·报纸、医疗卫生、民族·宗教、社会民生、县市·兵团建设、地县级机构领导名录、人物·荣誉、附录等。

1891  **《吐鲁番农村信用社年鉴·2014》，《吐鲁番农村信用社年鉴》编纂委员会编，乌鲁木齐：新疆人民出版社，2015年1月。**

本书全方位展现了吐鲁番地区农村信用社支持地方经济社会发展的新成就和变化变革的新成果，是记录吐鲁番地区农村信用社发展变化资料信息的文化载体。本书收录了2013年吐鲁番市、鄯善县和托克逊县各农村信用合作联社业务发展的基本情况，内容包括特载、概况、吐鲁番市农村信用合作联社、鄯善县农村信用合作联社、托克逊县农村信用合作联社、人物·荣誉、附录等。

1892  **《吐鲁番农村信用社年鉴·2015》，《吐鲁番农村信用社年鉴》编纂委员会编，乌鲁木齐：新疆人民出版社，2016年7月。**

本书全方位展现了吐鲁番地区农村信用社支持地方经济社会发展的新成就和变化变革的新成果，是记录吐鲁番地区农村信用社发展变化资料信息的文化载体。本书收录了2014年吐鲁番市、鄯善县和托克逊县各农村信用合作联社业务发展的基本情况，内容包括特载、概况、吐鲁番市农村信用合作联社、鄯善县农村信用合作联社、托克逊县农村信用合作联社、人物·荣誉、附录等。

1893  **《吐鲁番盆地新生代环境演变》，程捷等著，北京：地震出版社，2005年**

11月。

本书研究了吐鲁番盆地新生代环境的演变，探讨了盆地的自然地理、构造运动、气候变迁等内容。书中介绍了吐鲁番盆地的自然地理与区域地质概况，分析了构造分区与演化过程。书中亦介绍了盆地的新生代地层，对古近纪、新近纪、第四纪地层与磁性地层学做了分析与研究。同时，作者讲述了新生代的构造运动与地貌变化，对新生代的气候变迁做了阐述。此外，书中还探讨了新生代的环境演变与铀矿化，对古近纪、新近纪和第四纪的环境特点及铀矿化阶段和周期做了阐述。

1894 《吐鲁番市年鉴·2007（创刊号）》，杨丽华主编，中共吐鲁番市党史地方志办公室编纂，乌鲁木齐：新疆人民出版社，2008年1月。

本书是由吐鲁番市委、市人民政府主办的地方综合性年鉴。于2007年创刊并逐年编辑出版，面向国内外公开发行。本年鉴收载2006年吐鲁番市经济和社会发展的基本情况，以部类为单元，由分目和条目组成，设40个部类，依次为：特载、领导论坛、大事记、概况、政治、群众团体、政法、军事、城市建设、环境保护、农业、工业、开发区建设、商贸、综合经济管理、国土资源、财政、税务、金融、保险、证券、交通、旅游、电业、通信、社会生活、劳动人事、社会保障、科技、教育、广播电视、文化体育、档案、医疗、卫生、街道办事处、乡（镇）场建设、驻市团场、人物、荣誉榜、附录等。

1895 《吐鲁番市年鉴·2008》，中共吐鲁番市党史地方志编纂委员会编，乌鲁木齐：新疆人民出版社，2008年12月。

本书是由吐鲁番市委、市人民政府主办的地方综合性年鉴。本年鉴收载2007年吐鲁番市经济和社会发展的基本情况，是信息密集、资料权威的工具书，设29个部类，依次为：特载、大事记、概况、政治、群众团体、政法、军事、城市建设·环境保护、农业、工业、开发区建设、商贸、综合经济管理、国土资源、财政·税务、金融·保险·证券、交通·旅游、电业·通信、社会生活、劳动人事·社会保障、科技、教育、广播电视·文化体育·档案、医疗·卫生、街道办事处·乡（镇）场建设、驻市团场、人物、荣誉榜、附录等。

1896 《吐鲁番市年鉴·2009》，杨丽华主编，中共吐鲁番市党史地方志编纂委员会编，乌鲁木齐：新疆人民出版社，2010年10月。

本书是由吐鲁番市委、市人民政府主办的地方综合性年鉴，收载2008年吐鲁番市经济和社会发展的基本情况。书中设29个部类，依次为：特载、大事记、概况、政治、群众团体、政法、军事、城市建设·环境保护、农业、工业、经济开发区建设、商贸、综合经济管理、国土资源、财政·税务、金融·保险·证券、交通·旅游、电业·通信、社会生活、劳动人事·社会保障、科技、教育、广播电视·文化体育·档案、医疗·卫生、街道办事处·乡（镇）场建设、驻市团场、人物、荣誉榜、附录等。

**1897** 《吐鲁番市年鉴·2010》，杨丽华主编，中共吐鲁番市党史地方志编纂委员会编，乌鲁木齐：新疆人民出版社，2011年1月。

本书是由吐鲁番市委、市人民政府主办的地方综合性年鉴，收载2009年吐鲁番市经济和社会发展的基本情况。本年鉴设30个篇目：特载、大事记、概况、政党、政权·政治协商、法治、群众团体、军事、农业、工业、城市建设·环境保护、商贸与流通、经济监督管理、经济开发区、财政·税务、银行·保险·证券、国土资源、交通·旅游、信息产业、社会民生、劳动人事·社会保障、科学技术、教育、广播电视·文化体育·档案、卫生·医疗、街道办事处·乡（镇）场建设、驻市团场、人物、荣誉榜、附录等。

**1898** 《吐鲁番市年鉴·2011》，杨丽华主编，中共吐鲁番市党史地方志编纂委员会编，乌鲁木齐：新疆人民出版社，2011年12月。

本书是由吐鲁番市委、市人民政府主办的地方综合性年鉴，收载2010年吐鲁番市经济和社会发展的基本情况。书中设28个篇目，分别为特载、大事记、概况、政党、政权·政治协商、法制、群众团体、军事、农业、工业、城市建设·环境保护、商贸与流通、经济监督管理、财政·税务、银行·保险·证券、国土资源、交通·旅游、信息产业、社会民生、劳动人事·社会保障、科技·教育、广播电视·文化体育·档案、卫生·医疗、街道办事处·乡（镇）场建设、驻市团场、人物、荣誉榜、附录。

**1899** 《吐鲁番市年鉴·2012》，杨丽华主编，中共吐鲁番市党史地方志编纂委员会编，乌鲁木齐：新疆人民出版社，2012年12月。

本书是由吐鲁番市委、市人民政府主办的地方综合性年鉴，收载2011年吐鲁番市经济和社会发展的基本情况，旨在按年度反映吐鲁番市的物质文明、政治文明、精神文明建设的历程，为编史修志积累宝贵的资料。书中设28个篇目，分别为特载、大事记、概况、政党、政权·政治协商、法制、群众团体、军事、农业、工业、城市建设·环境保护、商贸与流通、经济监督管理、财政·税务、银行·保险·证券、国土资源、交通·旅游、信息产业、社会民生、劳动人事·社会保障、科技教育、广播电视·文化体育·档案、卫生·医疗、街道办事处·乡（镇）场建设、驻市团场、人物、荣誉榜、附录。

1900 《吐鲁番市年鉴·2013》，中共吐鲁番市党史地方志编纂委员会编，乌鲁木齐：新疆人民出版社，2013 年 12 月。

本书是由吐鲁番市委、市人民政府主办的地方综合性年鉴，收载 2012 年吐鲁番市经济和社会发展的基本情况，书中设为 29 个部类，包括特载、概况、大事记、湖南援吐、政党、政权·政治协商、法制、群众团体、军事、农业、工业、城乡建设·环境保护、商贸与流通、经济监督管理、财政·税务、银行·保险·证券、国土资源、交通·旅游、信息产业、社会民生、劳动人事·社会保障、科技教育、广播电视·文化体育·图书·档案、卫生医疗、街道办事处·乡（镇）场建设、驻市团场、人物、荣誉榜、附录等内容。

1901 《吐鲁番市年鉴·2014》，中共吐鲁番市委党史地方志办公室编，五家渠：新疆生产建设兵团出版社，2015 年 1 月。

本书是由吐鲁番市委、市人民政府主办，吐鲁番市地方志编纂委员会编辑室编辑的地方综合性年鉴，收载 2013 年吐鲁番市经济和社会发展的基本情况。书中共设 28 个部类，分别为特载、概况、大事记、政党、政权·政治协商、法制、群众团体、军事、农业、工业、城乡建设·环境保护、商贸与流通、经济监督管理、财政·税务、银行·保险·证券、国土资源、交通·旅游、信息产业、社会民生、劳动人事·社会保障、科技·教育、广播电视·文化体育·图书·档案、卫生医疗、街道办事处乡（镇）场建设、驻市团场、人物、荣誉榜、附录等。

1902 《吐鲁番市高昌年鉴·2015》，吐鲁番市高昌区委史志办编，五家渠：新疆生产建设兵团出版社，2015 年 12 月。

本书因吐鲁番地区撤地设市，同时吐鲁番市撤市设区，故将《吐鲁番市年鉴》更名为《吐鲁番市高昌区年鉴》。收载 2014 年吐鲁番市经济和社会发展的基本情况，共设 27 个部类，包括：特载、概况、大事记、政党、政权·政治协商、法制、群众团体、军事、农业、工业、城乡建设·环境保护、商贸与流通、经济监督管理、财政·税务、银行·保险·证券、国土资源、交通·旅游、信息产业、社会民生、劳动人事·社会保障、科技·教育、广播电视·文化体育·图书·档案、卫生医疗、街道办事处乡（镇）场建设、驻市团场、荣誉榜、附录等。

1903 《吐鲁番市志》,《吐鲁番市志》编纂委员会编,乌鲁木齐:新疆人民出版社,2002年5月。

本志是记载吐鲁番市各项事务的地方志。书中有概述和大事记,概述采用史论结合的方法,综述吐鲁番市自然和社会发展的基本趋势;大事记以编年体结合纪事本末体,提纲挈领记述吐鲁番市各个不同时期发生的大事、要事。具体内容则采用分类编排的方法,共分为:政区沿革、自然环境、绿洲水利、林业、防风治沙、人口、民族、社会生活、城乡建设、农业、葡萄、畜牧业、乡镇企业等38编。本书具有浓郁的地方特色,是记录新疆吐鲁番的百科全书。

1904 《吐鲁番统计年鉴·1996》,乃吉木丁·艾吾祖力主编,吐鲁番地区统计处编,北京:中国统计出版社,1996年8月。

本书是一部全面反映吐鲁番地区经济和社会发展情况的资料性年刊。本书收录了二县一市1995年经济和社会各方面大量的统计数据,以及历史重要年份和近二十年的主要数据。全书内容分三部分:文字篇、统计资料篇、小康之星篇。统计资料包括行政区划和自然状况、综合、人口、劳动力和职工工资、固定资产投资与建筑业、能源、原材料消费与库存、财政物价、农业、工业、交通运输、邮电通讯业、贸易和餐饮业、对外经济贸易和旅游业、金融保险业、教育科技及文化事业、体育、卫生和其他事业等15方面。

1905 《吐鲁番统计年鉴·1997》,吐鲁番地区统计处编,北京:中国统计出版社,1997年8月。

本书是一部全面反映吐鲁番地区经济和社会发展情况的资料性年刊。本书收录了二县一市1996年经济和社会各方面大量的统计数据,以及从1975年和1978年到1996年全地区部分主要统计数据。全书内容分二部分:文字资料和统计资料。主要统计资料有行政区划和自然状况、综合、人口、劳动力和职工工资、固定资产投资与建筑业、能源、原材料消费与库存、财政物价、农业、工业、交通运输、邮电通讯业、国内贸易和对外经济、旅游业、金融保险业、教育科技及文化事业、体育、卫生和其他事业、排序资料、附录资料等16部分。

1906 《吐鲁番统计年鉴·1998》,吐鲁番地区统计局编,北京:中国统计出版社,1998年8月。

本书是吐鲁番地区统计局首次以维汉文形式全面反映吐鲁番地区1997年经济和社会发展情况的资料性年刊。共包括三部分:彩色图片,文字资料,统计资料。统计资料由 16 部分组成，分别为行政区划和自然状况、综合、人口、劳动力和职工工资、固定资产投资与建筑业、能源、原材料消费与库存、财政物价、农业、工业、交通运输、邮电通讯业、国内贸易和对外经济、旅游业、金融保险业。本书为读者了解全地区经济运行情况、宏观指导经济提供详细、丰富的资料。

1907  《吐鲁番统计年鉴·1999》，阿不都古力·买买提主编，吐鲁番地区统计局编，乌鲁木齐：新疆人民出版社，1999 年 8 月。

本书是全面反映吐鲁番地区 1998 年国民经济和社会发展情况的资料性年刊，主要内容共分两部分：文字资料和统计资料。文字资料为吐鲁番地区统计局关于 1998 年国民经济和社会发展统计公报。统计资料包括行政区划和自然状况、综合、人口、劳动力和职工工资、固定资产投资与建筑业、财政物价、农业、工业、交通运输与邮电通迅业、批发零售与餐饮业及对外贸易和旅游业、金融保险业、教育科技及文化事业、体育卫生和其他事业、排序资料、附录资料等 15 个方面的内容。

1908  《吐鲁番统计年鉴·2000》，张斌主编，吐鲁番地区统计局编，北京：中国统计出版社，2000 年 6 月。

本书是全面反映吐鲁番地区 1999 年国民经济和社会发展情况的资料性年刊，为各级党政领导和社会各界了解吐鲁番区情，掌握全地区经济运行情况，指导宏观经济提供资料。主要内容共分两部分：文字资料和统计资料。统计资料由 14 部分组成，包括行政区划和自然状况、综合、人口、劳动力和职工工资、固定资产投资与建筑业、财政物价、农业、工业、交通运输、邮电通迅业、国内贸易和对外经济、旅游业、金融保险业、教育科技及文化事业、体育、卫生和其他事业以及排序资料。本书符合全国统计年鉴系列化、规范化要求，突出了吐鲁番特色，具有很强的实用性和存史价值。

1909  《吐鲁番统计年鉴·2001》，濮艳萍主编，吐鲁番地区统计局编，北京：中国统计出版社，2001 年 7 月。

本书是全面反映吐鲁番地区 2000 年国民经济和社会发展情况的资料性年刊。主要内容共分两部分：文字资料和统计资料。文字资料为吐鲁番地区统计局关于 2000 年国民经济和社会发展统计公报。统计资料由 16 部分组成，包括行政区划和自然状况、综合、人口、劳动力和职工工资、固定资产投资与建筑业、财政物价、农业、工业、交通运输与邮电通迅业、批发零售与餐饮业及旅游业、金融保险业、教育科技及文化事业、体育卫生和其他事业、排序资料、景气调查、各地主要经济指标排序等。

1910 《吐鲁番统计年鉴·2002》，张斌主编，吐鲁番地区统计局编，北京：中国统计出版社，2002年7月。

本书是全面反映吐鲁番地区2001年国民经济及社会发展情况的资料性年刊。内容共分两部分，即：文字资料、统计资料。统计资料由16个部分组成，包括：行政区划和自然状况、综合、人口、劳动力和职工工资、固定资产投资与建筑业、财政物价、农业、工业、交通运输、邮电通讯业、国内贸易及旅游业、金融保险业、教育、科技及文化事业、体育、卫生和其他事业、排序资料、景气调查、各地、州、市主要经济指标排序。本书较往年内容扩充了在劳动力和职工工资中新增全社会分国民经济行业从业人员数；在交通运输、邮电通讯部分增加分县（市）、分级别公路运输长度。在批发零售贸易及旅游业新增城乡个体工商业基本情况；以及国际旅游收入构成等，在金融保险业部分增加保费收入情况表情况等。

1911 《吐鲁番统计年鉴·2003》，张斌主编，吐鲁番地区统计局编，北京：中国统计出版社，2003年7月。

本书是全面反映吐鲁番地区2002年民经济及社会发展情况的资料性年刊。内容共分为文字资料和统计资料。统计资料包括：行政区划和自然状况、综合、人口、劳动力和职工工资、固定资产投资与建筑业、财政物价、农业、工业、交通运输、邮电通讯业、国内贸易及旅游业、金融保险业、教育、科技及文化事业、体育、卫生和其他事业、景气调查、各地主要经济指标排序等15个方面。与往年相比，在固定资产与建筑业部分增加了房地产开发企业财务状况，在农业部分增加了退耕还林还草工程建设情况；在体育卫生事业及其他部分增加全民健身活动设施及其他体育业务活动情况表；在教育文化科技事业中增加了各级学校分课程、教师情况、文物保护单位基建、维修情况，以及乡镇街道司法调解中心工作情况表等内容。

1912 《吐鲁番统计年鉴·2004》，张斌主编，吐鲁番地区统计局编，北京：中国统计出版社，2004年6月。

本书是全面反映吐鲁番地区2003年国民经济及社会发展情况的资料性年刊。内容分为文字资料和统计资料。统计资料由15个部分组成，包括：行政区划和自然状况、综合、人口、劳动力和职工工资、固定资产投资与建筑业、财政物价、农业、工业、交通运输、邮电通讯业、国内贸易及旅游业、金融保险业、教育、科技及文化事业、体育、卫生和其他事业、景气调查、各地、州、市主要经济指标排序等内容。本书为社会各界了解吐鲁番，掌握全地区经济运行情况，指导地区宏观经济提供资料。

1913 《吐鲁番统计年鉴·2005》，张斌主编，吐鲁番地区统计局编，北京：中国统计出版社，2005年10月。

本书是一本集国民经济社会发展情况及首次经济普查资料为一体的资料性年刊，本刊为2005年刊。内容共分文字资料和统计资料两部分。统计资料主要包括：行政区划和自然状况、综合、人口、劳动力和职工工资、固定资产投资与建筑业、财政物价、农业、基本单位、工业、批发零售贸易餐饮及旅游业、交通运输、邮电通讯业、金融保险业、服务业、行政事业、个体经济、教育、科技及文化事业、体育、卫生及其他事业、景气调查、各地、州、市主要经济指标排序等19个方面。

1914 《吐鲁番统计年鉴·2006》，张斌主编，吐鲁番地区统计局编，北京：中国统计出版社，2006年7月。

本书是全面反映吐鲁番地区2005年国民经济及社会发展情况的资料性年刊。内容分为文字资料和统计资料。统计资料由16个部分组成，包括：行政区划和自然状况、综合、人口、国民经济核算、劳动力和职工工资、固定资产投资与建筑业、财政物价、农业、工业、国内贸易及旅游业、交通运输、邮电通讯业、金融保险业、教育、科技及文化事业、体育、卫生和其他事业、景气调查以及各地、州、市主要经济指标排序。本书对掌握吐鲁番地区经济社会发展情况具有较强的使用性和存史价值。

1915 《吐鲁番统计年鉴·2007》，张斌主编，吐鲁番地区统计局编，北京：中国统计出版社，2007年6月。

本书是全面反映吐鲁番地区2006年国民经济及社会发展情况的资料性年刊。内容共分两部分，文字资料、统计资料。主要统计资料包括行政区划和自然状况、综合和国民经济核算、人口、劳动力和职工工资、固定资产投资与建筑业、财政、物价、农业、工业、交通运输、邮电通讯业、批发、零售贸易、餐饮业及旅游业、金融、保险业、教育、科技及文化事业、体育、卫生及其他事业、景气调查、各地、州、市主要经济指标排序等15个方面。本书为社会各界了解地区经济社会发展情况，提供资料。

1916 《吐鲁番统计年鉴·2008》，张斌主编，吐鲁番地区统计局编，北京：中国统计出版社，2008年8月。

本书是全面反映吐鲁番地区2007年国民经济及社会发展情况的资料性年刊。内容分为文字资料和统计资料。文字资料为2007年吐鲁番地区国民经济和社会发展统计公报。统计资料包括：行政区划和自然状况、综合核算、人口、劳动力和职工工资、固定资产投资与建筑业、财政、物价、农业、工业、交通运输、邮电通讯、批发和零售、住宿和餐饮及旅游、金融保险、教育、科技及文化事业、体育、卫生和其他事业、景气调查；以及各地、州、市主要经济指标排序等 15 个方面。

1917 《吐鲁番统计年鉴·2009》，濮艳萍主编，吐鲁番地区统计局编，北京：中国统计出版社，2009 年 11 月。

本书是全面反映吐鲁番地区 2008 年国民经济及社会发展情况的资料性年刊。内容共分两部分，即：文字资料、统计资料。文字资料为 2008 年吐鲁番地区国民经济和社会发展统计公报。统计资料包括行政区划和自然状况、综合、信息化建设、国民经济核算、人口、劳动力和职工工资、固定资产投资与建筑业、基本单位、农业、工业、交通运输、邮电通讯、批发和零售、住宿和餐饮及旅游、金融保险、教育、科技及文化事业、体育、卫生和其他事业、服务业、行政、事业、能源消耗、人民生活、景气调查、各地、州、市主要经济指标排序等 21 个方面。统计资料在往年的基础上增加了全国第二次经济普查资料并根据读者需求，增加节能降耗及城乡居民生活水平资料。

1918 《吐鲁番统计年鉴·2010》，濮艳萍主编，吐鲁番地区统计局编，北京：中国统计出版社，2010 年 9 月。

本书是全面反映吐鲁番地区 2009 年国民经济及社会发展情况的资料性年刊。内容共分两部分，即：文字资料、统计资料。文字资料为 2009 年吐鲁番地区国民经济和社会发展统计公报。统计资料包括行政区划和自然状况、综合、国民经济核算、人口、劳动力和职工工资、固定资产投资与建筑业、财政物价、农业、工业、交通运输·邮电通讯、批发和零售·住宿和餐饮及旅游、金融保险业、教育·科技及文化事业、体育·卫生和其他事业、人民生活、景气调查、各地·州·市主要经济指标排序等 17 个方面。

1919 《吐鲁番统计年鉴·2011》，濮艳萍主编，吐鲁番地区统计局编，北京：中国统计出版社，2011 年 9 月。

本书是全面反映吐鲁番地区 2010 年国民经济及社会发展情况的资料性年刊。内容共分两部分，即：文字资料、统计资料。文字资料为 2010 年吐鲁番地区国民经济和社会发展统计公报。统计资料包括行政区划和自然状况、综合、国民经济核算、人口、劳动力和职工工资、固定资产投资与建筑业、财政物价、农业、工业、交通运输·邮电通讯、批发和零售·住宿和餐饮及旅游、金融保险业、教育·科技及文化事业、体育·卫生和其他事业、人民生活、景气调查、各地·州·市主要经济指标排序等 17 个方面。

1920　《吐鲁番统计年鉴·2012》，濮艳萍主编，吐鲁番地区统计局编，北京：中国统计出版社，2012年9月。

本书是全面反映吐鲁番地区2011年国民经济及社会发展情况的资料性年刊。内容共分两部分，即：文字资料、统计资料。文字资料为2011年吐鲁番地区国民经济和社会发展统计公报。统计资料包括行政区划和自然状况、综合、国民经济核算、人口、劳动力和职工工资、固定资产投资与建筑业、财政物价、农业、工业、交通运输·邮电通讯、批发和零售·住宿和餐饮及旅游、金融保险业、教育·科技及文化事业、体育·卫生和其他事业、人民生活、各地·州·市主要经济指标排序等16个方面。

1921　《吐鲁番统计年鉴·2013》，濮艳萍主编，吐鲁番地区统计局编，北京：中国统计出版社，2013年9月。

本书是全面反映吐鲁番地区2012年国民经济及社会发展情况的资料性年刊。内容共分两部分，即：文字资料、统计资料。文字资料为2012年吐鲁番地区国民经济和社会发展统计公报。统计资料包括行政区划和自然状况、综合、国民经济核算、人口、劳动力和职工工资、固定资产投资与建筑业、财政物价、农业、工业、交通运输·邮电通讯、批发和零售·住宿和餐饮及旅游、金融保险业、教育·科技及文化、体育·卫生和其他事业、人民生活、各地·州·市主要经济指标排序等16个方面。

1922　《吐鲁番统计年鉴·2014》，濮艳萍主编，吐鲁番地区统计局编，北京：中国统计出版社，2014年9月。

本书是全面反映吐鲁番地区2013年国民经济及社会发展情况的资料性年刊。内容共分两部分，即：文字资料、统计资料。文字资料为2013年吐鲁番地区国民经济和社会发展统计公报。统计资料包括行政区划和自然状况、综合、国民经济核算、人口、劳动力和职工工资、固定资产投资与建筑业、财政物价、农业、工业、交通运输·邮电通讯、批发和零售·住宿和餐饮及旅游、金融保险业、教育·科技及文化、体育·卫生和其他事业、人民生活、各地·州·市主要经济指标排序等16个方面。

1923　《吐鲁番统计年鉴·2015》，濮艳萍主编，吐鲁番地区统计局编，北京：中国统计出版社，2015年11月。

本书是全面反映吐鲁番地区2014年国民经济及社会发展情况的资料性年刊。内容共分两部分，即：文字资料、统计资料。文字资料为2014年吐鲁番地区国民经济和社会发展统计公报。统计资料包括行政区划和自然状况、综合、国民经济核算、人口、从业人员和职工工资、固定资产投资与建筑业、财政价格指数、农业、工业、运输和邮电、批发和零售·住宿和餐饮及旅游、金融保险业、教育·科技及文化、体育·卫生和其他、人民生活、各地·州·市主要经济指标排序等 16 个方面。

1924 《吐鲁番文明建设》，张世英主编，吐鲁番地区精神文明建设委员会编，乌鲁木齐：新疆青少年出版社，1998 年 3 月。

本书是对吐鲁番文明建设的介绍著作。书中对吐鲁番的葡萄园、火焰山、旅游文化广场及夜景、自治区级文明县——鄯善县、自治区级精神文明建设先进城市——吐鲁番市、走向文明的托克逊县以及自治区级文明单位、地区级文明单位、地区级文明村、爱国主义教育基地、文明的花絮和民俗风情等方面逐一进行了介绍，并配以图片加以解说。本书较为全面地对吐鲁番地区的文明建设进行了介绍，叙述了既有辉煌古代文明吐鲁番，又具备了现代文明建设的新风貌，展示出了新阶段下的吐鲁番现代文明。

1925 《西北地区少数民族信息资源开发与阅读文化构建》，王晓芳、胡圣方、宋晓琴著，兰州：甘肃人民出版社，2014 年 8 月。

本书是调查在信息资源开发环境下西北地区少数民族阅读文化状况的学术专著。全书共六章，作者在考察了国内外研究现状的基础上提出了自己的研究方法和思路，并阐述了研究的价值与意义；分别论述了西北少数民族的多元文化、信息资源及发展概况、阅读文化环境及调查分析、信息资源开发与阅读文化构建等方面的内容；书中收录了甘肃、青海、宁夏、新疆等四个西北少数民族地区的调查报告，并指出了调查中反映出的突出问题。

1926 《西北甘青新重点区域和行业发展战略环境评价研究》，舒俭民主编，北京：中国环境出版社，2016 年 5 月。

本书是研究甘青新三省区重点区域和行业发展战略环境评价的专著。书中综合篇分析了区域发展与环境保护战略，阐述了区域资源环境开发利用的现状、变化趋势以及承载力，提出了促进经济社会可持续发展的环保对策建议。同时，书中西北内陆河流域与生态安全专篇，探讨了水资源开发利用后的生态问题，分析了水资源持续超载下的生态环境风险，以及维护生态安全的对策。此外，书中柴达木循环经济发展规划战略环境评价专篇，介绍了其《总体规划》，评估了主要资源环境利用的效率与压力，以及影响当地环境的长期性与累积性风险，并给予了环境保护的对策与建议。

1927 《西北少数民族大学生的文化适应研究》，杨萍著，北京：民族出版社，2014年10月。

本书以文化适应和文化变迁的相关理论为依据，对西北少数民族大学生在校跨文化学习、生活的几个领域进行了调查研究。全书分六章，首先介绍本书的研究方法，其次分别为西北少数民族大学生物质层面的文化适应、行为层面的文化适应、制度层面的文化适应、精神层面的文化认同进行探讨；并对西北少数民族大学生文化适应过程的一般性详细分析。附录有三，分别是西北少数民族大学生文化适应状况调查问卷、访谈提纲以及在读期间科研成果。从多角度详细勾勒出西北少数民族大学生在校学习、生活的点滴图景。

1928 《西北水利史研究：开发与环境》，潘春辉等著，兰州：甘肃文化出版社，2015年4月。

本书是关于西北经济开发全过程中的古代水利发展历程的研究专著。全书分五章，主要讨论了历史时期西北的水利和环境变迁问题。首先作者对古代西北农田水利建设进行总论，主要论述了古代西北农田水利建设的三个高峰、相关技术问题以及古代西北农田水利建设的类型投资者与基本经验；其次探讨了元明清时期宁夏平原水利建设，并且分析了清代河西走廊水资源利用与社会治理；同时，作者解析了历史时期河西走廊生态环境变迁，并对左宗棠对甘肃水利与生态环境的治理问题进行概述。

1929 《西部边疆民族地区"三农"金融发展模式创新研究》，唐青生等著，北京：中国金融出版社，2015年11月。

本书是论述西部边疆民族地区"三农"金融模式发展现状及其存在的主要问题以及提出创新发展的著作。主要内容构想和具体目标是建立起多层次、广覆盖、可持续、竞争性、有特色的农村金融市场，以促进西部农村经济的快速发展。本书分为六个部分：分别介绍了西部边疆民族地区"三农"金融发展现状、西部边疆民族地区"三农"金融发展模式存在的主要问题及其原因分析、与农村经济协调发展研究、比较与选择国外农村金融发展模式的体验与启示；此外，作者还介绍了"双导型"不完全竞争市场模式的提出与内容构想和发展路径的对策研究。

1930 《西部边疆少数民族对科学发展观的认同感研究》，吴洁著，五家渠：新疆生产建设兵团出版社，2015年6月。

本书对新疆少数民族对科学发展观的认同感的现状及提升认同感的措施进行了研究。全书分为导论、正文、附录三部分，其中正文部分又分为西部边疆少数民族对科学发展观认同感的研究报告（以新疆为例）、西部边疆少数民族对科学发展观认同感的专题研究（以新疆为例）上下两篇共 11 章。内容包括西部边疆少数民族认同感研究文献评述、增强西部边疆少数民族对科学发展观认同感的重要意义、西部边疆少数民族对科学发展观认同现状的调查分析、论科学发展观在西部少数民族地区发展中的实践、以双语教育为载体，增强新疆少数民族对科学发展观的认同感等。

**1931** **《西部大开发"十三五"总体思路研究》，魏后凯主编，北京：经济管理出版社，2016 年 1 月。**

本书是关于西部大开发"十三五"规划发展思路研究的专著。全书对"十三五"时期西部大开发的总体思路进行了系统研究，对西部大开发背景下西部地区发展阶段判断、发展成效和存在问题、发展形势和潜力进行了分析；并对"十三五"时期西部大开发的战略思路和目标进行了详细探讨。同时，作者分别从基础设施建设、生态环境保护、产业转型升级、公共服务完善、空间格局优化、扩大开放合作共六个方面对"十三五"时期西部大开发的重点任务展开了具体研究；并针对以上问题，提出了"十三五"时期西部大开发的相关政策措施和建议。

**1932** **《西部大开发新选择——从政策倾斜到战略性产业结构布局》（中国经济问题丛书），汪世银著，北京：中国人民大学出版社，2007 年 4 月。**

本书是从政策倾斜到战略性产业结构布局的角度来研究西部大开发的专著。书中叙述了西部大开发战略政策的实施情况，探讨了实施西部大开发战略前后我国东、中、西部地区的发展差距，总结了实施西部大开发战略政策的效应与经验。同时，书中评述了从政策倾斜到西部地区战略性产业结构布局转变的必要性，阐述了继续推进西部大开发战略性产业结构布局方案和内外条件分析。此外，书中还就继续推进西部大开发战略产业结构布局政策做了研究。

**1933** **《西部大开发与新疆多元民族文化关系研究》，贺萍著，北京：中国社会科学出版社，2017 年 7 月。**

本书是在西部大开发战略实施过程中，对新疆民族传统文化的现代性转型相关问题进行了深入探讨。书中概述了新疆多元民族文化的历史变迁，分析了西部大开发视域下的新疆多元民族文化，探讨新疆民族传统文化的现代性转型，包括其必要性、制约因素等问题。作者对如何培育中华文化认同，增强中华民族整体意识做了重点探讨；分析了文化认同和民族认同的关系并对新疆少数民族文化认同的现状进行了解析；提出了抵御文化渗透，维护新疆文化安全的措施。

▶ 丝绸之路研究论著叙录

1934 《西部大开发在陕西》，中国人民政治协商会议陕西省委员会文史和学习委员会编，西安：三秦出版社，2015年12月。

本书秉承政协文史资料基本原则，坚持"亲历、亲见、亲闻"要求，征集陕西在西部大开发以来的重要事件、重要经历、重要人物的回忆文章，全面总结了陕西实施西部大开发战略的主要经验。全书分为改革发展、基础设施、工农产业、科技教育、民生保障、退耕还林和文化旅游等七个部分。收录文章包括《回忆西安航天基地的创建和发展》《西部大开发中的宜川市政建设》《我所经历的榆林市农产品体系建设》《文物测绘服务西部大开发》《延安市新农村与新型农村社区建设工作回顾》《我所了解的三北防护林体系建设工程》《西部大开发潼关旅游产业发展纪实》等。

1935 《西部大开发政策绩效评估与调整策略研究》（西部大开发研究丛书），范柏乃、龙海波、王光华著，杭州：浙江大学出版社，2011年12月。

本书是研究西部大开发政策绩效评估与调整策略的著作。书中回顾了西部大开发政策的供给与演化，构建了西部大开发政策绩效评价指标体系，实证评价了西部大开发政策供给类型绩效，并对国内外区域开发政策的经验与启示做了介绍与总结。同时，书中还对西部大开发政策需求进行了实证调查与分析，探讨了西部大开发政策选择的具体目标，大开发政策的战略选择，以及政策的调整策略，并就西部大开发政策绩效评估与调整策略的未来发展进行了展望。

1936 《西部大开发中区域产业转移与产业升级》（西部大开发重点区域和行业发展战略环境评价系列丛书），胡新、惠调艳、郑耀群著，北京：社会科学文献出版社，2015年4月。

本书是关于西部大开发中区域产业转移与产业升级等方面的研究专著。书中首先阐释了本书的研究目的及意义、研究方法、研究内容及思路框架和国内外的研究现状；其次对西部地区产业结构动态演进及现状进行分析；针对国际产业转移动因及投向方面，特别是新一轮西部大开发形势下的产业承接、产业结构调整与升级的方向、空间布局及其保障等方面提出了措施建议。

1937 《西部大开发中西南区域内经济联动发展战略研究》（云南民族大学学术文库），曹华著，北京：民族出版社，2010年11月。

本书是研究西部大开发中西南区域内经济联动发展战略的著作。书中梳理了构建我国西南区域内经济联动发展战略的基础条件与动力机制，探讨了我国西南区域内生产要素与相关产业的联动发展，并对联动发展的优势与模式进行了分析。同时，书中还评述了我国西南区域内经济联动发展战略的相关构想与实施路径，对区域经济政策与西南区域经济联动发展做了探究，总结了国外区域经济合作组织的合作经验与启示，并就经济联动的未来发展进行了展望。

1938 《西部大开发重点区域和行业发展战略环境评价》，李天威等编，北京：中国环境出版社，2016年1月。

本书是西部大开发重点区域和行业发展战略环境评价的研究专著。全书主要由总项目和两个分项目西南（云贵）重点区域和行业发展战略环境评价和西北（甘青新）重点区域和行业发展战略环境评价两部分构成。主要内容包括：区域发展战略与定位、社会经济和重点产业发展特征、区域生态环境演变及现状问题、区域生态空间与资源环境承载力分析、资源环境影响预测分析、重点区域和行业优化发展的调控建议、重点区域和行业与资源环境协调发展的对策机制等问题。

1939 《西部地方高校发展研究：核心竞争力的培育与提升》，任初明著，北京：高等教育出版社，2015年9月。

本书对西部民族地区地方高校如何培育与提升核心竞争力展开研究。全书分为生态位视角下西部地方高校核心竞争力现状分析、西部地方高校核心竞争力评价指标体系的构建、资源配置与西部地方高校核心竞争力、西部地方高校核心竞争力形成机理及培育策略、高校核心竞争力培育与提升的国际借鉴等几部分内容。作者探讨了地方高校核心竞争力形成的机理，从资源配置角度分析了影响地方高校核心竞争力形成的因素，并以资源基础理论为指导尝试构建了西部地方高校核心竞争力评价指标体系，最后在借鉴加拿大教学型大学和德国高职教育经验的基础上提出了西部地方高校核心竞争力提升的策略建议。

1940 《西部地区承接产业转移的政策转型研究》，程李梅、庄晋财著，镇江：江苏大学出版社，2016年4月。

本书是研究西部地区承接产业转移政策转型的专著。书中介绍了产业转移与区域发展的相关概念，叙述了全球价值链分工体系下的区域产业转移模式，探讨了产业链整合、承接产业转移与西部地区自我发展能力提升的内联与影响。同时，书中就西部地区承接东部产业转移进行了绩效分析，以广西为例评述了产业转移的典型模式与存在的问题。此外，书中还探讨了产业链整合与西部承接产业转移的陷阱突破，并就西部地区承接东部产业转移的产业链整合政策转型进行了研究与阐述。

1941 《西部地区教育均衡发展的资源统筹和制度创新研究》（西部大开发研究丛书），周谷平、吴华著，杭州：浙江大学出版社，2012年10月。

本书是研究西部地区教育均衡发展的资源统筹与制度创新的著作。书中回顾了西部教育发展的目前状况、显著成就、突出问题，以及均衡发展所面临的挑战，构建了教育均衡发展逻辑与资源统筹分析框架。同时，书中对统筹城乡教育发展、统筹经济社会和教育发展、统筹办公和民间教育发展进行了阐述，探讨了教育发展的途径与方法，以及吸引民间资金发展西部民办教育等内容。此外，书中还为继续推进资源统筹制度创新提供了政策建议，并附录了有关西部地区教育资源统筹专题的研究报告。

1942 《西部地区农产品物流可持续发展政策研究》，王静著，北京：方志出版社，2015年12月。

本书是研究西部地区农产品物流可持续发展政策的专著。书中解释了西部地区农产品物流可持续发展的内涵与机理，梳理了农产品物流可持续发展的国际经验借鉴与启示，分析了中国农产品物流之都变迁的演化过程，实证研究了转型时期西部地区农产品物流数量关系。同时，书中还评析了西部地区农产品物流关系结构失调的原因，创建了物流可持续发展的模式，阐述了物流可持续发展的机制建设，并就未来发展与政策运用进行了解读。

1943 《西部地区农村剩余劳动力转移培训实效研究》，冯明放著，成都：西南交通大学出版社，2015年3月。

本书是对西部地区农村剩余劳动力转移培训的实效研究。书中在西部地区农村剩余劳动力转移培训研究的理论基础上，提出了相关概念、转移培训研究的理论依据；对西部地区农村剩余劳动力转移培训研究的分析框架，包括西部地区农村剩余劳动力转移培训的机制与影响因素进行探讨；对于我国农村剩余劳动力转移的历史与现状，作者基于调查进行了分析；通过以上研究，作者总结我国农村剩余劳动力转移培训的历史发展，将其从改革开放到2013年分为四个阶段，对我国转移培训的重点给予了关注。

1944 《西部地区农民专业合作组织发展研究》，任梅著，呼和浩特：内蒙古人民出版社，2015年9月。

本书是合作社理论和政府规制理论的跨学科研究成果。全书分为导论、正文、结论三部分。其中正文又分为西部地区农民专业合作组织发展状况调研报告、西部地区农民专业合作组织发展的影响因素分析、西部地区农民专业合作组织发展中的政府角色——规制、国内外农民合作社发展经验借鉴和促进西部地区农民专业合作组织发展的政策建议五章。作者分析了农民专业合作组织自身的制度特征、运行状况和效果，全面解构了政府就农民专业合作组织的规制，系统展现了政府角色定位及履行的全貌。

1945　《西部地区人地关系研究》，马海龙著，银川：宁夏人民教育出版社，2014年11月。

本书是对西部地区人地关系研究的专著。书中针对西部地区人地关系的国内外研究概况、研究思路与方法进行概述，并分别对西部限制开发区及其人地关系的考察与分析，特别对人口、聚落迁移与人地紧张状态改善的问题深入探讨。同时，作者对西部地区的中心服务功能与基本公共服务均等化的趋势进行了分析与探讨，并针对合理开发模式与可持续生计做了总结展望。本书对西部地区人地关系的研究具有推动作用。

1946　《西部地区生态建设补偿机制及配套政策研究》，刘燕著，北京：科学出版社，2010年7月。

本书是研究西部地区生态建设补偿机制及配套政策的专著。书中叙述了西部地区生态建设补偿的必要性，介绍了关于生态建设补偿机制的相关理论。书中亦归纳了生态建设补偿机制的理论框架，评析了生态建设补偿及其相关政策的特征与实践。同时，书中还分析了西部地区生态建设补偿机制中利益相关者之间的博弈，构建了西部地区生态建设补偿机制的具体内容。此外，书中还研究了西部地区生态建设补偿机制的配套政策体系，并就生态建设补偿政策的评价体系给予了思考与阐述。

1947　《西部地区生态文明建设中的保护与治理》，娄胜霞著，北京：中国社会科学出版社，2016年8月。

本书是研究西部地区生态文明建设中保护与治理的专著。书中介绍了生态文明与生态文明观的定义与内涵，强调了建设生态文明的价值与重要性，分析了我国西部地区所面临的生态环境问题，并对西部地区生态保护与治理中的难点进行了探讨。同时，书中还阐述了马克思主义生态文明观指导下的生态保护与治理，以及以人为本、科学发展与和谐社会建设在保护与治理中的作用。此外，书中还就西部地区生态保护与治理提出了对策与建议。

1948　《西部地区生态文明指标体系研究》（西部大开发研究丛书），张清宇、秦玉才、田伟利著，杭州：浙江大学出版社，2011年12月。

本书是研究西部地区生态文明指标体系的著作。书中介绍了生态文明建设的含义与生态文明系统的评价标准,叙述了我国西部的环境特征与生态文明特征,探讨了西部生态文明建设的途径与承载力。同时,书中还总结了生态文明指标体系的构建与研究,阐述了指标体系建立的14种方法,梳理了西部生态文明的评价指标与考核指标体系。此外,书中对比分析了西部地区与东部地区的生态文明指标,并对西部生态文明指标体系进行了特点评述与展望。

1949 《西部地区水库工程水土保持方案编制研究》,甄斌等著,郑州:黄河水利出版社,2014年11月。

本书主要探讨了西部地区水库工程的水土保持方案编制方法。全书分别对甘肃庆阳小盘河水库工程、青海海西州鱼卡河水库工程、贵州清渡河水库工程的水土保持方案进行研究。主要内容包括水库工程项目概况、水库工程项目区概况、水库水土保持防治责任范围划分、水库工程水土保持分析与评价、水土流失预测、水土保持监测、投资估算、水土保持工程措施设计、水土保持植物措施设计、水土保持临时措施设计和水土保持效益分析等。同时,该书详细介绍了水库工程水土保持方案的设计方法,以及设计依据和目标,并提供了用于设计使用的公式、计算方法和技术资料。

1950 《西部地区体育文化产业发展研究:基于区域典型案例的实证调查》,张小林著,北京:民族出版社,2015年6月。

本书是对西部地区体育文化产业发展的实证调查研究的学术专著。全书分别从宏观的理论基础、发展思路、政策创新,中观的体育旅游、户外运动产业发展,以及微观的实证案例进行了探讨。尤其是着重从国内、区域、项目等角度调研和解剖了大量个案并重点结合湘西地区案例开展深入实证案例研究,为西部地区体育文化产业发展提供宏观视角和微观操作思路,进而给西部地区体育文化产业发展提供相应的借鉴和参考。特别是对案例的实证分析一定程度弥补了国内相关研究的空缺。

1951 《西部地区乡村文化产业发展研究与实践》,肖晓主编,成都:西南财经大学出版社,2015年7月。

本书是对西部地区乡村文化产业发展的研究与实践。书中主要内容是近年乡村发展的热点问题,包括西部乡村地区区域经济发展研究,讨论的是第三产业发展与乡村产业结构调整的关系,并对西部乡村文化保护与发展进行探讨,探讨了城镇化与乡村文化传承的关系、旅游发展的关系;此外,作者还对乡村文化产业发展作了调研报告,针对西部地区乡村文化产业发展实证研究和金堂五凤旅游发展区游客满意度进行了调查。

1952 《西部地区政府主导型文化管理模式建构研究：基于国际"多元治理"模式的比较》，刘吉发、金栋昌著，北京：中国人民大学出版社，2016 年 1 月。

本书对西部地区主导型文化管理模式建构问题进行了研究。书中对我国政府文化管理范畴的学理界定，解读西部地区政府文化管理的基本命题，包括西部地区政府文化管理的范畴释义、研究价值、相关范畴的研究现状以及研究框架；对西部地区政府文化管理的现状与趋势分析考察，特别是西部地区政府文化管理角色与职责的演变、理念特性、行为特性以及趋势预判的问题。作者对发达国家政府文化管理模式进行了综合分析，并基于国际经验的西部地区政府主导型文化管理模式进行了创新研究；此外，作者以陕西为例做了区域试验并对未来的工作进行了展望。

1953 《西部发展评论·2014》，罗中枢主编，成都：四川大学出版社，2015 年 4 月。

本书为四川大学西部开发研究院 2014 年的研究成果汇编，收集了众多研究人员的论文。全书主要分为六大部分：包括政策研究、区域发展研究、资源环境研究、民族发展研究、反贫困研究、专题研究，涵盖了西部研究的各个方面，内容丰富，对西部开发具有较大的借鉴意义。代表性论文有《西部农村经济脆弱性的表征、演变及对策研究》《西北回族社会的性别形塑——以临夏八坊为例》《康区特色文化产业发展现状调查及思考》等篇。

1954 《西部河谷型城市土壤重金属环境行为、暴露风险及生物修复》，李小平著，北京：科学出版社，2016 年 3 月。

本书是对西部河谷型城市土壤重金属环境行为、暴露风险及生物修复的研究专著。全书共分为九章。主要以西部典型河谷城市为研究区域，明确了西部河谷型城市特征污染物清单、空间分布特征及其来源；揭示了特征污染物地球化学形态、迁移及其生态环境安全；阐明了特征污染物（铅等元素）多介质—多途径人群暴露特征与健康风险；揭示了特征污染物（铅等元素）生物有效性的微生物影响机制及其生物修复治理工程基础。本书丰富了环境地学、暴露科学与生态风险评价等学科的研究内容与理论，推动了其学科的发展。

1955 《西部开发新阶段促进优势产业发展政策研究》，彭生顺、黄学锦、曾德高编著，北京：中国社会科学出版社，2015 年 5 月。

本书是对西部开发新阶段促进优势产业发展政策的研究。书中总结了西部开发十年的成就与特征，特别是西部开发新阶段的特征；分析了优势产业相关理论与新阶段的作用、优势产业选择原则与方法以及西部优势产业实证分析与新阶段的选择；对西部开发产业政策、促进西部优势产业发展政策的效应进行了评价，对西部开发新阶段促进优势产业政策进行了建议。书中还对西部开发中存在的诸多问题进行了剖析，并结合当时形势得出了研究成果。

**1956　《西部民族地区农村法治与和谐社会的构建：以法人类学为视角》**，何立荣、覃晚萍著，北京：中国法制出版社，2015年12月。

本书是对西部民族地区农村法治与和谐社会构建的研究专著。书中首先对本课题研究的意义、现状和不足、思路、方法和主要内容进行概述。具体内容上，论述了历史上的民间法、当前西部民族地区农村中的民间法和民间法的运作，探讨了国家法与民间法的冲突和调适与西部民族地区农村的刑事法治。作者分别对西部民族地区农村立法问题、法治文化建设、依法行政、多元纠纷解决机制调查研究，并特别对出嫁女土地权益保护问题及关于村民自治问题进行了调查。

**1957　《西部民族地区社会主义新农村建设中法律问题研究：基于农村法治秩序的视角》**，文新宇著，北京：光明日报出版社，2015年9月。

本书基于农村法治秩序的视角，针对我国西部民族地区社会主义新农村建设法治化缺失、对传统法文化认识不足和吸收利用不够、民族习惯法与国家法冲突等问题进行了探讨。作者以法治"本土资源"的学术关怀，针对国家法在民族地区的"短缺"和"水土不服"，以及传统法文化的吸收利用，提出了"加强民族法制建设""推进西部民族地区农村法治建设""吸收、利用好有益的习惯法本土资源""促进民族习惯法与国家法的良性互动与调适"的对策、建议。

**1958　《西部民族地区乡村治理的逻辑与实践》**，谢治菊著，北京：社会科学文献出版社，2014年12月。

本书是研究西部民族地区乡村治理的著作。书中对西部民族地区乡村治理进行了高风险因素分析，总结了乡村治理的挑战和困难，探讨了西部民族地区农村低保制度负外部性检视与超越的问题。同时，书中亦探析了西部民族地区农村寄宿制学校的建设，以及农村公共产品供给模式的创新，梳理了农民风险感知的影响因素与行为准则。此外，书中还探讨了西部民族地区农民政府信任与社会信任，并对乡村有效治理的路径选择进行了阐述。

**1959　《西部民族地区养老保险城乡统筹发展研究》**，王晓东著，呼和浩特：内蒙古大学出版社，2014 年 4 月。

本书是作者在社会保障城乡统筹理论与实践领域研究成果的思考总结，对经济欠发达和带有民族特殊性的西部地区进行了城乡统筹视域下的养老保险理论分析和实践研究。全书分为八章，主要内容包括：养老保险城乡统筹的理论基础；西部民族地区城乡养老保险发展的现状和特点；西部民族地区城乡养老保险存在的问题和原因；养老保险城乡统筹的国外经验与本土实践；西部民族地区养老保险城乡统筹的总体构想；西部民族地区养老保险城乡统筹的战略方案；西部民族地区养老保险城乡统筹的配套制度改革等。

1960　《西部农村广播电视影响力研究》，冯晓临主编，武汉：武汉大学出版社，2015 年 7 月。

本书是教育部人文社科一般项目"西部农村广播电视影响力研究"的成果汇总，从对西部农村广播电视受众的调查入手进行分析、探讨，最后提出在农村提高广播电视媒体影响力的具体措施。全书分为甘肃农村广播电视收视现状调查分析、甘肃广播电视媒体农村节目播出现状、西部农村广播电视影响力分析上、中、下三编共六章。内容包括甘肃农村广播电视调查问卷分析、甘肃农村电视收视率分析、甘肃电视媒体对农节目播出现状调查、甘肃广播媒体对农节目播出现状、农村观众对电视节目需求研究、广播电视媒体加强对农影响力发展策略等。

1961　《西部区域旅游合作研究》，陈实、温秀著，北京：中国经济出版社，2013 年 6 月。

本书是从区域合作角度阐述区域旅游产业合作的著作。全书分为九章，阐述了区域旅游合作的背景和相关理论基础、区域旅游合作的主体行为、动力机制以及国内外相关实践、西部地区旅游合作的战略背景、西部地区旅游合作模式分析与选择、西部地区区域旅游合作机制的选择和创新、西部地区区域旅游合作的模式和路径等问题，多层次、多角度地论证了西部地区旅游合作的产业要素配置效率的提升途径，为我国西部地区经济合作尤其是旅游区域合作提供了相应的发展思路。

1962　《西部少数民族地区纠纷解决机制研究》，罗大玉、龚晓、魏晓欣等著，北京：中国人民大学出版社，2015 年 6 月。

本书是有关西部少数民族地区纠纷解决机制的研究。书中主要考察了西部少数民族地区"民间权威"型纠纷解决机制、组织机制、行政调解与裁决机制等，以民族地区"纠纷解决"为研究视角，通过对解纷机构（个人）、解纷程序、当事人的情况、其他参与人的状况及其互动关系等方面作出立体和动态的法社会学式的描述，通过"纠纷解决"这一习惯法的实践过程揭示少数民族服膺的独特的社会正义实现样式。本书对民族地区社会和谐与发展问题的研究提供了参考。

**1963** 《西部少数民族地区文化旅游提升发展对策》（云南省哲学社会科学创新团队成果文库），王克岭著，北京：社会科学文献出版社，2017年8月。

本书是研究西部少数民族地区文化旅游提升发展对策的专著。书中阐释了旅游与文化旅游的内涵，梳理了西部民族地区旅游业发展的态势，对文化旅游的可持续性进行了评估体系的构建与研究。同时，书中以云南为例，探讨了西部民族地区文化旅游的提升与发展，评估了云南文化旅游的可持续性。此外，书中还探析了西部民族地区文化旅游可持续开发的模式，并对该地区文化旅游的提升和发展提供了对策与建议。

**1964** 《西部少数民族民事习惯法治化问题研究》，龚卫东等著，北京：法律出版社，2016年2月。

本书是关于西部少数民族民事习惯法治化问题研究的学术著作。书中首先对这一研究进行了学术回顾，介绍研究方法及研究创新。其次，对多民族统一中国传统习惯的法社会规则文化的考论以及西部少数民族民事习惯法治化的探源进行辨析并且探讨了西部少数民族民事习惯的法治化归导与西部少数民族传统民事习惯规则的历史变迁。此外，作者还对西部少数民族民事习惯法治化问题检审，讨论了西部少数民族民事习惯法治化重构与西部少数民族区域自治与中华民族国家共治的问题。

**1965** 《西部生态脆弱地区城市建设研究》，宁小莉、黄晓梅、于佳生著，兰州：兰州大学出版社，2015年9月。

本书是以包头市为例，解析西部生态脆弱地区城市建设问题。作者运用系统学、生态学、经济学、城市生态学等相关理论，借助数理统计学等手段，建立包头市生态城市评价指标体系和数据库。全书共分九章，主要对生态城市建设研究意义与方法、包头市概况、生态城市评价指标体系等问题进行了介绍，并对包头市生态城市现状评价、预测评价、建设优势因子分析、建设限制因子等方面的具体分析，总结提出了包头市生态城市建设对策。

**1966** 《西部文化产业理论与实践》，李炎著，昆明：云南大学出版社，2015年8月。

本书是作者探讨西部文化产业理论与实践问题的论文集。全书根据研究视域和内容分为"文化产业理论与视域、西部地区文化发展、特色文化产业、民族文化保护与传承、区域实践与热点"五编,收录 30 篇专题研究文章。主要代表论文有《文化实现产业化的可能及途径的理论思考》《经济与文化互动——云南文化产业可持续发展的载体分析》《传统民族工艺:西部民族地区产业发展的一种模式——滇西北民族工艺品产业化开发调查》《拓展视域差异发展——泸西县新型城镇化文化建设思考》等。

**1967** 《西部向西》,肖云儒著,西安:西安出版社,2016 年 1 月。

本书是肖云儒对西部及丝绸之路研究的学术随笔。分为三辑,分别是丈量丝路、神思西部、旧梦长安,以丝路、西部和长安为主题。第一辑讲述了古老丝绸之路沿途的历史故事、社会风俗、历史变迁,包括《丝路起点长安,我的城》《旋转中的西部黄河风情》《兰之秀,金之地,河之魂》等文章;第二辑是关于西部文化的文学评论,包括《西风日渐——丝绸之路的文化圈》《将灵魂安顿于圣境》《在意大利回望西安》等文章;第三辑是以小说的形式讲述唐代生活,包括《沙·海·墙》等文章。

**1968** 《西域屯垦与兵团发展研究》,张安福著,五家渠:新疆生产建设兵团出版社,2011 年 5 月。

本书对新疆屯垦历史相关的问题进行了横向比较研究。全书分为中国历代西域屯田战略、新疆屯垦管理制度、西域屯垦与屯区社会、兵团屯垦与社会发展四章。内容涉及中国历代西北边疆安全体系下的屯垦戍边策略选择、西汉屯田西域的战略考量、屯垦开发路径下的唐代西北边疆安全体系的构建、新疆历代屯垦行政管理体制的演变及因素分析、西域民屯的发展趋势探析、历代新疆兵屯发展研究、西域屯垦人物的历史作用研究、改革开放以来与时俱进的兵团屯垦理论与实践、新时期兵团跨越式发展与新疆长治久安研究等。

**1969** 《新疆民间文学艺术知识产权保护研究》,吕睿著,北京:法律出版社,2014 年 9 月。

本书是研究新疆民间文学艺术知识产权保护的著作,书中概述了新疆民间文学艺术与文艺学、法律和知识产权之间的联系,从文化、经济与政治的层面解读了民间文学艺术的价值。书中亦探讨了新疆民间文学艺术知识产权保护的应然性,评析了民间文学艺术知识产权保护的路径与实践。同时,书中还分析了新疆民间文学艺术保护与知识产权制度的契合与错位,讨论了著作权、商标及其他知识产权制度与艺术保护之间的差距。此外,书中还构建了基于新疆分析的我国民间文学艺术知识产权保护制度,就其民间文学艺术特别权利重构的问题进行了阐述。

1970 《新疆草地农业发展模式研究》（丝绸之路经济带与新疆发展丛书），张彦虎著，北京：中国社会科学出版社，2016年11月。

本书是研究新疆草地农业发展模式的著作。书中概述了研究的内容、方法与技术路线，介绍了相关概念的界定与所用的理论基础，分析了新疆农牧业发展现状与草地农业的作用，构建了新疆草地农业的发展模式。同时，书中以玛纳斯河流域、尼勒克县等地区为例，对新疆草地农业发展模式进行了实证研究，探讨了美、澳、荷、日、法等国家的草地农业发展状况和可供借鉴的发展模式，就草地农业发展模式的政策保障与技术支撑做了论述，并提出了相应的政策建议。

1971 《新疆服务企业竞争力研究》（"新疆企业发展研究"学术丛书），殷少明著，大连：东北财经大学出版社，2017年4月。

本书研究了新疆服务企业的竞争力，旨在通过对国内外服务市场的相关分析，提升新疆地区服务企业的竞争力水平。书中总体分析了新疆服务业及服务企业的发展状况，构建了服务企业竞争力的评价指标体系，对餐饮、零售、旅游和物流企业的竞争力做了评价分析。书中还评述了新疆服务企业的竞争战略，提出了实现竞争战略的路径与方法，并就提升新疆服务企业竞争力的保障措施进行了阐述。书中研究有助于当地服务企业的竞争力提升，对其融入"一带一路"建设具有指导意义。

1972 《新疆生土民居》，李群、安达甄、梁梅著，北京：中国建筑工业出版社，2014年6月。

本书主要针对新疆生土民居建筑进行了深入研究，在田野调查的基础上，运用实地勘察的第一手资料，解决生土建筑在建造，以及设计规划中面临的技术难题，形成独立的理论体系。同时，作者借助艺术设计学科优势，从历史学、宗教学、民俗学、文化学、美学等多个学科视角，厘清生土建筑作为历史发展的脉络及其生态价值。全书分为八章，内容包括新疆生土建筑历史沿革、新疆生土建筑构成体系、新疆生土民居分布区域、传统生土民居构建模式、生土民居空间场景组合、防护技术与常用工具、生土居室审美意象、民居生态建筑的再生设计。

1973 《新疆少数民族体育文化产业研究》，凌静著，北京：北京体育大学出版社，2017年10月。

本书是对新疆少数民族体育文化产业的研究之作。书中对民族与民族传统体育、体育产业与体育市场进行概述，论述新疆民族传统体育文化的分类、运动项目、资源类型、资源特征及体育文化功能。作者对新疆民族传统体育资源的开发原则、途径、存在问题和策略进行了分析，并就体育市场的现状和发展前景以及体育产业效应、配置和体育产业的经营问题进行了探讨。对于发展新疆民族传统体育的对策，以及体育资源开发方面，作者提出了解决方案，并对新疆民族传统体育产业的现代化进程提出了建议。

1974 《新疆外向型农业发展及出口加工基地建设研究》（"新疆企业发展研究"学术丛书），王霞、原帼力、苏来曼·斯拉木著，大连：东北财经大学出版社，2017年11月。

本书研究了新疆外向型农业的发展，以及出口加工基地的建设，旨在通过探讨与分析，提升新疆外向型农业与出口加工的综合实力。书中介绍了当前发展外向型农业面临的国际贸易环境，叙述了新疆特色农产品和贸易现状，并对新疆外向型农业发展进行了SWOT分析，探析了外向型农业发展的影响因素。同时，书中亦探讨了新疆特色农产品出口加工基地建设的现状与问题，提出了发展模式和管理思路，并就加工基地的建设提供了政策建议。书中研究有助于新疆外向型农业与加工的发展，对其融入"一带一路"建设并开展与周边地区的经济合作具有指导意义。

1975 《新疆新观察》，储安平、蒲熙修著，乌鲁木齐：新疆人民出版社，2013年10月。

本书对1949年和平解放之后的新疆进行了调研，通过具体的细节比较全面地反映出新疆进入和平生产时期的整体状况。书中收录了《新疆好地方》《伊犁夜话——民族关系是怎样扭过来的》《石河子新城》《新疆大棉区的创造》《访前景壮阔的克拉玛依油区》《流散哈萨克族的救济》《优先照顾民族老乡的利益》《南疆农村的社会主义高潮》《帕米尔高原上的牧业社》《和田的缫丝女工》《民族师资的培养工作——新疆学院访问记》《教学结合生产——八一农学院访问记》《从内地到新疆来的年轻人》《库尔勒、轮台、库车所见》等报告文学。

1976 《新疆与哈萨克斯坦农业合作发展战略研究》（西部大开发研究丛书·新疆专题），尼合迈提·霍嘉等著，杭州：浙江大学出版社，2014年1月。

本书是研究新疆与哈萨克斯坦农业合作发展战略的专著。书中介绍了所用比较优势理论的实践与发展，叙述了新疆主要农产品的比较优势与区域分布，分析了哈萨克斯坦农业资源的现状与特点，对新疆与哈萨克斯坦在农业领域的合作进行了可行性分析。同时，书中还评述了新疆现代农业技术在哈国的推广与使用，探析了新疆与哈国农业产业结构比较及劳动力转移,探讨了新疆农产品在哈国市场的扩展能力建设。此外,书中还对新疆与哈国农业合作的持续发展进行了战略构想,强调了霍尔果斯经济开发区、农产品自贸区和边境口岸的重要作用,并对农产品贸易中的机遇与挑战做了解读。

**1977 《遗响千年——敦煌的影响》(走进敦煌丛书),柴剑虹、荣新江主编,刘进宝著,兰州:甘肃教育出版社,2007年12月。**

本书介绍了敦煌文化的巨大贡献和其产生的深远影响。书中对敦煌学的产生和学者的研究情况作以概述,对敦煌文献,包括《敦煌宝藏》《英藏敦煌文献》《俄藏敦煌文献》《敦煌吐鲁番文献集成》《国家图书馆藏敦煌遗书》等各国的文献的刊布作以勾勒;作者沿着王子云、向达、张大千、常书鸿等人对敦煌艺术的探索轨迹,对敦煌的艺术探索情况进行介绍;通过井上靖的《敦煌》、敦煌舞剧《丝路花雨》《大梦敦煌》等文艺创作阐释敦煌的文艺创作。此外,作者对中外文化艺术名人与敦煌的故事进行介绍,体现了敦煌对于世界的影响。

**1978 《运行困境与机制优化:西部新农合持续发展研究》,孟宏斌著,北京:中国社会科学出版社,2016年2月。**

本书研究了西部地区新农合持续发展问题。书中介绍了新农合制度的理论基础和制度特性,对西部地区新农合制度试点实践进行了分析,探讨了制掣新农合制度持续运行的因素,构建了西部新农合的筹资补偿机制、风险防范监控机制与主体联动机制,用以对现行机制进行补充与完善,提高农民的参合意愿,保障他们的医疗服务权益。此外,书中还强调要深化推进医药卫生体制改革,树立政府主导、农户主体的制度理念,加强对新农合运行重点环节的调控,以及关注以农民工为主体的流动人群的参合补偿方案等内容。

**1979 《质量发展战略:陕西建设西部质量强省战略研究》,仵西居、高阳、刘录民等编著,北京:中国质检出版社、中国标准出版社,2016年2月。**

本书是以陕西为例研究质量强省战略的著作。书中回顾了质量强省的研究背景与研究现状,分析了质量强省战略的基本机理,构想了陕西建设质量强省的战略,并对环境分析、指导思想、战略原则、目标任务等内容做了阐述。同时,书中还进行了质量强省的案例分析,列举了庆安制冷以"精品A计划"获得国际市场竞争力、陕西建工集团总公司"精品工程"与品牌发展、"希诺"品牌走向国际市场的质量发展之路,以及标准化生产助推白水果农提质增效等实例,并就陕西质量强省战略进行了总结与展望。

1980 《中国西部大开发发展报告（2012）》（教育部哲学社会科学系列发展报告），周谷平主编，北京：中国人民大学出版社，2012年12月。

本书是关于中国西部大开发发展的报告。书中对西部大开发战略进行了回顾与展望，叙述了西部地区发展的现状与思路，探讨了西部地区产业发展、能源开发利用、基础设施建设、生态建设与环境保护、统筹城乡发展、基本公共服务、人才开发以及改革开放等方面的内容，并总结了政策措施。同时，书中还分析了西部大开发的发展模式与路径选择，探析了西部地区的文化产业发展与义务教育均衡发展，就沿边地区与沿海地区开发与开放进行了比较研究。

1981 《中国西部大开发发展报告（2013）》（教育部哲学社会科学系列发展报告），周谷平、沈满洪主编，北京：中国人民大学出版社，2014年1月。

本书是关于中国西部大开发发展的报告。书中总结了西部地区生态文明建设的相关内容，探讨了西部地区空间分布格局的现状与优化，叙述了西部地区发展生态工业的思路、途径与对策，分析了西部地区生态农业与生态旅游的发展与举措。同时，书中阐述了西部地区生态文化建设的目标、思路与成效，对生态消费、生态城市的问题、举措与进展做了解读。此外，书中还探讨了生态科技的理念、做法与对策，并就生态文明的制度建设做了评述。

1982 《中国西部大开发发展报告（2014）》（教育部哲学社会科学系列发展报告），周谷平、杜立民主编，北京：中国人民大学出版社，2015年4月。

本书是关于中国西部大开发发展的报告。书中叙述了西部地区能源资源的禀赋、开放与国家能源安全，探讨了西部地区经济的可持续发展，分析了西部地区能源资源开发利用与生态环境保护，对低碳经济下的公平与效率权衡做了解读。同时，书中还从能源生产、能源消费、能源通道、能源技术、能源法制、节能减排、低碳经济、体制机制改革等方面，对西部地区能源问题进行了整体研究，并就"一带一路"倡议下能源合作的基本思路与重点任务做了阐述。

1983 《中国西部大开发发展报告（2015）》（教育部哲学社会科学系列发展报告），董雪兵、周谷平主编，北京：中国人民大学出版社，2015年12月。

本书是针对政策形势的新变化，以与西部大开发一脉相承又与时俱进的"一带一路"构想为主题展开的较为深入的专题研究。围绕"一带一路"主题，分析了"一带一路"实施的国内外背景、取得的成就以及面临的挑战，并对"一带一路"产能合作、协同发展、人力资源发展、能源资源合作和互联互通体制机制等11个方面进行了专题研究，体现了学术性、前瞻性、战略性并举的特点。本书为西部地区推进"一带一路"建设提供了理论支撑和实践指导。

1984 《中国西部大开发发展报告（2016）》（教育部哲学社会科学系列发展报告），董雪兵、周谷平、姚引妹主编，北京：中国人民大学出版社，2016年12月。

  本书是关于中国西部大开发发展的报告。书中叙述了新常态下西部地区经济可持续发展与全面小康之脱贫攻坚的相关研究，分析了西部地区全面建成小康社会中居民生活质量的提升，探讨了全面小康里文化的繁荣。同时，书中还阐述了公共卫生服务与健康西部建设，探析了西部地区人才与创新发展，以及对外开放度的提升。此外，书中还对全面建成小康社会里的城镇化发展做了探讨，并对社会救助做了评述。

1985 《中国西部大开发战略前沿研究报告》，赵曦主编，成都：西南财经大学出版社，2010年3月。

  本书是关于中国西部大开发战略前沿的研究报告。书中叙述了中国西部地区的功能定位与西部发展战略的转型，探讨了西部基础设施建设的成效与政策框架，评述了西部传统农业改造与现代农业发展模式，梳理了西部工业发展与新型工业化战略的思路。同时，书中还研究了西部产业结构的演进与产业优化升级，构建了自主创新能力的培育与创新体系，并强调了西部少数民族地区经济发展对于社会稳定的重要性。此外，书中还设计了西部农村反贫困的战略框架与制度机制，就其生态环境的保护与机制建设做了阐述。

1986 《中国西部地区能源产业发展研究》，曹荣光、胡峰、黄河著，北京：中国经济出版社，2016年1月。

  本书是结合我国西部大开发及国家的经济社会发展规划，运用大量的数据对我国西部地区经济社会发展进行了实地调查的专著。主要内容有西部经济社会跨越式发展调研的重要意义和必要性，西部经济社会发展的体制、机制与制度安排，西部经济社会发展状况，西部实施经济社会跨越式发展的基础分析等，书中对西部地区经济社会发展取得的成效及其原因、存在问题及其原因，产业结构优化升级，人民生活水平的提高，和谐社会建设，今后的发展思路及其政策取向等都做了详细的分析，提出了针对性的政策建议。

1987 《中国西部地区农村信用体系建设与创新研究》，高云峰著，北京：中国农业出版社，2013 年 11 月。

本书是研究中国西部地区农村信用体系建设与创新的著作。书中构建了农村信用体系建设与创新的概念框架，梳理了国外农村信用体系建设与创新的经验借鉴，探讨了西部地区农村信用体系的建设状况与运行评价。同时，书中分析了西部地区农村信用体系建设中的问题与难点，探究了农村信用体系建设的模式选择，阐述了加快西部地区农村信用体系建设的战略构想。此外，书中还设计了加快西部地区农村信用体系创新的各项机制，并对农村信用体系建设与创新提出了政策建议。

1988 《中国西部地区优势产业发展与促进政策》，赵果庆著，北京：经济管理出版社，2014 年 10 月。

本书对中国西部地区优势产业发展与促进政策进行了介绍。具体内容有五个部分，对西部大开发战略的产业效应进行评价，阐明了促进西部优势产业发展政策的背景和意义，分析了区域优势产业识别与产业政策，探讨了西部地区优势产业识别构成，包括优势产业政策和理论基础、西部地区优势产业识别，考察了内资产业集聚与西部地区优势产业发展。书中分别探讨东部内资产业与 FDI 产业空间集聚结构以及向西部优势产业转移的可能性，并对西部优势产业在什么地方发展，采用何种模式发展以及如何促进发展的政策进行探讨。

1989 《中国西部发展报告·2008》，谭平祥总编辑，北京：社会科学文献出版社，2008 年 9 月。

本书是由西北大学中国西部经济发展研究中心组织全国长期研究中国西部发展问题的专家学者撰写的关于中国西部大开发的年度专题性研究报告。主要内容有《2007 年西部经济发展形势分析与 2008 年预测》《西部三大重点经济区的发展方向和重点》《甘、青、宁、新四省区综合开发与协调发展报告》等。书中重点对 2007 年度西部经济发展取得的成效进行回顾与总结，对存在的问题进行分析，对未来一年的经济运行情况进行预测，同时对国家西部大开发战略的实施进行动态跟踪，对西部经济发展中的重大理论与现实问题进行深度分析研究，为国家有关西部经济发展重大决策提供参考。

1990 《中国西部发展报告·2009》，谭平祥总编辑，北京：社会科学文献出版社，2009 年 7 月。

本书出版之际是西部大开发战略提出与实施十周年，书中对西部大开发战略实施十年来西部经济发展取得的成效及存在的问题进行全面回顾、总结与分析，对存在的问题进行了系统梳理,并对在金融危机背景下西部经济 2009 年的运行态势进行了预测。主要内容包括总报告、特色优势与新兴产业发展报告、区域发展报告、发展环境报告、民生与公共服务发展报告、省区市发展报告、竞争力评价与分析报告 7 个部分,对中国西部地区的经济、社会、环境等方面进行了全面的分析与回顾总结。

1991 《中国西部发展报告·2010》,谭平祥总编辑,北京:社会科学文献出版社,2010 年 7 月。

本书是由西北大学中国西部经济发展研究中心组织全国长期研究中国西部发展问题的专家学者撰写的年度专题性研究报告。书中内容包括:2009 年西部地区经济社会发展分析与 2010 年展望报告即总报告,特色优势与新兴产业发展报告、区域发展报告、发展环境报告、民生与公共服务发展报告等内容。本书对过去一年西部地区在经济、环境、区域发展等方面进行总结回顾,并对新一年进行规划。

1992 《中国西部发展报告·2011》,谭平祥总编辑,北京:社会科学文献出版社,2011 年 7 月。

本书是由西北大学中国西部经济发展研究中心组织全国研究中国西部发展问题的专家学者撰写的年度专题性研究报告。书中内容包括:2010 年西部地区经济社会发展分析与 2011 年展望报告即总报告,以及特色优势与新兴产业发展报告、区域发展报告、发展环境报告、民生与公共服务发展报告。本书对 2010 年西部地区在经济、环境、区域发展等方面进行总结回顾并对新一年进行了规划。

1993 《中国西部发展报告·2012》,姚慧琴、徐璋勇主编,北京:社会科学文献出版社,2012 年 7 月。

本书是由西北大学中国西部经济发展研究中心组织全国研究中国西部发展问题的专家学者撰写的年度专题性研究报告。本书内容包括:2011 年西部地区经济社会发展分析与 2012 年展望报告、西部地区反贫困报告、西部地区养老保险城乡统筹发展报告、西部地区社会发展水平评价与分析报告、西部地区儿童发展报告、西部地区城市社区建设报告、西部地区文化产业发展报告、西部地区高等教育发展报告、西部地区法制建设报告。

1994 《中国西部发展报告·2013》,姚慧琴、徐璋勇主编,北京:社会科学文献出版社,2013 年 7 月。

本书是 2013 年中国西部发展报告,以新形势下的西部小康建设为主题。本书包括总报告、经济发展、社会发展、文化教育发展、专题研究五个部分。在对 2012 年西部地区经济社会发展状况进行全面分析的基础上，对 2013 年的发展进行了展望；重点对西部地区循环经济发展、中国内向 FDI 的区域分布和绩效分析、西部地区主体功能区发展等问题进行了分析研究；对西部地区人口结构变动与发展、西部地区医疗保险城乡统筹发展两个问题进行了专题研究；对西部地区的传媒产业发展、西部地区高等教育竞争力、西部区职业教育发展、西部地区基础教育发展等问题进行了分析研究。最后，分析了西部地区女性发展仍面临的诸多问题与挑战，并提出了保障落实新的国家妇女发展纲要的政策建议。

1995 《中国西部发展报告·2014：西部地区的结构调整与转型》，姚慧琴、徐璋勇主编，北京：社会科学文献出版社，2014 年 7 月。

本年度报告以"西部地区的结构调整与转型"为主题，通过对西部地区经济、社会、科技教育、法治建设以及生态环境等领域重点问题的分析，以寻求西部地区进行结构调整与转型发展的有效路径，包括总报告、经济发展、社会发展、科技教育、金融法治、生态环境以及丝绸之路专题研究七个部分，主要有《2013 年西部经济运行分析与 2014 年预测》《西部地区产业转型与发展报告》《陕西省二氧化碳排放、能源消耗与经济增长的脱钩分析及预测》等内容。

1996 《中国西部高等教育资源优化配置研究》，王成端、游建军著，成都：西南交通大学出版社，2015 年 1 月。

本书是一本关于中国西部高等教育资源优化配置研究的学术著作。该书作者针对西部振兴的客观需要与西部高等教育跨越式发展的现实需要，系统地对中国西部高等教育资源配置机制与分布现状进行了四个层次的研究。主要涉及高等教育资源配置概论、高等教育资源配置理论、西部高等教育资源总量研究、西部高等学校财力资源分布研究、西部高等学校人力资源分布研究、西部高等学校优质教育资源分布研究、政府对西部高等教育资源配置机制研究、政府对西部高等教育资源配置的评价机制研究、西部高校内部教育资源的优化配置等问题。

1997 《中国西部民族地区生态城市发展模式研究》，张丽君著，北京：中国经济出版社，2016 年 1 月。

本书是对我国西部民族地区生态城市发展模式的研究。书中在我国城市化建设正面临转型的背景下，提出以生态文明、自然和谐、社会公平和经济高效为目标的生态发展模式。书中对城市化与生态城市、国内外生态城市发展模式进行探讨，分析了中国西部民族地区生态城市发展基础、条件和逻辑框架，并以阿拉善生态城市发展模式为实证进行分析。本书为我国西部民族地区的生态城市发展模式研究提供了新的方向。

1998 《中国西部农业现代化演进过程及机理研究》，姜松著，北京：人民出版社，2015年6月。

本书主要聚焦研究西部农业现代化演进过程及机理问题。书中主要包括农业现代化演进理论分析框架、西部农业现代化发展现状与综合测度、西部农业现代化演进比较与区域差异、西部农业现代化演进过程及其差异性、西部农业现代化演进的主要影响因子实证、西部农业现代化演进机理解析、推动西部农业现代化演进的主要途径与对策等问题。作者明确促进西部农业现代化演进的主攻方向和突破口，为后续研究进一步深化以及为政府决策制定及战略选择提供支撑条件。

1999 《中国西部人力资本比较研究》，阎淑敏著，上海：上海教育出版社，2006年5月。

本书对中国西部人力资本进行了比较研究。内容包括人力资本理论探讨、人力资本理论研究前沿问题评析、中国西部人力资本的测度与评价、人力资本对西部可持续发展的作用分析、促进中国西部人力资本发展的宏观调控与保证机制等九章。作者通过对西部地区人力资本的考察，分析了人力资本对西部地区可持续发展的作用和贡献，通过对西部地区人力资本投资的宏观和微观分析，以及与东、中部地区的比较，剖析了西部地区人力资本不足的深层次原因，探讨了促进西部地区人力资本投资及合理利用的宏观调控机制，对于西部大开发中的人力资源建设有积极的作用。

2000 《中西部地区"两型社会"建设战略的支撑体系研究》，黄志斌、张庆彩、张先锋著，合肥：合肥工业大学出版社，2014年11月。

本书是对中西部地区"两型社会"建设战略的支撑体系研究。具体包括支撑中西部地区资源节约型和环境友好型社会建设战略的科技、教育与人才体系，支撑中西部地区资源节约型和环境友好型社会建设战略的基础设施体系，支撑中西部地区资源节约型和环境友好型社会建设战略的产业政策，支撑中西部地区资源节约型和环境友好型社会建设战略的科技政策，支撑中西部地区资源节约型和环境友好型社会建设战略的教育与人才政策，支撑中西部地区资源节约型和环境友好型社会建设战略的消费政策，支撑中西部地区资源节约型和环境友好型社会建设战略的合作与协调体系以及研究结论与创新点等内容。

2001　《转型中的西部社会：发展现状与社会治理》，边燕杰、宗力主编，北京：中国社会科学出版社，2016年2月。

本书从西部社会变迁调查、教育与教育不平等、移民与社会融合、社区建设与治理四个角度，分别讨论转型中的西部社会发展现状与社区治理。书中运用第一手调查数据和访谈资料，建立"学者—社区—政府"交流对话机制，中加学者共同研究西部社会发展问题，使科学研究成为制定和改善社会政策、加强社会治理的经验依据。主要内容有中国西部社会转型与社会治理，西部民众对东西部区域差距变化的认知研究，西部居民教育现状和结构、西部的市民、工人群体差异分析，深度分析西部贫困大学生的毕业选择和就业状况等。

2002　《自主创新与甘肃现代农业发展研究》，关爱萍、史煜娟著，北京：中国社会科学出版社，2015年12月。

本书是对自主创新与甘肃现代农业发展的研究。书中构建了农业自主创新能力、农业自主创新效率以及现代农业发展水平评价指标体系，主要内容有甘肃农业自主创新发展现状、甘肃农业科技园区发展模式分析、国内外现代农业自主创新模式的比较与借鉴等内容，对甘肃农业自主创新能力、农业自主创新效率和现代农业发展水平进行了实际测度和综合评价，考察了影响甘肃农业自主创新能力和自主创新效率的主要因素以及农业自主创新对甘肃现代农业发展的影响，在借鉴国内外现代农业自主创新模式经验的基础上，提出了推进甘肃现代农业自主创新体系建设的总体思路、具体对策和政策建议。

2003　《走出森林草原：达斡尔族人口城市化研究》，娜仁其木格、毅松、德红英著，呼和浩特：内蒙古教育出版社，2013年7月。

本书是专门研究达斡尔族人口城市化的著作，旨在揭示达斡尔族与城市化的关系，以及城市化后的影响。书中叙述了达斡尔族目前城市化的现状，对他们的工作状况和生活状况做了梳理，并总结了城市达斡尔族的特点。书中还对达斡尔族的民族文化做了研究，对比了传统文化与城市达斡尔族的文化，注重分析了城市达斡尔族之间或与其他民族或与自身原籍的社会关系，进而阐述了城市化对达斡尔族发展的影响。本书内容有助于研究我国少数民族的城市化进程，并提供了研究思路和方法。

2004　《走进西部》，陈庚雅著，乌鲁木齐：新疆人民出版社，2013年10月。

本书是记述陈庚雅先生在西北地区实地考察的著作，收录和整理了其西北之行的所见所闻。书中以离开上海到北京领护照为考察起点，沿途经过了民国时期的察哈尔省、绥远省、宁夏省等广袤的塞北地区，对张家口、大同、包头、中卫等重点城市进行了考察。书中考察了各地的建设情况，整理和记述了当地的教育与习俗，调研了塞北地区的农业发展和河套地区的水利工程。本书所述内容是不可多得的一手资料，对研究民国西北历史有较高的参考价值。

# 论著作者索引

一、本索引以音序编排；
二、本索引各条目后所列数字为条目序号。

## A

阿不都古力·买买提　1907
阿不都热西提·亚库甫　981
阿不里克木·亚森　1155
阿迪力·阿不力孜　1002
阿尔伯特·冯·勒柯克　645
阿尔伯特·格伦威德尔　594
阿钒　1699
阿里·玛扎海里　78
阿扎提·苏里坦　897
艾仁智　1444
安达甄　1972
安尼瓦尔·哈斯木　681
安文华　138
岸青　413
敖特根　1056

## B

B.N. 普里　1048
巴托尔德　732
白化文　689、715、1059
白宽犁　1649、1653、1655
白鸟库吉　610
白文　779
白益民　1486
白玉双　1127
百桥明穗　871
柏晓　1879
包铭新　72、74、248
包艳　269
宝音德力根　736、737、738、739、740
北方民族大学西夏研究所　1197
北海市地方志办公室　282
北京大陆桥文化传媒　58
北京大学"一带一路"五通指数研究课题组　1440
北京巅峰智业旅游文化创意股份有限公司课题组　1409
北京师范大学中国教育与社会发展研究院　1384
北京图书馆敦煌吐鲁番学资料中心　1275
贝哲民　1693
毕鹏旭　235
比尔·波特　65
彼得·弗兰科潘　77
彼得·霍普柯克　413
彼得·诺兰　1637
毕波　843
边丁　572、573
《边疆边务资料初编》编委会　387、388、389、390
边疆考古与中国文化认同协同创新中心　626、627、628
《边疆史地文献初编》编委会　397、398、399、400
边燕杰　2001
卞洪登　116
伯希和　405、406、742
卜正民　484
布尔努瓦　64
布和朝鲁　1821
布哇　498
布娲鹣·阿布拉　1704
步雁　10

## C

CCTV《教科文行动》编写组　76
才洛太　1130
才让　131、755
财新传媒编辑部　1447

蔡国萱　1721

蔡琴　236

蔡圣华　1819

蔡勇志　1732

蔡于良　291

曹华　1937

曹荣光　1986

曹卫东　1548、1602

曹小曙　1528

曹云华　1735

曹占忠　1528

"茶与丝绸之路"高峰论坛组
　　委会　265

柴剑虹　187、220、447、667、
　　673、680、682、722、761、
　　912、982、1028、1133、
　　1274、1294、1977

常茳心　1294

常书鸿　1272

常州博物馆　929

朝戈金　1703

车华玲　252

陈爱峰　792

陈朝霞　1817

陈达生　312、313、314、315

陈大为　697

陈德正　1565

陈敦山　194

陈飞龙　1416

陈高华　471

陈戈　648

陈庚雅　2004

陈广恩　515

陈国灿　409、427、437、467、
　　920、1137、1142、1159

陈国光　972

陈海涛　645、941

陈韩晖　1734

陈弘法　733

陈红彦　1270

陈宏飞　1676

陈怀宇　710

陈继周　1049

陈建中　324

陈践　1140

陈敬涛　1076

陈凌　27、91、96、189

陈龙　815

陈明　674、938

陈鹏　38

陈琦　941

陈容　1422

陈瑞青　1115、1235

陈瑞统　301

陈实　1961

陈世良　808

陈世明　431、432、433、1790

陈水雄　311

陈舜臣　249

陈彤　1770

陈文　1421

陈习刚　1156、1157

陈晓锋　1456

陈晓露　605

陈晓强　1068

陈校　1592

陈新　1554

陈学礼　858

陈延琪　1779

陈炎　322、323

陈燕　851、860

陈晔　330

陈奕玲　27

陈永胜　1075

陈永耘　68

陈永正　362

陈于柱　1074

陈育宁　635

陈元　1404

陈昭　1503

陈臻　1523

陈支平　320

陈宗权　1400

成都市社会科学院联合课题组
　　1489

程捷　1893

程静　1799

程军　1598

程李梅　1940

程仁桃　1693

程彤　145

程喜霖　1156、1157

程旭　930

程学庆　1784

程好　1517

池田大作　1272

崇化　46

出宝阳　324

初冬梅　1462

储安平　1975

传奇翰墨编委会　73

崔峰　201

崔红芬　1170

崔辉　1881

崔明昆　854

崔星　746
崔延虎　468、585
崔勇　293
崔岳春　1511

## D

达西娅·维埃荷-罗斯　1134
大村一郎　79
大同古城保护和修复研究会　221
大渊忍尔　1062
代学明　652
戴春阳　1292
戴良佐　1200
戴泉　1823
单海澜　1033
当代世界研究中心　1566
党文娟　1358
德红英　2003
德吉卓玛　781
邓浩　1201
邓慧君　238
邓靖　1423、1424
邓文宽　660、1273
邓新航　267
迪拉娜·伊斯拉非尔　1153
邸明明　257
第一财经　1588
丁笃本　103
丁国民　1744
丁景泰　90
丁如曦　53
丁晓仑　196
丁兴旺　152

丁永琴　37
丁志伟　1513
东中西部区域发展和改革研究院　1492
冬冰　239
董大勇　1784
董馥伊　996
董积生　1869
董培勤　1764
董雪兵　1983、1984
董知珍　688
董志文　28
窦怀永　1086
窦祥胜　1871
杜建录　1055、1113、1172、1184、1185、1186、1187、1188、1189、1190、1191、1192、1193、1194、1195、1196、1198、1240、1243、1245
杜经国　318
杜立晖　1115
杜立民　1982
杜文玉　24、91、96、97、121、189、228、229、245、264
杜亚雄　95、303
段炳昌　856
段尔煜　861
段琳　1880
段晴　1130、1246、1247
段少华　271
段小强　14
段一夫　1390
段逸山　1218
段渝　372、376、378

段玉泉　1169、1180
敦煌研究院　473、587、686、894、1031、1036、1037、1292

## E

俄军　16、130、165、176、234、477、1097、1119、1239
俄罗斯科学院东方文献研究所　1242

## F

F.W. 托玛斯　1093
樊锦诗　12、129、131、473、714、726、1031
樊新和　1632
樊秀峰　1610
范柏乃　1935
范国君　316
范鹏　716、717
范若兰　1750
范少言　177
范小平　378
范晓玲　1435
方冬莉　1788
方光华　1625、1643
方广锠　1053
方豪　582
方明　75
方星海　1813
方勇　1403
房继荣　1057

菲利普·弗朗德兰 404
冯并 1348、1349
冯承钧 416、435、498、534、656、742
冯定雄 1741
冯斐 107
冯海波 1748
冯晗 1857
冯明放 1943
冯培红 419、428
冯其庸 790
冯维江 1558
冯锡时 1797
冯晓临 1960
冯旭东 1665
冯雪俊 158
冯玉雷 563
冯宗宪 1606
凤凰出版社 575
佛教大学尼雅遗迹学术研究机构 132
伏俊琏 891
福建博物院 347
福建师范大学福建自贸区综合研究院 1464、1759
复旦大学中国与周边国家关系研究中心 1617
傅浩 1783
富景筠 1671

## G

Г. А. 普加琴科娃 1049
G. 卡拉 1056
盖金伟 537、538

盖山林 87、89、175
盖志浩 175
甘谷 281
甘肃炳灵寺文物保护研究所 1034
甘肃省古籍文献整理编译中心 1242
甘肃省历史学会 30
甘肃省文物局 894
甘肃省文物考古研究所 259
甘肃省住房和城乡建设厅 1656
冈田健 619
高柏 1826
高崇炳 440
高德祥 499
高国伟 1613
高国祥 1240
高洪雷 415
高建龙 1692
高健 432、433
高敬 544
高启安 557、682
高厦 412
高韬 1694
高伟江 1640
高亚芳 255
高阳 1979
高宇飞 480
高原 567
高云峰 1987
高志刚 1672
葛成 1614
葛红亮 1726
葛剑雄 1501

葛乐耐 764
葛莉 559
葛嶷 256
葛兆光 765
耿昇 64、78、147、285、405、406、517、548、685、718、1298、1299
耿世民 549、550、1302、1334
宫治昭 945
龚国强 612
龚强 25
龚婷 1355
龚卫东 1964
龚晓 1962
龚新蜀 1690、1691
龚缨晏 280、360
贡纳尔·雅林 585
古都西安丛书编委会 19
古龙高 1475
古蜀文明与南方丝绸之路研究专家组 376
古璇 1475
谷孟宾 1653、1655
故宫博物院 199、595
顾涧清 287
顾颉刚 576
顾平 192
顾世宝 948
顾淑彦 882
关爱萍 2002
关山月美术馆 686
关友惠 1123
管平 594
管育鹰 1442
广东海洋大学东盟研究院 1714

广东省人民政府参事室（文史研究馆） 293、333、690、1734、1748

广东省文联 299

广东省文物局 288

广东省文艺研究所 299

广州市黄埔区文化广电新闻出版局 309

广州市文化局 297

郭斌 1695

郭恩 1104

郭凡 1721

郭洪昌 240

郭杰忠 298

郭静利 1408、1413

郭俊叶 709

郭立宏 1663

郭濂 1559

郭敏 1443

郭宁 676

郭平梁 535

郭萍 227

郭强 1855

郭青林 881

郭姝辛 1784

郭树芹 677

郭卫东 1253

郭霞 1534

郭学兰 1796

郭娅 1867

郭引强 123

郭颖杰 585

郭振文 268、271

国观智库"一带一路"课题组 1539

国家发展和改革委员会 1563

国家发展和改革委员会学术委员会办公室 1343

国家古籍保护中心 1214

国家开发银行 1380

国家图书馆古籍馆 1108

国家图书馆 479、607、1214、1542

国家图书馆善本特藏部 1161

国家文物局 62、296

国家信息中心"一带一路"大数据中心 1369、1370

国家质量监督检验检疫总局通关业务司 1389

国务院发展研究中心"一带一路"课题组 1502

# H

海力古丽·尼亚孜 1793

海上丝绸之路研究中心 329、364、365

韩建保 1670

韩康信 102

韩莲芬 669、672、946、986、999、1004、1005、1012、1022

韩文慧 198

韩小忙 1177

韩中义 1776

郝春文 420、697、1133、1220、1221、1222、1223、1224、1225、1226、1227、1228、1229、1230、1231、1232、1233、1234、1255、1256、1257、1258、1259、1260、1261、1262、1263、1264、1265、1266、1267

郝树声 1219

郝炜 408

郝雨凡 306

郝玉柱 1504

合浦县人民政府 282

何传添 1733

何恩之 598

何芳川 581

何汉民 1048

何鸿 914、917

何杰 1808

何静彦 330

何军明 1535

何力 1591

何立荣 1956

何龙斌 1830

何明 845、846、847、848、849、850、851、852、853、854、855、856、857、858、859、860、861

何如珍 914、917

何山 975

何一民 578

何玉红 179

河南博物院 56

贺昌群 550

贺琛 846

贺继宏 528

贺菊莲 678

贺灵 182、527、1024

贺萍 1933

▶ 丝绸之路研究论著叙录

贺世哲　727、728
贺小萍　945
赫俊红　1248
黑维强　1077
亨宁·哈士纶　731
亨廷顿　559
洪一彬　1630
洪永淼　1508、1509、1510
洪勇明　1107
侯灿　944、1152
侯浩然　794
侯丕勋　664
侯世新　525、526、662
侯文昌　1071
胡德平　1493
胡峰　1986
胡洪庆　896
胡戟　513、586
胡键　1590
胡进杉　804
胡静　1236
胡平生　1096
胡然　1357
胡圣方　1925
胡淑晶　1869
胡舒扬　283
胡同庆　683、705、762、874
胡伟　1339
胡文臻　1459
胡小鹏　797
胡孝文　561
胡新　1936
胡杨　80、590、752
胡玉康　161
胡月文　70

胡正塬　1466
花平宁　913、1035
华林　847
黄彬　481
黄灿　1419
黄海涛　849
黄河　1589、1986
黄汲清　497
黄建钢　1713
黄剑华　247
黄健英　1812
黄静　353
黄黎平　1358
黄茂兴　1743
黄启臣　286
黄启善　289
黄庆昌　290
黄群慧　1430
黄日涵　346
黄伟　1345、1383
黄伟新　1690
黄伟宗　319、1521
黄文弼　642
黄雯　1607
黄晓梅　1965
黄学锦　1955
黄颖川　1734
黄征　1099、1100
黄志斌　2000
黄志刚　112
黄志勇　1463
惠宏　1180
惠调艳　1936
霍尔果斯基金开发区工作委员会　1646、1647

霍旭初　81、82、83、807、907

J

纪云飞　1757
季成家　205、206、207、208、209
季羡林　427、430、790、819、873、880、887、1067、1100、1277、1278、1279、1280、1281、1282、1283、1284、1285、1295、1296、1337
暨南大学文学院　274
加藤雄三　456
贾建飞　624
贾妮莎　1680
贾荣林　878
贾文娟　1506
贾兴和　614
贾应逸　551、819、943、1001
江东　1516
江红　61、562
江苏出入境检验检疫局　1389
江苏省南通市司法局　1381
姜安印　1869
姜伯勤　1301
姜德治　423、591、935
姜昆武　1294
姜亮夫　1269、1294
姜松　1998
姜子钒　1745
蒋坚永　1478
蒋建伟　250

· 590 ·

蒋礼鸿　1061
蒋其祥　638
蒋有绪　1856
蒋玉石　1555
焦继军　1362
教育部对口支持工作研究指导
　　中心　1864
金栋昌　1952
金海龙　124
金立群　1447
金琳　33
金美花　1484
金秋　20、120
金少华　1073
金巍　1520
金卫东　889、890
金西源　143
金润璿　877
经济杂志驻疆办事处　1646、
　　1647
井上充幸　456
景峰　164
景天星　767
敬云川　1354
橘瑞超　1633
军政　500
隽雪艳　1062

# K

康海玲　305
康马泰　773
康兴军　675
亢鹫　111
柯杨　774

柯英　753
孔庆楠　1708、1730
邝蓝岚　872
邝中　1463

# L

Л. И. 列穆佩　1049
L. 布尔努娃　147
莱昂内尔·弗里德费尔德　1700
赖小民　1436
兰州大学敦煌学研究所　913、
　　1081
兰州理工大学丝绸之路文史研
　　究所　154、155
乐仲迪　587
勒柯克　580
雷宏振　1680
雷俐　1424
雷琳　1770
雷茂奎　128
雷润泽　635
雷玉华　867
黎大祥　625
黎树科　625
黎相宜　1752
李阿能　97
李安宁　915
李安宅　693
李兵　634
李春长　151
李大伟　1547
李丹琳　1554
李德范　1094、1161
李鼎霞　1059

李东红　1340
李冬梅　277
李方　495、496、1146
李芳　1398
李锋　195
李刚　201、217
李广杰　1536
李贵春　970
李贵生　1126
李国强　574
李国文　860
李恒海　1795
李红　1788、1820
李宏伟　1373
李虹　1385
李鸿阶　1500
李季莲　896
李冀平　343
李家莉　1303
李建国　1866
李健超　22、177
李杰　1727
李洁　94
李金梅　153、154、680
李锦绣　425、1051、1308、
　　1309、1310、1311、1312、
　　1313、1314、1315、1316、
　　1317、1318
李进新　216
李进增　68
李经纬　1154
李晶　1382
李竟成　128
李敬　1422、1423、1424、
　　1425、1426

李军　220、421、1001、1445
李君轶　1529、1676
李开荣　869
李克　1515
李克强　1437、1767、1825
李奎　1032
李丽　14、1638
李莉　1827
李良义　204
李茂林　1854
李明伟　125、126
李宁　1664
李佩娟　61
李平　1467
李琪　863、1049
李琦　552
李倩　1058
李强　171、184、980
李侨敏　1654
李青　122
李庆新　278、294、403
李群　1832、1972
李然　1425
李瑞哲　899
李圣权　1705
李世杰　1470
李树民　1666
李树泽　140
李思经　1408、1413
李天威　1938
李皖南　1735
李维青　502
李伟　1104
李文　1402
李文瑛　501

李鎏麟　1372、1479
李希光　1599
李先德　1364
李向前　1553
李向阳　1341、1556
李肖　178、570、1216、1217
李肖冰　100、670、1047
李萧　622
李小惠　155
李小平　1954
李小荣　777、875
李小山　1319
李小文　1787
李晓鹏　1490、1491
李晓英　797
李雄飞　1632
李秀萍　1865
李炎　1966
李艳玲　679
李叶宏　231
李屹　146、196
李英魁　336
李颖超　552
李永平　156
李永强　40
李永全　1407、1622、1659、1682
李振福　1639
李振甫　926
李振亭　1676
李之勤　533
李志敏　810
李志生　1623
李志永　1761
李重申　9、153、154、680

李子贤　374
李宗俊　492
李最雄　105、149
厉声　574、1771
厉以宁　1496
栗君华　1765
连雪君　1363
联合国教科文组织　52
凉山州博物馆　377
梁超　897、1804、1805
梁二平　300
梁海明　1405
梁继红　1167
梁留科　1628
梁梅　1972
梁美芬　1372、1479
梁松涛　1111
梁涛　649、650
梁昊光　1603
梁学成　1644
廖东声　1477
廖国一　289、1749
廖肇羽　969
林登山　356
林幹　817
林广志　306
林华东　1737
林吉双　1733
林立群　328
林梅村　118、139、968
林明太　332
林士民　350
林世田　592、699
林文君　133
林文勋　1476

林毅夫　1447、1496
林英　604
凌静　1973
刘安志　424、1159
刘斌　1697
刘波　592、699
刘传启　1064
刘丹冰　1851
刘迪　519
刘凤鸣　285、344
刘戈　1117
刘国胜　1799
刘合光　1364
刘宏　1449
刘华芹　1645
刘吉发　1952
刘建朝　1824
刘进宝　98、223、224、225、
　　661、1295、1977
刘菊平　1532
刘凯　194
刘连香　1128
刘录民　1979
刘淼　283
刘铭赜　1402
刘乃全　1538
刘强　1467、1540
刘庆柱　24、91、96、97、121、
　　189、228、229、245、264
刘尚希　1480
刘士林　363、1702
刘韬　937
刘统　252
刘维钧　546
刘伟　1271、1495、1501、1559

刘卫东　1350、1396、1472、
　　1850、1852
刘卫萍　523
刘文海　510
刘文锁　71
刘向阳　97
刘晓玲　711
刘鑫渝　1665
刘秀文　745
刘学堂　501
刘逊　519
刘亚伟　1345
刘亚政　1484
刘岩　241
刘艳燕　879
刘雁翔　477
刘燕　1946
刘屺　696
刘毅　512、1850
刘樱　500
刘迎胜　63、448、800、825、
　　826、827、828、829、830、
　　831、832、833、834、835、
　　836、837、838、839、840、
　　1050
刘永连　1859
刘永强　462、466
刘永青　848
刘永增　904、920
刘育红　1626
刘元风　868、878
刘再聪　1084
刘振伟　928、1202、1203
刘正刚　351
刘志高　1396

刘忠　1093
刘子凡　454
刘作奎　1524、1525
柳洪亮　791、1215、1633
柳江　4
龙海波　1935
龙永图　1354、1355、1356、
　　1357
娄胜霞　1947
楼望皓　670
卢兵　855
卢承圣　327
卢向前　666
卢秀文　422
鲁保罗　517、548
鲁东大学胶东文化研究所
　　1742
陆大道　1516
陆晖　172
陆娟娟　1149
陆离　698、784
陆庆夫　1337
陆如泉　1390
陆绍凯　1860
陆威仪　484
路志峻　155
罗春晓　867
罗大玉　1962
罗丰　26、117、615
罗宏才　193、633
罗华庆　15、729、1124
罗绍文　521
罗卫东　1374、1446
罗雨泽　1394
罗越先　483

罗中枢　1953

洛阳市地方史志办公室　240

洛阳市文物管理局　40

洛阳市政协文史委员会　39

雒青之　1268

吕鸿声　246

吕建中　55、1625

吕睿　1969

吕一燃　385

吕章申　188

吕长清　65

## M

麻昌港　1789

马成俊　49

马达汉　469

马大正　488、1797

马东平　138

马尔夏克　776

马飞　1658

马海龙　1945

马鹤天　436

马宏伟　65

马洪藻　600

马惠兰　1823

马慧玥　200

马建昌　1683

马建春　414

马健　96

马军　5

马骏驰　1554

马里奥·布萨格里　1048

马莉　1613

马莉莉　1629、1648、1650、1652、1654、1675

马睿　66

马世长　655

马述忠　1857

马庭宝　1882、1883、1884

马伟　49

马炜　958、959、960、961、962、963、964、965、966、967

马文玲　1418、1420

马小鹤　744

马晓娟　459、460

马幸荣　1798

马雄福　984

马媛　1696

马跃　1518

买小英　230

麦积山石窟艺术研究所　913、924、925

毛丽娟　9

毛鸣　587

毛铭　764、773、776

毛秋瑾　1082

毛阳光　228

毛振华　1443

蒙中　958、959、960、961、962、963、964、965、966、967

孟凡人　150、474、647

孟宏斌　1978

孟建　1877

孟楠　432、433

孟庆顺　1751

孟宪实　453、570、1216、1217

孟昭勋　675、1683、1777、1874

米德昉　708

米尔卡马力·阿依达尔　1118

米哈伊尔·瓦西里耶维奇·别夫佐夫　402

米华健　66

闽都文化研究会　325

缪敏　1808

莫合塔尔·加帕尔　1007

莫尼克·玛雅尔　685

莫阳　189

墨刻编辑部　114

牟敦国　1819

木基元　566

## N

娜仁其木格　2003

乃吉木丁·艾吾祖力　1904

南宇　1689

尼合迈提·霍嘉　1976

倪鹏飞　53

倪晓宁　1469

聂鸿音　805、1181

聂志军　769

宁波"海上丝绸之路"申报世界文化遗产办公室　336

宁波市文物保护管理所　336

宁波市文物考古研究所　336

宁可　420

宁夏大学西夏学研究院　1242

宁夏民族艺术研究所　949

宁夏社会科学院历史研究所　1199

宁小莉　1965
宁欣　493
牛达生　637
牛利　1785
牛汝辰　262
牛汝极　1163、1763
努尔兰·肯加哈买提　487
怒江傈僳族自治州文物管理所　654

## O

欧晓理　1848
欧亚新丝绸之路经贸文化促进会（奥地利）　1701
欧阳珍秋　1503

## P

潘春辉　1928
潘光　7
潘洁　1110
潘天波　161
潘文　1098
潘一宁　1753
潘志平　455、862、1760、1762、1791、1806
盘古智库　1526
庞鹤　1668
庞闻　1685
裴辉儒　1679
彭杰　1006
彭金章　707
彭岚嘉　18、144
彭明浩　653

彭生顺　1955
彭无情　809
彭向前　1175
彭遥　1860
朴光姬　1398、1457、1534
蒲熙修　1975
濮艳萍　1909、1917、1918、1919、1920、1921、1922、1923

## Q

齐陈骏　1297
齐东方　34、256
齐干　634
齐茂椿　586
齐木德道尔吉　736、737、738、739、740
齐清顺　577
齐树仁　580
祁伟成　617
祁小山　81、82、83、88、819
《启航"一带一路"》编委会　1527
钱昌照　1481
钱超尘　1237
钱道静　1774
钱颖一　1404
钱云　124
潜旭明　1468
乔培华　1720
乔素玲　351
秦丙坤　1084
秦大树　2
秦红增　850

秦莹　857
秦玉才　1374、1446、1948
秦中朝　92
覃晚萍　1956
庆昭蓉　789
庆振轩　902、931
邱陵　215
邱瑞照　1795
邱延俊　1598
仇王军　203
屈小玲　375
屈直敏　1089
瞿明安　845、846、847、848、849、850、851、852、853、854、855、856、857、858、859、860、861
曲凤杰　1709
曲鸿亮　315
全毅　1731
泉州港口协会　342
泉州港务局　342
泉州市人民政府　340、341
泉州赵宋南外宗正司研究会　357

## R

冉万里　613
让·保罗·拉尔松　1340
让-诺埃尔·罗伯特　5
饶蕾　1008
饶宗颐　1072、1142、1282、1283、1284、1286、1287、1288、1289、1290、1291
热孜娅·努日　1052

人民出版社　1687

人民论坛　1347

任保平　1643、1648、1650、
　　　　1652、1663、1675

任初明　1939

任力波　1497

任琳　1531

任梅　1944

任小平　911

任宣　1546

任志宏　1758

任宗哲　1649、1653、1655、
　　　　1836、1837、1838、1839、
　　　　1840、1841、1842、1843、
　　　　1844

荣新江　42、186、220、233、
　　　　443、447、570、571、615、
　　　　667、673、680、682、722、
　　　　761、822、823、844、982、
　　　　1028、1116、1133、1158、
　　　　1216、1217、1296、1322、
　　　　1977

阮立　936

阮青松　1661

阮荣春　191、192、193、870

芮传明　181、219、687、743、
　　　　1106

芮乐伟·韩森　174

瑞德维拉扎　567

## S

色伽兰·郭鲁柏　656

森川哲雄　1127

森谷一树　456

沙·比拉　733

沙畹等　416

沙武田　596、1030

山东博物馆　338

陕西历史博物馆　180

陕西省文物局　602、651

陕西师范大学历史文化学院
　　　　180

陕西西咸新区研究院　3

上海博物馆　51、104、258

上海对外经贸大学　1381

上海古籍出版社　1132

上海图书馆　1132

上海艺术研究所　900、949

尚虎平　1378

尚季芳　1866

尚衍斌　565

邵会秋　371

邵梦茹　254

邵如林　106、257

邵旭东　77

邵振宇　509

舍秀存　1131

社会科学文献出版社　1775、
　　　　1780、1781

深圳市人民政府发展研究中心
　　　　1431、1432、1433、1434

深圳市人民政府政策研究室
　　　　1431、1432、1433、1434

沈爱凤　6

沈福伟　211、213

沈济时　59

沈建国　350

沈满洪　1981

沈琼华　279、588

沈澍农　1085

沈卫荣　530、691、794、795、
　　　　1112、1204、1205、1206、
　　　　1207、1208、1209、1210、
　　　　1211、1212

沈悦　1471

《生活月刊》　418

盛学伦　379

师博　1648、1675

施萍婷　1069

施新荣　1202、1203

石光明　479

石河子大学经济研究院　1800

石河子大学新疆屯垦与文化研
　　　　究院　1800

石劲松　1029

石岚　1692、1768、1771

石妙春　1020

石晓奇　196

石英　1649

石云涛　50、93、218、244、
　　　　449

时保国　1359

史敦宇　877

史璠　282

史国强　166

史金波　725、1112、1171、
　　　　1172、1178、1182

史念海　576

史淑琴　747

史苇湘　880

史煜娟　2002

史忠平　918

释辩机　1138

释玄奘　1138

《首届丝绸之路（敦煌）国际文化博览会论文集》编委会 54
舒俭民 1926
舒敏 482
束锡红 1114
司徒尚纪 339、1716
《丝绸之路：大西北遗珍》编辑委员会 67
丝绸之路和平奖基金会 1641
斯坦因 611、639
斯文·赫定 61、410、468、511、562
四川大学中国藏学研究所 692
四川师范大学巴蜀文化研究中心 376
寺西宏友 36
宋博年 184、980
宋刚 1498
宋歌 1636、1684、1728、1745
宋国友 1562
宋慧中 1438、1439
宋坤 1235
宋敏生 5
宋伟 1679
宋文阁 1564
宋晓梅 17、1800
宋晓琴 1925
宋秀琚 1711
宋英杰 1387、1414、1499
宋周莺 1852
苏北海 108、190、1025
苏静 852
苏来曼·斯拉木 1974
苏履吉 935

苏其康 534
苏三 331
苏杨 1631
孙伯君 1179
孙昌华 470、1877
孙昌盛 1173
孙大卫 970、987、988、989、990、991、992、993、997、1017、1026
孙海芳 752
孙红飞 24
孙继民 1078、1102、1103、1125、1235、1241
孙建军 748
孙健飞 845
孙九霞 852
孙久文 1608、1672
孙力 1707
孙立成 79
孙麒麟 9
孙启鹏 1658
孙儒僩 906
孙希有 1519
孙晓峰 939
孙修身 430
孙毅华 906
孙玉华 1449
孙志伟 1504
孙壮志 1792

## T

塔拉 1240
台北《南海》杂志社 1275
太史文 763

谭蝉雪 665、673
谭春枝 1463
谭平祥 1989、1990、1991、1992
谭元亨 370
汤开建 417、494
汤晓芳 635
唐青生 1929
唐晓峰 1772
唐雪梅 1818
唐长孺 1143、1144
陶菁 1744
陶永欣 1505
特日格乐 1121
滕磊 812
藤田丰八 1336
天津博物馆 310
田高良 1345
田桂菊 155
田继忠 214
田佳鹤 1015
田疆生 554
田莉 849
田庆锋 759
田澍 179
田伟利 1948
田卫疆 162、168、169、185、503、553、577
田先洪 234
佟建荣 1183
佟松柏 402
佟玉泉 402
凸凹 373
涂锦 1488
涂苏别克 1003

涂永前  1352
吐尔的·哈地尔·那孜尔  1019
吐尔逊·哈孜  1023
吐鲁番博物馆  621、623、895、1686
吐鲁番地区地方志编纂委员会编辑室  1886、1887、1888、1889
吐鲁番地区地方志编辑室  1882、1883、1884、1885
吐鲁番地区地方志编纂委员会  1879
《吐鲁番地区电力工业志》编纂委员会  1876
《吐鲁番地区金融志》编纂委员会  1816
吐鲁番地区精神文明建设委员会  1924
吐鲁番地区统计处  1904、1905
吐鲁番地区统计局  1906、1907、1908、1909、1910、1911、1912、1913、1914、1915、1916、1917、1918、1919、1920、1921、1922、1923
《吐鲁番地区邮电志》编纂委员会  1878
《吐鲁番农村信用社年鉴》编纂委员会  1891、1892
吐鲁番市地方志编纂委员会编辑室编纂  1890
吐鲁番市高昌区委史志办  1902
吐鲁番市文化艺术中心  470
《吐鲁番市志》编纂委员会  1903
吐鲁番地区统计局  1909
吐鲁番学研究院  621、623、895、1686

## U

UNIDO-UNEP 绿色工业平台中国办公室  1701

## W

瓦力斯·阿不力孜  1021
万华伟  1444
万建中  859
汪泛舟  712
汪戎  1756
汪荣祖  765
汪塞飞叶  1418
汪世银  1932
汪锁红  1015、1021
汪伟民  1474
汪小洋  273
汪应洛  1383
汪铮  1595
王爱和  942
王安洪  468、646
王包泉  1481
王蓓  410
王宾  1832
王彬  461
王炳华  119、434、457、524、640
王博  88

王彩琴  559
王宸曦  1456
王成端  1996
王春辉  543
王春丽  1731
王春梅  903
王东  751
王法德  1537
王飞  462
王凤翔  264
王福生  1669
王罡  379
王功恪  109、445、618
王光华  1935
王贵国  1372、1479
王海芳  1642
王红梅  1239
王宏斌  241
王辉  1386、1506
王会民  616
王会战  1666
王惠民  702、704、730、761
王惠月  1070
王继光  1054、1252
王冀青  447、1337
王家骥  469
王建朝  921
王建林  109、445
王剑平  867
王健  971
王金  80
王金波  1399、1406、1715
王晶波  1101
王静  1481、1688、1808、1942
王静如  1160

王珏　1668
王开元　973
王克芬　912、982
王克岭　1963
王兰平　768
王乐　658
王力　255
王丽梅　228、229
王连茂　312、315、343
王灵桂　1346、1507、1600、1740
王潞　333
王苗　381
王妙妙　1528
王明华　1473
王鸣野　511、1773
王培培　1176
王蓬　8、491
王浦劬　1480
王其钧　923
王启明　159
王启涛　505、1092、1145、1147、1148、1150、1151
王倩　598
王琴梅　1678
王青　974
王清华　382
王嵘　522、541、978
王瑞　1629
王睿　770
王睿颖　407
王三庆　1083
王尚寿　148
王胜三　384、1561、1565、1567

王诗晓　268
王使璋　1070
王使臻　1070
王世信　1881
王寿群　1505
王树枏　556
王松　1009
王颂吉　1654
王素　1080、1141、1146
王天玉　849
王甀　529、530、531
王万平　750
王文光　841
王霞　1974
王祥伟　786
王向晖　148
王小甫　401
王晓　304
王晓东　1959
王晓芳　1925
王晓晖　451
王晓娟　1863
王晓泉　1622
王晓姝　1845
王晓燕　177
王效锋　97
王欣　275、788
王新和　1747
王新青　1253
王兴伊　1218
王雄　719
王砚　86
王艳清　1810
王耀国　1482
王义桅　1344、1541

王义芝　683、705、762、874
王永平　411
王永生　475
王永中　308
王勇　544
王玉主　1460
王元林　292
王媛媛　710
王增涛　1610
王战　1597
王志鹏　701
王志炜　971
王志艳　547
王忠强　295
王仲涛　694
王子今　450、756、816
韦丹芳　850
韦红　1782
韦苇　1834、1835
维也纳联合国城中国文化联谊会（联合国中文会）1701
卫利·巴拉提　1804、1805
魏后凯　1931
魏瑾　603
魏久志　994、995
魏文斌　606、940、1035、1640
魏晓欣　1962
魏一明　1618、1619
魏迎春　793、910
魏正中　598、608
温翠芳　684
温威　1637
温秀　1961

文化遗产研究与保护技术教育部重点实验室　626、627、628、629、630、631、632
文琭　520
文新宇　1957
沃尔克·贝格曼　646
乌布里·买买提艾力　173
乌云毕力格　741、757、1166
乌云格日勒　456
巫新华　243、504、1006
吴蔼宸　386
吴冰冰　1356
吴芳思　84
吴菲　249
吴福环　431、1790
吴宏伟　1698、1707
吴荭　865
吴华　1941
吴华峰　977
吴季松　1634
吴家林　381
吴健　12
吴洁　1930
吴景山　1120
吴军　879
吴奎信　318
吴丽娱　444、657、668
吴美琳　1152
吴敏娜　1853
吴其生　356
吴秋林　858
吴三雄　1873
吴少峰　1630
吴士存　1724
吴思佳　270

吴伟峰　316
吴玉贵　609、775
吴岳添　69
吴哲　1734
吴震　1165
吴中阳　240
吴忠礼　508
伍国用　1319
伍鹏　358
仵西居　1979
武汉大学中国三至九世纪研究所　790
武内绍人　1091
武文　774
武宇林　214
武原　47

#

西安大唐西市历史文化研究中心　266
西安电子科技大学丝绸之路经济带发展研究院　1651
西安市地方志办公室　21
西安市文物稽查队　1168
西安市文物局　45
西北大学丝绸之路文化遗产保护与考古学研究中心　626、627、628、629、630
西北大学唐仲英文化遗产研究与保护技术实验室　626、627、628、629、630
西北大学文化遗产学院　947
西部律师发展论坛组委会　1522

西川宁　957
西汉南越王博物馆　334
习近平　1552
夏德水　1681
夏生平　422
夏文斌　1673、1674、1870
先燕云　381
香翠真　1862
香港中华文化促进中心　1276
向达　490、639
向宏　1493
向洪　1553
解辰阳　1354
解光穆　214
肖爱玲　160、245、486
肖达顺　293
肖东发　480
肖惠中　320
肖伶俐　1426
肖先进　377
肖小勇　641
肖晓　1951
肖云儒　1967
肖振生　1544
肖建军　778
萧正洪　36
小岛康誉　132
小谷仲男　694
谢安良　348
谢彬　555
谢端琚　593
谢建平　1872
谢静　713
谢凯　669
谢来辉　1410

谢日万　316
谢汝校　1859
谢桃坊　1293
谢晓英　1425
谢燕　923
谢治菊　1958
新和县文化体育广播电视管理局　226
新华社国际新闻编辑部　1415
《新疆电力公司系统电力工业志丛书》编纂委员会　1880
新疆龟兹石窟研究所　109、1040
新疆龟兹研究院　898
新疆社会科学院历史研究所　553
新疆石窟研究所　950、951、952、953、954、955、956
《新疆通史》编撰委员会　1054、1200
新疆吐鲁番地区文物局　791、1320
新疆吐鲁番学研究院　1238、1321
新疆维吾尔自治区博物馆　526、662
新疆维吾尔自治区对外文化交流协会　196、1000
新疆维吾尔自治区图书馆学会　1862
新疆维吾尔自治区吐鲁番学研究院　790
新疆维吾尔自治区文物局　620
新疆文物考古研究所　601、643、644
新疆艺术研究所　900
新玉言　1515
星汉　919
邢春林　226
熊江宁　766
熊娜　1477
熊双平　932、933、934
熊昭明　326
修斌　366
徐波　561
徐飞　1621
徐海燕　1635
徐红　815、1013、1015、1021
徐宏宪　101、134
徐建融　983
徐俊　916
徐立国　1383
徐绍史　1451、1452、1453、1454、1563、1568、1829
徐书业　307
徐松　540
徐文堪　765、1129
徐希燕　1458、1712
徐侠民　1593
徐晓望　361
徐孝祥　731
徐秀军　1558
徐秀玲　1139
徐学初　1867
徐亚燕　381
徐杨　1613
徐永明　927
徐永盛　569
徐玉梅　892

徐璋勇　1833、1993、1994、1995
徐兆寿　142、143
徐铮　33
徐冶　382
徐忠文　42
许建平　15、1066
许健英　1048
许利平　1710、1738
许序雅　232、584
许治胜　1249、1250、1251
薛爱华　609
薛桂荣　600
薛力　1353、1448
薛天纬　908、1039
薛伟贤　1660
薛正昌　44、507
薛宗正　85、438、536、583、720
学诚法师　1550

# Y

闫春　1564
闫国庆　1593
闫海龙　1667
闫倩　142
闫奕荣　1610
阎淑敏　1999
阎衍　1443
颜亮　1557
颜廷亮　35
燕永锋　1417
扬之水　866
阳光时代律师事务所环境资源

能源（ERE）研究中心 1523
杨柏 1601
杨宝玉 444、1087
杨波 1875
杨东苗 889、890
杨东升 1543
杨富学 16、129、131、477、723、724、792、806、1097、1119、1158、1201、1239
杨共乐 237、260
杨国兴 634
杨继东 1670
杨建华 371
杨建军 141
杨建新 253、441
杨军 412、634
杨丽华 1894、1896、1897、1898、1899
杨利民 717
杨镰 476、560
杨炼 550、1336
杨琳 48
杨铭 195、695、721、771、772、782、783、803、1091、1093、1236
杨鹏飞 1303、1786
杨萍 1927
杨清震 853
杨蕤 29、514
杨善民 1391、1392
杨淑红 1244
杨恕 1801、1802、1803
杨思远 1811
杨涛 1766、1778

杨卫东 1523
杨文远 485
杨献平 43
杨晓强 1738
杨昕怡 600
杨新才 210
杨学勇 592、699
杨言洪 1393
杨艳伶 18
杨亦鸣 1441
杨玉萍 1754
杨玉鑫 1420
杨郁如 888
杨源 846
杨允中 359
杨征 284
杨志高 1174
姚崇新 710、842
姚大力 765、1772
姚海涛 222
姚慧琴 1833、1836、1837、1838、1839、1840、1841、1842、1843、1844、1993、1994、1995
姚卫群 820
姚晓菲 472
姚宜 1722
姚义斌 191、271、272
姚引妹 1984
姚宇 1681
姚宇亮 957
叶尔江·铁流 1014
叶芳芳 1794
叶莲娜·伊菲莫夫纳·库兹米娜 151

叶农 306
叶舒宪 564
叶勇 1620
"'一带一路'设施联通研究"课题组 1485
"一带一路"百人论坛 1411
"一带一路"国家教育发展研究课题组 1384
"一带一路"课题组 1512
《"一带一路"沿线国家安全风险评估》编委会 1427
"一带一路"百人论坛研究院 1412
《"一带一路"沿线国家法律风险防范指引》系列丛书编委会 1569、1570、1571、1572、1573、1574、1575、1576、1577、1578、1579、1580、1581、1582、1583、1584、1585、1586、1587
一梧 404
伊弟（第）利斯·阿不都热苏勒 11、169
伊明江·阿布都热依木 1018
伊斯拉斐尔·玉苏甫 681
毅松 2003
殷晴 115、197、489、506、611
殷少明 1971
银川西夏陵区管理处 636
尹婕妤 352
尹伟先 1
英犁 1823
雍际春 121、235

尤伟琼　841
游建军　1996
于洪君　1351
于洪亚　520
于华刚　1135、1136
于佳生　1965
于立新　1505
于全辉　1358
于文胜　1010
于仪农　675
于运全　1356
余成永　278
余虹　1338
余建华　7
余太山　93、115、244、261、
　　439、442、446、463、464、
　　465、542、605、611、647、
　　721、760、818、1051、
　　1129、1304、1305、1306、
　　1307、1308、1309、1310、
　　1311、1312、1313、1314、
　　1315、1316、1317、1318
余欣　589
俞培果　1846
虞敏华　1809
羽田亨　549、550
喻常森　1725
袁古洁　1719
袁仁智　1098
袁婷　876
袁晓文　380
袁延胜　137
袁炎清　1720
袁正清　1461
袁祖亮　137

原帼力　1974
岳峰　170
岳珑　1683
越南国家历史博物馆　316
云南论坛秘书处　1596
云南省文物考古研究所　654

# Z

臧笑飞　60
曾诚　1832
曾春雷　135
曾德高　1955
曾庆成　1718
曾文革　1397
查道炯　1355
查娅·帕塔卡娅　1048
翟崑　1357
翟雪玲　1365
詹小美　1530
詹长法　619
湛江市旅游局　1746
张安福　452、543、676、1968
张宝玺　1109
张斌　1908、1910、1911、1912、
　　1913、1914、1915、1916
张焯　1038
张成渝　41
张承良　1551
张骋杰　269
张春敏　1847
张春秀　1060
张德芳　1096、1219
张改素　1513
张广达　732、822、1164

张亨德　669、672、946、986、
　　999、1004、1005、1012、
　　1022
张恒龙　1465
张红宇　1555
张宏勇　857
张鸿勋　887
张化雨　1860
张慧　1624
张建君　1450
张洁　1615、1616
张景峰　429、883、884
张俊慧　985
张俊民　1097、1122
张磊　1511
张立明　1766、1778
张丽君　1359、1657、1815、
　　1997
张林　1822
张璐　383
张璐璐　1371
张曼涛　813
张梅　1858
张媚玲　841
张明　308
张乃翥　16、41、909
张念萍　1729
张沛　461
张平　597
张萍　352
张其仔　1377、1605
张清宇　1948
张庆彩　2000
张人仁　857
张蓉　1874

张诗雨　1739
张世才　1162
张世英　1924
张守禄　285
张铁山　1105
张同标　870
张同胜　1627
张望　413
张文阁　671、1016
张雯丽　1365
张西曼　539
张西平　212
张锡彤　732
张先锋　2000
张相君　1736
张祥建　1352
张小林　1950
张小元　749
张晓东　903
张晓刚　700
张晓辉　845
张晓涛　1611、1612
张欣怡　611
张新平　1769
张兴无　1814
张延清　780
张彦虎　1970
张燕　19、23
张一平　57
张毅　441
张永春　1688
张永丽　1865
张永强　293
张勇　623、1739
张涌泉　225、659、1090、1095

张佑林　1817
张羽新　478、579
张玉蓉　1662
张玉霞　1786
张煜　763
张元林　1292
张云　242、824
张蕴岭　1461
张占仓　1618、1619
张湛　174
张哲人　1547
张振华　625
张志清　1246、1247
张志勇　706
张中元　1360
张重艳　1244
张柱华　368、369
张总　763
章夫　373
漳州市政协文教卫体委员会　355
赵丰　11、13、15、32、34、127、349、658
赵果庆　1988
赵海霞　758
赵和平　864
赵化勇　251
赵江林　1342、1410、1706、1717
赵杰　202
赵晋平　1514
赵俊　1592
赵开山　754
赵凯　998
赵康太　304

赵可金　1366
赵兰香　663
赵磊　1411、1412、1549、1560
赵莉　970
赵青山　910
赵荣　92
赵蓉　1062
赵汝清　167
赵少咸　1063
赵声良　885、886、893、1028、1292
赵巍　1475
赵文娟　854
赵曦　1985
赵晓群　1441
赵晓星　785、922
赵晓意　1091
赵学工　84
赵宜明　1880
赵忆宁　1494
赵永忠　851
赵予征　163
赵贞　1088
赵振华　24
浙江省博物馆　599
甄斌　1949
郑阿财　582、667、703、1067、1300
郑秉文　1402
郑炳林　1、129、220、421、718、883、910、913、940、1029、1081、1298、1299、1300
郑春颖　821

郑贵斌　1536
郑培凯　516
郑佩瑷　690
郑彭年　136
郑汝中　873、905
郑维宽　458
郑伟　1361
郑亚军　1120
郑耀群　1936
郑永年　1476、1496
郑长德　1609、1831
智宇琛　1418、1420
中共广州市委宣传部　297
中共嘉峪关市委宣传部　30
中共金塔县委　31
中共吐鲁番地委党史研究室
　　　1882、1883、1884、1885
中共吐鲁番市党史地方志办公
　　　室　1894、1901
中共吐鲁番市党史地方志编纂
　　　委员会　1895、1896、
　　　1897、1898、1899、1900
中关村一带一路产业促进会
　　　1415
中国电子信息产业发展研究院
　　　1545
中国敦煌吐鲁番学会丝绸之路
　　　专业委员会　266
中国广西文物考古研究所
　　　316
中国广西壮族自治区博物馆
　　　316
中国国际茶文化研究会　1487
中国航海学会　340、341
中国经济年鉴"一带一路"卷
　　　编辑委员会　1483
中国科学院地理科学与资源研
　　　究所　1656
中国历史文化遗产保护网　132
中国旅游出版社　1746
中国美术家协会　811
中国美术家协会新疆分会
　　　1861
中国蒙古史学会　734、735
中国人民大学国际货币研究所
　　　1533
中国人民大学国学院西域历史
　　　语言研究所　1204、1205、
　　　1206、1207、1208、1209、
　　　1210、1211、1212
中国人民大学重阳金融研究院
　　　1379、1455
中国人民政治协商会议陕西省
　　　委员会文史和学习委员会
　　　1934
中国社会科学院考古研究所
　　　52、601
中国社会科学院拉丁美洲研究
　　　所　1388
中国社会科学院文学研究所
　　　276
中国社会科学院西夏文化研究
　　　中心　1242
中国文化遗产研究院　1248
中国文物研究所　1143、1144
中国现代国际关系研究院　1375
《中国新疆壁画艺术》编委会
　　　1041、1042、1043、1044、
　　　1045、1046
中国银行股份有限公司　1775、
　　　1780、1781
中国圆明园学会　1542
中国中外关系史学会　274
中国注册税务师同心服务团
　　　1376
中华全国律师协会　1428、1429
中华人民共和国国家旅游局
　　　1677
中井真孝　132
中尾正义　1112
钟飞腾　1398
钟焓　1807
钟腾飞　1401
钟兴麒　518、1213
钟永祥　1488
仲高　183、545、979
仲嘉亮　901
周达章　335
周德光　337
周繁文　568
周谷平　1374、1446、1848、
　　　1941、1980、1981、1982、
　　　1983、1984
周吉　95
周俭　113
周菁葆　99、215、311、987、
　　　988、989、990、991、992、
　　　993
周李杰　618
周连宽　441
周龙勤　168
周培彦　132
周强　1357
周珊　976、977
周绍良　1059

周绍祖　546
周伟洲　90、532、787、798、
　　　799、801、814
周娴华　335
周啸东　1367、1368、1828
周鑫　333
周轩　1335
周亚敏　1410、1594
周义　302
周运中　367
周章贵　1523
朱德军　264
朱定局　1723
朱凤玉　667、1067
朱和平　137
朱鸿　157、263

朱建路　1115
朱江　354
朱尽晖　802
朱奎泽　663
朱雷　1079、1254
朱丽双　823
朱丽霞　317、321
朱新蓉　1623
朱学群　343
朱瑶　1065
朱玉麒　540、556、558、976、
　　　1039、1322、1323、1324、
　　　1325、1326、1327、1328、
　　　1329、1330、1331、1332、
　　　1333
珠飒　1849

诸华国　337
祝哲　1755
庄晋财　1940
庄维民　345
卓新平　1478
宗力　2001
邹贺　110
邹磊　1604
邹清泉　796
邹统钎　1603
祖艳馥　1134
左大杰　1868
左国宝　617
左红卫　1011
左立光　915、1027
左学金　1813